恩来生平

艰苦卓绝

周恩来

1898-1949

南山 南哲 编著

山西出版传媒集团 

图书在版编目（CIP）数据

艰苦卓绝周恩来：1898-1949 / 南山，南哲编著. -- 太原：山西人民出版社，2018.6（2021.9 重印）

（周恩来生平）

ISBN 978-7-203-10360-8

Ⅰ. ①艰… Ⅱ. ①南… ②南… Ⅲ. ①周恩来（1898-1976）—生平事迹 Ⅳ. ① K827=7

中国版本图书馆 CIP 数据核字 (2018) 第 049398 号

艰苦卓绝周恩来：1898-1949

编　　著： 南　山　南　哲
责任编辑： 崔人杰
复　　审： 傅晓红
终　　审： 梁晋华
装帧设计： 三形三色

出 版 者： 山西出版传媒集团·山西人民出版社
地　　址： 太原市建设南路 21 号
邮　　编： 030012
发行营销： 0351-4922220　4955996　4956039　4922127（传真）
天猫官网： http://sxrmcbs.tmall.com　电话：0351-4922159
E-mail： sxskcb@163.com　发行部
sxskcb@126.com　总编室
网　　址： www.sxskcb.com

经 销 者： 山西出版传媒集团·山西人民出版社
承 印 厂： 三河市明华印务有限公司

开　　本： 710mm × 1000mm　1/16
印　　张： 34
字　　数： 571 千字
版　　次： 2018 年 6 月　第 1 版
印　　次： 2021 年 9 月　第 4 次印刷
书　　号： ISBN 978-7-203-10360-8
定　　价： 78.00 元

目录
CONTENTS

淮安少年　大鸾翔宇
（1898—1924）

艰苦卓绝　投身革命
（1924—1936）

致力和平　重写春秋
（1945—1949）

淮安少年　大鸾翔宇

（1898—1924）

一、万苦千难求学路

1 童年

“我的祖父名叫周殿魁[1]，生在浙江绍兴。因此，我算是浙江绍兴人。我的家庭近几代是绍兴师爷，到了祖代，搬到江苏淮安当县官。我便生在淮安，那是1898年。”

师爷的后代

1898年3月5日清晨，在江苏淮安城内的驸马巷中段的一所宅院里，一个面目清秀的男婴呱呱坠地。谁也没有想到，他就是日后影响了中国和世界的伟人——周恩来。

也许父母在为长子取名时的期望，预示了这个男婴的未来。周恩来的父亲周贻能上过私塾，获得过清代教育制度的最高学位“国学生”，当过文书即师爷，算是有学问之人。他给儿子取名颇有讲究。在家谱中，“恩”字辈是祖上留下来的，却颇有深意。恩者，爱也。《诗》云：“恩斯勤斯。”经过一番思量，贻能用“来”与“恩”相配。来者，未来也，《论语》云：“往者不可谏，来者犹可

[1] 绍兴学者沈建中先生考证后认为，周恩来的祖父名“起魁”，而非“殿魁”。出现此误，源于1946年9月周恩来和美国记者李勃曼的谈话，或记者误听，或译者误译，抑或周恩来本人误记。

周恩来的故乡——历史文化名城江苏淮安

1898 年 3 月 5 日，周恩来诞生在淮安城内驸马巷的这所住宅

追。”“恩来”，这是个富有诗意的名字，犹如先人所说：“恩自日边来。”

父母还给周恩来取了个小名，叫大鸾。“鸾”，是一种与凤凰齐名的神鸟。《说文》云：“鸾，亦神灵之精也，赤色五彩，鸡形，鸣中五音。”《山海经》云：“女床山有鸟，状如翟而五彩文，名鸾，见则天下安宁。”这种叫鸾的神鸟，象征吉祥、幸福，它一出现，天下便太平安宁。

然而，周恩来却诞生在一个不安宁的年代。1898 年，即清光绪二十四年。按中国传统甲子纪年方法，这年正好是戊戌年。这年前后，中国内忧外患：

自 1840 年鸦片战争以来，帝国主义的坚船利炮打开了腐败的清王朝的大门，中国沦为半封建半殖民地社会，半个世纪中，中国人民灾难深重。1895 年，清政府代表李鸿章与日本外相伊藤博文签订了丧权辱国的《马关条约》，把中国的辽东半岛、台湾、澎湖列岛割让给日本；并且增开沙市、重庆、苏州、杭州为通商口岸；赔款白银两亿两，要求中国在七年内付清；规定日本可在中国任意设厂……1897 年 11 月，德国紧随其他帝国主义之后，占领了中国的胶州湾。中国社会的半殖民地化进一步加深。

到了周恩来降生这一年，帝国主义对中国的侵略更是变本加厉，而清政府则更加腐败无能、丧权辱国：

1898 年 2 月，英国迫使清政府声明，不同意长江流域各省割让或租借于他国，变“利益均沾”为“利益独享”；

3 月，德国驻华公使海靖与清朝总理衙门大臣李鸿章在北京签订了《胶澳租界条约》，德国把山东变成自己的势力范围；

3 月，沙俄强迫清政府签订了《旅大租地条约》。5 月，又签订《续订旅大租地条约》，强行租借了旅顺口、大连湾及其附近海面；

4 月，日本迫使清政府签订《中日福州口租界条约》，使它在租界内享有一切优惠权利；

6 月，英国公使窦纳乐又与李鸿章在北京签订了《展拓香港界址专条》，规定将九龙租给英国，租期 99 年；

7 月，又是上面那位英国公使窦纳乐，与清政府签订《中英订租威海卫专条》，拿到了威海卫、威海湾内之群岛以及全湾沿岸 10 英里[1] 以内地方的租借权；

---

[1] 1 英里约为 1.609 千米。

到了 11 月，法国通过《中法广州湾租界条约》，又用一个 99 年的租期，把中国的广州湾拿走；

……

一个个不平等的条约，把中国宰割得四分五裂，把貌似强大的清王朝戳得千疮百孔。倾巢之下，岂有完卵。周恩来降临到的这个家庭，正处在家境没落、入不敷出的时期。

淮安的周家，发于浙江绍兴，世代师爷。在绍兴周家祖居"百岁堂"的三门上，有一副对联："莲溪绵世泽，沂国振家声。""莲溪"，指的是周氏始祖，宋朝大学者周敦颐，又名"濂溪"，他的名篇《爱莲说》，表达了不爱牡丹之富贵，独爱莲之"出淤泥而不染"的高洁心志。而"沂国"，则指绍兴宝祐桥周氏祖周茂，"字元泊，元进士，官至左丞相，特进金紫光禄大夫，封'沂国公'，赠太师"。绍兴城内，无论是"百草园"周树人（鲁迅）的周家，还是"百岁堂"周恩来的周家，都尊奉一个始祖，那就是周茂。[1] 对这种渊源关系，周恩来后来曾多次提及。

1938 年 10 月 19 日，周恩来出席中华全国文艺界抗敌协会等团体召集的纪念鲁迅逝世两周年大会，在会上发表讲演，开头就说："我自己不是文学作家，然而却参加了文艺协会，同时在血统上也许是鲁迅先生的本家，因为都是出身于绍兴城的周家。"

第二年 3 月，他因抗敌机缘顺道回了一趟祖籍浙江绍兴，曾向姑夫询问："'百岁堂'周家与鲁迅是否同族？"为此他还查阅了周族家谱。据周氏宗谱考证，周恩来与鲁迅确是同宗同族。

直到新中国成立后，周恩来还向鲁迅的家人提到这件事。1952 年的一天，鲁迅的夫人许广平到中南海西花厅周恩来家做客，已是国家总理的周恩来恭敬地对许广平说："广平同志，排起辈分来，我应该叫你婶母哩！"1969 年 4 月上旬，在党的"九大"期间，周恩来在北京饭店看望鲁迅的小弟弟周建人时，还风趣地说："建老，我已查过哉，您是绍兴周氏 20 世孙，我是绍兴周氏 21 世孙，您是我的长辈，我要叫你叔叔呢！"……

---

[1] 绍兴学者沈建中考证认为，周恩来是绍兴宝祐桥周氏一世祖周茂的后代，而周树人则是绍兴后马周氏一世祖周茂的后代，此周茂非彼周茂。"两周"都尊周敦颐为先祖。但周恩来与周树人之间只是周宗本家，无同族上下辈的关系。

然而，周恩来的祖辈却离开了绍兴，迁居江苏淮安。个中缘由，是与当时绍兴人所扮演的社会角色有关的。封建时代的绍兴社会里，除劳动者外，中上层中主要有两种人：一种是读书人，一种是商人。读书人的出路一般是应科举，而绍兴人却大批地去当师爷，到全国各级衙门里给主官当幕僚，管文案。在县衙门里，刑名师爷管司法，钱粮师爷管财政税收，他们在幕后辅佐县官，出谋划策。因为在全国的师爷中，大多是绍兴人氏，所以人们称之为"绍兴师爷"。周恩来的祖父周起魁（字云门）就是当师爷才离开绍兴到淮安的。

淮安，处在纵贯南北的京杭大运河和滔滔东流的淮河交汇处。在铁路兴建之前，淮安是南北交通水路的要津，也是苏北的重要物资集散地，经济文化都比较繁荣。淮安府境内，曾诞生了许多著名的人物：西汉军事家韩信、西楚霸王项羽、明代文学家吴承恩、民族英雄关天培……地灵人杰，再加上经济、文化的发达，给降生于世的周恩来提供了独特的社会环境。

有关周恩来祖父周起魁的人生经历，说法不一。有人考证，周起魁自到淮安当师爷起，便定居淮安，从幕从政；后来当过代理安东（后改名涟水县）、阜宁、桃源（后改名泗阳县）等县知县以及海州直隶州知州、江苏同知等职，官至五品。也有人考证，在他的晚年，只谋得个淮安府山阳县（后改为淮安县）候补知县的职位，因原任知县恋栈不去，周起魁始终只是"候补"。到淮安后，周起魁与二哥合买下了城里驸马巷的一所宅院。清光绪二十三年（即 1897 年），50 多岁的周起魁过早地离开了人世。由于他生前不事生产，因此死后的家产除了那所大房子外，就剩城外的几分坟地了。这时，周家已日渐衰败。

周起魁有四个儿子：老大贻赓（字曼青）、老二贻能（后改名劭纲，字懋臣，即周恩来之父）、老三贻奎（字焕臣）、老四贻淦（字簪臣）。在"百岁堂"周家大家庭中，按周起魁兄弟几房所生子女的排行，他们又分别是四、七、八、十一。

周贻能受父辈的影响，在取得"国学生"的学位后，也做起了师爷。周恩来出生后，没有见到自己的祖父，但师爷家庭慎思明辨、思之缜密、行之周全的传统，对少年周恩来的成长不无影响。同时，江浙文化的丰富内涵，在周恩来身上也打下了深深的烙印。

然而，对少年周恩来的性格影响最大的人，则是他的生母和嗣母。

母亲

周恩来是祖父周起魁的长孙，父亲周贻能的长子。长子、长孙出世，周家充满了喜气。在母亲心中，更是充满了慈爱。周恩来的生母姓万，小名冬儿。她在万家排行十二，因此大家习惯称她为万十二姑。万十二姑的父亲万青选原籍江西南昌，与周恩来的祖辈一样，也是师爷出身，后来在淮安府的清河县（后为淮阴区）做了30年知县，在当地也算得上是有名望的人物。万十二姑美丽、善良，读过五六年家塾，从小受到良好的教育。由于家庭的影响，万十二姑性格开朗、精明果断、乐于助人，嫁到周家后，更是贤惠能干，周家的许多大小事情，都离不开她，她也热心、乐意地尽力帮助别人摆脱困境。然而，巧妇难为无米之炊，十二姑有时也为生活一天不如一天的周家发愁。长子、长孙的出世，多少给这个没落的封建家庭带来了一线生机。父亲与万十二姑给孩子取名为“大鸾”。无论有没有这种鸟，父母总是希望长子有出息，将来振兴周家。

周恩来不满1岁时，他最小的叔父周贻淦病危，膝下无子女。按中国封建社会的传统习俗，“不孝有三，无后为大”。倘若就这么死去，不仅祖宗的祭坛上不能放他的牌位，而且遗留下来的寡妇也永远被家族内外的人看不起。据说有一位信奉神明的亲戚给贻淦的妻子陈氏出了个主意：“假如把大鸾过继给你们，就能冲喜消灾，贻淦的病也会好起来的，你也可以免除无后之苦……”陈氏觉得有道理，答应了这种安排。

过继之事与周恩来父母商量后，父亲起初很是为难。他需要长年在外面做事，以微薄的收入养家糊口，刚有这么个儿子，就要送给别人，的确舍不得。但生母是个通情达理、顾全大局之人，她自从嫁到周家，就目睹四弟贻淦被肺痨折磨的惨状，更理解弟媳陈氏的苦衷。为挽救小叔子的生命，也为弟媳今后的生活着想，万十二姑忍痛把大鸾过继给了贻淦和陈氏。

然而，收继子的喜悦并未给贻淦的病体带来转机。两个月后，贻淦去世，周恩来由嗣母陈氏精心抚养。陈氏出身于书香门第，父亲是清朝的秀才，受到过良好的教育，自幼喜好诗文书画，有较广博的学识和文学修养，属于典型的中国传统才女。她还学过一点儿医术，略通医道。陈氏性格温和，待人诚挚，办事细心，仁慈礼让。由于年轻守寡，她很少出门，终日守在家中与养子大鸾相依为命，把全部的感情、心血和学识都倾注在对大鸾的抚养和教育上。在这样的家庭中，嗣母丧夫的悲痛心情得到了安慰，而周恩来也从小受到了良好的熏陶。

周恩来过继给陈氏之时，生母万十二姑又怀上了他的弟弟恩溥。周恩来改称生母为“干妈”，称养母陈氏为“娘”。为了哺育养子，陈氏又托人在当地农家为他找了一位乳母蒋江氏，三人一同生活。乳母同样慈爱、纯朴、宽厚，她在哺养周恩来之时，也把劳动人民勤俭朴实、行善积德的美德，潜移默化地传给了周恩来。周恩来对乳母也很有感情。

由于特殊的家庭环境和遭遇，周恩来与别人不同，有了三位不同意义上的母亲：生母、嗣母、乳母。

周恩来从 4 岁时起，便在嗣母的教育下开始认字和背诵唐诗。5 岁时，嗣母又把他送到家塾里去读书。这时，周恩来正式起用“恩来”这一学名，字翔宇。这一名字，同样包含了母亲对儿子的慈爱和厚望。之后，他先后读了《三字经》《千字文》《神童诗》，以及《论语》《孟子》《大学》《中庸》《诗经》等凝聚着中华民族传统文化内核的书籍，虽然不能全读懂，但对他的思想修养、学识见解和思维个性，却是最早的熏陶。

从家塾回到家里，嗣母不仅进一步辅导他学习，而且经常给他讲历史故事和神话故事，如《天雨花》《再生缘》等等。后来周恩来到南开学校上学时写了《射阳忆旧》一文，还回忆他“幼时喜闻故事”，对嗣母讲的故事具有“辄绕膝不去，终日听之不倦”的浓厚兴趣。

在与乳母蒋江氏的共同生活中，周恩来也听到和亲身感受到了许多普通劳动者的事情，如播种、插秧、收割、舂米以及老百姓的日常凡人琐事等等。乳母带他到乡下家中去玩，他不仅结交了包括乳母的亲生儿子在内的一些穷苦朋友，而且切身体会了农民耕耘的艰辛，从中他也理解了嗣母经常给他讲的“锄禾日当午，汗滴禾下土；谁知盘中餐，粒粒皆辛苦”诗句的真正含义。

周恩来的生母、嗣母、乳母都虔信神明，他们还经常带周恩来去烧香拜佛，求东岳大帝保佑。虽然幼小的周恩来不理解她们为什么要去拜佛，也不知道神明是什么，但是，母亲们的与人为善、慈爱宽容、大公无私的品格，在周恩来心中留下了重要的痕迹。后来他对佛家慈悲为怀的教义也有了充分的理解，并善于与不同思想信仰的人和平相处。1963 年 10 月 20 日，他在回答亚洲佛教界人士关于“总理对佛教有何看法”的提问时，还客观地说：“思想上的不同，可以保留，你不要认为共产党员就一点儿也不唯心了。不要说一个国家，就是一个家庭，也有各种不同信仰的人。如我的父母信佛，我是共产主义者，这方面是不一致的。但是，在反对外国干涉、要求民族独立等方面则是一致的。”周恩来在信奉佛教的长辈们的熏陶下，也逐渐养成了慈爱、无私等性格。

1904年，6岁的周恩来随父亲、生母、嗣母和弟弟一起，搬到清河县清江浦镇（今江苏省淮阴区）外祖父家居住。早在周恩来出世不久，外祖父万青选就病逝了，但他却给万家留下了一大家子人和满书房的书。这些书，有诗词歌赋、通鉴野史，还有很多小说，正好满足了周恩来的求知欲。起先，生母和嗣母送他到万家的家塾中继续读书，但他嫌教书先生讲得不过瘾，没有外祖父藏书里的东西精彩，便抽时间跑到书房里去如饥似渴地阅读。生母和嗣母知道以后，只好针对他的情况，专门找了一个老师单独教他，并鼓励他读了大量的小说。他读的第一部小说，是淮阴人吴承恩写的《西游记》。这里面的神话故事，对他开阔思路、发挥想象力有很大的帮助。他从中也明白了为探求真理不畏艰辛、正义最终战胜邪恶等道理。再加上嗣母的讲解，他对神话故事、历史故事和古典小说，更感兴趣。直到40年后，周恩来还清楚地记得：“我小时在私塾念书。从8岁到10岁我已开始读小说。我读的第一部小说是《西游记》，后来又读了《镜花缘》《水浒传》和《红楼梦》。”还有《三国演义》《说岳全传》《盛世危言》等等，也是他非常喜欢读的。

这一时期，嗣母一方面继续教周恩来背诵唐诗宋词以及历代名家诗句，另一方面，开始教他吟诗作对。嗣母把自己作的一些诗拿给周恩来参考，对他加强诗词方面的修养起了重要的作用。他很爱嗣母的诗，以至后来到东北、到天津、东渡日本，都随身带着这些诗稿。善于与人相处、爱交朋友的周恩来，在清江浦的外祖父家与同辈的孩子们也相处得很好，经常在一起玩耍。在这里，他的童年是比较快乐的。

但是，家境越来越破落。周恩来的父亲为人老实、胆小、能力不强，在清江浦只谋得一个薪水很低的小差使，家里经常只能靠借债度日。外祖父家的一大家子人，也经常发生纠纷。由于万十二姑贤惠、善良、办事公道，也很有解决问题的能力，因此常常担当起调解纠纷的角色。生母总是带着周恩来同去排难解纷。周恩来边看边听，很欣赏母亲先耐心听取各方情况再发表意见的办法，更叹服母亲经过耐心做工作使问题得到妥善解决的本事。周恩来从生母那里学到了许多办事的方法，对日后他的办事能力有着重要的影响。

由于过度劳累，生母积劳成疾，再加上愁闷，很快就一病不起。1907 年春天，周恩来的生母万十二姑离他而去。后来周恩来回忆道："母亲在 35 岁时即患肺疾而死。原因是我家在祖父去世后，每况愈下，母亲因操劳过度成疾。"生母去世，对他打击很大，生活的一根顶梁柱倒了。这时父亲经人介绍，远走湖北去谋事了。好在还有嗣母陈氏。嗣母对周恩来更加关心爱护。但她极少出门，性格好静，因此身体也渐渐削弱。1907 年夏天，周恩来陪伴嗣母到她的家乡江苏省宝应县治病，住在堂舅家里。但嗣母病体仍未见起色，两个月后，她又带着周恩来回到了清江浦镇。

在清江浦镇，嗣母经常给周恩来讲淮阴侯韩信的故事：

> 韩信勇敢胆大，他从不吹牛。他说话总是心平气和，虚心倾听别人的意见。一次，有个屠夫带着一帮恶棍要羞辱韩信，令他从其胯下爬过去。韩信明白，若不从命，就会遭杀身之祸。于是他真的从屠夫的胯下爬了过去。在场的人笑话韩信怯懦，但韩信心中明白，他要成就大事业，必须忍辱负重。后来，他果真为汉朝立下了赫赫战功，成了举世闻名的大将军。当他再遇到那位屠夫时，不仅没有杀他，反而还奖励了他，谢谢他给了自己一次很好的教训……

周恩来听得入迷，记住了韩信胸怀大志、忍辱负重的精神。

不幸的是，一年以后的 1908 年夏天，嗣母也被当时的不治之症肺痨夺去了生命。嗣母的去世，给周恩来的打击最大。他对嗣母感情最深，直到嗣母去世前，他几乎一天也没有离开过她。周恩来在极度悲痛之中，给嗣母办完了丧事，并带着两个弟弟，护送嗣母的灵柩回淮安老家，与叔父合葬。为纪念自己最亲爱的嗣母，周恩来后来在天津参加五四运动被羁入狱期间，正值嗣母祭日，他含泪写了一篇《念娘文》，情真意切地表达了内心对母亲的感情。

接连失去两位母亲，周恩来只好带着两个弟弟回到淮安老家居住，但家里的日子更加艰难。父亲和伯父在外地谋生，小叔父早逝，三叔父贻奎又是个身体偏瘫的残疾人。在周家同辈人中，年龄最大的当属周恩来了，因此他又担当起主持家政，维护这个濒于崩溃的封建大家庭的重任。此时的周家，已是债台高筑，周恩来不得不强装笑脸继续去典当借债度日。这一时期，是他最困苦的少年时期。但是母亲以往的言传身教，给了他很大的启发和帮助，而当家后操持生活，又给了他许多实际的锻炼。几十年后他曾回忆说："封建家庭素来好面子，摆空场面，宁可债台高筑，也不肯丢掉面子。因此，我从小就懂得生活艰难。父亲常外出，我 10 岁、11 岁即开始当家，照管家里柴米油盐，外出应酬，在这方面，给了我一些锻炼。"后来到了 20 世纪 60 年代，在苏联逼我国还债时，周恩来号召人们艰苦奋斗，还讲过自己从小的经历："我常说，我这个人这一点经验最深刻。我小的时候，是一个破产的封建家庭子弟，只有十一二岁，母亲死了，父亲在外谋事。我就是靠天天借债过日子，最不好受了，借了债还得给人家去磕头，拜圣人，跟大观园的生活差不多，最没有意思。"

在这种艰难的生活中，婶婶（周八太）给了他很大的帮助，帮他照看两个弟弟，替他解决一些生活难题。

对周恩来的不幸，远在奉天（今辽宁省）谋事的伯父周贻赓早有耳闻，也经常有书信往来。1910 年春天，伯父托回乡探亲的周恩来的堂伯父周贻谦，把周恩来带出淮安，到东北去生活、求学。伯父在家时，周恩来就与他较为亲近，伯父也很喜爱侄儿的聪颖、机敏。经过一番考虑，周恩来决定离开老家，出去闯一闯。

离开淮安之前，乳母给他添置了新衣，为他准备临行的衣物，叮嘱他路上要小心，照顾好自己。他走前还到母亲墓前去拜祭，为母亲扫墓。走时，他随身带上了嗣母留下的诗文。乳母含着泪对他说："现在你真的要到天上去飞翔了。"

这一走，他一步一回头。没想到，此后一生中他再也没回淮安。他始终把对三位母亲的思念，深深地埋藏在心里。在东北读书时，乳母曾托人捎信给他。他到南开学校读书时，乳母还亲自到天津看望过他。对生母和嗣母，他的怀念更深。每逢母亲的祭日，他总要独自一人含泪焚香静坐，表达对母亲的思念。

周恩来的一生，从性格、学识、修养到为人处事等方面，都受到母亲的影响。三位母亲的教育和启蒙，为他日后所走的道路及成就，奠定了良好的基础。在旅欧时期，他在一封表明自己"当信共产主义原理"的信中，曾经这样说自己的性格特点：自己一来"天性富于调和性"，二来"求真的心又极盛"。这两大性格的养成，都与三位母亲的早年熏陶有关。

抗战胜利后，周恩来在重庆对记者说过："三十八年了，我没有回家，母亲墓前想来已白杨萧萧，而我却痛悔着亲恩未报！""直到今天，我还得感谢母亲的启发。没有她的爱护，我不会走上好学的道路。”

1946年9月，他在接受美国记者李勃曼采访时，又一次深情地回忆母亲：“我的母亲长得很漂亮，为人善良，生了三个小孩子——我和两个弟弟……我出生后，因叔父周贻淦已去世，照传统习惯，把我过继给叔父，由守寡的叔母抚养。叔母即嗣母陈氏，是受过教育的女子，在我五岁时就常给我讲故事，如《天雨花》《再生缘》等。嗣母终日守在房中不出门，我的好静的性格是从她身上承继过来的。但我的生母是个爽朗的人，因此，我的性格也有她的这一部分。”

新中国成立后，周恩来还向来京开会的淮安县委负责人询问乳母一家的情况，并请有关方面帮助查问一下乳母家里还有无后人在世。

母亲把全部的爱，倾注在周恩来身上；而周恩来日后又把自己的一生献给了人民。

2 东北三年

“12 岁的那年，我离家去东北。这是我生活和思想转变的关键。没有这一次的离家，我的一生一定也是无所成就。”

初登新学堂

1910 年春天，周恩来告别两个弟弟和其他亲友，随堂伯父周贻谦出发北上。这时他正好 12 岁。他们取道山东、天津，经过长途旅行，终于来到奉天省。一个崭新的世界，展现在这个淮安少年面前。

当时的中国，民族危机日趋严重，腐败的清政府对外丧权辱国、屈膝投降，对内欺压百姓、残酷镇压人民反抗。帝国主义列强恣意蹂躏中国的土地，瓜分中国的版图。东北是当时帝国主义在华争夺的重点，是民族危机格外深重的地方。1904 年至 1905 年，日本和沙俄两个帝国主义国家，为争夺在华势力范围，在东北进行了一年半之久的日俄战争，使数十万无辜的中国人惨遭战争劫难。1910 年，也就是周恩来来到东北这一年，日本帝国主义用武力吞并了与东北仅一水之隔的朝鲜。朝鲜人民遭受的惨祸，也使东北人民感到惊心动魄，寝食难安。中华民族已经到了生死存亡的紧要关头，以孙中山为代表的革命党人正在为拯救中国进行着殊死的斗争。就是在这样的时代背景下，周恩来开始了他在辽东的求学生涯。

从江淮平原的故乡，来到白山黑水的东北，这是周恩来生活中一个重要的转折点。正如他后来说过的：“12 岁的那年，我离家去东北。这是我生活和思想转变的关键。没有这一次的离家，我的一生一定也是无所成就，和留在家里的弟兄辈一样，走向悲剧的下场。”

周恩来随三堂伯周贻谦初到东北时，奉天府（今辽宁沈阳）一时还没有合适的学校可读，所以又随三堂伯转赴奉天省银州（今辽宁省铁岭县），进银岗书院读了半年书。

伯父周贻赓为了让周恩来接受更好的教育，学得“新知识”，1910 年秋天，

1912 年，在沈阳东关模范学校读书时的周恩来

将周恩来接到奉天府自己家里，并把他送入新建的奉天第六两等小学堂（后改名为东关模范学校）丁班学习。这所学校位于奉天古城大东门外。它是在清末“废科举，兴学校”的潮流中刚刚开办的比较新式的学校，既教中国的经书，也介绍一些西方的新学，开设了修身、图文、算术、历史、地理、格致、英文、图画、唱歌、体操等十门课程。

入这样的学校，周恩来耳目一新，感到这里的教学与老家的私塾完全不同。在学校里，老师经常向学生讲述时局的危急和历代民族英雄的故事，激励学生们的爱国热情。在国难当头的年代里，周恩来那颗富有感情的心，再也无法平静下来。他时刻关心国家大事，养成了坚持读报的习惯。他自己订了当时出版的《盛京时报》，“关于人生生活、时事政务要项，必标点特记，持久不懈”。有一天，在报上看到殖民主义者贩卖黑奴的消息，他义愤填膺地说：“黑奴总有一天要解放！”

1911 年 10 月，在湖北武昌爆发了推翻清政府的辛亥革命。消息很快传到了沈阳，周恩来闻讯后非常振奋，在革命浪潮的鼓舞下，他毅然带头剪去了自己头上的长辫子。他还劝告老师和同学也剪掉辫子，鼓动大家学习国外先进生活方式，穿短服，不要被长袍马褂缠着身子。

辛亥革命的浪潮，激发了年少的周恩来关心国家大事的政治热情。他积极宣传反帝反封建的新思想、新文化。他撰写文章，参加讲演。有一次在学校组织的讲演会上，他目睹中国人吸鸦片烟的严重后果，发表了禁烟救国的演说。他说：“某些人每日烟钎子、烟板儿不离手，烟枪烟炮不离口，自己对自己开火，如此，国焉能富，民焉能强，不禁毒焉能救国？”

少年周恩来喜欢与师长同学谈论国家大事。有一次小学的魏校长谈起非洲的小国克兰斯法尔办学救国的故事时，周恩来被这个故事所吸引，他高兴地说：“中国图强，就得想救国的办法，就得把教育办好。”

周恩来在东北读小学的那几年里，中国社会发生了一系列巨大变革，清王朝被推翻，宣统皇帝（溥仪）退位，民国刚刚兴起。孙中山领导同盟会提出“驱除鞑虏，恢复中华，建立民国，平均地权”的革命主张。周恩来常与伯父和同学们谈论着政局的变化，伯父是爱国和赞成变革的。在那政治形势瞬息万变的日子里，沈阳也和全国一样，街头巷尾，议论纷纷。各种反清言论和革命活动，蓬勃兴起。在这样的环境下，周恩来很受启发。

当时，学校里有一个叫高亦吾（字盘之）的史地老师，是一位山东汉子，富于正义感，学识渊博。他常常在课堂上慷慨激昂地发表演说，宣传爱国思想，生动形象地讲述广州黄花岗七十二烈士英勇牺牲的悲壮史实。周恩来和同学们都听得热血沸腾，有时甚至泪痕满面。他非常尊敬和亲近高老师，高老师也特别喜欢这位英姿勃发的少年，经常和他谈心，并介绍各种进步书籍给周恩来阅读。在高老师的帮助和指导下，周恩来阅读了《革命军》《警世钟》《猛回头》《驳康有为论革命书》《扬州十日记》等革命书籍，从中了解到许多关于民族危机的情况和反清革命的道理，使他的朴素的爱国救民的感情不断得以升华。

走上革命道路以至后来成为国家总理的周恩来，始终念念不忘高盘之老师的恩情。延安时期，周恩来有一次接见外宾并答外国记者问时，曾有这么一段谈话：“周恩来阁下，以您的出身情况是如何走向无产阶级革命道路的？”记者问。回答是："少年时代在沈阳读书时，得山东高盘之先生的栽培，可以说，没有高先生就没有我的今天。"1951 年 12 月 3 日，周恩来在中南海总理办公室专门接见高盘之先生的儿子高肇甫，意味深长地谈起他对高盘之先生的敬重怀念之情："我 13 岁在奉天（今沈阳）东关模范学校读书的时候，各方面都亏了令尊的关怀。他向我介绍了许多好书，其中年轻的资产阶级革命家邹容写的《革命军》，对我影响很大。这是一本宣传革命的书，其中提到'革命是天演之公例，世界之公理'，号召四万万同胞要'掷尔头颅，暴尔肝脑，同封建统治者决一死战'。""高老师常在课堂上慷慨激昂地宣传革命思想，多次声泪俱下地讲述黄花岗七十二烈士的悲壮事迹，同学们听了大都义愤填膺、潸然泪下。……记得一次老师带我去外国租界地，他告诉我就是这些蓝眼黄发的外国洋人，依仗他们的船坚炮利，把我们的大好河山瓜分为他们的殖民地……后来我去天津南开中学读书，令尊随即到北京京兆尹公署任职。在此期间，我去看过他两次。其中一次他对我讲：'你们在天津办的《觉悟》社刊已轰动京畿上下官府，你的名字据说业已在册。当局严令取缔觉悟社，并逮捕其一切成员，你要当心。'京兆尹公署当时在地安门……"

高肇甫的一个叔伯大爷高敬之，当年曾与高盘之同在沈阳东关模范学校任教，对少年周恩来印象颇深。老人存有周恩来当总理后写的一封字迹刚健的毛笔信："……忆昔受教于盘之先生，获益匪浅，迄今尤甚感念！……周恩来"。

为了中华之崛起

到了沈阳，周恩来求知若渴，读书期间学习非常勤奋、刻苦，各科学习成绩都名列前茅，尤其作文、书法和英文，每学期总是全班第一。他写的文章，气魄大，志向远大，深受老师和同学们的赞扬。当时学校每周一两次作文，他的文章常常被批上"传观"字样，贴在学校"成绩展览处"，供大家观看。国文老师姓赵，叫赵希文，每当看到周恩来的作文中流露出一些特别之处或奇光异彩时，常常情不自禁地拍案叫好，还经常感慨地对住在同一宿舍的张镜玄老师说：

"我教了几十年书，从未见过这样好的学生。我得多花点心血，就是呕心沥血也心甘情愿。"

国文老师常把周恩来叫到宿舍，给以精心指点和培养。其他各科老师也都十分喜爱这位成绩优秀的好学生。

1912 年 10 月，全校师生隆重集会，纪念东关模范学校建校两周年。年仅 14 岁的周恩来以《奉天东关模范学校第二周年纪念日感言》为题写了一篇作文。这篇文章立意新颖，言简意赅，论说精辟，语重心长，并以新思想贯穿其间。他认为，要使中国富强，必须从教育这一根本抓起。文中写道：

吾全校之诸同学乎。吾人何人，非即负将来国家责任之国民耶？此地何地，非即造就吾完全国民之学校耶？圣贤书籍，各种科学，何为为吾深究而悉讨？师之口讲指画，友之朝观夕摩，何为为吾相切而相劘？非即欲吾受完全教育、成伟大人物、克负乎国家将来艰巨之责任耶？以将来如许之重负，基础于小学校三四年中，同学，同学，宜如何奋勉，始对之而不愧哉？

对校长和教师，他恳切要求道：

吾校司教育之诸公乎。诸公为国家造人才，当殚其聪明，尽其才力。求整顿宜重实际，务外观先察内容。勿自堕行检，以失人则放；勿铺张粉饰，以博我名誉；更勿投身政界党会，谋利营私，以纷扰其心志，而日事敷衍。校长为学生择良教材，教习为学生谋深造就。守师严道尊之旨，除嚣张浮躁之习。注重道德教育，而辅之以实利美感。更振之以军国民之精神。教育美满，校风纯正，则此纪念日乃可因之而永久。

对于同学，他在《感言》中提出对“各种学科”必须“深究而悉讨”，不能“浅尝辄止，见异思迁，躐等以求进”，要“慎思而明辨”。这就是说，在学习上决不能满足于一知半解，要深入研究，要有恒心，有毅力，循序渐进，认真思考，明辨是非，掌握各种学科知识。

在这篇作文中，周恩来对教育的目的和师生的责任都作了比较好的阐述。

他当时虽然只有 14 岁，却已表现出高尚的志向和引人注目的才能。这篇作文得到了教师的夸奖。国文教师看到这篇作文后，十分高兴，在卷末批写道：“教不如此不足以言教，学不如此不足以言学，学校不如此不足以言学校，文章不如此不足以言文章。”“心长语重，机畅神流。”

这篇文章被评为甲等作文，在第二年奉天省教育品展览会上展出，并作为范文先后收入《奉天教育品展览会国文成绩》、上海进步书局出版的《学校国文成绩》和上海大东书局出版的《中学生国文成绩精华》等书中。

一种心系国家、民族未来的崇高责任感，已深深地植根于少年周恩来的心中。

有一次，兼教修身课的魏校长在课堂向同学们提出了“读书是为了什么”的问题。

有的学生回答：“是为了家父而读书。”

有的回答：“为明礼而读书。”

也有的回答：“为光耀门楣而读书。”

当魏校长问到周恩来时，他庄重地回答：“为了中华之崛起。”

由于周恩来的南方口音，魏校长一时没听清楚，于是他又沉重、大声地重复了一遍：

“为中华崛起而读书。”

年少的周恩来有如此之志向，震惊了校长和同学们！

还有一次，老师在课堂上以历史上“赵苞弃母全城”的故事为题，要求学生作文。赵苞是东汉末年的辽西郡守，当时居于北方的部族鲜卑人入寨掠夺，在途中夺走了赵苞的老母和妻子，便用以为质，要挟赵苞投诚。赵苞不为所动，明确表示为了国家不能顾私情的决心，并忍痛出兵进击，拼死战斗。结果大败鲜卑军，保住了辽西郡城，但赵苞的母亲和妻子也因此被鲜卑人杀害。

对于这个故事，同学们议论纷纷，各说不一。有的同学认为，赵苞弃母就是“不孝”，并说“城失犹可得，母死不能复生”。

周恩来在作文中，从另外一个角度表达了自己的看法。他热情赞扬了赵苞反对掠夺，坚持以民族大义为重的战斗精神。他认为赵苞弃母不是“不孝”，而是“大孝”。文中表现他雄辩有力的见解，充分表达了年少的周恩来把国家、民族和人民利益视为高于一切的崇高思想境界，也充分表现了他自幼就“慎思而明辨”，善于独立思考的学习精神。

周恩来在东关模范学校的三年中，正是循着他在《感言》中提出的目标奋勉做人做事的。他热烈追求新思想，时刻关心国家和世界大事，特别注意国内形势和社会问题。他自己订有一份当时沈阳出版的《盛京时报》，每天必读，一张不缺。“关于人生生活、时事政务要项，必标点特记，持久不懈。”他还经常从老师和同学家里借阅孙中山、章太炎办的《民报》。

初到东北时，由于周恩来性情温和，文弱瘦小，再加上说话带有浓厚的淮安口音，因此一些调皮的大同学曾骂他是“小蛮子”，经常欺侮他。但周恩来在读书期间，非常谦虚朴实，尊敬老师，善于团结同学，热情待人，结识了不少志同道合的好朋友。在不到两个月的时间里，通过广交朋友，他出入时与一批志趣相投的伙伴一起走，这样人多势众，再也没人敢欺侮他。由于他学习成绩优异，同学常请他答疑解难，他总是热情帮助，从不傲慢。当时，他的一位同班同学，腿有残疾，他就经常主动帮助这位同学。因此，同学们都很亲近他，尊敬他。而对于那些官僚世家的阔少爷的蛮不讲理，破坏纪律，仗势欺人的恶劣行为，他总是挺身而出，联合弱小同学，与之斗争。

以“中华崛起”为己任的周恩来，在刻苦读书的同时，还十分注意了解社会实际，接近普通老百姓。在沈阳读书的三年中，他常利用寒暑假到家住农村的同学那里去访问，了解他们的疾苦，这使他学到了许多书本上学不到的东西，对他的思想产生了深刻的影响。

1911 年暑假，周恩来首次到沈阳郊区魏家楼参观，这是个刚刚从战争废墟上重建起来的村庄。村里的老人给他讲述了 1904 年到 1905 年间，日、俄两个帝国主义强盗，为了争夺中国东北，在这里进行的一场残酷的战争。腐败无能的清王朝，置国家主权和人民生死于不顾，竟然宣布“中立”，把辽河以东划为战区，让大好河山任人蹂躏。1904 年 10 月，日、俄两军在魏家楼相遇，村东的烟龙山成为日军临时指挥部。村里的房屋被沙俄军放火烧成一片灰烬。全村男女老少，无家可归，外出逃难，不少无辜的村民死于战火之中。有些村民奋起反抗，割断侵略军的电线，杀死零散的强盗士兵，表现了中华民族反抗外来侵略的英勇牺牲精神。

听到村民讲起这些血泪斑斑的往事，踏在这混着斑斑血迹的旧战场的泥土上，周恩来满腔悲愤，不由自主地唱起了当时学校里流行的谴责日俄战争的歌曲：俄国“克查克（哥萨克）队肆蹂躏”，使我东北“户无鸡犬宁”。他大声疾呼：

“俄败何喜？日胜何欣？吾党何日醒？”

在少年周恩来的心灵里，燃起了对帝国主义强盗的满腔怒火，和对清王朝腐败无能的无比愤恨。对于那些勇于反抗的英雄们，周恩来则油然生出无限的崇敬之情。

1912年，东关模范学校成立两周年时师生合影，前排中为周恩来

在魏家楼的这次经历，周恩来很有收益。他先后在魏家楼的同学何履桢家渡过了三个难忘的假期。何履桢的祖父何殿甲，是村里的私塾老师，是一位忧国忧民、具有爱国思想的老人。老人在与周恩来的接触中，也从这位胸怀救国大志的少年身上，看到了国家的前途，民族的希望。老人非常喜爱周恩来，常带着他一道漫步烟龙山，并吟诗抒怀：

“登彼龙山兮山巅，望彼河水兮潺潺，忆甲辰年兮神往，想日俄战兮心酸……慨三省兮民涂炭，溯历代兮皆然。吾已生于斯兮长于斯，恨不能翱翔兮五湖烟。今吾老兮有何志愿，图自强兮在尔少年。”

这首诗表达了老人对年少的周恩来寄托的无限期望。

当周恩来离开奉天时，这位老人还特意写了《赠周恩来文》和《赠周恩来南归诗》五首，列举了历史上著名人物通过勤学苦练，造就“非常之才”与“非常之业”的故事，殷切地勉励周恩来。诗文写道：“焦桐入听谁知己，除却周生即吕生。”“不大困者不大亨，能冒险者方出险。”诗文意味深长，对周恩来这样的少年寄予厚望。

从 1910 年春天到 1913 年 2 月，周恩来在东北生活了整整三年。这三年中，他不仅在学业和思想上有很大的长进，而且还有一个重要的收获，就是把身体锻炼好了。童年时，周恩来的体质是比较弱的。东北气候寒冷，风沙漫天，无风三尺土，有雨一街泥。在这种新的环境里，他一直坚持在凛冽寒风中跑步、踢球、做操，每天徒步往返学校，常常是风沙扑面，泥路难行。但他不以为苦，反以为乐。特别是沈阳的冬天，冰天雪地，北风呼啸，寒风吹在脸上像刀割一样，但他坚持在寒风冰雪中跑步，以顽强的毅力锻炼身体，锻炼意志。在学校里，他也喜欢体育课。他很佩服体育老师，经常向体育老师学习锻炼身体的方法。课后，他常常和同学们到操场参加体育活动，尤其喜欢和同学们一起开展踢熊头（类似足球）的比赛。这是一种对抗性的运动，那时条件简陋，没有球门而是往高踢，熊头在同学中传来传去。这种活动不仅需要有一定的技巧，而且需要大家很好合作、密切配合。

艰苦生活的磨炼和坚持身体锻炼，使周恩来很快适应了东北的生活，身体也越来越健壮。

半个世纪后的 20 世纪 60 年代，周恩来多次提到少年时期在东北的生活。在同亲属的一次谈话中，他回忆起在东北上小学时的生活说：

> 到东北有两个好处：一个好处是把身体锻炼好了。在上小学时，无论冬天、夏天都要做室外体育锻炼，把文弱的身体锻炼强健了。再一个好处是吃高粱米，生活习惯改变了，长了骨骼，锻炼了肠胃，使身体能适应以后的战争年代和繁忙的工作。

他还对辽宁大学的学生风趣地说过：

> 我是 1910 年到沈阳的，住了三年。我是带着辫子来的。我身体这样好，要感谢你们东北的黄土、大风、高粱米饭，给我很大的锻炼。

3　求学南开

南开四年，周恩来“独于万苦千难中多才多艺”，“毕业成绩仍属最优”，深得校长张伯苓器重。校董严修预言：周恩来“有宰相之才”。

移居天津，求学南开

从 12 岁那年离家到东北，经过三年的大风、黄土和高粱米的磨炼，周恩来逐渐适应了关外的生活，不仅身体锻炼得很强健，就连语气有时也夹杂着一些东北腔调了。

正在这时，伯父的工作有了变动。1913 年 2 月，周贻赓改任天津长芦盐运司榷运科科员。周恩来只好随伯父南下天津。当他们在天津河北区元纬路元吉里住下时，周恩来迎来了 15 岁的生日。生活环境的又一次大变化，给周恩来的性格和思想再次带来巨大的影响。

天津是华北的重要工商城市，也是出海的门户。自 1860 年辟为通商口岸以来，英、法、俄、德、日、比、奥、意、美等国相继在此建立租界，资本主义近代工业和新式教育在这里相对要先进一些。国内闻名的南开学校，就建在天津南开区南开四马路。

南开学校，是严修（字范孙）1904 年仿照欧美近代教育制度创办的一所私立学校。严修做过清朝的翰林和学部侍郎，思想比较开明，主张教育救国。为办好南开学校，严修请来了一位更热衷于教育的著名教育家张伯苓担任校长。张伯苓原是北洋水师学堂的高才生，由于受到甲午海战中国失败的强烈刺激，转而从事教育工作，并考察过欧美和日本的教育，他把身心投在了南开学校的发展上。他制定了一整套的教育制度，在课程设置上，主科有国文、英文、数学（包括代数、几何、三角）；次科有物理、化学、中国史地、西洋史地、生物、法制、体操等。南开教育的一大特色，是注重英文能力。英文课每周都有 10 个小时；从二年级起，除国文和中国史地外，各课都用英文课本；为提高学生英语会话的能力，学校还

在南开学校读书时的周恩来

请了美国老师来教课。南开的纪律虽然十分严格，但南开教育却是自由、民主和开放式的。

周贻赓移居天津后，很快就获悉南开学校将在暑假中招生，考试科目为英文、国文和算学。他力主周恩来投考南开。为准备考试，周恩来先在天津大泽英文、算学补习学校补习了三个多月。

1913年8月16日，周恩来走进南开学校北楼的一个大教室里，参加了新生入学考试。国文和算学这两项，是周恩来的特长，再加上事先做了较为充分的准备，最后，他以优异的成绩被学校录取。8月19日，周恩来报到入学，被编入己三班（后改为丁二班）。从此，在南开的新式教育环境中，他的学识和修养进入了崭新的阶段。

周恩来入校时，虽然只有15岁，但强烈的忧国忧民意识和强烈的求知欲，已深深地交织在他的脑海里。看到天津遍布租界，“洋人”、军阀任意蹂躏人民，柏油马路上躺卧着受苦受难的人们，他深感有改造中国、改造社会之必要。他抱定立志救国、奋发读书的决心，对自己提出了五个“不虚度”的要求：读书不虚度，学业不虚度，习师不虚度，交友不虚度，光阴不虚度。在四年的南开学校生活中，他完全实践了自己的诺言。

他在校期间，刻苦用功，勤奋好学，经常学习到深夜，晚上同学们都已入睡，他所在的西斋三十五号宿舍一角的灯却还亮着……入学不久，周恩来的学习成绩便突显出来，十分优异。

1915 年 3 月，在他上二年级时，全校 800 多名学生举行作文会考，经全校语文教师评定，周恩来的作文被评为全校第一名。

1916 年 5 月 6 日下午，南开学校组织了一次不分年级的作文会考，每班推选优秀代表参加。“与赛者计共十一班，二百余人，分成人、童子二部。”周恩来选作成人部第一题，题目是《诚能动物论》。

在这篇文章中，他首先强调指出，在社会政治生活中必须崇诚信、弃诈伪。他列举了中外历史上一些名人的政绩，以朴素的历史唯物主义观点阐明历史的教训：

> 一人之智慧有限，万民之督察极严，其以一人手欲掩天下目者，实不啻作法自毙，以诈为利，以伪为真，卒至自覆自败，与人以可讥可耻之据。

他文思奔放，越写越激动，就像在演说会上慷慨陈词，顿足疾呼一样。

他在文章结尾处进一步结合社会实际，把矛头直指当时的反动统治者：“虚伪可惑少数人，惑人类一时，不能惑人类最长时期”，反动统治者妄图驱众人的“生命脑力，以供一二私人之指挥，其智可悯，其愚不可及也”。

周恩来的考卷当晚由校董严修亲自批阅，老师们看后也都极为赞赏。批语道：其“用笔之遒劲，布局之绵密”殊为罕见。

第二天发榜，三年二组周恩来荣获第一名，同时得到由严修先生亲笔题写的有“含英咀华”四个大字的奖旗一面，为全班争得了荣誉。

周恩来除国文成绩十分优异外，化学、代数、习字等各科也名列前茅。1916 年 3 月，班级化学考试，他名列“最优者”；同年 4 月，班级代数考试，他名列“最满分者”中；4 月 8 日，全校数学笔算速赛，他又名列“最优者”中；12 月，全校习字比赛，周恩来又获“行书优胜奖”……

深究而悉讨，慎思而明辨

周恩来在南开学校就读期间，“恰同学少年，风华正茂”，他与同学们讨论国家大事，激昂慷慨地发表对祖国命运、前途的见解。为探究中国现状，寻找救国救民的真理，他广泛阅读中外历史书籍。

他爱读的中国史书很多，其中有司马迁的《史记》，司马光的《资治通鉴》以及《汉书》《三国志》之类的书。周恩来曾用节约下来的钱，买了一部用连史纸精印的司马迁的《史记》。对于“马迁览潇湘，登会稽，历昆仑，周览名山大川，而其襟怀乃益广”“游者岂徒观览山水而已哉”这种见解，周恩来完全赞同。据周恩来当年的老同学回忆，他把这部《史记》读得很熟。当大家晚上在寝室里休息时，他特别生动、津津有味地讲述《史记》里的故事，同学们都听得入神。

在这里，周恩来一面继续阅读一些介绍新学的著作，如《饮冰室诗话》《饮冰室文集》和《新民丛报》，一面认真阅读明末清初的一些具有强烈的民族主义思想的作品，如顾炎武和王夫之等人的名著，以及谭嗣同的《仁学》等。这些，都培养了他强烈的爱国主义思想。周恩来还研究了以孙中山为代表的资产阶级革命民主派所办的《民权报》《民主报》以及较有民主思想的天津《大公报》。

南开图书馆中有许多外国名著，也满足了周恩来求知的渴望。他饶有兴趣地阅读了18、19世纪欧洲启蒙思想家的著作，如卢梭的《民约论》（即《社会契约论》）、孟德斯鸠的《法意》（即《论法的精神》）以及严复所译述的赫胥黎所著《天演论》等著作，受到爱国民主思想的影响。周恩来还阅读了英国人亚当·斯密所著的政治经济学《原富》（即《国富论》）以及英国人斯宾塞的《群学肄言》等著作。其中，尤其以《天演论》，给了他较大的思想影响。这时，他的英文已较好，甚至能看这些书的英文原版，他还看了一些其他英文原版的世界历史、世界地理等方面的书籍。

《天演论》是英国生物学家赫胥黎宣传达尔文进化论的一本重要著作，它阐述“物竞天择、优胜劣败”的进化规律，与中国人传统的“今不如古”的观点完全相反。因此，《天演论》当时被称为是一本“尊民叛君，尊今叛古”的书。从这本书中，周恩来明白了生物界“物竞天择，适者生存，不适者淘汰”的进化道理。他从积极方面理解和接受这种思想。他由进化论和“物竞天择”的道理中，

1914 年，在天津南开学校读书时的周恩来

领悟到中华民族必须奋发维新，“自强保种”，才有出路；人类的社会进步是不可阻挡的，将来必胜于过去。

在中外思想家的影响下，周恩来写了许多思辨色彩极浓的优秀作文，如：《子與氏不言利，司密氏好言利，二说孰是，能折中言之欤》《或多难以固邦国论》《共和欧体者，人人皆治人，人人皆治于人论》《老子主退让，赫胥黎主竞争，二说孰是，试言之》《我之人格观》《试论奢靡二说》……

在《子與氏不言利，司密氏好言利，二说孰是，能折中言之欤》这篇作文中，他试图从理论与实践两个角度寻找“义”和“利”的共同点。义、利之争在中外思想史尤其是哲学史上长期存在。中国的儒学思想中一般重义轻利，甚至把义和利绝对对立起来。孟子认为利是引起社会混乱的总根源，只要舍生取义，实行“仁政”，则“治天下可运之于掌上”。与此相反，西方功利主义哲学则认为个人利益是人类行为的出发点，把合理的利己主义当作行为的准则。英国古典政治经济学理论体系的创立者亚当·斯密则在其著名的《国民财富的性质和原因的研究》

（即《国富论》）一书中，从个人利己主义这一所谓“人类的本性”出发，演绎出资本主义自由经济的思想体系。针对这两种尖锐对立的观点，周恩来在作文中从它们各自产生的历史背景出发，剖析了它们各自的社会价值，肯定了它们的历史作用。随后，他又把论题的峰潮推回到中国现社会中来，认为：在“中国之今日财尽矣德衰矣”的情况下，单纯地“言利则德不足以副之”，同样，单纯地“言义则民穷足以困之”，如果把义和利对立起来，“分而行之，适足以促吾国之亡”。他把对义、利问题的思想选择，提高到国家存亡的高度。因为这涉及当时在实践中到底是道德救国还是实业救国的问题。周恩来在这篇作文中的最终目的，是在对各有利弊的学说进行细密分析后，取其精华，求得符合中国实际的可操作性理论。为此，他提出了解决中国问题的根本办法：“民德民生双峰并峙两利皆举。”这种“两利皆举”的想法，立足于把对立双方适合社会发展的共同点结合起来，避免两种观点的极端性，汲取各自的合理因素。他设想其实践效果必然是：国民之德行可“达于尧天舜日之境”，国家富强可“比隆于欧美”。

在受两种尖锐对立的思想影响时，周恩来并没有表现出迷惑或盲从，而是善于从社会历史和现实出发，对每种观点进行细密的分析，辨明是非，在辩证的思考中找到各自合理的因素，以便求得解决问题的答案。这种思维特点在他四年的南开学校正规学习中，逐渐巩固下来。由于这种求实和思辨的思维习惯，他在这一时期也格外感兴趣于选择符合这种思想方法的题目作文。

1916 年 3 月，周恩来在另一篇作文《老子主退让，赫胥黎主竞争，二说孰是，试言之》中，以类似于前篇作文的思维逻辑，更精彩地表现了他的辩证思维方法。虽然退让与竞争两者是尖锐对立的，但他既赞赏老子揭示的“新陈代谢物质循环而演成日新月异之物质文明世界”这一“生存常道”，也不排斥英人赫胥黎用“物竞天择、优胜劣败”来解释自然界进化的观点，认为两者同样是把眼光放在客观世界的变化发展上，其研究对象具有共同点。不仅如此，他还认为，老子的“退让”与赫氏的“竞争”，并非“冰炭不同炉”，只要深思慎辨就可发现，老子的退让中包含着竞争，赫胥黎的竞争中也包含着退让。文中从退让与竞争的相对性和相容性的辩证关系上，又找到了老子和赫氏的学说在内容上的共同点。最后，他提出：“莽莽大地，其有倡老赫二氏退让竞争主义者，吾虽为之执鞭亦欣慕焉。”可见，周恩来是极其欣赏从对立中求同一的思辨方法的，也乐于从事这种哲学思辨。他所提出的“退让竞争主义”概念，充分地体现了他思想方法中不走极端的辩证性。

南开时期，是周恩来人生历程尤其是思想探求的一个重要阶段。

对事物，周恩来养成了独立观察、辩证思考、细密分析的习惯。正如他在《吾校之新剧观》这篇社论中所领悟的：“物虽微，理所据也。事虽细，神所系也。观一物之结构，而后知万象之生理。察一事之组织，而后洞人类之精神。”

对人，周恩来则表现出极大的谦逊、坦诚和宽容。无论对同学，还是对友人，他总是肝胆相照，真诚相待，热心为大家服务，关心别人胜过关心自己。他经常牺牲自己的课余时间帮助别人学习、补课，给同班同学和低年级同学辅导学业，解答疑题。

周恩来曾写过一篇题为《射阳忆旧》的散文，文中回忆和赞美了他家乡一个忠诚正直的仆人，并表述了自己愿做四万万人民中的公仆的志向，决心将来要做“天下之公仆”，为天下的劳苦大众服务。

这一时期，周恩来善交友，但所交非常慎重。他曾自述道：

“余性恶静，好交游，每得一友，辄寤寐不忘。”

他还在一篇文章中写道：

“既入南开，处稠人广众中，所交益多，唯人品不齐，何敢等视，以故识者虽众，而处以深交期以久远者，实不多觏。”

这里所说的“深交”是以志同道合为基础；“期以久远”则是要有救国救民之恒久志向。

早在 1914 年 3 月，周恩来和张蓬仙、常策欧两位同学，发起组织了一个业余团体，决定取“敬重学业，联络感情”之意，定名为“敬业乐群会”。该会的宗旨定为：

“以智育为主体，而归宿于道德，联同学之感情”“辨难析疑，逸出于课程之外，研究各种学识”“补教科之不及”。

由于周恩来在同学中享有较高威信，因此大家都一致选他为社团领导。但他虚心谦让，在第一、二年只担任智育部部长、副会长，到第三年才担任会长。

“敬业乐群会”成立后，开展了各种进步活动。为了便于同学课外阅读书籍，增进知识，除接收原学生团体的藏书和新购部分书刊外，还发动会员自愿捐献书籍，互通有无。据记载，周恩来第一次就捐献了《东方杂志》《大同报》《立国根本谭》《军人的模范》《自治模范》《民国生死问题》等多种书刊。

周恩来（前排坐者）同南开学校老师伉乃如（前排左二）及同学合影

在周恩来的主持下，智育部利用每星期一、三、四、五四天的课余时间开展各种活动，经常邀请老师做专题报告和辅导，有时还邀请校外知名人士来会讲演、座谈。如吴玉章、黄炎培等就曾到校和会员座谈，这些活动大大开阔了会员的眼界，增强了学习兴趣，培养了爱好、特长，激发了大家奋起救国的革命热情，确实起了“补教科之不及”的作用。

该会还针对同学们的喜好特点，经常开展各种有益于身心健康的文娱活动。如在茶会上，大家欢聚一堂，讲趣语，说笑谜，表演相声、双簧、幻术或舞剑，猜灯谜以及开展棋类比赛等。据当年校刊报道，周恩来的趣语和幻术表演很受欢迎，常常引起大家捧腹大笑。

除担任智育部部长外，周恩来还负责经办一切会务工作，同时还主编《敬业》会刊。

当时南开学校有四种公开发行的刊物:《校风》《英文季报》《励学杂志》和《敬业学报》（开始叫《敬业》杂志）。《敬业》系半年刊，每年3月、10月出版，第一期于1914年10月出版。

“我是爱南开的”

周恩来主编《敬业》，“倍竭其力”，该刊内容丰富，文字清新，论理精辟，插图优美，流行亦广，影响很大，得到大家公认，“为全校冠”。

周恩来在该刊上曾以“飞飞”“翔宇”“恩来”署名撰写了大量的时事、评论、小说、诗歌、译作等。《敬业》共办了六期，在后几期杂志里，周恩来还专门开辟了《飞飞漫墨》专栏。在这个专栏里，他以多种不同的文学体裁与艺术风格，宣传反帝反封建的进步思想。尤其他挥笔写就了许多豪放的诗篇，融进了深刻的政治内容、强烈的战斗精神和真挚感人的艺术魅力。

据现有资料看，周恩来最早的诗歌作品，应该是他1914年发表在《敬业》创刊号上的《春日偶成》（二首）。

（一）

极目青郊外，
烟霾布正浓。
中原方逐鹿，
博浪踵相踪。

（二）

樱花红陌上，
柳叶绿池边。
燕子声声里，
相思又一年。

当时发表在《敬业》创刊号的21首诗作中，多数是吟鸟语花香，赞美大自然景色的。而周恩来的诗，独以深沉的目力和锐利的眼光，透过春意盎然的大自然景象和祖国美好河山的描述，揭示了祖国的危难、人民的痛苦，抒发了他热爱祖国和人民、追求进步和光明的热烈情感。

1916年4月，周恩来为了送别同学好友、“敬业乐群会”会长张蓬仙离校返乡，前往日本留学时，曾以《送蓬仙兄返里有感》为题写了三首送行诗，以飞飞为笔名发表在《敬业》第四期上：

（一）

相逢萍水亦前缘，
负笈津门岂偶然。
扪虱倾谈惊四座，
持螯下酒话当年。
险夷不变应尝胆，
道义争担敢息肩。
待得归农功满日，
他年预卜买邻钱。

（二）

东风催异客，
南浦唱骊歌。
转眼人千里，
消魂梦一柯。
星离成恨事，
云散奈愁何。
欣喜前尘影，
因缘文字多。

（三）

同侪争疾走，
君独著先鞭。
作嫁怜侬拙，
急流让尔贤。
群鸦恋晚树，
孤雁入寥天。

周恩来在南开学校时积极参加戏剧活动。这是他和学校新剧团主要演员合影。后立者为周恩来

惟有交游旧，

临歧意怅然。

后来看过周恩来早年写的这些诗句的赵朴初先生，这样感叹："周总理曾经是一个有甚深造诣的诗人，写过了动人心弦的诗篇。"

唐弢先生也品评过周恩来的早期诗歌，他也脱口而出地感佩到："一个伟大的革命家，同时是一个伟大的诗人！""周恩来这些早期诗篇虽然为数不多，却的确使我喜欢，倾倒佩服，因为它们反映了一个伟人的萌芽……"

诗人对诗的感受，是最直接的；而诗人对伟人的诗的感受，也应该是最真切的。

1915年8月30日，南开学校校刊更名为《校风》周刊。这是由学生自办的校刊，每周出一期，公开发行。该刊有工作人员四五十人，分布在各年级各班，每年选一次，编辑部有6名编辑代表，周恩来是1916年和1917年的编辑代表。他除担任编辑部的纪事类总主任、文苑部部长、课艺栏编辑外，主要职务是《校风》总经理，负责财务收入、印刷、校对、广告、发行等事务。他的工作既繁重又琐碎，需要付出更多的时间和精力。有时他还要亲自到印刷所去检查印刷质量和保证每期准时出版。

除此而外，他还亲笔为该刊撰写很多评论文章和新闻报道。他的文章题材范围广，论述方面多，从政治、经济、文化到地理、风俗，从国际国内大事到球讯往来消息，他都有所评论、记述。这些作品写得有内容、有条理、有判断，并有引人入胜的风趣，同学们都争相传阅。

周恩来在南开学校所撰写的各种体裁的文章，据不完全统计，仅载于《敬业》《校风》《南开星期报》等刊物上的文章共有25篇，其中论说文12篇，小说、小史、剧本、游记、杂忆、编志、翻译等各种体裁的文章13篇。另外还有纪事137则，笔录3篇，诗歌6首，等等。

当时，天津各中等以上学校每年均联合举行一次校际辩论讲演比赛，由各校派出3名代表参加，根据比赛的题目，各人尽力阐述发挥，互相辩驳，优者为胜。周恩来曾代表南开学校多次参加过这样的比赛，他特别善于演讲，长于雄辩，他的演说总是那么激动人心，很富于感染力，因而使南开学校连续两次获得全市中学校际讲演比赛第一名。

周恩来杰出的演说能力是下过一番苦功夫的。他经常勤学苦练，从内容到声调，从仪容到姿态，广泛征求同学意见。有时他在宿舍里对着镜子练。他还苦练即席讲演的能力，不打稿，不准备，得到题目后立即发言，出口成章，机智敏捷。天才出于勤奋。后来周恩来成为当代世界杰出的外交家、演说家，是与他青少年时期勤学苦练和长期革命斗争实践的锻炼分不开的。

在南开学习的四年中，周恩来与老师建立了深厚的友谊。他深得校长张伯苓的器重。每隔几个星期，他总要在休息日到张校长家去长谈。张校长每次总要留他吃饭，有时吃贴饼子，煮稀饭，煎小鱼，把他当成自家人。

校长张伯苓常对家人说：周恩来是南开最好的学生。校董严修也很赏识周恩来的人品和才学，他曾称誉周恩来："有宰相之才。"他的儿子严智崇曾向父亲提出："周恩来之为人，男早已留心，私以为可以为六妹（严智安）议婚，但未曾向一人言之耳。"严修的家人想促成周恩来和严家六小姐的姻缘。对校董的厚爱，周恩来很感激，但婚姻大事绝非儿戏。他在一次散步时对好友张鸿诰说："我

1959 年 5 月，周恩来在天津南开大学同师生们交谈

是个穷学生，假如和严家结了亲，我的前途一定会受严家支配，因此辞却了。”

另外，周恩来与国文、理化等课的教师交谊也很深厚。国文教师张皞如，是一个很有爱国民主思想的人，周恩来经常邀请他参加敬业乐群会诗团的活动。1916 年 10 月，周恩来在《敬业》第五期上发表了一首张老师的诗作《伤心事》，同时自己和了一首《次皞如夫子〈伤心事〉原韵》。两人表达了共同的心境。

1917 年 6 月 26 日，这是一个难忘的日子，周恩来参加了南开学校第十次毕业典礼，当校方把“国文最佳奖”颁发给他时，场内响起了雷鸣般的掌声。周恩来代表全体毕业生致答词。

在他的毕业证书上，有这么几句话：

> 中学部学生周恩来，年 19 岁，浙江省绍（兴）县人，于中华民国六年六月业将功课肄习完毕，计得毕业分数八十九分七二。

在《毕业同学录》，对周恩来有这么几句评语：

君性温和诚实，最富于感情，挚于友谊，凡朋友及公益事，无不尽力；君家贫，处境最艰，学费时不济，而独于万苦千难中多才多艺，造成斯绩。善演说，能文章，工行书。曾代表本班与全校辩论。于全校文试，夺得首席，习字比赛，复列其名，长于数学，往往于教授外自出新法，捷算赛速，两列前茅。毕业成绩仍属最优。

南开学校，给周恩来增添了丰富的营养，留下了永远忘不了的记忆。几十年后，成为中华人民共和国总理的周恩来曾多次说过：

南开是我的母校，我在这里学了一些知识，锻炼了办事能力；

我还是感谢南开中学给我那些启蒙的基本知识，使我有可能寻求新的知识；

我是爱南开的……

二、东渡西行认真理

4　东渡日本

东渡日本求学，在苦闷中曾一度信仰“无生”主义。“军国”的主张不能救中国，“贤人政治”亦不能救中国，周恩来开始关注俄国的列宁。

“大江歌罢掉头东”

四年的南开学习生活结束后，每个南开学子都在为自己的去向做打算。年轻的周恩来有着远大的抱负，希望能继续求学，但他的家境却那么贫寒，难以给他继续深造的支持。一些友人得知他的打算后，借给他一笔路费，帮助他去日本求学。那时，中日两国之间有一个由日本政府指定学校为中国代培留学生的协定。协定中规定：中国学生凡能考取指定的日本大专学校之一的，可以享受官费待遇，直到学成返国为止。如能得到这个待遇，他在日本求学的费用问题就解决了。所以他很想试试，到日本去报考官费留学。

在周恩来毕业的前一年，伯父周贻赓已被调充奉天全省清丈总局西安清丈行局科员，只身赴东北就任。周恩来对他伯父几年来的抚养很感激。要出国了，周恩来决定先到东北探望伯父，并回沈阳母校同师友话别。1917 年 8 月，他又回到了阔别四年多的沈阳，与伯父和母校的师友们依依惜别。8 月 30 日，他给同学写下了这样的临别赠言：“愿相会于中华腾飞世界时。”

9 月，他由天津登轮东渡。临行前夕，他写下了那首抒发他青年时期救国抱

青年时代的周恩来

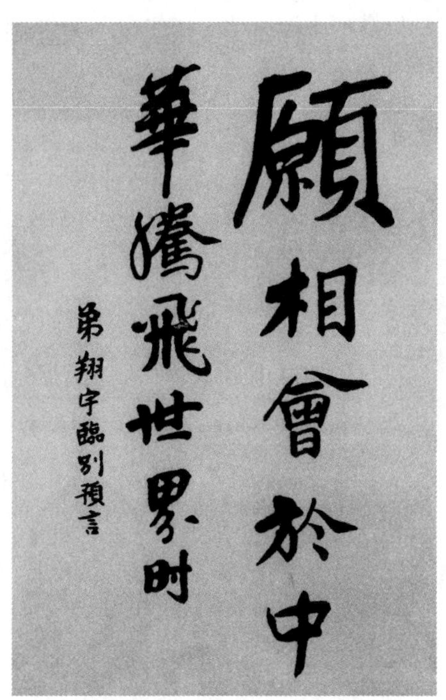

1917年8月，周恩来东渡日本求学时为同学题字

负的著名诗篇：

大江歌罢掉头东，
邃密群科济世穷，
面壁十年图破壁，
难酬蹈海亦英雄。

南开学校毕业生在日本留学的很多，不少人原是周恩来的好友。他的同班同学王朴山只比他早到东京三天。南开创办人严修的儿子严智开（季冲）正在东京美术学校学习，即将毕业。其他同学还有童启颜（冠贤）、陈钢（铁卿）、张鸿诰、张瑞峰、高仁山、吴瀚涛、刘东美、杨伯安等。在东京，一些先期到达的同学，在东京组织了南开同学会，总干事是童启颜，周恩来去后不久，被选为评议员。因此，周恩来一到日本，就得到不少照顾和帮助。

由于住处紧张，周恩来在东京神田区一家家具店的二楼，同一个早住在这里的姓陈的中国留学生挤住在一个“贷间”（日本有些房主将多余的住房出租，并承办租客的伙食和一般生活照料，称为“贷间”）里。以后为了寻找房租便宜的地方，他又多次移居。

10月间，他进入神田区仲猿乐街七号东亚高等预备学校补习大学考试的科目，主要是学习日文，也复习一些其他课程。这不仅因为日文是他在日本生活和求学必须具有的条件，是日本大专学校入学考试的重要科目，而且还因为他在南开学校所学的数学、物理、化学等科使用的词语都是英文的，如果不学习日文，对其他科目的考试也会带来很大的困难。他和南开同学张鸿诰都准备报考东京高等师范学校和东京第一高等学校。如果考取其中的一所，就可以得到官费学习的待遇。

日本学校的考期越来越临近，家里的景况却一天比一天困难，这使周恩来忧心如焚。他在1918年1月的日记里写道：“我现在惟（唯）有将家里这样的事情天天放在心上，时时刻刻去用功。今年果真要考上官费，那时候心就安多了，一步一步地向上走，或者也有个报恩的日子。如今我搬到这个贷间来，用度既省，地方又清静，正好是我埋头用功的日子。”同月的日记里又写道：“我想我现在已经来了四个多月了，日文日语一点儿长进还没有，眼见着高师考试快到了，要再不加紧用功，不要（说）没有丝毫取的望，就是下场的望恐怕也没了。”“我一个人，除了念书，还有什么事做呢？用功呀，用功呀，时候不再给我留了。”

在准备考试的同时，周恩来并不一味地死读书。他利用一切机会观察和了解日本社会，从周围的实际生活中去学习。他总思考这样一个问题：日本是中国的近邻，过去也蒙受外国列强的欺凌，为何明治维新后却一天天强盛起来。中国的路该怎样走？他到日本后曾给南开学校同班同学沈天民写了一封长信，并附寄一本英文版的《日本时代精神》。他与在东京的南开同学保持着密切往来，经常到中华青年会去看报，注意观察日本社会。他在日记中写道：

无处不可以求学问，又何必终日守着课本儿叫作求学呢？我自从来日本之后，觉得事事都可以用求学的眼光看。日本人的一举一动、一切的行事，我们留学的人都应该注意。我每天看报的时刻总要用一点多钟。虽说是光阴可贵，然而他们的国情，总是应该知道的。

大凡天下的人有真正本事的，必定是能涵养能虚心。看定一种事情应该去做的，就拼命去做，不计利害；不应该做的，便躲着不出头，或是极力反对。这样子的人总是心里头有一定主见，轻易不肯改变的。成败固然是不足论事，然而当着他活的时候，总要想他所办的事成功，不能因为有折磨便灰心，也不能因为有小小的成功便满足。梁任公有一句诗：“世界无穷愿无尽”，我是很赞成的。盖现在的人总要有个志向，平常的人不过是吃饱了，穿足了，便以为了事。有大志向的人，便想去救国，尽力社会。

经过一段时间的细心观察，周恩来对日本社会的认识有了变化。原先，他受国内一种流行看法的影响，认为中国太弱了，日本“军国”式的道路未必不是救中国的一种办法。经过实地观察，他把自己的新认识写到了日记本上：

日本也是行军国主义的国。军国主义的第一个条件是“有强权无公理”的。两个军国主义的政策碰到一块儿，自然是要比比谁强谁弱了，而且军国主义必定是扩张领土为最要的事。

将来欧战完后，德意志的军国主义保怕难保得住了，日本的军国主义不知又教谁打呢？军国主义在20世纪上我看是绝对不能存留了。

我从前所想的“军国”“贤人政治”这两种主义可以救中国的，现在想想实在是大错了。

修正了认识上的“大错”以后，要找到正确的答案又谈何容易。周恩来苦苦思索着中国的出路，再加上个人的境遇和家庭的景况，他到日本后不久，有一段时间苦闷几乎达到极点。

1918 年 1 月 8 日，堂弟来信，告诉他在家久病的叔父贻奎去世了。他在当天的日记里写道：“我身在海外，猛然接着这个恶消息，那时候心中不知是痛是悲，好像是已没了知觉的一样。”紧接着三天，他在日记中都写下了自己这种亦痛亦悲的心情。在 1 月 9 日，他写道：“想起家中一个要紧的男子也没有，后事如何了法？这几年来八伯（指贻奎）同八妈的苦处已算受尽了，债务天天逼着，钱是没有，一家几口子饭是要吃的，当也当净了，卖也卖绝了，借是没处借，赊是没处赊，不要说脸面是没了，就是不要脸向人家去要饭吃，恐怕也没有地方去要。八伯这个病，虽说老病，然而病到现在何曾用一个钱去医治的呢？简直说是穷死了。”1 月 10 日，他又写道：“连着这三天，夜里总没有睡着，越想越难受。家里头不知是什么样子，四伯急得更不用说了，只恨我身在海外，不能够立时回去帮着四伯、干爹（指他的伯父贻赓和父亲劭纲）做一点儿事儿。如今处着这个地位，是进不得也退不得。”

在异国的孤寂之感，使他萌生了这样的怪念头：能不能用当时日本流行的佛教“无生”思想来摆脱自己内心难以忍受的痛苦。

经过一段时间的理性思考和思想斗争，他很快抛弃了“无生主义”的想法。他在日记中写道：

以后我搬到神田住，忽然又为孤单独处的缘故，看着世上一切的事情，都是走绕道。“苦海无边，回头是岸。”不如排弃万有，走那“无生”的道儿，较着像少事的。闹了多少日子，总破不开情关，与人类总断不绝关系。虽不能像释迦所说“世界上有一人不成佛，我即不成佛”那么大；然而叫我将与我有缘的一一断绝，我就不能，哪能够再学达摩面壁呢？既不能去做，又不能不去想，这个苦处扰我到今年一月里才渐渐地打消了。

1918年2月11日，是农历戊午年的春节。周恩来在这天的日记里是这样写的："我平生最烦恶的是平常人立了志向不去行。"为便于言行一致，他把自己在新的一年里应做的方针定为：

第一，想要想比现在还新的思想；第二，做要做现在最新的事情；第三，学要学离现在最近的学问。思想要自由，做事要实在，学问要真切。

这期间，周恩来思想的稳定和认识的转变，在很大程度上得益于《新青年》杂志对他的影响。《新青年》杂志在1915年9月创刊于上海，原名《青年》杂志，1916年9月，更名为《新青年》，早期主要由陈独秀一人主编。该刊以"提倡民主和科学、反对专制和迷信、提倡新道德反对旧道德、提倡新文学反对旧文学"为主要内容，成为发起和推动新文化运动的阵地，在当时整个中国思想文化界，尤其是青年知识分子中具有极广泛的巨大影响。当周恩来在南开学校读书的时候，《新青年》早已出版，他虽在书铺里买来看过，但不过是随便浏览了一下，没有引起足够的注意。他在旅日日记中记述这件事说："从前我在国内的时候，因为学校里的事情忙，对于前年出版的《新青年》杂志没有特别地去注意。有时候从书铺里买来看时，亦不过过眼云烟，随看随忘的。"在周恩来从天津动身赴日本求学的前夕，一位朋友送给他一本《新青年》第三卷第四号。他将这本杂志带在身边，赴日途中开始阅读，渐渐对它喜欢起来。到东京后，又从严智开（季冲）那里见到《新青年》第三卷的全份，借回去看，受到一些启发，觉得"把我那从前的一切谬见打退了好多"。到了极端苦闷时，他又把《新青年》第三卷重新找出来，重新阅读。其中宣传的新思想强烈地吸引了他，使他顿时感到眼前变得豁然开朗。

他在日记中写道：

我的心仍然要用在"自然"的上，随着进化的轨道，去做那最新最近于大同理想的事情。

这个月开月以来，觉得心里头安静了许多。这几天连着把三卷的《青年》仔细看了一遍，才知道我从前在国内所想的全是大差，毫无一事可以做标准的。来到日本所讲的“无生”主义虽然是高超了许多，然而却不容易实行。总起来说，从前所想的、所行的、所学的全都是没有用的。从今后要按着2月11日所定的三个主义去实行。决不固执旧有的与新的对抗，也不可惜旧有的去恋念它。我愿意自今以后，为我的“思想”、“学问”、“事业”去开一个新纪元才好呢！

这期间，他“晨起读《新青年》，晚归复读之”，并在日记中连续地写道：

我自前天忽然的醒悟，将从前一切事体都看成了不足重的事、不足取的事，心里头非常快活。“从前种种譬如昨日死”。我这时候的思想与这句话一点儿也不错。我这时候的喜欢好像比平常人信宗教还高兴十倍。宗教家常说人要信宗教就是“更生”“重生”。我觉得我这回大领悟，将从前的全弃去了，另辟“新思想”，求“新学问”，做“新事情”，实在是同“重生”“更生”一样子了。法国女优倍那儿常说自己是小儿。我今天借用她这句话。我看我自己现在实在是小儿了。哈哈！

我现在心里非常快活。想起我从前所思、所学、所行，实在是一无可取。

我但期望我的‘思’‘学’‘行’三者能顺着进化的轨道、自然的妙理去向前走。

他兴奋地用两句诗来表达自己的心境：“风雪残留犹未尽，一轮红日已东升！”

一片新的希望在他面前升起了。他开始确信：世界是合乎自然地、活泼地、永不停息地进化的，自己的思想、学问和事业都要毫不可惜地抛弃“旧”的，追求“新”的。这一切使他振奋，使他受到巨大的鼓舞。虽然这个“新”仍然是模糊不清的，但他决定要重新考虑自己今后的生活道路。

这以后几个星期，他集中精力投入东京高等师范的入学考试。考试是在3月4日至6日进行的，共考日语、数学、地理、历史、英语、物理、化学、博物八科，还进行了口试。结果出来以后，并不理想，没有被录取。这对他自然是个不小的打击，但他精神上并没有沮丧。他的同班好友张鸿诰虽然考取了高师物理科，却希望考入第一高等学校，以便将来可以上大学学工科。报考一高，必须先从高师退学，但将来能否考上一高又没有把握。张鸿诰很犹豫，征求周恩来的意见。周恩来劝他说：“不能只顾一时的得失，动摇多年的志愿，应该考虑国家的需要和个人在哪一方面可能发挥更大的作用来决定取舍，你既能考上高师，为什么怕考不上一高？”经他一说，张鸿诰下决心退掉高师的学籍，后来果然实现了他学工科的夙愿。

这次考试失败后，周恩来又全力以赴地投入下一次考试的准备。他在日记中写道：“我自从考完了师范后，心里头非常着急，以为7月里考第一高等，功课若不预备好了，定然没有取上的希望。要打算取上，非从现在起起首用功，断然没有把握。”他订了计划：每天读书13小时半，休息和其他事3小时半，睡眠7小时。

不久，一场爱国运动改变了周恩来在日本的全部生活。

生活与追求的改变

大约从4月初开始，陆续传出消息说：日本政府准备同北洋军阀段祺瑞政府秘密签订《中日共同防敌军事协定》，共同出兵西伯利亚以镇压俄国革命。这个消息给了中国留日学生很大的震动。周恩来非常关注这件事。他在日记上记道：“阅英文报，知日政府又提出二十条要求于中国矣。”又记道：“早起因思昨日日本要求事，我政府尚愦愦，奈何！”

5月初，消息越传越紧了。周恩来在5月2日的日记中记道：“观报多时，国事益坏矣。”这时，第一高等学校的中国留学生首先发动起来，主张全体留学生离日归国以示抗议。他们派代表四处游说，并且发布传单征求各省同乡会、各校同窗会的意见。其他学校的学生也纷纷集会响应。有些激烈的学生破指写下血书。5月5日，留日各省及各校代表会议“以外患紧急，祖国危殆，群议组织团体，共图挽救之法”，决议成立“大中华民国救国团”。6日，救国团成员四十多人在神田区的中国饭店维新号楼上召开秘密会议。日本警官和侦探数十人突然持刀冲入，拳打脚踢，并将与会学生全部双手反缚，送往西神田警署。中国留学生满怀悲痛。10日，传来消息：著名报人彭翼仲本月2日从轮船上蹈海而死。周恩来在当天日记中录下他的绝命诗中的两句：“霹雳一声中日约，亡奴何必更贪

1917年9月，周恩来赴日本求学。这是他与留日同学合影，后排右一为周恩来

生？”这件事对他又是强烈的刺激。

16日，段祺瑞反人民之道而行之，悍然同日本政府秘密签订了《中日共同防敌军事协定》。这使留日学生更加愤慨。许多留日学生罢学归国，先后达400余人。21日，十数校学生在北京举行示威游行，并派代表到上海，组成学生爱国会（以后改称学生救国会），成为促成第二年五四运动爆发的原因之一。李达、李汉俊、黄日葵等就是在这个运动的高潮中离日归国的。他们回国后，分别在上海和北京成为重要的马克思主义宣传者。

爱国的波澜，冲击并改变了周恩来的生活。民族危亡的严酷现实使他的满腔热血沸腾起来，无法再沉下心来埋头准备考试。5月间，他的日记内容几乎全部是记载的这次留日学生爱国运动的情况。他参加各种集会，散发爱国传单。5月19日，他又参加了留日学生中的爱国团体——新中学会。

新中学会以在日本的天津南开学校和天津法政学校毕业生为主体，中心人物童启颜（冠贤）、高仁山等是比周恩来早到日本半年的南开同学，同他都很熟识。他们提议组织这个团体，借以敦品励学，积极救国，并用复兴意大利的“三杰”的故事以自励。新中学会的《会章》规定：以联络感情、砥砺品行、阐明学术、运用科学方法刷新中国为宗旨。所谓“刷新中国”，也就是改造中国，至于怎么改造中国，他们的答案还是笼统的，大体上还是科学救国、实业救国这些主张。他们吸收会员很慎重，看重的是个人品行是否纯正、同其他会员是否相知有素、感情笃厚。学会规定以“赤心”为会徽，表示赤胆忠心为国为民，同时也含有热烈、勇敢和会员间赤诚相见的意思。周恩来在入会仪式上发表了一篇讲演：

> 我们中国之所以如此衰弱，全是因为不能图新，又不能保旧，又不能改良。泰西的文明之所以能发达，是因为民族的变换、地势的迁移，互相竞争，才能够一天比一天新。中国的民族是一系的，地位是永据的，所以无进步而趋于保守。文化不进则退，所以旧的也不能保了。再说我们两千（年）的历史，思想学术全都是一孔之见。泰东西的文化比较我们的文化可以说新得太多。他们要是主宰中国，决不能像元、清两朝被中国的民性软化了。我们来到外洋求真学问，就应该造成一种泰东西的民族样子去主宰我们自己的民族，岂不叫比着外人强万倍不止了吗？所以我刚入这会，见着这个“新”字，心里头非常痛快，望诸同志人人心中存着这“新”字，中国才有望呢！

最后，他把“哲学的思想，科学的能力”两句话作为给其他会员的赠言。

新中学会的一个重要特点是注重会员的集体生活。他们在东京早稻田租定一处会址，有十七八间房子，题为“新中寄庐”。每星期日上午，举行会员座谈会。讨论的题目，有时是国家大事，如凡尔赛会议有关中国的问题等；有时是个人学习心得。准时开会，准时散会，不许无故迟到早退。无故迟到的只能自觉地站在旁边，等主席招呼后方能入座。会员除确有困难者外，都搬到“新中寄庐”的宿舍中集体居住。宿舍内所有烧饭、洗碗、采买、看门、清洁卫生等工作，由会员轮流担任。各人所有的现款一律交公存储，大家按需支用，不许浪费。经济比较宽裕的会员还一次或分次缴付互济金，帮助有困难的会员的学膳等费。这一年，南开学校校长张伯苓和天津水产学校校长孙子文等访美回国路过东京时，曾到“新中寄庐”参观并进午餐。这顿午餐，便是由周恩来和会员马洗凡、李峰等做的。张伯苓等很称赞这种集体生活，认为是新中国、新社会的开始。

7月2日至3日，周恩来投考东京第一高等学校，由于积极地投入爱国运动，考试成绩不够好，没有被录取。周恩来的心情非常懊丧。他在日记中写道：“昨前两日试验失败，心中难堪异常。”“这叫作自暴自弃，还救什么国呢？爱什么家呢？不考官立学校，此羞终不可洗。”在这种心情下，7月28日，他离东京回国探亲，乘船渡海，到朝鲜釜山改搭火车。8月1日，回到天津。

8月7日，周恩来回到母校，探望了师友们，三日后，又到北京住了一个星期，去看他的生父。他在国内度过了一个多月。9月4日，他重新回到东京。

在他归国的这段时间内，日本发生了席卷全国的米骚动。这次骚动的直接导因，是日本出兵西伯利亚后在国内大量收购军米，造成米价高涨。每升白米的价格，在春天是两角，到夏天就猛涨至五角五，短期内上升一倍多，严重影响人民生计的维持。7月下旬，骚动从富士县开始。8月中旬，在连续四天内，京都每天都有数千人袭击米店。这个风潮迅速扩及整个日本，在农村和煤矿工人中也都发生暴动。9月中旬，日本军队开枪镇压矿工，打死13人。57天内，全国有33个县发生暴动。卷入这个事件的，将近占日本全国人口的四分之一。在这场空前的米骚动中，日本社会结构的内部矛盾暴露得如此尖锐和清楚，社会主义思想得到了更广泛的传播。

周恩来原来同许多留日学生一样，把日本看作中国学习的榜样，想从中找到救中国的出路。现在，在日本突然发生这样巨大的事变，强烈地吸引了他的注意力，把他的视野扩展到日益尖锐的社会问题上来。既然日本社会的发展道路并不是那样完美无缺，中国在考虑自己的未来前景时，自然也必须对社会问题给予严重的关注。这为他以后进一步理解和接受马克思主义创造了重要的、必不可少的条件。

周恩来初到日本的时间是1917年10月，正是俄国十月社会主义革命的前夕。他后来同日本朋友谈话时说到过：“我来日本不久，刚好十月革命就爆发了。”“关于十月革命的介绍，我在日本报纸上看到一些。那时叫‘过激党’，把红军叫‘赤军’。”尽管他也关注这些世界上发生的大事，但最初这些变化在他思想上似乎也没有造成多大的影响。到了1918年春天，他越来越关注俄国发生的变化。4月23日的晚上，他到东京堂去买书，随便看看新出的杂志。从《露西亚研究》

这本刊物中他偶然看到一篇论述俄国党派情况的文章，这篇文章给他留下了比较深的印象。回来后，他在日记中凭追忆写下了800多字的详细摘要，里面说：

政府越压制得利（历）害，国民想改革的心越发坚固。百折不磨的精神，一直等到去年的春天居然把俄罗斯皇帝的位子推翻了。

一个叫作社会民主党。这党中分作两派，一派是“过激派”，他的主义是主张完全的民主，破除资产阶级的制度，实行用武力去解决一切党纲。他的行为大半与社会革命党很接近，党魁就是现执政的赖宁（按：即列宁）。还有一派是温和派，他的主义是民主如办不到，仍主张君主立宪，资产阶级的破除须与有资产的人接近。

俄国现在的各党派除了保皇党少数人外，大宗旨全不出于“自由”“民本”两主义。按现在情形说，君主立宪的希望恐怕已没有再生的机会。过激派的宗旨最合劳农两派人的心理，所以势力一天比一天大。资产阶级制度，宗教的约束，全都打破了。世界实行社会主义的国家，恐怕要拿俄罗斯做头一个试验场了。

但这以后没有几天，反对中日军事协定的巨大风潮掀起，转移了他的注意力，对这个问题没有来得及进一步去探讨。9月初重新回到日本，由于亲眼看到米骚动中暴露出来的严重社会问题，使他对这个问题有了更多的关心。他在10月的日记上写道：

二十年华识真理，于今虽晚尚非迟。

他的思想，已经逐渐倾向俄国式的社会主义。

周恩来利用当时日本思想界十分活跃，介绍各种社会学说的书籍较多，自己又能够阅读英文和日文书籍的有利条件，读到了不少宣传介绍社会主义和马克思主义的著作。他先后阅读过幸德秋水的《社会主义神髓》、约翰·里德的《震撼世界的十天》、河上肇的《贫乏物语》以及《新社会》《解放》《改造》等杂志。1919年1月，河上肇主编的《社会问题研究》创刊。该刊第一册到第三册连载了河上肇的《马克思主义的理论体系》，介绍了《资本论》等马克思主义经典著作。河上肇在文中写道："总之，唯物史观、资本论和社会民主主义是涉及理论与实际两方面的马克思主义的三大原理。这三大原理是根本贯穿着一条金线，就是所谓阶级斗争学说。"第四册上登载了河上肇译的马克思《雇佣劳动与资本》全文。周恩来是这个刊物的热心读者，他细心阅读，认真思考，将其与其他各种学说进行比较，结果是思想上越来越多地接受了马克思主义的观点。

重回日本后，周恩来寄住在东京神田区三崎町南开同学王朴山家的楼上。他曾为王朴山题词："浮舟沧海，立马昆仑。"有一个在王家和他共住过一个多月的留日学生，多年后回忆起当时的周恩来给他的印象：沉着、冷静、不爱说笑话；每当谈论问题时，总是讲些国家的大事、民族的前途、青年一代应该怎样学习。另一个印象是：生活朴素、学习刻苦、博览群书、知识渊博、记忆力强、条理清晰。每次外出散步，他从来不在马路上溜达，而是走得很快，去书店翻书阅读。

日本人对周恩来留日的印象

周恩来在日本的这段特殊的生活经历，给后人留下了许多值得探寻的内容。日本国际问题评论家、《朝日新闻》社记者梶谷善久就探寻过周恩来在日本的足迹。他写了《留学日本时的周恩来》一文，以日本人的视角反映了周恩来在日本的一些生活情况。全文照录如下：

1917年，周恩来从天津南开中学毕业后，曾到日本留学一年半。当时他正是20岁的热血青年。通过那个时期和他接触过的日本人的回忆，可以看出周恩来青年时代的形象和生活情形。

中国留学生的领袖

神近市子（《东京日日新闻》记者，曾三次采访周恩来）：在大正七年（1918年）5月7日《东京日日新闻》刊登了这样的报道——

在（东）京中国留学生连日来时有不轨举动，（略）昨天下午1时许，约700名学生在神田区北神保町10号民国中央青年会馆集合，密闭室门，严禁警察和其他日本人出入，似在讨论何事（略）。更有40名干部集合于同区今川小路 1-4，维新号中国料理店楼上，饮酒，并激烈论争不休，致使西神田署数十名警官赶到现场，将其全部带回该署，严加审问。

“被带去的包括帝国大学、高知工科大学、早稻田大学、明治大学及其他东京都各校的公、私费留学生，还有 2 名妇女（后略）。”

中国人反日情绪的高涨始于 3 年前的大正四年（1915 年）1 月，当时的日本政府向袁世凯提出了包括延长旅顺、大连的租借期，接收山东省德国权益的二十一条要求，中国政府方面于 5 月 9 日全部接受了这些要求，中国人民把 5 月 9 日这一天称为“国耻纪念日”，中国留学生们集会也是出于这个原因。当时周恩来被认为是这次集会的领导人。

神近市子曾先后三次拜访过周恩来。最初一次见面是在早稻田大学附近的一个小房间里，大概只有 6 个榻榻米。开始周恩来为是否见记者，还同朋友之间发生过争论，最后同意接受采访。他向记者讲述了中国的情况和来日学习的目的等。留学生似乎并非每天上学，而是将主要精力用于参加政治和劳动运动。谈到最后，气氛很融洽，他还讲了很多有关生活艰苦的情节等。

第二次见面是在街上的一家小饭馆，他们边吃边谈。第三次则是在一间被小河环绕的住宅里，地点在青山霞町十字路口附近的一条胡同内。记得和周恩来一起来的人曾作过长篇演说。

总之，中国留学生当时约有 4000 人，可以推测，在他们中间，周恩来已经是一个“大人物”了。

早稻田大学教授实藤惠秀（著有《中国人日本留学史》一书）、研究中国文学的冈本隆三等人还介绍了下述情况：

1914 年在神田区中猿乐町开办了一所东亚高等预备学校，这所学校主要以教中国留学生日语为目的。当时三分之二的旅日中国留学生都在这所学校学习，周恩来也曾一度在此上学。那时，早稻田大学的在校生约有 5000 人，现在仍然保留着学生名簿和毕业生名簿。但其中找不到周恩来的名字。他大概只是临时在这个学校读书。而日本大学的学生名簿已全部被战火焚烧，无法查找线索。

周恩来旅居日本的 20 世纪 10 年代，日本对中国采取了高压政策。

外务省表面上欢迎中国留学生，实际上却对留学生在日本国内的政治活动严加防范。当局禁止他们集会，一旦被发现，警察立即干预，常常发生拳脚相加的暴力事件。一般日本国民也蔑视中国人，骂中国人是“清国奴”。

周恩来从1917年9月到1919年4月到日本逗留，其间曾临时回国探亲，在日期间并非每天去学校，而是在宿舍里读书看报。他外出时常穿一套碎白点和服，系着带子，头戴俄式帽子。

周恩来一边同中国留学生们在神田中华青年会馆的地下室翻译有关无政府主义的文献，一边秘密地和大杉荣取得联系，支持大杉荣的出版工作，进行各种革命实践活动。

周恩来曾在工具店二楼寄宿

阿部光一（**周恩来寄宿的工具店邻居**）：周恩来曾寄宿在中込区矢吹町的金岛建筑工具店二楼。

房东金岛市太郎是一个技术水平很高的建筑工匠。我们都叫他建市。常常可以看到他腰上围着围裙，穿着工作服，动作麻利地制作隔扇和障子（**都是日式房间的隔壁**）。

周恩来寄宿在二楼一间六个榻榻米的房间里。那时，每个家庭都很节俭，吃的菜均为干鱼和煮萝卜。早晨只有酱汤和咸菜。中午饭要是能吃上炸土豆泥，就会引来人们羡慕的眼光。周恩来留学日本时当然也会很想吃“排场”的炸土豆泥，但充其量只能吃到蛋卷包饭。学生的腰间挂着擦手巾，趿拉着木屐，大声喧哗着，旁若无人地阔步走在通往学校的路上。建市于昭和三十六年（1961年）去世，当时的人也都相继作古。

长岛英雄（**常来送换洗衣服的人**）：我在金岛建筑工具店二楼曾几次见到周恩来。我家住在筑土町，步行到矢吹町还用不了15分钟。我母亲曾帮助中国留学生找住处，洗衣服。每当我把洗好的衣服送到建市宅时，主人市太郎都会向我打招呼：“喂，辛苦了。”

顺院子里的楼梯爬上二楼，左右各有一个房间。周恩来就住在左侧六个榻榻米的房间，屋角摆着一张床，屋子中间有一个方火盆，周恩来经常在火盆前读书。

拉开隔扇，穿着黑色立领学生制服的周恩来立刻会打招呼说：“你来啦。”说着还会把自己的坐垫让给我。我们虽然没有交谈过很多，但可以感到他是很讲礼貌的。要洗的衣服大多是棉布衬衫和中式睡衣，还有的近似日本的和服。

除了那双炯炯有神的目光，我对周恩来没有留下特别的印象，不过有一件事却使我难以忘怀。记不清是哪次送衣服时，周恩来从学生服的口袋里掏出两角钱，很不好意思地递给我。当时两角钱对孩子来说，可以说是一笔大钱。在回家的路上，我用一部分钱买了两个大年糕，边走边吃。那时买两个大年糕大概也只用一分钱。记得周有时还送点心给我吃。他总是只身一人。每逢我送完衣服回家时，他都很礼貌地说上一句“谢谢”，反而弄得我难为情了。

元木省吾（**函馆商业学校教师**）：大正七年（1918 年）7 月 29 日，在去四国岛的香川县途中，乘东海道线向下关开的快车，无意中遇到一个和我同车厢的中国留学生，他就是周恩来。这是在整理旧日记时偶然发现的。这天的记事栏中还夹着一张“周恩来”的石版印刷名片，日记是这样写的：

“坐在我面前的是中国留学生周恩来君。他同我谈了很多有关日本文学和中国文学的情况。他是去年来日的，日语讲得相当不错，但时而也有不明白的地方。他提议用英语交谈。可我的英语很蹩脚，最后只能在笔记本上用笔谈，反而交谈得更投机了。

他说，休假时要回天津，并讲到中国的现代文和中国的辞书，最后还谈起了日中亲善。”

我们交换了名片。周恩来的名片现已泛黄。右上角周恩来用铅笔写了“东京神田高等预备校”，左下角用小字印刷着“翔宇”的字号，屈指算来当时我是 26 岁，周恩来君是 20 岁。

“返国图他兴”

周恩来到日本留学，原本是想通过亲身考察和学习，仿效日本社会的发展道路来寻求拯救中国的方案。然而，日本国内阶级压迫的严酷现实使他对日本社会越来越感到失望，加之十月革命开辟的新的社会主义革命的道路和马克思主义的学说对他的影响，使他继续留日的打算渐渐有了改变。1919 年 3 月，周恩来得知母校南开学校要创办大学部的消息，毅然下决心放弃留日深造，准备回国学习。

3 月间，周恩来离开东京。临行前，他的好友——南开学校的同学张鸿诰等人设宴为其饯行。张鸿诰与周恩来在日本期间保持着密切的交往和友谊，这时，他已经考入东京第一高等学校，好友即将分别，他请周恩来题诗留念。周恩来欣然提笔，将他第一次东渡时所写“大江歌罢掉头东”一诗抄赠，并在诗后附言：“返国图他兴，整装待发，行别诸友，轮扉兄以旧游邀来共酌并伴以子鱼，慕天，醉罢此书，留为再别纪念。”周恩来还将自己十分喜爱的梁启超《自励》一诗，书赠正在日本早稻田大学读书的南开同学王朴山：“献身甘作万矢的，著论求为百世师。誓起民权移旧俗，更掔哲理牖新知。十年以后当思我，举国犹狂欲语谁？世界无穷愿无尽，海天寥廓立多时。”

1919 年 4 月，周恩来回国途中在京都停留了一段时间，住在就读于第三高等学校的南开同学吴瀚涛处，并看望了在京都读书的南开同学。在此期间，他还游览了京都著名的岚山和圆山公园，写下了《雨中岚山——日本京都》（4 月 5 日）、《雨后岚山》（4 月 5 日）、《游日本京都圆山公园》（4 月 5 日）等诗。

《雨中岚山》全诗如下：

雨中二次游岚山，
两岸苍松，夹着几株樱。
到尽处突见一山高，
流出泉水绿如许，绕石照人。
潇潇雨，雾蒙浓；
一线阳光穿云出，愈见姣妍。

人间的万象真理，愈求愈模糊；
——模糊中偶然见着一点光明，
真愈觉姣妍。

借景抒情，以诗言志。周恩来这首诗中所蕴含的复杂的思想感情，只有了解他一年半旅日生活，尤其是他探索拯救中华道路的痛苦、彷徨和重新燃起希望的心路历程，才能够真正理解。置身于如画的秀丽景色之中，周恩来思索着自己思想上经历的许多艰难和曲折，回忆着一件件难忘的往事。他觉得朦胧的雨雾正像纷乱的世界，让人感到渺茫，感到失落，而那穿云透雾的阳光，正像马克思主义的真理，给人带来光明与希望。尽管他当时还不能深刻地理解和认识这个真理，但对真理的发现已使他精神振奋，感到格外欣喜。这首诗和其他几首诗一起，后来都发表在 1920 年 1 月 20 日出版的《觉悟》创刊号上。

4 月间，周恩来由神户乘轮船返回中国。在他随身的行李中，还带有河上肇写的宣传介绍马克思主义的书刊。

轮船停靠大连港。周恩来先去沈阳看望伯父，后又到哈尔滨东华学校做客，校长邓洁民很喜爱他，要他留下来任教员。周恩来婉言谢绝。4 月底（一说 5 月中旬），周恩来返抵天津，回到了他的第二故乡。

5 投身五四爱国运动

参与领导天津学生爱国运动，周恩来被捕入狱，他却庆幸：一种革命意识的萌芽，是从这个时候开始的。

投身五四运动

正当周恩来回到天津，准备升入南开学校大学部继续求学之时，一场伟大的爱国运动开始了。

1919 年 1 月，美、英、法、日、意等 21 个第一次世界大战的战胜国在法国巴黎召开所谓和平会议，中国北洋政府的代表也参加了。在美、英、法等列强操纵下，会议无视中国的战胜国地位，悍然决定将德国从中国山东攫取的权益转交给日本。而卖国的北洋政府竟然准备在这样的“和约”上签字。消息传来，长期积压在中国人民心头的对帝国主义的愤怒像火山一样爆发了。站在爱国运动前列的是大中学校的青年学生。

5 月 4 日，北京学生在天安门前游行示威，首先喊出了“拒绝巴黎和会签字”“收回山东权利”“惩办卖国贼曹（汝霖）、陆（宗舆）、章（宗祥）”的口号。他们在示威游行后，火烧曹汝霖的住宅，痛打章宗祥。北洋政府对爱国学生采取了镇压手段，拘捕了 30 多名学生。这一事件震动全国，也震动了天津。

5 月 7 日，天津各校学生举行示威游行。14 日，天津中等以上学生联合会成立，谌志笃、马骏当选为正副会长。5 月 17 日，周恩来到南开学校参加了“敬业乐群会”的茶话会。他这时还没有入学，只有一个校友的身份；但对这样一场热烈的学生爱国运动，他难以置身事外。在他给留日南开同学的信中说：“我是现在天天到南开去的。”他曾联络南开校友共同反对学校接受曹汝霖的捐款和让曹担任校董。

5 月 23 日，15 所大中学校的一万多名学生罢课。25 日，以女校学生为主体的天津女界爱国同志会成立，选出刘清扬、李毅韬为正副会长，郭隆真、张若茗、邓文淑（颖超）为评议委员。邓颖超还担任天津女界爱国同志会的讲演队长。在

五四时期的周恩来

两会（天津中等以上学生联合会和天津女界爱国同志会）的领导下，热血沸腾的男女学生分别组织讲演队，到公共场所作宣传，沉痛诉说巴黎和会上中国外交失败的经过，揭露北洋政府的卖国罪行，要求各界奋起救国，在社会上产生了巨大的影响。

6月初以后，运动向更广泛的社会阶层扩展。9日，在天津河北公园举行有两万多人参加的公民大会。10日，全市商店宣布罢市。

6月18日，天津各界联合会成立。27日，马骏、刘清扬等十名天津代表在北京参加向总统府的请愿，要求拒绝在《巴黎和约》上签字。6月下旬，马骏、刘清扬等代表赴京时，周恩来也赶到车站送行。天津代表和各地代表一起，坚持斗争到第二天晚上。

在全国各地兴起的爱国运动浪潮下，北洋政府参加巴黎和会的代表最终拒绝在《和约》上签字。

为把运动引向深入，6月下旬，天津学联决定创办《天津学生联合会报》。周恩来虽然仍没有入学，但他在南开学校曾先后主办过《敬业》和《校风》，他的才能为许多人所熟知。所以，谌志笃、马骏去看他，邀请他出来主办这份报纸。周恩来答应得很爽快。他说：《学生联合会报》是非常必要的，要想学生爱国运动能坚持下去，必须注意爱国教育。同学们既然需要我编辑学生会报，我愿与大家共同努力，负些责任是义不容辞的。

随后，他也搬进南开学校和学生运动中许多骨干分子一起居住，还劝说已在南京金陵大学读书、回天津度假的南开学校老同学潘世纶（述庵）留下来，帮他一起办报。

办报纸是个苦差事，一无经费，二无纸张，三没有印刷厂，四要向警察厅立案，这些都是难题。可是，在周恩来等人的精心筹划和奔走下，问题一一得到了解决。在办报中，编排、撰写、校对、印刷、出售等杂七杂八的事，周恩来无不细心主管。他往往从深夜赶到清晨，饿了就吃个烧饼、烤山芋，从没有下过小馆吃饭。他写文章又快又好。当大家没有主意时，他会想出新主意。所以，许多人尊重他，有事愿找他。

《会报》发刊前，为了扩大宣传，在7月12目的《南开日刊》上发表了周恩来起草的《天津学生联合会报发刊旨趣》。

《发刊旨趣》宣布：《会报》将“本民主主义的精神发表一切主张”，“本

‘革心’同‘革新’的精神立为主旨”。什么是“革新”？就是要改造社会。什么是“革心”？就是要从改造学生自身的思想着手。“至于一切的研究，还是须求社会的帮助，指导我们，以便共同得着大家新生命的所在。”

同早年在南开学校求学时相比，周恩来此时的思想和视野显然已开阔得多了。

这篇《发刊旨趣》发表后，天津各大报纸纷纷转载，在社会上引起强烈的反响。大批订报的函件纷纷寄来。到《会报》创刊前一天，订户已近2万户：不仅有学生，而且有铁路员工、邮电职员、爱国资本家和家庭妇女；不仅有天津的，而且有北京、保定以及上海的。

7月21日，《天津学生联合会报》正式创刊。报纸最初是日刊（9月22日受警方干涉而被迫休刊，10月7日复刊后改为三日刊，出了两期后又恢复为日刊），辟有主张、时评、新思潮、新闻、国民常识、函电、文艺、翻译八个栏目。

创刊号上发表了周恩来撰写的以《革心！革新！》为题的发刊词。马骏看后，兴奋地说：这篇社论真带劲！这比我们站在几千人面前大喊一阵，可有用得多！《少年世界》说：“天津学生办的报有点儿价值的自然要算这报了。”上海的《新人》杂志说：《会报》和女界爱国同志会的《醒世周刊》“这两种刊物都是很有精神，《学生会日报》（注：即指《会报》）比较更为敢言”；其“‘主张’与‘评论’二栏又有特色，敢说是全国的学生会报冠”。

8月初，山东戒严司令、济南镇守使马良悍然宣布全省戒严，残酷镇压当地的爱国运动，并且捕杀了回教救国后援会会长马云亭等三人。消息传到天津，爱国群众人人义愤填膺，学生运动重新高涨起来。6日，周恩来在《会报》上发表《黑暗势力》一文，大声疾呼：“国民啊！国民啊！黑暗势力‘排山倒海’地来了。”“我们应当怎样防御啊？要有预备！要有办法！要有牺牲！推倒安福派，推倒安福派所倚仗首领，推倒安福派所凭借的军阀，推倒安福派所请来的外力。国民自觉！国民自觉！现在就是时候了。”

天津学联和女界爱国同志会共同商定，再次派出刘清扬、郭隆真等十人赴京请愿。她们和北京代表15人一起，于8月23日到总统府递送请愿书，要求严惩马良以平民愤。代表们在总统府守候了一天，北洋政府却出动军警，将代表全部逮捕。

消息传到天津，各校代表都异常激动，周恩来镇静地说：“这正是掀起继续加强爱国运动的时机，用不着惊慌紧张，依照计划进行就是了。被捕，只要经得起考验，不算什么！但营救他们是我们的责任。”周恩来连夜赶编了《学生联合会报》的号外。

8月26日，京津学生2000多人推马骏为总指挥，在北京包围总统府、国会和国务院。斗争坚持了三天。京师警察总监吴炳湘调动数千名全副武装的军、警、保安队，再加派骑兵，把请愿群众驱赶到天安门前，用木棍和枪托打伤学生一百多人，强行逮捕马骏等代表。马骏因此得到一个“马天安”的响亮的外号。为了救援这些代表，天津学生五六百人再次赶往北京。这一次，周恩来也去了。他们同北京各界代表一起，连日在总统府门外露宿请愿，要求释放被捕代表。全国各地也纷纷声援。30日，两次被捕的代表终于都得到释放。

创建觉悟社

9月2日，周恩来和马骏、谌志笃、郭隆真、张若茗、谌小岑等一起坐火车从北京回天津。在火车上，他们热烈地交流和总结这几个月爱国运动的经验。

张若茗提出，天津学生联合会和天津女界爱国同志会最好合并成一个团体，便于统一行动。

周恩来主张，学习北京学生组织进步社团的经验，从两个团体中选出经过考验的骨干分子，组成一个比学联更严密的团体，总结学生运动的经验，从事新思潮的研究，不断提高自己的觉悟，还可以出版一种刊物。

周恩来的倡议，更加成熟和可操作，得到大家的赞同。新成立的团体取什么名呢？周恩来提出，就叫觉悟社？大家一致赞同。

郭隆真建议，觉悟社的人数，不宜过多，宁缺毋滥。本着男女平等原则，男女社员人数应相等。

经过十多天的准备，9月16日，周恩来等人在天津学生联合会召开学生杂志筹备委员会会议，决定出版一种不定期的小册子，名叫《觉悟》。它不再用天津女界爱国同志会和天津学生联合会的名义和范围来约束，而成为一个独立的团体，叫作“觉悟社”。

觉悟社最早的会员共20人。为了表示男女平等，男女会员各10人。他们是：周恩来、马骏、谌志笃、谌小岑、潘世纶、李锡志、关锡斌、李震瀛、赵光宸、薛撼岳；郭隆真、刘清扬、张若茗、李毅韬、李锡锦、周之廉、张嗣婧、郑季清、

觉悟社部分成员合影。后排右一为周恩来；前排右二为刘清扬，右三为邓颖超

吴海燕，还有年龄最小，但却最活泼、大方的邓颖超。

在觉悟社正式成立会上，大家一致推举周恩来起草《觉悟社宣言》。根据大家讨论的共同看法和志向，结合“觉悟”这一主题词，周恩来在会后加紧起草《宣言》。

不久，周恩来拿出他起草的《觉悟社宣言》。《宣言》中说：“觉悟的声浪，在 20 世纪新潮流中，蓬勃得很厉害。中国一般稍具普通常识的人，也觉悟到，凡是不合于现代进化的军国主义、资产阶级、党阀、官僚、男女不平等、顽固思想、旧道德、旧伦理等全都应该铲除、应该改革。有了这种觉悟，遂酿成这次全国的学潮，冲动了全国的学生界，人人全想向觉悟的方向走。”

《宣言》宣布觉悟社的目标是，要本“革心”“革新”的精神，求大家的“自觉”和“自决”。为实现这个目标，采取的方法有四：“一、取公同研究的态度，发表一切主张；二、对社会一切应用生活，取评论的态度；三、介绍社外人的言论——著作同讲演；四、灌输世界新思潮。”它要求社员“自己觉悟，自己决定，革新思想，革新世界”；要“睁开眼看看是什么世界，沉下心想想怎样为人”；“先改造自己的思想，进而改造中国”。

觉悟社一成立，第一个活动是请在青年中有很高声望的北京大学教授李大钊到觉悟社讲演。9 月 21 日，即觉悟社成立后的第五天，李大钊应邀专程来到觉悟社，他对觉悟社不分男女的组合和出版刊物的做法非常赞成。他一再嘱咐他们要好好阅读《新青年》等刊物上介绍马克思主义的文章，并提出要分类研究问题，取得真理，贯彻到实际行动中去。

后来，觉悟社还请了刘半农讲“白话诗”，钱玄同讲“白话文学”，周作人讲“日本新村的精神”，徐季龙、包世杰等畅谈救国问题，等等。

1919年9月25日，南开学校大学部开学，设文、理、商三科，学制四年，学生共96人，教师17人。周恩来已在9月8日注册入学，学号是62号，进该校文科学习。隔了几天，大学部决定改名南开大学，并在11月25日召开南开大学成立大会。周恩来是南开大学的第一期学生。

开学后，学生从四面八方回到学校，学生运动又迅速高涨起来。为继续声讨马良在山东的罪行，天津学生代表郭隆真、黄正品、关锡斌等同山东、上海等地代表于10月1日再度前往北京，到总统府请愿，全部被捕。周恩来这次也同代表们一起到北京，负责通信联络。7日，被捕代表获释。10日，天津各校学生和各界群众四五万人齐集南开大操场举行共和八周年的纪念会。会后游行，遭到保安队、警察的拦阻和殴打，邓颖超等11人受伤。邓颖超被殴打时吐了血。游行队伍继续行进到警察厅，推周恩来、李毅韬等四人为代表，进警察厅提出质问。13日，天津学联和女界爱国同志会宣布罢课四天，《停课宣言》是周恩来起草的。从17日起，又继续罢课两天。在这二十多天内，觉悟社的社员几乎全力投入这场群众斗争。

11月16日，日本军国主义者又制造了枪杀中国居民的福州惨案，举国为之震动。爱国群众运动继续向前推动。25日，天津学生一千多人游行讲演，散发传单，声援福建人民。随着斗争的深入，形势也越来越险恶。周恩来认为觉悟社的活动必须采取公开和秘密相结合的形式。

12月10日，由男女学生合组的天津中等以上学校学生联合会成立，号召抵制日货。15日，周恩来作为新学联的执行科长，到天津总商会讨论抵制日货的具体措施。20日，在南开操场召开有十多万人参加的国民大会，当场焚烧在街市检查所得的十多卡车日货。广场上烈焰飞腾，火光冲天，堆积如山的日货顿时付之一炬。会后又举行浩浩荡荡的示威游行。

第二天，在宙纬路三戒里四号觉悟社社友李愚如家里，觉悟社社员聚会。会议由周恩来主持。会议总结了觉悟社成立以来的工作，认为社员都具有奋斗的精神，但缺乏同一的目标和持久的精神。为更好地发挥作用，主持人周恩来提出一个新鲜有趣的建议：

“我们已经决定献身于革新中国的事业，前途少不了危险艰难。用各人的真姓名发表文章或写信联络，难免受鹰犬注意。我建议用数字代替各人姓名，大家抓签决定自己的数字。”

邓颖超和郭隆真、张若茗用白纸条写好五十个号码，卷成小纸卷，放在一个铜盘里。

大家笑着，说着，各自去取纸卷。

“1 号，1 号，”邓文淑兴奋地说，“我抓的是 1 号。”

周恩来抓到 5 号，他笑说：“我可用伍豪这个代号。”

头脑灵敏的邓文淑马上说：“我是 1 号，可用逸豪这个代号。”

郭隆真抽到 13 号，代号“石珊”。马骏抽到 29 号，代号“念九”。刘清扬抽到 25 号，代号“念吾”。谌志笃抽到 50 号，代号“武陵”。张若茗抽到 36 号，代号“衫陆”。张嗣婧抽到 37 号，代号“衫弃”。李毅韬抽到 43 号，代号“峙山”。谌小岑抽到 41 号，代号“施以”……

一时，满屋“1 号”“5 号”“13”“50”等嚷成一片。大家觉得自己陡然采取了一个特殊的革命行动，把姓名与代号巧妙地结合起来，十分兴奋。

周恩来沉稳地说：

“名字本来就是个符号，不必看重。重要的是看我们大家今后的实际行动。”

会上决定抓紧出版《觉悟》杂志，杂志上发表文章，一律用代号。杂志由周恩来负责编辑。

12 月 27 日，天津各界群众几万人，又在南开操场举行第二次国民大会，会后举行了盛大的游行。

这些规模巨大的集会游行，事先都由周恩来、马骏、邓颖超等觉悟社社员和南开学校、直隶女师的进步教师马千里、时子周等共同商议，并广泛争取了商界、教育界、工务界人士的同情和支持。

外号“杨梆子”的直隶省警察厅厅长杨以德，准备着更残酷地镇压天津爱国运动。

还在 12 月 25 日，直隶省警察厅就悍然查封了天津学生联合会和天津各界联合会，并下令禁止集会游行。周恩来主编的《天津学生联合会报》也被查封。

第一次被捕

由于天津警察的残酷镇压，周恩来、邓颖超等学生运动领导人不能公开活动了。他们转入租界，在同学家里借了一间小屋办公，坚持斗争。小屋受到暗探注意，他们又转到一所教会女中的地下室工作。

1920年1月23日，天津学生联合会调查员在魁发成洋货庄检查日货，竟遭到闯入店铺的三个日本人的毒打，各界代表向省公署请愿，当局非但不惩办店主和日本人，反而殴打学生，逮捕代表马骏、马千里、时子周等20人。随后又查封天津学联和各界联合会会所。为此，1月26日至28日，周恩来在法租界维斯理堂地下室主持召开觉悟社秘密会议，研究对策。会议决定举行更大规模的游行示威，向省公署请愿，要求释放被捕代表，启封天津学联和各界联合会。在险恶的局势面前，周恩来挺身而出担任游行请愿总指挥。

1月29日，3000多名勇敢的男女学生，由周恩来、郭隆真领导，从天津东马路出发，直奔省长公署。群众推举周恩来、郭隆真、于方舟、张若茗为代表，要求面见省长曹锐。

省公署大门紧闭，大批军警荷枪实弹，如临大敌，不准代表进去。周恩来不顾军警阻挠，和郭隆真、于方舟、张若茗一起强行进入省公署。他们一进去就挨了毒打，20多人被逮捕。

大批武装军警冲入学生队伍，不分男女，刀刺枪打，拳打足踢，致使50多名学生受重伤，轻伤的不计其数，造成天津“一·二九”流血惨案。

邓颖超等人和南开、女师的红十字会会员把受伤同学抬到南开、女师抢救治疗。她又和谌志笃等学联负责人，分头联络绅商各界，积极营救被捕代表。

天津学联上书北洋政府，要求罢免直隶省省长曹锐，严办警察厅厅长杨以德。天津中等以上学校一律罢课……

这是周恩来第一次遭受反动当局逮捕。

被捕后，他们同原先被捕的代表一起，先被关押在警察厅的营务处。彼此不能见面，不能交谈。反动当局采取拖延的办法，既不转交法庭公开“讯问”，又不释放，一直拖了两个多月。4月2日，周恩来和难友们经过秘密联络，发动绝食斗争。他们分别向警察厅宣告：被拘70多天，没有受到正式审判，这是违背民国约法和新刑律的规定的。因此，限警察厅在三日内举行公审，否则就全体绝食。有些人在当天就开始绝食。5日，天津新学联代表谌志笃、邓颖超等24人又到警察厅，要求替代被捕的24人入狱。由于被捕的人中有学生、教员、商人，在社会上有相当大的影响，反动当局不能不有所顾忌。7日，警察厅被迫将被捕代表移送地方检察厅。

送到检察厅后，拘留条件得到一些改善。经过被捕代表的坚持斗争，除女代表两人外，大家可以同住一处，自由往来，并且能够阅读书报。他们共同议定：每天早晨做体操，每晚举行全体会议，并推举周恩来、马千里、于兰渚三人主办读书团，带领大家研究社会问题。又议决每星期一、三、五开演讲会，介绍各种新思潮。

于是，一种特殊条件下的学习活动开始了。读书会和演讲会上，介绍各种知识和进步思潮。当世界工业革命史讲完后，周恩来在5月28日、31日，6月2日、4日、7日，分五次作了讲演，介绍马克思学说。所讲内容，据周恩来当时编写的《检厅日录》记载，有：历史上经济组织的变迁、马克思传记、唯物史观的总论和阶级竞争史，经济论中的余工余值说（按：即剩余价值学说）、《资本论》和资产集中说。在当时的中国，能作这样的关于马克思主义的系统讲演的人是不多的。周恩来能在被监禁的条件下做到这一点，自然同他在日本时已研究过马克思的学说有关。

经过监狱内外的斗争，7月6日，检察官对周恩来等提起公诉。7月17日下午，开庭审理。法庭上挤满旁听的人群。邓颖超和学联代表都坐在旁听席上。地方审判厅外，也站满等候消息声援被捕代表的男女学生和各界人士。

大律师刘崇佑出席为代表辩护，将反动当局强加在代表身上的种种诬蔑之词，一一据法理驳斥。法庭审判官也感到众怒难犯，只得释放被拘禁的代表。

审判厅外顿时鞭炮齐鸣，锣鼓喧天。邓颖超等学联代表、顺直议会议员、商会代表、各界联合会代表等一起上前，给周恩来、马骏、郭隆真、马千里、时子周等二十几位代表胸前佩上“为国牺牲”的纪念章和大红花，大家一起在审判厅前合影留念。

被羁押期间，周恩来失去自由。但他利用这段时间，重新思考了许多问题，更加认清了严酷的社会现实。出狱一年多后，他在一封讲到自己的共产主义信念的信中说：“思想是颤动于狱中。”他还说过：一种革命意识的萌芽，“是从这个时候开始的”。

周恩来出狱后，主持了觉悟社在8月初召开的一次年会，出席的社员有14人。周恩来在讲话中说：只有把五四运动以后在全国各地产生的大小进步团体联合起来，采取共同行动，才能改造旧的中国，挽救中国的危亡。并且指出：当时团体

1920 年 1 月，周恩来等在反帝爱国运动中被北洋军阀政府天津警察厅拘捕。这是周恩来等出狱后的合影

虽多，但思想复杂，必须加以改造，才能真正团结起来，为这个目标而奋斗。他把这一切概括为“改造”和“联合”四个字。

会后，觉悟社 11 个社员来到北京。8 月 16 日上午，在北京陶然亭约请少年中国学会、青年工读互助团、曙光社、人道社的 20 多人集会。会上，刘清扬报告了开会的宗旨，邓颖超报告觉悟社的组织经过和一年来的活动。然后由周恩来对觉悟社提出的“改造联合”的主张作了说明，并倡议与会各进步团体联合起来，共同进行挽救中国、改造社会的斗争。李大钊代表少年中国学会在会上也讲了话。他特别强调主义的重要性：“主义不明，对内既不足以齐一全体之心志，对外又不足与人为联合之行动。”会后，少年中国学会、觉悟社等 5 个团体的代表于 18 日在北京大学通讯图书馆召开联络筹备会，决定成立一个名为“改造联合”的组织，并由这些团体共同发表《改造联合宣言》和《改造联合约章》，宣布要联合各地主张革新的团体，分工合作，来实行社会改造。会议提出“到民间去”的口号。

这时，国内正掀起赴法勤工俭学的热潮。为了探索救国救民的真理，周恩来、刘清扬、郭隆真、张若茗等人决定：到法国去！

6 旅欧认主义

在“自由故乡的法兰西海岸”，加入中共八个发起组之一的巴黎共产主义小组。周恩来“郑重声明一句”：“我们当信共产主义的原理。”

马赛岸边，巴黎郊外，英法求学维艰

1920年11月7日，一艘两万吨级的法国巨型邮船“波尔多斯”号汽笛长鸣，驶出上海港，它的目的地是法国马赛港。邮船上有一批特殊的旅客，他们便是由华法教育会组织的第15批赴法勤工俭学生，其中有周恩来、李福景、郭隆真、张若茗，共197人。邮船上下共分十层，周恩来等勤工俭学生住在最底层的统舱里。

周恩来赴法留学的想法，早在几个月前的天津监狱里就萌生了。6月8日，当觉悟社女社员李愚如到狱中探视周恩来等人时，周恩来曾写过一篇自由体长诗《别李愚如并示述弟》，赠给即将赴法勤工俭学的李愚如并附了一封短信——

愚如：

你走了，不能送你，我作首诗送你吧！今天我从下午四点钟作起，作到六点半钟，居然成功了。这首诗的成绩，在我的诗集里要算是“上中”了。

你看看怎样？到南京请给述厂（即潘世纶——编者注，下同）看看！海船无事，你能本着“天籁”和我一首吗？

别了！三个月后，或者能见着，希望了。

天安（即马骏）也有一首诗送你！

恩来

九·六·八

随信所附的这首自由体长诗，极为少见，表达了周恩来的思想取向和追求。

别李愚如并示述弟

三个月没见你，
进步得这般快了。
前些日子念强（即陶尚钊）来说，
你要往英，
我以为不过说说。
过几天丹文（即赵光宸）又来说，
你要往法，
我也以为不过说说。
哪知不几天，
你来别我；
当面告诉我，
你能去了。
你竟去了。

述弟来信告诉我，
说你给他去的信道：
“……况且我是个人，
可以做工自给的；
无论如何，
总不至饿死他乡！
你要知道：
幸福是要自己去找；
株守相等，
是没有得到一日的。……”
你别时也同我说：
“……买四等票，
坐三等舱。……

……勤工俭学去；
念一年书后，
工读自助。
……研究实用理化；
本我的志趣，
辟我们女子的生计独立、精神独立的自由径路，
保我们女子的人权天赋。……”

念你的精神，
你的决心，
你的勇敢；
兴勃勃地向上，
全凭你的奋斗壮胆。
出国去，
走东海、南海、红海、地中海；
一处处的浪卷涛涌，
奔腾浩瀚，
送你到那自由故乡的法兰西海岸。
到那里，
举起工具，
出你的劳动汗；
造你的成绩灿烂。
磨炼你的才干；
保你的天真烂漫。
他日归来，
扯开自由旗；
唱起独立歌。
争女权，
求平等，
来到社会实验。

推翻旧伦理，
全凭你这心头一念。
过南京，
见着述弟；
想象中下关车站，
黄浦江畔，
一刹那的别离难。
同在世界上，
说什么分散。
何况情意绵绵，
“藕断丝不断”。
两月后，
新大陆又见了述弟的足迹。
大西洋的波澜，
流不断你们的书翰；
两个无线电杆，
矗立在东西两岸，
气通霄汉。
三月后，
马赛海岸，
巴黎郊外，
我或者能把你看。

行行珍重！
你竟去了。
你能去了。
三个月没见你，
进步得这般快了。

——九·六·八（即1920年6月8日）下午
恩来作于天津地方检察厅看守所

李愚如是浙江绍兴人，与周恩来同乡，当他们依依惜别时，周恩来也表明了将要赴“自由故乡的法兰西”的愿望，但那毕竟只是一个愿望、一种可能。没想到不久“出国去”求真理的愿望变成了现实。

虽然周恩来入狱期间已经失去了南开大学的学籍，但南开学校的创办人严修十分器重周恩来，仍然全力推荐他出洋留学，并资助500元，供他做赴欧的费用。为了补贴旅欧期间的生活费用，周恩来还与天津《益世报》商定，做该报的旅欧记者，为报纸撰写通讯。

准备工作做好后，10月8日，周恩来与南开同学李福景同到华法教育会办理了赴法证明。这样，他们于10月中旬离开天津，到上海候船赴法。当他们坐在赴法的邮轮上时，心中非常感念严修老先生。

“波尔多斯”号的航程长达36天，经西贡、新加坡，穿过马六甲海峡，横渡印度洋，再经红海和苏伊士运河，进入地中海。旅途中，周恩来亲眼看到了在英、法殖民地国家，人民遭受着帝国主义列强的欺压掳掠，过着苦难的生活。他也亲身感受到中国人在国外处处受人欺侮，中国的国际地位很低。由于航船的颠簸，同行者很多都在舱里静卧休息，周恩来却经常坐在船头的甲板上，手不释卷。他在航程中还写出了《〈检厅日录〉的例言》。到法国后不久，《检厅日录》全部脱稿。周恩来将书稿寄回天津，托马千里修正和补充，于1921年春连载于天津《新民意报》。

旅途的遥远和劳顿，使周恩来非常思念故乡的亲人。在越南西贡停留期间，他给弟弟周同宇写了一封信，讲了途中的一些见闻，并表示了对家中的挂念：

> 在港曾发一信，收到没有？由港动身走两天，到宏基勾留半天，便又开驶。转而南下，又三天到了西贡。西贡是安南（**今越南**）商埠，如同天津一样。河身九曲三弯，直通海口，大船一直进入，紧靠码头。我们的船在西贡要耽搁三天，很可以看看此地盛景了。
>
> 西贡虽说是安南地方，但我国人居住这里的很多，也是一个海外华侨聚集地啊。
>
> 八哥有信没有？
>
> 四伯父回家了吗？事情如何？

你们看完这信，将他转寄北京才好。

四姨大人安！

黔弟同此。

12 月中旬，“波尔多斯”号到达法国南部的马赛港。登岸时，周恩来等赴法勤工俭学学生受到了留法法华教育会学生部干事的迎接，并帮他们换乘火车。第二天早晨到达巴黎时，李愚如等先期到达的南开同学在火车站迎候。他们先安排周恩来等人在拉丁街一个旅馆里住下来。

周恩来原本打算只在法国做短暂停留，他要转赴英国伦敦，准备在英国求学，并考察英国社会生活。因为生了一场小病，他就在巴黎住了半个多月。

1921 年 1 月 5 日，周恩来乘船渡过英吉利海峡到了英国首都伦敦。关于为什么要到英国，他在从伦敦写给堂伯父周贻鼎的信中说：“伦敦为世界最大都城。”“举凡世界之大观，殆无不具备，而世界之政治商业中心，亦惟（唯）此地是赖。”“故伦敦为世界之缩影。在伦敦念书，非仅入课堂听讲而已，市中凡百现象固皆为所应研究之科目也。”

初到英法，周恩来眼前的一切都是陌生而新鲜的。他的心境和生活、学习、环境等情况，我们从他给严修和表哥陈式周的几封信中可以看出来。

1921 年 1 月 25 日致严修信

范翁老先生大人尊右：

自叩别后，匆匆三月余矣。遥念长者病体日痊，精神矍铄，当如私祷。恩来、福景离国之期为去岁 11 月 7 号，海行 36 日抵法之马赛，当有留法华法教育会学生部干事来接，招待一切，甚为殷恳。翌晨至巴黎，有南开同学导往旅馆暂住。福景在法约留一星期，便渡海来英；恩来因患小恙，延至本月 5 号始抵伦敦。留法中国学生甚多，合勤工与俭学生约在两千人，与今日之留日学生数目差相近矣。南开同学在法者有二十余人，多散居各地，在巴黎不过数人。季冲（**即严修之子严智开**）与李麟玉（**南开第一期毕业生**）君均曾数见。季冲在此甚好，体亦较居日时为健，闻彼云明暑可归国也。留法界最大问题即勤工生不易寻找工作，饥饿之人日围绕于华法教育会办事处，而办事之人亦苦无办法。缘勤工同学来法时，国内方面并未经严格的审查，法语未谙，技能未具，而身体复不强壮，徒恃一时热狂勇气，贸然来法，偶遇折磨，豪气全消，即使心有余而力亦不足供其用。且上三项困难能尽免参，而工作之寻找亦不颇易，因法国工人固不甚欢迎中国人之以贱资夺其地位也。不仅此也，勤工同学来法之最终目的，固为聚钱念书，但按现状论之，凡勤工者即无复有相当之读书机会。每日工作八小时，身体疲劳的恢复即需要长时间休息，更何有读书自修之可言？加以每日工资并不甚多，使稍多开销便无积蓄希望。刻苦甚者或能于长期工作五年后，得储有三年之读书费。然中间经五年之荒废，时间、年龄、脑力之损失，不知凡几。欲其复如昔日之安心念书，固非易事。凡此诸事，实为今日留法勤工俭学生待决之问题，而亦盼国内诸贤达教育家暨有力之士设法救济者也。

今蔡校长（**即北京大学校长蔡元培**）已抵法矣，对此事亦苦无相当办法。华法教育会诸干事，且因办事辣手辞职。蔡先生以会长名义出通告，令勤工生与俭学生各自组织自行管理，教育会今后将居于辅助地位。兹事以自动自决论，学生固应自行组织，然俭学生尚不至为难，勤工生则一旦失所凭借，因时间、精力、能力种种问题，将来种种组织上的纷纠同实行的困难，又不知伊于胡底。总之，留法勤工与留美勤工性质绝异。留美是以学余之力而从事于家常工作为补助学费、生活费也；法之勤工已完全变为劳动者矣，求学更不遑论。

今海外大学里昂部（**即里昂中法大学**）行将开办，闻主其事者如吴稚晖、李石曾诸先生言，将以低费用吸收国内贫寒学子来法受欧洲文化，是固为诸先生提倡留欧大规模之一道，但对于已来法之勤工学生，则殊有置之不问之嫌。在留法学生意，固甚愿里昂大学能由国外勤工生中选拔，则救济自不在少数，因需费既不甚多，可自筹之于国内，且法语程度固较国内初去者为优也。微闻主办里昂大学者言，则以勤工学生程度太低且自费亦殊不易为断，仍将以四之三求诸国内，四之一征之于法。恩来居法半月余，以事外之身来看，以为勤工生之救济，舍里昂大学外实无再善之所。因办里昂大学者既思以校款补助由国内来之贫寒学生，减低其自费额，莫若以此款救济国外勤工生也。即使校款不甚充裕，勤工生程度太低，则又何妨为之立补习班，补习应习学科及应习之技能？此种班次每年只办六个月，而以其余时间，令其出寻工作。一方求学，一方工作，勤工生既可自立读书，于里昂大学亦无丝毫损亏也。若以此举为创例，则英国大学中且有行之者，更何论于大学之补习班邪！兹事所关甚大，故不惮烦为长者陈之。倘蒙嘉许或视为应当讨论之事，固甚盼先生能为言之诸大教育家之前，而有所论列也。

至英法情状，除受欧战之影响外，或与长者昔日居欧时无大异。惟（**唯**）物价高贵，失业者多，劳资阶级之争无或已时，是欧洲执政者所最苦耳。英俄通商条约，伦敦报纸今日已宣布其内容，是固不啻承俄国苏维埃政府也。在法受欧战影响为最大，战地恢复旧观至今日犹不能达百之五六，满目疮痍，虽在巴黎、伦敦亦可征得，而生活程度之高，伦敦又在巴黎两倍上矣。

恩来、福景入学事，已决定往北部，各大学一切入学手续已办完，惟（**唯**）俟学校回信至，便将遄往。景或往满却斯特（Manchester）（**即曼彻斯特**），来或往爱丁堡（Edinburgh）也。顾公使（**即驻日公使顾维钧**）尚在瑞士日尼瓦（**即日内瓦**），国际联盟事甚忙，一时或不易来英，致长者函亦未由以达。官费事，须进入正式学校后方能着手进行。而英国生活程度之高，金镑价格之长，竟超过留美费用以上。倘官费不成，自费求学固甚难维持也。来现已着手翻译书报，能成与否尚未敢必，但总期奋勉达之耳！

专此，不尽欲言。倘蒙赐示，即祈寄至原存地址为叩。

顺颂福祺！

学生周恩来、李福景同启

10年（**即1921年**）1月25日寄自伦敦

1921年1月30日致陈式周信

式周表哥:

别仅三月，而东西相隔竟迢迢在三万里外，想念何如！出国后，途中曾数寄片，想均入览。抵欧后，以忙于观览、寄稿及交涉入学事，竟未得暇一报近状，仅于在巴黎时一寄贺年画片，歉殊甚也！

兄之来函，以本月中旬至，彼时弟至英伦已一旬余。来书语重心长，读之数遍，思潮起伏，恨不与兄作数日谈，一倾所怀。积思愈多，执笔亦愈迟缓，一函之报，竟至今日，得毋“望穿秋水”邪！

八弟事，归津作解决，亦良好。此等各人生活之道，总以自决为佳。彼盖勇于一时盛气，苦无持久力，不入纱厂，未始非彼之有见而然也。近来消息如何，来函中亦望提及为盼！

弟之思想，在今日本未大定，且既来欧洲猎取学术，初入异邦，更不敢有所自恃，有所论列。主要意旨，惟（唯）在求实学以谋自立，虔心考查以求了解彼邦社会真相暨解决诸道，而思所以应用之于吾民族间者；至若一定主义，固非今日以弟之浅学所敢认定者也。来书示我意志，固弟之夙愿也，但躁进与稳健之说，亦自难定。稳之极，为保守；躁之极，为暴动。然此亦有以保守成功者，如今日之英也；亦有以暴动成功者，如今日之苏维埃俄罗斯也。英之成功，在能以保守而整其步法，不改常态，而求渐进的改革；俄之成功，在能以暴动施其“迅雷不及掩耳”之手段，而收一洗旧弊之效。若在吾国，则积弊既深，似非效法俄式之革命，不易收改革之效；然强邻环处，动辄受制，暴动尤贻其口实，则又以稳进之说为有力矣。执此二者，取俄取英，弟原无成见，但以为与其各走极端，莫若得其中和以导国人。至实行之时，奋进之力，则弟终以为勇宜先也。以今日社会之麻木不仁，“惊骇物议”，虽易失败，然必于此中乃能求振发，是又弟所深信者也，还以质之吾兄，以为如何？

家庭一事，在今日最资学者讨论，意见百出，终无能执一说以绳天下者。诚以此种问题，非仅关系各个民族之伦理观念，人类爱情作用，属于神秘者多，其以科学方法据为讨论工具者，卒无以探情之本源也。惟（唯）分而论之，则爱情为一事，家庭又为一事。中国旧式家庭之不合时宜，不待论矣；即过渡时代暨理想中之欧美现今家庭，又何尝有甚坚固之理论与现象资为模仿邪？在国内时，或犹以为欧美家庭究较吾人高出多多，即今日与接触，方知昔日居常深思之恐惧，至今日固皆一一实现矣。盛倡家庭单一说者，其谓之何？惟（唯）哥幸勿误会，吾虽主无家庭之说，但非薄爱情者，爱情与家庭不能并论之见，吾持之甚坚。忆去岁被拘时，曾在狱中草一文，惜其稿为警厅人员所没收，不得资之以为讨论耳！即兄所谓“等量并进，辅翼同功，精神健越”，亦不外示爱情之可贵，固无以坚家庭之垒也。弟于此道常深思，有暇甚愿与兄有所深论，兹特其发端耳。过来人亦愿为之证其曲直是非邪？特嫌勾兄心事殊甚，是为过矣。

来书所论“衣食不敷，日求一饱且甚难，即朝朝叫嚣，何裨实际？”兄意以为衣食足后乃得言社会之改革，是诚然矣。然亦惟（唯）其“衣食不敷”，方必须“朝朝叫嚣”；衣食足者，恐未必理会“衣食不敷”者之所苦耳。且“衣食不敷”之人何罪，社会乃必使之至于冻饿至死而后已？彼不起而叫嚣，亦终其身为饿殍耳，是社会组织之不平，无法以易其叫嚣也。方今欧美日日喧腾社会之问题，即面包问题耳，阶级问题耳，俄且以是革命矣，德且以是革命矣，英、法、意、美亦以是而政治上呈不安宁之现象矣。是固兄之所谓叫嚣，而终不免于叫嚣也。愿兄有以深思之，当知不平现象中当然之结果，便如是而已。

自治之说渐亦邀有识之士所宣传，殆为九年来统一徒成“画饼”之反动。中央集权，本非大国所宜有，而中国民族性之庞杂，尤难期实现，故地方自治时也，亦势也。兄之宏愿在此，弟之愿固亦尝以此为嚆矢，相得益彰，弟之幸也，何言河海行潦？国内有何好消息关于此类事者，甚望时有以语我！

弟在此计划拟入大学读书三四年，然后再往美读书一年，而以暑中之暇至大陆游览。今方起首于此邦社会实况之考查，而民族心理尤为弟所注意者也。弟本拙于外国语言，谈不易收功，计惟（唯）苦读以偿之耳。学费当以得官费与译书两事期之，果均不可行者，或往法勤工耳。英伦地势之大，人口之多，为世界冠，因是交通机关虽便利，而读书则不甚相宜。数月后或往英北部苏格兰首都爱丁堡，亦未可知；至通信地址，则永久不变。

英国生活程度之高为各国冠，每年非中洋千元以上不易图存，其他消费尚不论也。

弟身体甚好，望放心！近状如何，时望来函告知！匆匆报此，并颂

俪安！

弟　恩来

1921 年 1 月 30 日

1921 年 2 月 8 日致严修信

范翁老先生钧鉴：

抵英后曾上一函，计已达到。遥念福体安祥，精神爽健，当如私颂。来所交涉之学校系爱丁堡大学，现已得复信，允来免去入学考试，只试英文，考期在 9 月，开学期为 10 月，英国大学始业期都如此也。此半年中，或往爱丁堡大学听讲，或往法国学法文。因入英国大学后，必须习其他一国文字。行止究如何，现尚未敢确定。请官费事，来已呈禀于留欧学生监督及浙省教育厅厅长。盖请省费较部费略易也。省教育厅方面，来已托人为之，能成与否殊不敢必。尚祈长者向范总长（**即北洋军阀政府教育总长范源廉**）处进一言，能于便中为致一函于浙省教育厅厅长邪，固不胜其翘盼之至。李福景君已与满且斯特（**即曼彻斯特**）大学交涉，现尚未得其回报。伦敦天气略冷于前，约如吾津初冬后，烟雾甚大，不见日光者盖有日矣。专此。恭请

福安！

学生周恩来禀

1921 年 2 月 8 日寄自伦敦

通信地址仍如前

再，恩来居英护照之名为 John Knight，福景之名为 LeeFu-Ching。倘来示为挂号等件，务祈照书，方免波折也。

1921年2月23日致陈式周信

式周表兄：

在英伦时所发一函，想已入览。昨日得1月15号手示，甚慰。弟来欧洲计两月余矣，东西迁徙凡三次，初在巴黎住半月余，嗣渡海往英伦，居五星期，前旬复回巴黎。巴黎法京也，弟本志在留英，今舍英而法，此中情形，兄必急欲知晓，而弟亦应早有函报兄也。

弟抵英后即与弟所志入之爱丁堡大学交涉入学事，嗣得该校来函，许弟免去入学试验，只试英文。但该校始业期为10月，试期在9月，中间六七月工夫，只能预备，若居伦敦，则英伦主活程度之高，实难久居。求善于彼者莫若来法，一则用费可省去十之六七，二则此半年中尚可兼习法文。最后尚有一言告兄，则英伦费用年须英金二百磅，合今日中币已逾千元以外，爱丁堡虽省，亦不能下千元，使弟官费不能图成，则留英将成泡影。退身步留法亦属一策，然此时尚不敢骤定，因弟已向国内筹划官费事，或能有小成也。弟现寓巴黎郊外，不久或往外县，缘用费尤能较现居处为省也。来信仍请寄英伦旧址，因彼处可为弟转来，而英法相隔甚近，邮寄迅速，殊甚便人。

在法费用甚省，每月只中币40元便行，较英伦省多多矣。法文学习尚不难，有英文做帮手尤易。弟本拙于语言的天才，乃不自量，习英文，习日文，不足，又习法文，将来成就，殊难期望。惟(唯)弟所敢自信者，学外国文有两道：一求多读，一求多谈，弟则志在多读耳。

英法感触，弟虽以各居一月之经验，然积压亦正不少，谈来殊恨不知从何说起。总而言之，英人重实利，法人重自然，此为世界之公言也。产业之振兴，应用工艺之科学，法不如英；应用于农业上，则英不如法。吾国今日最大之患，为产业不兴，教育不振。吾国立国本以农，然今日之急，又非工农兼重不为功。故弟于此间留学界，闻其精研科学，身入工场实习技艺，甚抱为乐观。至于教育，则根本问题，端在平民身上。使今日之留学界能有彻底的觉悟，回国能不为势动，能不为利诱，多在社会上做一点平民运动，则工场技师，农庄庄师，何不可兼为启诱农工阶级智识之良师。产业与教育之振兴兼程并进，根本方面只要多着一分力，表面上的军阀资本家政客便摇动一块，此种向下宣传，吾以为较空言哲理改造者强多多矣。

前函颇引起弟与兄讨论问题的兴味，何言迂阔邪？

博宇八弟事承关怀，甚感。家中至今尚未有信来，吾固来闻彼有吐血症也。今何犯此，颇系念人。纺织工业本为今世重要产业，我很希望彼能置身此道。使彼银行事终不成，而南通纱厂有机可图，我仍希之为一试如何？

来函何消沉乃尔，与前信迥异，殊甚让远人系念也。兄云“脑病日深”，想由于积累所致，能休养甚好，然弟甚不欲兄从此隐去。兄殊知今日社会需人，无往非是，兄能隐去上海，又焉隐于兄所欲隐之乡邪？故弟为兄计：做事有定时，能减至极少钟点，常至郊外休息，接收天然的美感，排去胸中的积闷，则虽仍居上海，亦与兄无害；否则仍回淮北，为社会上谋一点自治的发展，是亦收效百年的大事。总之，兄方中年，何竟抱悲观。举目禹域，诚难说到乐观，然事亦在人为。吾辈丁斯时艰，只宜问耕耘如何，不宜先急于收获也！

龚府（**即周恩来的表舅龚荫荪家——编者注**）消息大约总须俟兄回淮北后方克得知。兄如迁移，亦盼早以地址见示为盼！否则迢迢万里，信误“洪乔”，殊恼煞人！

留英学界有二百余人，留法则已近两千，缘勤工生甚多也。

附去画片数张，聊寄远意，匆匆不尽欲言，顺颂近祉，并问嫂夫人安！

恩来

阳 2 月 23 日午

研究主义，加入中共

1921 年 2 月中旬，周恩来由英国返回法国后，于 3 月至 6 月间为天津《益世报》撰写了大量的旅欧通讯，为国内读者了解欧洲的情况提供了极为宝贵的材料和独到的见解。其中有：《德国赔款问题之决裂》《西欧对俄对德之方略》《一周间西欧政象之撮要》《欧战后赔偿问题之近讯》《伦敦会议再开幕之经过》《万目睽睽之日皇储来英记》《英法最近之意见龃龉》《协约国最高会议之延期》《上西里西亚问题之近况》以及有关英国百万煤矿工人总罢工的系列报道《英国矿工罢工风潮之始末》《英国矿工罢工风潮之影响》《英国矿工罢工风潮之波折》《英国矿工总投票之结果》等。他在通讯中指出："资本家无往而不为利"，而英国政府则"与资本家一鼻孔出气"，"劳资战争，舍根本解决外其道无由，观此益信"。

通过对欧洲社会的实地考察，周恩来的思想认识又有了进一步的提高，他认定：英国式的费边社会主义是空想，俄国十月革命开创的道路才是正确的，才是真正能拯救中国的唯一道路。

这期间，有两件事对周恩来影响甚大。一是中国共产党八个发起组之一的巴黎共产主义小组成立；一是留法勤工俭学生发动的大规模斗争。

与国内各地建立共产主义小组几乎同时，在法国留学的周恩来也在进一步学习和研究马克思主义，并通过对各种主义的"推求"和"比较"，逐步确定了共产主义的信念。1921 年 2 月中旬，周恩来从英国重返法国后，住在巴黎拉丁区，入巴黎郊区的阿利昂法语学校补习法文。学习之外，他还进行社会调查，常常通宵达旦地为天津《益世报》撰写通讯。但是，他这一时期放在第一位的仍然是"研究主义"。

第一次世界大战后，法国的社会矛盾相当尖锐，共产主义运动日益高涨，宣传和研究马克思主义的书籍和报刊十分流行。周恩来如饥似渴地阅读英文版的《共产党宣言》《社会主义从空想到科学的发展》《家庭、私有制和国家的起源》《法兰西内战》《国家与革命》等马克思主义著作和法国、英国共产党的报刊。他在阅读的时候，认真地画重线，写眉批，记笔记。一本保存下来的周恩来当时读过的英文版《卡尔·马克思的生平与教导》中，他在马克思的一些话下画了着重线：

"无论是发现现代社会中有阶级存在或发现各阶级间的斗争，都不是我的功劳。"

"我的新贡献就是证明了下列几点：（1）阶级的存在仅仅同生产发展的一定历史阶段相联系；（2）阶级斗争必然要导致无产阶级专政；（3）这个专政不过是达到消灭一切阶级和进入无阶级社会的过渡。"

1922 年，周恩来和张申府（右一）、刘清扬（右二）、赵光宸（左一）在柏林万赛湖

周恩来还对当时欧洲流行的各种思潮进行了研究，并与觉悟社社员以通信形式多次探讨。他经过冷静的分析和观察，得出了结论：无政府主义的“自由作用太无限制”，处在旧势力盘踞的社会里，而要解除一切强迫和束缚，容易流为“空谈”；法国的工团主义发源于无政府主义，在现今的欧美“不免于等于梦呓”；英国的基尔特主义“近已见衰”，并且“在英国始终也没大兴盛过”；而只有科学社会主义才是历史发展的必然趋势。

北京共产主义小组最早的成员之一的张申府，于 1920 年 12 月 27 日和刘清扬一起到达法国。张申府同周恩来在北京陶然亭聚会时见过面，他原是北京大学的讲师，研究哲学，在五四运动中十分活跃。刘清扬是觉悟社社员，担任过天津女界爱国同志会会长，同周恩来很熟悉。刘、张结婚后一同赴法。临行前，陈独秀和李大钊委托张申府建立海外组织，即巴黎共产主义小组。到法后，张申府首先介绍刘清扬加入小组。周恩来在巴黎与刘、张相遇，心里十分高兴，时常与他们往来，一起探讨问题。当周恩来了解到国内筹建共产党组织和张申府受托建立巴黎共产主义小组的情况后，立即表示了加入共产主义小组的要求。1921 年春，经张申府、刘清扬介绍，周恩来加入了巴黎共产主义小组（1985 年经中共中央组织部确认，周恩来加入共产主义小组的时间，即为加入中国共产党的时间）。

周恩来确立自己的共产主义信仰，前后经历了三年多时间。他在日本留学时对马克思主义开始有所接触，以后经过五四运动和狱中的沉思，又到欧洲实际考察并对各种社会思潮进行比较推求，才最后做出这个他一生中最重要的抉择。从此，他把自己的精力和才华全部献给了伟大的共产主义事业，直至生命的最后一刻。

在当时的英、法、德三国中，德国的生活费用最为低廉，因此1922年3月初，周恩来与张申府、刘清扬由巴黎迁居德国柏林，住柏林郊区瓦尔姆村皇家林荫路54号。旅德期间，周恩来和张申府、刘清扬以及原在柏林的中共党员张伯简组成旅德中共党组织，积极开展党的活动，经常往来于柏林、巴黎之间，联络勤工俭学生和进步华工，举行报告会，做演讲，宣传无产阶级革命的思想，推动旅欧共产主义组织的筹备工作。这时，周恩来已成为一位坚定的共产主义者，坚定地在为共产主义“宣传奔走”。

他的思想变化和确定共产主义信仰的经过，在3月致国内觉悟社社员的两封信中袒露出来。

他在致谌小岑、李毅韬的信中说——

劈头要说的便是：你们现在所主张的主义，我是十二分表同情，差不多可以说没有甚(什)么修正。觉悟社的信条自然是不够用、欠明了，但老实说来，用一个Communism（以下简作C·ism）（即共产主义——编者注）也就够了。

主义问题，我们差不多已归一致。现在再郑重声明一句，便是“我们当信共产主义的原理和阶级革命与无产阶级专政两大原则，而实行的手段则当因时制宜”。其余的也不必谈了，我们大都可以心会，古人所谓“莫逆于心，相视而笑”，我们现在当对信一笑了。

我从前所谓“谈主义，我便心跳”，那是我方到欧洲后对于一切主义开始推求比较时的心理，而现在我已得有坚决的信心了。我认清C·ism确实比你们晚，一来因为天性富于调和性，二来我求真的心又极盛，所以直迟到去年秋后才定妥了我的目标。不过我要谢谢你们的，施以（即谌小岑）的思想实在与我以许多反映，其功并不在石遗、衫时（即薛撼岳、郑季清）下，而施珊（即李毅韬）的一封信，也引起我探求主义不少的兴味。再提要说一句，便是前年北京的“全武行”（指1919年8月在北京天安门前请愿并同军警搏斗事件）于我也非常有帮助，不知施珊是否也由那次打出来的影响。

在致李锡锦、郑季清的信中，他再次表示：

我认的主义一定是不变了，并且很坚决地要为他宣传奔走。

他还附了一首白话诗，自称“词句是非常恶劣，不过颇能达我的意念”。“你们看了我这首诗，可以想见我现时的志趣来了。不用多谈，谅能会意。”这首诗是这样写的：

生别死离
壮烈的死，
苟且的生。
贪生怕死，
何如重死轻生！

生别死离，
最是难堪事。
别了，牵肠挂肚；
死了，毫无轻重，
何如做个感人的永别！

没有耕耘，
哪来收获？
没播革命的种子，
却盼共产花开！
梦想赤色的旗儿飞扬，
却不用血来染他，

天下哪有这类便宜事？

坐着谈，
何如起来行！
贪生的人，
也悲伤别离，
也随着死生，
只是他们却识不透这感人的永别，
永别的感人。
不用希望人家了！
生死的路，
已放在各人前边，
飞向光明，
尽由着你！
举起那黑铁的锄儿，
开辟那未耕耘的土地；
种子散在人间，
血儿滴在地上。
本是别离的，
以后更会永别！
生死参透了，
努力为生，
还要努力为死，
便永别了又算甚（什）么？

留法大波澜

就在1921年2月中旬，周恩来从英国返回法国之时，另一件对周恩来影响甚大的事情发生了，这就是留法勤工俭学生的第一次大规模的争取生存权、求学权的斗争。这场斗争的起因是，华法教育会1月中旬突然宣布同勤工俭学生脱离经济关系，对没有找到工作的学生停发维持费。留法中国学生三分之二以上都没有找到工作，维持费的停发，无异于将这些生活本已十分窘困的学生推入绝境。蔡元培等人向北洋政府发出请款救济之电，遭到无理拒绝。加之又传出华法教育会职员大量侵吞国内汇来救济学生的捐款的消息，更使这些学生忍无可忍。

2 月 28 日，在蔡和森、向警予、李维汉、王若飞、蔡畅等人领导下，400 多名中国留学生前往巴黎中国驻法公使馆前请愿示威，学生们高呼争取生存权、求学权、工作权的口号，并提出要求：由政府发给学生津贴来解决入学问题，里昂中法大学和比利时中比大学应该任便中国学生自由入校。法国当局派上百名警察，出动马队驱赶请愿学生，并逮捕了学生代表。周恩来对“二二八”事件的原委进行详细调查了解后，为天津《益世报》撰写了长篇通讯《留法勤工俭学生之大波澜》，报道了这场斗争的始末。他在文章中对参加斗争学生的遭遇深表同情，同时也对他们的某些要求和做法提出了善意的批评。

留法勤工俭学生的第二次大规模斗争，发生在 6 月至 8 月，是围绕反对北洋军阀政府专使向法国秘密借款而展开的。6 月初，北洋军阀政府派朱启钤为专使，和财政次长吴鼎昌一起到巴黎，秘密与法国政府商谈借款和购买军火事宜。由于法国统治集团内部的矛盾，事情在当月 16 日的巴黎各大报上报道出来。周恩来看到消息后，立即和赵世炎、蔡和森等联络旅法华人各团体负责人，共商对策。周恩来还同旅法华工中的工学世界社社员袁子贞等，联络旅法华工会、中国留法学生联合会、国际和平促进会、亚东问题研究会、巴黎通信社、旅欧周刊社六个团体，组成反对借款委员会，发表《拒款通告》，揭露借款内幕，谴责军阀丑行，呼吁“同胞一致进行”，“以与抗争”。并将拒款决议案用法文印刷了千余份，分送法国各界，以争取舆论。

6 月 30 日，周恩来、赵世炎、李立三、陈毅、徐特立、刘清扬、袁子贞等 300 多人在巴黎哲人厅召集拒款大会，宣读了旅法各地华人团体的来函来电，并通过宣言书，号召国内同胞和各国华侨“联名一致以反对非意之借款”，并请法人“赞助”。同一天，周恩来撰写了通讯《旅法华人拒绝借款之运动》。文章指出这次借款“是直一分赃之借款也。而担保品之重，又关系全国命脉。呜呼！国人尚在睡梦中耶？”“若是之借款，而欲吾国民之承认，吾国民苟非梦死断无予以‘可’字者。”文章认为，这次斗争与“二二八”斗争相比，“两者均为对付官僚，而其性质则大异：一为生活问题，一为国家问题也”。

在社会舆论的压力下。吴鼎昌避居英国，中法之间被迫暂时中止了对借款问题的讨论。到7月25日，《巴黎时报》又透露出中法借款合同已经秘密商妥草签的消息，旅法华人顿时群情激愤，于25日和29日两次集会，发表宣言通告，呼吁国人速起斗争，坚决反对这一卖国借款。30日，周恩来撰写《中法大借款竟实行签字矣》一文，详细报道旅法华人的斗争情况，揭露北洋军阀政府暗中勾结法国政府，出卖民族利益的行径。

8月13日，周恩来、赵世炎等领导旅法华人各团体举行的第二次拒款大会在巴黎哲人厅召开。会议要求驻法公使陈箓当众说明借款真相。陈箓本人不敢到会，派秘书长王曾思到会。王曾思态度蛮横，遭到愤怒学生的痛殴，被迫代表陈箓签署了反对中法借款的声明。声明中说，如此项借款成立或今后再举行类似的借款，公使和全体职员立即辞职，以谢国人。拒款委员会将此声明电告国内各大报馆，并送法国外交部一份。法国政府害怕事情闹大，只得宣布暂缓借款。延续两个多月的拒款斗争，至此宣告胜利结束。周恩来于16日撰写的《中法大借款案之迫讯》向国内报道了这一情况。

9月间发生的留法勤工俭学生占领里昂中法大学的事件，把留法勤工俭学生的斗争推向了又一个高潮。

里昂中法大学是华法教育会创办的,留法勤工俭学生一直要求进入该校学习，而校方却寻找借口不愿接受他们入校。校长吴稚晖公然宣布要在国内另行招生，并决定于9月25日开学。驻法使馆也因对勤工俭学生发动的拒款事件不满，在8月20日布告停发在二月事件后改由使馆发放的勤工俭学生生活维持费。这两件事，使很多勤工俭学生感到求生和求学都看不到希望，实际上把他们逼上了一条绝路。

9月17日至19日，留法勤工俭学生联合会连日召开会议，讨论对策，最后一致决定派学生去争回里昂大学。在讨论过程中，周恩来特别提出，对方逼我们陷入绝境，斗争是复杂的，要讲究策略，要做两手准备。他建议留下部分骨干负责后方工作和以后的斗争。这个提醒和建议的重要性很快为事态的发展所证明。

9月21日清晨，赵世炎、蔡和森、李立三、陈毅、陈公培、张昆弟、颜昌颐、罗学瓒等100余人组成的“先发队”，分别从巴黎、克鲁邹、蒙达尼等地到达里昂，冲进中法大学。但由于学校早有防备，将所有教室和宿舍的门都上了锁，因此他们无法进入。“先发队”的学生们只好在校内的草地上休息，并推选赵世炎为总代表同校方进行交涉。校方不仅拒绝与学生代表交涉，而且要求里昂市长以“逮捕匪类”的名义派警察前来镇压。第二天，法国政府派出大队武装警察，包围和拘捕了全部“先发队”的学生，押送他们到一座法国兵营囚禁。周恩来等人得知消息后，和聂荣臻、王若飞、徐特立一起，立即四处奔走，展开了营救活动，但未能奏效。

在兵营中囚禁20多天之后，到10月13日，法国当局又派出200多名武装警察，将这批学生押送到马赛。中法两国政府相互勾结，决意驱逐被捕学生104人，强令他们登船回国。赵世炎在别人帮助下借机逃了出来。

“先发队”被强行遣送回国后，周恩来很快含愤撰写出长篇通讯《勤工俭学生在法最后之命运》，向国内详细报道了中法反动政府对留法勤工俭学生的迫害经过。文中疾呼：“途穷了，终须改换方向。势单了，力薄了，更需联合起来。马克思和昂格斯合声嚷道，‘世界的工人们，联合起来啊！’他们如今也觉悟了，‘全体勤工俭学的同志们，赶快团结起来啊！’”在这篇报道中，周恩来力主实行马克思主义的主张。

为了团结留在法国的勤工俭学生中的骨干，周恩来、赵世炎于这一年年底，（或次年年初）托人带信约在蒙达尼的李维汉到巴黎的一家旅馆会面，商议成立旅欧青年中的共产主义组织，议定几方面分头做筹备工作。就这样，经过几场尖锐和复杂的斗争后，留法勤工俭学生终于走上了大联合的道路，旅欧革命青年即将团结在共产主义的组织中，更有力地开展新的斗争。

领导少共

1922年6月，在巴黎西郊布伦森林中的一块小空场上，旅欧共产主义组织召开了第一次代表会议。旅居法国、德国、比利时等国的18名代表出席了这次会议，其中包括赵世炎、周恩来、李维汉、王若飞、陈延年、陈乔年、萧子璋、刘伯坚、傅钟、佘立亚等。代表们之间有的是久别重逢，有的是初次相识，他们热情地交谈着，看起来好像是一次普通的朋友间的聚会。

会议主持人为赵世炎，他首先向代表们报告了组织筹备经过。接着，由周恩来报告了他起草的组织章程草案。最初，周恩来提议的组织名称为共产主义青年

1922 年 6 月，赵世炎、周恩来等在巴黎成立旅欧中国少年共产党。这是参加成立大会的成员在巴黎郊外布伦森林合影

旅欧中国少年共产党机关刊物《少年》，后改名《赤光》

团，但与会多数代表不赞成，主张叫少年共产党。周恩来还提议新成员加入组织时应当宣誓，也有些代表不赞成，认为宣誓是带有宗教色彩仪式。对此，他解释说：我们宣誓不是宗教信仰，是带有政治约束的。他举了袁世凯的例子，袁曾宣誓忠于民国，但他以后做了皇帝，人民就说他叛誓而讨伐他。

会议共开了三天，通过了组织章程，确定组织名称为旅欧中国少年共产党，选出中央执行委员会委员三人，即赵世炎、周恩来、李维汉，赵为书记，周负责宣传，李负责组织。会议还决定出版机关刊物《少年》，由周恩来负责筹办。《少年》月刊创刊于 1922 年 8 月 1 日，编辑部设在巴黎戈德弗鲁瓦街 17 号的小旅馆内，那里同时也是旅欧少共中央执委会的办公处。这个刊物最初为 16 开本，每期 30 页左右。从第七号起改为 24 开本，每期 42 页。第十号起，又改为不定期刊。《少年》作为旅欧少共的机关刊物，其任务是“为第三国际和国内共产党解释战略并传播共产主义学理”，以发表马列主义的经典著作译文、探讨和宣传马克思主义基本原理的文章以及共产国际、少共国际文件和消息为主要内容。

周恩来是《少年》的主要撰稿人之一，他先后在该刊发表了《共产主义与中国》《宗教精神与共产主义》《告工友》《十月革命》《论工会运动》《俄国革命失败了么？》等文章。

从1922年8月创刊，到1923年年底终刊，《少年》杂志共出13期（以后改出《赤光》半月刊）。周恩来发表在《少年》上的许多文章，不仅对加强旅欧党团员的思想教育和宣传党的方针政策起了重要作用，也反映出他本人对马克思主义、对共产党已有了明确而深刻的认识，掌握了马克思主义的基本原则和观点。同时，也可以看到一个特点，即周恩来等人当时的注意力还着重放在共产主义学理和建党基本原则的探讨上，没有来得及对中国革命的实际问题做更具体的研究，这既反映了中国共产党创建期的历史特点，也与他们身处海外的客观环境有关。

旅欧中国少年共产党成立后，党部就设在赵世炎的住处——巴黎戈德弗鲁瓦街17号的一家小旅馆内。经常在党部工作的有赵世炎、李维汉、陈延年。周恩来会后返回柏林，向旅德党组织汇报了代表会议的情况，然后就着手开展在德发展组织的工作。

1922年10月下旬，周恩来在柏林的住所里接待了为寻求真理和共产党组织而来的朱德。朱德陈述了自己的身世和要求加入中国共产党的愿望，周恩来深表同情，并同意他的申请。11月，周恩来、张申府介绍朱德、孙炳文加入了中国共产党。

赵世炎和周恩来在旅欧革命青年中享有很高的威望，两人有不少相似的优点：坚定、机智、待人诚挚，富有组织才能。当时正在法国的蔡畅曾多次说过：“恩来和世炎全身都是聪明！”

“少共”成立后不久，从国内传来了中国社会主义青年团第一次代表大会已于1922年5月在广州召开的消息。这次大会通过了中国社会主义青年团的章程和纲领，选举产生了中央执行委员会。10月间，周恩来赴巴黎参加旅欧少年共产党召开的会议。会上举行了总投票，决议加入中国社会主义青年团，并改选了中央执行委员会，赵世炎、王若飞、周恩来、尹宽、陈延年五人当选为委员。

11 月 20 日，周恩来和赵世炎以旅欧中国少年共产党的名义写信给国内的青年团中央，要求“附属于国内青年团为其旅欧之部”。他们筹集了一笔路费，派李维汉为代表携信回国，与团中央接洽。正当他们等待答复的时候，又得到参加共产国际第四次代表大会和少共国际会议的中国代表团已抵达莫斯科的消息。他们立刻去信表示敬意，并说明已向国内团组织提出了加入中国社会主义青年团的请求。1923 年 1 月，正在莫斯科参加会议的中共代表团陈独秀复信给旅欧中国少年共产党，建议旅欧中国少年共产党更名为“中国共产主义青年团旅欧之部”，中央执行委员会改为执行委员会，还对青年团组织在欧洲的行动方略作出了指示。

1923 年 2 月 17 日至 20 日，旅欧中国少年共产党在巴黎召开临时代表大会，到会代表共 42 人，代表着在法、德、比三国留学的 72 名少共党员。在赵世炎的主持下，临时代表大会经过四天的会议，讨论了少共成立以来的工作，通过了改组案等 20 项提案。会议正式决定加入中国社会主义青年团，成为其“旅欧之部”，在欧名称定为旅欧中国共产主义青年团。会议通过了由周恩来起草的《旅欧中国共产主义青年团章程》，其中规定：凡旅欧中国青年愿加入本团为团员者，必须对于共产主义已有信仰。章程还明确说明，中国社会主义青年团中央执行委员会为本团上级机关。这时，中共中央已决定调赵世炎、王若飞、陈延年等 12 人到苏联东方劳动大学学习。会议选出了新的执行委员会，委员为周恩来、任卓宣、尹宽、汪泽楷、肖朴生五人，候补委员为刘伯坚、王凌汉、袁子贞三人，周恩来任执委会书记。会后不久，正式收到了团中央 1 月 29 日同意他们加入组织的公函。3 月 13 日，周恩来起草了《旅欧中国共产主义青年团（中国社会主义青年团旅欧之部）报告第一号》，向团中央汇报了二月临时代表大会的情况。其中写道：“我们现在已正式为‘中国社会主义青年团’的旅欧战员了，我们已立在共产主义的统一旗帜之下，我们是何其荣幸！你们希望我们‘为本国勇敢忠实的战士’，我们谨代表旅欧全体团员回说：‘我们愿努力毋违！’”

1923 年夏天，周恩来从柏林迁回巴黎，开始专门从事党团工作。他住在赵世炎原来的住处——戈德弗鲁瓦街 17 号小旅馆三楼第 16 号房间。这里也是执行委员会的办公处和《少年》杂志编辑部。

6 月，中共党的“三大”在广州举行，会议决定共产党员、社会主义青年团员以个人名义加入国民党，以建立各民主阶级的统一战线。

1924 年，中国社会主义青年团旅欧之部部分成员在巴黎合影。前排左四为周恩来，左六为李富春，左一为聂荣臻；后排右三为邓小平

中共中央关于国共合作的主张很快传到了旅欧党团组织。1922 年 9 月 1 日，《少年》第二号上发表了张申府的文章《中国共产党与其目前政策》，宣传国共合作的主张。1923 年年初，孙中山派王京岐到法国筹备组织国民党支部。王京岐原是留法勤工俭学生，后因参加占领里昂中法大学的斗争，同蔡和森、李立三等一起被强行遣送回国。他重回法国后，周恩来立刻同他取得了联系。3 月 10 日，周恩来主持旅欧共青团常务会议。会上，大多数人同意以个人名义加入国民党，与国民党携手合作。4 月 25 日，王京岐致函国民党本部说："旅欧共产主义青年团共八十多名。月来探其组织颇称完善，而其行动亦与吾党相差不远。"并报告了旅欧共青团要求加入国民党的事。6 月 16 日，周恩来和尹宽、林蔚等一起到里昂与王京岐商谈合作问题，双方达成协议：旅欧中国共产主义青年团团员全部以个人身份加入国民党。此后不久，国民党总部委任周恩来为国民党巴黎通讯处（后称巴黎分部）筹备员。

8 月，周恩来在写给将要回国述职的王京岐的信中，谈到了旅欧国共两党合作问题，说："依我们的团体意识，我们愿在此时期尽力促成民主革命的一切工作，这是无可置疑的事。”对如何实行合作，他提出了三条切实可行的建议，“我们能和国民党人合作的，在现时、在欧洲大约不外下列三事：一、宣传民主革命在现时中国的必要和其运动方略；二、为国民党吸收些留欧华人中具革命精神的分子；三、努力为国民党做些组织训练的工作。本着上述三种原则，我们可随着时势变迁而计划我们当前所要做的工作。”

由于旅欧共青团的加入，国民党旅法支部成员扩及法国以外的德国和比利时。因此，国民党总部将旅法支部改为旅欧支部。11 月 25 日，在里昂召开了国民党旅欧支部成立大会。会议选举王京岐为执行部部长，周恩来为执行部的总务科主任，李富春为宣传科主任，聂荣臻为巴黎通讯处处长。王京岐回国期间，由周恩来代理执行部部长，主持旅欧国民党组织的工作。周恩来在这次会上讲话，其中着重批评了国民党内存在的腐败现象，他说：“挂名党籍不负责任者，此类人实居吾党最大多数”，“是真令人痛心疾首而不得不认为本内部伏莽之患”。

在国内，中国国民党于 1924 年 1 月召开了第一次全国代表大会，在孙中山的主持和共产党人的帮助下，通过了大会宣言，确定了“联俄、联共、扶助农工”三大政策。会议消息很快传到法国。

2 月，旅欧中国共产主义青年团机关刊物《少年》改组为《赤光》。这一改变是为适应国内革命形势的迅猛发展和旅欧共青团工作遇到的新情况而做出的。《赤光》与《少年》的不同点在于，它将办刊的重点从对马克思主义学理的介绍和研究转向对中国革命基本规律和具体方针的探讨，即“改理论的《少年》为实际的《赤光》”。

《赤光》由周恩来负责主编，邓小平等人参加编辑和刻印等工作。该刊为半月刊，16 开本，每期约 12 页，出版起来比较迅速和灵活。它的印刷份数比《少年》多，发行范围也比《少年》广。

1924 年 2 月 1 日，《赤光》创刊号出版。在发刊词《赤光的宣言》中，阐明了该刊的宗旨——

> 我们所认定的唯一目标便是：反军阀政府的国民联合，反帝国主义的国际联合。
>
> 我们知道，我们远处欧洲的中国国民，对于我们故乡的政治经济现状常有隔膜而不谙内情的苦闷。为使大家解此苦闷，我们不但要评

论中国时事，且更愿为大家指出他的乱源所在和他的解脱之方。

周恩来作为主编和主要撰稿人，在《赤光》上发表的文章多达30余篇。其中较重要的有：《军阀统治下的中国》《列强共管中国的步骤》《革命救国论》《国际帝国主义乘火打劫的机会又到了》《救国运动与爱国主义》《北洋军阀与外交关系》《华府会议的又一教训》《这才是一个确实的"进兵"中国》《再论中国共产主义者之加入国民党问题》等。从这些文章中可以反映出，周恩来对中国社会各阶级的关系，中国革命的当前任务和远景等基本问题，都已有了比较清楚和符合实际的认识。

对国民党的改组及国共合作问题，周恩来在2月15日出版的《赤光》第二期上发表《革命救国论》一文中写道：

> 我们知道国民党近来已起首改组了，我们且深信此次改组后必有可观。但我们最切望而且不惮重复申说的，便是国民党今后当注意于国民运动中五派可靠的革命势力之发展团结和引导，千万再不要误认新旧军阀的四派势力之调和可以得到那骗人的和平统一！

为了回答国家主义派对共产党与国民党合作、建立革命统一战线的种种污蔑，周恩来在6月1日出版的《赤光》第九期上又发表了《再论中国共产主义者之加入国民党问题》一文。他写道：

> 不错，我们共产主义者是主张"阶级革命"的，是认定国民革命后还有无产阶级向有产阶级的"阶级革命"的事实存在。但我们现在做的国民革命却是三民主义革命，是无产阶级和有产阶级合作，以推倒当权的封建阶级的"阶级革命"，这何从而说到"国民革命"是"阶级妥协"？且非如此，共产主义革命不能发生，"打破私有制度""无产阶级专政"自也不能发生。不走到第一步，何能走到第二步？

周恩来在文章中表达了他对国民党改组所寄予的希望，论证了国共合作的必要性，概括了民主革命和共产主义的相互关系。这些文章也显示了此时周恩来已经具备了运用马克思主义原理分析和研究中国问题的能力。

周恩来以旅欧共青团负责人的身份，在推动和领导旅欧国共组织合作的工作中，作出了十分重要的贡献。7月20日，周恩来还参加了在巴黎举行的中国国民党驻法总支部第二次代表大会，对国共合作后的工作开展提出了积极的建议。

此时，在国共合作的形势下，国内革命运动以广东为根据地蓬勃发展起来，急需大批干部。旅欧中国共青团根据中共中央的指示，决定选送一批干部回国，周恩来也在其中。7月13日至15日召开的旅欧共青团第五次代表大会，改选了执委会，为选送干部回国作了准备。

7月下旬，周恩来与刘伯庄、周子君、罗振声等人从法国乘船，踏上了归国的旅途。周恩来的行李中，有一份旅欧中国共产主义青年团执行委员会给团中央的一份报告。里面有这样几句话：

> 周恩来——浙江，年26，诚恳温和，活动能力富足，说话动听，作文敏捷，对主义有深刻的研究，故能完全无产阶级化。英文较好，法文、德文亦可以看书看报。本区成立的发启（起）人，他是其中的一个。曾任本区三届执行委员，热心耐苦，成绩卓著。

国内更加艰巨繁重的革命重担，正在等待着已是职业革命家的周恩来。

艰苦卓绝　投身革命

（1924—1936）

三、惊涛骇浪大革命

7 就职黄埔军官学校

1924年秋天，周恩来从法国回到国内，就任中共广东区委委员长和黄埔军校政治部主任。在这里，他两次死里逃生，并结成了传世的姻缘。

黄埔军校的中坚

从法国出发，经过一个多月的海上颠簸，周恩来等人终于看到了祖国的陆地。船先停靠香港，周恩来从这里上岸。

1924年9月1日，刚到香港，心情尚未平静的周恩来给中国社会主义青年团中央发出一封信，汇报自己的行踪等情况：

此番我们同行归国的同志共四人。刘伯庄、周子君两同志直往上海，罗振声同志和我至香港后须往广州一行，故不克直达沪上报到。

我们在广州耽搁的日期，我须俟C.P.（即共产党）中央命令而定。振声同志原欲入广州国民党军官学校，如可能当即在广州住下，否则或不久亦将转往上海。

旅欧青年团委托我和伯庄同志的使命：关于应成统系的报告，我已和伯庄分别作成书面报告，关于零星事件当由伯庄作口头报告便足。此外，本年内团中如有何种会议旅欧青年团得派代表出席的，望早日通知我们为盼！我在广的通信地址，可由平山（即谭平山）同志处转。

共产主义的敬礼！

几天以后，周恩来坐“佛山”号轮船抵达国民革命运动的中心——广州。中国社会主义青年团广州地委委员阮啸仙（秘书）、彭湃（农工委员）两人到长堤码头迎接，把他们迎到彭湃在贤思街的住处居住，并在国民党中央青年部主办的平民教育委员会找了一间房子临时办公。

周恩来到达广州的时候，广州正发生商团事件。商团是民国初年由于地方混乱、当局允许商人置械自卫而逐渐发展起来的，在广州有 12 000 人，在全省有近 5 万人。商团的首领陈廉伯是广州商会会长、英国汇丰银行买办。8 月下旬，在英帝国主义的指使下，商团密谋推翻孙中山的革命政府，从国外私自买了一万多枪支和几百万发子弹，准备偷运入境后举事。孙中山知道后，派军舰在虎门沙角截获了这批军火。陈廉伯就煽动商界人士组织请愿团，还鼓动商人罢市。孙中山派人拿他的亲笔信到商团总部揭发陈廉伯企图“倾覆政府”。广东省省长兼孙中山的大元帅府财政部部长廖仲恺下令通缉陈廉伯。另一方面，陈廉伯和他的党羽强迫商店罢市扩大到佛山、顺德等地。8 月 28 日，9 艘英国军舰集中到广州白鹅潭，炮口对着中国军舰，英国沙面领事向廖仲恺提出警告。29 日，英驻广州总领事向大元帅府发出最后通牒，宣称：奉香港舰队司令命令，如遇中国当局有向城市开火时，英国海军即以全力对付之。9 月 1 日，孙中山为了抗议英帝国主义支持商团叛乱，发表对外宣言，同时对英国政府“干涉中国内政”提出严正抗议。

商团是当时对广东革命政权威胁最大的敌人。如果不把这个心腹之患铲除，要巩固广东革命政权是不可能的。但国民党内部那时却有不少人幻想同商团实行和缓与妥协。周恩来一到广州，对这个问题极为关心。他在 9 月 7 日写的《辛丑条约与帝国主义》一文中这样说：

中国民族既与帝国主义不两立了，我们便当将帝国主义敌人认清，不容有丝毫和缓和妥协的希冀存在我们的心理中。

国民革命的含义有二：一联国际无产阶级及弱小民族作反帝国主义的进攻；一联国内被压迫民众作推翻帝国主义走狗之中国军阀的革命。前者应勿忘苏俄是我们弱小民族的好友；后者应切记阻碍革命发展的一切势力，都是帝国主义直接间接的御用人（如陈廉伯之流的买办阶级等）。这是“九七”纪念中最重要的一个主义。

孙中山对商团也采取了折中办法，发还 4 000 支枪械给商团。商团得枪后，气焰更加嚣张了。10 月 10 日，竟然放出步哨，在长堤西濠口一带戒严。这一天，正是全市各界人民举行庆祝“双十节”集会，到会的有 30 多个团体，三四万人。周恩来出席了大会，以广东民族解放协会代表的身份发表演说，严正警告商团：

我们不要以为反革命派的势力极大，反革命派的气焰日涨，我们只要下我们团结的决心，我们有工人可以武装，有农民可以自卫，有兵士可以做先驱，有学生可以做宣传，有商人可以做后盾，我们的实力便在此处。

会后，举行游行。当队伍经过永汉路（今北京路），南出天字码头转入长堤西濠口，向太平路（现人民南路）进发时，商团向群众开枪，当场打死 20 余人，受伤和被捕几十人。商团还构筑街垒，封锁市区，发动武装暴动。

正在广东北部韶关督师北伐的孙中山，得知消息后立即打电报给胡汉民等人，叫他们严办，不得“再事姑息”，“生死关头，唯有当机立断……切勿犹豫，以招自杀”。他下令从北伐军中抽一部分军队回师广州平叛，成立革命委员会，由谭平山、廖仲恺、陈友仁等为全权委员。周恩来、陈延年、杨匏安、阮啸仙等都参加了军事指挥部的工作。10 月 15 日，革命军在工农群众的积极援助下，击溃了商团军，取得了反对帝国主义和国内买办资产阶级的一次重大胜利。广东局势转危为安。

在这种形势下，1924 年 10 月，中共中央决定重建广东区委，周恩来任委员长兼宣传部部长。广东区委的工作范围，包括广东、广西、厦门、香港等地，因此也称两广区委。

随着广东革命形势的迅速发展，掌握革命武装的问题也变得越来越突出。

周恩来到广东后不久，他就兼任开办不久的黄埔军校的政治教官，给第一期学生讲授政治经济学。这年 11 月，他除继续担任中共广东区委委员长兼宣传部部长外，又兼任黄埔军校的政治部主任。刚从苏联归国、被派到广东担任团中央

1924年11月，周恩来出任黄埔军校政治部主任

驻粤特派员的陈延年，调任广东区委秘书、组织部部长兼宣传委员会负责人，协助周恩来处理区委的日常工作。

黄埔军校是孙中山接受共产国际代表的建议，为建立一支真正的革命武装而创办的。本名“中国国民党陆军军官学校”，因为校址在广州市郊的黄埔长洲岛，所以人们习惯称之为“黄埔军校”。过去孙中山因长期依靠地方军阀而吃尽苦头。而现时一些打着国民党旗号的军队又同军阀武装没有多大区别。所以，孙中山把创建这所军官学校看作建立党军的起点，对它抱着很大的希望。他亲自担任这所学校的总理，以蒋介石为校长，廖仲恺为党代表。周恩来就是应孙中山和廖仲恺的邀请，被中共中央派到黄埔军校任职的。

黄埔军校的学生是从全国各地招收的。由于当时广东以外的绝大部分地区处在军阀的统治下，无法公开招生，因此就委托国民党第一次全国代表大会的代表回省后代为招收。各省送来的大多是各地的进步青年。第一期学生最初有 490 多人，后来把军政部所办的讲武堂也合并进来，共有学生 645 人。其中共产党员和青年团员五六十人，占学生总数的十分之一。徐象谦（向前）、陈赓、左权、蒋先云、许继慎、王尔琢、周士第、蔡升熙、宣侠父等都是黄埔第一期的学生。这期的学生里，也有胡宗南、杜聿明、宋希濂、郑洞国、范汉杰、李默庵、李仙洲、关麟征、侯镜如、黄维、王敬久、孙元良、黄杰、张镇、贺衷寒等。

在黄埔军校设立政治部，开创了中国革命军队政治工作的先河。周恩来就任军校政治部主任后，以旺盛的革命斗志、炽热的爱国精神、忘我的工作态度，开创政治工作的新局面。他设法调了一些共产党员到政治部工作，对他们说："过去黄埔军校是个空架子，学校也没有多少真正进步的政治工作可言，你们看，蒋校长办公室门前挂的是于右任为他写的'登高望远海，立马定中原'的对联，学生手中流传的是蒋校长主持编写的'曾（国藩）左（宗棠）治军语录'，这样怎么能把学生训练成真正革命的军事干部呢？今后我们必须努力改变这种状况，真正在军校推行列宁创造红军的经验。"

他建立起政治部的工作秩序和工作制度。部下设几个股，选调共产党员担任负责人；规定工作细则，进行有关调查，出版《军事政治月刊》《革命军》《黄埔潮》等；加强对学员的政治教育，课程中有"帝国主义侵略中国史""中国近代史""帝国主义""社会进化史""社会主义"等。在"社会主义"这门课中，就这样强调："我们为什么要讲授社会主义呢？因为'民生主义，就是社会主义，又名共产主义'"，一定要研究欧洲自原始共产主义到柏拉图之理想国中的社会主义，"由柏拉图到符离耶、欧文的空想社会主义，进化到'科学的社会主义'，马克思主义，共产主义"。周恩来亲自给黄埔军校学生作报告。政治部专设的政治教官大都是共产党人。

周恩来还努力在军校中建立和健全共产党和青年团的组织，成立了中共黄埔军校特别支部，发动党团员和进步青年开展工作。这一时期，黄埔军校的政治工作搞得蓬蓬勃勃，在一个荒芜的小岛上，出现热气腾腾的景象。一进校门，大字标语就是"拥护三大政策""民生主义就是共产主义""打倒帝国主义""打倒封建主义"。校歌中高唱："怒潮澎湃，红旗飞舞，这是革命的黄埔……"

黄埔军校的生活是艰苦的，全校除一间俱乐部是砖瓦房外，教室、宿舍、厨房、厕所全是草棚，墙是竹帘、草席，学生们穿的是布袜、草鞋……生活又是活跃的，在周恩来的倡议下，校内成立了“血花剧社”，自编自导自演革命戏剧。陈赓当时是“血花剧社”领导人之一，也是有名的演员。后来又组织了“火星社”，团结了进步的学员。进而又成立“青年军人联合会”，联合广东各军进步青年军人，对在军队中扩大革命影响，起了很大作用。

由于政治部对政治思想教育工作领导得好，共产党员、共青团员又起了核心作用，因此学员们的思想觉悟提高得很快，尽管环境艰苦、生活紧张，但始终斗志旺盛，革命的情绪很高。当时担任黄埔军校政治部指导股主任的王逸常回忆说：“从此以后，黄埔军校的政治工作蓬蓬勃勃地开展起来了。周恩来同志每日除了用少量时间浏览我们为他准备的报纸剪辑、工作日记，批阅来往函件外，大量的时间都花在找人谈话和抓工作落实上。他思考事物周密，处理问题敏捷，原则性和灵活性掌握适度。他经办的事没有不水到渠成的。”

在这段时间内，黄埔军校的共产党员发展到 43 人。军校的党支部由周恩来代表广东区委直接领导。

周恩来身兼数职，工作繁忙。每天清晨，他步行到码头坐船到黄埔军校工作，傍晚回广州，晚上到广东区委办公室。桌上放满了马列著作和各种文件，星期天常到工会、农会作报告。当时黄埔军校的入伍生总队长张治中后来回忆说：“黄埔军官学校成立，我随进了黄埔，便认识了周恩来先生。他是政治部主任，我们一见如故。他为人很热情，谈吐、风度、学养，都具有很大的吸引力。”在黄埔军校的政治氛围中，张治中等国民党方面的进步青年也逐渐赞同共产党的主张。

1925 年 1 月，军阀陈炯明图谋进犯广州。2 月 1 日，孙中山的大元帅府发令讨伐陈炯明，这是第一次东征。

东征军总指挥是许崇智，兼右路军指挥，参谋长是叶剑英。黄埔军校以第一期毕业生为骨干组建了两个教导团，参加了右路军。周恩来以军校政治部主任身份，随军东征。由于军事工作繁忙，在中共广东区委内，他改任常委兼军事部部长，书记一职由助手陈延年接任。

东征中，周恩来规定了“不拉夫，不筹饷，不强占民房，不用军用券”等政治纪律。军行所至，纪律严明，鸡犬不惊，当时曾有“莫走人家取门板，莫拆民房搬砖石，莫踏禾苗坏田产，莫打民间鸭和鸡”的“爱民歌”。政治部一再激励官兵为“救国救民”而英勇作战，要“千万爱护人民，不可扰乱人民”。“革命军所到之地，人民乐予贸易。”当地人民自愿帮助运输并代做侦探工作，所以革命军作战顺利，一战即攻克东江。有人称：“此乃中国军队第一次战时政治工作之成绩。”

这次东征中的一个有名战役是“淡水之战”。淡水城地势险要，构筑有坚固的防御工事，易守难攻，陈炯明军约 4 000 人固守城池。叶剑英了解了城里的敌军兵力部署，勘察了地形，拟订了作战方案，到司令部同蒋介石、周恩来和苏联顾问加伦等详细商讨粤军第二师和黄埔学生军教导团攻打淡水的计划。2月 13 日，向淡水发起攻击。城内敌军猛烈还击。教导二团团长王柏龄在紧急关头逃跑了。周恩来领导政治部和各级党代表鼓励学生军奋勇战斗，坚持到底。15 日晨攻下淡水。苏联顾问看到革命军将士作战英勇，连连说可以同苏联红军相媲美。淡水一仗，为第一次东征胜利奠定了基础。黄埔学生军打出了威风。几十年后，周恩来还记得这场战斗的艰辛，同叶剑英谈起过。

周恩来后来回顾这段历史时说：“在黄埔军校第一期毕业，新的国民革命军成立了两个团后，仅仅以新成立这两个团为骨干，举兵‘东征’，即得着东江民众的热烈欢迎与帮助，克复潮汕，直抵闽境，并迅速扫平杨、刘（即杨希闵、刘震寰——编者注）。如果从单纯的军事观点上说，以二十万众的粤、湘、滇军血战经年不能打败陈炯明，后来只加两个团，以数千之众，即起了全部胜负决定的作用，这不是奇迹吗？这是由于新成立的两个团，是新的革命军队，是有着革命的三民主义做政治工作基础的军队。政治力量超过了敌人，提高了战斗力，保障了军队本身及军队与人民的团结。”

这一时期，周恩来阐述了建立革命军队和军队政治工作的一系列重大理论问题。

1925 年 6 月 2 日，周恩来在黄埔军校作了题为《军队中政治工作》的讲演，他充分地阐述了要革命成功，必须建立一支革命军队的道理。他谈道：人类社会分化为阶级社会以后，军队就成为一种“工具”。压迫者拿这个工具去压迫人，如奴隶社会的酋长用军队这个工具来压迫奴隶，封建社会的天子诸侯王拿这个工具来压迫乡村的农奴和城市的市民，现在的军阀、资本家、大地主利用这个工具来压迫农工和其他的群众。但是，被压迫的阶级也可以用这个工具去反抗他们的压迫者，推翻压迫者的统治。酋长制度的社会，奴隶起来赶跑了压迫他的酋长；封建社会没落，资产阶级起来赶跑了压迫它的天子诸侯王；资本主义社会，受压迫的无产阶级起来推翻资产阶级的压迫。在帝国主义和军阀的压迫和支配下的工农商学，也会起来利用武力打倒帝国主义和军阀。现在，西方是无产阶级革命，东方是国民革命。

这期间，关于党、军队、政治工作、人民等方面的关系，周恩来也都作了系统的理论阐述。关于建军的宗旨和任务，他说：孙中山建立军校，是要建立“为人民所用之军队”，“军队之打仗是为人民而打的”。革命军队的任务，“是实现我们理论的先锋”。

关于军队和党的关系，他说：“革命军是党的军队，革命军的行动要依着党的政策”；革命军队“是为主义为党国而奋斗的”。要“使官佐士兵及一切群众晓得党的理论、主义、政策”。

关于军队政治工作，他说：“政治工作就是使军阀军队渐渐觉悟，革命军队确实具有革命观念。”区分了两种不同军队的不同政治工作的要求，不但对于革命军队，而且对于后来的敌军兵运工作也有指导作用。对于革命军队，他说：“我们做政治工作的使命，对于官长官佐要巩固其革命观念，对于士兵要使之有革命常识，所以我们要认识革命化、纪律化、统一化。”他认为革命军队的基础在于士兵觉悟的提高，“军队的本身完全在士兵，因为有广大的兵士群众，才能够成为一个军队”。

关于军队政治工作部门，他说：“部队政工是革命的灵魂。”“就系统方面说，政治部是军队组织里面的一部分，要辅助各部处的工作，以进行政治教育实施的目的。”

关于军队同人民的关系，他说：革命军队必须同人民紧密团结，革命军“是为人民解除痛苦而来，但全恃本校军队，力量太小，若无人民援助，仍不足负重大责任”。“要使兵士明白怎样与工农联合”，“共同打倒帝国主义”。

后来，大革命失败后，蒋介石的军队里，取消了政治部、党代表等，黄埔时期的革命政治工作，只在工农革命军、红军，抗战中的八路军、新四军以及后来的人民解放军中继承下来，并且发扬光大。它的基础，是周恩来在这一时期打下的。

抗战时期，毛泽东谈起大革命中的军队时，说：“那时军队有一种新气象，官兵之间和军民之间大体上是团结的，奋勇向前的革命精神充满了军队。那时军队设立了党代表和政治部，这种制度是中国历史上没有的，靠了这种制度使军队一新其面目。1927 年以后的红军以至今日的八路军，是继承了这种制度而加以发展的。”

1962 年，有一次朱德谈到从南昌起义到井冈山斗争时，也说：北伐战争时期我们就开始在军队中建立革命的政治工作。正因为这样，才有了北伐战争的迅猛发展和巨大胜利。“因此研究党的军史时，应当从这个老根上研究起。”

两次遇险

从第一次东征结束到第二次东征开始，中间不到半年。这半年里，发生了三件大事：第一件是回师讨伐杨希闵、刘震寰所部滇、桂军，第二件是沙基惨案，第三件是廖仲恺遇刺。

在第一次东征的过程中，发现了盘踞广州的杨希闵、刘震寰阴谋叛乱的证据。陈炯明在东江余部被击溃，使杨、刘更不自安，蠢蠢欲动。孙中山在北京逝世，又被他们看作有机可乘。广州的局势日趋紧张，已有一触即发之势。

1925 年 4 月 13 日，根据廖仲恺的建议，国民党中央决定由黄埔军校教导一、二团组成党军第一旅，仍由军校节制。5 月 13 日，廖仲恺从广州赶到汕头同东征军共商讨伐杨、刘的计划，决定放弃潮梅，于 20 日回师广州。

6 月 12 日，由东江回师的党军迅速向广州市区的杨、刘军队发动猛攻。革命政府统辖的其他军队也先后从北江、西江、河南三面发动进攻。广州人民素来对杨、刘军队恨之入骨，纷纷起来破坏交通，断绝水电供应，配合革命军作战。杨希闵原来十分骄横，自恃所部滇军有 3 万多人、步枪 25 000 支，饷糈弹药都很充足，根本不把革命政府所辖各军放在眼里。他甚至扬言：“请代帅（按：指代理大元帅职务的胡汉民）命令先攻打我们三天，然后我们再回手。”但他的军队是雇佣军队，盘踞广州后对民间大肆搜刮，军官身边都有了不少钱，日益腐化，士兵更无斗志。在士气十分旺盛的革命军进攻下，只经过一昼夜的战斗，就全面崩溃。战斗过程中，滇军司令部被飞鹰号军舰发炮击中，滇军前敌总指挥赵成梁当场毙命，杨希闵只身逃往沙面租界。杨、刘所部滇、桂军被革命军全部缴械。一场乱事就这样迅速削平，多年的心腹之患被干净利索地拔除了。

正当东征军从东江回师的过程中，在上海发生了震惊中外的“五卅惨案”。英国警察在上海南京路上对示威群众用排枪射击，打死 13 人，伤者不计其数。接着，青岛、汉口、九江等地又相继发生帝国主义军队屠杀中国民众的惨剧。为了声讨帝国主义的暴行，工人运动、学生运动、农民运动反对帝国主义的怒潮席卷全国，规模之大是中国近代历史上前所未有的。广州和香港的工人也奋起罢工，声讨英、法等帝国主义的暴行。6月23日，广州的罢工工人、农民和学生10万人，上街游行，高呼“打倒帝国主义”和“废除不平等条约”等口号，支持和声援上海工人的行动。

当时，身为黄埔军校政治部主任的周恩来，组织和率领黄埔军校的一部分学生军，参加了这次示威大游行。

当游行队伍行进到广州沙面租界对面的沙基街的时候，早已荷枪实弹虎视眈眈的英、法等帝国主义的军警，突然用机关枪、步枪猛烈射击，致使游行群众50余人当场死亡，170余人受伤。当时一左一右和周恩来并肩前进的两位同志，第一排枪响，即被帝国主义军警的子弹夺去了生命，倒在血泊中。周恩来听到枪响后，当即和同事们匍匐在地，迅速转入小巷，到后街隐蔽，这才幸免于难。

这就是当时震惊全国的“沙基惨案”。

这也是周恩来一生中无数次历险的第一次。

多少年后，邓颖超讲到这件事时说：我在一个多月后从天津调到广州，任党的广东区委委员和妇女部部长。这时才听到恩来说这段情况：枪声一响他立即匍下，在左右两旁的同志中弹牺牲了，军校队伍马上撤到后街去了。那次恩来幸免于难。

两个月后，周恩来又一次遇险。8月20日，急于破坏广东革命政府的帝国主义和国民党右派，指使凶手在国民党中央党部门前暗杀了国民党左派领袖廖仲恺。事情一发生，周恩来就得到消息。他立刻从家里赶到医院去探望，整整两天两夜没有回家。当他回家的时候，仅有的一套西装上染满了血迹。

原来，他们本在蒋介石处商定当晚十一时动手搜捕廖案凶手，而戒严却比他们原来商定的时间提前两小时实行，口令也临时改了。周恩来驱车到司令部去时，门前的警卫突然喝问口令，一听口令不对，随即开枪射击。司机头部中弹，当场牺牲。周恩来机警地卧倒在车座下。司机的鲜血溅满了他的全身。车一停，他立刻跳出车外，高声宣布自己的身份，警卫才不继续开枪。这次遇险，周恩来又是九死一生。同月，他写了一篇题为《勿忘党仇》的纪念文章，痛斥帝国主义和国民党右派的罪恶行为，愤怒地指出：“我党自改组后，最显著的革命势力便是革命军之组织和工农群众之参加国民革命，这两种伟大事业的做成，多部分的功绩要属之于廖先生。廖先生亦因此而愈加见忌、见恨于反革命反工农群众的分子。”“我们要勿忘党仇，誓报党仇！”

那时，在广州已成立国民政府。以国民党左派面目出现的汪精卫被推举为国民政府主席，汪精卫、胡汉民、谭延闿、许崇智、林森五人为常务委员。廖案发生后，蒋介石趁机逼走胡汉民和许崇智。许崇智是蒋介石的老上级，当时担任国民政府军事部部长、广东省政府军事厅厅长、粤军总司令。蒋介石将粤军的一部分包围缴械，一部分强行收编。8 月 24 日，他被任命为广州卫戍司令。于是，广东革命政府的军事领导权逐渐转移到蒋介石手中。

33 年后，周恩来来到珠江三角洲视察，与身边人员讲起这两次广州险情，还感叹地说：“那两次都安然地过来了。那时广州的局势非常乱。”

无双的结合

1925 年夏天，在周恩来的经历中除了留下两次“幸免于难”的险情以外，还留下了一段举世传颂的姻缘。

8 月初，邓颖超来到了广州。在来广州之前，邓颖超已于年初加入了中国共产党，任中共天津地委妇女部部长和天津各界联合会主席团主席。由于领导天津反帝爱国运动，遭到天津反动当局的通缉。为此，党组织决定让她火速离开天津南下广州。党组织的这一考虑，也是照顾到她与周恩来的特殊关系。

周恩来与邓颖超之间的爱情经历，组织上早有耳闻……

周恩来和邓颖超最早相识于五四运动中，那是 1919 年夏天……

有人撰文描述了他们之间相识的情形：

> 一天，正在筹办《天津学生联合会报》的周恩来又一次来到母校南开学校，走进礼堂，几百名青年学生正在专心地听着讲台上一位女同学的讲演。
>
> 她就是邓颖超，当时叫邓文淑。只见她身穿白衣黑裙，头上梳着S髻，一双乌黑明亮的眼睛热情地看着台下的同学，满怀激情地在讲着天津各界人士几次派代表团到北京请愿，要求拒签和约，收回山东主权；代表团在天安门前等了三天，总统拒不接见，代表们被军警包围，遭

军警毒打和逮捕……她声泪俱下地说："诸位同学，你们在家安眠之时，正是我们代表在北京受难之时……"说到这里，她哭起来了。在座的不少学生也悄悄啜泣。

这时，在讲台旁站着的周恩来看到这场面，也被感动了，他拿起笔来，在记录本上飞快地写着、写着。

他悄悄问身旁一位学生，讲演的人叫什么名字？

那位学生小声回答：

"她是天津女界爱国同志会讲演团团长邓文淑，直隶第一女子师范的学生。"

周恩来沉静地听着，微微点头，在练习本上迅速写下："邓文淑，直隶第一女子师范学生，天津女界爱国同志会讲演团团长。"他抬起头来，看到邓文淑的眼睛里闪耀着奇异的动人光彩！

集会结束了，邓文淑和女师同学，正要离开会场，周恩来快步走上前去。

他彬彬有礼地向她们致意：

"你们讲得真动人啊！"

邓文淑抬头一看，只见面前站着一位英俊的青年，浓眉下一双又黑又亮含笑的眼睛。两个月群众运动的锻炼，已一扫她在女师学习时的羞怯腼腆，她大大方方地一笑：

"讲得不好，请多指教。请问先生贵姓？"

"我叫周恩来，南开学校毕业，《天津学生联合会报》记者。"

"周恩来，南开学生，"邓文淑眼睛一亮，调皮地笑了起来，"我们早就认识你了。"

周恩来十分诧异，浓眉微耸，轻轻说：

"对不起，我可是一点儿也记不起来。"

邓文淑的好朋友——胖胖的王贞儒咯咯地笑着说："周恩来，周恩来，是的，我们早就认识你。"

几个女师同学一齐笑了起来。

周恩来被这几个顽皮的年轻姑娘，笑得莫明其妙。他虽十分干练，但当时毕竟男女社交刚刚公开，他不免显得有些不知所措。

细心的邓文淑看出他的窘态，连忙说：

“我们认识你，你不会认得我们。两三年前，我们在南开礼堂，看过你演的新剧。”

原来，直隶女师的功课十分繁重，校规又严。她们最喜欢的娱乐活动，是星期六晚上赶到南开学校礼堂去看新剧。

南开的新剧很有名。邓文淑和同学们看了周恩来主演的《一元钱》《华娥传》《仇大娘》。南开是个男校，当时男女不能同台演戏，女主角只能由男生扮演。周恩来生得俊秀，他扮演《一元钱》中的女主角孙慧娟，《华娥传》中的华娥，《仇大娘》中的慧娘，扮相秀丽，演技逼真。他演的“华娥”，赚得女学生许多眼泪。她们自然记住周恩来这个名字。

听到邓文淑她们看过他演的新剧，周恩来轻轻“哦”了一声，自然也就摆脱了窘境。

年纪虽小、心思却缜密的邓文淑忽然想起，女界爱国同志会要为开办平民女校筹措经费，准备组织游艺晚会。直隶第一女师同学正在排练新剧《安重根》和《花木兰》。她演主角安重根和花木兰，正担心演不好。善演新剧的周恩来正好在眼前，这不是现成的老师吗？

她见周恩来匆匆要走，连忙说：

“我们有件事想请你帮忙。”

一向热心为大家办事的周恩来站住了。

邓文淑微笑着说：

“我们女界爱国同志会想办一个平民女校，免费招收一些穷苦人家的妇女读书。为了筹募办学经费，我们打算组织游艺会，义演两天，游艺会上有我们女师的节目。我们正在排练新剧《安重根》和《花木兰》。只是我们从未演过新剧，这次又是登台义演，实在很怕出丑。请你帮帮忙来指导我们。”

另外几名女师同学，也都一起上前请求。

周恩来谦虚地说：

“指导，不敢当。帮忙完全应该。你们什么时候排练，我一定来。”

邓文淑说：“我们明天下午在广东会馆彩排，不知你可有空？”

“明天下午。”周恩来沉吟一下。他要赶回去写稿、发排，还要编辑和校对《会报》的全部稿子，赶着明天一清早出版，不过，既然答应她们，再忙，也要挤出时间。

他爽快回答：“明天下午，我一定赶到广东会馆。”

天津的广东会馆是1907年修建的，建筑雄伟。会馆里有一座精致的戏台和剧场，雕梁画栋，富丽堂皇。

第二天下午，周恩来果然赶到广东会馆，来到剧场。舞台上先演《花木兰》，后演《安重根》，周恩来仔细地看完后，诚恳地对邓文淑等演员提出了自己的一些观感，并帮助她们一点儿一点儿地修改。由于周恩来的指导，再加上她们的反复排练，这两出戏后来成功地上演了。几十年后，邓颖超还对文艺界的朋友忆起当年周恩来帮助她们排练新剧的情景。

……

1920年11月，周恩来赴法勤工俭学，其间与邓颖超等留在国内的觉悟社社员一直保持着通信联系。在旅欧初期，周恩来曾与一位一同旅法的觉悟社女社员感情深厚。但不久，他感觉在志向上与这位女友的差距越来越大，他们在感情上很快就疏远了。30多年后周恩来曾对他的侄儿说：“当我决定献身革命时，我就觉得，作为革命的终身伴侣，她不合适。我所选择的应该是能一辈子从事革命、能经受得了革命的艰难险阻和惊涛骇浪的伴侣，这样，我就选择了你们的七妈（注：指邓颖超），接着和她通起信来。我们是在通信中确定关系的。”

……

1923年春天，邓颖超正在达仁女校小楼上她的宿舍里，和刚从上海来到天津的觉悟社社员谌小岑、李毅韬夫妇，商量建立一个研究妇女问题的组织。

“邓先生，”门外响起一声清脆的童音，马千里六岁的女儿马翠官跳跳蹦蹦进来了，小手中扬起一封信，“您的信，门房叔叔刚刚收到，说是外国寄来的，让我赶快送给您。”

邓颖超一看信封上那挺拔的笔迹，便知是周恩来从法国巴黎寄来的。

“是翔宇来信吗？”李毅韬、谌小岑也凑过来看信，都是觉悟社社员，海外来信一向大家传看。

邓颖超拆开信封，里面是一张印着油画的明信片。她不禁奇怪起来：以前，周恩来从法国、英国、德国给她寄过许多明信片，从来都是直接寄出，这次为什么加了个信封？

只见明信片上，芳草如茵，鲜花盛开，春光明媚，三个披散着金色秀发的美丽女郎正迎风奔跑。明信片背后，是熟悉的周恩来的笔迹：

“奔向自由自在的春天！

打破一向的束缚！

勇敢地奔啊奔！”

聪明、机警、热情、活泼的邓颖超，看了明信片，不觉呆住了。一股甜蜜的热烈的情感猛地攫住了她，震撼了她的心灵。

李毅韬和谌小岑把明信片拿过去看了。看着看着，李毅韬扑哧一声，笑了起来。

“喔呀小超，你还不明白，这是翔宇在向你表示呀！”

“表示什么呀？”谌小岑不解地问。

李毅韬瞪了丈夫一眼：“你问问小超吧。”

一向能言善辩的邓颖超，此刻心慌意乱，一句话也说不出来。

比邓颖超年长八岁、已结婚好几年的李毅韬像大姐姐似的拍拍邓颖超的肩膀，笑着说：

“小超，这是翔宇在向你表示他的真挚情意啊！他要你打破一切束缚，勇敢地和他相爱啊！用了这样一种含蓄的方式，倒像他一向的为人，感情总是这样细腻深沉。你赶快给他回信吧，我和小岑先走啦。”

李毅韬和谌小岑走了。整洁的小房里，邓颖超默默地看着那张不同寻常的明信片，沉浸在她和周恩来相识四年的回忆中。

她想起，四年前那个炎热的夏天初识周恩来的情景。他英俊潇洒，浓眉下一双又大又黑又亮的眼睛，含笑看着她，他身上有着一种吸引人靠近他、相信他的力量。

她想起，他帮助她们排练新剧《安重根》和《花木兰》，态度那么诚恳，又那么谦虚。

她想起，他带头组织觉悟社，那一次次内容深刻、条理分明的发言，追求真理的执着精神……

她想起，1919年双十节庆祝大会，他们被军警包围殴打，她受伤吐血，幸亏他带着宣传队乘卡车及时赶到。

她想起，1920 年 1 月 31 日他被捕，她和谌志笃他们背着铺盖要去坐牢顶替，警察厅花园里，她看到他苍白的脸上那双眼睛依然光彩照人。

她想起，北京陶然亭的聚会，他提起联合、改造、救中国……

后来，周恩来远渡重洋，到了法国、英国、德国。越过万里波涛，他常写信给她。信中告诉她，他决定不上学了，而是留在欧洲，就近考察欧洲的社会情况、工人运动和各种政治派别和思潮，严肃思考究竟通过什么途径来拯救中国、改造社会。

后来，她收到他从德国寄来的一封很重要的来信。他告诉她，经过反复地学习、观察和思考，他终于作出一生中最重要的抉择：信仰共产主义的原理和阶级斗争与无产阶级专政两大原则。

这封信给她思想上极大的震动。她给他回信，热情地谈到她经过五四运动的实践、俄国十月革命的影响和阅读进步书刊，她同样确立了共产主义信仰。她非常赞同他的信念和理想，愿和他一起共同奋斗！

两颗心因共同的理想和信仰而更加贴近。

1922 年秋天，由法国勤工俭学回国、已经参加了社会主义青年团的李维汉，到天津看望邓颖超，并带来了周恩来给她的信。李维汉告诉她周恩来在欧洲活动的许多情况，临走时笑嘻嘻地对她说：

“我常听恩来谈起你在五四运动中，斗争十分勇敢，而且坚韧不拔。他对你的印象很深很深啊。这次，是让我当一回传书的红娘吧。”

她听了脸上一红，还以为他是开玩笑。

现在，这张不同寻常的明信片已透露了恩来对她的真挚情意。少女的心，第一次受到爱情的撞击，她禁不住心慌意乱。她还有些疑虑。她知道他一向标榜自己抱独身主义，如今怎么变了呢？她又知道他身边有一位共同参加过五四运动的姑娘，她一直以为他俩会好起来。现在，恩来又为什么对她那样表示呢？

邓颖超回信了。信中首先征求他对她和李毅韬、谌小岑要建立一个进步的妇女组织的意见。信的最后才说，明信片已收到，含蓄地问他：“你不是一向抱独身主义的吗？现在有什么新的想法？”

周恩来的回信很快来了，他非常赞同他们组织一个进步的妇女团体；笔锋一转，回答了她的疑问，倾诉了他对她的热烈深沉的感情。

他对她说，他到欧洲后，认识到革命和恋爱并非对立，“独身主义”的主张已经改变。马克思和燕妮、列宁和克鲁普斯卡娅，都是理想的革命伴侣。在法国，他的好朋友蔡和森和向警予、李富春和蔡畅，都恋爱结婚了。朋友们也希望他能选择一个志同道合的终身伴侣。他坦率说到，身边是有一位比较接近的朋友，他觉得她性格脆弱，经受不了革命的艰难险阻。而他已决定一生献给革命，唯有勇敢坚强的小超才能和他终身共患难，同奋斗！希望尽早得到她的明确答复。

邓颖超被周恩来的情深意长的来信深深打动了。她对他长期纯洁的友谊陡然升华为美妙热烈的爱情。恩来的确是她理想的终身伴侣。

她和相依为命的母亲杨振德商量。杨振德对女儿说，等恩来回国后再决定吧。

周恩来又来信了，更加热烈而迫切地等着她的答复。邓颖超不禁笑起来了。一向沉着、冷静的周恩来，在恋爱中也变得沉不住气了。

她想，母亲的话并没有反对和干涉的意思。既然深深爱他，何必要让他在等待中焦急？

邓颖超写信给周恩来，给了肯定的答复：“我们思想相通，心心相印，愿相依相伴，共同为共产主义理想奋斗终生！”

发信后她告诉了母亲。母亲默默地点了点头，自然是默许了。

1923 年 5 月，邓颖超在《女星》旬刊上，发表了一篇文章，这样写道：

> 两性的恋爱，本来是光明正大的事，并不是污浊神秘的。但它的来源，须得要基础于纯洁的友爱、美的感情的渐馥渐浓、个性的接近、相互的了解、思想的融合、人生观的一致。此外，更需两性间觅得共同的“学”与“业”来维系着有移动性的爱情，以期永久。这种真纯善美的恋爱，是人生之花，是精神的高尚产品，对于社会，对于人类将来，是有良好影响的。

1925 年 1 月，周恩来代表留法党组织到上海出席中国共产党第四次全国代表大会。会议期间，他认识了曾任中共第二届中央执行委员的北京区委委员高君宇。两人志趣相同，交谈之中，互相透露了自己的恋爱情况。周恩来很信任高君宇，便托他回京时给在天津的邓颖超带去一封“情书”。这一情节，邓颖超在 57 年后还记忆犹新，她回忆道：

在20世纪20年代，大革命时期，我已知高君宇（名尚德）同志是我党北方区委员会的负责人之一，主管宣传工作，但未见其人。那是1925年1月，高君宇同志在上海参加我们党的第四次全国代表大会之后，返回北京的途中，他特地在天津下车，到我任教的学校里看望我。因为，他受周恩来同志的委托来看我并带一封信给我，这样我们有缘相见，一见如故，交谈甚洽。高君宇同志和周恩来同志是在党的第四次全国代表大会期间相识的，两人欢谈甚深，彼此互通了各人的恋爱情报，于是高君宇同志做了我和周恩来同志之间的热诚的“红娘”，而恩来同志又做了我得见君宇同志的介绍人。我和君宇同志的那次亲切的会见，他给我留下了深刻的印象。他是一个温和而又沉着，内心蕴藏着革命的热情，而从外貌看上去也较为成熟的青年。

……

邓颖超由天津下广州途中，到上海停留了数日，她到罢工团体，代表天津各界联合会慰问上海的罢工工人。上海妇女界联合会也专门举行了一个欢迎邓颖超的集会。

离开上海时，她曾给周恩来发过电报，告诉他轮船到广州的时间。她相信，他一定会到码头上来接她。

码头上，下船的人和接人的人挤成一团。邓颖超提着手提箱，在人群中挤来挤去，焦急地寻找她熟悉的人。

可是，在人群中怎么也找不到周恩来。邓颖超禁不住失望。离别五年，千思万想，万里迢迢，从北洋军阀的统治和通缉下赶到广州来准备结婚的邓颖超，在码头上人群中找不到周恩来。他平素待人何等细心周到，难道这次他会这么疏忽大意？

好在有他寓所的地址，邓颖超叫了一辆人力车，径自往周恩来寓所去了。

码头上拥挤的人群里，一位青年军官手拿一张年轻姑娘的照片，急得满头大汗，对照着照片在找人。他就是黄埔军校第一期毕业生、周恩来的警卫副官陈赓。

这一天，周恩来匆匆忙忙交给他一张邓颖超的照片，让他代表自己到码头上去接邓颖超。周恩来说自己实在忙得走不开，要他见了小超务必解释一下，再送她到他的寓所休息。

此刻，他焦灼地在人群中寻觅着，直到码头上人都走光了，也没有接着邓颖超。陈赓沮丧极了。他这是第一次没有完成周恩来交给他的任务。

灵机一动，他想，邓颖超也许已经到周恩来寓所去了。他马上赶回寓所。

果然，在门房的小屋，他见到一位身着白衫黑裙、长得端庄清秀的姑娘，和照片中的一模一样。

陈赓慌忙上前，急急忙忙说：

“我叫陈赓，周主任的警卫副官。周主任实在忙得抽不出时间，特地让我拿着你的照片，赶到码头接你。怪我粗心大意，没有接到你。我在这里表示深深的歉意！”

陈赓一口气说到这里，啪的一声，双脚立正，右手举到帽檐，行了个军礼。

邓颖超扑哧一声笑了，热情地和陈赓握手：

“谢谢你，陈赓同志，很高兴见到你。恩来同志忙，不来接我没关系。只是麻烦你白跑一趟了。”

陈赓和周恩来住在一起，他有周恩来房间的钥匙，连忙开门请邓颖超进房休息。

邓颖超进房一看，只见陈设朴素雅致。一色的浅色家具、一张双人木床、一张书桌、一个玻璃门衣橱、一个藤制书架、几把藤椅、一个衣架和一个洗脸架。看来周恩来已把结婚房间简单布置好了。她又看到窗台上放着两盆盛开的鲜花，阵阵幽香袭人。陈赓忙介绍，这是周主任今天早上特地叫他买来的，说是“小超最喜爱鲜花”。邓颖超听了抿嘴一笑，心想他还是这么细心周到。陈赓忙着打来洗脸水，又送上一杯广州凉茶，说是喝了消暑解渴。邓颖超连忙道谢。

陈赓的调皮劲上来了，笑着问邓颖超：

“小超同志，你是先休息呢，还是让我带你去找周主任？”

邓颖超开朗地说：

“在船上我早休息过了。我是来广州工作的。如果你有时间，请你带我看看革命的广州。”

陈赓听了，微微一笑。这位小超同志，说起话来，滴水不漏，和周主任真是天生的一对！

他们到了文明路中共广东区委会。工作人员说，周恩来刚来过，和区委委员长陈延年一道到省港罢工委员会去了。他们又赶到那里去。

邓颖超还没吃晚饭。陈赓在路上买了几个面包塞给邓颖超，一面抱歉地说：

“晚饭时间过了，你先充充饥。周主任常常忙得忘了吃饭，我留两个给他当晚餐。”

邓颖超谢谢他的好意。说实在的，她如今只想早一点儿见到周恩来，哪有心思啃面包呀。

省港罢工委员会设在广东省总工会，人来人往，热闹非凡。陈赓是省港罢工委员会工人纠察队教练，带着邓颖超，直闯进去。

满屋子烟雾腾腾。省港罢工委员会领导人苏兆征、邓中夏等正在开会，陈延年也在那里。陈赓悄悄地向邓颖超介绍他们。邓颖超一面留神听，一面四下观看，周恩来呢？

邓颖超只觉得眼前一亮。烟雾弥漫中，在屋子的一角，她见到了一身戎装的周恩来，正低着头在写着什么。五年不见，他比在天津时瘦了，但依然那么英俊、严肃、睿智和深沉。

陈赓快步走到周恩来身边，在他身边说了几句话。

周恩来抬起头来，一眼看到五年不见的邓颖超。邓颖超依然白衣黑裙，头梳S髻，只是比以前显得更加端庄、俊秀和成熟了。

周恩来向邓颖超点点头，笑了笑。这是邓颖超十分熟悉的热情的微笑，如今更增添了含蓄的深情和温柔。她在边上等着，不好意思走过去见周恩来。但是，没有见他站起来，只见他在和陈延年、苏兆征、邓中夏他们热烈交谈着。

邓颖超想，他们想必在商量重要的工作，谈完了他总会过来吧。

她等着他。不料，周恩来站起来，和陈延年一起走了。

陈赓赶紧过来解释说，周主任和陈委员长赶回广东区委会去开会，让他送小超回去休息，实在对不起！陈赓一脸抱歉的神色。

邓颖超看出陈赓的为难，她洒脱地对陈赓笑笑：

“恩来同志他忙，我理解，以前也这样，不用他照顾我。我正想多了解一些全国注目的省港大罢工情况。让我在这里再待一会儿吧。你忙，你去照顾恩来同志。待会儿我雇辆车自己回去。”

陈赓一听，心里想，这位小超同志真够要强的，也是工作当先，和周恩来真正称得上是一对革命伴侣，便笑着说：

“小超同志，我在这里比你熟。你要多待会儿，行啊，等会儿我送你回去。”

10 点多钟，会散了。陈赓正要送邓颖超回去，不料，原定 12 点宵禁的时间忽然提早两小时，他们回不去了。幸亏陈赓对这里很熟。他找了间屋子安排邓颖超休息，嘴里连说对不起。

邓颖超反过来安慰他：

“你别过意不去，陈赓同志。我和恩来以前在天津搞学生运动时，情况紧急，回不了学校和家是常有的事。随便找个地方，打个盹儿行了。是我今天太对不起你了，既影响你工作，又影响你休息。”

“哪里，哪里，”陈赓忙说，“我今天的工作就是代表周主任接你，让你好好休息。抱歉得很，没有完成任务。”他敬了个军礼，转身走了。

邓颖超翻来覆去，怎么也睡不着。广州沸腾的生活吸引了她，多么奇异的一天。她更忘不了周恩来充满深情的匆匆的一瞥。虽然他没有走过来和她说一句话，“无限深情尽在不言中”！

毕竟十分疲劳，她蒙蒙胧胧睡着了。一觉醒来，天色大明。罢工委员会已是人声鼎沸。

陈赓又来到她面前，笑着告诉她，周主任昨夜因宵禁住在广东区委会，今天一清早过江到黄埔军校去了。他让陈赓捎话，今天一下班，一定尽早赶回寓所。

邓颖超笑着让陈赓快过江去黄埔军校。

她回到周恩来寓所，收拾了一下房间，在街上吃了早点，便到文明街广东区委会报到。

中共广东区委委员长陈延年热情地欢迎邓颖超，对她说，党组织决定调她来广东做妇女工作，也是照顾她和周恩来结婚。组织上决定她担任中共广东区委委员兼妇女部部长。现在是国共合作，她同时到国民党广东省党部妇女部，协助部长何香凝开展广东的妇女运动。

陈延年向她概括地介绍了广东的当前形势。

7 月 1 日，大元帅制的军政府正式改组为国民政府，汪精卫任主席，国民党左派廖仲恺主管财政。廖仲恺坚持“联俄、联共、扶助农工”的革命政策，采取切实有效的办法将广东各地的财政、税收、民政统一收归国民政府管理。这对割据广东各地、把持税收、鱼肉人民的军阀、官僚及国民党右派是一个沉重打击。国民党右派蠢蠢欲动，阴谋推翻国民政府。中共广东区委已察觉他们的阴谋，决

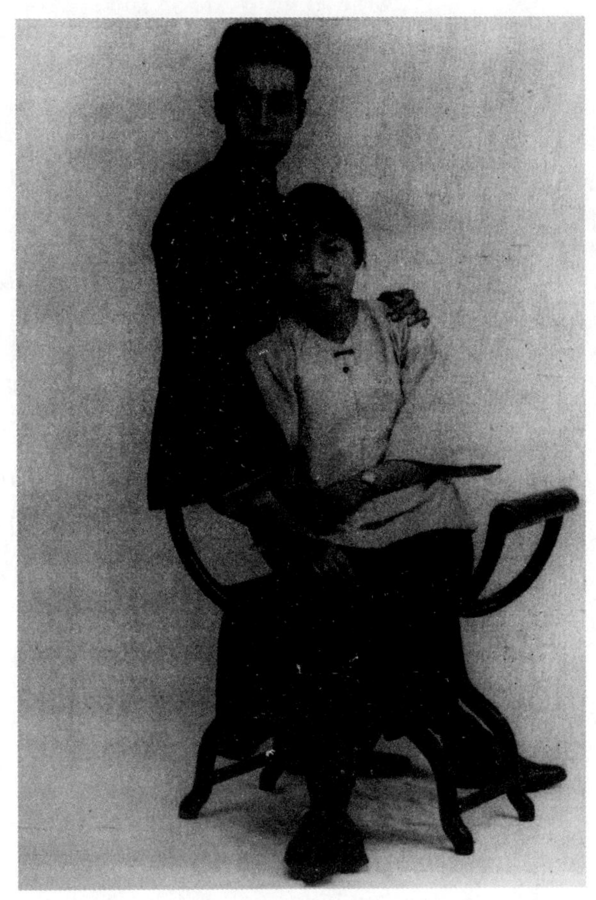

1925 年 8 月 8 日，周恩来和邓颖超在广州结婚。这是他们结婚期间留影

定 8 月 11 日以省港罢工工人为主力，联合广州的工人、学生、革命军人、市民游行示威，要求肃清内奸，支持国民党左派下决心同右派作进一步斗争。昨夜周恩来和大家商议的就是这件事。

听了陈延年的介绍，邓颖超对广东的复杂形势有所了解。她更加体谅周恩来了。

1925 年 8 月 8 日，周恩来和邓颖超结婚了。没有什么婚礼仪式，不准备请什么客人。但黄埔军校的许多同事知道周恩来和邓颖超结婚了，非要见见新娘子，还闹着要他们请客。

周恩来推却不了，在他们的住所请了两桌客人。来的人有邓演达、何应钦、钱大钧、张治中、恽代英、熊雄、高语罕、洪剑雄、陈赓、张婉华等人。刚到广州的李富春和蔡畅也赶来参加了。

客人们早听说邓颖超在“五四”时期，15岁便当演讲队队长，热烈鼓掌，要求她站在板凳上报告恋爱经过。周恩来有点儿担心，怕她应付不了这场面。

只见邓颖超落落大方地站到板凳上，清了清嗓子，把她和周恩来相识、相爱的经过，说了一遍，特别把周恩来在明信片上写的那首诗，背了出来，赢得一阵阵热烈的掌声。张治中连声夸奖：周夫人名不虚传，和周主任一样，是极出色的演说家。邓颖超抗议了：什么周夫人，我有名字，邓颖超！

客人们一杯杯地向新郎新娘敬酒。邓颖超不会喝酒。体贴的周恩来，把敬给新娘的酒一杯杯全代她喝下去。邓颖超不知道他的酒量，只看到他一杯又一杯，竟喝了三瓶白兰地！她心里又急又心疼他，却又挡不住客人的敬酒。

周恩来喝醉了。不过，他有极强的自制力，没有失态，只是咕哝着，不让李富春和蔡畅走。

周恩来和邓颖超住在二楼，李富春、蔡畅住在他们对面。

邓颖超和蔡畅把周恩来扶到阳台上吹吹风。邓颖超找来一碗醋，让周恩来喝了醒酒。她知道，明天一早，他还要赶到广东大学去主持黄埔军校新生的入学考试。

忠厚朴实的李富春一面叫着：“恩来，你好一些吗？”一面埋怨张治中、陈赓他们闹得太厉害了。蔡畅打来一盆凉水，让邓颖超用毛巾浸透凉水给周恩来擦脸。

凉风习习吹来，时间已过夜半。周恩来渐渐清醒过来。他连忙谢过李富春和蔡畅，催他们快回房休息。他和邓颖超又在凉台上待了一会儿。夜凉如水，邓颖超扶他回房躺下。

晨光熹微。周恩来匆匆起床，用凉水擦了擦脸，和陈赓一起赶到广东大学去了。

几十年后，邓颖超深情地说到周恩来这次喝酒的事：“我没有想到，恩来会有这么大的酒量，整整三瓶白兰地呀！从那以后，我再也不让他喝那么多酒了。”

周恩来和邓颖超的婚姻，是两位共产主义革命者之间完美的终身结合。婚后，邓颖超能将革命工作和家庭生活同时安排得和谐、周到、妥帖。她是一位坚强的革命家，又是一位温柔体贴的妻子。常到他们广州寓所去拜访的党的领导人和黄埔军校的同事们发现，房子虽然简朴，陈设却很得体，收拾得十分整洁。邓颖超和周恩来不仅思想相同，作风也相同，工作紧张仍然显得从容。尽管邓颖超每天工作繁忙，回到家里，遇到客人来访，从不让客人知道她很忙或很累。她总是热情地殷勤地招待他们，使他们感到像在自己家里一样自如。她亲自挑选陈设品，亲自安排饮食。同志们十分钦佩她能兼革命家和贤内助于一身，更羡慕周恩来能有邓颖超这样的终身伴侣。

痛失孩子

第一次东征的军队回师讨伐盘踞广州的军阀杨希闵、刘震寰后，东江地区重新被一度退入福建、江西的陈炯明余部占领。9月间，原已归附广东革命政府的刘志陆、杨坤如等也相继叛变，联络在南路的陈炯明旧部邓本殷准备会攻广州，对革命政府造成严重威胁。9月21日，国民政府决定发动第二次东征。

这次军事行动，以蒋介石担任东征军总指挥，率领国民革命军第一、二、三军和四军一部分共3万多人，分为三个纵队，于10月6日出发，向东推进。在此之前，8月25日，黄埔军校改编为国民革命军第一军，在组织上同黄埔军校分开了。9月下半月，周恩来被任命为第一军少将政治部主任兼第一师党代表（次年1月下旬又被任命为第一军副党代表）。

东征军设立总政治部，由第一军政治部主任周恩来兼任总政治部主任。同时，以李济深所部第四军为主力，组织南征军，讨伐邓本殷，由刚从苏联归国的共产党员张善铭任政治部主任。南征军出发前，周恩来邀集张善铭等开会，对该军的政治工作作了部署。

这次东征，比起第一次东征来，客观条件要有利得多：由于杨、刘等部已被削平和工农运动进一步发展，广州革命根据地较前更为巩固；国民政府所辖军队编成五个军，兵力已超过对方；陈炯明部经过第一次东征的沉重打击后，战斗力和士气都大不如前。这确是统一广东的大好时机。

第二次东征中，具有决定意义的一仗是惠州之役。惠州东、北、西三面环水，南面又有飞鹅岭作为屏障，城墙坚固，素称天险，易守不易攻。前人曾有诗：“铁链锁孤舟，白鹅水上浮，任凭天下乱，此地永无忧。”驻守在这里的是叛军杨坤如部一个师，凭险固守。东征军在13日发起总攻。战事持续了30个小时，打得十分激烈，第一军团长刘尧宸阵亡。以后，由蒋先云等组织敢死队，在炮火掩护下强行攀登城墙，在14日傍晚攻克惠州。

东征军乘胜追击。第一、二纵队在安流墟合力包围林虎部主力和洪兆麟残部。经过一天激战，毙伤和俘获敌军1万多人，缴枪6 000多支。11月4日，何应钦率第一军两个师向潮州进发，周恩来率政治部人员进入汕头，欢迎者达数万人。8日，东征军总指挥部入闽追击陈炯明残部，后方任务统由总政治部主任周恩来主持。14日，东征军在福建永定全歼逃敌刘志陆部。第二次东征至此胜利结束。接着，在李济深指挥下，南征军于12月下旬肃清雷州半岛，第二年2月收复海南岛，全歼邓本殷部。

这样，统一广东的战争就胜利完成。这个胜利，巩固了广东革命根据地，解除了革命政府的后顾之忧，为胜利地开始北伐战争创造了重要的前提。

然而，就在第二次东征取得胜利的时候，周恩来的家庭却遭遇着一次重大的不幸。

周恩来率领东征军出发后，邓颖超留在广州，继续协助何香凝开展广东妇女运动。只是这些日子，她常常恶心呕吐，浑身酸软无力。她悄悄到医院检查，医生恭喜她怀孕了。

邓颖超听了，心里慌乱起来。她刚21岁，刚到广州工作，广东的革命运动正在蓬勃发展，广东省的妇女运动正需要她全力以赴打开工作局面，可是偏偏怀孕了。她哪有时间顾得上生孩子、带孩子啊！恩来东征走了，母亲又不在身边。何香凝虽然对她极其亲切，只是，她刚痛失亲人，怎好把个人的私事麻烦她分心？

左思右想，她认为革命第一，事业第一，她下决心不要孩子。广州市面上各种各样打胎的中成药很多，她悄悄买来服用。药性发作，疼得她在床上滚来滚去。她请了一星期病假。

何香凝来看她，见她面色蜡黄，关心地问她得了什么病。她只好说大概是妇女病，休息几天就会好的。

母亲杨振德从天津赶来了，见到女儿这副模样，吃了一惊。听到她私自打胎，从未责备过女儿的杨妈妈，忍不住责备她太不懂事了。

1925年11月4日，周恩来率东征军政治部人员进入汕头。国民政府任命周恩来兼任东江各属行政委员，负责惠州、潮州、汕头、梅县、海陆丰等二十五县的地方行政工作。

国民党广东省党部任命邓颖超为潮梅特派员，到潮州、汕头、梅县一带整顿党务，开展妇女运动。

11 月 20 日，邓颖超到了汕头。小别重逢，周恩来格外高兴。只是他看到小超脸色很不好，像生了一场重病似的，立即关心地问："小超，你怎么啦？生病了吗？怎么不写信告诉我？"

邓颖超不得不告诉周恩来，她怀孕以及偷偷打胎的经过。

难得发怒的周恩来勃然大怒。他责备邓颖超：

"你怎么会把生孩子和革命工作完全对立起来？！形而上学嘛！孩子不是个人的私有财产，他属于国家，属于社会。你有什么权力把他随随便便扼杀？而且随随便便糟蹋自己的身体。这完全是不负责任的态度嘛！身体是革命的资本，不专属于你自己，要怎么处理就怎么处理。必要时，我们随时准备为革命流血牺牲，可是绝不允许随随便便糟蹋自己的身体。你要怎么处理，也该来信和我商量一下嘛。怎么竟自作主张，这样轻率！"

邓颖超从来没有看到周恩来发这么大的火。她知道自己错了，不得不耐住性子，听他这一顿数落。她轻声说：

"我知道自己错了，是幼稚、轻率，还不行吗？以后，我一定注意改正。"

周恩来理解邓颖超，并原谅了她。但是，这次失去孩子的不幸，给他们一生造成了不可弥补的损失。

8 主政东江

第二次东征结束后，周恩来主政东江，开始了大刀阔斧的改革。这是中共第一次领导地方政权。这时，反共暗流已经袭来。

1925 年 11 月，第二次东征胜利结束。国民政府在国共合作的推动下，依靠人民的力量，通过革命战争，扫荡了地方军阀陈炯明、林虎的军队，收复了东江各县。从此，广东大部实现了统一。

11 月 21 日，国民政府任命共产党员周恩来为东江各属行政委员（1926 年 2 月 1 日正式就职），主持惠（州）、潮（州）、梅（县）和海陆丰下属 25 县行政工作。周恩来主政东江。时间虽然不长（1926 年 3 月后离任），但却具有重要的历史意义。这是中国共产党人第一次领导地方政权，大大发挥了我党在革命中的领导作用，扩大了我党的影响。

东江地区是国民政府从封建军阀手中收复的第一个地区。国民政府为什么会把它交给共产党人治理呢？这是共产党人努力于国民革命，在实际斗争中赢得了人民的信赖、拥护的结果。国共合作建立后，共产党人更积极地投身于反帝反封建的革命斗争，领导了轰轰烈烈的工农运动，开创了革命新局面。以两次东征和南征为中心的统一广东革命根据地战争，共产党人发挥了极其重大的作用，建立了不可磨灭的奇勋。党不仅动员、组织了广大工人、农民、学生、市民大力支援革命战争，而且参与领导革命军，出师讨伐陈炯明。特别是周恩来主持的军队政治工作，刷新了军校和革命军的面目，提高了战斗力，密切了军政、军民关系，有效地促进了革命军的胜利进展，保证了革命战争的胜利。共产党人在国民革命尤其是在两次东征中表现出来的政治远见、奋斗精神、处事才干以及同人民的血肉联系，都是非常突出的，深得各方面人士的赞扬和钦佩。他们在这次战争胜利之后，很自然地被推上政权舞台。

周恩来在两次东征中主持的军队政治工作，包括的内容很广。第一次东征时就已提出：“兴利除弊，乃政治部之责任”；政治部“专管与人民有关系之事”。

实际上政治部负担了接管地方政权的责任。周恩来当时以政治部主任的身份，通告各县，“规定各项什税附加五厘，为教育经费”。这就是开始了行使地方行政工作的职权。第二次东征时，东征军总政治部明确负有接管地方政权的责任。大军出发之前，针对东江吏治的腐败，总政治部拟定了“政治设施方案”，决定于大军所到之处，实行禁绝烟赌，轻徭薄赋，整顿财政，澄清吏治，等等。第二次东征途中，周恩来发布了一些行政命令、指示，如荐任县长，解散贿选议会，着各县署为工会、农会和党部拨款，等等。因此，东征胜利后，由周恩来主政东江不是偶然的，是由东征军总政治部工作自然过渡、发展的结果。

按国民政府的规定，东江、南路各行政委员的职权是：（一）督率所属各县县长处理地方行政事宜；（二）对于所属各县县长，得先行任免，再行报告于省政府。在周恩来主持东江行署工作之前，共产党人还缺乏参与政权工作的实践。共产党在同国民党合作的过程中，主要是开展工农革命群众运动，或参加国民党的党务工作和军队政治工作。1925 年 7 月成立的国民政府，共产党虽然可以在一定程度上对它施以政治影响，但在政府委员中，却没有共产党员。这是与陈独秀的右倾机会主义的错误领导有关的。陈独秀担心共产党人对国民党“包办”太多，担心共产党员参加政府会变成“官僚”。周恩来主政东江，是共产党人参加和领导政权工作的开始。这就突破了陈独秀关于共产党不要“做官”的框框，在实践中抵制了右倾错误。

周恩来主政东江，虽然不是共产党组织任命的，也不是以共产党员的身份出现的，但对于发挥共产党的作用，扩大共产党的影响，却有着重要的意义。这是因为，当时共产党同国民党合作，是用“党内合作”的方式进行的，共产党员大多数加入了国民党，以国民党员的身份从事于国民革命运动。因而，无产阶级（共产党）在反帝反封建民主革命中的领导作用，主要是通过共产党组织的政治影响，通过共产党员在国民党的党务、政权、军队和民众运动等方面的主导作用来体现的。共产党员越能够在这些方面居于重要的地位，发挥重大的作用，就越能贯彻我党彻底的民主革命的纲领和主张，越有利于推进革命，争取革命的胜利。因此，周恩来主持东江行署工作，是为中国共产党增添了新的工作内容，开拓了参加和领导国民革命的新途径、新领域。

周恩来在东江主政，极为注意把群众观点运用于政权建设，使政权体现出充分的人民性。他公开宣称：“共产党必须站在工农群众方面，为解除他们的痛苦奋斗到底。”

1926 年 2 月 1 日，周恩来在永平酒店四楼招待汕头各界代表，正式宣誓就任广东东江各属行政委员，并公布《东江各属行政委员公署组织大纲》，宣布了施政方针。他指出：施政方针开始，“一定要使人民知道政府政策实施之目标，然后合作可成”。他请各界代表对政府的施政方针“严密地加以批评”。汕头市商界、工界、教育界、学联界、农界、报界、妇女界、警察界、市党部及海外同志与会代表 70 多人参加了会议。与会者纷纷表示拥护政府的政策，大力赞助政府发展实业交通等计划，自觉担任训政时期应尽的任务，加强团结，努力做好政府的后援。会议还决定发表《各界联合宣言》，表明政府与人民已发生密切的关系，共赴国民革命。

在东江主持政务中，他有计划地组织工、农、商、学、妇群众团体，发布保护农工的布告，褒扬省港罢工工人，支持工农斗争。他通过演讲宣传、办学习班等，培养工农运动骨干，教育他们要把“民族间的一切仇恨集中于帝国主义”，为争取“自己的生活”共同“反对帝国主义”“反对军阀”。在周恩来的支持和指导下，东江地区的工人、农民、学生、商人、妇女群众组织起来的规模都是空前的，而且逐步地团结联合。东江各县、市基本上都有了工会、农会、商民协会、学生会、妇女解放协会等组织，有的县、市有了各界的统一组织。以 1926 年计，潮州、梅县、海陆丰的农民组织起来的有一百多万。

1926 年 2、3 月间，周恩来亲自主持了东江各属行政会议，目的是要“为人民实行参与革命政治”。会前，周恩来电呈广州国民政府主席汪精卫、国民革命军总监蒋介石和省政府，内称：“职以训政开始，头绪纷繁，徒恃一纸公文，终嫌隔阂，爰定于 2 月 20 日，在汕举行行政会议，召集所属各县县长、各教育局局长，届时亲自出席，农工商学妇女各界之有组织者，每县得各派代表一人参加。会期预定一星期，膳宿费由职署供给。”

会议议题包括：

“市长对于市政交通计划、工程布施、财政统计、户口调查、警政改良，县长对于县政财政统计、户口调查、生产概额、行政计划、治安急务、警察扩充、土地登记、农工生活、造林计划，教育局局长对于教育方针、经费确定、学龄儿童调查、改良私塾，农工会对于农工状况之调查、生活之改良、新知识之灌输，商会对于商务之发展、商品出入口之调查、商业知识之灌输、外国奢侈品入口增

1926 年周恩来任广东东江各属行政委员时和邓颖超在汕头合影

减额之调查，妇女协会对于妇女入学调查、生活改良等案。”

从这些议题可以看到当年周恩来主政，已经有很细致很全面的思考。

周恩来在会上作了“政治报告”，从理论和实际上，阐述了世界和中国的政治状况，揭露了帝国主义帮助军阀土豪压迫人民的罪恶，指出：“帝国主义者不但在其本国压迫弱小民族，还在半殖民地的地域，帮助军阀和恶官吏，以及买办阶级和土豪。……而军阀却压迫各个阶级，买办却压迫工人，土豪却压迫农民，最后是官僚政客来作弊骗人。中国这几年政治的腐败，都是这班官僚政客在里面播弄。”

大会就预先准备的各项议题进行认真研究讨论。在周恩来的主持下，这次会议连续开了 10 天，会场秩序极为整肃。会议收到的提案及计划书 297 件，报告书及调查表 254 件。经代表们认真讨论，通过的议案 93 件。其中，建设议案有：治河、浚港、筑堤之进行，省道、县道、街道之开辟。教育议案有：平民教育之增加、平民化及革命化的教育方案之确立。民政议案有：取消保卫团，整顿警察及划分行政司法之事权。财政议案有：关税之整理，及苛捐杂税之逐步废除。商务议案有：提倡土货，增加洋货厘金，援助收回海关运动。农工议案有：发展农村平民教育，援助罢工工人，及扶植农工团体。妇女议案有：禁止买卖人口，提倡婚姻自由，及援助妇女解放，等等。这次会议，提出了东江民众急切要求解决的问题，对以后革命之普及、地方之建设、人民的福利，以及各种行政方针，都作出决议。与会代表纷纷表示，要与政府合作，为建设东江地区作出努力。

会议还讨论了《组织人民自卫军之提案》，提出人民自卫军应从工会、农会、学生会中定期征募，从区到县逐级地组织起来，定期训练，定期退伍，“起举国皆兵之风”。这种人民战争的思想，在当时也是创造性的。

会议于3月3日胜利闭幕。在会议的闭幕宣言上，特意写上“东江人民万岁”的口号。这次会议，是人民实行参与革命政治之第一步，“启政府与人民合作之机，开东江革命政治之新纪元”。

惠、潮、梅地区是封建军阀陈炯明、林虎统治已久的地区。陈、林勾结帝国主义和土豪劣绅，为害地方，残民以逞，反对革命。革命军荡平东江之后，“军事时期渐告结束，训政时期于斯开始”。针对当时东江“革命之基础欠佳”，陈、林“潜伏之余孽，时欲乘机蠢动”的情况，周恩来领导东江行署，大力进行了整顿地方、安定社会秩序的各种工作。

一是铲除苛政，推翻反动政权，成立新的行政领导机构。革命军克复惠、潮、梅后，宣布解散了陈炯明统治时由贿选产生的议会，罢免了陈炯明所委任的一批贪官污吏。新成立的东江行政公署，除周恩来任委员外，由熊椝任机要秘书，吴乾夔任第一科科长，林修雍任第二科科长，彭汉垣任第三科科长。周恩来还请准广东省政府，分别任命范其务为汕头市市长，温其藩、罗师扬、江董琴、刘琴西、刘侯武、陈卓凡、陈庸为五华、兴宁、梅县、陆丰、潮安、揭阳、丰顺县县长。在周恩来领导下，东江行署依靠革命军队，大力发动群众，进行澄清吏治，肃清陈、林余孽，废除苛捐杂税，解散地主民团和整顿社会秩序各项工作，使东江各地在很短的时间内得到了稳定，使“革命之基础欠佳”的地区，变成“革命基础已稳固”的地区。

二是认真处理战争遗留的各种问题。东江战事结束后，周恩来大力组织了追悼烈士、抚恤烈属的工作，认真处理战争遗留的大量复杂问题。如潮梅建设同志会领导人饶凤翔，因进行支持革命军东征的革命活动，于1925年9月18日被军阀刘志陆诱捕惨杀。周恩来派人查清了他的革命事迹和遇害的经过，呈文国民政府，请予褒恤。国民政府根据周恩来的呈请，“特给一次恤金 1500 元”，并表彰了他为党捐躯的精神。同时，东江行署还采取各种措施，安顿灾民，救济失业，恢复交通，恢复生产，等等，使东江各行各业逐步走上正轨。

三是大力扶持和积极领导工农革命运动。发动群众，扶助工农运动，是国民政府的一项基本政策。周恩来在东江，按照这一政策，放手发展工农运动。1925 年 11 月，惠阳县农民协会成立时，他指示从抄得逆产中拨出千元作为活动经费。同时，他又通令各县县署，每月拨款 300 元，作为县党部筹备费。不久，他又指示从没收的 10 万元逆款中，提出 2 万元作为开展工农革命运动的活动经费。这些，都是通过行政的手段，来扶植革命运动。

在短短的几个月中，周恩来在东江革新政治。新的行政公署设秘书长一人，下分三科办事，从秘书长、委员随从书记、科长、科员到司书，共 31 人。撤查了一批沿袭军阀老路、卖官鬻爵的县长，如饶平、澄海、揭阳、普宁、潮阳、惠来等县；提议枪决了私任官吏的潮梅军副长官杨占鳌。当时报纸称赞周恩来“究办卖官”，“给利令智昏的贪官们以巨大惩创”。另一方面，任命了 21 个县、市长，其中国民党左派占大多数。直到新中国成立后，对其中 18 人的调查了解，除 4 名当时是中派，后来转化为右派外，其他都是好的和比较好的。

周恩来在东江主政之时，邓颖超也于 1925 年 11 月 20 日到汕头。他们开始住在外马路海关旁卧龙酒店，后来租房子住在同益西巷二号，直到 1926 年 3 月 17 日离开汕头。周恩来家中经常人来人往，毫无拘束。当时周恩来留着大胡子，同志们亲切地称他“胡须伯”。

在东江，中国共产党和共青团组织也发展起来了。周恩来很注重在先进的工农和青年学生中去发展和建立组织，并把他们派到各县、市的国共合作的国民党党部去。各县、市的群众组织中，共产党员和共青团员起主导作用，农界的彭湃、工界的杨石魂，都是著名人物。

为了搞好东江地区的建设，周恩来非常重视人才的使用，团结进步力量，提携支持革命的知名人士，调动一切积极因素。他为了寻找曾受逆党迫害的前五华县县长温其藩出来工作，曾写信给兴宁县县长罗师扬，信中说：“前五华县县长温其藩同志受逆党摧残，全家失聚，言念及此，不觉恻然。现政府复行借重，令其主宰五华，尚希我兄设法寻觅，使之出山，同报党德。”河婆中华医院院长彭克猷写信给周恩来，要求给医院题字留念。周恩来对曾积极抢救东征军伤病员的中华医院，深表敬意，欣然挥笔题写“博爱”二字，并拿了自己一张八寸的半身照片，指示工作人员拟就公文，一并寄给彭克猷。1926 年 3 月 20 日工作人员拟的公文写道：“现奉周主任谕，题赠‘博爱’二字，以表敬意，并附半身八寸照片一张，以为纪念。”

周恩来还十分重视整顿和占领宣传阵地。汕头市有一家由国民党右派操纵的反动报纸《平报》，疯狂咒骂农民运动，恶毒攻击国民政府。周恩来派国民党左派李春涛去接管这家报纸，主持创办了《岭东民国日报》。周恩来亲自为该报副刊题了“革命”两字，作为副刊刊名。他还于 1926 年 1 月 25 日电告各县，要发动群众订阅这份报纸，阐明这份报纸的任务是唤起潮梅民众的革命精神，以扫除一切障碍。这份报刊曾刊登了马克思的《巴黎无产阶级之失败》和列宁的《国家与革命》等著作，还介绍了研究列宁主义的书籍达 34 种之多。

为了发展教育事业，周恩来不仅主持制定了教育方案，还对那些破坏教育事业的官吏，一一加以查究处理。潮安金山中学有一片校地，被潮安县反动县长私卖，师生们对此义愤填膺，开展护校斗争，控告了潮安县县长的非法行为。经过反复斗争，这一案件报到东江各属行政委员公署。周恩来看到了金山中学师生对潮安县长的控告呈文，及时查办此案，并批示应把校地归还金山中学。梅县教会办的广益中学，前借嘉应大学的校舍，强不交回。嘉应大学师生开展护校运动，嘉应的理事长卢文铎也给东江各属行政委员公署发了电文。周恩来见到电文，遂于 1926 年 3 月 20 日，指令梅县县长江董琴迅速调查广益中学侵占嘉应大学校址的案件。《嘉大光》第二期曾登载了周恩来处理此案的指示。

当时的广东，革命在蓬勃发展，同时，一股逆流也在暗中滋长着。正如鲁迅在广州的中山大学教书时，在一次演讲中所说：“这里可以做‘革命的策源地’，也可以做反革命的策源地……”

东征胜利后，当东江行署成立时，国民党右派的活动已十分猖獗。林森、邹鲁等在北京西山召开分裂会议，公开反对国共合作，反对孙中山“联俄、联共、扶助农工”三大政策。他们的反革命活动遭到全国革命人民的坚决反击。1925 年 11 月，周恩来以国民党东江组织主任的身份，在东江各县国民党代表大会上作《党务经过报告》，以事实批驳右派分子的反共谬论和分裂主张。大会通过了拥护中央委员会的决议案，指出林森、邹鲁的所作所为，“澈于私感，远于事实，背乎党纪，为潮梅海陆丰同志所万不能承认，为中央党部万不能容许。潮梅海陆丰同志只遵总理遗嘱，努力国民革命，拥护中央执行委员会的革命统一主张，要求党的整个，一致反对分裂到底”。

国民党右派分子的反共叫嚣，集中在一点，就是攻击共产党人进行“非国民革命”的活动，诬蔑共产党“危害”“破坏”了国民党。周恩来主政东江的事实，有力地驳斥了这些谬论。东江行署的施政方针，是以孙中山的三民主义和三大政策，以国民党“一大”“二大”厘定的政纲为依据的。它所实行的打倒帝国主义、铲除封建军阀、打倒土豪劣绅、扶助工农运动以及其他革命、建设措施，并没有超出国民革命的范围，更不是什么“危害”或“破坏”国民革命。它是符合孙中山改组国民党的要求，符合国民革命的根本利益的。周恩来主政东江的政策、设施，充分说明共产党人在当时是忠实于国民革命，真正为三民主义的彻底实现而努力奋斗的。

周恩来在东江的日子里，不辞劳苦，夜以继日地工作，为建设东江作出了卓越的贡献。东江地区经过一番整顿和建设，生产逐步得到恢复，社会秩序比以前安定，工农运动和妇女运动迅速发展。

正当周恩来准备在东江地区有计划地推行各项改革的时候，1926 年 3 月 16 日，广州国民政府突然表示接受周恩来曾多次提出的辞去东江各属行政委员的请求。这时，周恩来仍担任国民革命军第一军副党代表兼政治部主任。

9　领导上海第三次武装起义

1926 年 12 月，周恩来被调到中共中央工作，第一件大事就是领导上海工人第三次武装起义。次年 5 月，他进入中共中央核心领导层。

准备起义

1926 年 12 月，中共中央把周恩来从广东调到上海，担任中共中央组织部秘书兼中央军委委员；1927 年 2 月，任中共上海区委军委书记。

上海是世界著名的东方大都市，是当时中国的重要经济中心，帝国主义据以对中国进行经济、政治侵略。市中心有帝国主义统治的法租界和英、美、日等国共管的公共租界，十里洋场，是“冒险家的乐园”。四周是中国管理的上海市，分为闸北、南市、沪西、浦东等区，历来是军阀争夺之地，谁取得了上海，谁就睥睨东南，势大力强。上海，也是中国最大的工业城市，是中国工人阶级力量最强大的城市。

当时的中共中央就在上海，处于秘密状态下开展工作。

自从 1926 年 7 月 1 日广州国民政府发表《北伐宣言》，国民革命军北伐以来，一路进展顺利。12 日进长沙。8 月下旬叶挺独立团占领湖北军事要隘汀泗桥，接着又和第四军一部在贺胜桥击溃北洋军阀吴佩孚主力十余万人。9 月，北伐军攻占汉阳、汉口，10 月攻占武昌，叶挺独立团首占蛇山，突进城中。11 月，北伐军攻占九江、南昌。12 月，国民政府由广州迁到武昌。1927 年 1 月，美国命令驻檀香山和苏伊士的军舰赶去上海，又从菲律宾调集一个旅团陆军到上海。英国把它驻威海卫的第二舰队开到上海，从英国和印度调集 1.2 万名“中国远征队”向上海集中。日本派遣巡洋舰、驱逐舰 5 艘开到中国。2 月中旬，北伐军占领杭州。3 月 17 日，占领杭州的北伐军分两路向沪宁线前进。

早在 1926 年 9 月，中国共产党上海区委就准备配合北伐军的挺进，进行武装起义。10 月 23 日，上海工人在中国共产党领导下举行第一次武装起义，遭到

领导上海工人第三次武装起义的周恩来

失败。1927年2月中旬，在北伐军占领杭州后，上海工人举行总同盟罢工表示响应。工人的罢工遭到北洋军阀残酷镇压，于是，中国共产党决定把罢工转为起义。2月22日下午，中共上海区委发出《特别紧急通告》，宣布“全上海动员暴动”。但是，由于事先准备不足，已经罢工4天的群众十分疲惫，因此，23日晚，中共中央和上海区委联席会议决定停止这次起义，转而准备第三次武装起义。接着，成立了特别委员会，由陈独秀、罗亦农、赵世炎、汪寿华、尹宽、彭述之、周恩来、肖子璋组成。并且组织了以周恩来为首的特别军委。

周恩来总结了第二次武装起义的教训，认为“问题全在于没有准备，在于党的领导人在事变中缺乏果断”。

为什么没有准备呢？因为从中央的指导思想来说，“全党甚至没有夺取政权的打算”。“党一直采取了不提出夺取政权的立场”，而强调“应该彻头彻尾表示独立的在野党态度”。周恩来说：“既然全党从前没有要夺取政权，它在国民革命时期成了一种似乎是辅助的力量”，“既然党只是一种辅助的作用，军事工作也被看作是一种次要的工作，工人又没有武装起来，因此遇到像现在这样需要独立行动的场合就做不到这一点，自己没有力量，没有准备”。

当时，陈独秀是中央总书记，又是特别委员会的负责人，他对于发动第三次武装起义来反对帝国主义和军阀，是积极的。但是，他认为武装起义是“群众的夺取武装，群众的开代表大会”。这个指导思想反映在中共上海区委的一次报告中，就明确提出起义不必先有武装，说：“要明了武装暴动是民众的武装暴动，是以广大的民众的热情跑到街市随时随地夺取武装，绝不是先要有了武装才可以暴动。”

周恩来早在旅欧时就明确，革命要有革命的军队。在广东时指挥过战争，有军事工作经验，更体会到自己掌握武装的重要意义。他认为，现在军阀的队伍虽然是在瓦解中，这些队伍很不巩固，他们在寻找我们，我们在他们中间可以做宣传工作，但是“这些部队对我们能起多大作用，这取决于我们对工人的武装程度，取决于工人拥有的力量。假如工人的力量薄弱，这只会有利于他人，反之亦然”。他提出：“要有自己的准备”“纠察队、自卫团都有规定特别工作”“并加暴动起来夺取武装”。

瞿秋白也主张武装起义“要有作战计划，有主力军之训练”。

周恩来是军委书记，他提出了军事工作的纲领性计划，包括：建立领导机构，组织武装力量，加强队伍训练，准备武器，加强敌军工作，开展情报活动等。核心是建立一支由自己直接领导的有战斗力的武装队伍，作为发动武装起义的主力军，在关键时刻能够克敌制胜。

周恩来组织了三支武装力量：

纠察队。“目标 5 000，先组 3 000”。到 3 月 11 日，组成了常备军一团，1 500 人，后备军三团。最后总数超过 2 000 人。

自卫团。用手枪，“目标 500”。3 月 4 日已发展到 700 人，6 日发展到 820 人。据 3 月 11 日报告，“自卫团可扩充到 1 000 人，预备把他们都加入党，将来分配到纠察队里面去做核心”。

特别队。开始人数很少，到 3 月 6 日已增加到 900 多人。

有了队伍，要加强训练。当时军委设在法租界辣斐德路辣斐坊（今复兴中路复兴坊）。那里有三栋楼房，周恩来住在第三栋的楼上。楼下住着孙津川（上海工人纠察队铁路工人大队总指挥）夫妇和孙的母亲。周恩来对训练抓得很紧，花了很多心血。他经常深入到工人纠察队中去，亲自指导浦东、南京、小沙渡、杨树浦、商务印书馆等地区的军事训练，教工人练习射击、进攻与防御。他非常机敏灵活，为工人们所敬佩。他除了住在辣斐坊以外，有时也去孙津川的家乡开会和部署工作。

据当年周恩来从北伐军浙江前线调来担任纠察队指挥的黄埔军校毕业生侯镜如说：周恩来“冒着随时被捕牺牲的危险，亲自潜到各个训练地点，与纠察队干部们谈话，并亲自做政治形势报告，甚至有时还亲自对工人们进行军事训练”。

商务印书馆工人纠察队是闸北工人纠察队的骨干力量之一，晚上在印书馆的铸造部翻砂车间利用那里的噪音，练习实弹射击。周恩来很重视这支纠察队，多次去指导。一次，一个队员的手枪走火，另一个队员受了伤，周恩来马上说“大家不要紧张，不要乱，要镇定下来”，稳定了大家情绪。

南市纠察队的起义准备工作在三山会馆，周恩来身着黑色中山装来到这里，询问训练情况。他亲切地说：“小心枪支走火，不能大意呀，一定要好好训练，消灭敌人。”

沪东的纠察队在培开尔路（现惠民路）仁寿里的过街楼等处，训练如何使用武器、如何利用障碍物进攻，侦察地形。浦东区委派了20多名工人到南市接受射击训练，在那里见到过周恩来，听过他讲话。

沪西有的纠察队是在菜市路（今顺昌路）康悌路（今建国东路）附近一所学校里练射击、进攻、后退。

闸北的工商业资本家要组织保卫团来保护自己，周恩来、赵世炎就派商务印书馆工人进去。有的工人很不理解。周恩来笑着问他：“我们现在缺少的是什么？”“枪支和弹药。”“对。”周恩来说，“如果我们加入了保卫团，不是每个人都可以有枪支和弹药吗？不仅如此，我们还可以利用保卫团这个合法地位进行军事训练，掩护我们有关起义的其他准备工作。”于是有40多名工人参加了保卫团，在起义中发挥了作用。

什么时候起义？陈独秀感到我们力量薄弱，不要发动太早，提出两条标准：一、上海已无北洋军阀的驻兵；二、北伐军到松江后仍前进，或到达龙华后。

周恩来不同意这两个标准，认为根据北伐战场形势分析和上海敌人驻军情况，“假使松江下，必可动，因毕（北洋军阀驻军领导人毕庶澄）决不致再守上海。

苏州下，也必可动，因他也不能枯守上海，同时他的兵队必有一部溃散”。最后确定：“一、松江下；二、苏州下；三、麦根路与北站兵向苏州退。三条件有一个就决定发动。”

3月20日，北伐军过松江，傍晚到达上海近郊龙华。上海总工会派人去联系，蒋介石命令白崇禧停止前进，意图让北洋部队和工人纠察队厮杀，两败俱伤。

3月21日晨，中共上海区委发出起义指令，全市80万工人举行总罢工。周恩来任起义总指挥。赵世炎任副总指挥。他们用3 000名工人武装纠察队为骨干组成起义队伍，依靠广大群众的支援，同驻守在上海的北洋军阀毕庶澄部加其他军警共5 000多人激战。

原来的分工是，闸北区由赵世炎、顾顺章负责；南市区由周恩来、徐梅坤、陆震负责；“如南市不重要，恩来调闸北”。21日下午1时，南市工人纠察队和起义工人进攻警察署和淞沪警察厅，警察都已经吓跑了，枪支扔得满地都是。工人捡起枪武装了自己，又向高昌庙兵工厂进攻，敌人争先恐后登上黄浦江边的船只逃命。接着，工人纠察队又占领南火车站，战斗胜利结束。在浦东，工人纠察队只有十多支枪，去攻打警察局，一面开枪，一面把爆竹放在火油箱里放，声音像打机枪，警察马上竖起白旗投降了。沪东、沪西也都很快取得胜利，结束战斗。

问题集中在闸北。闸北是敌人主力集中地，敌军装备又好，因而战斗最激烈。

起义当天，在闸北，工人纠察队攻占了五区警察局，周恩来的指挥部就设在这里，接着又指挥攻下了北站附近一个警察署。22日，闸北、沪西、沪东起义队伍合力攻下天通庵车站，向占据商务印书馆俱乐部的敌军进攻。这时，有些纠察队队员牺牲，大队长受伤，使工人纠察队队员气愤万分，准备硬拼。周恩来亲临前线，制止了大家的这种情绪，指挥大家占领四层楼窗口，用步枪组成火力网封锁对面敌军的大门，利用附近建筑物包围了敌人，攻下了这个据点。最后，只剩下北火车站的敌军负隅顽抗了。敌军放火烧民房，给起义队伍造成困难。周恩来命令工人纠察队一面灭火，一面保护老百姓撤退。22日下午，北站守敌企图向租界逃窜，工人纠察队已有防备，用火力封锁了敌军。下午5时左右，周恩来到前线向工人纠察队讲话，介绍了两天战斗的情况，要求6时之前占领北火车站。起义队伍高呼：“保证6点前消灭敌人。”终于，这天下午6时攻下了这个堡垒，战斗胜利结束。

在工人纠察队攻打军阀部队遇到困难时，陈独秀知道了，曾下令要工人纠察队向大场方面撤退。命令由郑超麟传达给指挥部，指挥部没有执行，继续打下去，结果胜利了。

战斗结束后，起义工人把俘虏押到商务印书馆俱乐部，周恩来亲自对他们讲话：“你们也是苦兄弟，只要你们放下武器，有家的回家，没有家的去投亲，我们不杀害你们，也不强留你们。”这种对待俘虏的正确政策深得民心。

两年后，周恩来在回顾这次起义时说：“暴动前的军事准备是比较充分的，在短促的时间，赤卫队（即自卫团）的主力有800余人，纠察队有2 300人。”“在敌人力量薄弱的地方很快地就成功”，“只有闸北经过长时期的激战，毕庶澄军队几千人都集中到闸北车站”，“在群众的威袭之下，经过28小时的巷战，最后完全靠有组织的产业工人武装作战”。

夏之栩的回忆

当年参加这次起义的夏之栩，50年后对周恩来领导这次起义仍然记忆犹新，她回忆道：

> 我当时是罗亦农同志的秘书。赵世炎同志在上海搞工人运动，经常是一身工人打扮。罗亦农同志是做民主人士工作的，常常穿着长袍大褂。恩来同志倒是穿着一套青灰色的旧西装。恩来同志化名伍豪，我们都叫他伍豪，老伍。他一到江苏省委机关，气氛就活跃起来，大家有说有笑。他谈吐幽默、风趣，对同志却很诚恳。
>
> 记得三次起义的第二天，3月22日的中午，战斗在激烈地进行，硝烟弥漫。工人纠察队的指挥部就设在商务印书馆大楼里，浙江路的情况很严重，英国的装甲车炮火封锁了这一带。南市、虹口的工人纠察队无法前来援助。商务印书馆又不能强攻，怎么办?
>
> 大家等着北伐军来援助，可是等不来。
>
> 正在这时，领导起义的伍豪同志却差一点儿被国民党收买的一个工人暗杀，由于工人的掩护才脱险。伍豪同志对这个上当受骗的行刺者，进行了一番教育，劝他和工人一道参加起义。这一举动，当时我们都很感动，感到恩来同志襟怀宽阔，真有气魄。

暴动后，恩来同志和工人战斗在街垒里，生活在一起。工人群众拥护他，爱戴他，都叫他总指挥。他一刻也不离开商务印书馆和庆云里。

一个紧急情况突然发生了，敌人一列军用车从天通庵车站开来，吴淞离北站不远啊，一千多敌人的援军半个小时就可以冲到总指挥部门口……可是，龙华的北伐军也不来援救工人纠察队，这是为什么？

在这紧急情况面前，大家焦急万分。这时，伍豪同志带着望远镜来到街垒前，向大家讲道：

“同志们，工人已浴血奋战一昼夜，龙华的北伐军为什么按兵不动？吴淞方面敌军正向我进军，这不是存心让军阀吃掉工人武装吗？”

“同志们，蒋介石想借刀杀人哪！”他目光炯炯，坚定地说，“我相信上海工人能靠自己解放自己！”

接着，伍豪同志举起手，果断地向大家说：“根据当前的敌情，指挥部决定——北站敌众我寡，我采取守势；商务印书馆，敌少，我防御设置好，可采取围势；吴淞敌虽众多，但是士气不振，我可取攻势；尤其一列车人，目标大，防守难，我们可利用地形优势，给它一个伏击，歼灭它！”

恩来同志分析形势的敏锐才能，大家十分钦佩。他善于在纷纭繁杂的情况中，分清形势，作出判断。他那侃侃而谈，那铿锵有力的生动语言，使同志们增添了勇气，情绪高涨。他对战斗作了细致周密的布置。结果，经过一天的激战，集中兵力打下了北火车站，全面解决了战斗，取得了三次武装起义的胜利。

在总结会议上，伍豪同志向大家说：“第一次暴动是在1926年11月24日，是秋白同志领导的，暴动还没有开始，工人领袖陶静轩、奚佐尧等十多位同志就被李宝章杀害了，后来革命军占领了上海、嘉兴等地，1927年2月19日起，上海36万工人总同盟罢工，2月22日第二次暴动又失败，工人数十人被杀害，海军开炮，同情革命者扩大工人大罢工，但是陈独秀让复工。”

伍豪同志作这报告时，是在商务印书馆的工人纠察队总部，受到工人、学生、店员代表们的热烈欢迎，他却十分谦逊地说：“第二次总同盟罢工，由上海总工会领导，是秋白同志领导的，由于准备不充分，暴动失败了。现在第三次是胜利了，不过，如果没有秋白前两次的总结，没有他向党内号召今后应与群众在一块革命的思想，也不能取得这次胜利，这次起义如果秋白来领导，我相信，也同样可以取得胜利的。”

当场，人们都屏住了呼吸，没想到恩来同志的总结会对前两次的总结给予如此高度的评价，对秋白同志有这么崇敬的评语。

我们第三次暴动时，的确，全市商贩，甚至卖油条烧饼的工人，都向工人纠察队、暴动队伍送饭。上海七个区战斗了两昼夜，直到敌人用竹竿插上白旗。大家跳出街垒，高兴地欢呼。“我们工人阶级胜利啦！”

恩来同志两昼夜没有合眼，他一直战斗到北站战斗结束，才下火线回到商务印书馆的俱乐部。第二天的总结会议上，他却作出这样的总结。我当时是记录，我看到罗亦农、赵世炎都愣住了，听到伍豪同志的话，我也停住了笔。可是又一句铿锵有力的话，使我激动，不是我听错了，而是伍豪同志以最简练的语言，和蔼可亲的态度对大家说：“这次暴动如果是秋白同志领导，同样会胜利的，这胜利的取得应归功于参加暴动的全体工人、职员、学生！”

进入中共中央常委会

这次起义，是中国共产党独立领导武装斗争的一次成功的尝试。周恩来在领导起义中表现了丰富的智慧、高度的组织能力和指挥才能，并且在斗争中积累了新的经验。参加这次武装起义的工人，后来有些人参加了红军，成为领导骨干。如商务印书馆工人艾毅之，后来在红二方面军任师政委；吕振球，1940 年在延安时任旅政委；黄志竞，曾到湖南红 16 军任军政委；上海纱厂工人万云程，1933 年是中央苏区福建省军区政委。

起义胜利后，北伐军不费一枪一弹进入上海。

革命取得了胜利，隐藏在革命队伍内的反革命却在磨刀霍霍，准备屠杀革命。

早在 1926 年广州发生“三二〇”事件时，美国驻广州总领事詹金斯已经注意到了蒋介石。他向国内报告说：“蒋不再要俄国顾问了。”“蒋介石给共产派以数年来未曾有过的致命一击，这对广州政府未来的政策有影响”，但“政府中的保守派尚未强大到像人们所想象的那样足以轻而易举地处置俄国人和共产党人的地步”，“蒋将军不得不首先处置自己军内的情况，然后才能支持政府再次发动反俄国人的政变”。

此后，美国就以“承认”为诱饵，力图使广州国民政府放弃反帝的立场。他们注意物色在中国的新的代理人，所谓“随时准备与任何表现出有能力代表中国履行其所负义务的政府建立关系并进行谈判”。他们十分注意蒋介石正在“攫取越来越多的权力”。蒋介石到南昌后，上海的大买办虞洽卿就到南昌同蒋介石密谈，答应用巨额款项支持蒋介石，交换条件是反共和镇压工人运动。虞洽卿是同英美帝国主义有密切联系的。之后，买办豪绅阶级代表、政学系政客黄郛等和亲美派官僚王正廷等都到南昌见蒋，密谋破坏革命。

1927 年 3 月 6 日，蒋介石指使党羽残杀了江西省总工会副委员长、赣州总工会委员长陈赞贤，3 月 16 日又强行解散执行孙中山三大政策的国民党南昌市党部。这些情况，在上海的中共特别委员会是有所听闻的，特委和中共上海区委也开会讨论过对策，但由于当时党的领导人陈独秀右倾错误的影响，终于丧失了起义胜利的果实。

3 月 28 日，中共上海区委主席团举行会议。会上，市总工会委员长汪寿华介绍了 27 日他同蒋介石会见的经过，说蒋介石“并无赞扬上海工人，我报告一点上海工人暴动的经过，他不大注意”。这时，外界已有传言说蒋介石将对工人纠察队不利，但 4 月 5 日陈独秀和汪精卫在上海发表联合宣言，说“国民党领袖驱逐共产党，将压迫工人与工人纠察队”等，都是“谣言”，“绝无驱逐友党摧残工会之事”。这使工人阶级在思想上失去了警惕。

北伐军第六军和第二军 3 月 24 日击溃北洋军阀的直、鲁联军，占领南京。美英等帝国主义依凭自己增强了的武装力量，借口“保护”侨民而炮轰南京城，中国军民死伤很多。这就是南京事件。这时，蒋介石正在去上海途中。他不是向帝国主义严正抗议，而是派人向他们疏通。到上海后，31 日他对外国记者声明，事件不会扩大。他向帝国主义保证“不用武力改变租界现状”，帝国主义则答应为他发动政变提供便利，直至用驻沪侵略军来配合。上海资产阶级的代表人物向蒋介石表示，只要能把工人打下去，可“认捐五百万”“借款可另案办理”。“青帮”头子黄金荣、杜月笙、张啸林等纠集流氓打手，供袭击工人纠察队之用。

4 月 12 日，蒋介石在上海发动了反革命政变。汪寿华被杜月笙骗到住地，残酷打死。大批武装流氓冒充工人，臂戴白底黑工字袖章，从租界出动，在闸北、南市、沪西、浦东、吴淞等处袭击工人纠察队，跟在后边的国民党军就以“调解工人内讧”为名，用欺骗或武力强制手段，收缴“双方”枪支。几千名工人纠察队全被解除武装，工人死伤300多人。13日，上海20多万工人举行罢工抗议，6万多群众示威游行，向国民党军第二十六军第二师司令部请愿，走到宝山路，遭到反动军队机枪扫射，死伤无数，尸横满街，血流成河。同一天，南市的游行工人也遭到反动军队枪击，死十多人，伤数十人。接着，大批工人和共产党员被捕杀。据不完全统计，反革命政变后三天中，被杀害300多人，被捕500多人，5 000多人下落不明。接着，蒋介石势力所及的各大城市都发生了大屠杀。

在武汉的中共中央得知上海的消息后，立即派李立三、陈延年、魏金斯基到上海，加上在上海的赵世炎、周恩来，组成特务委员会。大家主张迅速出师讨伐蒋介石，决定由周恩来起草电文给中央。

周恩来在电文中说：蒋介石在上海勾结帝国主义与中国银行界，借款一千万，在上海等地进行大屠杀，捕杀共产党人，我们应乘他政权未固，迅速出师，直指南京。电文中分析了蒋介石目前能直接使用的军队仅五个师：一、二、三、十四、二十一师。一、二十一师的领导人薛岳、严重被蒋赶走，战斗力大减；二师常败，在昆山；在南昌的只有三、十四师，国民革命军其他各军兵力大于蒋。他写道：“为全局计，政治不宜再缓和妥协。”“再不前进，则彼进我退，我方亦将为所动摇，政权领导尽将归之右派，是不仅使左派灰心，整个革命必根本失败无疑。”

这个意见没有被在武汉的苏联顾问鲍罗廷和陈独秀采纳。后来，大革命失败的结果也被周恩来言中。

“四一二”之后，中国共产党马上变成了地下党。周恩来仍留在上海办理善后事宜，把许多人送离上海，到武汉去，或者到莫斯科中山大学学习。5月下旬，他穿着长袍，戴上礼帽，俨然一个商人，搭乘一艘英国的轮船，去到武汉。

4月27日到5月9日，中国共产党刚刚在武汉开过第五次全国代表大会。会上批评了陈独秀忽略同资产阶级争夺革命的领导权，忽视农民土地问题，但是会议没有作根本的纠正，仍旧忽视掌握军队的领导权。

周恩来因工作原因没有出席中共五大，会上他当选为中央委员。随后，在五届一中全会上，他被选为中央政治局委员。周恩来到武汉后，5月22日，就列席了中共中央政治局常委会议。在25日的常委会议上，决定周恩来任军人部（军事部）部长，并决定他必要时参加常委会议。29日，中央政治局常委会议决定周恩来代理张国焘的中央常委职务，参加中共中央核心领导。

从此以后，在长达半个世纪的时间内，周恩来一直是中共中央的主要领导人之一。

四、白色恐怖见胆略

10 领导南昌起义

周恩来秘密来到南昌，担任前敌委员会书记。邓颖超纳闷儿："他去干啥，待多久，什么也没有讲。"南昌起义，诞生了日后的六位元帅。

惊天动地第一枪

1927年7月15日，以汪精卫为首的武汉国民政府继蒋介石以后，也公开叛变革命，正式宣布同共产党决裂。在血的教训面前，为挽救革命，中共中央决定在江西南昌举行武装起义。

周恩来后来讲过，南昌起义建议的提出是这样的："那时，军委想可否搞个起义，主要是鲍罗廷和加伦说可以搞个起义，共产国际决定上没有。"以周恩来为首的军委提出这个建议的时间是7月中旬，是对汪精卫叛变革命的反击。

聂荣臻在回忆录中说："举行南昌起义，是7月中旬中央在武汉开会决定的。我没有参加那次会议。那天晚上，恩来同志在会后到了军委，向在军委工作的几个同志进行了传达，他传达的大意是，国共分裂了，我们没有别的办法，只有起义。今天，中央会议上作了决定，要在南昌举行起义。恩来同志还说，会议决定组织前敌委员会，指定他为书记。他传达完后，就指定贺昌、颜昌颐和我，组成前敌军委，我为书记。任务是先到九江去，通知我们的同志，叫他们了解中央的意图，做好起义的准备。但什么时候发难，要听中央的命令。"

7 月中旬，就在汪精卫公开叛变的前夕，根据党的指示，国民革命军中受共产党直接影响的叶挺率领第十一军二十四师，贺龙率领第二十军，以“东征讨蒋”的名义，离开武汉开往九江。叶、贺部队的行动使国民党右派十分恐慌。7 月 24 日，汪精卫急急忙忙窜到庐山策划召开军事会议，要叶挺、贺龙赴会，并强令叶、贺部队向九江以南的德安集结，阴谋解除这两支部队的武装。在这关键时刻，在国民革命军第四军中担任参谋长的叶剑英得知这一消息，立即从庐山秘密来到九江附近的星子县叶挺驻地，和贺龙、叶挺一起就近到鄱阳湖中的一条小划子上商量对策，决定叶、贺不去庐山开会，部队不向德安集中而直开南昌。随后，叶、贺两支部队便先后乘火车沿南（昌）浔（九江）路南下。这一行动使汪精卫更暴跳如雷，加紧在军队中“清共”，并密令九江市国民党的卫戍司令抓捕共产党领导人。由于叶剑英将敌人的这一阴谋又秘密通知党，在九江的党的一些领导人及时离开九江，安全转移到南昌，参加起义。

7 月 26 日以后，周恩来秘密地从武汉来到南昌。周恩来的这次秘密行动，邓颖超后来是这样回忆的：周恩来“要离开武汉的时候，在晚饭前后才告诉我，他当晚就要动身去九江。去干啥，待多久，什么也没有讲。我对保密已成习惯，什么也没有问。当时，大敌当前，大家都满腔仇恨。我们只是在无言中紧紧地握手告别。这次分别后，不知何日相会？在白色恐怖的岁月里，无论是同志间、夫妻间，每次的生离，实意味着死别呀！后来还是看了国民党的报纸，才知道发生了南昌起义”。

据当时见过周恩来的人回忆：那天周恩来同志穿件灰色中山装，手提一个黑色皮包，下车后径直到朱德家中。他不顾长途跋涉的疲劳，立即着手部署武装起义。27 日就在南昌市洗马池江西大旅社的会议厅召开会议，成立了党的前敌委员会。前委会由周恩来、恽代英、彭湃等五人组成，周恩来任书记。在前委的这次会议上，作出了 7 月 30 日晚上举行武装起义的重大决定。

7 月 28 日傍晚，在周逸群陪同下，周恩来到南昌国民革命军第二十军指挥部看望贺龙军长。

当时贺龙不是共产党员。他出身贫苦，20 岁那年，两把菜刀闹革命，组织起一支农民武装，曾参加过讨伐袁世凯。1926 年，他担任国民革命军第九军第一师师长，参加北伐，深受共产党员周逸群的影响，是北伐军中著名的左派将领，支持工农运动。

南昌起义总指挥部——江西大旅社

1927 年 7 月初，周恩来在武昌第一次见到贺龙。两人一见如故，谈笑风生，贺龙性情豪爽，对周恩来仰慕已久。他对周恩来说："只有共产党才能救中国，只有马列主义才是救国救民的真理。我听共产党的话，决心和蒋介石、汪精卫这班反动集团拼到底。"7 月 15 日，汪精卫召开秘密会议，确定"分共"计划。对此，贺龙大义凛然，拍案而起，怒斥汪精卫的"分共"阴谋，公开声明："谁分共，就同谁干！"

贺龙率部到九江后，拒绝上庐山和汪精卫一起开会，和共产党员叶挺到了南昌。

贺龙心里十分清楚，居心叵测的汪精卫、蒋介石，是绝不会放过二十军的，他早已盼望周恩来的到来。

周恩来受到贺龙的热情接待。

周恩来分析了严峻的形势，指出只有坚持武装斗争才有出路，并和盘托出南昌起义的计划，诚恳地请贺龙担任起义军总指挥。

贺龙毫不迟疑地说："我完全听共产党的话，要我怎样干就怎样干。"

这样，起义军方面的兵力有：贺龙的第二十军七个团，叶挺的第十一军二十四师三个团，周士第率领的第四军第二十五师两个团，还有蔡廷锴的第十一军第十师，共计2万多人。敌方在城内的兵力计有：朱培德的第五方面军指挥部警备团，王均第三军的七十三团、七十四团和金汉鼎的第九军一个团等，共3 000多人。

7月29日，正当起义准备工作紧张进行的时候，张国焘以"中央代表"的身份，从九江接连两次给南昌的前敌委员会发来密电，阻挠起义。30日晨，张国焘到了南昌。当天，周恩来在南昌系马桩一所学校里秘密召开了前敌委员会紧急会议。张国焘在会上以种种理由反对起义。周恩来很坚定地认为，党应该独立领导武装斗争，他同张国焘进行了针锋相对的争论。在这次紧急会议上，张国焘说："起义须得张发奎（注：时任国民革命军第二方面军总指挥）的同意，否则就是蛮干，就是盲动。"张国焘甚至提出共产党员要全部退出军队这样一个荒谬的主张。周恩来一针见血地指出：我们共产党人不能退出部队，不能把枪交出去，不能束手待毙。紧迫的形势告诉我们，起义不能再拖延了，否则将断送革命。周恩来十分坚定地对张国焘说：我们还是干，按计划进行。周恩来的意见得到了大家的支持。但是，由于张国焘的干扰，原定7月30日的起义时间推迟了。

7月31日，张国焘又提出：这次武装行动只作一次"兵变"，不要发表宣言和政治纲领，要偃旗息鼓地回广东去。他担心独树革命的大旗，会同国民党反动派彻底闹翻。周恩来坚定地指出：南昌起义是我党独立领导革命武装反对国民党反动派的开始。我们要成立在我党领导下，有国民党进步人士参加的政治组织——革命委员会。这是惊天动地的大事，一定要向全中国、全世界发布宣言和政治纲领。我们是武装夺取政权，不是兵变。

张国焘"兵变"的主张又没有得到通过，但他又以修改宣言为借口，提出继续推迟起义。这时大批反革命武装正向南昌集中，起义再推迟下去，必将化为泡影。针对张国焘在宣言问题上的纠缠，周恩来愤怒地说：宣言由我来改！

在这场激烈的争论中，前敌委员会的其他同志一致站在周恩来一边，从而坚持了党的正确决定。

由于在起义的关键时刻爆发了这场争论，7月30日上午，前敌委员会决定，将起义时间改在8月1日凌晨4点钟。7月31日下午5时左右，前敌委员会召开了团长以上干部会议，布置起义的战斗任务。周恩来细致地检查了战斗前的各项准备工作。晚上9时以后，全城戒严。整个南昌呈现着战斗前的沉寂。起义的命令已经传达到每个战士，起义部队已经分别进入了指定的战斗位置。起义军官兵佩上红领带，在手电筒、马灯的玻璃罩上贴上红“十”字，作为识别标志。官兵们弹上膛、刀出鞘，紧张而又利索地完成了一切战斗准备，等待着指挥部发出战斗信号。当时，驻扎在南昌的敌人兵力约1万人，已经处在起义部队的秘密包围和监视之中。由于起义的机密被一个叛徒泄露，起义比预定时间提前了两个小时。

8月1日凌晨2点钟，在周恩来和朱德、贺龙、叶挺、刘伯承的指挥下，城头上传来三声清晰的枪声信号。起义开始了，全城内外立时响起了一片激烈的枪声。起义军官兵不畏牺牲，英勇地向敌人发起冲击。

在这次起义中，敌军总指挥部、松柏巷天主堂和匡庐中学是战斗最激烈的地区。周恩来坐镇松柏巷天主堂附近的一所学校中，镇定指挥，以其雄才大略领导着这一场伟大的斗争。由于周恩来以及其他领导人的卓越指挥，由于起义军的英勇战斗，经过三四个小时的激战，敌人被迫全部缴械投降，战斗胜利结束。起义军士兵在俘虏中揪出了那个泄露起义机密的叛徒，给了他应有的惩罚。

8月1日的黎明，迎来了武装起义的伟大胜利，鲜艳的红旗插上了南昌城头。城内大街小巷贴满了起义军的布告，贴满了“打倒帝国主义”“打倒新旧军阀”“实行耕者有其田”等标语。广大群众喜气洋洋，奔走相告，胜利的消息传遍了全城。在中共江西省委的号召下，各级党政机关和群众团体掀起了劳军支前高潮。省市各界群众组成了“江西民众慰劳前敌革命将士委员会”，赶制军服，捐献巨款慰劳起义军。各民众团体还敲锣打鼓，抬着猪羊、西瓜……纷纷来到起义军驻地慰问。

8月1日上午，前敌委员会在原江西省政府主持召开了有国民党左派和各省、区、特别市及海外党部代表参加的联席会议，成立了革命委员会。革命委员会成员由周恩来、宋庆龄（当时不在南昌）、朱德、贺龙、叶挺、郭沫若（8月4日到南昌）等25人组成。革命委员会成立后，立即颁布了《八一革命宣言》《八一革命宣传大纲》和《土地革命宣传大纲》等文件，提出了没收地主土地、实现耕者有其田、对工人实行劳动保护、废除苛捐杂税等革命政纲。在革命委员会下设立了参谋团，具体负责起义部队的军事行动。

南昌起义后，在周恩来的主持下，对部队进行了整编。为了便于开展统一战线工作，决定起义军仍沿用国民革命军第二方面军名义，由贺龙担任总指挥，叶挺担任前敌总指挥，刘伯承担任参谋长。下设三个军：朱德任第九军副军长，贺龙兼第二十军军长，叶挺兼第十一军军长。从此，中国共产党独立领导下的人民军队诞生了。

加上参加起义的林彪和后来赶到的聂荣臻、陈毅，周恩来在英雄的南昌城带出了后来人民解放军的六位元帅（朱德、贺龙、刘伯承、聂荣臻、陈毅和林彪）。

起义部队南下全过程

按照周恩来和前敌委员会的部署，聂荣臻于8月2日拂晓将二十五师及时拉到了南昌城。这以后的全过程，聂荣臻后来是这样回忆的：

> 到南昌那天，天气热得很。我买了个大西瓜，一下子就吃了一多半。那时年轻力壮，干劲大，路途的劳累，天气的炎热，一挺就过去了。
>
> 在南昌城里，我找到恩来的住地。记得是在一所学校里。我将情况向恩来作了汇报，他说："行动很成功！我原来没想到这样顺利，把二十五师大部分都拉出来了。"接着，他把南昌起义胜利的情形告诉了我。南昌起义我军消灭敌军四五千人，缴枪五千多支，子弹七十多万发，还有另外一些武器装备和物资。
>
> 南昌起义胜利了，但胜利之后如何行动？按中央的预定计划，部队立即南下，占领广东，取得海口，以求得到国际援助，再举行第二次北伐。在中央这一战略方针之下，就一心想到南下，一心想争取时间快到广东，其他什么事情也都不顾了，这样起义军就匆匆忙忙地离开了南昌。
>
> 我到南昌的第二天，即8月3日，有些部队就开始出发了。参加起义的部队没有得到休息，更主要的是没有把部队加以整顿。因为有些部队还不可靠，有些是勉强拉过来的，都应该认真整顿。二十四师就有两个团长不可靠，想换掉他们，也没来得及安排。直到南下途中才采取措施，将这两个人改任副师长，离开他所掌握的部队。其他部

队连这样的整顿也没有。

以第十师为例，这支部队原属陈铭枢，后来归张发奎指挥。师长蔡廷锴，是陈铭枢的亲信。当时他对我们党并不真心拥护。部队又是在起义前一两天才赶到南昌的。本来应该加以调整，使我们能确有把握地掌握它，或者至少不能单独做前卫。十师的三十团，团长范荩，北伐中在河南打得很好，部队很有名气，范荩既是一个出名的团长，也是一位很忠诚的共产党员。我在九江曾向他传达过中央关于起义的决定。这个团里还有一些共产党员在营、连两级工作。只要我们有所部署，完全可以把整个团掌握起来。此外，二十九团里面也有我们的一些同志。所以说，对第十师，只要我们警惕，适当调整一下干部或调换一些部队，改变部队的组成，在党员中进行周密的布置，也是可以掌握的。可是，起义胜利后，没有及时整顿，也没有调整干部，虽然有人对此提出过意见，叶挺却认为蔡廷锴没有问题，盲目信任他，并认为蔡对打回广东抱热心态度，愿意听从指挥，什么措施也没有采取。出发时，反而让蔡廷锴率第十师做前卫，结果被蔡廷锴钻了空子。该师8月3日出发，4日到进贤就叛逃了，投他的老上司陈铭枢去了。这样，一下子搞掉了我们一个师。那个三十团，是多么好的一支部队啊！由于我们工作上的失误，竟被搞掉了。我们从南昌出发时听到这个消息，十分痛心。

由于我们没有在南昌留下来，还使另外一些赶来参加起义的部队没有赶上我们。像中央军事政治学校武汉分校（包括女生队），是我们掌握的，其中有许多共产党员，原来也是决定参加起义的。他们从武汉出发后，先到了九江，被张发奎缴了械。经叶剑英同志向张发奎建议，把该校改编为第二方面军教导团，剑英同志亲任该团团长，得到张发奎同意，才把这个部队保留下来了。这个团后来到了广州，参加了广州起义。陈毅同志当时是武汉分校的党委书记，他也赶来参加南昌起义，到九江附近，发现形势起了变化，就设法摆脱敌人，同另几位同志奔南昌来找我们。因为我们走得早，到南昌没有赶上，直到南征途中，他才赶上部队。

另外，我们在武汉时，曾组建过第二方面军警卫团，负责警卫国民政府。这个团是从叶挺独立团抽调一些连队组建的，团长卢德铭同志，原是黄埔二期的学生，在叶挺独立团当过连长和营长。这个部队本来也是决定参加南昌起义的，可是，当他们从武汉东下到达黄石时，得知我们离开南昌，九江又被张发奎控制，便转道修水，向南昌方向靠，因为追不上我们，就停在修水，后来参加了毛泽东同志领导的秋收起义。

南昌起义成功后，我军编成了九、十一、二十等三个军，沿用旧的番号，仍叫第二方面军。朱德同志任九军副军长，贺龙同志任二十军军长兼代第二方面军总指挥，叶挺同志为十一军军长和前敌总指挥，并兼二十四师师长，我被任命为十一军党代表。起义军共有十五个团。

8月3日，我军开始南下。

劳师远征，兵家之忌，又值暑天，骄阳似火。部队马不停蹄地在烈日下南进，途中给养、饮水等操办得又差，疲惫疾病，造成严重减员，不仅把炮丢了，其他武器弹药也丢了不少。再加上一出南昌就跑了蔡廷锴的一个师，部队的情绪不能不受影响。

南下途中，经临川、宜黄、广昌等地，在向瑞金前进的路上，于壬田市打了一仗。这是我们南下以来的头一仗。先头部队是贺龙同志的二十军，和敌人钱大钧部的两个团遭遇后就是一阵猛打，虽然把敌人打跑了，但自己也损失很大。

壬田战斗后，我军进占瑞金。听说在会昌有钱大钧的一个师，壬田的敌人也退到会昌，我们便又集中力量去攻击会昌。8月30日，会昌战斗展开，战斗很激烈，主要参战部队是二十四师和二十五师，二十军也参加了。我和恩来、叶挺、伯承都在一个山头上指挥。经过激烈的战斗，虽然击溃了钱大钧的主力，但我军伤亡一千余人，干部伤亡也很大，陈赓同志就是在这次战斗中负重伤的。

击溃了钱大钧的主力，我们就占领会昌。占领会昌后的一天，我正在午睡，听到外边又打了起来，后来知道是黄绍竑的部队，从洛口开来，和我军遭遇。我们一发现敌人，就组织反击，黄昏的时候，把敌人打退了。经过这几仗，我深感起义军的勇敢精神是不成问题的，但我们这些人都很年轻，都缺乏战役战斗指挥经验，碰到敌人就是硬拼，所以往往一仗下来，把敌人赶跑了，歼敌不多，自己却伤亡很大。

会昌战斗后，我们又集结瑞金。当时，摆在我们面前的有两条路。一条是经会昌南下，由赣南走寻邬（注：今寻乌）等地到海陆丰，然后到广州，这条路是捷径，距离最短。但我们没有走这条路，主要原因是有上千的伤员，还有许多辎重，运输非常困难，只好又折回瑞金，改道入闽，经汀州、上杭走水道，把伤员和辎重都装上船，沿汀江、韩江而下，没有碰到什么敌人。

9月24日，我军占领潮汕。可是，在向潮汕进军的时候，竟作出分兵的决定。由朱德同志指挥周士第的二十五师留守三河坝，钳制敌人。其实，今天看，为守三河坝而留下我们最强的主力师是完全不应该的。在潮汕，又进一步分兵，留下二十军的第三师（师长周逸群同志）守潮汕。这样分散兵力的结果，造成最后向揭阳进军的我军主力，只剩下十一军的二十四师和二十军的一师、二师（这两个师不满员），不足六千人，进到汤坑，与敌薛岳的部队遭遇，战斗非常激烈，相持不下。当我军与敌人在这里激战的时候，黄绍竑率两个师并指挥钱大钧余部，攻我潮州和三河坝。其目的是：攻三河坝在于钳制我军，不使我军南下；夺取潮州则能威胁汕头，切断我各部之间的联络，以分割我们，有利于他对我军各个击破。守潮州的第三师，是一个刚刚组建起来的部队，战斗力差，潮州遂为黄绍竑攻占，三河坝我军陷于孤立。以后，当汤坑我军失利时，三河坝也发生激战。朱德同志率二十五师南撤，打算靠近主力，但中途就听到主力受挫的消息，没有到汕头，就转道饶平，北撤福建武平地区。

汤坑战斗中，我们的部队很勇敢。双方隔着一个不大的山头，反复拉锯，你拿手榴弹打过来，我拿手榴弹打过去；你冲过来，我冲过去；我记得二十四师有个营长叫廖快虎，很勇敢，指挥部队和敌人反复争夺阵地，敌人冲了上来，部队拼光了，他坐在阵地上宁死不退，与阵地同归于尽。就这样，经过激战之后，敌我双方都伤亡很大，我们筋疲力尽，只好撤出战斗。我们撤了，敌人慑于我军的勇威，不敢追击我们，也撤了。

撤下来之后怎么办？革命委员会和参谋团没有下撤退命令，也没有指示向哪里走。当初我们本来打算进占汤坑、丰顺，既然连汤坑都没有能占领，就只好改变主意，向潮州撤退。可是，半路上，碰到贺龙同志的一个副官，他说，潮州丢失了，汕头也不能保，革命委员会向海陆丰转移了。我和叶挺商量，向哪里去？叶挺说向海陆丰去不是办法，因为二十四师伤亡太大，二十五师又被隔在三河坝失掉联系，我们向海陆丰，越走离二十五师越远，这样不行。他说，向福建去，那里敌人薄弱，只有张贞的一个师，没有多少战斗力，我们又可以找到二十五师，带上他们一块走。我觉得叶挺的主张是对的。他跟随孙中山的时候，在福建搞过一阵，那里的情况他了解，是个好主意。但是，作为党代表，我不能不进一步考虑。经过再三思索后我表示，这样不行。我们没有得到命令，这样一走，不就成了各走各的，单独行动了吗？没有命令擅自行动可不行啊！我们还是找到前委再说吧。

随后，我们就掉头向西，经过揭阳到达流沙，找到了革命委员会和恩来同志。他当时正在发高烧，处于昏迷状态。很多领导同志都在这里。我们到时，他们已经在开会。于是，我们也参加了会议。会上叶挺不主张去海陆丰，他说，海陆丰已经有敌人，同时，我们到那里后，受到从广州和汤坑两个方向来的敌人的夹击，而那里是不大的一块地方，又是背水作战，地形也不利。我认为叶挺的意见对，似乎他已经认识到二十五师被隔绝，二十四师伤亡大，汤坑战斗都没有取胜，再打下去是困难了。

可是，我们得知，贺龙同志的二十军已经向海陆丰前进了。

这时，恩来仍在发烧，连稀粥都吃不下了，有时神志不清，还喊冲啊！冲啊！我劝他好好休息。

正在讨论的时候，得到报告说，前边走的部队有的投降了。

这件事，再一次给了我一个深刻的认识：刚起义的军队要成为坚强的革命军队，非经过彻底改造不可。否则，一旦有个什么风浪，是经不起的。

得到这个情况后，大家的意见更统一不起来。正在紧张的时候，镇子外边又打响了。

敌人袭来，在流沙附近打响以后，部队很乱。二十四师撤下来的部队，与革委会的人混在一起，各单位插得稀烂，一个成建制部队也找不到，想调挺机关枪也没有办法，有了枪管找不到枪架，真是一片混乱。在这种情况下，我和叶挺始终跟着恩来同志。最后只剩下我们几个人，路不熟，又不懂当地话，几个人总共只有一支小手枪，连自卫能力都没有。多亏彭湃同志在这里有工作基础，农民对我们很好，没有发生意外。

我们设法找到杨石魂同志，他是当地党组织的负责人之一，我们过去就相识。我对他说，你对本地情况熟，可不能离开我们，我们几个连本地话都听不懂，你得想办法把我们护送到香港，沿途的关系你也熟悉。杨石魂同志很好，满口答应下来，此后便同我们一起行动。

我们转移到离流沙不远的一个小村子，晚上，杨石魂同志找来一副担架，把恩来同志抬上，然后转到陆丰的甲子港。在这里，他又找来一条小船，送我们出海。

那条船，实在太小，真是一叶扁舟。我们四个人——恩来、叶挺、我和杨石魂，再加上船工，把小船挤得满满的。我们把恩来安排在舱里躺下，舱里再也挤不下第二个人。我们三人和那位船工只好挤在舱面上。船太小，舱面没多少地方，风浪又大，小船摇晃得厉害，站不稳，甚至也坐不稳。我就用绳子把身体拴到桅杆上，以免被晃到海里去。这段行程相当艰难，在茫茫大海中颠簸搏斗了两天一夜，好不容易才到了香港。

到香港后，杨石魂同志同省委取得了联系，把恩来同志安置下来治病，以后他就走了。

……

就在周恩来等人率领南昌起义部队南下途中，1927 年 8 月 7 日，根据共产国际指示和党内同志的要求，中共中央在汉口秘密召开紧急会议。由于时局紧张，交通不便，只有在武汉的中央委员、中央候补委员、中央监察委员、共青团中央委员和湖南、湖北党的负责人参加会议，其中包括李维汉、瞿秋白、张太雷、邓中夏、任弼时、顾顺章、蔡和森、毛泽东、陆定一、王若飞、邓小平等人。参加会议的还有共产国际代表罗明纳兹和纽曼。

八七会议的主要目的，是总结大革命失败的经验教训，确定今后革命斗争的方针。毛泽东等人在会上批评了陈独秀的右倾错误，认为在国民党问题上，党中央在国共合作的国民党中始终没有当“主人”的思想；在农民问题上，党中央不支持农民革命；在军事问题上，“不做军事运动专做民众运动”。毛泽东强调“秋收暴动非军事不可”，党“以后要非常注意军事，须知政权是由枪杆子中取得的”。会议通过了《中共“八七”会议告全党党员书》《最近农民斗争的议决案》《最近职工运动议决案》《党的组织问题议决案》等；要求坚决纠正党在过去的错误，明确提出土地革命是中国资产阶级民主革命的中心问题，是中国革命新阶段的主要的社会经济内容；党的现时最主要的任务是有系统地、有计划地、尽可能地在广大区域内准备农民的总暴动。会议决定调派最积极的、坚强的、有斗争经验的同志，到各主要省区发动和领导农民暴动，组织工农革命军队，建立工农革命政权，解决农民土地问题。

八七会议撤销了陈独秀的领导职务，选举了临时中央政治局。苏兆征、向忠发、瞿秋白、顾顺章、彭湃、任弼时等人当选为正式委员。

周恩来与邓中夏、毛泽东、张太雷、张国焘、李立三等人被选为候补委员。

是非功过

南昌起义虽然由于种种原因最终失败了，但是，正如聂荣臻所说：“总起来说，南昌起义具有伟大的历史意义，它向国民党反动派打响了第一枪，标志着我党领导的中国革命的新阶段——第二次国内革命战争的开始，从这时起，诞生了中国人民自己的军队。我们的很多干部，也从南昌起义的实践中获得了进行革命武装斗争的经验及其有益的教训。”“南昌起义的大方向，即用武装斗争反对国民党反动派的屠杀政策，是完全正确的。只是由于我们党还年轻，我们这些人也年轻，缺乏斗争经验，特别是武装斗争的经验，因而，遭到挫折和损失是很难免的。”

正是这一“伟大的历史意义”，决定了 8 月 1 日这一天的重大意义。1933 年 6 月 30 日，中央革命军事委员会决定以这一天为中国工农红军成立纪念日。7 月 13 日，中华苏维埃共和国临时中央政府批准这个决定。中华人民共和国成立后，确定 8 月 1 日为建军节。

后来，周恩来在提及南昌起义时，却很少讲自己的作用。

1957年，在八一南昌起义30周年纪念日前，有关部门起草了一个纪念南昌起义的宣传提纲，其中有一段写道："党为了挽救革命，决定让周恩来同志在南昌举行起义。"

送周恩来审查时，他认为，不能突出他个人，应把别的领导人都加上去。他改成：

"决定让周恩来同志在南昌与贺龙同志率领的国民革命军第二十军，叶挺同志率领的国民革命军第十一军和朱德同志率领的国民革命军第九军的一部分为基础举行起义。"

另外，他又在原为"7月31日晚上，周恩来等率领了北伐军8万余人在南昌举行了起义"一段中，加上了贺龙、叶挺、朱德、刘伯承等人的名字。

这样的事，后来越来越多。党和军队不会忘记周恩来，人民以各种方式纪念八一南昌起义。但是，周恩来却认为，不能宣传他自己，应该强调党的领导，强调其他人的作用；应该多宣传毛泽东领导的秋收起义，少宣传南昌起义。

中国人民解放军八一电影制片厂曾多次准备用纪录片、故事片等形式反映和歌颂南昌起义,其中自然要突出地反映作为起义主要领导人的周恩来的历史功勋。但是，这些计划一次又一次地被周恩来搁置了。

1959年，军事博物馆在正式展出之前，八一电影制片厂的同志得知周总理要去审查，便提前赶到现场，在红军馆陈列八一南昌起义展品的地方，布置好灯光，架起了机器，准备拍一组周恩来与南昌起义的镜头。当讲解员介绍红军馆序言部分，提到南昌起义是在周恩来同志领导下举行的时候，周恩来立即打断说：

"怎么是我领导的呢？是党派我去的嘛，是党领导的嘛！"

他严肃地要求把解说词改正过来。接着，他越过南昌起义部分，直接去后面看陈列了。八一电影制片厂的计划又一次落空，只好失望地收起摄影机。

同一年，江西省话剧团也抓住了南昌起义这一题材，创作了大型话剧《八一风暴》。八一厂的同志趁江西省话剧团来京演出该剧之机，和剧组商量把它改编成故事影片，并多次请周恩来去审看演出。遗憾的是，周恩来对这一活动却不感兴趣，他说：

"你们演我，我就不看。"

历史终归是历史，功勋毕竟是永垂青史的。人们为了纪念这一伟大事件，在原起义指挥部旧址建立了八一南昌起义纪念馆。

1961 年 9 月 18 日，周恩来在庐山参加中央工作会议期间，来到阔别 34 年的南昌城。他到南昌起义纪念馆参观，站在纪念馆门口，他仰视大楼，微笑着深情地说："啊！修理了一下，样子还没有变。"他走遍了每一层楼，思绪又回到了那激战南昌城的八一起义时候。

然而，在整个参观中，他只字未提自己在起义中的作用。他一直强调：要突出宣传毛泽东思想，宣传毛泽东领导的秋收起义，宣传毛泽东开创的井冈山道路；没有井冈山的斗争，就没有新中国，就没有今天。

对八一南昌起义，他告诉展览馆的同志：如果要宣传，应该宣传朱德、贺龙、叶挺、刘伯承和陈毅等同志在起义中所起的作用。

晚上，在江西省委的便餐上，省委负责同志向周恩来举杯说："南昌是总理领导八一起义的英雄城，人民解放军的诞生地，总理离开南昌 34 年了，今天来到南昌视察工作，我们心里格外高兴，为总理的健康敬一杯酒！"

周恩来一听提到自己领导南昌起义的事，马上转移了话题，用激将法对江西省委的负责人说：

"干一杯酒，要增加外调粮食一亿斤！我们干三杯，增加三亿斤好不好？"

这样一来，既岔开了话题，又激励了江西同志从全局出发，支援国家解决困难。

1963 年 8 月，在文化部召开音乐舞蹈座谈会期间，河北张家口一个剧团又创作并进京演出了京剧《八一风暴》。插手京剧改革的江青亲自出马，把此剧推荐给周恩来，请他去看。周恩来又一次拒绝了。他在 8 月 16 日当着 100 余位文艺界人士说：

"据说这回张家口一个京剧团演了《八一风暴》，我没有去看，是江青推荐的。"

尽管周恩来一再不愿提及自己在南昌起义中的作用，但是，历史的篇章却在这里留下了重重的一笔，不可能回避，也无法忽略。后来人总要去翻看这一章，并想法把它表现出来。

1964 年夏天，为庆祝建国 15 周年，歌颂中国共产党的光辉历史，在周恩来倡议和亲自组织领导下，文艺工作者创作、排练了大型音乐舞蹈史诗《东方红》。这部史诗的创作，不能绕过南昌起义这段历史。然而，周恩来关心的却是如何更好地表现同一时期的秋收起义。

他郑重而又谦虚地指示创作人员：南昌起义时，我们缺乏建立革命根据地的思想，所以成效不大，但是涌现了一批党的军事干部，当时这些同志表现是很英勇的，像一首诗中说的，“贺叶南征胆气豪”嘛！所以要突出表现毛泽东领导的秋收起义以及合乎毛泽东军事思想的一些地区的武装斗争。

根据周恩来的意见，《东方红》在描写秋收起义以前一段时，没有正面表现南昌起义的场面。尽管在审查与讨论《东方红》的过程中，有些中央领导不止一次地提到要增加表现南昌起义的一个场面，甚至提到这是群众的意愿，但周恩来坚持不要增加这一场。他强调：应该突出毛泽东亲自领导的秋收起义，不应该强调南昌起义。在大家的一再要求下，他只同意在朗诵词中写了一句：

“……南昌起义的枪声，响起了第一声春雷……”

如果不是周恩来在“总导演”这部大型音乐舞蹈史诗，那么《东方红》反映南昌起义就会充分一些、客观一些。由于周恩来的谦逊，给亿万观众留下了遗憾！

然而，周恩来谦逊的美德，不能完全代替理性的思考。对南昌起义的功过，我们党、国家和人民自然会作出恰如其分的评价，南昌起义及其领导者周恩来等人，功不可没，功在千秋，永垂青史。这些毋庸赘述。我们只是来看看毛泽东和周恩来两人在理性反思南昌起义时的说法。

毛泽东：

我们党虽然在1921年（**中国共产党成立**）至1924年（**国民党第一次全国代表大会**）的三四年中，不懂得直接准备战争和组织军队的重要性，1924年至1927年，乃至在其以后的一个时期，对此也还认识不足，但是从1924年参加黄埔军事学校开始，已进到了新的阶段，开始懂得军事的重要了。经过援助国民党的广东战争和北伐战争，党已掌握了一部分军队。革命失败，得了惨痛的教训，于是有了南昌起义、秋收起义和广州起义，进入了创造红军的新时期。这个时期是我们党彻底地认识军队的重要性的极端紧要的时期。

——1938年11月6日《战争和战略问题》

周恩来：

“六大”开会时，“组织了研究秋收起义、南昌起义、广州起义三个委员会，由共产国际东方部领导。……‘六大’对于南昌起义，总结也不够。南昌起义是反对国民党的一种军事行动的尝试，中央虽指出了南昌起义的五点错误，但没有指出它的主要错误。我觉得它的主要错误是没有采取就地革命的方针，起义后不应把军队拉走，即使要走，也不应走得太远”……

——1944年3月3日、4日《关于党的“六大”的研究》

南昌起义本身是正确的，但在领导思想上有错误：单纯军事行动，中心是城市观点，没有跟当地农民结合起来建立根据地的思想。

——1960年7月14日、15日《共产国际和中国共产党》

毛泽东的充分肯定和周恩来的客观分析，是很值得寻味的。

11 出席中共六大

中共六大，移址远方的莫斯科召开，周恩来携邓颖超化装北上，险象环生。参与筹备莫斯科会议，作为秘书长，周恩来主持了会议的全部日常工作。

神秘的古玩商

周恩来在香港养了半个多月的病后，健康状况逐渐好转。南昌起义最终失败和撤退途中所患的恶性疟疾，这两者对周恩来而言都是极大的打击，他明显地消瘦了。但严酷的斗争环境不容他安心下来修养。在香港期间，周恩来曾在别人陪同下，过海到香港岛上参加中共广东省委召开的会议，研究和指导广州起义。

10 月 23 日，已迁到上海的中共中央通知周恩来：务于 11 月 7 日前赶到上海出席临时政治局扩大会议。

11 月上旬，周恩来乘船赶赴上海；9 日起出席了由瞿秋白主持的紧急会议。

12 月，广州起义也由胜利转向失败，革命陷入低潮。中共中央在一段时间里反思着大革命失败的经验教训。

为争取一段比较充裕的时间和安定的环境来认真总结大革命失败以来的经验教训，研究并部署今后的工作，中共中央决定将第六次全国代表大会搬到十月革命的故乡苏联莫斯科去开。

周恩来是会议的正式代表，邓颖超是列席代表，他们决定一同前往莫斯科。

1928 年 5 月初，周恩来和邓颖超正要动身，特科来人通知，他们的住处已不安全，必须立即转移！

周恩来、邓颖超马上销毁所有文件，离开住所。邓颖超的母亲杨振德幸好前一天已被安排和夏之栩的母亲夏娘娘一起住机关了。

他们走得匆忙，只穿着随身衣服，带了一个小手提箱。

他们登上一艘由上海开往大连的日本轮船。周恩来留着长须穿着长袍，装扮成一名古玩商人。邓颖超穿着一件半旧旗袍，完全是家庭主妇模样。

为了确保他们的安全，组织上给他们订了头等舱，只因走得匆忙，准备好的衣服，包括给邓颖超准备好的两件漂亮旗袍，都没来得及拿。因此在船上，周恩来和邓颖超穿着他们日常的衣服，与住头等舱的阔人身份很不相称。

1928 年 5 月 3 日，日本军国主义分子在山东济南屠杀中国外交官员，打死打伤中国民众多人，制造了著名的“五三惨案”。周恩来、邓颖超自然非常关心“五三惨案”事件的发展。他们上船那天，将上海各种报纸都买上一份，准备在船上翻阅。

按照坐头等舱的条件，客人们每天都要更换衣服，但周恩来、邓颖超却无衣可换，老穿着他们上船时的一套普通衣衫。这就不免引起别人的注意。他们又没法躲在舱内不出来。坐头等舱的客人，每餐必须到餐厅用餐，有两个客人就餐时总注视他们，听口音是天津人，看身份是大商人。机警、沉着的周恩来、邓颖超在他们的注视下依然神情自若，进餐时谈谈笑笑，就如一对出门旅行的商人夫妇。

回到房舱，邓颖超担心地悄悄问周恩来：

“你看，餐厅吃饭时那两个天津口音的商人，是不是认出我们来了？”

周恩来沉着地说：

“沉住气。我离开天津已八年，你离开天津也有三年了。现在，我们的容貌打扮已经大不相同，他们不一定认得出来。”

邓颖超轻轻叹了口气：

“在上海我从不和你一起出来，就怕我们走在一起，会被人认出来。这次一同走，偏偏走得匆忙，连八妹好意借给我穿的衣服都没穿上。我们这身打扮，跟头等舱客人身份实在不相称。”

周恩来淡然一笑：

“事到如今，只能沉着应付。你我都演过戏，只要下决心演戏，我这个古玩商人保险不露马脚。你这位太太可要配合好啊。”

邓颖超点了点头。

船过青岛，有短暂停留，允许乘客上岸。周恩来和邓颖超上岸进市区吃了午饭，顺便买了几件像样的衣服，又买了青岛各种报纸带回船舱。

这一来，可能引起日本方面安排在轮船上的密探的注意。他们可能怀疑，这对商人夫妇，为什么要买那么多报纸看呢？

轮船到了大连，刚刚停靠码头，周恩来和邓颖超正要上岸，驻大连的日本水上警察厅上来了几个人，对他们进行盘问。他们首先不客气地问周恩来：

“你是干什么的？”

周恩来沉着回答：

“做古玩生意的。”

“你们做生意的，为什么买那么多报纸？”一个留着东洋式小胡子的家伙，指着桌上放着的一堆报纸，气势汹汹地问。

周恩来平静地回答：

“在船上没事，看看报纸，消遣消遣。”

邓颖超灵机一动，在一旁插嘴道：

“我们先生也做股票生意。报纸上天天都有股票行情，我们不能不留意看啊。”

邓颖超这句生意经的行话，堵得日本警察无话可说。

“你们到哪里去？”日本警察紧追不舍地问。

“去吉林。”周恩来坦然回答。

“到吉林干什么？”

“去看舅舅。”周恩来从容回答。

“那你跟我们走一趟吧。”几个日本水上警察站起来，不由分说，要带周恩来走了。

邓颖超紧张了，站起来说：

“我也一起去吧。”

周恩来瞪了邓颖超一眼说：

“你不要去。你去干什么？这大概是误会，我一会儿就会回来的。”他又对水上警察厅那个官员说：

“麻烦你们帮我的太太找个旅馆，并请你们送她到旅馆先住下。”他又像个做惯大生意的阔商人那样，加上一句：

“要大连最好的旅馆，我的太太最讲究卫生。”

周恩来那副颐指气使的有钱商人的气派，一时竟镇住了那些日本水上警察。他们慌忙点头哈腰：

“请放心，我们送太太到大和旅馆，那是大连最好的旅馆，是我们日本人开设的，卫生条件很好，太太一定满意。”

邓颖超无奈，只得带着一颗焦灼不安的心，望着周恩来跟那几个日本警察上岸，坐进一辆小汽车走了，她的心一直悬着。可是，她还必须装出阔太太无端受了委屈的样子，随一名水上警察上岸。警察要了一辆出租汽车，她到了大连的大和旅馆，要了房间，等候周恩来回来。

她坐在陈设豪华的房间里软软的沙发上，如坐针毡，她不是度日如年，而是度分秒如年啊！

时间一分钟、一分钟地过去，邓颖超的心如同墙上挂钟的钟摆一样，沉重地来回摇摆着。他们会不会认出他是周恩来？认出了必遭毒手！在大连又不认识一个人，如何设法营救？

邓颖超坐立不安，可又不能显露出来。

难挨的两小时终于过去了。房门一响，周恩来安然无事，推门进来了，邓颖超高兴得正想从沙发上跳起来，周恩来用手指在唇上按一下，示意她不要作声。邓颖超想起，大和旅馆必定有日本密探，他们现在必定仍在受监视。只听周恩来大声说：

“我可真累了，想马上洗个澡。你到卫生间放水吧。”然后，他低声对邓颖超说：

“立即销毁接头证件。”

邓颖超马上找出证件，到卫生间撕碎，投入抽水马桶，放水冲掉了。她又放了洗澡水，大声喊周恩来：

“洗澡水放好了，快来洗吧。”

周恩来进了卫生间。邓颖超指指抽水马桶。

周恩来明白了，两人相视一笑。

周恩来洗完澡，和邓颖超有说有笑地到楼下餐厅吃饭。他们特地点了日本菜。回到房里，周恩来才小声给邓颖超讲了在水上警察厅被查询的经过。

在那里，他们又详细问了周恩来的出生年月、学历、职业。周恩来照编造的说了一遍。

“你到东北究竟干什么？”日本警官眯缝着双眼问。

“去看舅舅。”周恩来平静地回答。

“你舅舅姓什么？叫什么？干什么的？”

“姓周，叫曼青，在吉林省政府财政厅任科员。”

“你舅舅姓周，你为什么姓王？”那日本警官仿佛抓住了一大话柄，厉声问。

周恩来冷笑一声：

“在中国，舅舅和叔叔名称有区分，姓氏不一样，不像欧美，舅舅、叔叔都叫 uncle。因此，我姓王，舅舅姓周。警官先生，你是东方人，又在中国工作，应当清楚这一点。”

日本警官被周恩来说得面红耳赤，气急败坏地说：

“我看你不姓王而姓周！你不是做古董生意的，你是拿枪杆子的！”

周恩来不动声色，伸出他一双文雅修长的手：

“警官先生，请看，我像拿枪杆子的吗？”

那警官霍地站起，仔细察看周恩来的一双手，没有拿过枪的痕迹。他打开抽屉，取出几张卡片，翻来覆去地看。他那双杀气腾腾的三角眼，笔直地逼视周恩来，猛地大叫一声：

“你是周恩来！”

周恩来泰然自若地接受着那逼人的注视，无畏的眼光笔直注视着警官，坦然问道：

“你们凭什么说我是周恩来？我姓王，和周恩来毫不相干，只是我舅舅姓周而已。”日本警官实在拿不出什么证据说这位古董商人是周恩来。他手中卡片上的周恩来，是国民党黄埔军校的政治部主任，一身戎装，青年英俊。面前这位商人，满脸浓须，一身西装，派头很大，确像个大商人，不能随便拘禁。

他只好挥挥手，疲惫地说：

“那就实在对不起，打扰你了。你回旅馆去吧，你的太太还在大和旅馆等着你。”

周恩来微微一笑：

“还要麻烦你们代买两张下午去长春的火车票，请你们送到旅馆。”他从皮夹中取出钱，交给那个警官。警官点头哈腰，接钱还道歉。

周恩来讲完水上警察厅盘问的经过，邓颖超不觉笑了起来：

“好险哪，多亏你沉着应付了。他手中拿的是什么卡片呢？为什么一口咬定你是周恩来？”

“很可能是我在黄埔军校时任职的材料，”周恩来说，“那时我公开活动，要弄到我的材料并不难。”

日本水上警察果然派人送来两张火车票，邓颖超轻轻一笑：

“你看，你多有办法。连火车票也不用咱们自己去买了。”

他们到了火车站，上了大连去长春的火车。他们依然坐头等车厢。

上车后，他们发现软席车厢中已坐了一名日本人，能说纯熟的中国话。他俩微微一笑，已识破这名日本人是跟踪的密探，周恩来装作漫不经心地和他随便聊天，问他到中国多久了？做什么生意啊？还说中国文物丰富，不妨到中国来做做古玩生意，似乎他真是一位古玩生意的行家。说来也巧，地下党在上海真开了一家古玩店，周恩来常去接头，也浏览过一些古玩文物，如今说起来头头是道，真把那名日本暗探迷惑住了。

但他看来并不甘心，火车快到达长春了，他忽然从袋里掏出名片，恭恭敬敬地递给周恩来。

在日本，有交换名片的习俗。周恩来本应立即拿出自己的名片交换，但他们在上海走得仓促，哪里来得及去印假名片呢？

机智的周恩来一边客客气气地接过日本人的名片，一边装出往西装上衣小口袋中取名片的样子：

“噢，我的名片没有带在口袋里，还在箱子里呢，很对不起。”他又装出要去取小手提箱的样子。

那个日本人连忙说：“不必了，不必了。”汽笛长鸣，长春车站到了。周恩来、邓颖超很有礼貌地和那个跟踪的日本暗探告别。

他们出车站后雇了一辆马车，在车上，邓颖超回头看看，小声说：“后边好像没有尾巴。”周恩来点点头，没有作声。

他们住进了旅馆。周恩来立即脱下西装，换上长袍马褂，把胡子刮掉。他们又乘火车到吉林。

他们到了吉林，没有直接去伯父周贻赓家。他们先住旅馆，写了一封信给伯父。刚巧，周恩来的三弟周恩寿也在吉林，看到信他惊喜交集，立即赶到旅馆，接他们到伯父家。

周恩来、邓颖超本来要去哈尔滨，为什么绕道吉林呢？他们怕日本警察厅去吉林财政厅查问伯父，有没有姓王的外甥？伯父回答不上来，有可能出事，惊扰了伯父。周恩来从 12 岁起，就到东北伯父家上小学。以后他上天津南开学校，也由伯父供养。周恩来对伯父很孝敬。他怕伯父应对不好，随时可能被捕，因此要赶来与伯父打个招呼。

他们在伯父家住了两天。邓颖超和周恩来商定，他先走，到哈尔滨三弟家住下。隔一天，由三弟周恩寿陪她到哈尔滨会合。邓颖超说：

“我是第一次当周家的媳妇，理应多陪侍伯父、伯母一两天。”

邓颖超的体贴周到，周恩来充分领会了。他笑着对伯父、伯母说：

“小超还是第一次当周家的媳妇，让她多陪伯父、伯母谈谈。我先去哈尔滨了。”

伯父、伯母很疼爱周恩来，很想多留他住几天，但也知道他有大事在身，不能强留。老人对于邓颖超能多留一两天，已很高兴了。

邓颖超既是坚强的革命者，又有充足的人情味。她深知伯父、伯母没有儿子，从小把恩来当亲生儿子看待，她要代替恩来，多尽一点儿侍奉老人的亲子之情。

周恩来到了哈尔滨，住在在铁路局当小职员的三弟家里。过了一两天，邓颖超也来到哈尔滨。只是，他们在哈尔滨接头的证件已在大连销毁，无法接头。邓颖超很着急。周恩来说：

“去莫斯科开会的‘六大’代表是分批出发的。在我们后面还有李立三等同志。你到火车站去等吧。只要等到李立三或其他同志，我们便能走了。”

邓颖超每天都到火车站。一连等了几天，没有等到李立三。她真着急了，但还得耐心去等候。

一天，在火车站出口处，她终于看到了李立三。她急忙叫住了他。李立三回头一看，见是邓颖超。他有点儿奇怪，低声说：

“我还以为你们早到了哩，怎么还在哈尔滨？”

邓颖超带李立三来到周恩寿家，给他讲了一路上遇险和脱险的经过。李立三听着听着，脸色都变了，连声说：

“好险，好险！恩来！这一次，大约是你的大胡子帮了大忙，当然，主要是你的沉着、机智，还有小超配合得好。我知道你们都是演戏的能手。”

大家哈哈大笑，共庆周恩来、邓颖超这次的脱险。在他们的革命生涯中，遭遇过多少次生死相间的危险，都被他们从容应付过去了。

有了李立三，他们便同在哈尔滨的同志联系上了。

周恩来、邓颖超、李立三一起离开哈尔滨，踏上去莫斯科的旅程。

莫斯科会议的秘书长

抵达莫斯科后，担任中共中央政治局常委、中央军事部部长、中央组织局主任职务的周恩来，直接参加了“六大”的筹备工作。

6月12日前后，中国共产党的领导人瞿秋白、周恩来、李立三、邓中夏、苏兆征等在莫斯科市内的一座大楼里受到了斯大林的接见。作为苏共领导人，斯大林向中国共产党的领袖主要谈了两个问题。一个是中国革命的性质；一个是革命的高潮与低潮。这正是“六大”所要解决的两个带根本性的问题。斯大林指出：中国革命是资产阶级民主革命，不是“不断革命”，也不是社会主义革命，并以俄国的二月革命为例来作了说明。他又说：现在的形势不是高潮，是低潮。这个问题引起了辩论。李立三说：现在还是高潮，因为各地还存在工人、农民的斗争。斯大林回答说：在低潮时也有几个浪花。斯大林这些看法是正确的。他的谈话，使大会有了明确的指导方向。

14日和15日，布哈林以共产国际代表的身份，召集了一次“政治谈话会”。布哈林提出三个问题，要求到会者发表自己的意见。这些问题是：一、关于当前革命形势的估计；二、关于过去的经验教训即党的机会主义错误问题；三、党在今后的任务和方针。中国共产党出席谈话会的有瞿秋白、苏兆征、周恩来、蔡和森、李立三、项英等21人。这实际上是“六大”的一次小范围的预备会议。

17日下午，由周恩来主持召开各省代表团书记联席会议，初步通过了大会主席团和秘书长、副秘书长名单。周恩来担任主席团成员和大会秘书长。当晚，举行大会预备会议。

6月18日，党的第六次全国代表大会在莫斯科郊外的一所旧式庄园里召开。出席大会的有正式代表84人、候补代表34人，代表党员四万多人。瞿秋白致开幕词，共产国际和其他国家共产党的代表致祝词。19日，共产国际书记布哈林作报告：《中国革命与中国共产党的任务》。20日，瞿秋白代表第五届中央委员会作政治报告：《中国革命与共产党》。然后，分组讨论这两个报告。讨论进行得十分热烈，主要集中在中国革命的性质、任务、要不要进行合法斗争、革命的高潮与低潮等问题上。

讨论政治报告时，周恩来在6月27日作了长篇发言。在这段时间里，他显

中共六大会址

然已想了很多。他的发言一开始就说：这次大会讨论的目的，是为了使同志们回去不再发生错误和误解，在工作上得到很好的结果。所以，“我们并不要重在个人的对与不对，我们并不以个人错误或误会为批评的重心”，而是要使问题都得到明白的解答，使大家都了解正确的路线。

对革命性质问题，他同意中国革命仍然是资产阶级民主革命，并且分析党内一些同志混淆革命性质的原因说：“五次大会以后，大家还是把革命任务与革命动力混为一谈。”抱有这种看法的同志以为既然是工农革命，那就不是资产阶级民主革命了。于是，产生了没收一切土地的口号和其他超越革命阶段的观点，甚至连工厂要归工人、车子要归车夫这些不恰当的口号都有人提出来。周恩来说：“这都是不懂革命性质的结果。”

对革命形势问题，他特别注意到革命发展的不平衡：“以地方言，南部与中部、北部的不同；以阶级言，农民发展与城市沉闷不相配合。”他改变了原来认为中国革命潮流仍是高涨的看法，明确地说：我们不必在名词上去争论，总之，“现在不像五卅或北伐时代那样的高潮和高涨”。同时，他又说：“我们虽然不能说是高潮，的确也说不到高涨，但我们相信革命是前进（的），是向高潮、高涨方面的前进。”在谈到党的主要任务时，他要求争取千百万群众，促进革命高潮的到来。显然，他这时对中国革命的认识比六大召开以前已有了很大提高。

他在这次发言中特别强调：由于中国革命的不平衡性等原因，证明中国革命有割据的可能。“对于南中国的几省中，在目前就应该开始割据局面的准备，因为这与全国的准备工作是有极大的关联。同时，我们要组织广大群众于苏维埃口号下，以总暴动来实现苏维埃政权。”当全党还把城市工作放在中心地位的时候，他的这种认识虽还不够明确和系统，但仍是十分可贵的，是十分值得注意的。

会议期间，周恩来的工作异常繁重。作为秘书长，他主持会议的全部日常工作。大会成立了十个委员会，他参加了其中的七个，并担任组织委员会和军事委员会的召集人。随后，他又参加新成立的湖南问题、湖北问题、南昌暴动、广州暴动四个专题委员会。他精力充沛，工作有条不紊，行动敏捷，处事果断，给人们留下了深刻的印象。

在会上，他还充当了两个重要问题的报告人：组织问题报告和军事报告。

6 月 30 日，他向大会作了组织问题的报告。报告回顾了一年多来的政治环境和党的组织状况，指出：自从蒋介石、汪精卫相继背叛革命以后，“中国的白色恐怖可以说是全世界历史上所绝无而仅有的残酷”。在这个时期内，共产党员和革命群众被杀害的约有 31 万至 34 万人，还有 6 400 多人被监禁着。工会、农会和其他群众团体遭受严重的摧残。全国的工会组织由 734 个锐减到 81 个，而这些工会都是秘密的，群众也很少。但就在这种严酷的环境中，共产党人仍然进行了英勇的反抗，并把力量重新集合起来。在农村中，建立了苏维埃政权。一些地方的党组织在遭受破坏后，又重新恢复了。这是近一年来艰苦工作的成果。

党在今后的组织任务是什么呢？周恩来在报告中把党和群众的关系问题突出地提出来，把争取群众作为工作的中心点。他说：“革命的先锋——中国共产党有隔离群众和削弱的危险，虽然革命已走入一个新的阶段，党内外组织也开始了一种新的结合，但实际上这种危险还很大，我们必须在国际决议指示下，在组织上巩固自己的政治影响，建立和发展工农革命的组织，并发展党的组织，使党真正成为群众的斗争的革命党。”

这时，共产国际对中国革命的指导思想上出现了一种错误倾向：因反对机会主义而变成反对知识分子。在会上，瞿秋白和张国焘发生激烈的争论。布哈林在大会的报告中责备张国焘和瞿秋白，说他们是“大知识分子，要让工人干部来代替他们”。周恩来在报告中特别提出：党在组织上的错误倾向之一是“反知识分子的倾向，我们对知识分子应用无产阶级的方法去使知识分子无产阶级化”。

在周恩来作了组织问题的报告后，瞿秋白、张国焘、项英、王若飞等十人在大会上就这个问题作了发言。周恩来最后作了结论。

7月3日，周恩来又向大会作了军事报告，刘伯承作补充报告。

周恩来在这个报告中肯定了大革命时期党在军队政治工作中所取得的成绩，同时也指出，在当时军事工作中存在着一个根本性的错误观念：“为了联合战线，不能破坏国民革命军，而要帮助国民党巩固国民革命军。”“这种巩固国民革命军的工作方针，就是根本取消了我们自己独立的军事工作的意义。”结果，“没有尽力发展工人纠察队，没有将农村中的农军发展起来，来做夺取乡村政权的力量”。一旦蒋介石叛变，革命便遭受严重的挫折。南昌起义失败后，又产生了另一种偏向：“抹杀一切军事工作，反对一切军事准备、军事技术的训练，都目之为军事投机。由那一极端直趋到这一极端，事实上将取消军事工作。”

周恩来在报告中专门谈了建立红军的问题。他说：建立红军的原则，一是要把旧军队的雇佣性质加以改变，可先采取志愿兵制；二是军官不一定非工农分子不可，但一定要无产阶级化；三是红军一定要有政治工作。红军建立后，不是保守在一个地方，而是要移动的，这与赤卫队的常在一地是不同的。红军要帮助苏维埃政权的发展。他还指出：红军一定要与工农群众打成一片，否则就“失去了红军的阶级基础”。

在这次大会上，李立三作了农民问题的报告，向忠发作了职工运动的报告。9日、10日，大会通过了经过修改的《中国共产党党章》和各项决议案，选出了中央委员23人、候补中央委员13人，组成新的中央委员会。周恩来继续当选为中央委员。

7月11日，中国共产党第六次全国代表大会举行闭幕式。周恩来在会上讲话。他说：大会为了求得革命的真理，开展了批评与自我批评。“我们不要以为有了争论就是不好的，因为只有批评讨论之下，才能得到正确的道路。”现在有了正确的路线，回国后要使每个同志了解和执行。

7月19日，在莫斯科举行的中共六届一中全会上，周恩来被选为中央政治局委员。20日，在中央政治局第一次会议上，向忠发、周恩来、苏兆征、蔡和森、项英五人当选为政治局常委。在分工中，周恩来负责党的组织工作和军事工作，并兼中央政治局常委的秘书长和中央组织部部长。

六届一中全会结束后，向忠发、蔡和森、李立三等和大部分中央委员回国，周恩来和瞿秋白、苏兆征、张国焘等留在莫斯科，参加7月17日至9月1日召开的共产国际第六次代表大会。在大会期间，周恩来参加了大会代表资格审查委员会和共产国际资格审议委员会，并当选为共产国际中央执行委员会候补委员。

在共产国际会议期间和会后，他向在苏联学习的中国党员传达了中共六大的精神。例如，8月下旬苏联军事学院党委通过“六大”代表刘伯承邀请他，到莫斯科高级射击学校的孔采沃野营向中国党派去的部分军校学生作了“六大”的传达报告。直到第二天凌晨两点，周恩来才赶回莫斯科。

共产国际第六次代表大会结束后，周恩来又在莫斯科留了一段时间，没有马上回国。他作为中央组织部部长，找了当时在苏联学习的许多中国党员逐个谈话，向他们介绍国内的革命形势，了解他们的学习情况，征询他们对回国后工作的意见。他看了中国留苏学生和一批在苏联学习的军事干部的档案材料，考虑他们回国后的工作安排。

他还到莫斯科中山大学去看望在那里工作和学习的中国同志，向他们讲“六大”精神和国内形势，询问他们的学习、工作和生活情况，鼓励他们好好学习，希望他们学成回国为中国革命贡献力量。

那时乌兰夫正在中山大学做教学翻译工作。交谈中，有人告诉周恩来：乌兰夫和几个同志是蒙古族。他的目光马上集中到他们身上，带着微笑说：“噢！你们是蒙古族，好极了！好极了！”乌兰夫在60年后回忆这件事还说：周恩来同志与我们交谈时的“深沉目光和亲切关注，长久地回荡在我心底深处。我们想，周恩来同志为什么对我们几个蒙古族青年那么关注？很显然是把我们看作是少数民族的代表，着眼于整个蒙古族乃至全国各少数民族。他的关注，饱含着对我们的无限希望。此后，我经过反复思索，萌发出了请求回国，投身到国内艰苦而又炽热的革命斗争中去的想法。经过我党驻共产国际代表同意，1929年我回到国内，在内蒙古西部地区开辟和坚持地下斗争，后来又开展了建立蒙古族武装的斗争”。

当时，正在中山大学学习的王明等人从事宗派活动，捏造事实，说学校里存在一个“江浙同乡会”的反党小组织。他们乘有些“六大”代表还没有回国的机会，举行了几次报告会，王明在会上作了反“江浙同乡会”斗争的报告。为了弄清这个问题，共产国际监委、联共（布）监委和中共代表团三方联合组成审查委员会，负责审查这个案件。周恩来参加了这个委员会。审查的结果，作出结论：这个“江浙同乡会”并不存在，推倒了这个假案。

10月初，周恩来离莫斯科回国。途经沈阳时，他向党的满洲省委传达了“六大”的精神，又去看望了伯父。

“六大”是中国共产党历史上一次有着重要意义的全国代表大会。大会指出：中国的社会性质仍然是半殖民地半封建社会，“中国革命现在阶段底性质，是资产阶级民主革命”；当前的政治形势，是处在两次革命高潮之间；中国共产党的总任务不是进攻，而是争取群众，准备暴动。并且批评了“左”、右倾机会主义，特别是“左”倾盲动主义的错误。延安整风时，周恩来在《关于党的“六大”的研究》这个报告中评论说：“总的说来，‘六大’关于革命的性质、动力、前途、形势和策略方针等问题的决定基本上是对的，所以说‘六大’的路线基本上是对的。”由于这些决定是党的全国代表大会的正式决议，它所产生的影响特别巨大，从而在一系列带根本性的问题上澄清了党内长期存在的错误认识，对以后中国革命的发展起了积极的作用。这是“六大”的巨大历史功绩。

“六大”也有它的缺点：第一，当时全党的认识还是把城市工作放在中心的地位，没有认识到中国革命的中心问题是农民的土地问题、中国革命的特点是农民斗争和武装割据，因而对中国革命的长期性和农村革命根据地的重要性认识不足；第二，继续把民族资产阶级和小资产阶级排除在中国革命的动力之外，对中间阶级的作用、反动势力内部的矛盾缺乏正确的估计和政策。对这方面，周恩来以后也有评论：“‘六大’也有毛病，犯了一些错误。但这些错误没有形成路线错误，没有形成宗派主义，虽然一些倾向是有的。这些，对以后立三路线、宗派主义的形成是有影响的，但不能负直接责任。这是我个人的看法。”

1928年11月上旬，周恩来又回到严重白色恐怖笼罩下的上海，作为中央政治局常委兼组织部部长，在极端秘密状态下艰苦地开展工作。

那时的中共中央政治局主席兼中央常委主席是向忠发，他做过船工和码头工人，大革命时担任过湖北省总工会的委员长。由于“六大”时过分地强调工人成分，共产国际东方部副部长米夫极力推举向忠发。因此，向忠发被选为主席。但向忠发的思想水平和工作能力都不行，在实际工作中无法起主要的决策作用。政治局常委由向忠发、周恩来、苏兆征、项英、蔡和森五人组成。因蔡和森很快被撤销了政治局委员和常委的职务，苏兆征第二年2月才归国，当月就因病去世了，李立三最初是中央政治局候补委员和候补常委，在11月20日才被补为政治局委员和常委，新的中央虽已从9月2日起开始工作，但许多问题都说要等周恩来回国后解决，所以周恩来担负着很大的责任。周恩来一回国，11月9日的常委会上就决定：新中央的工作计划由周恩来起草提出。在这以后的很长一段时间内，周恩来实际上是中共中央的主要负责人。

12 整顿各地党组织

“六大”以后，周恩来再次化装成大商人来到天津，整顿北方党组织。1930 年春，为向共产国际汇报工作，周恩来取道欧洲，又一次前往莫斯科。

开创“北方党复兴的新纪元”

从回国到 1930 年春重去莫斯科，在一年半的时间内，周恩来进行了大量卓有成效的工作。主要是：第一，整顿几乎被打散的党组织，恢复并发展党在国民党统治区域内的秘密工作；第二，指导各地区的武装斗争，努力扩大红军和农村革命根据地，并把这个工作放在越来越重要的地位上；第三，领导在严重白色恐怖下的保卫工作，保证中共中央的安全；第四，进行反对右倾取消主义的斗争。

在这个关键时期，中共中央的工作路线基本上是对的，在中国革命的历史进程中起着从严重挫败到走向振兴的关键作用。

值得一提的是，周恩来在回到上海后不久，又于 1928 年 12 月秘密北上，召开顺直省委会议，以中共六大的精神，整顿北方党。这次会议，被顺直省委称为“北方党复兴的新纪元”。

顺直指顺天府（北京）和直隶（河北省）。1927 年 4 月，中共北方区委书记李大钊等 20 余位革命志士遭到奉系军阀张作霖的杀害，北方区委被破坏。不屈的共产党人，揩干净身上的血迹，继续战斗。根据中共中央指示，1927 年 6 月，中共顺直临时省委在天津组成，同年 8 月，正式成立。但是，当时任省委书记的彭述之，仍继续坚持右倾机会主义错误，在党内大搞家长制，严重脱离群众，对革命前途悲观失望。9 月，蔡和森来到天津，召开了省委改组会议，传达中央“八七会议”精神，批判并撤换了彭述之，成立了新的省委。

9 月改组会议在纠正省委的右倾错误方面是有功绩的，但也把“八七会议”上出现的“左”倾情绪带到北方来，不适当地强调工农武装暴动，这些冒险主义

上海云南路 477 号（今云南中路 171-173 号）——中共中央政治局会议旧址

上海成都北路丽云坊——中共中央组织部旧址

行动都遭到反动派残酷镇压，给革命造成重大损失。1928 年 1 月，省委再次召开改组会议。然而这次会议没能纠正“左”倾错误的影响；在批判机会主义时过分着重批判个人，没能从领导机关的策略思想上总结经验，提高全党认识；会议缺乏民主集中制和组织纪律的教育，滋长了极端民主化；将工农分子提拔到党的领导岗位上，但缺乏必要的教育提高，滋长了经济主义的倾向。这些问题，为顺直党造成了不良的后果。

“左”、右倾机会主义的影响，使顺直党内的思想极度混乱，党的组织与纪律遭到破坏，闹个人意气，互相猜疑，互相攻击，以致发生“保南各县同志，因对省委工作不满意，不用组织上正当手续解决，而自行独立组织省委”。小资产阶级意识在党内泛滥，有些党员强调个人意志和行动自由，任意不执行或者随意改变省委决议，下级决议反要省委执行；一些党员对党产生错误认识，单纯指责党的过去，认为凡是知识分子都是机会主义，凡是工人都没有机会主义，形成唯成分论，造成“工学界限”，发展了宗派主义；有的不愿过艰苦的斗争生活，以雇佣观点对待革命工作，有钱就工作，无钱不工作，有的甚至写假报告骗钱，骗不到钱就脱离甚至叛变革命。1928 年 6 月，国民党新军阀代替了旧军阀在直隶的统治，党内一些不坚定分子竟执旗欢迎“北伐胜利”，个别地方党组织还接受国民党的委派，投靠国民党。顺直党危机加深。

1928 年 7 月，在陈潭秋、刘少奇主持下，省委召开扩大会议，批判了各种错误倾向，制定了比较符合实际的政治任务和工作方针，改组了省委。党中央肯定了这次会议制定的工作路线及各项运动的策略。但在省委的一些重大决议尚未得以贯彻的情况下，9 月初就发生了违反组织原则的“护党请愿团”事件，反对改组后的省委，使省委又陷于瘫痪。鉴于上述情况，陈潭秋、刘少奇等以中央特派员的名义发出《关于停止省委行使职权问题》的通告。由他们直接处理省委工作，同时报请中央组织特委解决顺直党的问题。

中共中央在致顺直省委的信中指出：“顺直既然是全国主要产业区域之一，当然在革命的进展当中，占很重要的地位，尤其鉴于过去革命失败的教训，如果顺直工作不能有配合的平衡发展，不单是影响于北方，而且使全国的革命都很少胜利的可能。”因此，党中央对顺直省委混乱的局面非常重视，在莫斯科开会时已经研究决定要整顿北方党的组织。

周恩来于 1928 年 11 月初回国，党中央最初决定以他为主，组成巡视上海工作委员会，帮助上海开展工作。在一周后，又决定改派周恩来去顺直巡视，因为“顺直问题是中央开始工作之第一个最严重的问题。这个问题发生于党在非常涣散的时候。这个问题不能很快地得到正确的解决，不独北方工作不能发展，并且全党涣散的精神都不能转变”（《中央政治局工作报告纲要》）。

12月11日，周恩来不顾敌人的白色恐怖，化装成大商人，从上海秘密来到天津。他到天津后，从调查研究入手，以便弄清情况，有的放矢地解决问题。他向省委传达了《中国共产党中央委员会告全体同志书》，分别听取了顺直省委负责同志陈潭秋、刘少奇和团省委负责同志的汇报；还分别与张家口、天津区委同志谈话，并到问题较严重的唐山地区，深入基层，和干部、党员群众进行座谈。所有上述活动都是为了“向党内群众解释和宣传工作，主要的是考察下层群众的实际生活与工作情形”。同时，周恩来深切感到，“党员群众的确日见涣散，一部分被诱于国民党或第三党，一部分抱消极观念而离开党，一部分虽留在党内但畏惧胆怯，思想比群众还落后”，只有“极少的部分尚能在群众中起作用”。因此，顺直党迫切需要整顿，以便改变落后的状况，增强党的团结和战斗力，适应新的工作路线和策略方针。

12月下旬，省委扩大会议如期召开，地点是在西开教堂后大吉里的两间平房里。出席会议的有：北方党参加“六大”的中央委员和省委领导机关的负责人，以及北平、天津、唐山、石家庄、张家口等地党组织的代表，共40余人。

会议开始，首先由周恩来作政治报告，他根据“六大”精神，阐述了国内形势和党的任务，解释了整顿顺直党组织的一系列问题，陈潭秋和刘少奇都分别作了报告。

周恩来在总结顺直省委成立以来所执行的路线时说：“中央对顺直的指示，自去年‘八七会议’后，凡是正确的全不为顺直负责同志所了解，而有些不正确的，则顺直同志毫无问题地接受了。”这种不良的作风，实际助长了顺直党内错误倾向。

大革命失败后，中国半封建半殖民地的社会性质并没有改变，革命的性质仍是反帝反封建的资产阶级民主革命；当时的政治形势是处在两个革命高潮之间的低潮，党的任务不是进攻，而是争取群众，准备武装起义。因此，“争取群众的任务就是准备武装起义的任务”。

但是，顺直党的同志否定党的策略必须根据客观形势的变化而变化，把党在革命低潮时期实行“争取群众”的正确策略看成是“机会主义”，要求继续执行盲动主义的“暴动”方针，当群众不愿意参加暴动时，他们就用“机械的命令或威力去恐吓群众”，强迫罢工，命令暴动。比较典型的是：北方局于1927年10月16日通过的“北方暴动计划”，规定在绥远、内蒙古、热河3个特区，北京、天津、直南、唐山、京东4县发动大暴动的冒险行动，结果，仅玉田等县举行了暴动，很快就失败了。

周恩来指出，这种盲动主义根本“不是无产阶级的革命战术，而是流氓无产阶级孤注一掷的拼命主义”。

他进一步指出，武装暴动并不是可以随意玩弄的，必须在群众革命斗争已处于高潮，反动统治急剧地动摇、崩溃的时候，才可以号召武装暴动。现在革命第一高潮已经过去，新的高潮还没有到来，因此，“武装暴动”只是宣传口号，不是直接采取行动，“这不是取消暴动的总方针，而是实际的加紧准备武装暴动”，“现在要加紧群众的工作，争取广大群众来准备暴动，新的高潮到来，便立刻把武装暴动从宣传的口号变为行动的口号”。当前顺直党必须根据“六大”所指示的任务，充分认识客观环境有利于革命发展的条件与国民党的欺骗宣传在群众中的影响，把反对帝国主义的运动和国内统治阶级的斗争，同工农日常的经济斗争，以及争取群众组织公开的斗争密切联系起来，发展革命力量，准备武装暴动，推翻国民党的反动统治，建立工农政权。

周恩来讲到的这些策略原则，完全符合顺直党的客观实际。

周恩来在纠正“左”倾错误的同时，还提出防止右的倾向。当时顺直党内“由于一年来受着革命斗争的失败和挫折的影响”，对革命前途丧失信心，“或者看了党内有些个人的意气之争和政客式的结合挑拨”，便“心灰意懒，不愿积极工作”，这是从右的方面否定党的策略转变。他强调，不要以为大会决定目前只是宣传武装暴动，就以合法的形式来发展组织，以至取消武装斗争，乡村游击战争等，“这种倾向，只是引导群众增加对现在政府的幻想，减少群众革命的决心和勇气，把群众送到敌人的影响之下”。有些干部口里喊着“争取革命高潮到来”，但“不艰苦忍耐地去做群众工作”，坐等革命的胜利。周恩来批判这种观念是“一种堕落的倾向”，这种倾向与“六大”“争取千百万群众”“促进革命高潮”的任务完全相反，其必然发展成庸俗的机会主义。因此，在全党之内应当严重防止这一倾向之发生和发展。他进一步指出，“新的革命高潮不可避免地要到来，的确是客观条件规定的明显事实。但是新的高潮到来的迟早，与能否彻底地胜利，的确大半决定于革命的主观力量”。因此，“在目前顺直的困难环境中力弱的党，应坚持无产阶级长期奋斗的精神，从工作中、斗争中不息地战胜党内一些急躁坏事或颓丧消极的情绪”，艰苦细致地去做群众的工作，才能促进革命的高潮。

为了保证党的政治路线的贯彻执行，必须在组织路线上对非无产阶级意识作不调和的斗争。

周恩来指出：“顺直党特别是一般干部分子中，因着过去都有或多或少的错误和不正确的观念，所以党的各级指导机关甚至支部会议，常充满了非无产阶级的意识——极端民主化、闹经济问题、闹意气、争地位等等。”对于这些不良倾向，不能采取弥缝敷衍的妥协办法，要进行积极的思想斗争，才能使党走向健康发展的道路。

顺直党和其他地区一样，由于长期存在“家长制”的影响，党的民主生活一直不正常，党员群众对党组织“只有绝对的服从，毫无正确的党的生活，不要同志讨论政治及党内问题，对党的指导机关稍有怀疑与批评，便是违犯了纪律，即予惩罚与开除。使党员群众变成机械木偶，使党员的政治观念无法提高，使党的错误的政治路线无从纠正”。但当纠正“家长制”观念之后，许多地方又走向了极端民主化：有的党员不顾党处于秘密状态和白色恐怖严重的客观条件，要求无条件实行党的民主化，“不承认指导机关在指导工作上应有的职权，要指导机关在任何问题上都跟着群众乱跑”。

针对这种情况，周恩来尖锐地批评说：“这是一群小资产阶级争取极端平等自由的把戏。”他指出：“不能机械地引用‘家长制’这个名词来削弱指导机关的权力，来作极端民主化的掩护。”“无产阶级的民主与集中不是对立的，是互相因果的。没有民主的精神，无产阶级的领导者便缺乏广大的阶级基础；没有集中的制度，无产阶级的革命运动便不能与敌人作坚强的决死战而得到最后的胜利。”同时，他强调要扩大党内民主生活，领导机关要克服“庸俗的官僚化倾向”，要逐步推行选举制度。

反对党内滋长着经济主义倾向和雇佣劳动观点，是顺直党面临的一个重要课题。处于白色恐怖环境下的顺直党，每月只有五千元左右的活动费，以支撑整个北方党的工作，由于敌人的破坏，还经常中断经济来源。但党内有些同志并不体谅党组织的困难，有的“因失业穷无所归，专门找党来解决生活问题”，把党看成“救济会”；有的以职业革命家自居向党要求工作，实际上是要生活费；有的特委、县委要求与省委平均分党的经费。

周恩来认为，这些不良观念，是农民均产思想在党内的反映，必须努力肃清。共产党员必须为党做工作，至于生活来源，则应做到“党员职业化”，即“失业同志应当设法找到职业，党部应当帮助同志去谋职业”，“要使党员不依赖党生活，而且能深入群众，把党的影响扩大到群众中去，又把群众的意见正确地反映到党里来”。

周恩来还反对以错误态度对待反机会主义的斗争；批评当时顺直党内存在的专门攻击个人，放松对机会主义观念批判的错误倾向。

当时，顺直党内在组织路线和干部政策上也存在着宗派主义和形式主义的倾向，过分地强调领导机关的工人成分，把工人当作偶像，对知识分子干部不区别看待，造成“凡属知识分子都是机会主义，凡属工人都没有机会主义”。他们“放着小资产阶级意识不谈，专门反对小资产阶级出身的个人，而造成党内的工学界限，增加了党内的纠纷”。周恩来严肃批评了这种错误倾向，正确指出：“因反机会主义而变成反知识分子，这是很错误的。知识分子虽然有很多动摇的，但是能站在无产阶级的立场来奋斗的人亦不少。在无产阶级中，也有不少丧失了无产阶级的意识而染有小资产阶级意识的。”

周恩来在整顿顺直省委的过程中，采取耐心教育，“发展党内的政治讨论”，提高政治觉悟的方法，收到很好的效果。为了提高党员素质，他还积极支持出版党内刊物《出路》，组织党内同志对“顺直党的出路”和怎样改造顺直党发表意见，展开讨论，澄清了对顺直党的认识。周恩来还亲自撰写了《改造顺直党的过程中的几个问题的回答》，详细说明他对顺直党内纠纷的看法，提出了改造顺直党的正确路线。他还写信给中共中央，反映省委拟派人在京津“筹划办一印刷局，翻印中央党报及宣传品”的意见，他认为“此举在北方功用极大”，提请党中央批准。次年 2 月，党中央派毛泽民一行携带全套印刷设备来津，办起了秘密印刷所，它在宣传党的方针、政策，坚定革命信心，动员群众开展斗争方面起了积极的作用。

周恩来在天津主持召开的顺直省委十二月会议，通过了政治任务、党务问题、职工运动、农民运动、青年工作、妇女工作和济难运动等决议案，建立了新的省委。尽管会议也有不足之处，但是它改变了大革命失败后北方党的混乱局面，澄清了许多错误观念，提高了领导骨干的觉悟，建立了一个健全的领导中枢，有力地推动了北方党的工作。

中共中央对周恩来在这方面的工作，作了这样的评述：经过极大的努力，“最后得到了顺直党的拥护，才把顺直的党挽救过来”，“现在的顺直已经较以前为进步”，“党的生活向着发展工作的路线上前进”。

周恩来在完成改组省委任务后，于1929年1月离开天津回上海。

从根据地的发展到“左”倾思想重新抬头

周恩来回到上海后，又进一步协调了中共江苏省委的内部纠纷。由于采取坚决的态度和贯彻教育说服的精神，江苏省委的纠纷也得到比较顺利的解决，初步扭转了党内存在的严重涣散和无纪律状态，使党的工作走上较能正常运转的轨道。

接着，周恩来便以更多精力指导各地党组织的恢复和发展。当时，各地党组织面对的白色恐怖是异常严酷的。而这些党组织大多是在大革命风暴中迅速发展起来的，过去往往只有两种经历：大革命时期的那种公开或半公开的活动方式，或者“左”倾盲动主义统治时那种只靠少数人的拼命蛮干，不懂得在新的陌生的环境中应该怎样工作。六大前后，情况虽在变化，但没有根本改观。

应该怎么办？周恩来根据一年多来各地的血的教训，着重强调以下指导原则：第一，党的工作必须切实地深入群众，从下层做起。只有在下层组织已经健全起来、工作有了开展以后，才能建立上层组织。第二，力求使秘密工作同公开工作结合起来。他要求各地党组织应该设法从各方面（包括采取各种合法半合法的方式）接近工农群众，实际考察他们的生活痛苦和要求何在，艰苦耐心地去做发动和领导群众日常斗争的工作，一点一滴地做起，日积月累地团聚群众的力量，来实现“争取群众”的总目标。第三，要坚持党的干部的“职业化”和“社会化”，利用职业和各种社会关系的掩护来开展工作。

经过一年多艰苦而扎实的工作，各地党组织虽然处境仍很艰难，但总的说有不小进步。全国的党员人数，在“六大”时是4万多人，到1930年3月，已发展到10万人。想一想，这种发展是在反动统治势力进行血腥屠杀和搜捕的严重状况下取得的，就不难理解它的得来不易。

回到上海后，周恩来主要抓的另一方面工作，是指导各地红军的农村革命根据地的发展。

“六大”前后，中国农村的革命游击战争正处在特别艰难的时刻。那时正值反动统治暂时稳定，国民党各派军阀之间的内战尚未爆发，可以集中较多兵力对红军进行“清剿”。中国的农村游击战争开始还不久，力量薄弱，斗争经验更不足，大革命失败后建立起来的农村革命根据地，失利的消息一个接一个地传来。

红军和农村革命根据地究竟还能不能存在，能不能继续坚持下去，这时已成为全党异常焦虑和关注的问题。“六大”对它作出了肯定的答复。

但是，局势毕竟是严峻的，红军和农村革命根据地的处境看起来实在太艰难了。“六大”和它以后的中共中央对农村游击战争的指导有过失误，出现过一段曲折。当时共产国际认为中国红军只能分散存在，如果集中的话，容易被敌人消灭，并且会妨碍老百姓的利益。他们还要求高级干部离开红军。1929 年 2 月 7 日，中共中央给红四军前委的信（通常称为“中央二月来信”）是周恩来起草的。这封信要求“将红军的武装力量分成小部队的组织散入湘赣边境各乡村中进行和深入土地革命”，认为这是“避免敌人目标的集中和便于给养与持久的政策”，并要求朱德、毛泽东离开红军到中共中央工作，这自然是不正确的。

红军这种极端困难的局面并没有持续太久，客观局势就发生了重大变化。1929 年 3 月起，国民党各派新军阀之间重新开始无休止的混战。许多原来“会剿”工农红军的反动军队纷纷调往军阀内战的战场，后方空虚，这就给各地工农红军以较大的发展机会。随着客观形势的发展，中共中央和周恩来对这个问题的认识也发生了变化。

中共六届二中全会，更明确地作出结论：“中央以前曾提出‘分开以深入农民群众’的路线，因为客观政治形势的发展与农村斗争的激烈和红军组织的成分等的条件，以前的决定的原则的确是不适合的，所以现在改变为‘集中游击以发动群众’的策略。”

随着农村游击战争的发展和工农红军的逐步壮大，中共中央和直接主管军事工作的周恩来，不仅在干部的输送、物资的接济、重要情报的提供等方面作了大量工作，而且更重要的是，他经常对各路红军进行指导，包括作出一些影响深远的重要决策。

在全国红军中，最重要的是毛泽东、朱德、陈毅率领的工农红军第四军。红四军内部在建军思想和建军原则上曾长期有过分歧。1929 年 12 月底，红四军第九次党代表大会召开，通过著名的古田会议决议，这在中国人民军队的建军史上是一个重要的里程碑。会前，周恩来在中共中央军事会议期间，与陈毅多次谈话，强调要巩固红四军的团结，要维护朱德、毛泽东的领导，并代表中共中央宣布仍由毛泽东继续担任红四军前委书记。陈毅根据周恩来的谈话精神于9月下旬代中央起草了给红四军的指示信，此信经周恩来修改审定后，交陈毅带回。这就是著名的“中央九月来信”，古田会议就是根据周恩来的指示和这封信的精神召开的。这封信提出了红军的根本任务、前途，以及红军的发展方向与战略，对开好这次会议起了重要的指导作用。

贺龙、周逸群领导的湘鄂西苏区是红军另一个重要根据地。1929年3月17日，周恩来为中共中央起草了给贺龙及湘鄂西前委的指示信。信中指出：“此时欲图大的发展，亦尚困难。”“目前所应注意者，还不是什么占领大的城市，而是在乡村中发动群众，深入土地革命。”9月间，中央决定在洪湖地区成立红六军，并派孙一中、许光达前往工作。不久，这支部队同贺龙率领的部队在洪湖地区会合，合编为第二军团。以后的红二方面军便是由红二军团和湘赣边的红六军团会合而成的。

鄂豫皖地区的红军游击队，在这个时期发展得很快。他们最初分为三块。1930年2月底，周恩来向郭述申、许继慎、熊受暄指出：这个地区是鄂豫皖三省交界地区，战略地位很重要，要建立起巩固的革命根据地。并告诉他们：为了克服边区党组织领导和红军指挥的不统一，中央决定成立鄂豫边特委，由郭述申任书记；成立红一军军部，由许继慎为军长。这便是以后的鄂豫皖中央局和红四方面军的前身。

可以看到：以后中国工农红军的三大主力——一方面军、二方面军和四方面军在这个时期都已初具雏形。这些业绩也是同周恩来主持下的中央军委的指导和支持分不开的。

与此同时，中共中央对农村革命根据地的建设也越来越重视，对苏维埃政权建设和农村经济等问题的指导，大体上是正确的、切合实际情况的。

到1930年年初，南中国已有几个大的农村革命根据地。2月4日，周恩来起草《中央通告第68号》，宣布准备召集全国苏维埃区域代表大会。经过一年多的奋斗，各地的工农红军，在周恩来的主持下建立了统一的序列。在他出国前夕，红军已有13个军，62 730人；全国已有大小15个农村革命根据地。中国革命运动的面貌和“六大”闭幕时相比大大不同了，正在蓬勃地向前发展。

“农民游击战和土地革命是今日中国革命的主要特征。”这是周恩来 1930 年 4 月在德共《红旗报》上发表的一篇文章中所说的话，也是中国共产党在“六大”后一年多实践中经过英勇奋斗和顽强探索而得出的新的极端重要的结论。

经过一年多顽强努力，革命运动确实在全国范围内呈现复兴的气象，但随着局势的好转，“左”的急性病又逐渐发展起来。这种倾向不是一开始就表现得那么明显，而是经历了一个曲折的发展过程。“六大”后一年左右时间内，中共中央的态度仍比较冷静。周恩来回国不久，替中央军委起草一封指示信，在指出反动统治阶级面对的各种基本矛盾一个也无法解决、新的革命高涨终将到来以后，接着就说：“然这也不容许过分估量……故在目前反革命势力还超过工农斗争力量时，党的总路线是争取群众。武装暴动在全国范围内还不是行动的口号，而是宣传的口号。”这一类分析，在当时中共中央文件中是随处可见的。

这以后，政治局势又发生两件大事：一件是以蒋桂战争为起点的国民党各派新军阀混战的重新爆发，一件是中苏之间的中东路事件。这两个事件的发展，直接促使中共中央内部的“左”倾思想重新抬头。但这里仍然有一个逐步演进的过程。

重要的变化发生在 1929 年 12 月间。这月 8 日发出的《中央通告第 60 号》，调子陡然升高，不仅要求加重准备武装暴动的工作，并且提出准备组织区域性总同盟罢工和红军进攻主要城市等以前没有提出过的重大行动。

为什么中共中央的调子会在这时突然升高？直接原因是他们对中东路事件的发展作了不正确的估量，认为“帝国主义进攻苏联的战争，将是人类历史上未曾有的残酷的阶级战争，必然引起世界革命的大爆发”。这就使他们产生一种异常紧迫的心情：为了世界革命的整体利益，只有不顾一切地加快行动起来。

中东路事件，没有像他们预想的那样发展。1930 年年初，中苏边境局势就逐渐缓和下来。但这时，中共中央收到共产国际执行委员会 1929 年 10 月 26 日写来的信。这一年共产国际给中共中央写来四封信。周恩来后来说过：“1929 年的四封信都有错误，当时中心应反‘左’倾残余，仍着重反右倾，对改组派等的政策都偏‘左’，而毫未重视利用间接后备军与开展群众日常工作问题。”这四封信对中共中央都产生消极的影响，助长了“左”的倾向。其中影响最大的是 10 月间的这一封，这封指示信对中国革命的形势和任务定下了新的很“左”的基调。1930 年 1 月 11 日，中共中央政治局进行了讨论，并通过《接受国际 1929

年 10 月 26 日指示信的决议》。《决议》表示："目前全国的情形，正如国际来信所指出确已进到深刻的全国危机的时期。"这一"革命形势的速度，即实行武装暴动直接推翻反动统治的形势的速度"。并且断言："我们必须如国际所指示，在现在就准备群众,去实现这一任务,并积极地开展和扩大阶级斗争的革命方式。"

这时国内局势确也朝着有利于革命的方向发展。国民党新军阀内部的混战正在继续升级，工人运动正在复兴，红军和农村游击战争更有了巨大的发展。这时党内不少同志又兴奋起来，对革命形势作出过高的估计，"左"的急性病重新迅猛地发展起来。

1930 年 2 月 17 日，中共中央政治局举行一次重要会议，李立三在会上作了报告，对全国的政治形势与战略策略作出新的估计，提出"组织一省或几省暴动，在今天就应有坚决决定"。

会上决定由周恩来起草一个通告，这便是 2 月 26 日发布的《中央通告第 70 号》。《通告》要求使城市工人政治罢工与示威的发展做成组织武装暴动的第一步；要求集中农民武装，扩大红军向着中心城市发展，以与工人斗争汇合。这个《通告》的基调是向"左"发展。

《通告》发出后一个星期左右，周恩来根据中共中央政治局的决定，离开上海，经欧洲前往莫斯科，以中共中央代表身份，向共产国际报告中共自"六大"以来的工作以及解决与共产国际远东局势的争论等问题。

周恩来出国后，中共中央政治局决定改由李立三参加组织局，李立三成为中央工作的实际主持者。由于李立三的"左"倾思想的急剧发展，使中共中央在指导各地的工作中发生愈来愈大的偏差。李立三等人在部署全国武装暴动的同时，还责怪周恩来没有把中国革命新高潮的发展形势向共产国际报告清楚，他执意坚持"左"倾盲动主义的路线。

远在莫斯科的周恩来，对国内的情况忧心忡忡。

13 从六届三中全会到四中全会

从六届三中全会到四中全会，周恩来在中共党内顾全大局、相忍为党。那个共产国际的米夫为了扶王明上台，却说："对周恩来'应该打他的屁股'。"

1930年8月中旬，一列从德国到中国东北的国际列车，正奔驰在苏联的广袤大地上。

车厢里，坐着一个年轻英俊、两眼炯炯且充满机敏和智慧的中国人，他是周恩来。

周恩来是从莫斯科回国的。但是他并没在莫斯科上车，而是先从莫斯科到柏林，然后从柏林上了开往中国东北的这趟列车。这样做，显然是为安全考虑。周恩来才32岁，但是已经是经验丰富的中国共产党主要领导人了。

周恩来是3月从上海动身的，他坐船到欧洲，5月间到达莫斯科。这次到莫斯科，他是代表中国共产党参加联共（布）党第十六次代表大会，并向共产国际汇报中国党的工作，同时处理中共驻共产国际代表团同共产国际间的一些分歧问题的。而在他离开中国的这几个月中，国内的政治情况发生了很大的变化，党内出现了李立三"左"倾错误，这错误正在实行中，如果不很快纠正，党就会受到更大的损失。这是周恩来现在最为焦心的事。

自从1927年大革命失败，共产党员和革命群众到处被抓被杀，血流成河，共产党员由6万多锐减到1万多人。1928年夏天召开党的"六大"，周恩来作为大会秘书长，费尽心血加以筹划，努力将其开成复兴党和革命事业的会议。"六大"后，设在上海的中共中央在秘密状态下工作，周恩来实际上是中共中央的主要支撑者。从那时到现在这两年来，党的组织得到了一定的恢复和发展，革命根据地纷纷建立，红军已建立和逐渐壮大起来。到1929年夏六届二中全会时，全国党员已达7万人左右，超过了大革命时期。

到周恩来回国前后的1930年夏天，党领导的游击战争已经发展到江西、福建、

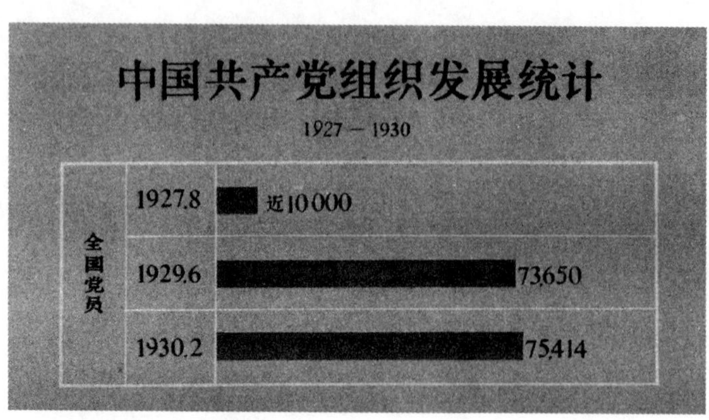

全国党员发展情况示意图

红军的数目与[illegible]（三月[illegible]）

第一军	人数4000+	枪2500	[illegible]3	[illegible]
〃二〃	〃〃4000	[illegible]1560		[illegible]
〃三〃	〃〃9430	6522		[illegible]
〃四〃	〃〃10000	7000	[illegible]20+	[illegible]
〃五〃	〃〃3800	2000	[illegible]604	[illegible]
〃六〃	〃〃3000	2000	[illegible]	[illegible]
〃七〃	〃〃7500	4000	[illegible]	[illegible]
〃八〃	〃〃2,000	1,400	[illegible]50	[illegible]
〃九〃	〃〃3,000	2,000		[illegible]
〃十〃	〃〃8,000	5,000		[illegible]
〃十一〃	〃〃3,000	2,000		[illegible]
〃十二〃	〃〃3,000	2,000		[illegible]
〃十三〃	〃〃2,000	1,000		[illegible]
	~~62,[illegible]~~	~~[illegible]~~		127县[illegible]
	62730	38.982		

周恩来编写的红军序列及其活动地区情况表

湖南、湖北、广东、广西、河南、安徽、江苏、浙江、四川等十几个省，建立了赣南、闽西、湘赣、湘鄂赣、闽浙赣、洪湖、湘鄂西、鄂豫皖、左右江等革命根据地，红军发展到 7 万人，连同地方武装共约 10 万人。作为直接主管军事和组织这两方面工作的领导人周恩来，深知取得这样的成就，全党同志两年来付出了何等艰辛的努力。

中共六大曾经认为，中国革命是在两个高潮之间。在 1930 年看来，革命正在趋向新的高潮。这从国内的新军阀大混战的形势也能看得出来。从 1929 年 3 月蒋介石集团同桂系集团为争夺两湖地盘而进行的战争以来，内战仍频，蒋冯之战，粤桂联合反蒋之战，唐生智、石友三反蒋拥汪之战，到 1930 年 3 月，又开始了冯玉祥、阎锡山、桂系联合反蒋的中原大战。国内形势以及世界形势，都有利于革命的发展。

在这样的形势下，关键是党的领导必须正确。

1929 年的 10 月，共产国际执委给中共中央发来了关于国民党改组派和中共任务问题的信。信中认为中国当时已到了“革命高潮的初期”，“现在已经可以开始而且应当开始准备群众去用革命方法推翻地主资产阶级联盟的政权，去建立苏维埃形式的工农专政”。这封信，从共产国际来说，是因为这年 7 月发生了中东路事件，苏联同国民党政治断交后关系更加恶化，8 月开始，苏军同中国张学良的军队在东北中苏边境接连发生战斗，到 10 月冲突达到高峰。共产国际希望中共发动武装暴动来保卫苏联。信中提出了“变军阀战争为阶级的国内战争”的口号。这封信之后，1930 年 3 月，共产国际主席团委员曼努依斯基讲话说中国共产党不应“成为游击运动的参谋部而不去干别的事情”。共产国际东方部副部长马基亚尔写了《中国的危机与革命运动》一文，作为中共中央机关报《红旗》的社论发表，提出需要“准备武装暴动，建立工农专政的苏维埃政府”。4 月，东方部负责人米夫在《真理报》上发表《迎接即将到来的中国革命风暴》，号召中国共产党要“坚决的决斗”。这些都可看出共产国际的意向。

中国共产党作为共产国际的一个支部,对于国际的指示是必须接受和服从的。周恩来组织纪律性很强，当然也是如此。当时，中国共产党还没有成熟，对于国际指示有相当盲目性。但是周恩来的难能可贵之处，在于他是一个实事求是、从实际出发的革命家。因此他尽管开始时在言谈中或书面上也接受国际的指示，但是联系到实际工作，他则反对盲目暴动。这样他就在中共中央政治局中，同在国际影响下极力要搞暴动的李立三发生了激烈的争论。李立三提出要在南京搞武装暴动。周恩来表示反对。他召开了一个小型会议，有军委干部曾中生和党在南京负责军事工作的同志参加。大家分析了党在南京的工作情况，包括士兵组织、群众工作等，认为暴动是困难的。周恩来根据实际情况以及敌我力量对比，特别是南京为国民党政府的首都，反动统治力量雄厚，认为不论主观上还是客观上，都不具备举行暴动的条件，这就实际上否定了南京暴动的可能性。

早在2月17日的中央政治局会议上，李立三再次提出：要坚决决定组织一省或几省暴动，他提到了武汉、顺直，主张在全国暴动中江苏是主要的力量，山东、满洲等则要配合。周恩来表示反对。他说：江苏工作不够，主要是农村没有发展游击战争；武汉，铁路和海员工人中的工作不够；满洲，如大连、抚顺等处还没有合作工作，这样的缺点不克服，绝不能组织满洲暴动。

周恩来虽然也接受国际的看法，但是他进而说，已有革命高潮并不等于就是有直接革命的形势。

所以，周恩来在上海这段时间，李立三的搞暴动的设想一直没有实现，直到周恩来去了莫斯科，李立三才能在6月11日的中央会议上通过《目前政治任务的决议——新的革命高潮与一省或几省的首先胜利》，立即下达各地区各支部。

鉴于上面所说共产国际领导人的态度，可想而知，周恩来在莫斯科作了多么艰巨的努力，用实际情况来说服共产国际领导人，这样，共产国际研究了中共中央6月11日决议，认为李立三对形势的估计过分夸张，他的否定革命发展不平衡、脱离群众的武装暴动计划等，是错误的。共产国际执委会吸收周恩来、瞿秋白参加，拟定了7月23日决议。国际认为，中共中央6月11日决议应该停发，武装暴动应该停止，但是肯定了“中共政治局是在国际路线之下工作的”，“在策略上组织上工作上都犯了部分的错误”，要周恩来、瞿秋白回去纠正。因此周恩来在8月中旬动身回国。

国际列车到达莫斯科站。周恩来利用列车停留的时间，下车同共产国际东方部副部长马基亚尔取得联系，问他：“国际的同志还有没有新意见？”

马基亚尔答：“没有了，据国际七月决定改正就行了。”

这样，周恩来带着共产国际的精神回到国内。

……

周恩来坐火车到达东北，然后从大连搭轮船去上海。

轮船到青岛的时候，正是清晨，碧波万里，船上喊叫乘客们到甲板上来做早操。周恩来到甲板上，意外地发现了帅孟奇也在。他就悄悄地站在帅孟奇的背后，趁机告诉她："到上海后，住五马路 ×× 旅馆，我马上派人来接头。"

帅孟奇在上海五马路按指定地点住下后，就有一个女交通员来接头，叫她不要外出。第三天早上 9 点钟，周恩来头戴博士帽，衣着朴素，亲自来找她谈话，然后分配了工作。这次谈话，帅孟奇在几十年后还记忆犹新，其中周恩来谈到当时形势时，是这样说的：

> 陈独秀右倾机会主义断送了大革命，李立三的"左"倾错误，不顾敌强我弱的实际情况，结果暴露了我们的党组织，使我们受到敌人残酷镇压和破坏，牺牲很大。不能再空喊"革命高潮马上要来"的口号了。要准备作长期的艰苦的复杂的斗争，经受革命的严峻的锻炼与考验。在苏联学习的理论，要在实际中学会掌握和运用。当前中国革命还是资产阶级民主革命阶段，任务是反帝反封建，为着这目的去动员群众，组织群众，武装群众，不是要搞轰轰烈烈，而要扎扎实实。

这番话，正确地判断了形势，提出了要求。而李立三的错误，问题正在于追求轰轰烈烈，使党的力量受到了很大的损失。以南京为例，周恩来走后，李立三还是发动了南京兵暴，勒令曾中生领导的学兵营的党组织举行起义，攻击国民党中央党部，占领南京。曾中生反映说：这点力量，根本是做不到的。李维汉也提出：暴动后还是把队伍拉到农村去吧。但是，李立三批评他们都是右倾。结果，暴动使地下党暴露，全市被敌人逮捕的党员有 100 多人。南京的党组织遭到了大破坏。

李立三规定了一套以武汉为中心的组织全国中心城市武装起义和集中全国红军进攻中心城市的冒险计划。结果，使刚刚恢复起来的白区党组织和革命力量遭到严重破坏，许多同志被捕和牺牲。如江苏省，从 4 月到 9 月这半年中，被国民党杀害的党员有 3 000 多人。各地红军和根据地也都受到不同程度的损失。

周恩来 8 月 19 日回到上海。他带回了共产国际执委会政治秘书处的七月决议，负有贯彻这个决议的任务。他们先是通过个别谈话和召开两次政治局会议，传达了共产国际的决议，中央政治局经过讨论，基本上统一了对形势的看法。随后，中共中央发出一系列指示，开始纠正李立三冒险主义的主要错误。

周恩来亲自起草了中共中央致长江局的三封信：

9月1日第一封信中，说："促成全国的革命高潮，是要有步骤的，是要依据于主观力量（这当然要联系到客观发展的可能）来作正确决定的。""今天武汉还不能暴动，还不是暴动的前夜。"

9月4日第二封信中，说："你们一切工作计划，最中心的缺点是在布置暴动上做文章，而忘掉积极准备武装暴动是要动员最广泛的群众。"他指出："应坚决反对这一观念——'左'倾会比右倾好些，在现时只怕右倾不怕'左'倾。要知右倾会障碍革命与断送革命，而'左'倾也同样会障碍革命与断送革命的。"

9月9日第三封信中，说：军事干部和党的干部都必须"多派往下层去，多派往外县去，加强红色区域的领导"。"巩固的而不是猛进的向前发展，更成为目前的中心问题。"

9月4日，中央决定恢复被李立三取消了的党、团、工会的领导机构和组织系统。9月8日，中共中央发出接受国际执委会政治秘书处7月决议的指示，决定停止武汉、南京暴动和上海总同盟罢工。李立三在实际工作中的一些主要错误，在周恩来等的努力下，开始逐渐得到纠正。

9月24日到28日，上海租界内麦特赫斯脱路的一幢花园洋房，黑漆的竹篱笆的院墙内，和平常一样静谧幽雅，但实际上，屋子里却是热气腾腾，中国共产党正在秘密地召开六届三中全会。会议的中心议题是讨论共产国际7月23日决议，纠正李立三的错误。

周恩来在会上作了《关于传达国际的决议的报告》。他说，"中国革命新高潮已无可怀疑，但在今天，中国工农的力量还不能聚集起来袭击帝国主义和国民党的统治。今天还没有全中国客观革命形势，也就是说今天还不是全国的武装暴动的形势"。他说，李立三是"把前途的某一可能"，"作为今日要做的根据"，这就导致了冒险主义的错误。

这次会议，根据共产国际决议和周恩来的报告，作出关于政治状况和党的总任务决议案。决议比较全面地分析了李立三在政治上、组织上的冒险错误，指出它是策略错误而不是路线错误，这是符合共产国际的口径的。

李立三在会上承认了错误，承担了责任，对自己和中央政治局几个月来所犯的错误作了检查。他的态度是严肃诚恳的，不文过饰非，勇于承担责任，有改正的决心。后来，李立三对他的家人说道："当时我很幼稚，巴不得革命早日成功，在中央工作的时候，下达过许多错误指示，给革命带来严重的损失。"

周恩来对李立三也是善意的，尽管李立三主持中央政治局的那个月，曾经对周恩来不公正地进行斥责，说周恩来"在政治上组织上都暴露他右倾的危险，应在政治上负严重责任"，还提出"中央对周恩来的斗争，必须是很坚决的"，并且粗暴地要把周恩来调离中央。但是周恩来始终认为，李立三是革命的同志。在李立三、向忠发等接受了共产国际的意见后，周恩来就代为起草了致共产国际信，说他们与国际认识一致。在李立三承认了错误并希望共产国际不要调他去莫斯科时，周恩来为他写信疏通。在三中全会上，李立三仍被提名当选为中央政治局委员。

尽管六届三中全会也有缺点和不足之处，但可以说这次全会是完全按照共产国际 7 月 23 日决议办的。

共产国际远东局的代表给三中全会写了信，说：读了瞿秋白、周恩来、李立三的发言，李立三"完全正确地了解了自己的错误"，"党的路线常常是与国际路线相适合的，从来没有两条路线，只是曾经在这条正确的路线上有过不正确的倾向"。也就是说，李立三的错误不是路线错误。

从党内来说，何孟雄过去是不同意李立三的做法的。三中全会后，10 月 9 日，他给中央写了意见书，表示他过去曾说"中央路线与国际路线不同"，这种说法是"不正确的"，"夸大了中央的错误"。王明也给中央写了意见书，认为"三中全会有重大意义"，还说李立三的错误现在只是"残余"了，大家"在目前紧张的局势下"，应当"竭力避免一切不必要的争论和争辩，免致妨害执行党的当前任务"，表示"已经用不着任何争论"。罗章龙当时是候补中央委员，出席了三中全会，他在会上发言对于报告和决议表示"完全赞成"，"并没有提出原则上不同的意见"。

六届三中全会，周恩来等人的工作非常出色，稳当妥帖地使中国党转过了一个大弯子，端正了航向，并使全党形成了团结一致的气氛。会后，本来可以在已有的工作基础上继续努力，扩大反对"左"倾错误的成果，补救"立三错误"所造成的损失了，但是，就在这一时刻，共产国际的态度却变了。

正当周恩来、瞿秋白在国内进一步纠正李立三"左"倾错误的时候，在莫斯科，共产国际却因为李立三在六届三中全会前的两次讲话而大发雷霆。

李立三在讲话中，主张暴动，说："等到占领武汉之后，就可以用另外的方式去和共产国际说话了。”还说了中国的武装暴动在遭到帝国主义干预时，要把苏联卷入战争等等，这些，再加上李立三多次对抗国际关于停发 6 月 11 日决议和制止武装暴动计划的指示，都使共产国际十分恼怒，决计“给这种反共产国际的立场以致命的回击”。

于是，他们把李立三的错误升级，指责他是半托洛茨基主义盲动主义的路线，“甚至不但是路线的问题”，“而且还在组织上”“进行反国际的斗争”。共产国际 10 月 23 日发出给中共中央的指示信，其中说：

“在中国革命最重要的时机，曾经有两个在原则上的根本不同的政治路线彼此对立着”，“这就是立三的路线，这就是反国际的政治路线”。

这样一来，周恩来、瞿秋白回国后的一系列纠正“立三错误”的措施和六届三中全会，也就处于被批判的地位，正确稳妥的做法成了保守调和的错误，忠实贯彻国际的 7 月指示信反成了批判的对象。10 月的共产国际不认 7 月的共产国际的账，周恩来等被冤屈地推上了审判台。

共产国际的不满意，还有一个重要的原因，就是对瞿秋白的不满意，为什么？因为瞿秋白在“六大”后留在莫斯科任中共驻共产国际代表团团长，在处理莫斯科中山大学中国留学生中的派别斗争时，不同意王明等少数人的宗派活动，这使得共产国际东方部负责人米夫对他不满。于 1930 年春，他被共产国际撤掉中共代表团团长的职务。共产国际向中共中央提出要刷新中共代表团的成分。这次周恩来去莫斯科，原因之一也是为了处理这件事。周恩来一向很谦让而没有个人私心的，回国后，他让瞿秋白的名字列在自己的前面。三中全会实际上是周恩来在负责的，但是周恩来让瞿秋白主持会议，作会议结论，并违背共产国际意愿把瞿秋白选进了中央政治局，瞿秋白成了党中央主要领导人之一。这也是共产国际所不能接受的。

这一点，从共产国际调子的逐渐变化中也可以看得出来。

先是，在共产国际执委 10 月给中共中央的指示信上，说同李立三的分歧是“两条路线的原则上的区别”。但这封信上还说：“在伍豪同志报告之后，政治局已经取消了以前的决议，而完全同意于国际执委和中国共产党中央代表团所共同拟定的决议”，“共产国际执委会很满意”。这里，肯定了伍豪（周恩来）的报告，而不提瞿秋白。

接着，共产国际东方部向国际主席团写了关于中国党三中全会与李立三错误的报告，指责“三中全会没有揭发立三路线的实质”。“报告”点名批评瞿秋白，指责他“对于立三半托洛茨基盲动主义的路线采取调和的态度”，“没有揭发和纠正以前的一部分政治局领导的半托洛茨基盲动主义的路线”。

12 月间，共产国际执委主席团召开关于立三路线的讨论会，会议的主要矛头却不是对着李立三，而是对着瞿秋白，发言的 7 名委员无一例外地批判瞿秋白，指责他“不是中国全党的代表”。

在上海的周恩来，对于共产国际的这些变化，在 11 月 16 日（这天接到共产国际的 10 月指示信）以前，是全然不知的。可是王明却先知道了。因为在此期间，留苏学生王盛荣、陈昌浩从莫斯科到上海，先把信息透露给了王明等。王明正在为中央派他到苏区工作而担心路上不安全，一听到这消息，立刻觉得时机难得，可以大做文章，于是作了 180 度大转变，攻击党中央和三中全会，写了《两条路线的斗争》小册子，在党内传阅扩散，发动一部分人同中央对立，破坏统一，制造混乱，宣布现在的中央“已经没有可能再继续自己的领导”。

周恩来知道了王明等人在吵闹，但是不了解原因。他想：大概是中央让他们去苏区工作，他们不愿意去，故而掀起风波吧。后来接到了共产国际 10 月来信，他才恍然大悟。

几十年后，周恩来回顾这一段历史时曾经说道：7 月，国际的中国问题决议案对李立三的批评还是温和的，共产国际对中共中央 6 月 11 日的决议，同中共代表团讨论了，没有说是错误路线，希望我们回来纠正。看了李立三在 8 月会议上的讲话后，国际认为李立三是冒险主义、半托洛茨基主义、反国际路线，三中全会就被放在调和主义地位了。

周恩来处于极度苦闷之中，他在组织上接受和服从共产国际的 10 月指示信。他不诿过于瞿秋白，自己承担了责任。但是，他回来所传达贯彻的明明是共产国际的精神呀！他不能不有所申辩。

11 月 22 日，周恩来在中央政治局扩大会上发言，一方面承认三中全会是“取了调和态度”，同时也说明三中全会是在国际路线之下传达国际决议的。

11 月 25 日，他参加了中央政治局会议。会议作出关于最近共产国际来信的决议。这个决议表示完全同意共产国际 10 月来信，同时提出：“三中全会一般的已经接受了国际的路线，立三同志在三中全会上也已经承认自己的错误”，反对“把三中全会和国际路线对立的企图”。会议还对王明等人反中央的宗派活动进行了批评，指出他们“不是帮助中央，而是进攻中央”。

12 月 1 日，周恩来在中共中央工作人员会议上作报告。报告中批评王明等人的一些观点和李立三“是同样错误的”，并指出王明等拒绝党派他们到苏区去工作的错误。

王明由于有米夫等人的支持，有恃无恐，在党内扩大反中央的活动。他同何孟雄、罗章龙等联络起来，要求召开紧急会议，改组中央。周恩来夜以继日地向各方面做工作，焦头烂额，舌敝唇焦，但是风波未能平息。党中央处于严重危机中，已经濒临党内分裂、中央破产的地步。

在这种情况下，周恩来经过慎重思考，决定从大局出发，极力忍让，对个人委屈不再提及，一切以保护党的统一为重。这年 12 月，共产国际派米夫到上海。周恩来和瞿秋白就向米夫提出：自己既然已经犯了错误，就应该退出中央政治局，辞去所担任的中央职务。

他们的态度是：我们既然错了，就应该使各方面过去曾经反对过李立三错误的人团结一起，来执行共产国际的路线。周恩来看到米夫到上海后会见了王明、罗章龙等人，就荐引曾经反对过李立三错误的何孟雄也去见米夫，并提出把何孟雄也列入四中全会补选中央委员的名单。

但是米夫考虑的却是怎样扶王明等人上台，掌握中共中央领导权，何孟雄进中央对王明不利，因此米夫拒绝了周恩来的建议。

对周恩来、瞿秋白的辞职，米夫采取“拒瞿留周”的方针。米夫说：对周恩来“应该打他的屁股，但不是要他滚蛋。看他是否在工作中改正他的错误”。王明也跟着说：为了实际工作便利，给周恩来以改正错误的机会。不过这也道出了一点真情，米夫和王明心里清楚，党中央的工作确实离不开周恩来。

瞿秋白被排斥了。他从党的利益出发，对周恩来说：“你还是背着这个担子吧。”

当时的形势，李立三的错误已使党受到很大损失，亟须稳定团结，再图恢复，而王明等人却只怕天下不乱，这种态度背后又有共产国际支持。周恩来已很难工作，但是又不准他辞去。为了党的利益，为了党的生存，周恩来挑起重担，拼命苦干，他忍辱负重，顾全大局，一心维护党的统一和生存。在这样的心情下，他参加了四中全会。

四中全会仍旧在三中全会的地址召开。长方形的会场内，放着一张长长的桌子。参加会的一些人围着长桌，大吵大叫，从傍晚一直开到第二天天明，闹得不可开交。

会上，周恩来虽然受到猛烈的攻击，但是他一方面接受批评，作了检讨，另一方面还保护大批干部。他勇敢地提出：“站在派别观点上来解决问题，就一定会离开党的利益而只顾到派别的利益，这不是布尔什维克所能允许的。”“认为过去凡坚决执行立三路线者，或者是领导机关主要负责同志，便是立三派，拿他们当派别看待，说他们不堪造就，这依然是立三路线的继续，我们也是要反对的。”

他尽力使党免于分裂，尽可能减少损失。

1930 年的六届三中全会到四中全会期间，中国共产党处在危殆的境地，党内纷争严重，王明在共产国际支持下篡党夺权，很多组织瓦解了，很多党员消沉了，有些党员对党怀疑了，只是看到有周恩来在，才认为这还是真的党中央。在这样的情况下，周恩来使党渡过了难关，维护了中央的统一领导，这应该是周恩来的伟大历史功绩之一。

14　在白色恐怖中

在白色恐怖下顾顺章叛变，缉拿周恩来。“一生机智一身胆，周公谈笑破敌谋！”

顾顺章叛变

1931年3月12日，周恩来在党的《群众日报》上，亲笔写了一篇题为《反对国民党残酷的白色恐怖》的社论，愤怒声讨国民党残杀何孟雄等24名烈士的暴行；同时，冲破了“左”的重重阻力，为烈士正了名。

1931年1月中旬，何孟雄、林育南、李求实等党的重要干部、“左联”作家和革命群众30多人，在上海先后被敌人逮捕。被捕前，何孟雄曾被王明戴上“反党”“反中央”的帽子。被捕后，王明又在党内开展大规模的批判“右派领袖”何孟雄的运动，并通过狱中支部不予何孟雄等“右派”编入党的组织，进而从组织上开除了何孟雄的党籍。国民党蒋介石对这批革命者施以威胁利诱均无效，在深知他们在共产党内的处境，进行种种挑拨离间又遭失败之后，大开杀戒，于1931年2月7日晚秘密集体枪杀了何孟雄等24名党的重要干部。

对何孟雄等共产党人的遇难，王明不仅不表示哀悼，相反继续对烈士们肆意进行攻击，说他们是“个人野心”“反党、分裂党”的必然结果；还利用手中的权力，推行他的“左”倾错误纲领——在党内大反“右倾”，对何孟雄的支持者们做“分化”“瓦解”工作，说什么：何孟雄虽然牺牲了，是“右派英勇牺牲”，但对他们的错误要严肃对待，彻底清算。他罗织了“何孟雄十大罪状”，首先从沪中区委入手，这里是何孟雄最后工作的单位，也是直接在何孟雄领导和影响下坚决同王明、米夫做顽强斗争的堡垒。王明等人找干部逐个谈话，要赞同者签字画押，不赞同的则被开除党籍。之后这种做法又由沪中区推及江苏省委机关。不少正直的共产党人就因为不屈服于王明的压力而失去了党籍和工作，断绝了生活来源。更有甚者，王明在何孟雄等慷慨就义三天后的2月10日，在上海写的《为中共更加布尔什维克化而斗争》一书的《再版书后》专章里，竟明目张胆地篡改历史，诬陷我党最早也是最坚决地反对立三路线的何孟雄是反立三路线最迟、“最不坚决的分子”，是他们这些“坚决拥护国际路线的同志们……帮助他在声明书中能写些正确意见的主要来源”；进而捏造事实，栽赃陷害说何孟雄“走到与罗××派联合进行反党的错误了”，对烈士的英灵恣意糟蹋……

周恩来正是在这样的历史条件下，弄明了何孟雄等先烈们慷慨就义的英勇事迹后，亲笔撰写了我党唯一的一篇悼念社论，通过时任党中央宣传部部长的张闻天，并在他主编的党报——《群众日报》上发表。

周恩来的社论文章发表一个月后，即1931年4月，发生了顾顺章被捕叛变的事件。这件事，严重地威胁党在上海领导机关的安全。

顾顺章是什么人?

顾顺章，宝山县白杨人，原是上海南洋兄弟烟草公司制烟厂（在杨树浦）的“拿摩温”——一个小工头（原先做过钳工）。比较熟悉顾顺章的人们，曾对他的形象加以描绘说：个头不大，身体肥胖，鼻梁很高，喜欢耍枪弄棒，打架斗殴，能够双手打枪，会耍魔术，曾以“化广奇”的艺名，在上海大世界游艺场公开表演，还在斜桥路二十二号开过一个魔术店，专卖一些玩魔术的小玩意儿。

1925年“五卅”运动时期顾顺章参加过制烟厂工会的领导。南洋兄弟烟草公司是英商办的，厂里工会活动比较活跃，当时他在厂里领导工人进行罢工，表现比较勇敢。他曾专职搞纠察队，对于买枪、打架很有兴趣；打叛徒、工贼、流氓，他都参加。“五卅”运动以后，他被调上海市工会工作。1926年，他曾同陈赓一起去苏联学过政治保卫工作。学习结束即从苏联回来，1927年参加周恩来领导的上海武装起义，担任一个武装纠察队的队长，在斗争中有过一些成绩，曾经受到赞扬，在上海有点小名气。“四一二”后转往武汉，做过短时期的隐蔽斗争，镇压过叛徒特务。同年八七会议以后，党中央从武汉搬到上海，顾顺章随着也调到上海工作。周恩来创建中央特科的时候，他参加了中央特委，负责中央特科的具体工作并主持行动科（三科）。

“四一二”反革命政变以后，轰轰烈烈的大革命失败了，革命运动处于低潮，白色恐怖严重。但是，上海是一个具有革命传统的城市，是全国工人阶级力量最集中、最强大的地方。在中国共产党领导下，上海的工人阶级发动过“五卅”反帝斗争，举行过三次武装起义，直到1929年，这里大革命的影响还在，工人和革命力量还很强大，反动势力不敢轻举妄动。由于存在这样的有利条件，党的隐蔽斗争发展比较顺利。

随着工作中取得一些成绩，顾顺章的错误思想日益严重地暴露出来。他得意忘形，在执行任务的时候，忽视秘密工作的政治方向，在具体行动中忘掉党的政策，而把一场严肃的政治斗争，化为单纯的恐怖行动。这种做法，显然和党的长远利益格格不入，是和党的秘密工作的方针政策背道而驰的。任其发展下去，势将丧失社会人士的同情，把党陷于孤立的危险。而且20世纪30年代开始后，敌人增加了力量，改变了策略，客观形势的急骤变化，逼迫我们必须改弦更张。

这个时候，顾顺章个人品德方面的恶劣倾向也更加膨胀起来，狂妄的个人野心日益暴露。他在同党的关系上，骄傲蛮横，飞扬跋扈，已发展到不可容忍的程度，党内只有周恩来的话，他能够听一些，他的家里只有陈赓和李强能去。陈赓去了两次，发现顾顺章生活腐化，花天酒地，乱搞女人，抽鸦片烟。他还找“星相家”看相算命，吹嘘他有“福相”，将来会做皇帝。陈赓从他家里回来，曾对柯麟说过：“我们俩人如果不死的话，准能见到顾顺章叛变！”周恩来曾经多次严厉批评过顾顺章，向他指出：私生活的腐化堕落完全违背共产主义道德的准则。因他阳奉阴违，屡教不改，以后只得采取组织措施，经中央决定将他调离特科。

顾顺章的恐怖行动，早已引起陈赓、李强等人的不满和抵制，周恩来也多次干预制止顾顺章的言行。有个时期，租界包打听的总机关，每周在一品香饭店集中二三十个包打听头目开会。顾顺章想用恐怖手段把这些家伙一起炸死，曾经准备了几个大皮箱的炸药、定时炸弹。如照他的计划进行，这所饭店的大楼就会炸光，一品香就会变成废墟，周围居民也会遭到极大的损害。这时周恩来进行了干预，阻止了这次恐怖行动。在此以后，在特科工作的陈赓等人坚决按照周恩来的指示，极力抓紧政治线索，摆脱恐怖行动，对敌人动态和社会上各阶层动向进行深入的调查研究，把党的秘密工作扭转到政治斗争的轨道上来。隐蔽斗争从此循着政治斗争的方向前进，陆续结识了许多具有代表性的政治人物，日益广泛地打开工作局面，接连取得许多胜利，上海党的机关得到周密保护。

1931年3月，陈昌浩和张国焘到鄂豫皖苏区红军去工作的时候，顾顺章由上海经武汉护送他们前往。顾顺章从鄂豫皖回到武汉后，在汉口离大智门车站不远处法租界的德明饭店住下，就用“化广奇”的艺名。其间他到新市场游艺场公开表演魔术。

这个时候，武汉有个叫王竹樵的叛徒，归入徐恩曾在汉口新建立的特务机关——武汉绥靖公署侦缉处。他叛变后特务机关要他上街抓人，限期必须找到共产党员。他像一条疯狗，伸长鼻子到处搜索。王竹樵原是武汉纱厂工人，曾经参加过工人武装纠察队，和顾顺章相识。

4月下旬的一天，眼看限定的限期已满，王竹樵正愁无法交账，来到江岸徘徊。中午刚过，顾顺章适由武昌轮渡回到汉口，下船刚到江汉关门口，就被这个叛徒撞见。王竹樵暗中跟踪盯梢，一直盯到顾顺章的住处，马上报告特务机关，将顾顺章逮捕。

顾顺章被捕，当天叛变。顾顺章认为，他知道党的许多重要机密，知道党中央机关和许多中央领导人的地址，知道蒋介石身边有钱壮飞同志在那里为党工作，以此作为出卖灵魂的资本，可以向蒋介石请赏。因此一被敌人抓住，他就要求将他立即解往南京，说有特别紧急的机密情报当面向蒋介石报告；并且提出在他到南京前，不要就他被捕的事向南京发电报。但是，武汉的特务机关和国民党官僚急于抢功，根本不买顾顺章这个叛徒的账，没有理睬他的要求，立即给蒋介石发了电报。顾顺章被捕后要求见武汉绥靖公署主任何成濬。他先把我党在武汉的组织供了出来。当得知何成濬和特务机关已经给陈立夫、徐恩曾打电报的时候，他急得顿足惊叫："这就糟了，抓不住周恩来了！"敌人问：为什么？他回答说：共产党有人在蒋介石那里当机要秘书。这个时候，共产党员钱壮飞确实正在南京担任中统特务头子徐恩曾的机要秘书。

顾顺章叛变这天，何成濬和武汉特务机关立即将情况向南京报告，电报到达南京时，已是这天的夜晚，徐恩曾早已跳舞玩乐去了。

这一夜，钱壮飞一直坐在南京中山东路五号徐恩曾的特务机关"大本营"里，接连收到了从武汉来的六封"十万火急"绝密电报，电报上都写着"徐恩曾亲译"的字样。钱壮飞想：是什么事情这样急呢？这时候，他手里已经有了徐恩曾和国民党高级官员通报用的密码本的副本，他就偷偷地把电报译出来。这才知道是顾顺章被捕叛变，要和敌人勾结起来破坏中共上海整个党中央机关。情况万分紧急，钱壮飞的心情也很紧张。但他非常沉着，仔细地看了电报的内容，记下电文，就把原电封好，考虑如何应付这个千钧一发的局面。

何成濬的电报，发给国民党中央党部徐恩曾转秘书长陈立夫（当时陈任国民党中央常务委员会秘书长），电报的主要内容是：

第一封电报，说黎明（顾顺章的化名）被捕，并已自首，如能迅速解至南京，三天之内可以将中共中央机关全部肃清；

第二封电报，说将用兵舰将黎明解送南京；

第三封电报，说改用飞机解送南京，因为据黎明供，用兵舰嫌太慢了，这个电报还讲，无论如何这个消息不可以让徐恩曾左右的人知道，如让他们知道了，那么把上海中共中央机关一网打尽的计划就完全落空了。

钱壮飞看完这些电报，经过周密思考，决定先派他的女婿刘杞夫连夜坐火车到上海，把这个情报报告李克农转报中央。他把刘杞夫送走以后，先将银钱账目清理好，放在钱柜子里；天亮后，还通知“民智通讯社”的一个工作人员赶快逃走。

4 月 26 日（星期日）上午，钱壮飞若无其事地把电报亲自交给徐恩曾，随即乘火车赶去上海。为了防止出事，他到真如就下了车，徒步进入市区。

刘杞夫于当天夜里到达上海，在一家旅馆里面找到李克农，便把顾顺章在武汉被捕叛变的情况，详细地向他报告。李克农见他神色有点紧张，极力使他冷静下来，劝慰他说：“你为什么沉不住气，这么不沉着！”这天不是预定碰头的日子，特科同李克农联系的人没有来，但他即以高度负责精神，设法迅速找到陈赓，陈赓马上报告周恩来。

顾顺章在被捕前是党中央委员，又做过特科具体工作的负责人，因此国民党反动派极为重视，阴谋用顾顺章提供的线索对我党发动突然袭击，将我党地下组织一举破获。当时由于顾顺章知道中央的机密特别多，知道周恩来和许多中央负责同志的住址，因此他的叛变对中央机关的威胁危害特别严重。

周恩来得知顾顺章叛变的消息，立即向中央报告并采取紧急措施，把警报分送中央各部门。面对着这种形势险恶、时间紧迫的情况，周恩来受党的重托，挑起了全面负责处理这一紧急事变的重担。

周恩来以惊人的机智果断，抢在敌人前面，跟敌人展开了一场惊心动魄的搏斗。他和陈云当机立断，马上召集有关人员举行紧急会议，采取了一系列紧急措施，全力粉碎敌人破坏我党的罪恶企图。

第一，对党的主要负责人做了周密的保卫和转移，把顾顺章所能侦察到的或熟识的负责同志的秘书迅速调用新手。

第二，对一切可以成为顾顺章侦察目标的干部，尽快地有计划地转移到安全地带或调离上海。

第三，审慎而又果断地处理了顾顺章在上海所能利用的重要的关系。

第四，废止顾顺章所知道的一切秘密工作方法，由各部门负责实现紧急改变。

当天夜里，中共中央和江苏省委以及共产国际的派驻机关全部都搬了家；同时命令陈赓等人从各方面进行调查，以便及时采取措施，准备反击。

这是千钧一发的紧急时刻，周恩来临危不惧，沉着镇静，在陈云等人的协助下，经过几天几夜不眠不休的紧张战斗，终于抢在敌人的前面，迅速妥善地保卫了党中央和江苏省委机关的安全，彻底粉碎了敌人妄图一网打尽我党领导同志的大阴谋，使党避免了一场特别严重的大破坏、大灾难。

4 月 27 日（星期一），顾顺章才被敌人用兵舰解到南京。蒋介石立即召见他。顾顺章在这里出卖党的机密，倾箱倒箧，把知道的事情全都招供。他还勾结敌人，布置了一个将上海中共中央一网打尽的大阴谋。徐恩曾立即派调查科情报股总干事张冲、党派组组长顾建中带领大批特务人员，连夜赶到上海，会同英法捕房执行这个罪恶计划。

4 月 28 日（星期二）早上，在上海的大搜捕开始了。当时的中共中央秘密电台原址，虽然已经搬了家，但还留下人在附近观望，这个地址也被抄了。随后，周恩来原来的住处也被搜查了。敌人虽然行动很快，但到底来迟一步：上海中共党的机关早已转移，中央领导同志都已无影无踪，敌人的阴谋破产了。

事情证实：钱壮飞提供的情报是正确而及时的，周恩来采取的对策是果断机智的。在关系我党命运的紧急关头，钱壮飞、李克农对保卫党中央作出的这一卓越贡献，得到了中央的嘉奖。

钱壮飞在 4 月 25 日的夜里安排刘杞夫去上海以后，曾经考虑过自己要不要离开南京的问题。因为受到当时秘密工作条件的限制，他对顾顺章这个人的整个情况并不十分了解；而且自己和战友们在南京、上海含辛茹苦，历尽艰险所创造的这个局面，顷刻间被敌人全部毁掉，的确是很难下决心的。可是经过冷静的思考，全面的分析，他最后还是下决心迅速走开。李克农在上海坚信钱壮飞能够作出正确的判断，采取果断的措施，只是要不要让刘杞夫仍旧回南京呢？在这个问题上，他也流露出“难下决心”的心情。刘杞夫最后还是返回南京去了，因为他的妻子钱椒椒还在南京。刘杞夫临走时，李克农紧紧地握住他的手，非常关切地跟他说道：“此行可能凶多吉少，遇事要英勇沉着！”

周恩来对于有关同志的安全非常关心，细心安排。钱壮飞到上海后，周恩来叫特科把他安置在一个同志的家里，对他的家属也作了妥善的安排。星期一晚上，他又用暗语给天津的胡底发了一个电报，暗示局势严重，需要离开。胡底不久也安全地到了上海。李克农也暂时隐蔽起来，避开敌人的搜索。只因南京的交通机关被破坏，刘杞夫、钱椒椒最终被捕。钱壮飞最后离开南京时候，曾经给徐恩曾留下一封信。他在信中警告对方：如果徐恩曾胆敢陷害他的子女，他就要把徐恩曾的所有秘密全部公布出来。当时国民党两个特务组织“中统”与“军统”间互相倾轧，矛盾尖锐，争斗激烈，徐恩曾害怕公布了他的秘密对他不利，因而未敢杀害钱椒椒和刘杞夫。他们被关了三四个月，就被释放出来。对于钱壮飞留在上海的亲属，党组织一直尽心照顾。李克农得悉刘杞夫送来的情报以后，就叫钱壮飞的爱人张振华预作准备，随时警惕。她那时在上海医院妇产科当医生，还住在法租界。星期二敌人开始大搜捕的时候，曾经一卡车戴铜帽子的警宪，到家里来搜捕钱壮飞。张振华机智地躲开，家里只剩钱壮飞的母亲。敌人找老太太纠缠，追问钱壮飞的下落。他们欺骗她说，钱先生已经回到上海，找他没有别的事情，有一笔很大数目的钱财，只要他签个字就属于他了。老太太根本不晓得钱壮飞已经到了上海，更不知他在什么地方。敌人没有办法，只得空手走掉。

在叛徒顾顺章勾结国民党反动派严重危害革命的紧要关头，周恩来沉着冷静，运用高超智慧领导处理，粉碎了叛徒和敌人的阴谋，使中共地下党得以在千难万险的局势中完整地保存下来，并在白色恐怖更加严重的上海继续进行工作。

周恩来领导中共中央特科屡次挫败敌人。敌人也对周恩来等人恨之入骨，曾多次用巨款悬赏，购买他们的头颅。这个时候，敌人在上海又出动了大批军警宪特，疯狂地到处搜捕他。周恩来沉着应战，首先将顾顺章最熟悉、敌人极痛恨的特科工作人员作了妥善的安置。根据他的指示，敌人追索最急迫的李克农、钱壮飞和胡底迅速离开上海，分别前往以江西南部为中心的中央红色区域和以湖北东北部为中心的鄂豫皖红色区域；李强在 5 月间出国工作；陈赓于 6 月间偕同陈养山等人前往天津工作（陈赓在 9 月间又被派往鄂豫皖苏区红军工作）。

将有关同志全部妥善地作好安置以后，周恩来也及时巧妙地隐蔽起来，继续留在上海坚持斗争，直到这年 12 月上旬，他将党的有关事务处理好后，才离开上海，越过国民党军“围剿”部队的封锁，进入中央红色区域的边界，并于 12 月 20 日左右到达中华苏维埃共和国临时中央所在地瑞金叶坪，和毛泽东、朱德会合。

顾顺章叛变后，还到监狱去认人。他被押到南京的第二天（4 月 28 日），就亲自跑到国民党南京中央军人监狱，出卖了被关在那儿的中共优秀领导者恽代英——恽代英于 1930 年 4 月 19 日在上海被捕，押在苏州狱中（后来转到南京中央军人监狱）一年，未被敌人认出。周恩来曾亲自擘画，进行营救，就在恽代英行将出狱的时候，却被顾顺章出卖，第二天（4 月 29 日）即被害死狱中。

鉴于顾顺章的叛变对中共危害极大，中共中央于 1931 年 5 月 21 日专门发出第 223 号通知，决定永远开除他的党籍，并号召全党同志严密组织，特别注意秘密工作。同时指示陈赓组织力量消灭叛徒顾顺章。

顾顺章贼心不死，于 1931 年 11 月下旬，在上海《时报》《申报》《新闻报》《时事新报》和《民国日报》上面，连续刊登出以顾顺章的名义悬赏数万银圆巨款缉拿周恩来的紧急启事。虽然周恩来近在咫尺，敌人却始终找不到周恩来的踪迹。这个时候，周恩来已经在党组织和革命群众掩护下深深地隐蔽起来，继续领导党组织进行严酷环境下的艰苦斗争。

这年 12 月 1 日，中华苏维埃共和国临时中央政府主席毛泽东同志亲自签署了“苏维埃临时中央政府人民委员会通令——为通缉叛徒顾顺章事”。

通缉令历数了顾顺章的罪行，最后写道，“苏维埃临时中央政府特通令各级苏维埃政府、红军和各地赤卫队，并通告全国工农劳苦群众：要严防国民党反革命的阴谋诡计，要一体严拿顾顺章叛徒。在苏维埃区域，要遇到这一叛徒，应将他拿获交革命法庭审判；在白色统治区域，如遇到这一叛徒，每一革命战士，每一工农贫民分子有责任将他扑灭。缉拿和扑灭顾顺章叛徒，是每一个革命战士和工农群众自觉的光荣的责任。”

顾顺章叛变并加入国民党特务组织后，并没有得到什么好下场。他在国民党内部闹派性，拉山头，结果在 1935 年被特务头子陈立夫下令枪毙了。

创建“中央特科”

负责处理顾顺章事件的“中央特科”，是在周恩来亲自主持领导下建立和发展起来的。

1927 年 11 月，中共中央成立了一个特别任务委员会，简称“中央特委”，亦称“中央特科”。它是为保卫党的领导机关安全，同国民党反动派进行隐蔽斗争的政治保卫机关。那一年，蒋介石和汪精卫合流建立起来的国民党反动政权，制造了“四一二”“七一五”反革命政变，挥舞起屠刀残酷无情地对手无寸铁的中国共产党、共青团和革命群众进行镇压和屠杀，我党的组织遭到了严重破坏，党员人数由大革命时期的近6万人减少到1万余人，一些在革命高潮时候参加党的不坚定分子，有的声明自动脱党，有的自首叛变。

面对国民党反动派的大镇压、大屠杀，中国共产党适时改变了斗争方式，采取两条战线作战：一是拿起武器举行武装起义，公开反对国民党反动派的黑暗统治；另一条就是在国民党统治区内坚持斗争。这种斗争是在敌人心脏里进行，必须要有绝对的保密措施。“中央特科”就是在这个特殊历史背景下产生的。

八七会议后，党中央机关从武汉陆续搬到上海，上海是全国最大的城市，地方大，好隐蔽，租界情况复杂，不登记户口，住房易找，便于设立机关，搞秘密活动。上海又是中国共产党的诞生地，党的工作一直未间断，开展工作的基础好。不利的因素是：一方面上海是帝国主义侵略势力的中心，驻有外国的海、陆军和租界巡捕，另一方面上海又是国民党反动派政治、经济、外交的重要阵地，驻扎有军队，设有警察、宪兵、特务机关等等，上海还有一帮地痞流氓势力。因此，在上海这个中外反动势力聚集的地方，开展革命活动，犹如深入龙潭，要保证党中央的安全，没有十分严密的保卫工作，是非常困难的。

1927年11月9日至10日，中共中央临时政治局在上海召开扩大会议，这次会议虽然错误地给以周恩来同志为书记的南昌起义前委集体警告处分，但周恩来仍被选为中央政治局委员，并继续担任中央军委书记。会议还决定着手恢复中央各部（局）、委的组织。会后，周恩来留在中央任职，兼中央组织局代主任职并负责筹建“中央特科”的工作。

“中央特科”开始由向忠发、周恩来、顾顺章三人负责，他们当中“向忠发挂名不管事，周恩来是决策人，顾顺章负责日常工作”。“特科”下面设四个科。

一科开始叫总部，后来称总务科，前任科长是洪扬生（后叛变），继任科长欧阳钦。该科的主要职责是为中央机关和领导同志租赁住房，布置开会场所，营救被捕中央负责同志，建立联络点以及负责收殓被敌人杀害的同志遗体，料理家属生活，等等。如1930年5月，在上海召开的中华苏维埃区域代表大会预备会议的会场就是由特一科布置的。这次会议参加人数多，开会时间长，工作量大，当时，会场准备了两处，以备一处发生问题时，可以转移到另一处。会议规定，

巨籁达路四成里12号（今巨鹿路391弄12号）——中共中央特科所属中央电台训练班所在地

人员只进不出，代表进入会场后在会议期间不能自由出入，就地吃饭睡觉，伙食专门派人备办。这次会议的安全则是由特三科负责的，陈赓多次到两处会址检查安全保卫工作，整个会议期间没有发生问题。一科还筹办了党的六届三、四中全会，均未发生事故。

二科是情报科。科长开始时为陈赓。该科主要负责收集情报，掌握敌情。在做法上，他们采取"打进去"和"拉出来"的办法，深入敌人要害部门，搜集各种情报，掌握敌人的活动规律，破坏敌人的阴谋。当时，党中央和周恩来通过特二科利用各种关系打入敌人心脏部门，向国民党的特务、军队、警察、宪兵机关以至西方国家的巡捕房，派去我们的工作人员搞情报。同时，将国民党特务机关某些人员和巡捕房的包探，以及能够利用的一些人，尽量设法争取过来，从而掌握敌人的动向，保卫党中央的安全。

三科是行动科。1928年4月，中央政治局常委兼组织局主任罗亦农由于叛徒贺家兴的出卖而被捕牺牲，使党进一步懂得了镇压特务、惩治叛徒工作的重要性，因此，决定成立行动科。行动科科长先由顾顺章兼任，后来周恩来发现他行为不好，改让陈赓继任，三科负责抢救被捕同志，打击罪大恶极的叛徒。该科下面设有手枪、盒子枪武装的“红队”，也叫打“狗”队。其成员多从上海工人中和各苏区红军中，选调一些机智勇敢、枪法最好的特等射手组成，专门负责打“狗”（镇压叛徒和国民党特务）的工作。三科在保卫党中央安全，营救被捕中央负责同志，镇压叛徒、奸细等方面作出了贡献。

四科叫交通科，又称通讯联络科，科长李强。其任务是负责党中央同各根据地、红军和各省委的无线电台联系，水陆交通线的联系。1928 年 10 月，周恩来参加党的“六大”回到上海不久，就亲自抓这项工作，决定派具有大学文化程度的共产党员张沈川到无线电学校去学习半年报务知识，成为我党第一个报务员。四科还派了一些党员担任轮船上的水手、茶房、火车上的司机、乘务员或小商贩，负责传递中央同各根据地、各省委的通讯联络和护送干部工作。

“中央特科”从 1927 年 11 月创立到 1935 年解散，前后有 8 年的历史。其中，前四年主要是周恩来直接领导。在此期间，中央机关虽出了一些问题，但没有遭到重大的破坏。周恩来离沪后，陈云也负责过一段时间“中央特科”的领导工作，以后由康生负责。

在党中央担负着军事、组织、政治等方面极其繁重的领导工作的周恩来，在着手创建“中央特科”的过程中，不仅要决定“特科”各项重大方针政策，制定重要措施，而且常常奋不顾身地指挥行动队，抢救被捕同志，镇压叛徒。

“中央特科”在保卫党中央和各级党组织的安全，打击敌人的阴谋活动等方面，做了卓有成效的工作。“中央特科”的主要工作有以下几个方面：

（一）派同志深入敌人内部，掌握敌人动向。

周恩来本着“不入虎穴，焉得虎子”“知彼知己，百战不殆”的原则，很重视挑选可靠机敏的党员或党的同情者打入敌人心脏，掌握敌情，为我党制定对敌政策提供可靠的依据。

他派遣鲍君甫、杨度等人打入国民党驻上海的特务机关，给我党通风报信，提供信息。鲍君甫是广东人，曾留学日本，是国民党左派，化名杨登瀛，同日本通讯社和国民党的一些人物很熟，又很会交际。他在五卅运动时，同上海总工会有过联系，开始同情共产党。通过中共党员陈养山等对他做工作，鲍愿意尽力给共产党帮忙。1928 年 3、4 月间，国民党特务机关——国民党中央组织部调查科成立，这是中统的前身，也是国民党最早的特务机关，这个科成立初期先后由陈立夫、张道藩负责。调查科成立后，在南京设立了调查科总部。不久，总部派杨剑虹到上海筹建特务机关。杨剑虹也是广东人，和鲍君甫是同乡，昔日又有联系，他为了在上海开展特务工作常拉鲍去帮忙，认为鲍的关系广，要鲍去做侦察工作，在上海侦察共产党及其他反蒋党派的活动，建立办案机构，同租界进行联系。鲍把上述情况全部告诉了当时住在他家里的陈养山，并表示愿意将他所了解到的情报提供给我们党。陈养山属江苏省委领导，省委要陈养山给党中央写一个报告，说明这个关系可以利用。1928 年 5 月，党中央和周恩来派陈赓同鲍见面后，经中央同意，确定使用这个关系。

当时，鲍君甫因经常陪杨剑虹、张道藩出入公安局、巡捕房等，需要经费和一部小汽车，“特科”便满足了他的要求，还给他配了一名保镖连德生。连是中共党员，“特科”工作人员，实际上是做党组织和鲍之间的联络员。连德生每天陪鲍到处活动，连的工作直接由陈赓领导。

1928 年 7、8 月间，杨剑虹因涉及贪污案自杀。蒋介石正式委任鲍君甫为国民党中央组织部调查科驻上海的特派员，成为国民党驻上海特务机关的负责人。从此以后，我们党一方面利用鲍的关系，派人打入国民党警察局、侦察队、宪兵队中去；另一方面竭力巩固鲍在国民党中的地位。鲍因为有这样一个特殊身份，所以掌握的情况多，帮我党做了很多工作。例如，1930 年，有一个黄埔军校一期毕业生，从苏联留学回来，是中共党员，到上海后，就叛变投敌，给蒋介石写信，密告周恩来和他会面的地址。蒋见信后，批交徐恩曾办。信转到鲍手里，鲍立即通知我党。“中央特科”很快组织红队把这个叛徒除掉，保卫了周恩来和党中央的安全。

鲍君甫在 1928 年至 1931 年间，给中共党组织做了不少工作。顾顺章叛变后，敌人才知道中共潜伏的这个关系。1931 年 4 月底，鲍被国民党逮捕，但他没吐露真实情况。1932 年，国民党当局把他放出来。1934 年以后，他当了南京反省院副院长。南京解放时，他在南京摆小摊，生活很困难。1951 年“镇反”时，人民政府把他抓起来。周恩来知道这个情况后，指示把他放了出来。因生活无着，每月由人民政府给他一些补贴。“文化大革命”中，他再次挨斗，1970年年初逝世。

1929 年后，周恩来为了把国民党中央特务组织“拿过来”，先后派遣我党优秀党员钱壮飞、李克农、胡底等打进国民党最高特务机关，准备长期埋伏，搜集情报。钱壮飞曾在北京当过医生和教员，多才多艺。1928年夏天，钱壮飞以优异的成绩考入国民党中统特务头子徐恩曾办的无线电训练班。因他才华出众，善交朋友，又与徐恩曾是浙江湖州同乡，深得徐的信任，调他担任自己的秘书。1929年年底，陈立夫调徐恩曾担任调查科主任，徐的权势更大了。调查科设在南京，徐把钱壮飞带到南京，做他的机要秘书。中共党组织又把李克农调到南京，配合钱壮飞的工作。

徐恩曾是一个纨绔子弟，又是陈立夫的表亲，依仗后台硬，整天在妓院舞场混日子，把许多事都交给钱壮飞办。他的秘密电台就设在调查科，各地凡是给徐恩曾的电报、报告和各种情报都是先送钱审阅提出处理意见。这样，钱壮飞就掌握了这里的重要机密。陈立夫、徐恩曾为了搜集情报，要求设立公开机关。李克农等人根据“中央特科”的指示，利用这个机会，在天津、南京、武汉、北平等大城市建立以通讯社为形式的情报机关。从此，钱壮飞实际掌握了国民党全国最高特务指挥机关。胡底在南京主持国民党情报机关“民智通讯社”，后又调天津创办国民党情报机关“长城通讯社”；李克农实际主持上海的国民党情报机关。周恩来派特科陈赓和李克农联系。李、钱、胡成立党小组，由李克农任组长。这样，国民党最高特务组织的机密，从南京国民党中央到上海、天津等地方，大都被中共有领导、有系统地及时掌握了。李、钱、胡相互配合，收集了很多国民党军事、政治、特务等情报，了解和掌握了国民党的动向，为中共中央制定对敌政策提供了重要的依据。在许多紧急关头，敌人还没出动，中共方面就知道党组织的哪个机关或哪位同志已暴露，立即通知转移，使敌人经常扑空，甚至连蒋介石调动军队向革命根据地进攻的情况，有时也能知晓，这使得中共的对敌决策下得快、下得准，成功把握大。

（二）营救被捕同志，打击无耻叛徒。

在白色恐怖的环境中，敌人不惜以高官、厚禄、金钱、美女等卑劣手段，收买中共队伍中革命意志不坚定的分子，充当他们的特务和内奸。“中央特科”的重要任务之一就是镇压叛徒和特务，保护党在白区的安全。周恩来领导的“中央特科”在营救被捕同志、惩治叛徒方面，除前面所述追捕叛徒顾顺章、保卫党中央这件事外，还有几个事件十分突出。

1. 抢救罗亦农，处决叛徒贺家兴。

1928 年 4 月 15 日早晨，刚从湖北回到上海中央机关工作不久的罗亦农，到北京西路赫德路一带去接头，正在等人的时候突然遭到逮捕，被敌人由英租界捕房解到龙华关押。党中央和周恩来领导“中央特科”想尽办法营救。以后探听到罗亦农将被引渡到国民党淞沪警备司令部去，便准备在解押途中进行武装劫救。但捕房和国民党当局恐生意外，提前引渡，并未经任何审讯即下令将罗枪杀于上海西郊，致使“中央特科”的营救工作没有成功。

为了查清罗亦农被捕的原因，周恩来组织“中央特科”同志通过巡捕房的内部关系，查出了出卖罗亦农的叛徒是贺家兴（霍家新）和何芝华（贺治华）夫妇，他们都曾留学德国，回国后两人在罗亦农领导下做秘书工作。他们迷恋资产阶级生活方式，不遵守我党秘密工作纪律，受到罗亦农多次严肃的批评，他们因此怀恨在心。当时，中共地下工作人员每人每月生活费只有 20 块钱，无法满足他们享乐腐化的欲望。于是，这对叛徒便与帝国主义租界巡捕房密商，以 10 万元的代价，出卖中共中央在上海的十几处机关，然后准备携带黄金、外币逃到西方。他俩出卖的第一个人便是罗亦农。贺、何二人的罪行调查清楚后，“中央特科”决定由陈赓带领“红队”战士，在一天凌晨突然冲进他们寄居的旅馆，在院子里放鞭炮做掩护，枪决了贺家兴，何芝华钻进床下，也被打瞎一只眼睛；他们所掌握的我党同志的名单、地址被搜出，制止了这两个叛徒对中央十几个机关的进一步出卖，使党避免了一场大的牺牲。

2. 营救彭湃等同志，镇压叛徒白鑫。

1929 年 8 月 24 日，住在上海新闸路麦特赫司脱路（今泰兴路）的中共中央军委机关正在开会，国民党上海市公安局根据叛徒提供的情报，前往会场逮捕了彭湃、杨殷、颜昌颐、邢士贞等党的优秀军事干部。中央军委书记周恩来本来也要去参加这次会议，临时因其他事要处理未去，得以幸免。

机关被破坏的前两个小时，鲍君甫才知道敌人的行动计划，来不及通知中共党组织。事情发生后，“中央特科”很快查明告密的叛徒是白鑫。此人原是军委秘书，对军委的情况很熟悉。8 月 24 日那天，白鑫事先已向敌人告密，开会时他佯装无事仍去参加会议并担任记录，虽一同被“捕”，但很快就被敌人保护起来。我党通过鲍君甫以国民党调查科上海特派员的身份去找白谈话，知道他准备去南京继续出卖党的机密，再回上海对中共中央机关大肆破坏，然后去意大利躲避。周恩来知道这个消息后，决定把这个罪大恶极的叛徒尽快除掉，以免后患。“红队”

立即设法在白的住地上海租界霞飞路（今淮海中路）和蒲石路（今长乐路）之间的和合坊 48 号的旁边租了几个房间，把白鑫监视起来。周恩来还亲自到白鑫住的地方观察现场，并结合所得到的情报，制订了周密的行动计划，指挥陈赓执行。1929 年 11 月 11 日晚上 11 时，当白鑫、范争波等 5 人走出住所，还未上汽车时，隐蔽在弄堂里的“特科”人员一齐开枪，当场打死 4 人，除白鑫外，还有范争波的弟弟和一个保镖、一个巡捕，范争波负伤。“特科”的特等射手枪法非常准确，三个人向白开枪，三发子弹都从白脑后一个部位打进去。巡捕、法医验尸后，都惊叹不已。一时上海滩上，“共产党的神枪手”威名大震，使得特务、叛徒闻风丧胆。

周恩来调动“特科”全部力量，来营救彭湃等 4 位同志，营救的办法是等敌人把他解往刑场的途中实行武装劫救。但解往刑场那天，敌人戒备森严，营救没有成功。

3. 寻找内线、托人说情、行贿买通，营救被捕同志。

任弼时在 1929 年前曾先后三次被捕，因他均用化名，没有暴露身份。前两次周恩来领导“特科”同志，请同情我党的律师、法学教授潘震亚与律师费国禧到法庭辩护，合法将任营救出狱。最后一次，是 1929 年 9 月他在上海被捕，被捕时他将暗藏的秘密文件放在口里嚼碎咽下去了，敌人在他身上只搜出一张月票。由于月票上假地址的房子已在一次火灾中烧掉了，查无实据，敌人严刑追问他的真实姓名，甚至使用电刑，他始终未吐露真实姓名。周恩来领导“中央特科”，先请律师辩护无效，接着又派陈赓找鲍君甫设法营救。鲍利用他和租界巡捕房的关系，说任是他手下人，同时又派洪扬生给巡捕房探长陆连奎送去 100 元现大洋买通关系，次日任弼时安然获释。

1930 年冬，关向应在上海租界被捕，巡捕房抄走了一大箱文件。鲍君甫受我党之托找巡捕房表示愿意帮助鉴别这批文件，巡捕房同意。“中央特科”派工作人员刘鼎以鲍派去的专家身份到巡捕房去“鉴别”文件。刘鼎把重要的文件都拿了回来。后来由鲍告诉巡捕房说，被捕的是一位学者，抄出的文件都是学术参考资料，没有什么重要内容。敌人认为关向应不是要犯，对他判刑较轻，不久，便被释放出来了。

由周恩来建立与领导的“中央特科”尽管存在仅仅几年，但作为我党早期的一个执行特殊使命的武装组织，为保卫处在错综复杂的环境中的中央机关的安全、获取敌方情报、营救被捕同志、惩处叛徒等，发挥了重要作用。

中共中央后来在一份文件中这样说：

> 第一次国内革命战争失败以后，1927 年至 1935 年间，在周恩来同志直接领导下创建和发展起来的“中央特科”，在保卫中央机关和党组织的安全、开展对敌斗争、惩办叛徒、获取情报、发展通讯联络工作等方面，起到了重要作用，应予充分肯定。

这是对周恩来当年直接领导创建的“中央特科”，所作出的最公正、最准确的评价。

五、革命意志坚如钢

15 伍豪事件真相

为报复和污蔑周恩来，国民党挖空心思，伪造了《伍豪等脱离共党启事》。启事刊出之时，周恩来早已离开上海进入中央苏区。

1932 年的 2 月中旬至下旬，国民党反动派冒用周恩来的一个笔名“伍豪”的名义在上海各报登出伪造的所谓“伍豪等脱离共党启事”，借以污蔑周恩来，攻击中国共产党。

事情的经过是这样的：

中共方面在周恩来领导下妥善地处理了顾顺章叛变事件，党中央得到保护，党的工作局面也未遭到大的破坏，而敌人方面却十分恼火，将搜捕的最主要目标集中到周恩来身上。

1931 年 9 月，国民党作出悬赏通缉周恩来的决定。同年 11 月又以顾顺章的名义在上海各报连日登出悬赏缉拿周恩来的紧急启事。但敌人却始终找不到周恩来的踪迹，他们的反革命计划又一次成为泡影。敌人便又施出惯用的造谣诬陷伎俩，用“伍豪”的名义在 1932 年 2 月中旬至下旬的上海各报登出所谓“伍豪等脱离共党”的假启事。敌人在这个伪造的启事中，所以用“伍豪等二百四十三人启”的名义，不单单是由于搜捕中共地下党遭到失败，更重要的是因为周恩来是共产党中央的主要领导人之一，在党内、国内享有崇高威信。敌人妄图利用这种伎俩，造成中共党内的混乱，瓦解中国共产党。正因为它是个伪造的，所以存在着明显的漏洞。虽号称“二百四十三人”，却除了“伍豪”一个名字外，再没有另外一个姓名。如果真有“伍豪等二百四十三人”脱离共产党，敌人怎么会吝啬到连多一个名字都不肯写呢？！

当敌人在上海各报抛出这个伪造启事的时候，周恩来已经离开了上海两个多月，早已在1931年12月上旬离开上海，经广东汕头、大埔，福建永定、长汀等地，于12月15日进入中央苏区，又怎么会在上海各报发表所谓“启事”呢？！

周恩来虽然已远离上海，但是，国民党伪造的启事登出以后，共产党立即予以揭穿，进行了有力的回击，这一斗争是由在上海的中共中央领导进行的。在敌人抛出伪造启事的第二天，就用当时在白色恐怖下所可能做到的公开否认的巧妙办法，写了一个实际上是辟谣的启事。这个启事登在2月22日的《申报》上，全文如下——

伍豪先生鉴：

承于本月18日送来广告启事一则，因福昌床公司否认担保，手续不合，致未刊登。

申报馆广告处启

这显然是一条很特别的启事。从内容上看，这样的广告处启事，极少先例。照一般情况，报刊不同意刊登某一启事，直接答复本人就可以了，绝不会在广告栏内再这样刊登出来。再从时间上看，伍豪要登而未能登出的启事是2月18日送给申报馆的。当时从2月16日起，《时报》（号外）、《新闻报》先后登出了“伍豪等脱离共党启事”。《申报》也在2月20日、21日连续登载了同一个伪造的启事。22日申报馆广告处又发表了拒绝刊登另一个“伍豪启事”的上述声明。这样一种安排，使人一看就会联想到，这另一个“伍豪启事”是为否认“伍豪等脱离共党启事”而写的，只是慑于国民党的威胁，《申报》不敢刊登罢了。

与在国民党统治区的公开报刊以曲折的笔法登出辟谣启事的同时，共产党又在1932年2月27日在上海出版的党报《实报》（代党刊《斗争》第四期）上，以伍豪的名义，登出了《伍豪启事》，驳斥了国民党的种种造谣诽谤。全文如下：

伍豪启事

最近在各报上看到“伍豪等脱离共党启事”一则，说了许多国民党走狗所常说的话，这当然又是国民党造谣污蔑的新把戏！国民党的投降帝国主义，出卖中国民族利益的事实，这是全中国以至全世界劳苦民众所共见。把东三省出卖给日本帝国主义的，把中俄合办的中东路双手奉给日本帝国主义的，使日本帝国主义以至一切帝国主义得以利用东三省与中东路以进攻苏联的是国民党政府；在上海事变中，在英勇的十九路军士兵背后，同帝国主义做买卖的也是国民党政府！所以不打倒国民党在中国的统治，不创造数万万中国工农群众自己的苏维埃政府与自己的武装力量工农红军，打倒日本帝国主义与一切帝国主义，进行革命的民族战争，是不可能的。我们现在正在共产国际与中国共产党的领导之下，为了打倒帝国主义与国民党，争取中国民族独立解放而斗争！一切国民党对共产国际、中国共产党与我个人自己的造谣污蔑，绝对不能挽救国民党于灭亡的！

2月20日

配合登出《伍豪启事》一文，2月27日的《实报》上又以《国民党造谣污蔑的又一标本》为题，发表了一篇评论国民党伪造启事的文章，剖析了敌人抛出伪造启事的政治背景和惯用的造谣诬陷伎俩，深刻地揭露了敌人的虚弱本质和凶残狡诈的狰狞面目。现将全文摘要刊载如下——

国民党造谣污蔑的又一标本

国民党反革命派，在与中国共产党及苏维埃运动斗争中，不论在政治上、军事上、理论上，都受到可怜的悲惨的失败之后，却企图以造谣中伤伪造文件来破坏共产党在群众中的影响，欺骗蒙蔽和愚弄劳苦群众！

这类“聊以自慰”“并以惑众”的无耻的造谣之一，便是本月16日后，时报、新闻报、申报那些反革命报纸上所刊登下列的广告——

伍豪等脱离共党启事：

敝人等深信中国共产党目前所取之手段，所谓发展红军牵制现政府者，无异消杀中国抗日之力量，其结果必为日本之傀儡，而陷中华民族于万劫不回之境地，有违本人从事革命之初衷。况该党所采之国际路线，乃苏联利己之政策。苏联声声口口之要反对帝国主义而自己却与帝国主义妥协。试观目前日本侵略中国，苏联不但不严守中立，而且将中东路借日运兵，且与日本订立互不侵犯条约，以助长期侵略之气焰。平时所谓扶助弱小民族者，皆为欺骗国人之口号。敝人本良心觉悟，特此退出国际指导之中国共产党。

伍豪等二百四十三人启

这个文件是敌人在反对自己的政敌之中，所用的最无耻与卑鄙手段的模范之一！

疯狂的白色恐怖，以卑鄙的造谣，假借刑事犯的罪名追逐与通缉伍豪同志（即所谓爱棠村案）。现在却又假借伍豪同志的名义来污蔑伍豪同志（共产党的领袖之一），污蔑中国共产党，污蔑共产国际。难道天地间更有卑鄙与无耻甚于国民党反革命派的吗？

中国无产阶级及劳苦群众，坚决地知道，惟（唯）一的真正能解放中国民族脱离帝国主义羁绊与压迫的道路，是中国共产党所指的道路：民众武装进行坚决勇敢的民族革命战争，打倒日本帝国主义，打倒一切帝国主义。而推翻国民党——投降帝国主义、出卖中国、污辱中国的国民党政权，是中国民族革命战争胜利的先决条件。他们坚决相信：在民族解放与社会解放的斗争中，只有苏联是惟（唯）一的盟友与兄弟的国家。

伍豪同志将与中国共产党全党党员都一致地像一个人一样团结在共产国际及中共领导之下，以坚决英勇的打倒国民党的国内战争及反帝国主义的民族战争来回答敌人的污蔑与造谣！

如果谣言能救国民党于死亡，则国民党这类浑蛋可以不朽，可惜谣言只能证明反革命派之无力与破产，而不能挽救国民党之死亡！

为了向广大人民群众公开地揭穿敌人对周恩来和共产党的造谣污蔑，中共中央又采取了进一步的措施，即约请律师代登启事，进行辟谣。在当时国民党实行白色恐怖的情况下，中国律师是难以承办这件事的。中共中央便通过一定的关系和渠道，找到了当时在上海开户营业的法国律师巴和，由他在1932年3月4日的《申报》上，以醒目的大字标题，登出了《巴和律师代表周少山紧要启事》。周少山是党内熟知的周恩来的别名。现将全文抄录于下——

巴和律师代表周少山紧要启事

兹据周少山君来所声称：渠撰投文稿曾用别名伍豪二字；近日报载伍豪等二百四十三人脱离共党启事一则，辱劳国内外亲戚友好函电存问；惟（唯）渠伍豪之名除撰述文字外，绝未用作对外活动，是该伍豪君定系另有其人；所谓二百四十三人同时脱离共党之事，实与渠无关；事关个人名誉，易滋误会；更恐有不肖之徒颠倒是非藉端生事；用特委请贵律师代为声明，并答谢戚友之函电存问者云云前来。据此，合行代为登报如左。

事务所　法大马路四十号六楼五号

这个启事，在措辞上非常巧妙，既合乎国民党统治区的法律，又澄清事实真相，狠狠地打击了敌人。这是共产党进行合法斗争的一次重大胜利。

需要说明的是，上述事情的全部情况，康生是一清二楚的。因为他当时就在上海，而且是“中央特科”负责人之一。对这一点，康生本人在“文化大革命”前也曾不止一次地说过。1962年10月31日和1963年12月27日，他在两个提到所谓“伍豪脱党启事”的材料上，还这样写过：

“这完全是造谣污蔑……实际上，当时周恩来同志老早已到苏区去了，根本不存在这样事。”“当时在上海的同志都知道这样事。”

但是，时隔几年，到了1967年的5月中旬，即《五·一六通知》公开发表的前后，当林彪、“四人帮”一伙利用当年国民党伪造的“伍豪等脱离共党启事”这条材料，向周恩来进行围攻，社会上掀起反对周恩来的逆流的时候，人们却看不到康生有片纸只字的表态。

为了回击林彪、“四人帮”的进攻，周恩来在 1967 年 5 月 19 日即写信给党中央和毛泽东，用充分的材料讲清历史情况，说明当时自己早已离开国民党统治区两个多月，正在中央苏区承担工作，同时把与这个问题有关的历史材料作为附件，一并送上。

1967 年 12 月 22 日，又有人翻出所谓“伍豪等脱离共党启事”的问题，毛泽东于 1968 年 1 月 16 日对这个问题作了明确批示：“此事早已弄清，是国民党造谣污蔑。”可是，这个问题并未就此了结，党内外大多数同志并不了解这个问题的真相。因此，周恩来于 1972 年 6 月 23 日在中央召集的批林整风汇报会上，作了《关于国民党造谣污蔑地登载所谓“伍豪启事”问题》的专题报告，并宣布根据毛泽东和政治局的意见，把报告的录音和根据录音整理的录音记录稿以及有关文献资料作为档案，保存在中央档案处，同时由各省、市、自治区党委各保存一份，以便党内都知道这个问题的真相，并且避免今后有人利用这个伪造的启事制造事端。但是，“四人帮”及其一伙却采取拖延的手法，拒不执行中央政治局和毛泽东的意见，再次把这个问题搁置起来。

1975 年 9 月 20 日，周恩来病危，需要进行手术治疗。当时，“四人帮”仍在横行。所谓“伍豪等脱离共党启事”的问题仍有可能成为“四人帮”用以进行煽动，实行篡党夺权的借口，因此，周恩来在进入手术室之前，要来他在批林整风汇报会上作的关于所谓“伍豪启事”问题报告的录音记录稿，用他已经颤抖的手，签上自己的名字和报告的日期，并写上了当时签字的时间和环境是“一九七五年九月二十日”“于进入手术室”之前。然后，他才让医护人员将他推进手术室。他对手术能否成功，没有十分把握，他这样做是为了不给诽谤者留下任何可乘之机。

直到周恩来 1976 年 1 月 8 日逝世后，江青及其一伙仍不死心，他们又玩弄卑鄙阴谋。当时新华通讯社出版的内部刊物《参考资料》接连几星期刊登悼念和追忆已故总理的文章。有一天，这份内刊突然转载了香港一家刊物上的一篇文章，诬蔑周恩来“以伍豪之名幕后操纵四一二”事件。这是新华社中拍“四人帮”马屁的人为了诬蔑周恩来有意选登的，显然也得到了“四人帮”中掌管宣传工作的姚文元的同意。群众纷纷写信、打电话给新华社，要求对这种含沙射影的可耻做法作出说明。群情激愤，新华社最后不得不在下一期的刊物上表示道歉，说那是疏忽大意造成的错误。就在这一年，“四人帮”垮台，诬陷伍豪的阴谋才彻底消停。

1980 年 1 月，《人民日报》刊登连载文章《伍豪之剑》，纪念周恩来逝世四周年。它把读者带回到那个国民党恐怖统治的年代。

通过《伍豪之剑》一文，读者可以了解周恩来作为中国共产党的领导人和组织者是如何在白色恐怖下与敌人作斗争的——勇敢、镇定、机智，必要时也是毫不留情的。它还说明，为了党的利益，他完全不顾个人安危，将生死置之度外，将自己完全交给了党组织。从他在广州和上海的特殊年代里，以及后来他代表共产党常驻重庆，再次成为国民党暗杀的对象时，都一再表现出他这种杰出共产党人纯洁无私、英勇无畏的品格。

16 在中央苏区

周恩来在中央苏区做了些什么，他与毛泽东的关系怎样，第四次反“围剿”是怎样胜利，第五次反“围剿”又是如何失败的？这些问题不难解答。

第一件大事：纠“左”

周恩来于1931年年底到达中央苏区瑞金，于1934年10月随中央红军出发长征，共在中央苏区战斗了3年。这期间，正是王明“左”倾冒险主义在全党统治的高峰期，党和革命的各方面工作均遭受着“左”的严重干扰和危害。周恩来在中央苏区，从他所处的政治地位出发，为了党和革命的利益，尽可能地、不断地向“左”倾冒险主义作着抗争，一定程度上维护了党和人民的利益，为革命和战争作出了特殊的贡献。

周恩来进入中央苏区之后，抓的第一件大事，是纠正中央苏区存在的肃反扩大化的错误。

中央苏区的肃反工作，是从1930年年底红一方面军中打所谓“AB团”开始的。1931年4月，中共四中全会代表团到达中央苏区，全面推行“左”倾的主张和政策，将肃反工作逐步推向扩大化。其主要问题是：

1. 肃反的指导思想是错误的，形成了“肃反中心论”的思想局面。当时认为，群众的发动，“正确路线”的执行，政权、红军、党以及一切革命团体的改造，都要从肃反开始，甚至将党内和群众中反对错误思想、错误行动的斗争，党内两条路线的斗争，都以肃反来代替，认为只有肃反才可以执行上述任务。

2. 肃反的组织领导是错误的，完全脱离了党的领导。肃反委员会和政治保卫局、政治保卫处，在一个时期内竟成了超党、超政府的独裁机关，很少甚至不受当地党和政府机关的监督和指导。

3. 肃反的方法是错误的，不仅是简单化，简直是恶化了。如在审问中采取“软硬兼施，穷追细问”的方法，大搞逼、供、信，普遍的施用肉刑，苦打成招，专凭口供大捕嫌疑犯。这就产生了肃反工作的唯心论，不可避免地将肃反引向扩大化的恶性发展。

4. 肃反的后果是严重的。许多人被冤杀了，许多组织被打垮了，党、团、政权及各级组织都受到损伤和削弱。一年多的肃反，仅红一方面军就被肃了 4 000 多人，闽西“肃社党”运动中被害人达 5 000 以上。这就不可避免地引起群众中甚至党内的恐怖气氛，同志间亦互相猜疑不安，使他们的生活陷入一种非常状态中。而苏区的一切工作，如扩大红军、发展积极分子、政权建设与群众组织的建设，都因此而遇到了极大的障碍。

中央苏区肃反扩大化的情况，早已引起了负责苏区工作的周恩来的注意。1931 年 8 月，他代表党中央起草了给苏区中央局并红军总前委的指示信，就指出了肃反中存在的简单化、扩大化的错误，提醒他们要注意政策界限，实行区别对待，加强“思想斗争与群众中的教育工作”；对肃反组织（肃反委员会、保卫局、保卫处等）强调一定要“选拔最得力的干部去担任”。这封指示信对中央苏区的肃反扩大化的错误在一定程度上有所抑制。

周恩来赴中央苏区，首先进入闽西苏区，又目睹了闽西境内“肃社党”（即肃清社会民主党）事件扩大化的严重情况。他在途中就带着沉重的心情两次给中央政治局写信，汇报了沿途见闻，一面请中央直接作决议加以制止，一面表示了他将与这种错误作“严重斗争”的决心。

周恩来到达瑞金后，立即以主要精力纠正肃反扩大化的错误，稳定苏区的政治局面。

首先他以苏区中央局名义，就反“AB 团”、肃社党等问题给各级党组织发出指示信，重申中央的指示信精神，要求各级党部立即纠正肃反中的错误。

紧接着于 1932 年 1 月 7 日，他主持召开中央局扩大会议，检讨了中央苏区肃反工作的历史和现状。他在会上的报告中，对中央苏区的肃反工作作了详细的分析和总结。会议根据周恩来的报告和中央指示信的有关精神，通过了《苏区中央局关于苏区肃反工作决议案》。决议案着重指出肃反工作中存在的扩大化和简单化的错误，强调今后的“肃反工作，要执行彻底转变”。

在周恩来的指导下，中央苏区采取了以下几项具体措施来纠正肃反扩大化的错误。

红军时期的周恩来

1. 加强思想教育工作，提高党员和革命群众的认识和觉悟，正确认识肃反工作的重要性，但又要反对夸大反革命的力量，坚决反对“肃反中心论”的思想，使大家懂得只有执行明确的阶级路线与进行充分的群众工作，才能巩固革命势力，真正肃清反革命派。

2. 对于过去肃反工作中的错误，须向广大群众做好解释工作，并有领导地开展党内自下而上的自我批评；对仍旧坚持过去的错误而不承认、不改正的，须予以纪律制裁。

3. 健全国家政治保卫局的组织，规定其组织原则是集权的，反对个人说了算；保卫局须在党中央局的直接领导与苏维埃中央政府直接指挥下，由委员会管理工作；保卫局的组织纲要，应由苏维埃中央政府颁布之。

4. 对反革命组织的侦查，对反革命分子的捕获、审问、处理等工作，一概集中到保卫局系统中去；一切党部、青年团部、工会以及一切革命组织、政权机关，不能直接办理肃反工作；建立革命法庭，按法律办事；要搜集各方面的材料，不单靠供词，并坚决废除审问中的肉刑。

5. 明令确立革命秩序与保障革命群众的权利。

由于这些措施的得当和及时，大约到1932年的3月间，中央苏区肃反扩大化的错误即已基本纠正，消除了党内和群众中的怀疑、恐怖和不安，稳定了社会秩序，党和各级政权机关、各革命组织都恢复了正常工作，重新调动了广大群众的革命积极性，从而使中央苏区又得到了巩固。这就为以后革命战争（特别是不久就开始的第四次反“围剿”战争）的胜利奠定了可靠的基础。尽管后来由于“左”倾中央直接控制中央苏区，在肃反工作上又逐步升级，但严重扩大化的情况似未发生，特别在法律程序上对扩大化也有所控制。

中央苏区时期的周恩来与毛泽东

周恩来进入中央苏区后与毛泽东的关系究竟如何？在一个时期曾成为中外研究者议论的中心话题。首先是叛徒龚楚在他的《我与红军》的回忆录中捏造了一则谣言，说周恩来到中央苏区是衔“左”倾中央之命去“清算与斗争”毛泽东的，港台一些作者乃竞相援引。于是谬种流传，几成“定论”。这本来不足为凭，但后来美国著名作家哈里森·索尔兹伯里著的《长征——前所未闻的故事》一书中，竟也这样认定：周恩来从进入中央苏区，“直到遵义会议前夕”，都一直“是毛泽东的对手”；毛泽东的中央局书记和红一方面军总政委职，都由周恩来“替代”了；“周恩来与‘三人团’中的其他人站在一边，阻挠毛的战略，否定毛的建议”。他还这样论证：“如果说，没有证据表明周恩来支持博古和李德要搞掉毛的阴谋的话，也没有证据表明周恩来曾参与反对此种计谋。”

如果说，龚楚的谣言与港台一些作者的臆断是不值一驳的话，那么，对于索尔兹伯里先生这本在世界上有影响的书中的议论（特别是他写这本书时所受到的中国官方的特殊接待和他所访问的对象，引起人们极大的兴趣），则是不能不作出回答了。

历史上确实找不到这样的“证据”来“表明”周恩来曾“支持博古和李德要搞掉毛的阴谋”，恰恰相反，历史上却可以找到这样的“证据”，足以“表明”

周恩来对于“左”倾冒险主义者排挤和打击毛泽东的行为进行过抵制和抗争，而对毛泽东则给予了支持和维护，并因此而受到当时执行“左”倾路线的同志的不满和攻击。

让我们往下看。

首先，周恩来入苏区后接任中央局书记，与“左”倾中央对毛泽东的排挤毫不相干。第一，周恩来任中央局书记，是六届三中全会后的中央的决定，此前只任命过代书记，中央的原决定从未改变过。周恩来到后，不管从谁手里接书记职，都是履行中央的原决定，完全是天经地义，无可非议，又何得借此说三道四！第二，赣南会议后，苏区中央局于11月15日致电中央：“此间在党大会后，正努力建立军政的系统与工作，纠正过去党包办一切的错误。中央的同志多已分任军政工作，书记必须请中央派人来担负专责。”正是根据这一请求，中央才决定周恩来提前入苏区工作的。第三，此前中央局代书记几经变动：成立时由项英代书记；1931年5月免项英，由毛泽东代理；11月中央苏区党代会（赣南会议）又免毛泽东，仍由项英代理。12月周恩来到时，是从项英手里接过书记职的。此点，历史有明文记载，又何得张冠李戴，硬说成是从毛泽东手里“接替这一职务”的？

其次，周恩来到苏区后力主恢复了毛泽东的红一方面军总政委职务。1931年11月的“一苏”大会，决定成立中央革命军事委员会，宣布取消红一方面军建制；取消总司令、总政委的名义，毛泽东的军权被剥夺。毫无疑问，这是“左”倾冒险主义者对与他们主张相悖的毛泽东所采取的一种排斥手段。周恩来在12月间到后，于次年7月下旬到前方（后方由任弼时任中央局代理书记），与毛泽东、朱德、王稼祥共同指挥红军作战。7月25日，他即与毛、朱、王联名向后方中央局发出部队“改设总政治委员为妥，即以毛任总政委”的建议电。后方中央局当然不会接受这一提议，而提出以周恩来为总政委。29日，周恩来乃以个人名义专门复信后方中央局，强调说明“泽东的经验与长处”是指挥战争，“有泽东负责，可指挥适宜”，一再坚持以毛泽东为总政委。后来，后方中央局接受这一提议。8月8日，以中革军委主席朱德，副主席王稼祥、彭德怀的名义发布了正式任命毛泽东为红一方面军总政委的命令。这一事实至少说明三个问题：其一，前方建议电由周恩来领衔，可见这个建议是周恩来首先提出的，而只有周恩来这样的地位方好提出这样的建议，朱德、王稼祥不便作这样的提议；其二，周恩来对毛泽东的军事战略思想是一贯支持的，过去他大力支持过毛泽东在井冈山和在赣南、闽西时的斗争思想，现在又明确承认毛泽东在指挥战争上有他的“经验和长处”；其三，如果说周恩来一开始就“参与”了对毛泽东的排挤，此时何不乘后方中央局提议之机，将红一方面军总政委职拿到手？可见此说为无稽之谈！

第三，周恩来在宁都会议上大力维护毛泽东。1932 年 10 月上旬在宁都召开的中共苏区中央局全体会议，完全遵照“左”倾中央的指示，对毛泽东进行了“无情打击”，旨在再次剥夺毛泽东的军权，还以调回后方主持中央政府工作为名，撤销毛泽东红一方面军总政委职。对此，周恩来在会上努力作了抗争。他不仅对后方中央局领导人指责毛泽东的一些所谓“错误”作了许多解释，而且他坚持提出两个方案，总的精神都是要毛泽东留在前方指挥作战。执行“左”倾中央指示的后方中央局成员，对周恩来的这个态度十分恼火。宁都会议后，11 月 12 日，后方中央局成员给上海党中央发电，指责了周恩来三条所谓“错误”：

1. 不赞成中央的“积极进攻”的路线，“表现对革命胜利与红军力量估计不足”，与毛泽东的“等待主义”“以准备为中心”等的“右”倾错误，“没有什么明显的不同”；

2. 在宁都会议上，“没有站在坚定的立场集中火力反对”毛泽东的“错误”，“不给泽东错误以明确的批评，反而有些地方替他解释掩护”；

3. 周恩来所作的会议结论是“调和主义”，甚至说，“我们认为恩来同志在斗争中不坚决，这是他个人最大的弱点，他应该深刻了解此弱点加以克服”，等等。

周恩来表示不能同意这个批评，亦同时给中共中央写了一个报告，明确说明了四个问题：

1. 承认在宁都会议上“对泽东同志的批评是采取了温和态度”，不同意是所谓“调和”；

2. 认为“后方同志”对毛泽东有“过分批评”，而这些批评都不完全符合事实，并指出“后方同志主张召回泽东，事前并未商量好，致会议中提出后，解决颇为困难”。由此可确知撤销毛泽东红一方面军总政委职，完全是后方中央局成员的意见，周恩来事前绝未“参与此种计谋”；

3. 坚持向中央说明留毛泽东在前方的理由：“泽东积年的经验多偏于作战，他的兴趣亦在主持战争”，“如在前方则可吸引他供（贡）献不少意见，对战争有帮助”，同时对毛泽东本人也比较好；

4. 再次为毛泽东的态度作了一些辩护。周恩来向中央说明：宁都会议后他去探望毛泽东，毛泽东“答应前方何时电召便何时来，在情绪上还没有看出他有什么不积极的表示”。关于“请病假”，他也替毛泽东作了说明：“因为治病在他确是十分需要的。”

周恩来此举的用意，是希望争取中央能同意毛泽东再回前方。但是，直到第五次反“围剿”，“左”倾中央始终不让毛泽东参与战争的领导，因而给红军战争造成了极为惨重的损失。至于周恩来接任红一方面军总政委职，那是中央的强行任命，周恩来是不得已而任之。这一历史过程，是非常清楚的。

第四次反“围剿”胜利

周恩来进入中央苏区后，在与朱德一起领导第四次反“围剿”取得胜利方面，发挥了重要作用。

1932年冬，蒋介石结束了对鄂豫皖和湘鄂西的“围剿”战事后，集中24个师又两个旅的兵力共50万人，兵分三路，向中央苏区大举进攻。此时中央红军主力不过4万人，在优势敌人进攻面前，形势相当严峻。且正在此时，“左”倾中央由上海迁入中央苏区，直接干预战事，更增加了第四次反“围剿”战争的困难。

1933年1月，苏区中央局向前方发出《关于作战新计划之指示》，要求红一方面军集中主力，转移到抚河西岸，攻占敌军重兵驻防的南丰和南城，要前方指挥员和中央局“站在一致的战线上执行”这一计划，并“电告执行之结果”。

周恩来向不盲从，对中央局这一不切实际的所谓“新计划”，他和朱德一致表示了不同意见，多次致电中央和中央局，强调必须实行运动战，详细说明攻击坚城的不利，并分析了攻城夺地与消灭敌人有生力量的辩证关系。他还向中央请求：“连续残酷的战斗立刻就到，战争与军事布置更应确定统一指挥。”提议中央局只在原则上方针上作出指示，“具体部署似宜属之前方”。

周恩来的多次意见均遭到中央和中央局的拒绝。2月4日，中央局发出《关于作战计划致周朱王电》，仍然不顾实际情况地固执坚持他们的“左”倾军事战略，继续强调：我军为先发制人，击溃敌人，求得战争，“在目前敌人据点而守的形势下，无法避免攻击坚城”，要求红军“猛攻城防”“先攻南丰”“乘胜威胁南城、抚州”。并用不容商量的口气说：“此新计划经中央局全体通过，请立即讨论并电告执行的具体部署。”就是说，这个“新计划”是非执行不可的。

在中央、中央局拒绝周恩来的建议，一再坚持红军强攻南丰和在抚河东岸一时也难以求得有利战机的情况下，周恩来仍一面与朱德率领红军渡过抚河向南丰开进，一面于2月7日凌晨1时30分，致电中央局并转中央，提出了准备攻取南丰的部署意见。同时提出，在“敌情地形有变”或“我牵制敌人兵力不奏效，敌以增援队三四师由马路并进”的情况下，则须放弃强攻南丰的计划，而改攻宜黄或乐安去调动敌人，于山地运动战中解决敌人。此电发出后半小时，周恩来又拍发一电，说明即便是在敌人“据点而守”的情况下，还是可以设法“调动敌人”，“求得运动战”的。而攻打敌人重兵守备的坚城容易损伤较大的战斗力，能否攻下也没有把握，要求中央和中央局重新审查自己的意见。中央和中央局未予答复。

实际上，红一方面军从2月1日起即开始进围南丰。南丰城东临抚河，位于南北狭长的平原中，为抚河战线敌人进攻中央苏区的重要据点，城内外均构筑有坚固的城防工事，敌第八师陶峙岳部6个团在城内防守。在我军强攻下，敌军退守城防，依据险要工事，坚守待援。红军从2月7日到12日，连续攻打6天，虽拿下一些外围据点，但进展不大，无法攻进城去。而周恩来、朱德的指挥，从开始就未按中央指示一味去“猛攻南丰”，而是采用一种“佯攻”战术，谨慎行动，目的在于调动敌人提前分兵增援南丰，“以乱其计划”，并便于我军在运动中消灭敌军。所以一面虽在“强袭”，一面却加紧对敌情的侦察。当得知敌中路军陈诚主力驰援南丰的准确情报以后，红军乃立即撤围南丰，并终于捕到了战机，于2月27日和3月21日，先后在黄陂和草台岗地区，取得了两次大兵团伏击战的大胜利，歼灭敌人3个精锐师，俘敌万余，缴枪万余支，粉碎了敌人的第四次“围剿”。

中央苏区第四次反“围剿”战争的胜利，是周恩来坚持抵制“左”倾军事战略的结果。这次战役的胜利，还表明了周恩来具有组织和指挥战争的卓越军事才能。他提出了一系列战略战术思想，如：“以迟迟进逼的战略，调动敌人，求得运动战的胜利”，以“佯攻”“迷惑并牵制敌人”“攻城调动敌人”“集中力量迅速击破或消灭其一翼”“选敌一翼，求于运动战中消灭之”“山地运动战”“求得于预期遭遇的运动战中消灭敌人一翼，以各个消灭之”“消灭敌人尤其主力，是取得坚城的先决条件”“一切战略决定都与敌情、地形、任务有关”“部署不是呆板的，敌情地形有变尚须活用”等等。这些战略战术思想与毛泽东军事战略思想是完全一致的，是对毛泽东军事思想宝库的伟大贡献。同时从他和朱德、王稼祥在这次战役中的部署来看，充分注意和吸收了红军第一、二、三次“围剿”战争的经验，从而也说明他对毛泽东的军事战略思想是始终尊重的。

第五次反“围剿”失败

1933年6月13日，中共中央局致电朱德、周恩来，转告共产国际远东局军事总顾问拟定的以中共临时中央名义发出的关于夏季军事作战计划的指示电（因电文很长，当时简称“长电”）。“长电”提出了一个“分离作战”的方针，即将红一方面军主力军分组成东方军和中央军，在闽、赣两个方向上作战，实行“两个拳头打人”，企图在两个战略方向上同时取胜。“长电”规定东方军先到闽西打第十九路军，然后北上打抚河以东敌人；中央军则留在抚河、赣江之间地区进行牵制性作战，待东方军有进展后，再北上会攻抚州和南昌，以实现革命在江西的首先胜利。

这份电报的方针显然是错误的。因为相对弱小的红军，与强敌作战必须集中兵力。在敌强我弱的情况下，把两个拳头分开来打人，是徒然分散兵力的愚蠢计划。毛泽东曾多次论述过这个问题，并一向反对这种分兵战法；广大红军指挥员，尤其是高级指挥员，对此也早已深有体会。所以接到“长电”后，周恩来、朱德和各军团领导人都表示反对这个计划。6月14日，周恩来、朱德两次致电中央局，表示了不同意见，但在瑞金的中央局和中革军委（项英代主席）领导人，根本不考虑前方领导人的意见，三令五申，要求前方“政治与军事的领导同志”必须“切实执行这一作战计划”，“一致地接受这一整个的计划并即举行分工”。前方只能照办了。

7月1日，东方军组成并立即开始入闽作战。东方军从7月初入闽，到10月初撤回，前后历时3个月。虽然取得了一些胜利，但总的来说，战果不大，所取得的胜利未能巩固。且“酷暑远征”（周、朱致中央局电中语），粮食缺乏，连续转战，疲于奔命，伤亡和疾病减员也很大，沿途留下了大批伤病员，严重削弱了部队的战斗力。而中央军在抚河地区作战，3个多月也无所建树。实践证明，这种“分离作战”的方针和“两个拳头打人”的战术是行不通的。正像毛泽东后来所批评的：“结果是一个拳头置于无用，一个拳头打得很疲劳。”更主要的是，我们丧失了宝贵的准备时间，却给了蒋介石以从容准备第五次“围剿”的时间，

1933 年 12 月，周恩来和红一方面军领导人在福建建宁合影

造成第五次反“围剿”开局我党就处于被动的地位。

原来在 8 月间，周恩来、朱德即已发觉蒋军部队虽仍在原地未动，但其注意力已渐向东移，即已有开始第五次“围剿”的征兆。此时必须集中一、三军团主力，严密注意敌军动向，随时打击敌军的进攻。且福建第十九路军已有求和表示，而东方军一时也无法攻克顺昌、将乐等坚城，双方已成胶着状态，完全应该结束战局。因此，9 月 3 日，周恩来即电中央局说明敌情，申明已“命令彭、滕于 4 日结束战斗后，集结延城附近，准备回师”。5 日，周、朱再电中革军委，说明要东方军回师北上的意思，请求批准。这本来是一个适应战局的正确的提议，但中革军委代主席项英于 7 日回电朱、周并转彭、滕，不同意要东方军回师的意见，坚持要东方军消灭十九路军的“基干兵团”，完成“第二阶段”作战任务后再回师北上。周恩来、朱德要东方军回师的命令只好作废。

9 月中旬，周恩来获知准确情报，北线敌军将逐渐向宜黄、抚州、南城三角地区集中，准备抢占抚河，隔断我中央军与东方军的联系，以对我军实行各个击破。这对我军是一种危险的形势。但我东方军若能先机撤回，与一军团会合，则能集中兵力，发挥特长，乘敌军运动时大量消灭之。故此，9 月 13 日，周恩来又专门给博古、项英及上海共产国际代表团发了一封长电，明确说明了当前敌情及利害关系，再三要求中央同意东方军立即结束战斗，“迅速北上与中央军会合”。周恩来并提出了东方军回师路线与击敌方案：由一军团迅速派部队切断南城、南丰交通线，先敌控制抚河上游，接应东方军“安然由万年桥或浒湾西渡”抚河，然后与一军团联合，乘敌军各方向抚河集中时，在运动中“消灭宜抚南三角地区的敌军而最后取得南城”。周恩来并预计此仗打好可消灭敌军“十个师”（疑有误，原电如此——引者）。但是，不懂军事的博古和项英，仍然不同意此计划。14日24时，由项英回电朱、周并转彭、滕，竟然毫无根据地断言：“蒋贼仍极力构造永（丰）乐（安）方面之封锁线，刻未东移，容我东方军迟于二十日若干时间再行北上”；强调“采用各个击破手段，先打闽敌，以便将来独立对赣敌作战”。这样，东方军仍不得不滞留闽中作徒劳无功的转战。

9月中、下旬，周恩来又获知蒋介石结束了第三期庐山军官训练团并不再举办，各军官均回原部队指挥；且其北路军第三路军陈诚之主力部队已集中准备向中央苏区北面门户黎川城进攻。而且此时，十九路军已派出代表向我方求和，东方战线无须顾虑。于是，9月24日22时和25日11时30分，周恩来又两次急电项英并中央局，明确提出，“北线敌情已日益紧张”，东方军必须“迅速结束东方战斗”“不为坚城所系，不为强敌所滞”“赶早北上”“否则将会失去剪除赣敌左翼良机，坐视其抢先集中抚河”，并严肃地提出：“你们同意否，务请早定大计，免失剪除赣敌左翼良机，请示复。”

“左”倾中央此时也感到了北线形势之严重，发觉到敌人已做好大举进攻中区之准备，不得已乃于9月25日24时复电朱、周，同意结束东方战线之提议，命令东方军迅即向泰宁回师，会合抚西红军以“消灭进逼黎川之赣敌”，全力与敌在抚河会战；并说明“各兵团行动的时间，由方面军自定”。

但中央的“开明政策”已为时晚矣。两军相战，谁占先机，谁就主动。如果9月初即依照周恩来的建议，东方军迅即回师北上与中央军会合，集中先消灭宜抚南三角地带之敌军几个师，必将打乱敌人的全部军事部署，第五次反“围剿”至少开局会是另一番局面。由于博古、项英的一再拖延，始终咬定要先消灭十九路军而后北上，以致贻误了战机，反而让敌人先我而动。等方面军总部接到中革军委于26日晨之回电，27日下达《方面军关于歼灭黎川之敌后在抚河会战给各兵团的行动命令》时，还未来得及行动，9月28日蒋军四个师就已按计划袭占了黎川城。于是我军计划全部落空，完全陷入了被动状态。开脚第一步就走错了路，这是第五次反“围剿”失败的一个重要原因。周恩来抗争了，惜未成功，这是当时特定的历史条件使然。非不为也，是不能也，周恩来等人无此回天之力。

第五次反“围剿”战争开始前夕，共产国际军事顾问李德来到了中央苏区，预示着一场灾难的降临。博古不懂军事，又对毛泽东、朱德甚至周恩来投不信任票；李德是共产国际派来的，又是博古请到中央苏区来的，于是他对李德无条件信任。骄横跋扈而又不了解中国情况的李德被捧成了中央苏区的“太上皇”。李德不仅操纵着对红军的指挥大权，甚至左右着中央政治局的领导，终于铸成了第五次反“围剿”失败的大悲剧。

李德来时正逢黎川失守。9 月 28 日当天，周恩来接连向项英并中央局发出了三封电报，根据黎川失守后当前敌情之变化，提出了方面军新的战斗部署的意见。周恩来指出：敌占黎川，并“加紧构筑工事”，图巩固黎川防务并与资溪桥、硝石之联络，以全力完成北面由吉水到黎川对中央苏区的“全线封锁”。这说明敌军已进入对中央根据地大举进攻的部署。因此，目前我军“必须以极大机动性处置当前战斗。正面迎敌或强攻黎川都处不利”。我们的战术不宜和敌人争夺城市，而必须注意发挥运动战的特长，着眼于在运动中消灭敌人的有生力量。“目前行动仍以先剪除赣敌左翼为方针”。周恩来提出了详细的作战部署：等东方军与中央军集中时，可以“一部佯攻黎川，吸引该敌”，“以主力突出飞鸢击敌之背，先击许（克祥）师与金骆南下之敌”，“并以二十师突入金羚、浒湾之间，以调动敌于运动战中给以各个消灭”，如敌“或北退，则合东方军全力夹击之；如西退则逼使背河决战；如坚守黎城，则我以萧（劲光）支队监视周（浑元）敌，以东方军与中央军会合逐个消灭抚河移动之敌；如在东方军消灭许师之际，吴（奇伟）纵队全部东移，我中央军正好尾击其后；如宜黄敌向东移，中央军则相机截击之”。周恩来在电报中还特别急切地提醒：“此一大体拟议，与东方军主力集中方向和后方部署有关，须早决定，如有不同指示，请早电告，否则闽边大山，转移颇费时日，且暴露企图。”

周恩来的这一拟议，瞻前顾后，周到细密，把各种情况都预计在内了，完全符合战场实际。如能照此实行，是有可能挽救黎川失守后的被动局面的。

但是，李德、博古和项英等震惊于黎川一城之失，不同意周恩来关于集中一、三军团兵力在运动战中消灭敌人有生力量的拟议，而急于收复黎川城，以图保住“国门”，然后在国门之外来打击敌人。10月2日，李德以中革军委名义给朱、周连发两电，竟武断地认为，敌人“攻占黎川仅数日，当不能造成强固堡垒”，因此坚持命令“东方军要消灭硝石、资溪桥以及黎川附近之敌。才能贯彻这次战役的目的，开展战局，要在战术上作连贯的步骤，特别注意加速行动的时间”。并强调要中央军由永丰、乐安地区东移，攻击和牵制南城、南丰地区之敌，便于东方军在黎川决战。指示又不察东方军远途行军之艰难，竟专横地指责说：“彭滕……忽视上级命令，或将延误军机，战机紧迫，对于命令执行不容任何迟疑或更改，请注意。”这个指示，体现了标准的“进攻中的冒险主义”，一如以前，不让红军集中兵力，仍是要一、三军团“分离作战”，去进攻敌人的坚固阵地。前方只得按此执行。东方军昼夜兼程回师后，猛攻硝石和资溪桥，企图“逼退”黎川之敌。事与愿违，红军不但几战失利，而且陷入了敌人的碉堡群中。如果不是彭德怀当机立断，连电中央请准，迅速撤兵，红三军团就有全军覆没的危险。

此后，在李德的瞎指挥下，始终采取“分割作战”的方针，不让红军特别是一、三军团集中作战。这样，就不能消灭大一点的敌人，多次失去消灭敌人有生力量的良机，使第五次反“围剿”战争逐渐陷入困境。为此，周恩来曾多次抗争，直至对李德的瞎指挥直接提出了严肃的批评。

福建事变发生后，蒋介石调大军入闽“讨伐”十九路军。与此同时，蒋介石怕红军入闽与十九路军配合作战，又派陈诚部罗卓英及李默庵纵队共7个师向东山、德胜关推进，企图截断红军入闽通道，与入闽军相呼应，并寻求红军主力决战。这又是红军在运动中歼敌的好机会。12月13日凌晨2时，周恩来与朱德联名向中革军委发出《关于集中兵力在东山、德胜关间同敌决战的请示》电报。电报首先汇报了陈敌7个师推进情况；接着指出由于实行“分割作战”，红军主力兵团不集中，不能“给敌以更大杀伤”，且尝“付（出）过大代价”，强调红军集中作战“此点在目前特别重要”。根据敌军推进情况，周、朱“提议立刻调一军团及十四师准备会同三、五、九军团主力，甚至七军团主力一部，于东山、德胜关间与陈敌主力决战”，不如此“不易使东北暂归平静，而使我战略转移”。周恩来还特别在电报末尾加上，“豪注：我坚持丙项意见……我们从不与陈敌主力决战，但欲消灭其一二个师，非一、三军团会合不可。”这一提议，体现了周恩来的非常胆略与卓越见识。周恩来敢于集中红军主力与敌“围剿”军主力陈诚部决战，当然不是摆开阵势与敌人打阵地战，而是坚持红军的基本战术，力求在运动战中消灭敌人的有生力量。此举虽属大胆，但却很有把握，因为在局部上红军已占优势。且欲能消灭敌北路军一二个师，虽不至将第五次“围剿”完全打碎，但必将给敌人造成极大恐慌，对福建十九路军也是个有力的支援。

周恩来提出的无疑是一个好计策，但一贯主张冒险的“左”倾领导人和李德，有了和敌人决战的机会，却又不敢与敌人真正决战了。他们对于周恩来的提议置之不理，却顾左右而言他，答非所请地于12月13日至14日连续4次给方面军总部发电，作了完全相反的部署，决定将方面军主力西调永丰地区，进攻敌人堡垒线，而不向东配合十九路军作战，且朝发夕改，造成了前方的指挥混乱。

12月13日晚，方面军总部得到军委关于“重新部署密令”，命令“五军团向德胜关附近集中坚守工事，三军团掩护伤员后移，准备西行”，即不让红军与敌军主力决战，而作西向永丰地区转移之准备。方面军总部只得执行，按军委“密令”给三军团、五军团下达了行动命令。但部署刚罢，14日白天得军委第二电，改令“三、五军团先击敌左翼，后以三、五军团击敌右翼”。这又是要向敌人进攻的指示。方面军总部考虑后，认为只能击敌一方，不能击敌两方，乃下令“三军团西南移动，而以五军团协同动作”。但因14日拂晓前6时，三、五军团已按第一电令出发先行，“不及追回”，方面军总部虽连电三、五军团指示改变线路，重作部署，然直至当晚，未得回复。14日下午2时，军委第三电至，又否定第二电内容，命令“三军团南移侧击，五军团坚守”。方面军总部已不好动作。还未考虑成熟，当夜23时军委又来第四电，又“停止三军团行动，改为侧击敌左纵队，仍令第十三师守德胜关”。——由于军委电令屡作变动，弄得前方十分混乱。而红军两日无功，战机已逝，德胜关已牢固掌握在敌人手中了。

这种朝令夕改的瞎指挥，为历次反“围剿”战争所未见。为此，周恩来感到十分愤慨。16日，周恩来直电“博古、项英同志”，指出：“连日电令屡更，迟在深夜始到，盖以天电大，发报难，遂使部队运转增加很大困难，请在相当范围内给我们部署与命令全权，免致误事失机。”电报叙述了军委屡更电令造成的混乱情况，最后严肃地指出：“两日来命令屡改，最后部署仍回至我们的第一密令时部署一样。此对下级信用确有影响，务请仔细考虑。且更证明相当范围内职权似应给我们，否则亦请给相机处理之电令给我们。事关战局责任，使我不能不重申前请。”这封电报，看来是对博古和项英提意见，实际是对李德瞎指挥的严肃批评。而博古和李德是根本不会接受这些意见和请求的。以后的战局发展，证明在博古的纵容下，李德的瞎指挥是有增无减，更加肆无忌惮了。

两次统战工作

周恩来在中央苏区期间，还出色地开展了两次统一战线的工作：一次是指示同发动福建事变的原国民党第十九路军的谈判，一次是指示同广东军阀陈济棠的谈判。这两次统战工作虽都没有最后的结果，但对当时的战争行动均起了一定的作用。

福建的原国民党第十九路军，在我东方军几次打击下，已知“剿共”无前途，但又惧蒋介石的催逼。于是在我“停止内战、一致抗日”政策的感召和全国抗日运动的推动及部下广大士兵不愿打内战、普遍要求抗日的情绪的影响下，便想在联共、抗日、反蒋上寻找出路。

1933年9月，蒋光鼐、蔡廷锴指派陈公培（当时叫吴明，又名吴寿康，中共早期党员，后脱党）代表十九路军，携带蒋光鼐密信，秘密前往前线找红军直接谈判停战议和、共同抗日之事。陈在延平的西芹遇见红军，被带到王台三军团总部驻地会见了彭德怀，彭乃立即电告红一方面军总部请示办法。周恩来一向胸怀宽广，有战略眼光，他早有停止东线战事，集中力量对付北线的战略构想。因此，接彭德怀电后，经请示中央同意，乃于9月22日，代表党中央电告项英、彭德怀、滕代远，说明确有陈公培其人，系中共脱党者，提供情况可信，拟派袁国平前往西芹，与陈公培磋商停战反蒋问题。遵照周恩来的指示，袁国平与陈公培在王台谈判后，延平前线已进入休战状态，给东方军回师北上创造了条件。周恩来的统一战线工作初见成效。

10月初，陈公培又陪同十九路军秘书长徐名鸿做全权代表来瑞金与中共进行正式谈判。周恩来在毛泽东的支持下，受党中央指派，与叶剑英一起负责指导这次谈判工作。他指定中央局宣传部部长潘健行（即潘汉年）为全权代表，与徐名鸿进行具体谈判。周恩来除向潘健行交代了谈判中应注意的事项外，有时还亲自参加会谈，结果双方签订了《抗日停战协定》十一条。于是11月间，十九路军发动了“福建事变”，成立“中华共和国人民革命政府”，公开宣布联共、抗日、反蒋。

对于红军和根据地来说，这本来是一次很好的关键性的机会。中共方面正可以利用国民党内部的矛盾与分裂，从政治上也从军事上援助十九路军反蒋，并借以打破第五次“围剿”，趁机掀起全国性的抗日反蒋高潮，这必会把蒋介石推入极大的困境，这种有利条件，是过去历次战斗中所没有出现过的，也是周恩来指导开展的统一战线工作所取得的一项积极成果。但是这次机会，却在“左”倾冒险主义者的错误主张下，被轻易地断送了。他们只主张在政治上和十九路军谈判，签订了秘密停战协定，而在军事上却不给十九路军以实际的援助，并两次拒绝了周恩来关于调集红军主力，伏击入闽讨伐十九路军的蒋军。当福建形势紧张，“左”倾中央开始有了“唇亡齿寒”之感，同意周恩来的意见派东方军第二次入闽援助十九路军和福建政府时，终于为时已晚，十九路军战事已成残局，红三军团也终于无法扭转整个战局，“福建事变”于 1 月下旬宣告失败。

周恩来目睹福建人民政府失败的情况，对博古、李德推行的“左”倾关门主义政策非常气愤，认为他们不配合以至放弃反日和反蒋的同盟军，将我党提出的三项合作条件当成儿戏，是失信于天下。

周恩来在中央苏区进行的另一项统一战线工作，是和粤军陈济棠的成功谈判。

敌南路军总司令陈济棠，与蒋介石素有利害冲突。陈虽受蒋封为南路军总司令，但对红军的进剿并不积极，他怕蒋的中央军乘虚而入侵广东，动摇他“南天王”的宝座。1934 年夏季，他在会昌前线已对红军采取“明打暗和”的策略，并派出高级参谋杨幼敏赴筠门岭前沿阵地向红军作试探性的不再互犯之谈判。9 月，陈济棠向红军递交了一份秘密停战声明，电约我方代表举行秘密军事谈判。作为中革军委副主席、红军总政委的周恩来对此欣然表示同意，立即决定派潘健行及粤赣军区司令员兼政委何长工为代表，到寻邬附近的罗塘镇与粤方代表杨幼敏、宗盛举行谈判。

行前，周恩来与朱德、叶剑英一起就谈判任务向潘健行、何长工专门作了交代，明确指出和谈要以中央政府停战抗日三条件和周恩来 7 月间在《红星》报上发表的向白军士兵提出的六条抗日救国的行动纲领中所阐明的统战原则及其策略思想为依据。

双方代表经过三天三夜的谈判，最后达成了五项协议：1. 同盟停战，取消敌对局面；2. 解除封锁，互相通商；3. 互通情报，设有线电话（器材由粤方供给）；4. 我军可以在粤北设后方医院；5. 可以互相借道，我们有行动可以事先告诉陈部，陈部可以撤离40华里；我军进入陈防区可用陈部护照。

这是继和十九路军的停战协定之后，在第五次反“围剿”中周恩来负责主持签订的第二个停战协定。这个秘密协定的签订，实现了南线暂时的稳定局势。正是根据这个协定，当中央政治局讨论红军突围方案时，一致同意选定南线作为突破口。后来红军在突破第一、二、三道封锁线时，凡有粤军把守的地方，均放开口子让红军通过，使红军少受了若干损失。这是周恩来在中央苏区为中国革命和中国红军所作的又一贡献——在危急关头，通过统战工作，为红军突围找好了一条出路，减少了红军的损失。

由于当时中央的主要领导坚持“左”倾错误，尤其是支持李德的独断专行，因此周恩来只能在自己的工作范围内，采取某些具体措施，进行适当的补救，尽量减少红军的损失。周恩来在此期间与“左”倾军事路线进行了公开的批评和抵制，和李德等人发生过多次争论，但他提出过的许多好的战略战术建议，却未能得到采纳。

17 长征途中

长征途中，万水千山，周恩来患阿米巴肝脓肿，险些丧命。没曾想四十年后，病根处演变成致命的癌症。

艰辛的远征

由于博古、李德等推行“左”的政策，致使第五次反“围剿”遭到失败。1934 年 10 月，中央红军不得不实行战略大转移。

10 月 10 日，周恩来随红一、三、五、八、九军团以及中央、军委机关和直属部队共八万六千余人，离开瑞金，踏上了大转移的征途。

周恩来随身的警卫员有两位，一位叫范金标，另一位叫魏国禄。当时只有 18 岁的魏国禄，后来回述了随周恩来副主席长征的过程。以下便是其中的一些片段：

> 一切准备停当之后，我们跟着周副主席从瑞金出发，向着雩都方向前进。从此便开始了举世闻名的二万五千里长征。
>
> 1934 年 11 月，长征的红军进入广西苗族居住区。
>
> 奇怪得很，自从进入了少数民族地区，十几天以来，晚上经常有红军驻的地方着火，加上苗族兄弟的房子又都是草和木头盖起来的，所以，一烧一大片。火，成了我们当时很危险的敌人，因为它不仅威胁着我们红军的安全，而且在政治上也给我们红军带来一些影响，给苗族兄弟造成了重大损失。为了对付这些奇怪的火，部队和机关组织了许多人员做防火、救火工作。把人们精神上搞得很紧张。这些情况引起大家提高了革命警惕性，对敌情进行调查。
>
> 有一天，我们在龙坪镇宿营。龙坪镇是一个不小的村镇，房子、街道都很整齐。在这个镇子上居住的都是壮族。

这天晚上，周副主席是长征以来少有的休息比较早的一个晚上。照顾首长吃饭、休息以后，我们也就很快休息了。经过一天的长途行军，已很疲劳，躺下很快就进入了梦乡。

夜间12点左右，我睡得正香甜的时候，被哨兵的叫喊和“噼噼啪啪”的着火声惊醒，爬起来跑到门口一看，哎呀！周副主席住的房后边火光冲天！火势蔓延很快，团团黑烟和股股火舌从周副主席的房门口、窗口往外直窜。我这一惊非同小可，顺手抄起一条毯子就冲进了首长的房子。这时，房内已成了烟和火的世界，根本睁不开眼睛，周副主席已经起床了，我不顾一切地领着他从房内跑了出来。不一会儿，这间房子便被熊熊的大火吞没了。

周副主席刚出来，马上就派我们去看望其他首长，并了解部队的情况。正在这个时候，其他几位首长急促地赶来，看样子他们也正在为副主席的安全着急。首长们到一块，立即研究失火的问题，要部队提高革命警惕性，打击阶级敌人的破坏活动。

这时候，街上人来人往，川流不息：有救火的，有找人的，有搬东西的，有帮助老百姓从火中往外抢东西的……不时还听到人们对于今晚失火问题的议论。

黑暗中不知是谁说：“是哪一个不小心，引起了这样一场大火？”

另一个人说：“我看这火很可能是敌人放的。”

这时周副主席走过来，叫我去找作战参谋，告诉他命令部队提高警惕，加强岗哨，把没有事情的人员集合起来，待命行动，不要乱跑。

我从参谋同志那里回来以后，看到几位首长，还有国家保卫局局长邓发同志，他们正在露天下站着开会。周副主席在会上说：“……是的，可以肯定这火是敌人放的。万恶的反动派企图用这种卑鄙手段来证实他们那种‘共产党杀人放火’的无耻谣言，来挑拨、破坏我们与群众的关系。……我们一定要把放火者查出来，彻底揭穿敌人的阴谋！”

会后，当天夜里在龙坪镇就查出来三个坏家伙，一个个贼头贼脑，看样子就不是好东西。经过保卫部门审讯证实，他们是被国民党收买派遣的特务、地痞和流氓，伪装成红军，专门混到我们红军宿营地，乘人不备时放火的。

查出了着火原因，抓到了放火者，第二天国家保卫局在龙坪镇召开了一个群众大会。在这个大会上，向群众宣传、讲解了红军的政策，彻底揭穿了敌人的罪恶阴谋。当群众了解了事情的真相之后，无不义愤填膺。根据群众的要求，当场就将这三个坏蛋枪毙了。同时，周副主席还责成供给部调查，并给受难的群众以适当的救济。

从此，敌人这条放火的毒计，彻底破产了。红军战士在长征的道路上，更加提高了革命警惕性。

……

1934年12月间，中央红军长征到了贵州。在进入贵州边境的初期，由于国民党反动派的欺骗宣传和地方反动势力的破坏，许多老百姓不敢接近我们，每到一村，很难找到人。吃的东西就更加困难，连脱米用的水磨、石臼，敌人都强迫老百姓藏起来或破坏了。阴险的敌人企图用这种恶毒办法来饿死我们长征的红军战士。

有一天，宿营以后，部队搞到了一部分稻谷，可是没有工具磨，脱不出米来，怎么办呢？总不能吃谷啊。有些同志走了一天路，很疲劳，看看没有吃的，索性算了，倒头就睡。周副主席看到这种情形非常着急，立即召开了干部会议。他在会上对大家说："一定不能让同志们饿肚子，我们要想办法叫同志们吃上饭。没有东西磨稻谷，就动员大家用石头、瓦片搓！就是用手搓，也要把米脱出来！"会上决定，每人都要想办法脱出够三顿吃的米来。

会后，周副主席叫我给他找来两块瓦片，自己领来稻谷，就在瓦片上搓起来了。他工作那么忙，我们怎么能让他自己搓米呢？我就对他说："首长，你不要搓了吧，我们保证按组织规定，搓够每人够吃三顿的米就是了。"

他头也没抬，反问了我一句："为什么？"

我觉得蛮有道理地说："您是首长，还有更重要的工作。"

"正因为我是首长，才更应当搓哩。"说着，他抬头看了看我这挺为难的样子，换了比较温和的口气又说："我提出让大家动手搓米，自己怎么能不搓呢？"

给副主席这么一说，我也就没有什么话好讲了。

在周副主席的号召和影响下，整个村子的部队都在搓米：有瓦片对瓦片搓的；有石头对石头搓的；有的干脆就用手搓，手上搓出了血泡，但仍然愉快地搓。经过两个多小时的紧张劳动，每个人都超额完成了任务。后来，老百姓亲眼看到红军买卖公道，纪律严明，说话和气，不打人，不骂人，国民党反动派那些恶毒的谣言，也就不攻自破了。

……

1935 年 1 月初，红军突破了乌江天险，并击溃了军阀侯之担的两个师之后，乘胜向着贵州第二大城市——遵义前进。

在向遵义进军的途中，天总是下着毛毛细雨，充分显示了贵州“天无三日晴”的特点。毛毛细雨点点入地，道路泥泞，非常难走。周副主席也和大家一样，手中拄着一根棍子，穿着湿漉漉的衣服，冒雨行军。这里的地势起伏不平，一坡接一坡，上去这个坡又爬那个坡。部队走在这样的道路上，上坡不易，下坡更难，有时手中的棍子也无济于事，稍不小心，就要摔跤，人人都弄得满身是泥。

过了乌江以后，第三天夜晚，我们在行军中接到前边部队传来消息说：我先头部队已攻占了遵义城。这对红军指战员是一个莫大的鼓舞，浑身的疲劳一扫而光，不由得加快了前进的步伐。天亮了，雨也停了，东方露出了少见的太阳，红军战士人人面带喜色，个个精神振奋，大踏步地向着遵义城前进。

在离遵义城还有五六里的地方，前边传下命令：整理军容风纪，准备进城。大家都摔掉了手中的棍子，搓掉了身上的泥巴，有的还换上了新衣服。经过这番整理，部队显得更加威武，排着整齐的队伍继续前进。

毛主席、周副主席和朱总司令等中央首长进城的时候，已是下午，街上站着欢迎的人群，到处贴着鲜艳的标语。人群中不时高呼着“中国共产党万岁”“热烈欢迎中国工农红军”等口号。威武的红军战士列队迈着整齐的步伐，唱着雄壮的“三大纪律八项注意”的歌曲，穿城而过。这种军民同乐的热闹景象，是我们离开中央根据地长征以来的第一次。

遵义是贵州省的第二大城市，商业繁荣，是南通贵阳，北至重庆的交通要道，有新旧两城，新城是商业区，旧城是住宅区。我们和总

遵义会议会址

部都住在旧城里。这是一栋相当宽敞漂亮的房子，据说原来是贵州军阀柏辉章的公馆，现在已经成了我们红军总司令部的临时办公地。这天晚上住下后，我收拾了一间给周副主席做卧室的房子，准备摊铺让首长休息。房子里满地东西，乱七八糟，根据这杂乱无章的样子，就知道房子的主人在逃跑时是多么慌乱狼狈。

1935 年 1 月，红军长征胜利地到达贵州省遵义城。为了挽救中国工农红军和中国革命事业，党中央利用这段时间，在这里召开了政治局扩大会议。……

在会议期间，周副主席和其他中央首长一样，忙得简直是废寝忘食，白天开会，晚上也开会。有时偶尔不去开会，可是来找副主席个别谈话的同志又是络绎不绝。……

（按：在遵义会议上，博古作了报告，强调红军失利的种种客观

原因，掩盖军事指挥上的错误。周恩来作了副报告，指出第五次反“围剿”失利的主要原因是军事领导的战略战术的错误，并主动承担责任，作了自我批评，也对博古、李德提出了批评。毛泽东则在会上作了长篇发言，分析和批评了错误的军事路线，正确地阐述了中国革命战争的战略问题，对今后红军的发展方向作了极有见地的说明。毛泽东的正确主张得到了大多数人的赞同。周恩来在发言中全力推举由毛泽东来领导红军今后的行动。周恩来的态度，对确立毛泽东的地位起了重要的作用。经过三天讨论，最后会议作出决定：选举毛泽东为中共中央政治局常委；最高军事首长朱德、周恩来为军事指挥者，周恩来是党内委托的在指挥军事上下最后决心的负责者。会后，中央常委分工，以毛泽东为周恩来的军事指挥上的帮助者。毛泽东、周恩来、王稼祥组成了三人指挥小组，负责指挥红军的行动。）

……

1935年2月下旬，我们跟着周副主席从遵义出发，向云南地区前进。到了云南，歼灭了几股顽敌以后，部队又急速转头向东，猛追原来尾随我军的贵州军阀王家烈部队。这时，天气似乎故意与红军为难，终日阴雨，下个不停。行军途中，道路泥泞，相当难走，尤其是夜间，谁要不摔跤，那才真算稀罕事呢！周副主席在这种情况下，一向是不骑马的。虽然从遵义出发以后，党中央批准给他一副担架，但从来还没有见他坐过一次，总是戴着他那顶破斗笠，和我们一样踏着泥泞的道路冒雨行军。看到周副主席那湿漉漉的衣服，我们当警卫员的心中实在不好受，后悔当初没有给他带一把雨伞。

有一天，行军到松坎的时候，天已拂晓，雨也渐渐停了。忽然听到路旁树林子里有呻吟声，周副主席立即停下来，转弯向着发出呻吟声的地方走去。到跟前一看，是一个负伤的红军战士，年龄不过二十岁，躺在一棵树下，浑身污泥，脸色苍白，咬紧牙关，两腿一阵阵抖动，看样子伤势很重。周副主席在这个负伤的同志跟前蹲下来，用手摸了一下他的头，叫我拿出仅有的一杯热水，慢慢地给他喝下去。这时候，那个负伤的红军战士似乎好了一些，坐起来了。从伤员自己的叙述中，知道他是三军团三支队的，姓郭，昨天晚上追击敌人的时候负了重伤，右膝盖一片血肉模糊。

周副主席关切地抚摩着他的伤处问道：“很疼吧？”

他回答说：“不疼。”

“不疼，能走吗？”

那位负伤的同志看了看自己的伤处，很坚强地说：“能走。”

他说着就抬腿想站起来，但身不由己，费了很大劲儿，腿也立不起来。周副主席急忙按住他，说道：“同志，你伤势这么重，怎么还说能走呢？”他扶着负伤的同志，回头喊我：“警卫员，叫担架来。”

我把担架叫来，周副主席亲自把那位负伤的同志扶上去，还在他身上盖了一床毯子。他在做这一切的时候，手是那么轻，动作又是那么稳，惟（唯）恐触动伤员一点儿皮肉，引起伤员的痛苦。看来，这与他平时那种雷厉风行的作风，果断利落的性格是多么不同呀！看到这些情形，我们都为周副主席这种伟大的阶级友爱，感动得几乎流出了眼泪，那位负伤的同志在周副主席扶他上担架、给他盖毯子的时候，激动得一句话也说不出来。当周副主席叫担架抬起来走的时候，他才用手擦了一下眼泪，庄严地对周副主席说：

“我伤好以后，一定要多杀敌人，来报答首长对我的关怀！”

声音是那样洪亮，语调是那么坚决，听来使人很难相信他是一个身负重伤、刚才还在呻吟的人。周副主席的关怀，给了他多么巨大的力量啊！

……

我军在路过云南境内马龙县途中，前面有敌人阻击，后面有敌军尾追，头上十几架敌机盘旋、扫射、轰炸。毛主席和周副主席亲自指挥部队奋勇作战，为了摆脱阻击之敌，我军仍要日夜兼程急行军。眼看部队不休息已近十小时了，周副主席还没吃上早饭，我十分焦急，决定赶快买点东西给周副主席吃。不料村里连一个人影都看不到，显然，老百姓不了解红军的政策，被敌人的反动宣传吓得躲藏起来了。一个人都看不到，还到哪里去买东西？可是首长紧张工作一夜的情景又浮现在我们的眼前，真使人急得发跳，怎么办呢？我和一个同志边走边商量，下决心一定想办法买到东西。

我们睁大了双眼，跑遍了整个村子还是一无所获。实在没办法，我们决定进老乡屋里找找看，没走几家就找到了两碗苞米饭和十个鸡蛋，真是高兴极了。可是老乡不在家，屋里空荡荡的，钱付给谁呢？实在想不出更好的办法，我们就决定先让周副主席吃上饭再说。

我们赶紧跑回休息地，做好饭给周副主席送去。他一看到我们手中的苞米饭和鸡蛋，就问道："这些东西是哪儿来的？"

我们回答说："是买来的。"

他不相信，又问："买的？给了人家多少钱？"他见我们不吱声，说："没有给钱吧？"

这一下子可把我们问住了，只好老实回答："老乡的屋里没有人，把钱放在屋里怕不保险，只好先回来了，想让您吃上饭再说。"

周副主席立即严肃地说："不行，你们从哪里拿来的，赶快送回哪里去。随便拿老百姓的东西，违反革命纪律，要好好检讨。"接着又谆谆教导我们："咱们是工农红军，是人民的子弟兵，每个同志都应该严格地执行'三大纪律八项注意'，绝不允许乱拿群众一针一线。在任何时候、任何环境中，都必须牢牢记住，要用我们的实际行动向群众宣传，粉碎敌人的反革命宣传。"

首长的批评使我俩深感惭愧。正想着把东西送回去，立即纠正错误，范金标同志过来扯了我一下，走到副主席身边，小声用恳求的口气说："首长，我们写个条子向老乡说明情况，多留点钱放在老乡装鸡蛋的篮子里，好吗？"

周副主席思量了一下，才勉强表示同意。当时我们就写了一张条子，大意说：大伯、大娘，我们工农红军路过此地，休息时，我们一位同志还没吃早饭，想到村里买点东西吃，因为走了一圈，没有见到一个人，结果跑到您家里，拿了两碗苞米饭，十个鸡蛋，这是我们违反了红军的"三大纪律八项注意"，应向您们赔礼道歉。现给您们留下此条，内有银圆一块，作为买苞米饭和鸡蛋的钱，请大伯、大娘收下。

周副主席看过后说："好，赶紧送去吧。"并吩咐我们把饭和鸡蛋给另外几个首长送去一些。

红军长征生活是艰苦的，我们党的高级负责同志在艰难困苦的环境中，严格遵守党的纪律，维护人民群众利益的模范事迹，给我留下了终生难忘的记忆。它教育我们要永远继承和发扬我党我军的优良传统。

……

我们红一方面军完成了夺取泸定桥的任务，乘胜向西北挺进，连续占领北龙坪、天全等地。6月中旬，进抵四川边境宝兴县属的大绕碛。这里是雪山地带的起点，高耸入云的大雪山——夹金山，挡住了我们的去路。

夹金山位于宝兴之西北，懋功之南，海拔四五千米。一上一下要走七十多里路。山上白雪皑皑，银光耀眼。从山下向上望去，像是一座用银子砌起来的高山。山峰被云层笼罩着，真有“不识庐山真面目”之感。我们早就听说这是最难走的“怪”地方，连鸟也飞不过去，有人称它是座“神山”。但是无限忠于毛主席的红军战士是无敌的，哪怕刀山火海，也阻挡不住我们前进的道路。

闷热的6月，太阳像火似的烤着大地，我们仿佛背着火炉前进。为了甩掉尾追的敌人，我们顾不上擦一把汗，忍着极度的干渴加速前进。不久，我们来到雪山脚下。它像一只白色的老虎横卧在我们的面前。山峰直插入云霄，望不到顶头，山上白茫茫的一片，也分不清楚是雪还是云，和山下的百花盛开相比，真是另一个世界。

当时，我们只穿着单军装。少数民族地区地广人稀，很贫穷，买不到酒和辣椒取暖，每人只是找到一根木棍。我们就以满腔的革命烈火去战胜雪山的严寒，用手中的木棍去扫平雪山的天险。

我是江西人，从前很少见到大雪，翻这样的雪山更是第一次。起初还东瞧瞧，西望望，觉得很有趣。谁知道，越往上地势越陡，狂风夹着大雪，吹在我们只穿着单衣的身上，像有千根针刺在身上一样痛。山上到处覆盖着齐大腿深的积雪，不小心掉到雪窝里，整个身子就不见了。

周副主席高声喊着：“同志们！快上啊！加油上啊！看谁先到山顶啊！”

啦啦队也在呼叫着：“同志们，加把劲上啊！”

为了继续鼓舞士气，很快翻过这座雪山，周副主席叫我唱支山歌。我很高兴地唱了起来：“哎呀哩！大雾围山山重山，红军队伍过雪山，千难万险都不怕，同志们哟，北上抗日冲向前。”

我刚唱完，有同志大声问道：“好不好？”同志们异口同声地回答：“好！”“再来一个要不要？”“要！”在同志们的欢呼声中，我和另外一个同志又唱了起来：

六月里来天气热，
夹金山上斗风雪。
天不怕来地不怕，
满喉山歌唱不歇。
浩浩荡荡过雪山，
红军战士真英勇。
千难万险踩脚下，
蒋贼瞪眼空抽泣。

歌声响遍了山谷，同志们的欢呼声直冲云霄。大家忘记了疲劳和饥饿，向上爬得更快了。我仰头看去，先头部队已到了半山腰，后卫队伍还没有开始爬山。

雪山的路非常难走，是长征途中最困难的一段路程。站在雪山上向远处望去，只见左面是深厚梆硬的雪岩，右面是陡立险峻的雪壁，路中间是亮晶晶、又硬又滑的积雪。脚下的路冻得梆硬梆硬的，手中的木棍着地都发出“咯咯”的响声，再加上雪花飞舞，寒气逼人，山风四起，遮天盖日，一不小心就会滑下雪岩，有丧失生命的危险。前面的部队边上边挖踏脚孔，后面的同志手拉着手，踏着前面的脚印向上攀登。队伍中不时响起“小心！”的喊声，不少同志用绳子把掉进雪坑的同志拉上来，拍打干净身上的雪花又继续前进。

雪山真是座“怪山”，气候多变。山上大雾弥漫，一时浓一时淡，使人觉得好像腾云驾雾一般，山风卷起的鹅毛大雪，漫天飞舞。风雪吹打在我们脸上、身上，像刀割般地疼痛。同志们浑身打着哆嗦，嘴边凝结着“白胡子”，呼吸越来越困难，头晕腿酸，一步一停，一步一喘，艰难地向前行进。晌午，突然从东边飞起一团黑云，随着刮起了怪叫的狂风。这团黑云越来越大，几乎把所有的山顶都变成了烟云海。暴风卷着积雪，刮得天昏地暗。一会儿，又下起了鹅毛大雪，简直要把人埋住。罕见的暴风越刮越凶，雪越下越大，什么也看不见，什么也听不清。后面的人只能紧盯着前面的人的脚跟，一步一步向上迈。不论风雪多么凶狂，我们一步也不能停留。

周副主席、董老等首长，一边尽力攀登，一面高喊着：“同志们，加油啊！翻过雪山就是胜利啊！”

首长们的革命乐观主义精神和对革命的必胜信心，极大地鼓舞着每一个红军战士。大家向着一个目标，怀着同一个信念，手拉着手，连成一串，冲着从山顶倒卷下来的风雪，奋勇地向着顶峰攀登。这时要是有谁坐一下，就再也起不来了。我没有忘记，我的同乡江良兰同志就是倒在这里再没有起来。他刚倒下去，我就赶到他跟前，一摸浑身冰凉，连一点呼吸都没有了。我们含着热泪刨开雪坑，安放下牺牲的战友，然后脱下自己的军服，盖在他的脸上，用雪埋好。同志们怀着沉痛的心情向他致哀。周副主席很沉痛地说：“江同志，安息吧！你未完成的事业由我们来完成。将来总有一天，在埋你的雪山上插上红旗。”

将到山顶，突然又下起了冰雹。核桃般的雹子劈头盖脑地打来，打得大家全身肿痛。冰雹越来越大，空气越来越稀薄，大家呼呼地喘着粗气，呼吸十分困难，心像要从喉咙里跳出来似的，头也昏昏沉沉的，眼睛冒着金星，连站在面前的人也分辨不清，两腿软得直打战。有的同志倒下去了，献出了宝贵的生命。有的同志倒下又挣扎着爬起来。有一次，一位战友倒下了，我赶快把我那块青稞饼掏出来送给倒在身旁的同志，那个同志只咬了一口，随即又递给了另一个同志。这样一块小饼子传了好几个人还没有舍得吃完，充分显示了无产阶级革命战士之间深厚的阶级友爱！

下午 2 点左右，我们快爬上山顶了。头顶上，暴风雪过去后的骄阳直照雪山。满山的白雪反射出刺眼的光芒，晃得人睁不开眼睛，有的同志几乎完全丧失了视觉。山上的积雪溶化了，真像那无数的长龙在雪地上乱钻，塌下来的冰雪大块大块地往下滚，稍不留神就会被砸得粉身碎骨。爬这座雪山，同志们付出了极大的气力，特别是几天没有吃一点儿正经东西，加上高山缺氧，弄得人心慌气喘，四肢无力。但是红军指战员们，没有一个叫苦、喊累，大家望着走在前面的周副主席那坚毅的步伐，深受感动和激励。周副主席终日操劳，身体又不怎么好，但在艰苦的时候，从来都走在最前头，以自己的模范行动，鼓舞着大家，带动大家向着毛主席指引的胜利方向奋勇前进。大家把裤带一紧再紧，一致表示：只要还有一口气，就要跟着党和毛主席到抗日的最前线！

下午3点钟，我们跨过了雪山顶，开始下山了。我原以为下山该省劲了吧，谁知道并不比上山容易，身子总是往下滑，站也站不稳。前面一个同志稍不小心，一溜就是几丈远，把大家吓出了一身冷汗。我们正为他着急的时候，他却在下面大声喊道："来，来！溜下来吧！"同志们勇敢地向下滑去……站起身来，你看我，我看你，衣服扯成了布条；胳膊上、屁股上都流出了鲜血，风一吹，刀割一样地痛。

黑云渐渐退去了，夕阳斜照着这座被征服的雪山。现在，在英雄的红军战士面前，它又变得多么安静啊！我们满怀着喜悦，激动地向周副主席说："我们终于胜利地爬过了这座雪山。"

周副主席回答说："是呀！这里给我们留下了永远难忘的记忆。"

警卫员的记述虽然粗略朴实也不全面，但却给我们留下了许多难忘的细节。他不仅记录了周恩来在长途中的感人故事和崇高品格，也记录了中国共产党领导下的红军大无畏的革命精神和崇高的理想信念。

致命的病根

1935年6月，红一方面军与红四方面军在懋功胜利会师。为解决红军今后是就地发展还是继续北上这一头等重要问题，中共中央于6月26日在两河口召开政治局扩大会议。周恩来作了目前战略方针的报告，提出集中主力向北进攻，创造川陕甘根据地的战略方针。这一方针，得到会议的全体通过。

北上的大局定下来后，周恩来却积劳成疾。他硬挺着翻过大小打鼓山等雪山，于7月下旬到达松潘附近的毛儿盖。邓颖超后来回忆：

> 在松潘县的毛儿盖住了一些时候，什么都吃光了，遭受断粮的严重威胁。就在这个时期，我们还遇到没有油、盐和没有水喝的困难。没有油盐吃，两腿发软，浑身乏力，有的人行军掉队，有的人生病，甚至死亡。

这种威胁，对周恩来来得更猛烈。8月4日至6日，周恩来硬挺着出席了在沙窝召开的中央政治局会议。会后，周恩来一病不起，体温由38℃上升到40℃；腹泻不断，大便中有脓、血和黏液；全身发黄，昏迷不醒，神志不清。最初医生是把周恩来的病情当作长征路上的多发病疟疾来治的。几天以后，中央决定把为王稼祥治病的医生王斌调来，与另一位医生李治一道为周恩来治病。经进一步检查，发现周恩来患的是肝炎，并已变成阿米巴肝脓肿。这种情况，急需排脓，但红军医药条件极差，无法消毒，穿刺抽脓或开刀都不可能。医生们万分着急，万一脓肿破裂到胸腔或腹腔，得了化脓性胸膜炎或腹膜炎，肯定会有生命危险。幸而西药箱中还有一些治痢疾的依米丁注射液，医生给他每天注射一至两支，并让卫士到60里以外的高山上取来冰块，放在他肝区上缘冷敷，使脓肿不至于向胸、腹发展。

为照顾病势沉重的周恩来，中央决定把长征开始时就患肺结核被编入干部休养连行动的邓颖超接来。这时，周恩来已处于昏迷不醒状态，睡在木板上，全然不知周围都有谁。邓颖超就在地上铺上草，以草为床。闲时，她将周恩来脱下的灰色毛背心拿来翻看，竟捉到了170多个虱子，挤虱子的血把她的手都染红了。

8月11日上午，周恩来不断地呻吟，说肚子痛。邓颖超赶忙和医生把他扶起来大便，竟排出来半盆棕绿色的脓。原来，肝脓肿已和横结肠粘连在一起。脓肿破后，脓从肝脏通过肠子排了出来。

脓排出来以后，周恩来的体温已慢慢退了下来。他看见邓颖超在身边，竟感到有些意外，问她："你什么时候来的？"没顾上与邓颖超说几句话，他立即给红一、三军团发电报，要他们坚决执行有关作战计划，准备在7天至10天内

长征到达陕北后的周恩来

班师北上。

因周恩来病中不能理事，8 月 19 日，中央政治局开会研究常委分工，决定毛泽东负责军事。8 月 20 日，中央政治局在毛儿盖召开会议，周恩来因病未能出席。由毛泽东作夏（河）洮（河）战役后红军行动问题的报告，再次强调北上创建苏区的方针，并指出红军到达夏洮流域后，应向东向陕甘边界发展。会上大家同意这一正确方针。

8 月 21 日，红军开始过草地北上。由于周恩来仍处于重病之中，身体极度虚弱，无法行走。彭德怀焦急之中断然决定："抬！"他吩咐红三军团参谋长萧劲光："你具体负责，立即组织担架队；实在不行的话，宁可把装备丢掉一些，也要把恩来等领导同志担出草地！”萧劲光最后决定从迫击炮连抽人组成担架队，轮流抬着重病中的周恩来、王稼祥等人，向荒无人烟，到处是沼泽和泥潭的大草地进发。干部团团长陈赓自告奋勇担任担架队长，兵站部部长兼政委杨立三坚持与战士们一起给周恩来抬担架。周恩来见杨立三和战士们双肩磨破、步履艰难，心里十分难过、不安，他多次挣扎着要从担架上爬下来，但身不由己。19年后，杨立三去世，已是中华人民共和国总理的周恩来执意要亲自为他抬棺送葬。长征路上的战友深情，始终萦绕在周恩来心中。

经过六天六夜的艰难行军，周恩来等人终于走出了草地，他的病也逐渐好转。

却难料到周恩来在长征中留在肝脓疡位置上的病根，会演变成致命的癌症，40年后又来折磨他。这一病痛的折磨，比40年前来得更无情和猛烈。但周恩来是一位坚强的共产党人，同时也是一位令人敬仰的革命乐观主义者，他在临终前还与40年前救治过自己的医生王斌开玩笑说：“您40年前对我的救治，使我多活了40年……”

1935年10月19日，周恩来和改编成陕甘支队的红军终于到达陕北的吴起镇，完成了北上抗日的二万五千里行程。一个新的时代，随着长征的胜利结束即将来临。

六、西安事变功千古

18 肤施秘密会少帅

周恩来肤施秘密会少帅。张学良慨叹：“听周先生一席话，胜读十年书。”红军、东北军、西北军携手合作，共同逼蒋抗日。

1935 年冬，中央红军在毛泽东、周恩来等人的坚强领导下，经过了二万五千里长征，胜利到达陕北。这里东俯黄河，北靠沙漠，南临平原，西面荒凉，人烟稀少，道路崎岖。敌军要四面“围剿”，也不那么容易。但是，当时的陕北，经济落后，交通不便，站稳脚跟的红军得设法向外发展。如何发展？向南去，就要与张学良打仗，我党正在作东北军工作，不可采取军事行动。况且蒋军陈诚部在洛阳周围陈兵三个军，目标是对付红军。红军一旦南动，便会把蒋介石嫡系大量引进西北。更主要的是，这时日本正在把侵略的魔爪由东北伸向华北。中共中央和毛泽东从中华民族危机日益加深、国内阶级关系发生了深刻变化这一时局的基本特点出发，并结合西北和华北地区各方面的具体情况，提出了根据地发展的方向和红军主力的战略行动，不宜向南、向北或向西，而应该是东渡黄河，开辟吕梁山革命根据地。东渡黄河有很多好处，可以把抗日的主张直接扩大影响于华北，可以解决经费给养。可以扩充兵员，开赴抗日前线，把反对日本帝国主义的斗争和反对国民党反动势力的斗争结合起来。于是，在 1936 年二三月间，组成了中国人民红军抗日先锋军，毛泽东任总政委，彭德怀任总司令，率军渡河东征。

毛泽东率军东征之时，就安排周恩来坐镇陕北，做张学良的工作，建立抗日民族统一战线。这不仅是抗日的需要，也是巩固和发展陕北苏区的一项重要部署，使中国人民红军抗日先锋军出师东征无后顾之忧，因为张学良当时任西北“剿共”副总司令代行总司令职务，统帅着20多万大军，布防在陕北苏区边界，做张学良的工作自然十分重要。

周恩来根据毛泽东的部署，首先派被俘的东北军一〇七师六一九团团长高福源去与张学良会晤，转达了中共关于建立抗日民族统一战线的诚意。张学良提出要与共产党的正式代表会晤商谈。

1936年3月3日，周恩来派李克农在洛川与张学良进行正式谈判。这次会谈是很重要的一步，是联合抗战的开端，双方达成了几项协议，其中一项是：中共代表请示中央，请毛泽东或周恩来与张学良当面会晤，进一步商谈抗日救国大计。地点初步定在肤施（即延安），时间由中共决定。会谈中还确定由中共派一位代表常驻西安，以便于开展工作。

李克农回来后，将会谈情况向周恩来作了汇报，周恩来立即电呈在东征前线的毛泽东，毛泽东也即刻电示周恩来在适当时机会见张学良。党中央并决定派刘鼎作为党代表常驻西安。刘鼎到达西安后，与张学良开诚布公地进行了交谈，说得张学良十分高兴，于是，张学良对刘鼎也就肃然起敬，一定要留刘鼎住进他的公馆。这样，刘鼎便与他带的报务员，住在金家巷张学良公馆东楼的第一层东头南边的屋子里。刘鼎住进了张公馆后，与张学良时常见面，经常谈到抗日整军的问题，对东北军抗日运动和抗日准备工作有很大的帮助和影响，刘鼎将张学良的态度随时报告中央。毛泽东得知张学良态度确有转变，才决定派周恩来赴肤施与张学良会谈，并电示了安全保卫工作。

肤施就是延安，当时是东北军的防地，由党中央驻地瓦窑堡到肤施，途中要经过蟠龙镇和拐莫，约有两天路程，周恩来只带20多个骑兵警卫，这一带蒋介石的暗探密布，大家都为周恩来的安全担心。

一切都准备停当，出发前，中共中央以毛泽东和彭德怀的名义致电张学良和王以哲军长，通知我方代表行期，接洽地点和会谈内容，电文主要内容是：

甲，敝方代表周恩来和李克农于8日赴肤施，与张先生会商救国大计，定7日由瓦窑堡起程，8日下午6时前到达肤施城东20里之川口，以待张先生派人到川口引导入城；关于入城以后之安全，请张先生妥

1936年4月，周恩来在延安城内这座天主教堂同张学良秘密谈判，双方达成“停止内战，一致抗日”的共识

为布置。

乙，双方商谈之问题，敝方拟为：1.停止一切内战，全国军队不分红、白，一致抗日救国问题；2.全国红军集中河北，抵御日帝迈进问题；3.组织国防政府、抗日联军的具体步骤及政纲问题；4.联合苏联及选派代表赴莫斯科问题；5.贵我双方订立互不侵犯及经济通商初步协定问题。

丙，张先生有何提议，祈告为盼。

电文发出，当夜就收到了张学良的回电，同意所列的条款和内容，会谈地点定在肤施清凉山下桥儿沟天主教堂里。

接到张学良回电后，周恩来带领李克农、高福源一行于4月7日起程。晓行夜宿，8日下午到达肤施城郊东北的川口村里。周恩来让跟随的电台与张学良联系，不巧电台发生了故障，一时联络不上，直到第二天上午，张学良才得到了周恩来到达川口的消息。这时张学良正在洛川，他一面急电驻守肤施的一二九师师长周福成准备盛情接待，一面亲自驾机带领王以哲等人飞往肤施。刘鼎也随张学良同机到达。

黄昏时分，周恩来、李克农由高福源引路进入肤施，走向谈判地点。天虽然有些昏暗，但彩霞依然停留在天边。肤施的轮廓周恩来还是看得分明的，肤施周围是山，延河绕城流过；城东山上有雄伟的九级宝塔，城东北的清凉山上有万佛洞和四季常青的松柏。在这些山峦、宝塔的映衬下，肤施城显得庄严、美丽。

不一会儿，他们便走到了谈判地点天主教堂。这座教堂在肤施城里显得十分漂亮，它的大门是一列宽大的拱廊，四边有花环，饰以小像，两旁夹两条有壁龛的柱子，柱头是尖的。大门顶上有三条竖线花纹，竖线之上刻了一个抱着圣婴耶稣的圣母像。两侧外面有五个没有门洞的拱门，用花边描画出来。教堂四周有围墙，显得非常安静。周恩来看了一会儿，心想可能是因为这里无人打扰，便于保密；也许由于这是肤施最漂亮的建筑物，张学良才选择在这里会谈。

周恩来正在教堂门口观赏之际，张学良闻讯出来，立即握住周恩来的手，抱歉地说："欢迎！欢迎！肤施是我军布防的边境，蒋介石的暗探颇多，所以，对周先生还不能大张旗鼓地欢迎，请周先生见谅。"

周恩来笑了笑，说："所以，我们也只能在黑夜里交谈了，不过，肤施可是块宝地，我相信不久会大放光明的。"

张学良说："对，对。肤施的确是个好地方，我相信有一天能像周先生讲的大放光明。"

周恩来与张学良携手走进了教堂。在教堂的中央，已经摆好了一张圆桌，圆桌上摆满了糕点和水果。一杯杯刚刚斟满的热茶，在五支蜡烛的亮光下，飘散着热气。

经过一番寒暄，主客坐定。周恩来与张学良以前虽互未见面，今天初次相会，却一见如故。张学良给周恩来的印象是少年英俊；周恩来给张学良的印象是威武，仪表堂堂。张学良早就听说周恩来有"美髯公"之名，当日一见，果断名不虚传！周恩来留着又黑又长的胡子，颇似关云长。

张学良首先爽快地说："不瞒周先生说，两年前我从意大利墨索里尼那里取回一本经，认为只是法西斯主义才能救中国，主张中国应该有个领袖，实行法西斯专政，把朝野各党各派的意志集中起来，把全国各方面力量统一起来，像希特勒之于德国，墨索里尼之于意大利那样，才能够抗击日寇，应付国难。但我现在已认识到国民党贪污腐化黑暗无能，远非德国的国社党（纳粹）、意大利的法西斯可比，是一个没有什么希望的大官僚集团。几年的实际观察和周围朋友对我的谈话劝告，特别是李克农先生和刘鼎先生对时局的透彻分析，我认为我过去的那种想法是错误的……”

周恩来目光炯炯，静心听着张学良的讲述，脸上的表情是和善而庄严的。他对张学良说：“张将军既是集家仇国难于一身，也是集毁誉于一身的，张先生处心积虑要雪国耻报家仇的心情，只有我们中国共产党人了解你同情你，并会帮助你。可惜张先生把路走错了。什么是法西斯，简单讲，法西斯就是军事独裁。袁世凯搞过军事独裁，失败了。吴佩孚要武力统一中国，也失败了。这些张先生都知道，并经历过。谁想在空前国难中搞独裁，而不去抗日救国，谁就是历史罪人，民族罪人，必然要失败。中国共产党人今天呼吁大家停止内战团结抗日，枪口一致对外。”接着，周恩来坦率地对张学良讲了对当前国家前途和命运的一些看法后，又诚挚地问张学良：“张先生，你看中国的前途如何？”

张学良说：“中国的前途有两条，一是走共产党的路，一是走国民党的路。我过去总以为法西斯独裁可以救中国，因此曾提出拥蒋的口号，现在看来，好像不对了。如果中国内战不停，什么时候才能把日本帝国主义赶出中国去呢？”

周恩来说：“张先生要是真想抗日的话，就一定要实行民主，走人民群众的路线。搞独裁，搞法西斯，不要民主，也不要人民大众，看不到人民群众抗日的深厚力量，就不可能树立真正的抗日信心，只有实行民主，才能调动起千百万人民群众的抗日力量，取得抗日战争的最后的胜利，把中国引向光明。”

张学良说：“周先生讲得极是。对于蒋介石，我本人和你们有不同的看法，在洛川已经和李克农先生讲过，意见未能达到一致，所以，特别约周先生亲自谈一谈。”

周恩来点了点头，说：“多接触多谈，双方就会多了解多谅解。关于统一战线的问题，很愿意听听张先生的意见，以便考虑。”

张学良说：“抗日民族统一战线既然要争取一切可以争取的力量参加，那么蒋介石也应当包括在内。他现在实际上还统治着中国。不仅中国的大部分地盘和军事力量掌握在他手里，而且财政金融、外交等也都由他一手包揽。我们现在想壮大抗日力量，为什么要把他掌握的这股力量排除在外呢？尤其是我们都是他的部下，如提‘反蒋抗日’，工作起来有实际困难。目前应当设法把他‘攘外必先安内’的错误政策扭转过来，逼他走上抗日的道路。可以提‘逼蒋抗日’，或‘联蒋抗日’。如不把他争取过来，困难是很大的，他势必会与我们作对，甚至可以用中央政府的名义讨伐我们，像在张家口对付冯焕章先生那样。蒋介石的脾气我是知道的，为了自己他会一意孤行到底。”

周恩来沉思了一下，说：“张先生这个意见很有道理，是值得我们重视的。我本人同意张先生‘逼蒋抗日’或‘联蒋抗日’的主张。如果抗日战争争取不到蒋介石这个集团参加，将是一个大的损失，争取过来是有好处的。可是，蒋介石目下对日寇无耻退让，对爱国群众残酷镇压，高叫什么‘攘外必先安内’，其实是依靠出卖中国的主权来维持他的统治。不管他口头上如何诡辩，他实际上充当了日本帝国主义侵略中国的忠实走狗。共产党过去也不是不愿意争取这个集团的力量抗日的，是考虑到可能性不大。只有用群众的力量粉碎他这个反动集团，对抗日救国才有利，现在，为了抗日救国大计，我们可以既往不咎，愿意争取这个力量，但是，光让步是不行的。让步太多，会使不知足的人认为我们软弱可欺。在这方面我们是有血的历史教训的。所以，要让步，还得要斗争。只有经过斗争，才能达到真正的团结。”

张学良说：“我同蒋介石的接触很多，据我了解，只要我们认真争取，是可以把他团结到抗日阵线里来的，问题是我们必须用最大的力量争取，想尽一切办法争取。”

周恩来笑了笑，说：“如果能够把这样一个力量争取过来抗日救国，也是我们十分希望的。可是，他搞独裁，搞法西斯，不要民主，看不到人民群众抗日的雄厚力量。要用什么办法才能争取过来呢？张先生知己知彼，可以多谈一谈。”

张学良说：“蒋介石是有抗日的思想和打算的。日本人给他难堪，他也发过牢骚，心中愤恨。但他有个很错误很固定的看法，就是认为必须先消灭共产党，才能抗日，因为共产党的一切口号，一切行动，都是为了打倒他。他要是在前方抗日，他不放心，这就是他的‘攘外必先安内’政策的根据。”

听了张学良这一番话后，周恩来站起身来，愤慨地揭露了蒋介石窃取革命胜利果实、背叛孙中山先生的三大政策、勾结帝国主义、投降封建军阀、血腥镇压共产党和工农群众的累累罪行。在座的李克农和刘鼎都觉得痛快淋漓，张学良也很激动。

周恩来稍稍停了停，说：“这些旧账，我们不愿意再算了。”

张学良连忙说：“对，对。抗日是当前迫切的大事啊！”

西安事变期间的周恩来

周恩来说："我还是这句话，光让步是不行的，让步太多，会使不知足的人认为我们是软弱可欺的。要让步，还要斗争，才能达到真正的团结。"

张学良听后显得十分兴奋，他说："周先生说得对，你们在外边逼，我在里边劝，内外夹击，一定可以把蒋介石扭转过来的。"

接着，周恩来详尽地阐明了红军与东北军、西北军的联合问题，张学良听后十分赞成。经过这次会谈，双方达成了以下协议，这就是：

一、南京政府必须改组，蒋介石的"安内攘外"政策必须取消，如果做不到，就另组国防政府，领导抗战。

二、停止内战，先由红军、东北军、西北军组成抗日联军，造成抗日的既成局势。

三、红军主力取道绥远开赴抗日前线，张学良把傅作义说通。

四、东北军的五十三军，现在保定、石家庄一带，已经派黄显声为该军副军长，将接替万福麟为军长，可以配合冀绥方面的红军抗战。

五、张学良已经和新疆取得联系，不日新疆代表张在善就可到达西安。必要时，与新疆盛世才、甘肃于学忠、宁夏马鸿逵，在西北形成新、甘、陕、宁四省的抗日大联合，对蒋介石施加压力，迫其走上抗日道路。

周恩来与张学良开诚布公，侃侃而谈，直到拂晓时分。此时的东方，夜里浓郁的黑蓝色，逐渐变成了海蓝宝石色；海蓝宝石色又变成淡蓝色的柔和的微光，笼罩着大半边天空。张学良看了看表，感叹地说：“听了周先生一席话，胜读十年书啊！新的一天开始了，一个新的张学良也开始了。我的心情可以说是豁然开朗，不仅使我看到了东北军发展的前途，而且也使我坚定地走上了联共抗日的道路。我一定要忠实于我们谈判的协议。”

周恩来说：“我们共产党人说话历来是算数的，对于我们达成的协议，一定要执行到底。”

周恩来与张学良紧紧地握着双手。分手后，周恩来一行离开肤施，向瓦窑堡奔去。

周恩来回到了瓦窑堡后，与在家的其他中央领导交换了意见，便亲赴东征前线，向毛泽东汇报与张学良会谈情况，听取毛泽东的意见。毛泽东肯定了周恩来与张学良的会谈是成功的，对促使张学良走上联共抗日的道路会起决定作用。对于张学良提出的“逼蒋抗日”“联蒋抗日”，毛泽东也认真加以考虑。

4 月 15 日，在毛泽东的主持下，在东征前线的山西省永和县赵家沟村，中共中央召开了具有重大历史意义的会议。会议听取了周恩来关于在肤施与张学良会谈情况的汇报，批准了肤施会谈中双方达成的各项协议，并对当前形势进行了认真的分析，一致认为：“逼蒋抗日”或“联蒋抗日”是在当时的历史条件下值得采纳的有理、有利、有节的政治主张。我军东征已取得了很大胜利，达到了预期的目的：打击了敌人，发动了群众，扩充了兵员，筹集了款项。为顾全抗日救国的大局，避免大规模的内战爆发，党中央断然决定：将“渡河东征，抗日反蒋”的方针，改变为“回师西渡，逼蒋抗日”，并决定将这一重大决策通知张学良。

19　和平解决西安事变

蒋介石被捉，内战阴云密布，周恩来肩负重托赴西安，蒋介石又感激又羞愧。张学良被扣，西安城内刀光剑影，周恩来挺身而出，舍生忘死挽危局。

肩负重托赴西安

1936年12月12日上午，陕北保安中共中央军委机要科忽然收到从西安发来的密电：西安发生兵变，蒋介石被张学良和杨虎城的部队扣起来了……

毛泽东和周恩来等中共领导人看了西安发来的捉蒋电报后，异常激动。蒋介石背叛革命后，疯狂推行独裁统治和反共卖国政策，打了整整10年的"剿共"内战，欠下人民数不清的血债，如今抓到他，真是一件大快人心的事。很多人在最初一刹那的想法，就是把蒋介石交付人民公审，然后枪毙，为人民报仇雪恨。

然而，他们很快就冷静下来。当夜，中共中央政治局召开紧急会议。毛泽东细细分析了西安事变的性质，说："临潼兵谏是一部分民族资产阶级和国民党地方实力派的代表，不满意南京政府的对日政策，要求停止内战，一致抗日，并接受我党抗日主张的结果。因此，事变是为了抗日救国，为了以西北的抗日民族统一战线推动全国的抗日民族统一战线而发动的。这是它的进步性质。但是，事实多少带有军事阴谋的方式。扣留了蒋介石等人，使南京与西安处于公开对立的地位，而蒋介石的实力并未受到打击。因此，如果处理不妥，有可能造成新的大规模内战的危险，妨碍全国抗日力量的团结。"

接着，周恩来以他特有的沉着和冷静，深刻地指出西安事变的两种发展前途。他说："由于事变的发动而引起的新的大规模的内战，使南京的中间派走向亲日派，削弱全国抗日力量，推迟全国抗战的发动，以致日本更顺利侵略中国。这是德、意、日国际法西斯侵略阵线所欢迎的一种前途。另一种前途，则是由于事变的发动，结束了'剿共'内战，使我党提出的停止内战、一致抗日的主张反而得到早日实现，使全国的抗日民族统一战线更迅速建立起来，这是国际和平阵线和全国人民所竭诚拥护并要使之实现的。”

会议一直开到第二天早晨，最后决定：全力争取实现第二种前途，应张学良、杨虎城的要求，组成以周恩来为首的中共代表团赴西安参加谈判。

12 月 15 日凌晨，风寒雪舞，周恩来一行就要离开保安了。他换去平时的红军服，穿一套东北军军官服，腰间束着皮武装带，脚上穿着黑皮鞋，尤其是那长胡须也用剪刀处理掉，因此越发精神抖擞，容光焕发，一下子仿佛年轻了好几岁。他仔细地检查每个随行人员的准备情况，同前来送行的毛泽东等人握手道别。周恩来骑着骏马走远了，毛泽东等人还站在原地向他频频招手。

周恩来一行顶着大风，踏着积雪，翻山越岭，日夜兼程，向延安进发。12 月 17 日下午 2 时，周恩来一行在延安转乘张学良派来的专机，飞往西安。周恩来把张学良派来的欢迎中共代表团的刘鼎拉到身边的座位上，向他详细了解事变爆发后国内外的反应。刘鼎就所了解的情况作了汇报。

飞抵西安后，周恩来来到金家巷张公馆。张学良已在门口迎候多时，他注视着周恩来的面庞，问道：“美髯公，你的长胡须怎么不见了？”周恩来微笑着做了个手势，说：“剪去了！”张学良略带惋惜的神色说：“那样长的美髯，剪掉了太可惜了啊！”周恩来表示，一种新的局面开始了，所以要剪去胡须。

当晚，张学良设宴招待中共代表团。宴后，周恩来即和张学良到公馆西楼秘密单独会谈。张学良向周恩来介绍了蒋介石被扣后的表现、南京的动态及各方面的反应之后，诚恳地说：“有何指教，请毫无保留。”

周恩来对张、杨的爱国热情和正义行动作了肯定，并坦率指出：“你们趁着蒋介石住在这里，出其不意，乘其不备，用惊险手段把他捉了起来。这种做法，在方式上多少带有军事阴谋的性质，将西安与南京置于敌对地位，因而将有引起新的内战的危险！”

“军事阴谋”这个字眼使张学良感到刺耳。他双眉紧蹙，问道：“我为公不为私，抓蒋介石还算阴谋？”

“西安事变捉住蒋介石，是件震动世界的大事。张将军出以公心，发动西安事变，我们是完全理解的。”周恩来一看张学良面有不悦之色，便放缓语调，耐心解释，“只是现在的蒋介石，既不同于十月革命前的俄国沙皇尼古拉二世，也不同于滑铁卢战役后的法国皇帝拿破仑一世。尼古拉二世，是在群众革命暴动、推翻了他的政权的情况下被捉住的；拿破仑一世是经过战争，全军覆没后被捉住的。但蒋介石这次被捉住，他的实力还原封未动，这与上述二例不能相比。目前，在全国救亡运动和我党抗日民族统一战线政策的推动下，他手下的官兵已有所觉悟，抗日思想逐渐增强。从大局着想，对蒋介石的处置都应采取极其慎重的态度。”

张学良愠怒之色已消，正全神贯注地倾听。周恩来继续说：“目前西安事变存在着两种前途，一种会使中国变好，一种会使中国变坏！如果能够说服蒋介石停止内战，一致抗日，就会使中国免于被日寇灭亡，争取一个好的前途；而如果宣布他的罪状，交付人民公审，反而会引起更大规模的内战，不仅不能抗日，反而会给日寇造成进一步灭亡中国的便利条件，这就会使中国的前途变得更坏。”

“那你看，该怎么办？”张学良诚恳地请教。

“为了争取一个好的前途，避免另一个更坏的前途，现在就必须力争说服蒋介石，使他放弃内战政策，走上一致抗日的道路。因此，我们主张和平解决西安事变，并同意你的意见，只要蒋介石答应停止内战、一致抗日的条件，就可以考虑放他回南京。”

张学良听了周恩来一席话，十分钦佩周恩来的高瞻远瞩，自己虽然也主张释蒋，但没有像周恩来考虑得如此周密，高屋建瓴。他感觉自己仿佛是在彷徨、朦胧、担忧之中，找到了主心骨，顿时一阵轻松。他兴奋地走过去，握住周恩来的双手，由衷表示：“共产党人胸怀博大，确是一心为国家，为了民族的未来。”难怪几十年后，张学良回忆起这件事时，还承认周恩来是和平解决西安事变的“谋主”。

第二天，周恩来赴九府街芷园会晤了杨虎城。杨虎城非常清楚，自 1927 年以来，蒋介石搞了 10 年的“剿共”内战，双手沾满了共产党人的鲜血，共产党和蒋介石有着不共戴天的血海深仇，就是周恩来的脑袋也是从蒋介石的屠刀下侥幸留下来的，心想：共产党是不肯饶过蒋介石的。因此，当周恩来介绍昨晚与张学良会谈的情况后，杨虎城感到非常意外，思想上一时未转弯，他坦率地向周恩来说了自己的看法和疑虑：“共产党与国民党是敌对的政党，地位平等，可战可和。可是我们是蒋介石的部下，如果轻易把他放走了，我们的处境就很危险。据我的经验，蒋为人气量狭小，睚眦必报，阴险狠毒。”

周恩来对他的疑虑表示理解，并耐心解释：“蒋介石统治着全国的大部分地区和武力，现在虽然捉住他，但其实力丝毫未减。在这种情况下，把他杀掉，实不利于发动全面的民族抗战。”

周恩来略微停顿了一下，看到杨虎城在点头，于是又继续说道："今天，不只是全国各阶层人民逼蒋抗日，国际反法西斯阵线也在争取他抗日，他的靠山英美等国也从本身的利益着想，促使他遏制日本独吞中国。蒋介石现在的处境是抗日则生，不抗日则死。所以，乘他被捉之机，逼迫他改变对内压迫、对外妥协的政策是可能的。如果真能这样，那么比杀掉他而引起一场大规模内战对国家、民族有利得多。至于说蒋介石日后的报复问题，我看这不取决于蒋本人，只要东北军、西北军和红军团结一致，进而团结全国人民，形成强大的力量，就是他想报复也没有办法。当然，我们放蒋是有条件的，否则也不能轻易放虎归山。"

周恩来至情至理的言辞和顾全大局的崇高精神，使杨虎城深受感动。他说："周先生以国家民族利益为重，置党派的历史深仇而不报，对蒋介石以德报怨，令人无比钦佩，我是追随张副司令的，现在更愿意倾听和尊重周先生的意见。既然张副司令和周先生意见一致，我无不乐从。"

"血与火充塞西安""西安已成赤色恐怖世界""红军要把蒋介石押送陕北"，各种谣言传到南京，使宋美龄急得像热锅上的蚂蚁，尽管端纳已回南京报告西安无险情，尽管何应钦接到蒋介石的停战手令后已暂停"讨伐"行动。

为探明真相，12月20日，宋子文冲破何应钦阻碍，急匆匆抵达西安。一下飞机，他立即要求会见周恩来。周恩来告诉他："西安事变的发动，中共并未参与。为了实现停止内战、一致抗日的主张，中共力主和平解决事变。"周恩来还请宋子文认清国内外形势和走不走抗战道路对他们的利害关系，希望他能够说服蒋介石改变政府，为和平解决西安事变作出贡献。宋子文还会晤了张、杨，探望了蒋介石。

第二天，他即飞回南京，到处宣传蒋介石在西安情况，称赞周恩来是"共产党里最了不起的人，恐怕南京没有这样的人"；并带讥讽的意味斥责何应钦："南京有谁能承担这样的风险去挽救委座？相反，还有人要轰炸哩！"宋子文的宣传使何应钦的猖狂气焰顿时收敛。

12月22日，宋美龄偕宋子文、端纳等人飞抵西安。蒋介石一见宋美龄来到面前，百感交集。

23日，周恩来和张、杨二将军开始与全权代表蒋介石的宋氏兄妹谈判。周恩来先提出了和平解决西安事变的六项主张，即：

"子、停战，撤兵至潼关以外。丑、改组南京政府，排逐亲日派，加入抗日分子。寅、释放政治犯，保障民主权利。卯、停止剿共，联合红军抗日，共产党公开活动（红军保存有独立组织领导。在召开民主国会前，苏区仍旧，名称可冠抗日或救国）。辰、召开各党各派各军救国会议。巳、与同情抗日国家合作。”

宋子文借口中日武力相差太悬殊，不能马上抗日，只能作抗日准备工作，并且提出红军必须改编为国军，必须听从国民党指挥，方可停止内战，停止“剿共”。周恩来既坚持原则性，又讲究灵活性，从大局出发，作了光明磊落而又赤诚感人的让步，以换取“停止内战，一致对外”。他表示，如果蒋介石接受并保证实行中共提出的六条，那么“中共红军赞助他统一中国，一致抗日”。同时严肃指出，蒋介石违背孙中山遗嘱，打了十年内战，给中华民族带来了深重的灾难。值此民族危亡之际，不抗日无以图存，不团结无以救国，坚持内战无非自速灭亡。能识大局，立即实行抗日，实行民主政治，我党既往不咎，张、杨二将军也会放蒋先生回去。如若坚持内战，则将成为千古罪人。

宋氏兄妹救蒋心切，蒋介石本人更是归心似箭，况且英美一味督促和解，所以他们也不敢节外生枝。经过两天谈判，终于以周恩来提出的六项主张为基础，达成六项协议：

（一）改组国民党和国民政府，驱逐亲日派，容纳抗日分子；

（二）释放上海爱国领袖，释放一切政治犯，保证人民的自由权利；

（三）停止“剿共”政策，联合红军抗日；

（四）召开各党派救国会议；

（五）联俄，并与英、美、法联络；

（六）蒋介石回京后，通电自责，辞去行政院院长职务，西北军仍由张、杨负责。

24日晚上，周恩来在宋氏兄妹陪同下会见了蒋介石。真是十年冤家重逢。蒋介石被捉后最害怕共产党插手，心想一旦落入共产党之手，必死无疑。周恩来到西安后，蒋介石更感到凶多吉少，整天提心吊胆，直到他知道共产党并非想置自己于死地时，情绪才稍安定下来。但是，当他一见到周恩来出现在面前时，还是显得很不安的样子，显出一副窘态。他勉强从床上坐起来，一手按着在华清池逃走时摔伤的腰，一手招呼周恩来入座。

周恩来神态从容地与蒋介石握手，望着老对手那衰老憔悴的面容，周恩来心平气和地说：“蒋先生，我们十年没有见面了，你显得比以前苍老些。”

蒋介石听后点头叹气，但他见周恩来态度温和，就装腔作势说：“恩来，你是我的部下，你应该听我的话。”

周恩来心想对方又故作姿态了，立即面容庄严，说话的语调也显得威严有力：“蒋先生，你违背孙中山先生的遗教，十年来因内战牺牲了千百万革命者，我这颗脑袋也是从你的刀下滚过来的。”他有意停顿一下，见“委员长”的架子没有了，就放缓语气，给对方留点面子，接着又说，“这些，现在都不去说它了。只要蒋先生能够改变‘攘外必先安内’的政策，停止内战，一致抗日，不但我个人可以听蒋先生的话，就是我们红军也可以听从蒋先生的指挥。”

蒋介石见周恩来不咎既往，又松了口气。

周恩来继续诚恳地说：“我们党一贯主张停止内战，一致抗日，主张各党派无论过去有什么旧怨宿仇或不同政见，都应该捐弃前嫌，组成抗日统一战线，共赴国难。我这次来西安，不是来算旧账，而是来商谈今后的救国大计的。”

宋氏兄妹又一次对周恩来表示感激。宋美龄还重复周恩来的话，俯身对着蒋介石说：“周先生是来同您商谈救国大计的，你们本是同校故交，今日会面，要互相见谅。此次委员长在西安出事，多亏周恩来千里迢迢前来斡旋，实在感激得很啊！”

周恩来看到气氛较轻松了，便主动和蒋介石拉拉家常。会见蒋介石之前，周恩来从张学良那里看见蒋介石刚被捉时写给宋美龄遗嘱式的电报底稿，要她“善视经国、纬国两儿。有如己出，以慰余灵。”据此，周恩来看出蒋介石身陷囹圄之后，对妻儿老小极为挂念。他嘘寒问暖地说：“蒋先生，好些年没见过经国了吧？如果想见，我们可以设法和斯大林交涉，将滞留在苏联的经国接回来，让你们父子团聚（周恩来不曾食言，很快蒋介石的儿子蒋经国于 1937 年 3 月 25 日携夫人、儿女回来）。”

蒋介石一听周恩来主动提出使他们父子团聚，不由得鼻子一酸，又感激又羞愧。这时周恩来又谈到今天刚达成的谈判结果，蒋介石又沉默了片刻，表示完全同意，他说：“恩来，我们再也不要打内战了。我回南京后，你可直接到南京找我谈。”

周恩来见蒋介石表现出疲劳困顿的样子，便起身告辞：“蒋先生休息吧，我们今后还有机会再谈。”蒋介石连声说：“好！好！”

自谈判条件大体商定后，宋氏兄妹就要求张学良早点放蒋走，并提出最好在圣诞节回京，取个吉利。可是东北军、西北军的广大将士都认为“不签字就放蒋是没有保证的”。有人慷慨激昂地说：“西安事变是大家提着脑袋干的，不是张、杨两人的事。现在蒋介石还在我们手里，不在协议上签字，干脆就干掉他。”25日就是圣诞节了，这天早上，宋子文收到东北军和西北军高级将领和幕僚鲍文樾、马占山、米春霖、杜斌丞等人一封联名信，提出放蒋走的条件是商定的问题必须签字和中央军立即撤出潼关。“否则，虽然张、杨两将军答应了，我们也誓死反对。”宋氏兄妹和蒋介石立即要求张学良想办法解决。

张学良感到事态严重，生怕夜长梦多，便决定悄悄地送蒋介石走，并准备亲自陪同前往南京“赔罪”。下午，张学良打电话请杨虎城来，杨到后，张学良说：“现在不走不行啦！不知道会出什么大乱子。我决心亲自送蒋走。我想在几天内就可以回来，请你多偏劳几天。假如万一我回不来，东北军今后即完全归你指挥。”这时，蒋介石已经出来准备上汽车。杨本不同意无保证地放蒋，更不同意张亲送，但他一向尊重张学良，又不知道周恩来是否同意张亲送蒋走的事，当着蒋介石的面又不好争执，只得和张一起去飞机场送蒋介石。

他们离开公馆10多分钟后，孙铭九报告了周恩来，周恩来连忙乘车赶往机场，想劝张学良不必亲送。在疾驰的汽车上，他心情沉重。因为这不仅关系到张学良的个人前途，而且还会给西安事变和平解决带来困难。

在机场，蒋介石又“以领袖的人格”重申他许诺的六项主张。

周恩来驱车赶到机场，飞机已向洛阳方向飞去。他不禁叹息道：“张汉卿就是看《连环套》那些旧戏中毒了，他不但摆队送天霸，还要负荆请罪啊！”

风云突变砥中流

蒋介石飞抵洛阳后，就改变了态度，背信弃义。他首先逼令张学良打电报给杨虎城，释放在西安的陈诚、卫立煌等。杨虎城不愿给张学良造成困难，说：“做人情做到家，他叫放就放吧！”当天晚上，杨虎城在新城大楼为陈诚等人饯行，第二天就放他们回南京了。

这时东北军内部的意见分歧越来越明显，一些少壮派军官认为，扣留这些蒋方大员是张学良回来的保证，释放回去蒋如果扣留张学良，东北军就无所恃了。

他们情绪非常激昂。

事态的发展果然是这样。26 日下午，蒋介石的座机到南京机场，国民党大员蜂拥前来迎接。随后张学良的飞机降落，机场上只有一批军统特务在四周警戒，张遂即失去自由。蒋介石下令组织军事法庭判处张学良徒刑十年，旋又假惺惺地要南京国民政府将张“特赦释放”，“交军事委员会严加管束”，从此张学良遭到长达数十年的软禁。与此同时，蒋介石下令杨虎城、于学忠二人撤职留任，并任命顾祝同为西安行营主任，调集五路大军共 37 个师向西安推进，企图压迫西安方面屈服。

这个突然的变化，使西安方面难于对付。一味示弱是不行的，必须在政治上表明严正的态度，在军事上作出有力的部署。

连日来，周恩来经常彻夜不眠，和后来到西安协助周恩来工作的博古、叶剑英等研究对策，冷静地处理面临的复杂问题。他同杨虎城等东北军和十七路军的高级将领协商，由杨虎城领衔于 1937 年 1 月 5 日发出措辞强硬的电报，抗议蒋介石扣留张学良和准备重新挑起内战的阴谋。他还在报中共中央批准后，电调一部分红军主力开赴关中。1 月 9 日至 10 日，红一军团到达耀县（今耀州区）、三原，红十五军团到达成阳。10 日，红二十七军也到达洛川。周恩来在几天内将南进部队急需的弹药、给养和器材迅速补充完毕，并到成阳看望红军部队，讲述西安事变的意义，鼓舞士气。红军开入关中，引起各方面的关注。

中共中央的基本方针，仍是继续逼使蒋介石实践他停止内战一致抗日的诺言，主张和平解决。1 月 10 日，周恩来写信给张学良，说明“只要中央军不向此间部队进攻，红军决不参加作战。若进入潼关之中央军必欲逼此间部队，为自卫而战，则红军义难坐视”。

1 月 11 日，他又写信给蒋介石，严正指出：“中央军竟重复开入陕境，特赦令转为扣留，致群情愤激不可终日”，要求蒋介石撤退进入陕甘的中央军，释放张学良回西北主持军政，这样才能消弭内战，一致抗日。否则，“不仅西北糜烂，全国亦将波及无疑，而垂成之统一局面又复归于破碎”，将为亲者所痛而仇者所快。

当时外有大军压境，内有和战之争，杨虎城的处境十分困难。西安主要军事力量是东北军，张学良送蒋走时，要于学忠领导东北军，而听命于杨虎城的指挥，而于学忠在东北军中不是嫡系，领导不了这支部队，杨虎城更是指挥不了。东北

西安事变后，周恩来和秦邦宪、叶剑英在西安合影

军实际上已是群龙无首，所谓元老派、少壮派的矛盾日益表面化。十七路军将领中，有的公开叛变，有的态度模棱两可，杨虎城也难于掌握。这时他深感只有张学良回来，才能维系“三位一体”，处理复杂局面。

西安方面的困难，南京了如指掌，便加紧对西安实施军事压力和政治分化。1月13日，蒋介石派人到西安，他提出两个方案：

一是中央军进驻西安，东北军和十七路军撤至陕西西部和甘肃一带，红军仍返陕北，陕西省政府主席委十七路军的人充任。即所谓甲案。

二是中央军进驻西安，东北军移驻安徽和淮河流域，十七路军移驻甘肃，红军仍返陕北，安徽省主席可委东北军的人充任，甘肃省主席可委十七路军的人充任。即所谓乙案。

不论哪个方案，对西安都是不利的。权衡之后，接受甲案东北军、十七路军和红军仍靠拢在一起，“三位一体”不致解体；接受乙案，东北军可移驻较富庶的地区，但“三位一体”自然解体。蒋介石写信给杨虎城，劝他接受甲案。而何应钦又给王以哲、何柱国（均东北军军长）写信，要他们接受乙案。十七路军主张接受甲案，东北军高级将领公开表示接受甲案，暗中却想接受乙案。东北军少壮派则主张先救张学良，其他一概不谈，这样使得西安的内部矛盾更为尖锐。

对于友军的内部问题，共产党不便干预，只能给予建议。1月15日，杨虎城向周恩来表示，如果真的打起来，他没有把握取得胜利。

周恩来根据中共中央和平解决的方针，分析当前的局势，向杨虎城提出三点建议：

一、为求得和平解决，须先由杨、于通电就职；

二、由他们派人去奉化见蒋介石，对乙案坚决拒绝，对甲案可基本接受，但中央军须全部退出甘肃，在西安得留东北军和十七路军各一部，东北军可伸至咸阳；

三、主要是军事上三单位靠拢，政治上利用国民党即将召开的三中全会来解决问题，杨虎城两次派代表去和蒋介石谈判，都无结果而回。

张学良迟迟不能回来，东北军少壮派加紧活动。他们大都是团营级军官，掌握实权，对张学良怀有深厚的感情，对蒋介石更加痛恨，于是发动签名运动，要求营救张学良，即使与中央军开战也在所不惜。他们不满元老派的和平主张，甚至以为他们是要取张学良而代之，十分气愤。主和的人竟至不敢公开讲话。杨虎城对打仗没有把握，但担心蒋介石报复，也希望张学良回来，因而倾向于少壮派。一时主战的少壮派占了上风。

在周恩来看来，一旦战端一开，有违西安事变的初衷，也不利于争取张学良回来。面临这个复杂形势，他抓住矛盾的主要方面，着重做少壮派的工作。

1月27日晚上，周恩来邀请少壮派的主要人物应德田、孙铭九、苗剑秋等人到代表团驻地张公馆东楼会客厅谈话。从客厅里不断传来慷慨激昂的声音，少壮派坚持要张学良回来才能撤兵。周恩来耐心地进行说服，指出这样做有可能引起战争；我们现在退兵，“三位一体”好好团结，仍然可以要求张将军回来。少壮派仍不同意，应德田首先陈述他们的意见，大意是：张学良是东北军的中心，他不回来，团体无人领导，必致瓦解；张学良不回来，“三位一体”的局面无法维持，联共抗日的主张也无法实现。张不回来，决不撤兵，蒋军如再进逼，不惜破釜沉舟地打一仗，请红军全力帮助，打垮蒋军的进攻。

周恩来听后又耐心地解释道：我们了解东北军的特殊性和副司令在东北军中的重要性，我们极愿把副司令营救出来，但是现在我们要坚持要求放回副司令，蒋介石一定不放回，相持之下，很容易发生战争，这对副司令回来的问题更没有好处。很明显，战争打起来，他们更不会放副司令回来。我们现在退兵，“三位一体”好好团结，保持这个强大的力量，副司令一定会回来的。你们应当知道，打起仗来，对团结抗日前途，对东北军前途，对副司令前途，都没有好处。我们共产党与蒋介石血海深仇，永远不会忘记，与东北军和张副司令的血肉关系，也永远不会忘记。对副司令有好处的事，我们一定尽力而为。但现在坚持要求副司令回来，不见得对他有好处。

周恩来刚说完，苗剑秋（苗有个绰号叫“苗疯子”）就大哭大闹，乱说了一阵疯话，什么“你们不帮助我们打仗，红军开到关中来干什么？”“你们不帮助，我们也要打，是否你们就看着我们让蒋介石消灭掉？”甚至说：“你们不帮助我们打仗，咱们就先破裂。”孙铭九也痛哭流涕地向周恩来请求红军出兵，这样一直闹到下半夜。为了摆脱这个僵局，周恩来只好说：“这个问题很重要，容我们明天好好商量一下再答复你们。”

没过几个钟头，南汉宸也到张公馆来，报告杨虎城找他谈话的情况。南说，凌晨三时，杨把他从睡梦中叫起来，对他说：“你这次来西安，我当然不反对你站在你们党的立场，但是希望你也要替我打算打算。你刚来到，我就对你说，和平解决就是牺牲我。张汉卿主张和平解决，亲自送蒋到南京，结果如何？现在可以看出来，回来希望不大。张的牺牲是差不多了。共产党主张和平，可以同国民党、蒋介石分庭抗礼，他们是平等的。我是蒋的部下，蒋的为人是睚眦必报的，和平解决以后，叫我怎么对付蒋。和平的前途就是牺牲我。”“我现在不能看着自己就这样完了。”南汉宸认为杨虎城这番话，不是对他个人讲的，而是通过他对共产党代表讲的。周恩来觉得事态严重，对南汉宸说：“你回去告诉杨先生，就说我今天去三原红军司令部开会。晚上一定赶回来，请杨先生放心，我们一定对得起朋友，绝对不做对不起朋友的事。”南汉宸又向周恩来报告，孙铭九等已拟了一个暗杀名单，内有主和派和共产党员。

少壮派的活动更为激烈。在他们的提议下，1 月 29 日，东北军在渭南召集团长以上军官四十余人举行军事会议。王以哲因病没参加，由董英斌代他主持。何柱国发言坚持主和。他认为中央军实力强大，我们打不了，假如打起来，不但张副司令回不来，东北军前途也危险了。何讲完，应德田起来讲话，坚决反对和平解决。他认为蒋介石是在虚张声势，真正打起来他是不敢的。我们愈软，他就愈硬，我们一硬，他就会软下来。只有这样，副司令才有可能回来。我们要做好打仗的准备。为了营救副司令，不惜坚决打一仗。这时会场议论纷纷，空气极度紧张。与会军官在愤激的情绪下，都赞成应德田的主张，反对何柱国的主张。会议当即作出决议：在张副司令回来以前，决不撤兵；中央军如再进逼，不惜决一死战。这个决议由到会四十多个军官签了名。

王以哲、何柱国认为渭南会议是少壮派鼓动起来的，对渭南会议决议不愿执行，但他们和少壮派已经闹翻，无法说服他们。于是1月30日派飞机去兰州接于学忠来西安。因为他是张学良指定的东北军最高负责人，应由他来作最后决定。于学忠来到西安，两方面都向他申述理由，使他左右为难，但他还是主和的。

1月30日，周恩来、博古、叶剑英乘汽车到三原云阳镇红军前敌司令部开会。张闻天、彭德怀、任弼时、杨尚昆、左权都参加了会议。大家认为，我们主张接受甲案实现和平，但如南京继续进攻，我方要自卫，而我们的主张未能说服西安左派和杨虎城等；与蒋介石结成统一战线能否成功，尚是未知数，东北军和十七路军是我们的朋友，而这两个朋友坚持要打，解释无效，并且发展到答应了是朋友，不答应就会导致敌对情势，这是颇难两全的困难局面；如果拒绝东北军和十七路军的要求，这两个朋友失掉，和蒋介石搞统一战线就更加渺茫。在这种情况下，只能帮助他们打这一仗。

会议作出决定：只要东北军、十七路军两方面意见一致，红军可以暂时保留自己的意见支持他们的主张，和他们一起打，在打的过程中仍同南京谈判和平。会后，立即从总部发电报告中央。

周恩来、叶剑英当天赶回西安，根据上述决定，分别告诉杨虎城和少壮派，并对他们说："只要你们团结一致，意见一致，我们绝不会对不起张先生，对不起你们两位朋友，包括打仗在内，我们一定全力支持你们。"叶剑英并与东北军、十七路军参谋人员具体研究了军事部署。

当日，收到毛泽东、朱德、张国焘从延安回电：和平是我们的基本方针，也是张、杨的基本方针；我们与张、杨是"三位一体"，应当同进退；向张、杨表示我们不能单独行动，协助他们争取更有利条件。

事机紧迫，2月1日晚上，杨虎城、于学忠、王以哲、何柱国、周恩来五个人代表三方面在王以哲家中开最高军事会议，最后决定和战大计，应德田也参加了。会议开始时出现长时间的沉默。杨虎城请周恩来先讲，周说："我们今天是以你们两方面的意见为意见，还是你们先讲。”杨虎城只好要于学忠讲。于学忠嗫嚅了一阵，才说：“我个人意见，还是应该和平解决。打仗不能把张副司令打回来，打起来他们恐怕更害怕张副司令了。”他分析军事形势说，“我们只顾招架东边的中央军，而西边胡宗南的部队已经到了宝鸡，正向凤翔推进，而我们西边还没有一点布置。加上内部有两个师不稳的消息，这在军事上已成内外夹攻、腹背受敌之势，要打也不能打。因此，我的意见还应和平解决。”王以哲、何柱国都同意于学忠的看法。杨虎城看到东北军主要将领意见一致，就说：“从道义上讲，应该主战；从利害上讲，应该主和。东北军方面既然是主和，那么我们还是实行同顾祝同谈妥的方案（基本上是甲案）和平解决吧！”杨虎城最后问周恩来的意见。周说：“我们原来是坚决主张和平解决的，以后你们两方面有许多人坚决主战，为了团结，只要你们双方一致主和，我们当然是赞同的。”他又提出请双方注意内部的团结，防止少数人进行分裂活动。杨虎城、于学忠都同意周恩来的意见。

少壮派原来以为这次会议会作出打仗的决定，会议的结果大出他们的意料之外，他们甚为气愤。应德田、孙铭九等认为王以哲、何柱国在会议上没有反映主战派的要求，背叛“渭南会议”，就是“出卖张副司令”“出卖东北军”，要“拼一死战”“要除奸”等等，气焰十分嚣张。

挺身而出挽危局

最高军事会议之后，杨虎城派代表到潼关和顾祝同谈判，准备接受南京的条件，和平解决。少壮派极为气愤，以为是王以哲、何柱国坚持主和的结果。他们一方面策划屠杀主和派，主要对象是王以哲、何柱国；另一方面，准备派武装人员截留杨虎城派去潼关的代表，又包围于学忠，要他营救张学良，指挥东北军作战。西安已被恐怖气氛笼罩。

2 月 1 日晚上，应德田、孙铭九、何镜华等主战军官就酝酿杀王以哲、何柱国的事。

2 月 2 日一早，东北军一批主战军官应德田、孙铭九、苗剑秋、何镜华等十几个人，到孙铭九家里开会。应德田和大家商定，即刻派人将王以哲、何柱国两个主和的军长枪杀，要孙铭九派卫队营的人去执行。孙铭九派卫队营连长于文俊带 20 个卫士前去杀王以哲。于文俊手持驳壳枪，闯进王的住宅，进入卧室，对王以哲说："军长，对不起你了！"随即连发几枪，王以哲就死于血泊之中。当天，他们还杀了原王以哲的副官宋学礼等几个人，制造了"二二事件"。

孙铭九同时又派卫队营营副商同昌带人去杀何柱国。这时何已有所风闻，躲到杨虎城新城公馆的客厅不出来。孙铭九又带人找到杨公馆，由于杨虎城的保护，他们杀何柱国的企图没有得逞。事后，何柱国给杨虎城送了一个银盾，上面刻有"再生之德"四字，以表示对杨的感谢。

周恩来知道王以哲被杀这个消息后，异常气愤，立即要李克农和刘鼎追查是什么人干的。

孙铭九等杀了王以哲后，杨虎城也很不满，立即在新城和街道加强警戒，弄得人心惶惶。有人指责应德田、孙铭九不该这样乱来。

当苗剑秋把周恩来生气的消息告诉孙铭九时，孙铭九知道他们犯了错误，就同苗剑秋去张公馆东楼向周恩来承认错误，并跪下请罪。周恩来要孙铭九站起来后，很严肃地责问孙：杀王以哲是谁搞的？孙说，是应德田和我，还有何镜华等。我做错了，请宽恕！周恩来气愤地说："你们要干什么？你们以为这样就能救张副司令回来吗？不，这恰恰是害了张副司令，你们破坏了团结，分裂了东北军，正在做蒋介石想做而做不到的事情。你们是在犯罪。"在周恩来的严厉斥责下，孙铭九、苗剑秋都低头认罪。周恩来进一步开导他们认识错误，要他们回去找应德田等商量怎样处理善后。

周恩来心急如焚，为了表示对最早接受我党停止内战一致抗日主张，对建立红军和东北军亲密合作关系作出贡献的王以哲的悼念，为了抗议少壮派的错误行为，他不顾安危，带着李克农和刘鼎，赶到王以哲家中吊唁。这时的王家正乱成一团，周恩来慰问家属，使王的家属和在场的人深受感动。当时西安谣言纷纭，有人恶意挑拨说，少壮派是受共产党指使行动的。周恩来以实际行动，解除了一些人对共产党的误解，使东北军官进一步认识周恩来关心东北军团结，反对分裂行动的明确立场。

周恩来从王以哲家出来，立即到新城杨虎城办公楼商议。杨虎城派他的代表李志刚到潼关继续同蒋介石的代表顾祝同等谈判。周回到张公馆后，立即起草电报向中央报告今天发生的事情和处理经过。

晚上，中央回电同意继续进行谈判，用一切办法制止东北军内部互相残杀。

中央对代表团的安全十分关心，叮嘱要提高警惕，防止意外，并说已电告云阳前敌总指挥部，情况紧急必要时，派部队到西安保护。

王以哲在东北军中是有威望的高级将领，他被杀的消息传到前方，激起了东北军广大官兵的愤慨。2月3日早晨，东北军前线部队掉转枪口，撤出渭南防线，渡过河开到高陵。刘多荃的部队开回临潼，声言要开回西安为王以哲报仇。中央军开进渭南，逼近西安。周恩来当即派中共东北军工委书记刘澜波到渭南，向前方将领说明中共对事件的态度，表示中共坚决反对杀害王以哲的错误行为。少壮派原以为杀了王以哲等主和派，就可以和中央军决战，救回张学良。哪知道事与愿违，出现了这种局面，少壮派和许多主战的人都惊慌失措，气焰也顿时消失。

2月3日清晨，周恩来和杨虎城、于学忠等商议，认为少壮派的严重错误可能导致内部分裂，必须严肃对待。但他们在西安事变中是有功绩的，杀王以哲的动机是为了拯救张学良，不能随便处置他们。他不避袒护少壮派的嫌疑，毅然决定，派刘鼎把应德田、孙铭九和苗剑秋三人送到云阳红军总部，以免他们再闹事，也使要替王以哲报仇的人失去了打击目标。同时，也商定将孙铭九指挥的卫队营撤出西安。4日下午，应德田、孙铭九、苗剑秋三人，由刘鼎等陪同，被送到了云阳总部，从而避免了一场东北军内部大规模的自相残杀。但是东北军元老派将领刘多荃等，为了泄恨，令人把杀害王以哲的凶手于文俊杀死，并破腹取心去祭奠王以哲，更错误的是，把最早沟通中共和张学良关系的高福源旅长枪杀，误认高参加了“二二事件”。

为了避免意外的损失，周恩来同博古、叶剑英商议，博古、叶剑英、李克农、罗瑞卿等代表团大部分人员撤到云阳总部，周恩来自己坚持在西安，和杨虎城、于学忠、何柱国等共同维系“三位一体”关系，经过谈判和平解决西安事变。

2月4日，周恩来致电中央和前敌总指挥部，指出：东北军因王以哲遇害愈加分化，张学良更难回来，东北军有东调安徽的可能。第十七路军一时不会分化，中共难以公开立足。国民党三中全会只能做到宣布和平统一，团结御侮，不能提出容共案。并提出党的方针是：坚持“三位一体”，团结到底，东北军开甘肃以避免分裂；欢迎中央军，避免对立；加强内部组织与团结。

这几天，是周恩来在西安事变期间最紧张，最困难，也最危险的日子。他十分忙碌，经常夜以继日又一丝不苟地工作；要和杨虎城及东北军高级将领商谈如何对付复杂局面，要做少壮派的工作，既着眼当前，又展望未来，考虑如何巩固

西安事变期间，周恩来和叶剑英、张云逸、叶季壮同西安红军联络处工作人员合影

西安事变和平解决后，周恩来返抵延安时，在机场受到中共中央领导人欢迎

和发展抗日民族统一战线，真是舌敝唇焦，朝思夕虑。他的眼睛熬红了，鼻子常出血，十分疲劳时，就和衣在床上躺一会儿，连皮鞋也不脱。中央一来电报或来客人，就要叫他起来，不准不叫。好在当时他只有 39 岁，正当壮年，尽管遇到种种磨难，当他出现在各方面人物面前时，依然神采奕奕，谈吐不凡。面临着这种混乱局面，大家也为他的安全担心。他置身危城，但毫不畏惧。因为他以一片真诚对待朋友，所以赢得了各方面的信任和友谊，使得他在惊涛骇浪中能够履险如夷。

周恩来坚持在西安工作，起到了中流砥柱的作用。无论东北军和西北军还是社会上的各界人士，都相信中共和平解决西安事变的方针是正确的，中共是可以信赖的朋友，也表明了中国共产党是诚意和国民党谈判，达到停止内战一致抗日的目的，从而产生了重大的影响。

“二二事件”破坏了东北军内部的团结，削弱了西安与南京谈判和营救张学良的力量与地位。2 月 3 日，东线的东北军刘多荃师自动撤退，使中央军得以进驻渭南。刘多荃和缪澄流等高级军官，又在高陵召开了高级军事会议，他们拒绝接受中共代表团接受甲案、东北军仍留西北与红军靠拢的建议，宣布接受乙案，离开西北东调河南、安徽。接着，东北军骑兵第十师师长檀自新、一〇六师师长沈克联名通电投蒋介石。至此，“三位一体”的大势已去，南京又对西安方面施加强大压力，使杨虎城、于学忠不得不通知潼关谈判的代表，按照乙案达成协议。2 月 5 日，杨虎城、于学忠发表和平宣言。2 月 6 日，十七路军在西安的部队离开西安撤到三原，杨虎城也到三原去了。“三位一体”解体了。

2 月 8 日，南京国民党政府军事委员会西安行营主任顾祝同率中央军宋希濂师和平开入西安。国民党特务人员在西安大肆活动，竟在大街上张贴标语，鼓吹“攘外必先安内”的反动政策，攻击西安事变。周恩来毅然去见顾祝同，严词质问：“这些标语是谁贴的？想干什么？”逼使顾祝同不得不把政训处处长贺衷寒找来，当面“申斥”，要他们立即刷去。第二天，满街的反动标语全部洗刷干净。顾祝同同意红军在西安设立联络处。

2 月 9 日，南京政府谈判代表张冲到西安，中共派到南京谈判的代表潘汉年也到了西安。

当天，周恩来和中共代表团工作人员，全部由张公馆东楼搬到七贤庄一号，成立红军联络处。

西安事变虽然以张学良被扣、杨虎城被迫出洋，东北军和十七路军被调动和肢解而告终，但西安事变的伟大意义和历史作用，不可磨灭。没有张学良、杨虎城将军发动兵谏，蒋介石还要继续推行他的“攘外必先安内”的反动政策，“剿共”战争也不会停止，日本帝国主义对中国的侵略政策将愈演愈烈，中华民族的存亡绝续已到了千钧一发的境地。西安事变和平解决，结束了十年内战，形成和发展了抗日民族统一战线，中国共产党公开合法地走上政治舞台，开始了第二次国共合作的新时期。

在西安事变中，周恩来不负重托，从国家和民族的根本利益出发，坚决执行中共中央的正确方针，在极端复杂、险恶的环境里，折冲樽俎于各方面人物之中，临危不惧，机智沉着，舍生忘死，力挽狂澜，表现出对中华民族伟大事业的无限忠诚，也显示出一个伟大政治家的卓越才能，他的功业是垂千古而不朽的。

西安事变和平解决了，周恩来胜利地完成了中共中央交给他的任务，但任重道远，他又担负起国共正式谈判的艰巨使命。

团结抗战　功在民族

（1937—1945）

七、国共合作奔走忙

20　战斗在谈判第一线

从西安到杭州，从庐山到南京，五轮谈判，周恩来同蒋介石进行了面对面的斗争，为红军争取到了 3 个师、45000 人的合法地位。以国共两党合作为基础的抗日民族统一战线正式形成。

西安事变时，虽然蒋介石作出了承诺，但是他一回到南京就背信弃义。1937 年 7 月，抗日战争爆发，经过中共艰苦卓绝的斗争，直到 9 月蒋介石才同意建立国共第二次合作。其间周恩来在西安、杭州、庐山、南京的五轮谈判，同蒋介石进行面对面的斗争，推动了第二次国共合作的建立。

二月西安谈判

西安事变过程，是以东北军、十七路军和共产党联合为一方，共同和南京谈判，由张学良主持的。张送蒋介石离开西安后，由杨虎城主持。为了谋求和平，杨两次派代表李志刚到南京、奉化（当时蒋介石在奉化休养）谈判。蒋为了防止在南京的何应钦插手其事，便令在潼关的西安行营主任兼第一集团军总司令顾祝同和西安方面谈判。

本来，东北军、十七路军派代表到潼关已达成协议，规定 1 月 29 日起东北军开始从渭河北岸撤兵，执行向甘肃西移的甲案。但是东北军少壮派坚决反对，于29日在渭南召开军官会议强行推翻成议。顿时，时局逆转，前途未卜。为了坚持和平，力争实现国共合作，周恩来通过东北军军长何柱国向顾祝同提出中共也派代表参加潼关谈判的要求。顾请示蒋介石，蒋电告顾：红军驻地陕北，南京每月给20万至30万元经费。周恩来派李克农到潼关后，又争取到顾祝同同意红军在西安设立办事处。“二二事件”王以哲遇害后，李克农回到西安，中共代表团由张学良公馆——金家巷一号迁到七贤庄一号，设立红军联络站，对外称“第十七路军通讯训练班”。

“二二事件”后，西安“三位一体”的局面不复存在。2月8日顾祝同率兵进入西安，翌日周恩来即与顾祝同、张冲开始谈判。不久，叶剑英也赶到西安参加谈判。

2月10日，中共中央致电国民党三中全会，提出五项要求，四项保证——

要求国民党实行下列各条：（一）停止一切内战，集中国力，一致对外；（二）言论、出版、集会、结社之自由，释放一切政治犯；（三）召集各党各派各界各军的代表会议，集中全国人才共同救国；（四）迅速完成对日抗战之一切准备工作；（五）改善人民生活。

如果国民党能够保证实行上列各条，我们为了团结全国一致抗日，愿意向国民党及全国保证实行下列各条：（一）停止推翻国民政府之方针；（二）苏维埃政府改名为中华民国特区政府，红军改名为国民革命军，受南京国民政府及军事委员会之指导；（三）在特区政府区域内实施普选的民主制度；（四）停止没收地主土地，实行抗日民族统一战线之共同纲领。

2月中旬，国民党召开五届三中全会，会议通过《根绝赤祸案》，决定四点：须彻底取消其所谓“红军”；彻底取消所谓“苏维埃政府”；“根本停止其赤化宣传”；“根本停止其阶级斗争”。周恩来指出：“这个东西是双关的，因为红军改了名称，也可以说是取消红军，但红军还存在；苏区改了名称，也可以说是取消苏区，但苏区还存在。所谓‘停止阶级斗争’，‘停止赤化宣传’，就是不许我们在国民党统治区有政治活动。”这四条同我们的五项要求、四项保证，实际上相当接近，国共合作的原则确定了。

政治上总的原则问题基本解决了，国共谈判的焦点集中在红军改编后的编制、人数，设不设总指挥部；苏区的地位，行政长官的人选；两党合作的形式及纲领；共产党公开的时间等问题上。

2月26日，参加了国民党三中全会的张冲回到西安，开始和周恩来谈判。张冲首先通报了三中全会的情况。周恩来对全会通过《根绝赤祸案》表示遗憾，保留将来声明的权力。希望顾祝同令马步芳、马步青停止对徐向前指挥的红军西路军的进攻。张冲的态度比较好，建议中共让在苏联的蒋经国回国做蒋介石的工作。

根据中共中央意见，周恩来向国民党方面提出，红军拟改编成4个军、12个师，上面成立某路军指挥部，设正副总司令，以保证中共对军队的绝对领导。坚持中共独立自主原则，保证中共对红军、苏区的绝对领导等原则问题是决不退让、决不迁就的，而在红军改编的人数上可以让步。

2月下旬，根据新的情况变化，周恩来向中共中央建议，在谈判中关于红军人数，让步为六七万人，编制可改为四个师。中共中央同意周恩来的意见，并提出其余地方部队可改编为民团及保安队。

在接下来的谈判中，因南京认为西路军基本已失败，不同意红军编为4个师。中共让步为编3个师计6旅12个团，每师15000人，共6万人。双方决定由周恩来将一个月来的谈判做一总结，写成条文，送蒋介石并让其作最后决定。谈判比较顺利。

不料，3月上旬贺衷寒到西安后，情况逆转。贺、顾提出：红军改编成3个师，每师1万人，共3万人，要服从南京中央一切命令。政训人员、辅佐由南京派遣。陕甘宁边区改为地方行政区，分属各省。高级军队干部由中共推荐，经国民党中央派遣、任命，这就是说，南京当局要直接领导红军和苏区。周恩来坚决拒绝这种无理的条件，并向中央建议，关于民主政治与红军独立领导问题，并不是与顾、贺谈判就可以解决得了的。

中共中央完全同意周恩来的意见。

三月杭州与蒋介石直接谈判

3月下旬，周恩来在潘汉年的陪同下到达杭州，直接和蒋介石会谈。

周恩来严正声明：中共为国家民族利益计，与蒋及国民党合作，但不能忍受投降、受编之诬蔑。提出：红军编为3个师，每师15000人，共45000人。3个师上设某路军指挥部。陕甘宁边区作为整个行政区，不能分割。国民党不能派政

周恩来和国民党谈判代表张冲在杭州合影

训人员和辅佐。红军要增加防地。

蒋在大敌当前、人民强烈要求抗日、共产党坚持斗争的情况下，不得不承认国共分家十年所造成的军阀割据和帝国主义入侵的局面，但不引咎自责。他说：“你们不必提和国民党合作，只是与我合作。”蒋表示，边区、红军改编都是小事，只要拥护他为领袖，一切都好办。对合作的形式他却提不出具体方案。

蒋介石对于没有能消灭红军和共产党一直耿耿于怀，现在要承认共产党的合法地位，承认共产党与国民党有平等地位，进行对等谈判，他是决不甘心的。因而提出与他个人合作，拥护他做领袖的办法，诘难中共，逼周就范。

周恩来巧妙地处理了这件事，他马上提出国共合作的形式可采用共同纲领的办法，实际上是给了蒋介石一个软钉子。

4 月初周恩来回到延安，中央对杭州谈判很满意，同意周恩来具体的方案，决定在中共抗日十大纲领和国民党一大宣言的基础上起草民族统一战线纲领，并具体研究两党合作的形式。

两次上庐山与蒋介石面谈

中共为推动蒋介石尽早抗战，6月4日，周恩来风尘仆仆地上了庐山，同正在避暑的蒋介石再次谈判。周恩来携带着中共中央起草的《御侮救亡、复兴中国的民族统一纲领草案》及准备讨论的十三个问题。这十三个问题主要有：两党合作的形式、联盟或改组国民党、要求释放政治犯、允许共产党在国民党统治区公开办报、红军改编、承认边区等。中共不同意与蒋个人合作。

经过多次交涉，蒋最后表示：两党合作的形式是成立国民革命联盟，国共两党各推相同人数的干部组成，蒋为主席，有最后决定权。两党对外行动的宣传由同盟会讨论决定，然后执行。关于纲领问题亦由同盟会讨论决定，如进行顺利，同盟会可扩大为国共两党分子合作之党，可与共产国际发生关系，代替共产党与共产国际的关系，坚定联俄政策。他想以此将共产党溶化掉。

蒋提出红军改编，由中共发表声明，政府即发表3个师的番号，共12个团，45000人。3个师之上仍只设政治训练处，政府委派参谋长、政工人员及辅佐。蒋公然提出要毛泽东、朱德出洋，南方游击队由中共派人联络，经调查后实行编遣，但是首领须离开。这是后来在八路军之外成立新四军的缘起。

对陕甘宁边区主席，蒋认为应由政府委派，中共推荐，副职由中共自己推举。政府释放在狱中的政治犯。中共可派240人参加国民大会，但不能以中共名义。召开国防会议时，可容中共干部参加。

在谈判期间，国民党已派了考察团到陕甘宁实地考察，为决定给养、经费及改编等具体事项做准备。

在庐山，周恩来还会见宋子文、宋美龄，再三陈述以政训处名义管理军队不妥，应在3个师之上设立指挥部，希望通过他们和蒋具体磋商。但是蒋坚持己见，一意孤行。周恩来在原则问题上不让步，声明回延安再行讨论。

谈判进入胶着状态。

6月18日，周恩来回到延安，中共中央开会讨论。为了推进统一战线的建立，打破谈判的僵局，及早实现两党合作，中国共产党又做了让步。首先，在两党合作形式上，同意组织国民革命同盟会。但是先确定共同纲领，这是两党合作的政治基础。组织上，同意蒋介石依据共同纲领有最后之决定权。关于同盟会发展趋势及与第三国际的关系，不加反对，保持共产党的独立组织和政治自由。

对于目前的具体问题，中共中央决定7月份发表宣言，指定周恩来起草；如蒋同意设立总的军事指挥部，红军待其名义发表后改编，退一步可以用政治机关名义指挥部队，但必须有等同于指挥机关的组织和职能，争取朱德为政治机关的主任，否则即于8月1日自行改编，除3个师外地方部队编1万人，总队3000人，军委改为党的秘密组织，领导全国军事工作；陕甘宁边区7月份自行选举，推荐张继、宋子文、于右任三人中择其一人任边区行政长官，林伯渠任副长官；力争朱德为红军改编后的指挥人，原则上毛泽东不拒绝出外做事，但非至适当时机不去；着手调查狱中党员名单，宣言发表后蒋分批释放。为参加国民大会推行候选人。

一切工作着手进行。7月初中共中央通过了周恩来起草的《中共中央为公布国共合作宣言》。7月14日，周恩来和博古、林伯渠再次上庐山将宣言交给国民党，并准备与国民党讨论革命同盟会的纲领，和蒋介石切实商讨国防计划、召开国防会议的时间等抗日事项。

虽然，七七事变已爆发，全国抗战已开始，蒋介石公开表示要抗日，17日在庐山召开的全国教育、文化、社会贤达座谈会上发表讲演，宣称："如果战端一开，那就地无分南北，人无分老幼，无论何人皆有守土抗战之责任，皆应抱牺牲一切之决心。"但是，却不准周恩来、博古、林伯渠出席座谈会，也就是不准共产党公开活动，不允许共产党有合法地位。所以蒋对中共送来的宣言不感兴趣，动手改了两句，又扣住不发。将革命同盟会一事搁置不提，纲领的问题也无从谈起。

蒋让张冲转告中共代表，红军改编后，"各师须直隶行营，政治机关只管联络"。闭口不谈边区地位问题。15日，周恩来致函蒋介石，要求其尽早公布宣言，指出："现在华北炮火正浓，国内问题更应迅速解决，其最急者为苏区改制与红军改编之具体实施。"而张冲所转达的条件同6月庐山谈判所谈"出入甚大，不仅事难做通"，且"恐碍以后各事之进行"。

17日，周、博、林和蒋介石、邵力子、张冲会谈，再次陈述，又经过宋氏兄妹做疏通工作，未果。蒋坚持：政治部主任只能转达南京的人事指挥，而3个师的经理教育，须直属行营，3个师的参谋长由南京派。政治部主任只能用周恩来，毛泽东只能做副主席。蒋答应中日开战，即发表中共起草的宣言。

中共坚决反对国民党派人到红军来。周、博、林力争无效，因抗战枪声已打响，便采取如蒋不让步，就不再与之谈判的方针，遂下山到上海等待时局的变化；

周恩来、秦邦宪、林伯渠在庐山同蒋介石谈判后回到西安时合影

并建议中共中央自行改编红军。随之赶回陕西出席中共中央政治局会议。

中共中央在陕西云阳召开红军高级干部会议，商定红军改编中的编制、干部配备等具体问题，同时和西安行营交涉，中共关于3师之上的总指挥部可让步为军部，朱德为正，彭德怀为副，并设政治部。出动后集中作战。中共同时发表通电、宣言，要求立即实现国共合作，实行全国人民总动员，粉碎日本帝国主义新进攻。

二次南京谈判

7月底，北平、天津相继失守，华北危急，震动全国。抗战伊始，中央军就节节败退。为挽救局势，蒋介石急于要红军上前线。他要张冲致电毛泽东，邀请毛泽东、朱德、周恩来速至南京共商国防问题。同时蒋准备在南京召开国防会议。中共为了推动抗日，争取合法地位，决定让周恩来、朱德、叶剑英赴南京出席国防会议。

8月9日，周恩来、朱德、叶剑英飞抵南京参加会议，并与蒋进行第四次会谈。蒋介石一面侈谈“只有牺牲到底，无丝毫侥幸求免之理”，一面通过德国驻华大使和日本密谈。在和共产党谈判中，他仍提出向红军派参谋长、政治部副主任。

此时南京主战气氛浓厚，刘湘、白崇禧、龙云等地方实力派纷纷和周、朱、叶会晤。实际上中共在南京已取得公开、合法的地位，给蒋造成很大的压力。

8月13日，日军进攻上海，当战火烧到蒋的大本营时，他才决心抗战，不再提向红军派人。19日蒋在全国人民抗日高潮的压力下，同意红军改编为八路军，任命朱德、彭德怀担任正副总指挥。8月22日，南京政府正式宣布红军改编成八路军，设总指挥部，下辖3个师，每师15000人，东渡黄河，奔赴抗日前线。

朱德、周恩来在南京国防会议上几次发言，指出：必须培养出可以独立持久作战的能力，应当由阵地战转为平原与山地的扩大运动战，另一则要采取游击战。这些发言对于南京政府制定全国抗战的战略方针产生积极影响。

经过反复讨论，蒋介石、何应钦同意中共意见，红军充任战略游击支队，执行侧面战，协助友军，扰乱和钳制日军大部分并消灭一部分的作战任务。决定红军改编后开赴山西——第二战区作战。这些谈判结果既粉碎了国民党分散八路军、听命于它的阴谋，又发挥八路军的长处，为日后八路军的发展奠定了基础，准备了广阔的舞台。

但是，有两个问题未达成协议，第一，陕甘宁边区政府，蒋介石仍不想承认，他对朱德说：“你抗战了还要边区！”他想给个总司令的名义，就可以取消边区。但是，边区的存在是客观事实，不是哪个人说一句话就可以取消得了的。

另外，没有发布宣言。周恩来起草的《中共中央为公布国共合作宣言》首先阐述了“国难极端严重”，在民族生死存亡绝续之时建立国共合作、统一战线、共赴国难的重要性。然后宣布中共的政治主张：（一）发动民族抗日战争；（二）实现民权政治；（三）发展经济，改善人民生活。重申了中共的四项保证。

蒋将《宣言》从庐山带回南京后，交邵力子、康泽看。康泽是顽固反共分子，提出要将共产党的政治主张全部删去，只留下前面共赴国难一段，以尽量缩小中共的政治影响，压低中共地位。这当然遭到周恩来等代表的拒绝，他们表示：宁可暂不发表，也不能接受康泽提案。蒋以此办法将发表《宣言》一事又压下了。

邵力子是主张联苏联共的，时任国民党中宣部部长。周恩来征得了他对中共在国民党统治区创办报刊的同意。不久，邵签署文件，批准中共南京办事处在南京筹办《新华日报》。周恩来和朱德拜访中央监察院院长于右任先生，请他为《新华日报》题写版头。

8月中旬，为参加洛川会议，朱德、周恩来回到陕西，随后率八路军东渡黄河，到山西抗日前线，投身于抗战。

叶剑英留在南京继续和国民党当局交涉。

9月中旬，博古到达南京和叶剑英一起同蒋介石、张冲、康泽举行第二次南京谈判。谈判的第一问题是中共代表敦促国民党尽早发布《宣言》。康泽顽固地坚持前议。为此，博古同他发生激烈的争执。

由于博古、叶剑英的据理力争，同时华北各城纷纷失守，蒋介石需要中共和八路军的支持。9月22日，国民党中央通讯社终于公布了《中共中央为公布国共合作宣言》。9月23日，蒋介石发表讲话，承认中国共产党在全国的合法地位。他是这样表达的："此次中国共产党发表之宣言，为民族意识胜过一切之例证。其中所举诸项，如放弃暴动政策与赤化运动，取消苏区与红军，皆为集中力量救国御侮之必要条件，而其宣称愿为实现三民主义而奋斗，更足以证明中国今日只要一个努力方向。""中国共产党人既捐弃成见，确认国家独立与民族利益之重要。吾人唯望其真诚一致，实践其宣言所举诸点；更望其在御侮救亡统一指挥之下，人人贡献能力于国家，与全国同胞一致奋斗，以完成国民革命之使命。"

蒋的讲话正如周恩来分析的："一方面是承认我们；可是另一方面，还是说要取消红军、取消苏区。他说我们是一个派，不承认我们是一个党，强调要集中在国民党领导之下，还是以阿Q的精神来对付我们。"

《宣言》的发表，标志着以国共两党合作为基础的抗日民族统一战线正式形

1937 年 8 月，周恩来回到延安，和毛泽东、朱德、林伯渠在毛泽东居住的窑洞前合影

成。但是，蒋介石要取消红军、苏区的态度，又为抗日战争中的反共行径种下了祸根。

谈判的第二个问题是边区政府主席人选问题，蒋介石认为中共推荐的张继、宋子文、于右任都不相宜，怕他们听信了共产党的话。蒋和康泽商量后提出任命西山会议派的丁惟汾。

中共认为丁是国民党的老右派，坚决拒之，并针锋相对地提出由林伯渠任主席，张国焘任副主席，中共中央决定：只要《宣言》发表了，我们已取得合法地位，边区即缓发表，无大妨碍，我们现正一切自行组织。

9 月 25 日，八路军一一五师在平型关取得大捷。这是抗战以来中国军队取得的第一个胜利，共产党、八路军的声威大震。于是，南京行政院第三次会议上正式承认了陕甘宁边区。

博古等在南京开始筹建《新华日报》、《群众》周刊。《群众》于1937年12月11日创刊。《新华日报》于1938年1月在武汉创办。

另外，通过与国民党方面谈判，终于达成将大江南北的红军游击队改编为新编第四军的协议。这个问题最早是5月24日周恩来在西安向顾祝同提出的，当时要求派人和南方游击队联络。第一次庐山谈判时，蒋同意中共联络的要求，但表示要调查清楚后才能编遣。

在八路军之外又成立了新四军，这是谈判的一大胜利。

第二次国共合作从1935年11月酝酿到1937年9月建立。前后费时22个月，周恩来始终站在谈判的第一线，为维护民族的团结作出了重要贡献。

21 营救西路军

西路军被围于冰天雪地之中，生死存亡已到了最后关头。周恩来费尽心机，多方营救。

制止“马家军”对西路军的进攻

1937 年 2 月，当中原大地开始转暖的时候，河西走廊仍是一派冰天雪地的景象。徐向前率领的西路军，经过一条山、永昌、山丹、古浪和高台等一系列激烈残酷的战斗，此时由西渡黄河初期时的 2.1 万余人，锐减到不足万人，被国民党西北军阀马步芳、马步青所带领的由 3 万人组成的正规部队和由 10 多万人组成的武装民团围困在河西走廊中段的倪家营子，已经僵持一个多月了，进退维谷，毫无转机。

此时的周恩来，正来往奔波于延安和西安之间，为西安事变的和平解决殚精竭虑；同时，也为解救西路军费尽了心机。

2 月初的一天，西安七贤庄一号隐蔽的地下室里，中共代表团的电台刚刚安装调试好，周恩来便匆匆赶来给洛甫（张闻天）、毛泽东、朱德、彭德怀、任弼时发出一封电报，分析报告西安的形势，我党应采取的方针与策略。最后，他汇报建议说：“西路军问题拟和顾祝同面商，送钱接济。”

如能通过国民党上层，停止河西“二马”对西路军的进攻，那当然是最佳方案。因为红军主力正在关中一带应付多变的形势，对西路军暂时无力增援；集结红军西进支援又容易给蒋介石重新挑起内战造成口实，须慎重行事。所以毛泽东等极力支持周恩来就停止对西路军的进攻问题，向顾祝同和蒋介石提出强烈要求。

本来，周恩来与蒋介石约定于 2 月 10 日赴杭州当面谈判。不料，顾祝同于 8 日率中央军进驻西安。9 日，南京政府谈判代表张冲和中共派往南京的秘密使者潘汉年也一起到了西安。

周恩来立即会见顾祝同。顾祝同这位出生于江苏涟水的将军，曾当过黄埔军校的教官和管理部主任，也曾以湘鄂赣粤闽五省“剿匪”军北路军总指挥的身份，参加过对中央红军的第五次“围剿”，与出生在淮安的周恩来是同乡，既当过同事，也当过对手。他虽然比周恩来大 5 岁，但见了周恩来，总是有些情不自禁的客气和尊重。

于是，国共两党的两位最高谈判代表用带有江苏口音的官话，开始了机智而又彬彬有礼的对话。

顾祝同告知：“蒋委员长对周恩来十分钦佩，一再嘱我向您致意，国共一定要携手抗日，共同对敌！并让我转告您，因委员长身体不适，原定明日与委员长在杭州的会谈暂且推迟些时日，由我和张冲先和您协商一个初步方案，然后再送委员长酌定。”

周恩来一听便明白，蒋介石老奸巨猾，为了在国共谈判中更主动、更有缓冲的余地，便把顾祝同和张冲他们推到谈判的前台来了。他将计就计地说：“蒋委员长要能实现自己的诺言，与我党我军合作，停止内战，共同抗日，那便是全国人民的希望，不但会得到我党我军的拥护，也会得到全国各族人民拥戴的！顾将军资深望高，是蒋委员长多年来倚重的得力干将，先与顾将军商谈也好，有些事情我们可以考虑得更细致、更具体、更周到些！”

周恩来随后通报了国民党方面还在打内战，还在“剿灭”红军的事实。他说：“在河西走廊，马步芳、马步青部正在围攻我红军西路军，力图消灭而后快，请顾将军和蒋委员长，立即停止这一内战，停止二马对西路军的进攻！”

顾祝同虽老谋深算，但周恩来初次见面就提出这个问题，是他始料不及的。他回答说：“这事我有所耳闻，但不知详情。停止一切内战，那是理所当然的。可那是徐向前率部到了马家地盘上，仗才打起来的。这样吧，这事我可呈请委员长，请他发令制止。”

周恩来步步紧逼：“那当然好！不过事情紧急，顾将军是南京政府军事要员，又任西安行营主任，马步芳、马步青在顾将军管辖范围之内，将军可直接发令制止二马！”

顾祝同有些为难地说：“按理说，是可以。可是，周将军知道，马步芳、马步青是地方军阀，一向对中央政府怀有二心，再说二马在自己地盘上与贵军作战，我顾某发令不一定管用啊！”

周恩来紧接着说："顾将军不必过谦，只要诚心办理此事，相信会有效果的！"

他还告诉顾祝同，红军在西安的办事处设在了七贤庄一号，中共代表团已搬了过去，希望办事处能早日对社会公开。

对这件事顾祝同因早有准备，欣然应允。

周恩来回到七贤庄，看到了毛泽东、洛甫当日拍来的电报。电报中指示说："红军拟编为 12 个师、4 个军，以林彪、贺龙、刘伯承、徐向前为各军军长，组成一路军，设正副司令，朱德为正，彭德怀为副。"

周恩来明白，毛泽东、洛甫明确强调徐向前为红军改编后的军长之一，也就是要将红军西路军作为改编后的一个军。这样做的一个重要的目的，是为了解救西路军于危境，以保存革命的有生力量。对此，国民党当局恐怕心里也明白，他们坚决不同意红军改编为 4 个军的方案。于是，善于灵活处置又不失原则的周恩来又于 2 月 24 日提出了红军改编的最低方案：人数可让步为六七万，编制可改为 4 个师，徐向前为师长之一。这实际上是一个换汤不换药的方案。在这个方案中虽然由第一方案中的 4 个军改为 4 个师，但红军的人数和实力基本无改变，而且仍然把徐向前和西路军包括在内。因为改编后的红军正规部队每个师的人数定在 1 万至 1.5 万人。西路军为正规部队，至少可改编为一个师。

在整个 2 月份，周恩来同国民党方面的多次谈判中，都把停止进攻西路军问题作为一项重要内容。当国民党谈判代表顾祝同等不能阻止马步芳、马步青对西路军的进攻时，周恩来又于 2 月 27 日给中共中央书记处的电报中明确提出：红军只有自己增援西路军了！

由此，中共中央终于于当日决定：以红军第四军、第二十八军、第三十二军和一个骑兵团组成援西军，刘伯承任司令员，张浩任政委，左权任参谋长，刘晓任政治部主任，对西路军进行援救。

这是中共中央在特殊情况下，一种万不得已的选择。此时，西路军正面临全军覆灭的危险，不断向党中央告急，请求速派兵援救。但我党与蒋介石的谈判，在此时也进入关键阶段，国共合作协议即将达成。一着不慎，就会给蒋介石以借口，挑起内战，危及全民族的生存。然而，中共中央军委又十分清楚：西路军如彻底失败，影响极坏。因此，中共中央对援救西路军的举措左右为难，起初总想尽力通过谈判解决，后因效果不明显，才组建援西军。为不给蒋介石以破坏和谈挑起内战的借口，中共中央专门给彭德怀、任弼时、刘伯承、左权和周恩来拍发了电报，明确指出，援西军增援之实行程度，必须服从“不影响和平大局”“不使增援军又陷于困难地位”的原则。

就在援西军组成的同一天，西路军经过五昼夜血战后，第二次从倪家营子突围东进，并于当晚进至附近的威敌堡地区，准备沿祁连山北麓向东转移。因此时援西军刚在2000里以外的陇东镇原县集结，无法策应。西路军旋又折返倪家营子。

3月4日，西路军困守倪家营子已两月有余，缺水少粮，濒临绝境，被迫与敌血战七昼夜，准备于次日夜间突围，向西边的三道流沟转移。是日，周恩来同国民党谈判代表张冲达成协议，将包括西路军在内的红军改编为抗日武装；同时，请张冲催顾祝同从速解决停止马步芳、马步青进攻西路军的问题。

第二天夜间，西路军浴血苦战，从倪家营子突围西进，只行十数里，便又在三道流沟遭敌重兵包围。因此，3月8日，周恩来将代表国共谈判双方起草一个月来的谈判总结，送蒋介石最后决定时，执意将“在河西走廊令马步芳、马步青停止对红军的进攻”问题写了进去。

由于周恩来多次在谈判中向国民党上层人物施加压力，因此在1937年3月中旬以后，敌马步芳、马步青部对西路军的进攻，再无大的行动。这对保存西路军余部无疑是有利的。

派人去活动马步青

1937年3月14日，西路军军政委员会在祁连山深处的石窝山顶开过最后一次会议后，西路军的主要领导者们向中央发出了最后一份电报：

> （一）今天血战，部队无弹，饥渴，损失甚大，已战到最后，确实现存两团余兵力，伤亡及牺牲团级干部甚多，只有设法保存基干。
>
> （二）军政会决定徐、陈脱离部队，由卓然、先念、李特、传六、树声、世才、黄超、国炳等组成工作委员会，先念统一军事指挥，卓然负责政治领导，受工委直接指挥。
>
> （三）西路军坚决执行党中央正确路线，绝无对南下时期曾一时反五次“会剿”，这是国焘错误，从未继续。不过对敌情、我力、地

形的特情，西路军原力并不能单独战胜二马。望重新估计各军和客观事实。

徐、陈、李、李
李、世、树、曾
3月14日

山风呼啸着，无边的黑夜吞噬了一切。各游击支队悄悄出发了。陈昌浩、徐向前带着16人的小分队伫立路旁，默默地注视着离去的部队，一阵阵悲凉袭上他们心头。他们都为部队的惨败而心酸，对于个人的前途命运顾不上细想。但他们相信，党中央会尽力营救他们的。

为保存西路军余部，3月27日，张闻天、毛泽东、朱德、张国焘联名致电周恩来、彭德怀、任弼时以及指示为解救西路军危局与马步芳、马步青“讲和”，中央愿以10万到20万元之代价，请“二马”停止对西路军之进攻，要求“以最快速度办妥此事”。

周恩来立即通过在西安的著名人士杜斌丞打听到地下党员吴鸿宾的地址。吴鸿宾是回民，1925年毕业于北京大学，瘦高个子，一脸文气，住在广济街1号。周恩来派联络人员张文彬、张子华找到了吴鸿宾的住处，和他谈了西路军失败的情况，问他能不能找一个与马家军相熟的人，到河西去与马步青洽谈，解救被包围在张掖黄番寺的500余名西路军指战员；只要马家军不伤害被围红军，可以交枪和平解决。周恩来交代中特别提到的这500余名西路军指战员，其中有西路军教导团的许多干部，但张文彬、张子华并未直说。吴鸿宾答应慢慢通过关系，找些熟人。张文彬说：“这事很急，关系到西路军将士的性命，马上要办，不能拖延。”吴鸿宾说：“那好吧，我一定想办法，你明天听我的回话！”

张文彬和张子华走后，吴鸿宾把西安的一些回民关系考虑了一下，想到了马德涵。马德涵外号马聋子，也是回民，为人正派，早年曾当过马步青的老师，在回民中很有威望。政治上，他主张联合抗日。1931年“九一八”事变后，他带头组织了西安回民抗日救国会，被选为会长，下设10个股长。西安事变前后，因生活困难，他在西安以卖画为生，家就住在离吴鸿宾住处不远的西羊市街71号。吴鸿宾连夜找马德涵谈了一下，开始未敢完全照直说，只说是马家军在离凉州不远的黄番寺包围了几百名红军，自己的几个朋友也被包围在里边，麻烦他帮忙到凉州去营救一下。马德涵是个痛快仗义的人，当下答应，只是说路上有困难。

第二天。吴鸿宾把和马德涵洽商的情况告诉了张文彬，希望张文彬和马德涵见一见。张文彬还是让吴鸿宾去，并让他转告马德涵，是周恩来请他去找马步青的，只要不伤害被围红军，要枪给枪，要别的什么都行；交通问题也能解决。吴鸿宾把上述意见转告了马德涵。马德涵听说是周恩来请他去，又什么都能解决，便完全放心地应诺了。

张文彬把情况向周恩来汇报后，周恩来指示乘欧亚公司的飞机送马德涵去兰州，然后再租乘汽车去凉州，这样快些。还指示说，马德涵年龄大了，耳聋不便，要派个人跟去，一路好照顾。

根据周恩来的指示，吴鸿宾找到了回民马宪民。马宪民是宁夏海原人，当时到西安要账，在西安闲住，也经常到马德涵家里去。马德涵很信任他。启程之前，周恩来派人给他们送去了 2000 元钱，作为经费。

事情一决定，马德涵和马宪民第三天便照周恩来的安排去了凉州。

马德涵到凉州后找马步青将凉州之行的真实目的说明。马步青说，军队的实权握在马步芳手里，黄番寺被围的红军武装已经被解除，并送到了青海。他答应尽量说服马步芳，让他不要伤害被俘红军；他自己管辖范围内，可以保证不伤害被俘的西路军指战员。

后来的事实证明，马步青说的大都是实话，黄番寺被围的红军果然已经解除了武装；而马步青管辖的被俘红军，除将部分女红军分配给自己和部下当妻妾外，皆未杀害和活埋。

一周后，马德涵回西安时，马步青送了些钱给他，并让他放心，所托被俘红军的事他尽量办就是。

马德涵回到西安，周恩来亲自听取他的汇报。谈话时，马德涵虽然戴着一个国产助听器，但效果不好，不得不时时用笔交谈。周恩来对马德涵的凉州之行表示满意和感谢，并把马德涵的耳聋记在了心上。1938 年夏天，周恩来在武汉当面送给马德涵一个德国造的助听器。马德涵如获至宝，十分感激，常对子女说："这是周副主席送的，要保管好！"

后来，毛泽东听说了马德涵帮助营救西路军的事，也给马德涵捎送了一条延安生产的毛毯和一块粗毛呢。

新中国成立后，马德涵曾因住房紧、生活困难，给周恩来去过信。周恩来一方面给陕西省政府写信，请政府帮助解决；同时给马德涵寄过钱。西安有人去北京开会，周恩来见了总要询问马德涵的情况，并代问他好。

巧计会马麟

1937年4月初，周恩来回到延安，出席中共中央政治局扩大会议。会后，又受会议委托，起草《中共中央关于与蒋介石谈判经过和我党对各方面策略方针向共产国际的报告》。4月4日，当他得知西路军约6000人在甘肃凉州被俘的消息时，他立即致电国民党谈判代表顾祝同，要求其电令马步青将被俘人员全部送甘肃平凉转至红军第四方面军归队，不许加以残害；二马不得继续追击西路军余部。

马德涵回到西安不久，国民党青海省政府主席马麟和青海省政府秘书长谭克敏等从天方（麦加）朝圣归来，路过西安，住在桥梓口天安栈。周恩来知道后，指示张文彬约上吴鸿宾和马德涵去看望了他们一次。过后，周恩来又想和马麟亲自见一面，目的主要是让马麟等人回青海后，为保护和营救西路军被俘人员提供方便；同时也考虑到马麟等刚从南京回来，也可以向他了解一些有关南京方面的情况。但是，怎样安排这次会面才好呢？马麟是国民党青海省政府主席，目标大，到七贤庄去见周恩来不好；周恩来是共产党的要人，到马麟住处去看马麟，对他处境也不利。大家商量后，决定以吴鸿宾和马德涵的名义请马麟吃饭，在酒席宴上让马麟和周恩来见面，但事先不告诉马麟关于周恩来也出席宴会的事。

于是，吴鸿宾和马德涵在桥梓口的天赐楼回民餐馆包了一桌酒席，叫到西羊市街71号，请马麟和谭克敏届时前往。这71号本是伪县长马子健的住处，较为敞亮，因马子健不在家，所以由马德涵借住。

这一天，周恩来和张文彬先到了西羊市街71号，吴鸿宾和马德涵已在恭候。待马麟带谭克敏到来，吴鸿宾便首先把周恩来向马麟作了介绍。马麟大吃一惊，当即脸色大变，说了声：“噢！是周先生……”显出有些不知所措的样子。周恩来从容不迫地站了起来，略带微笑地伸过手去，说道：“马老先生，请坐，请坐！听说马老先生从天方朝圣归来，今天特来拜会！”边说边和马麟一起坐了下来。马麟惶恐地说：“不敢当！不敢当！周先生鼎鼎威名，老朽实在不敢当！”周恩来说：“马老先生是青海省主席，我们有幸在西安会面实在难得呀！我今天是来寻找朋友和友谊的。请马老先生不必紧张，我这颗共产党的头过去曾被蒋委员长悬赏捉拿，可如今蒋委员长不也同意联共抗日了嘛！马老先生一向是开明的，也一定赞成联合抗日的吧！”“当然！当然！”马麟应诺着，渐渐地又恢复了正常。

入席后，大家边吃边谈。周恩来主要谈的是党的抗日民族统一战线的方针和政策。马麟的表情仍有些紧张，不自然地提些问题，谭克敏也偶然插上一两句。周恩来在侃侃而谈的同时，顺便作答，并希望他们为全民族的团结抗日做些好事，包括保护和营救西路军被俘人员。马麟表示，团结抗日有好处。散席时，周恩来和马麟握手告别。这件事在回民居住区引起了不小的轰动。大家走出门时，外面已经围了不少人。好在周恩来来得突然，散席又快，国民党特务没有发现，就是发现了也来不及下手。

事后，张文彬让吴鸿宾到马麟处听取一下反映，马麟竖起大拇指说：“周恩来是共产党的人才，健谈，很好！”

宴请马麟以后，张文彬根据周恩来的指示，要吴鸿宾到青海西宁去了解西路军被俘人员的处理及待遇情况。为了取得合法身份，吴鸿宾找到马麟说：“我在西安闲住，想到西宁找个事做，请马主席给马代主席写个介绍信。”马麟外出朝圣期间，青海省主席暂由马步芳代理。马麟自然明白“马代主席”指的是谁，就说：“好，我给他写个信。”随即吩咐谭克敏代他给马步芳写信。没过几天，吴鸿宾就带了马麟的介绍信到了青海。

吴鸿宾到青海后，借机了解了一些关于西路军被俘将士押到青海后的情况：西路军之红九军军长孙玉清被俘后被押到青海，已被马步芳杀害；西路军政治部组织部部长张琴秋被俘后被押到西宁，让被俘红军女战士们掩护在马步芳的新剧团里；一部分被俘红军被马步芳改编为自己的“补充团”，修公路，架桥梁，大冷天都没有帽子；洗澡时他见一些被俘小红军在给顾客递毛巾、擦背；在饭馆里吃饭时，他见一些小红军在烧火、当勤杂工。

回到西安，吴鸿宾将西宁之行的情况，如实向张文彬作了汇报。为张文彬、刘秉林日后到西宁的营救活动，打下了基础。

此后，吴鸿宾又根据周恩来的指示，到河西走廊调查了解了被俘西路军将士的情况。对于此次河西之行的结果，谢觉哉在1937年8月2日的日记中作了如下记载：

吴鸿宾同志调查：

在河西尚有千余人，其分布情形：工兵营约500人修汽车路，一在老鸦峡口杨家店200多人；一在永登县约300人。待遇很坏。晨三时起，每天两次操，夜宿帐中，不许与人民接触，无铺盖，着短衫裤。妇女200多名，在工厂、医院做工，每天有两顿饭吃。小孩百多，散在旅馆、澡堂当伙计及官长家当勤务。歌舞团两个，一在青海，一在甘州，各约20人，待遇较好，有被子。其余散在各部队。写信给贺，请电青马索取。

上述日记中的“贺”，是指当时的国民党甘肃省政府主席贺耀祖；“青马”则指老巢在青海的国民党西北军阀马步青。当时谢觉哉已任八路军驻兰州办事处党代表。营救西路军失散和被俘人员是办事处的三大任务之一。由于周恩来派吴鸿宾事先作了较细的调查，谢觉哉与贺耀祖和马步青交涉时有根有据。由于国共合作的大形势，加上中共的压力和周恩来多次派人给他们做工作，马步青不得不陆续将西路军被俘干部黄鹄显、谢良、徐明山、曾广澜（女）等人以及凉州“童子营”的几百名被俘小红军送到兰州，转赴延安。

一次成功的营救

5月5日，周恩来在西安获悉，部分西路军被俘人员已在被送往西安的途中，便和叶剑英致电红军总部的彭德怀和任弼时等：速派人到平凉调查并设法接回。其目的是，防止西路军被俘人员到西安后无法脱身。彭德怀和任弼时等接到此电后，即让驻在镇原县的援西军总部派出侦察人员，在平凉以东通西安的大路上侦察巡防，20天后，终于策应从兰州押赴西安的千余名西路军被俘官兵回到陕北根据地。这次策应工作的成功，与周恩来还有另一层直接的关系。

在给彭德怀等拍发电报的同时，周恩来又派张文彬到兰州和西宁活动，指示他想尽一切办法看望、联络和营救西路军被俘和失散将士。张文彬到兰州后，得知东郊的拱星墩关押着西路军被俘将士1300多人，其中士兵队1200多人，军官队130多人，便与当局进行交涉，要求代表中共中央前去探望。鉴于国共合作的形势，当局勉强同意。

在张文彬没到兰州时，集中营地下党支部就获悉敌人准备押送集中营的西路军被俘将士去南京。张文彬来到之后，地下党支部根据张文彬讲话中所转达的中央指示精神，考虑到政治影响和统一战线的团结，决定采取半路逃跑的方式回延安。

张文彬走后一个星期左右，集中营1300多名西路军被俘将士，在国民党九十八师500多人的押送下，从兰州徒步向西安出发。

9天之后，过了六盘山到了陇东重镇平凉，押送者换成国民党第四十三师的一个营。第二天，“军官队”在地下党支部的安排下，有意拖延时间，刚走到平凉以东的四十里铺，天色就晚了。公路上出现了三三两两骑自行车的买卖人，见了西路军被俘将士，便热情地兜揽生意：“喂，老总，买几个锅盔吃吧！便宜，一角钱10个。”

锅盔是西北的一种像大饼一样的面食，圆厚结实，很能充饥。被俘将士们确实饿了，便拿出张文彬给的钱买起锅盔来。那几个生意人有些怪，你买一个，他给你两个，而且总翻下面的拿。原西路军总部电台的黄子坤，拿着买到的两个锅盔，在桌子下掰开一看，中间夹着一张纸条，上面写着：“四十里铺以东便是游击区”，落款是“援西军侦察员”。其他买锅盔的同志，也大都拿到了这样的条子。他们心里明白：这里是逃回陕北根据地的最好地段！

当晚就宿在四十里铺。9时许，暴雨如注，电闪雷鸣。敌人把布置在镇外的岗哨撤回来避雨。军官队的许多同志得到党支部的通知，在雷雨的掩护下，溜之大吉。有的则在老乡帮助下藏进了镇外的崖洞。军官队的大部分同志和士兵队一部分同志都在这次行动中，逃回了陕北革命根据地。其中知名者有方强、秦基伟、卜盛光、徐太先、徐立清、刘玉亭、刘俊英、曾庆良、龚兴贵、黄子坤等。他们当然都知道，这次逃跑的成功与党中央的关心和营救分不开，但很少有人知道周恩来在营救工作中的具体操作和安排。

安慰徐向前

西路军失败后，徐向前和陈昌浩的命运，是毛泽东、周恩来最关心的。因为他们离开部队，化装潜返，在马家军搜查严密的河西走廊被俘、被害的可能性极大。所以毛泽东、朱德、周恩来等曾多次致电国民党谈判代表顾祝同等：如俘徐、陈不得杀害！

1937 年 4 月 30 日，援西军司令员刘伯承给在延安的中央军委、在云阳的彭德怀和在西安的周恩来发出电报："我们的徐向前同志已于今日 19 时到达援西军司令部。"

5 月 16 日，徐向前和任弼时、杨奇清一起到了红军的前敌指挥部陕西云阳，见到了彭德怀、左权等。这时，周恩来正准备赴庐山与蒋介石谈判，闻讯之后，特意于 5 月 20 日专程到云阳看望徐向前。他们已相识 12 年了。1925 年，徐向前是黄埔军校第一期第一队的学员时就认识他们的政治部主任周恩来。他们最后一次见面，是 1935 年夏秋之间，红一、四方面军在川北草地会师的时候。那时周恩来蓄着长长的大胡子，身体不好。这次见面，周恩来已剃去了长胡须。此时的徐向前虽然体力有所恢复，但仍然未能从西路军失败的阴影中摆脱出来，他握着周恩来热情的双手，愧疚地说："周副主席，西路军失败了，我对不起党！"

周恩来——这位只比徐向前大 3 岁的副主席，过去给徐向前的印象是既威严又亲切的，而此时更像一位宽厚的长者，他安慰徐向前说："向前同志，不要难过嘛！西路军失败的原因是多方面的，过去我们也不清楚，河西那个地方红军是站不住脚的。再说，西路军的英勇奋战，牵制了黄河两岸 10 多万国民党的部队，策应了西安事变，也是有功劳的！只要你在就好，国共就要联合抗日了，抗日战场上你会有用武之地的！"接着他向徐向前介绍了西安事变后的形势和抗日民族战争的前途与战略。徐向前急于去延安向毛泽东等中央领导汇报，不料牙疼发作，周恩来和彭德怀、任弼时都让他到西安治疗，于是他便同周恩来一起到了西安的红军联络处七贤庄一号。

周恩来细心安排徐向前的工作和生活，关心他的饮食起居，使他感觉到回家了的温暖。当时，国共双方组织一个考察团，准备到陕北和陇东红军驻地考察，负责人是红军参谋长叶剑英和国民党军事委员会委员长及重庆行营主任兼西安行营主任顾祝同。周恩来特意安排徐向前作为考察团的 28 个成员之一，以示重视。

20 多天后，徐向前治好了牙病，周恩来安排了两架国民党军队的战斗教练机，准备同日飞回延安。这种教练机每架只能搭乘一人，周恩来和徐向前每人搭乘一架。6 月 18 日上午，晴空万里，周恩来乘坐的飞机先起飞，徐向前乘坐的飞机紧跟其后。但起飞不久，前面那架飞机便不知去向，失去了联络。徐向前是第一次坐飞机，有些不适应，加上发动机的轰鸣声，驾驶员问他话，他一点儿也听不清。驾驶员只得给他写了个条子问他："我们到了什么地方？"徐向前也是第一次到陕北，说不清楚。过了一会儿，下面出现一条河。他凭地理知识和军事经验判断，可能是洛河，就让飞行员顺河而上，终于看到一个机场，正是延安。降落时已是下午 3 时，飞机竟在天上转了三个半小时。

徐向前一下飞机，就问周副主席到了没有。接的人说还没到。徐向前吃了一惊，说道："这下可糟了！"他已领教过，驾驶员辨别航向的能力太差，因而十分担心。待进到延安城里后，西安才来电报说，周恩来乘坐的那架飞机迷失方向，油料不够，又转回西安去了。

周恩来回到延安后，进一步听取了徐向前关于西路军的情况汇报，对西路军被俘和失散人员的命运非常关心，特别是对陈昌浩的下落，十分重视。他指示南汉宸电召吴波回西安，商量寻找和营救陈昌浩等西路军失散和被俘人员的事。

据多方考察，西路军失败后被营救回延安者至少有四五千名。这样的结果，首先得益于中共中央建立的抗日民族统一战线，同时也和周恩来的策划、组织以及八路军驻兰州办事处、驻西安办事处等许多干部的大量具体工作有着直接的关系。

22 劳山遇险

劳山遭伏，警卫人员拼死抵抗，周恩来冒死突围。周恩来说：“我一生中曾遇到过多次危险，但最危险的是这一次。若不是陈友才他们硬叫我先走，我恐怕早就完了。”

在中国革命和建设的各个历史时期，周恩来曾经历过许多次危险。最危险的一次，莫过于 1937 年的那次。当时周恩来从延安乘卡车赴西安的途中，在劳山遭到土匪的伏击。在这次伏击中，周恩来乘坐的卡车被打坏，司机和他的随从副官陈友才，以及护送他的特务队排长陈国桥等十余人壮烈牺牲。由于周恩来沉着机敏，遇险不慌，在突发的危险情况下，一面指挥还击，一面向密林深处转移，最终得以突围脱险，幸免于难。

1973 年 6 月，周恩来以国务院总理的身份陪外宾到延安访问。故地重游，在谈到此次劳山遇险的经过时，周恩来感慨地说：“我一生中曾遇到过多次危险，但最危险的是这一次。”

周恩来劳山遇险，发生在 1937 年 4 月 25 日。

劳山遭伏

1937 年 4 月 25 日，早饭后，一辆敞篷卡车从延安南门外红军总供给部大院开出，驶上了依山筑成的黄土公路，向西安方向驶去。

这是一辆军用卡车。在卡车的驾驶室里，坐着中央革命军事委员会副主席周恩来。车厢里坐着的是红军前敌总指挥部副参谋长张云逸，周恩来的随从副官、延安卫戍司令部参谋长陈友才，机要译电员曾洪才，记者吴涛和 4 名警卫员。这些都是他此次出行的随从人员。除此以外，还有担任这次护送任务的中华苏维埃共和国西北保卫局特务队的副排长陈国桥，以及陈国桥率领的一个班的红军战士。与他们同行的，还有原陕北红军独立师政治部主任、时任中央军委一局参谋的孔石泉。他是奉调前往西安，任刚刚建立的红军驻西安办事处秘书一职。

他们这一行，包括正副司机在内，总共 25 人。

周恩来这次离开延安，是肩负着党中央的重要使命，作为中共中央的代表到西安，同国民党的代表顾祝同、张冲就国共合作、联合抗日等问题进一步举行会谈，后来还到庐山同蒋介石会谈。

对周恩来这次赴西安的安全保卫工作，以周兴为处长、杜理卿（即许建国）为副处长的边区保卫处，作了周密的部署和准备，并对沿途情况作了分析。他们认为，西安事变和平解决后，蒋介石已收起了反共打内战的口号，讲了一些团结抗日的话，沿途驻扎的又是友军东北军和西北军，自然无碍。至于土匪、民团之类，当前正在对之清剿之中，他们躲都躲不及，当然也不敢搞什么大的名堂。但是为了做到有备无患，他们还是派了特务队一个排，由排长和副排长率领，前往护送，且令三辆卡车同行。这样，不但有情况相互可以策应，而且到底哪一辆是重点，外人也难以知晓。当时特别注意行踪保密，甚至有的随行人员先一天都不知道去执行什么任务。对汽车也是早几天就加哨看守。不料对汽车加哨看守的举动，恰恰为匪徒探知。

周恩来这次出行，本来决定 4 月 24 日一早起程的。但是，这天卡车发动，担任护送任务的警卫战士分别在指定的车上坐好后，周恩来和张云逸在毛泽东的窑洞里，对国共合作新的一轮谈判中的许多问题，还在进行商讨。周恩来的随从副官陈友才前往催促，周恩来和毛泽东交换了一下意见，决定让特务队一排排长带两个班护送两辆卡车先行。留一辆卡车，由副排长陈国桥率一个班于次日也就是 25 日起程。周恩来还特意嘱咐陈友才，告诉先行的人注意安全。

这天早饭后，周恩来、张云逸与前来送行的中共中央、中央军委领导和红军总部的同志们，一一握手告别后，便在供给部大院登上卡车起程了。但是，他们谁也没有料到，他们这次赴西安的途中，正预伏着危险。

卡车在山间公路上疾驰着，车后扬起一股灰黄的烟尘。

坐在车厢里的干部、战士，说说笑笑都很兴奋。他们当中大多数都爬过雪山，走过草地，行军、打仗全靠两条腿，坐汽车长途行军这还是头一次，特别是去西安这样全国屈指可数的大城市，自然兴奋异常。

在干部、战士们的说笑中，卡车过了三十里铺，进入了劳山。路弯弯拐拐，上上下下，颠颠簸簸，黄土弥天，卡车更加难开。

这劳山，本是黄龙山的一条支脉。它绵延于陕北的黄土高原之上，山脊蜿蜒曲折横穿于延安、甘泉两县之间，形成一条东西走向的分水岭。自古以来，甘泉人把它看成是甘泉北侧的天然屏障，而延安人则把它看作是延安南边的门户。以山而论，它算不上高，也算不上险，但沟壑纵横，满山都是梢林和齐人深的荒草，所以历来的军事家都视之为用武之地。清朝同治年间，此地爆发回民起义，清廷派兵镇压，起义军便利用此地进行埋伏，消灭了数千清兵，并杀死了 3 个总兵。至今那 3 个总兵合葬的大坟堆和数千清兵合葬的所谓“白骨忠义坟”，遗迹犹存。1935 年 10 月，蒋介石派兵对刚长征到陕北的红军进行围攻，东北军主力一一〇师的两个团和师直属部队，也是在此地被由红二十五军和陕北红军合组成的红十五军团包围歼灭的。

卡车驶上了劳山北麓的坡路，司机老李加大油门，发动机吃力地吼叫着，一鼓作气进入峭壁耸立的峡谷，而后爬上最高点，越过山脊进入了甘泉县境。接着，穿过层峦叠嶂的峡谷，峰回路转走了一段，绕过一段弯道来到一个宽阔山坳。这里是个下坡，卡车自然轻快了许多。

“砰！”突然传来一声像是枪又像是鞭炮的声响。

“什么声音？”陈友才警惕地问了一句。

“好像是鞭子。”刘久洲不假思索地回答。

“鞭子？这里人烟稀少，又不见有放牧的，哪来的鞭子响！”不知是谁疑惑地插了一句。

话音未落，接着又是“砰砰”几声。

听到枪响，有着丰富生活阅历和战斗经验的周恩来，马上意识到出现枪响的现象不是偶然的了。他透过驾驶室的玻璃，警惕地看了看前方和卡车所处的位置。这是一个簸箕形的山坳，山坳谷地是几条山沟的交会点，中间有一个被当地人称之为“湫”的深水潭，公路路基建在潭上，将潭一分为二。潭左是一片大苇塘，苇塘后边是山崖陡峭的沿湫山，潭右是一片茂密的大梢林，大梢林之后是连着一个又一个圆形山包的大山沟。山坳的正前方横着一条 300 多米宽 30 多米高的大坝梁，坝梁的一侧有一座孤立的山神庙。从坝梁下望，谷地一览无余。这时，左侧的峭壁上、左后侧的崖畔间，也都响起了枪声。他立刻断定，他们遭到了敌人的伏击，于是命令司机老李，加大油门，快速前进，冲上坝梁。他认为，只有冲过坝梁，才能摆脱敌人。

司机老李也感到情况危急，立即加大油门，向坝梁勇猛冲去。就在这时，埋伏在坝梁上的敌人开火了，机枪、步枪一齐向卡车射击。司机老李身中数弹，倒在驾驶座上。

周恩来更加断定，这是敌人搞的一次有预谋、有计划、有组织的伏击行动。在车轮被打瘪，卡车嘎的一声停住后，他敏捷地跳出驾驶室，对车上的人发出短促的命令："下车！散开！还击！"

坐在车厢里的张云逸，也断定遭到了敌人的伏击。他首先命令陈友才和警卫员，保护周恩来迅速转移，接着又命令陈国桥组织战士进行抵抗。

听到命令，干部、战士一个个跳下车，抢占有利地形，抗击敌人。尽管敌人居高临下，用的又都是长枪，给他们造成了很大的威胁，而他们带的都是短枪，百米以外难以给敌人造成杀伤，但他们毫不畏惧，顽强战斗。

陈友才还没来得及下车，腿部就中了枪弹，但还是忍着疼痛，一面挥舞手臂示意警卫人员掩护周恩来迅速撤离，一面挣扎着爬起来向敌人射击。也许是因为他挥舞手臂示意警卫员掩护周恩来撤离的举动，也许是因为他头戴礼帽，穿着那套他随周恩来在处理西安事变时的西服，吸引了众多敌人的注意，敌人一齐集中火力向他射来。当敌人集中火力一齐射向他的时候，他立刻意识到，自己越是能吸引敌人的火力，就越能减少周副主席和同志们的危险，于是他便巧妙地利用车头、车帮和车上的行李做掩护，与敌人进行周旋。

伏击周恩来一行的，正是在这一带活动的股匪。为首的头目叫李清伍，本是河南人，早年随父母逃荒来到延安府黄龙山麻洞川老沟村。他从小就不安分，耍枪弄棒，且长于心计，长大以后，很快成了一股土匪的小头目。1935 年陕北红军占领万泉，李清伍股匪被收编，改称万泉县突击队（一说是独立营），李被任为指导员（一说教导员），在黄龙山金盆湾和黄泥湾一带驻防。但他匪性不改，吃喝嫖赌抽什么都干，1936 年东北军奉蒋介石之命围攻陕北红军，他带人杀了万泉县苏维埃政府主席，收缴了县机关枪支，率众反水。

李清伍指挥部设在坝梁顶上的山神庙里，透过在后墙上挖的瞭望孔，一边观察，一边指挥。

战斗正在激烈地进行，站在庙门口守卫的护兵李卓才，挟着支马枪跑进小庙，对李清伍说："看，那几个……"

李清伍一看。见谷地上有几个人下了公路，进入梢林。他"嗯"了一声，说：

“早就看到了。”

“那就快叫人去追吧！”

李清伍得意扬扬地说：“细软都在车上呢，他们带不走多少，不要那么小气嘛！”

冒死突围

李卓才说的那几个人，其中就有周恩来。

根据敌人的射击位置，周恩来判定坝梁已被封锁，左翼峭壁和苇塘那边的山谷，也有埋伏，唯独右侧荒草和梢林那边一派沉寂，于是当机立断，把手向梢林那边一挥：“突围！尽快摆脱敌人！”随即带领张云逸、孔石泉、吴涛等人，迅速离开公路，钻进右侧的草地和梢林。

他们进入梢林后，虽然敌人也噼噼啪啪打来一阵枪，直打得树枝、草茎乱飞，却不见有敌人追来。他们转过一个山头，来到另一个山坳，未发现有敌人堵截。这时，才发现张云逸手部被子弹擦伤，伤了一点儿皮肉，孔石泉衣领右侧被打穿了几个洞，但未伤着。最使大家欣慰的是，周恩来安然无恙。

正行之间，忽听身后传来一阵急促的脚步声。四人不由一惊，回头一看，原来是一名红军战士。临近一问，才知这战士叫曹鸿都，是特务队的，奉副排长陈国桥之命撤出战斗，赶来保护周副主席的。

5个人逶迤而行，转过几个山头，来到劳山高处的一侧。在这里已看不到敌人，但还能听到沿湫山的枪声。周恩来向枪响的方向久久地伫立着，一声不吭。

张云逸说：“看来伏击我们的不像正规部队，倒像一帮土匪。估计他们不会追来了。不过也不能在这里久留，我们还是回延安吧！”

周恩来点点头。

于是，5个人沿着山梁向延安方向走去。这一带树林稠密，路径七弯八拐，很难辨别方向，所幸此时正是春天大忙季节，峁上已有不少老乡在耕作。曹鸿都便跑去向一位老乡问路。谁知老乡神色慌张，像哑巴一样一句话也不说。

“老乡当然不敢说话了。人家哪里知道你是好人！”周恩来微笑着，指指曹鸿都手里的盒子枪，“还是装进套子吧！”

曹鸿都这才恍然大悟，把盒子枪装进套，再次去向老乡问路。老乡得知他们是红军，便很痛快地告诉他：“从这个山梁下去，就是三十里铺。”特务队的人都知道，延安保卫局在这里设有一个检查站，他们便向三十里铺走去。

新中国成立后担任过成都军区政委的孔石泉曾这样回忆过：

> 当时敌人很疯狂，不断向我们射来密集的子弹。我们撤下公路，是凭借着茅草、梢林的掩护，迅速转进一个小山坳的。……为了缩小目标，我们几个人并不集中在一起走，而是分散开，相互保持一段距离。……那里没有路，一路都是山坡坡，很不好走……

后来曹鸿都也回忆过这次遇险的情况：

> 我们转过几个山头，来到一个山谷。糟糕！两边都是悬崖峭壁。前边沟掌里有个两丈多高的土崖，满是树丛和茅草，密密麻麻，连条羊肠小道都没有。首长们怎么能通过？我急得满头大汗。周副主席鼓励说：“不要紧张，办法是想出来的。”我忽然发现，崖上的树梢低垂，离地面不到丈许。我往上一跳，抓住了树枝，一摇一荡，脚在崖壁上蹬了几蹬，像猴子一般，竟然上到了崖上。

曹鸿都上去以后，把绑腿解下来，用绑腿将周恩来、张云逸、孔石泉、吴涛等人分别拽到了崖上。

周恩来能够脱离险境，自然也与陈友才、陈国桥他们的奋勇抗击有关。

周恩来等人撤下公路后，作为警卫副官，陈友才为了吸引住敌人的火力，拖着受伤的腿，利用卡车掩护，拼命向敌人射击。但不久，他就被敌人射来的排枪子弹夺去了生命。

陈国桥组织战士们顽强抵抗。但终因敌我力量悬殊太大，刘久洲、温太林等相继倒在了血泊中，陈国桥、王开明也因弹药耗尽，最后壮烈牺牲。

匪徒们一窝蜂似的拥向卡车，搜检财物。谁知车上既无银圆，也无烟土，更无其他值钱的东西，只有两只上了锁的铁皮箱子。

李清伍的小护兵李卓才，什么也没搜到，气恼地拿牺牲的战士撒气。另一个拿鬼头刀的匪徒，则对周恩来丢下的那条花毛毯乱砍乱剁——后来这条花毛毯被保存在革命军事博物馆。

李清伍和齐金权指挥匪徒，对牺牲的战士一个个搜检，当他们搜到陈友才时，不由一震。他们见他相貌堂堂，兜里又装着一张周恩来的名片（其实，这名片是他为了在西安联络工作方便，带在身上的），以为他就是周恩来，顿时慌了手脚。

据当时曾在李清伍手下当过土匪的高彩娃回忆："李清伍听说那就是周恩来时，又惊又怕，不禁脱口惊呼：坏了，这下敦下乱子了，快，快跑！"

他们见闯下了大乱子，便抬上那两只铁皮箱子，仓皇而逃。他们原以为箱子里会有金银财宝和烟土，结果抬到十几里以外的一个山坳里，打开一看傻眼了，里面全是中外文书籍和文件。

脱险归来

周恩来一行，离开那位指路的老乡，进入一个人迹罕至的山岔，穿过密密的林莽，拐进另一个山弯，见山崖上有几孔窑洞。上前一打听，才知道叫马布塔河村，刚才穿过的是劳山的支脉火焰山。这里离三十里铺，还有好几里地。

他们继续赶路。当钻出梢林，接近咸榆公路时，突然听到一声断喝："站住！干什么的？"几个人不由吃了一惊。抬头一看，见是几名红军战士，这才放下心来。

原来这几名战士是陕北独立师三连侦察班的。他们在班长侯彦明率领下，从劳山一边的甘泉县的驻地，去延安公干回来，正在此打尖休息。孔石泉便走过去招呼："你们连我也不认识了。"侯彦明也认出了他是师部参谋，其实是政治部主任。孔石泉简要地介绍了一下沿湫山发生的情况，然后命侯彦明带战士迅速赶往出事地点，抢救伤号，警戒现场。

侯彦明带领战士跑步出发后，周恩来一行往三十里铺赶去。

三十里铺检查站，是延安南边的一个重要关卡，南通甘泉、洛川、西安，东至临镇、金盆湾、黄龙山。检查站的任务，是检验进入延安的车辆、人员，查缉贩毒走私，防止坏人混入延安和保障边区的经济秩序。

周恩来等人来到检查站，检查站云站长立即安排他们上炕休息，同时报告了延安。

周副主席一行遭到敌人伏击的消息，传到延安后，延安上上下下都很震惊。

军委警卫团团长黄霖，接到总参一局的电话，当即从床头抄起警卫员的一支手枪，冲出窑洞去集合队伍。他刚冲出窑洞，红军总参谋长刘伯承就下令把集中喂养的中央领导人的马匹通通牵来了。黄霖顾不得清点人数，便命令几十名干部战士上马出发。正要起程，毛泽东赶来了，他向黄霖抬抬手，告诉他："什么也不要顾虑，无论如何要把周副主席救回来！"然后示意黄霖迅速出发。

保卫处周兴得到消息后，也很震惊，他一面向党中央报告，一面派于桑带特务队骑兵排前往驰援。骑兵排一走，他又派人送鸡毛信给白寿康、李太渊，命他们率独立团增援，然后又派人送信给正在前线执行剿匪任务的南区司令员吴台亮，令他火速返回延安商讨对策。

此时，延安市委书记张汉武，也集合一部分民兵，准备出发。

随着一批批骑兵出发，延安党政机关工作人员、市民百姓，再无心办公、生产，纷纷涌向街头，打探消息。清凉山红军大学的学员，也无心上课，三五成群聚在一起议论纷纷。担任四大队政委的董必武，不得不出面召集他们讲话，要他们安下心来，静观事态的发展。

延安南门外广场上也集聚了很多人。有党政机关干部，有市民，也有工人和农民。有的打探消息，有的手搭凉棚踮脚向劳山方向眺望。朱德、张闻天都来了，李富春也夹在其中。

毛泽东也来了。他一向不管发生什么样的事情，都从容不迫，甚至还会说几句风趣的话。此时，他却一反往常，不与任何人讲一句话，手里夹根纸烟，也不吸，只是不停地走来走去，显得焦躁不安，急切地期待着周恩来安全归来。

黄霖骑的是萧劲光的马。这马本来就比别的马跑得快，再加上他不断扬鞭，离开延安一个多小时，黄霖就赶到了三十里铺检查站。

一进院，他就冲正在院中警戒的曹鸿都问："周副主席在哪里？没事吧？"曹鸿都告诉他，周恩来、张云逸等人均没事，正在屋里休息。他三步两步进了屋。

周恩来见到黄霖，知道他是来增援的，就问："来了多少人？"

"一百多。"黄霖回答。

"他们呢？"

"在后边，就到了。"

正说着，有七八名红军战士，气喘吁吁地走进来。黄霖当即分配任务："你们几个留下放哨，无论如何要保证周副主席和各位首长的安全。其余的人跟我出发，坚决消灭这伙坏蛋！"说着，提枪就要往外走。

“噢，先别忙。”周恩来拦住他，又看看大家，“还有没有干部了？”

“我是班长。”一位红军战士答道，“指导员和排长马上就到。”

这时，又有十几骑到达。“哪一位是干部？”周恩来又问。指导员答话后，周恩来叫黄霖把干部组织起来，分分工，并交代说：“再派些人去现场，看有没有负伤的，走散的，好好找一找，要首先进行抢救……”

随即，由指导员率领几十骑陆续到达的红军战士，出发前往沿湫山。张云逸和检查站云站长，也随队前往。

沿湫山离三十里铺约有 15 里。他们到达时，战斗早已结束，匪徒们也早已逃得无影无踪。卡车停在山坳谷地的公路上，车头和车厢弹痕累累。公路边，田埂旁，到处是血，到处是横七竖八的尸体，有红军战士的，也有匪徒的。行李卷、文件袋杂乱地丢弃在卡车周围。

不难想象这场战斗是何等惨烈，红军战士是何等英勇。他们顾不上别的，首先对躺在血泊中的战士，一个挨一个进行察看，看其中还有没有活着的。察看发现，刘久洲、温太林、陈贤仁和李生财的脉搏还在跳动，便立即进行抢救。

于桑率领的骑兵排是第二批赶到三十里铺检查站的。周恩来嘱咐他：“马上去现场，要把受伤的同志和牺牲同志的遗体都带回来。”

于桑赶到现场时，已近傍晚。

负伤的同志已经由担架和独轮车运走了，只有烈士的遗体还没有运。要动员群众往回抬，这里离延安有 50 多里地，差不多得用一天的时间。于桑他们看了看那辆被打得满目疮痍的卡车，发现它轮胎虽然瘪了，但发动机还完好无损，还能发动。于是，于桑便指挥大家，将烈士的遗体抬上卡车，发动引擎，离开现场，缓缓向延安方向开动。

至于丢弃在那里的十几个匪徒的尸体，则由当地老乡，拖到路旁的破窑里埋了。

周恩来一直留在检查站，直到张云逸从沿湫山现场回来，得知所有的干部、战士都有了着落，这才离开检查站，和黄霖等人乘马返回延安。因马匹不够，孔石泉、吴涛、曹鸿都等，只得步行。回到延安，夜已很深了。

周恩来和张云逸脱险归来，从三十里铺骑马还未到延安南门，就远远地看到南门外广场上聚集了很多人，冲他们来的方向翘望。显然，在期盼他能安全归来。临近广场，周恩来翻身下马，向大家挥手致意。大家立刻报以热烈的掌声，掌声如滚雷，如波涛，经久不息。这是对周恩来崇敬之情的迸发。在掌声中，人们自动闪出一条通路，毛泽东大步迎上来，伸开双臂，周恩来也紧走几步迎上去，伸出双手。四只巨手紧紧握在一起，四只眼睛深情地对望着。朱德、张闻天、李富春、萧劲光等党中央和军委的领导同志，也都围拢上来，和周恩来握手、问候。

延安周围的土匪，在剿匪部队大力进剿下，很快就被肃清了。曾经潜伏在延安城内，为李清伍提供袭击周恩来卡车情报的坐探冯长斗也被捕获，受到了镇压。李清伍这个作恶多端的土匪头子，终于没有逃脱人民的惩罚。

劳山事件多少年过去了，周恩来对在这次事件中与他同生死、共患难的同志，一直念念不忘。

1950 年，周恩来和邓颖超去大连。周恩来对大连警备司令、1937 年曾任军委警卫团连长的陈美福说："那次，若不是陈友才他们硬叫我先走，恐怕我早就完了。"

1970 年 6 月，邓颖超去延安，在对在场的人谈起劳山事件时说："陈友才是个好同志，他是代替周恩来同志牺牲的，我们现在想起他，还觉得难过。我们会一直记得他的。"

1973 年 6 月，周恩来陪外宾到延安访问，曾询问在劳山事件中牺牲的陈友才等同志坟墓在什么地方，准备前往祭扫。但由于种种原因，这些同志的坟墓没有被保存下来。周恩来十分惋惜，建议地委同志好好找一找，并说："陈友才同志死得很英勇。要把牺牲的同志姓名搞清楚，将他们请进烈士陵园。给他们立个碑。"

周恩来的这些愿望，有的实现了，有的还在继续努力之中。

1985 年 6 月，陕西省甘泉县人民政府，在劳山的沿湫山发生战斗的地方，立了一块石碑，以纪念周恩来这次遇险事件。正是：

望青山苍苍，听松柏涛涛；
忆劳山枪声，念壮士悠悠。

23 推动阎锡山抗战

周恩来三会阎锡山，拉开了山西抗战的大幕。能“在三个鸡蛋上跳舞”的阎锡山感叹：“国民党是没有这样的人才的。”太原突围，周恩来夜走独木桥，险遭不幸。

三会阎锡山

1937年8月夜，在西安八路军办事处的一间房子里，一个年轻的红军战士在邓颖超面前哭鼻子，他不愿意脱下红军的军装，换上国民党的军装。邓颖超慈爱地对他说：“小同志，不要伤心。换军装是为了工作需要，你衣服换了，人没有变，你还是红军战士嘛！”这个刚满20岁的福建籍战士，刚刚随彭德怀来到西安，他叫廖其康。一路上，他不知道彭德怀要把他带到什么地方去。到了西安，才知道是组织上调他在周恩来副主席身边负责警卫工作。此时，周恩来正准备从这里动身到山西去见阎锡山。

山西军阀阎锡山，28岁任督军，把持山西军政大权已达20余年。他曾派兵到陕西“剿共”、进攻刘志丹所率红军，又曾与东渡黄河的红军抗日先锋军刀兵相见……为了保住他经营多年的独立王国，他煞费苦心，不时地变换策略。当红军东征时，蒋介石乘机派兵开进山西，赖着不走，阎锡山曾哀叹：“我不亡于共，也要亡于蒋。”为了自保，他逐步改变了对共产党和红军的态度，邀请薄一波等共产党人以个人身份到山西做抗战工作，允许彭雪枫在太原设立了中共的秘密联络处并同意架设秘密电台。抗日战争中，他又曾说过：“我是在三个鸡蛋上跳舞，哪一个也不能踩破。”面对这样的一个谈判对手，周恩来既要在谈判桌上争得我军在山西抗日战场上的主动权，又要达到团结抗战的目的，自然是要费一番运筹的。

9月5日，周恩来、彭德怀等来到太原。阎锡山不在太原，去设在雁门关下的太和岭口前线司令部了。周恩来、彭德怀连夜赶赴太和岭口。此时，成千上万的八路军正在开向抗日前线。他们必须赶在前头与国民党第二战区司令长官阎锡山商妥八路军入晋后的有关事宜，并从事实上确立我党与阎锡山的统战关系。

阎锡山满脸堆笑。在他的司令部院子里迎候周恩来、彭德怀一行。

阎锡山与周恩来虽是初见，却不能不对他的这位客人刮目相看。他知道：早在 20 世纪 20 年代，蒋介石任黄埔军校校长的时候，二十几岁的周恩来就担任了黄埔军校的政治部主任。多少年来，周恩来一直是声名赫赫的共产党领袖人物之一。1936 年 12 月，张学良、杨虎城在西安扣获蒋介石之后，周恩来代表中共中央亲自到西安说服张、杨和平解决了西安事变。一个周恩来、一个彭德怀，这样的谈判对手，阎锡山不敢等闲视之。

“周先生、彭先生，二位一路辛苦，休息一下再谈如何呀？”阎锡山边由亲信梁化之搀扶落座，边对周、彭说。

“谢谢阎先生关照，请不必客气。”周恩来说着，欠了欠身，接着又说，“我们的军队正在开往前线，许多事情需要立即与阎先生商谈。”周恩来看看阎锡山，继续说，“八路军属于第二战区战斗序列，我们全军愿意受司令长官节制，以后还要请阎先生多多指教。”

“好，好。”阎锡山显出一副极为高兴的神气。

“不过，阎先生，八路军基本的作战原则，是独立自主的游击战……”周恩来特意加重了“独立自主”几个字的语气。

阎锡山半张着嘴，看看周恩来，轻轻点了一下头，“嗯”了一声。

“阎先生，从战争开始的这一阶段看，日本军队来势凶猛，整个形势目前是敌强我弱。但是，只要我们坚持抗战，必然是敌人一天天弱下去，我们一天天强大起来。争取抗战胜利的关键，是发动全面的全民族的抗战……”周恩来用了较长的时间，详细分析了抗战形势，解释了我党抗日民族统一战线的政策。

阎锡山听了，频频点头。在周恩来提到刘汝明和汤恩伯在南口的失败时，阎锡山突然来了兴致，随口吟出他的一首新作：“南口之役失权衡，准备毫无守何成。八万精兵损半数，致使雁绥枉经营。”阎锡山是惯于推卸责任的。周恩来听了，客气地报之一笑。

“阎先生，我们进行抗战，有一个最有利的条件，这就是在外敌入侵的情况下，广大群众是要求抗日的。我们要充分利用这个有利条件。要保卫山西，保卫华北，就必须动员广大群众，发展抗日的群众运动。”

听了周恩来关于要发动群众的一席话，阎锡山忙接过来说："我早就知道这是重要的工作。前年在南京开会时，我首先提出的就是武装民众五百万，到现在尚未得到指示。在这紧急时刻，我们可以在第二战区首先试行。"

周恩来对阎锡山说："我们赞同阎先生的意见。请阎先生考虑，战地群众的动员问题是否应该有组织地进行？"

"对对对，我们有了牺牲救国同盟会，总动员实施委员会，战地动员可以再成立一个组织。"

经过反复商谈，最后商定成立"第二战区民族革命战争战地总动员委员会"，由中共、牺盟会和其他群众团体共同组成，第二战区高级参谋续范亭任主任委员，并由中共主持拟出工作纲领，经阎锡山同意后实行。

关于动员群众问题，周恩来接着说："阎先生，要动员人民群众，就要给人民以抗日救国的民主权利，实行战时经济政策，改良人民生活。"

见阎锡山没有吭声，梁化之接过来说："我们山西在司令长官治理之下，嗯……国泰民安！"

周恩来笑笑说："我们共产党、八路军要努力做到这一点，要动员群众抗战，就必须考虑并且实施给群众以利益，不能采取一种十足的绅士态度。"阎锡山勉强同意。

周恩来接着说："阎先生，关于八路军的活动地区问题，我们的设想是在灵丘一带地区布防，开展独立自主的山地游击战。这个地区是在太行山北端，向北可以深入敌人背后，配合友军作战。"

阎锡山说："我已经命令部队，要固守内长城防线，重点防守平型关、茹越口、雁门关一带，希望八路军给予配合。"

彭德怀接过来说："我军可以开到五台、灵丘地区，配合友军布防平型关一带，于侧翼待机歼敌。"

"很好，"阎锡山表示赞同，"贵军可以在太行山北端进行游击运动战。不过，这个地区是山西、河北交界地区，河北方面的事情请二位与徐永昌、刘峙商洽才好。"

周恩来点头说："我们准备去河北走一趟。这里的问题与阎先生谈妥了，河北方面谅不会有什么阻碍。"

周恩来、彭德怀又向阎锡山详细介绍了八路军对日作战的战略战术原则。阎锡山很有兴趣地听完后说："周先生可否把刚才说的内容写出来给我？"

周恩来欣然应允："好，我明天就写好交给阎先生。"

周恩来提出关于红军的装备补充问题："我军在山地进行游击战，请阎先生考虑配备适用于我军作战的武器装备。"

阎锡山说："先给你们 30 门炮、4000 发炮弹，我下令兵站运输给你们。以后还要继续补充。我对贵军也有一个要求，希望贵军在山西省内不要更换所在县的县长。"

周恩来爽快地回答："我军在活动区域内，只动员群众，不干涉县政。请阎先生令知各县县长对我军的抗战活动提供方便，并请将我军的活动地区与任务通知当地友军。"

阎锡山对梁化之说："这件事你去办！"

谈判中，周恩来机智灵活，侃侃而谈，说得阎锡山时而口服心服，时而难以答对。

谈判完毕，阎锡山送出周恩来、彭德怀。望着周恩来的背影，阎锡山点了点头，自言自语地说："国民党是没有这样的人才的！"

周恩来、彭德怀与阎锡山的直接谈判，使共产党、八路军与阎锡山方面的抗日统一战线进一步建立起来了。

9 月 9 日午后，周、彭回到了太原。

几天后，周恩来又派南汉宸与续范亭一起，带着草拟好的"战区动委会"工作纲领，到太和岭口见了阎锡山。阎锡山亲笔对纲领作了几点修改后，批准了这个纲领。此后不久，"第二战区民族革命战争战地总动员委员会"在太原正式成立，南汉宸、程子华、武新宇等共产党代表均在其中担任了重要职务。

不久，毛泽东发出改变八路军部署的电报，指示我军于适当时机实行部署上的战略展开，分别开进晋东南、晋西南、晋西北等地创建抗日根据地。在山西境内做这样的事情不通过阎锡山是行不通的。

为此，9 月 21 日傍晚，周恩来同朱德一起，再次前往太和岭口见阎锡山。这次谈判，首先由八路军的作用问题开始。阎锡山显然想用红军打正面，他有他的如意算盘。红军在正面迎着敌人拼上去，既打击了日寇的进攻，又消耗了自身的兵力，一箭双雕。对于国民党方面想把红军推到前线正面，借日寇之手消灭异己的可能性，中共中央在洛川会议上已有预料。

周恩来严肃地指出："阎先生，进行独立自主的山地游击战，是我军不可动摇的基本作战原则。我军的主要活动地区在敌后。我们要深入敌后，发动群众，开展游击战，让敌人前边占，后边丢，永远摆脱不了后顾之忧，使敌人既没有一个安全的后方，又没有一条保险的后方运输线。我们这样做，比那种不顾主客观条件，在阵地上与敌人拼消耗的做法更有利于抗战，更有利于友军，也更有利于敌后的人民群众。"

朱德接着说："在有利条件下，我们也同意我军配合友军进行运动战。"

阎锡山沉默了一下说："目前日军已经逼近内长城防线，希望我们双方的军队紧密配合，在这里阻挡住敌人。"

周恩来回应："我一一五师现已赶到灵丘一带，准备于侧翼待机歼敌，配合友军防守平型关战线；至于我一二〇师，是否可以开到晋西北地区，向进攻雁门关之敌的后方出击，配合友军防守雁门关。"

阎锡山答道："就依周先生意见，请将部队迅速开进预定地区。雁门关方面的具体事宜可与杨爱源联系。"

朱德说："我回去立即命令部队开始行动。"

谈判一直到下午才结束。阎锡山最后表示，同意我军进行独立自主的山地游击战。谈判中对我军的游击地区、军队驻扎以及兵力使用等问题也取得了一致意见。

下午 5 点钟左右，朱德、周恩来要出发到五台去了。阎锡山特意关照："到了五台请二位先到河边村看看，我通知当地人员在我家里接待二位先生。"

周、朱二人高兴地向阎锡山表示感谢。

当晚午夜过后，周恩来和朱德赶到了五台县河边村，由当地地方官员陪同在阎锡山家里吃过饭，稍事休息，于 23 日拂晓到达五台县城。

当天，八路军总部向一一五师下达了进行平型关战役的作战命令。一二〇师也于次日启程，赶赴晋西北神池地区。此后不久，八路军各部即在山西战场上取得了一个又一个胜利。

1937 年 10 月 1 日，阎锡山回到太原。同日，他下令其部队从内长城防线全线撤退。

10 月 6 日中午，阎锡山在太原召集黄绍竑、卫立煌、傅作义商讨忻口战役的作战部署问题，周恩来应邀出席会议。这是周恩来第三次会晤阎锡山。

晋绥军长城防线瓦解之后，日军直逼忻口。忻口距太原90公里，是保卫太原的最后一道防线。忻口一破，太原必失。蒋、阎军为保卫太原，决定集中兵力组织忻口会战。

10月13日，忻口战役打响。一连数天，战况十分激烈，双方伤亡惨重。这次会战，一直进行了20余天。

忻口战役前后，关于军事问题，周恩来还曾向阎锡山等提出过下列建议：

> 下令平汉退军转侧面作战，发展游击战；
>
> 立即派军增援娘子关，与八路军靠近；转变作战方式，实行机动侧击；
>
> 保卫太原须背靠山地在野战中求得胜利；
>
> 从速部署山西全省持久战局。

阎锡山没有、也不可能全部接受周恩来的这些军事建议。结果导致进攻忻口的日军主力受挫之后，日本侵略者转而加强了沿正太铁路向晋东的进攻。这一路中国守军本来就弱，不经打，再加上在日本侵略军的强大攻势下，接连失利，致10月10日石家庄失守，10月28日娘子关失守。面对急转直下的战局，阎锡山生怕在忻口作战的部队被包抄，于是下令，退出忻口。11月2日，忻口守军一退，从忻口南下的日本侵略军，很快便逼近了太原。

太原突围

忻口失守后，阎锡山命傅作义部死守太原城，自己却悄悄溜出了太原。

11月5日上午，日军已逼近太原市郊，和守城部队的前哨交了火，并有几十架日机不时飞临太原上空，进行轮番侦察和轰炸扫射。

由于督建防御工事官员的腐败，贪污受贿，偷工减料，城外所建工事糟得不能再糟，一遭日炮轰击，即被摧毁。尽管守卫部队进行了顽强的抵抗，终于不支，火车站、大营盘、双塔寺等地沦于敌手。

太原四周多山，城区就像一个锅底，城东高地特别是双塔寺的失守，使太原更加岌岌可危。

阎锡山放弃守城指挥，悄悄溜走，本来就已造成人心动摇，再加上日军逼近，各机关、团体争相撤离，宪兵、警察大批出走，散兵游勇乘机抢掠，更使全城人心惶惶，社会秩序一片混乱。傅作义虽及时任命了戒严司令，并派兵上街弹压，也无济于事。

太原城内虽然人心惶惶，一片混乱，但八路军驻晋办事处仍然一如既往，在周恩来领导下，工作人员各司其职，各项工作有条不紊地进行着。无线电仍旧不停地向天空发射电波和接受空中传来的信号。

由于阎锡山、黄绍竑等已走，太原虽留下傅作义守城，周恩来估计守也守不了几天，于是报告毛泽东，经毛泽东同意决定将办事处撤出。

上午，彭雪枫处长让办事处参谋张震将汽车送出太原，过了汾河，隐蔽河西待命，其他人一律坚守岗位，就连阎锡山长官公署派到办事处值班的汽车司机也不例外。

汽车司机见其他机关溜的溜，走的走，八路军驻晋办事处一如既往，镇定自若，很不理解，就问办事处工作人员："连阎长官、赵主席都走了，情况这么紧，你们怎么还不快走？"

办事处工作人员回答："他们走他们的，急什么！"

话虽这么说，其实心里也急。周恩来的警卫员廖其康和办事处机要员李金德，就一再催促过周恩来，要他尽早离开。但周恩来仍旧不急不躁，安之若素，一直工作到晚上，把所有应办理的事情办完，这才起身，收拾了一下，对廖其康和李金德说："我们走吧！"

这时，办事处的同志已分批走了，只剩下了周恩来、彭雪枫、廖其康、李金德、王选文、张震和司机 7 个人。张震是上午将汽车隐蔽在城外汾河以西，又返回来迎周恩来的。廖其康将炊事员给他们留下的馒头热了热，把留给他们的鸡蛋打成蛋汤。7 人吃完，已经晚上 9 点多了，他们才离开办事处，趁着夜色匆匆上路。

此时，太原城东、南、北三面城郊都已被日军占领，只有西面未占。西面出城不远，便是汾河，河宽千米，河水滚滚，深可没人。河上没有渡船，只有两座陈旧不堪可单车通行的木桥。南边的一座已被日机炸毁，仅剩北边的一座尚可通行。

当时太原城西边有两个门，一个叫大西门，一个叫水西门。周恩来等一行，离开办事处后，在夜幕下冒着寒风直奔水西门。

汽车开到水西门，水西门早被守城部队用沙袋堵死了。

彭雪枫立即下车，与守门军官交涉，好说歹说，守门军官就是不答应，一定要傅作义亲自批准，才放他们出城。

彭雪枫虽然很气，但也别无他法，只好向周恩来说了一声，让周恩来和其他同志下车暂等，便带张震乘车前往城防司令部，去找傅作义。

他们走进傅作义的会客室，傅作义倒背着手正在踱来踱去。彭雪枫把来意说明后，傅作义立即提笔写了一道准予出城的手谕。

彭雪枫拿着手谕和张震返回水西门，将手谕交给守门军官。这时城门已经封死，要扒开很难，但门旁事先挖了一个人行暗道，用沙袋围着，以备急需。守门军官令士兵搬掉沙袋，露出暗道。暗道很窄，汽车根本无法通过，周恩来只好将汽车丢掉，提上随身携带的电台和必需的物资，通过暗道，出了太原城。

此时，城外混乱至极：马路上，军车、装甲车，你挨我我挨你；马路两旁，全是国民党的残兵败将。逃难的老百姓，携儿带女被挤在马路两边的田地里。前边的走不动，后边的还要向前挤。开车的直按喇叭，当兵当官的骂骂咧咧，老百姓喊儿喊女，哭爹叫娘。

一打听，原来是往西和往东的汽车在桥上顶了牛，往西的汽车要往东的汽车退回去，往东的汽车则要往西的汽车退回来，互不相让，僵持不下。

这么多车辆，这么多逃难的群众，这么多残兵败将！这是在夜间，如果是在白天，敌机一来，不知将有多少人死伤于敌机的轰炸扫射之下，不知令多少车辆和物资毁于日军的罪恶之手。

周恩来一行走上桥头，从车辆、人群中迂回穿插，左拐右弯，也难以前行。只见宽不过丈许的木质桥面上，堵着东行西往的汽车，丢弃着难以辨认的乱七八糟的东西，有的地方的桥板已被拆掉，仅靠临时搭在上面的一根一尺多宽的木板过人。

目睹此情此景，周恩来紧皱双眉，他立即与在侧的傅作义部的一位守城军官交代，要他马上下令，让部队原地待命，不得与逃难群众争路、抢道，严禁打骂百姓；并马上组织工程兵抢修桥面，派人疏导交通，务于次日拂晓之前，让拥挤在桥头的众多老百姓通过这座汾河桥。

这位守城军官不知是被周恩来当机立断、明确安排、在当时情况下的最佳选择所启示，还是被周恩来临危不慌的精神所感动，他很干脆地答应，一切照办。

此时周恩来一方面协助城防军官劝导东来的车辆退回桥面，一面协助组织工兵清理丢弃在桥头的物资，以利修理桥面。直等到疏导、清理和修理等工作就绪，周恩来这才低声命令随行的人迅速过桥，并嘱咐："文件要保管好，电台也要带好，一个紧跟一个，不要掉队！"

走着走着，前面有一处桥板已被装甲车轧断，一辆装甲车还停在那里，挡住了去路，人空手也难通过。周恩来当机立断，命令大家丢掉个人用品，全力以赴，把办事处的档案、电台等重要物资你扶我扛地弄过去。踩着桥上的丢弃物，从车辆、牲口中穿行。走了一段，又是一处难行之处，桥面塌陷，桥板已经掉到水里，只有一条宽不逾尺的活动木板架在塌陷的地方，踩上去颤颤悠悠，弄不好就会掉进河里。周恩来在前，大家在后，一个牵着一个，一步一步往前挪。周恩来过去之后，又一个一个把大家接应过去。然后又穿越丢弃物，绕过车辆、牲口。不到1000 米的木桥，大家在寒风中借着微弱的星光走得满身是汗，走了几十分钟才穿过去。

到了河西，找着上午八路军驻晋办事处开出来隐蔽待命的部分大小车辆，这时，八路军总部特务团派来护送周恩来的一个加强班，在班长赖国柱和副班长李国良的率领下也赶到了。周恩来和彭雪枫分别乘上第一辆、第二辆卡车，警卫班的人乘上第三辆，便起程向汾阳方面进发。

这次撤离，由于周恩来率领大家连夜闯过了汾河木桥，才没有遭到日军飞机的空袭，也由于他果断命令并协助守城部队疏导交通，修理桥面，让逃难的群众和溃败的士兵、车辆、牲畜在拂晓之前顺利通过了汾河木桥，才未受到重大损失。

此后，战局的发展，果然不出周恩来所料，在他们撤出的第三天，也即 11 月 8 日夜间，傅作义虽然指挥守城部队与日军展开了殊死拼杀，但终于不支，只好将太原放弃，把山西这一军事重镇丢给日本侵略者。

24 投身武汉抗日洪流中

蒋介石“开门请客”，周恩来为党做“官”。出任国民政府军事委员会政治部副部长，组建第三厅和文协，周恩来把武汉的抗日统一战线和抗日宣传活动搞得红红火火。

出任国民政府军事委员会政治部副部长

1937年7月7日，卢沟桥的枪炮声拉开了中国人民抗日战争的序幕。民族矛盾的急剧上升，促使国共两党再度携手，共同抗日。9月22日，国民党中央通讯社播发了拖延已久的《中共中央为公布国共合作宣言》。第二天，蒋介石在庐山发表谈话，承认中国共产党在全国的合法地位。

但是，经过十年内战后的第二次国共合作的确与第一次不同了。它既无共同纲领的约束，也无一定组织形式的保障。蒋介石虽然口头上承认中共的合法地位，但内心却不肯放弃一党专政的思想，不肯承认共产党的平等地位，更不肯让共产党掌握任何实际权力。中国共产党要改变这种状况还需要通过艰难的谈判斗争。

中共中央经过慎重研究，决定把这副担子交给参加过第一次国共合作、富有谈判斗争经验的周恩来，由他来担任中共代表团首席代表，同蒋介石和国民政府进一步磋商两党关系问题。

不久，国民政府的首都从南京迁到了重庆，而部分党政机关的重要人物，包括蒋介石在内先到了武汉。因此，武汉一时成为全国的政治中心。

12月中旬，肩负重任的周恩来率中共代表团奔赴武汉。

一路上，周恩来思绪万千，对他来说，同蒋介石打交道已经不是第一次了……

十年前，第一次国共合作期间，周恩来在黄埔军校任政治部主任时曾与蒋介石共过事。上海工人第三次武装起义后，蒋介石叛变革命，下令通缉起义的领导人中就有周恩来。一时间，上海处于白色恐怖之中。因此，周恩来秘密离开上海，第一次到了武汉。不久，第一次国共合作彻底破裂，周恩来告别武汉，踏上了南

抗战初期的周恩来

昌起义的征途。从此，他同蒋介石进行了十年的生死较量。对蒋介石顽固的反共本性、狡诈的伎俩周恩来领教得最早，了解得最多，感受也最深。因而，眼前这副担子究竟有多重周恩来心中最清楚。

12 月 21 日，是周恩来从延安到达武汉的第四天，他同代表团的王明、博古等去会见蒋介石。寒暄之后，中共代表团直率地对蒋介石谈了这次来武汉的目的，周恩来向蒋介石具体说明了中共中央提出的关于建立国共两党关系委员会等建议，王明、博古分别就抗战形势、共产国际的提议及建立八路军办事处等问题提出了意见。显然，中共代表团是怀着诚意，有所准备而来的。这就使得内心对谈判抱着敷衍态度的蒋介石很尴尬，不得不连连点头，称赞中共代表团同志“所谈极好”，表示：“照此做去，前途定见好转。”

为了推动蒋介石进一步考虑中共方面的意见，周恩来等又多次去见蒋介石，由于国民党方面毫无准备，总是拿不出任何方案，因此在一次会谈中，周恩来主动出击，向蒋介石提出了关于两党合作形式的三种设想供对方考虑。他说：“第一，恢复（中华民国）十三年的形式，使国民党改为民族革命联盟，其他党也加入；第二，建立共同委员会，在中央各级共同讨论；第三，维持现状，遇事协商。”

对周恩来提出的前两种设想，国民党内基本持否定态度。他们认为，第一种方式如果实现，共产党就会像孙悟空一样钻进来，搞党中之党，这是绝对不允许的。第二种方式，结果只能是两党平分政权，而国民党资格老，掌握全国政权，共产党才成立 17 年，这也是不可取的。第三种方式，许多地方党部也是不赞成的。

蒋介石对前两种设想也不同意，对第三种设想也不情愿赞同，但是周恩来的提议是积极的、带有建设性的，在政治上始终处于主动。而从抗战爆发以来，中国共产党的主张获得了国统区广大人民甚至国民党中一些爱国人士的同情，国民党如果完全置之不理，在政治上就会处于被动。因此，蒋介石反复权衡后，不仅勉强选择了周恩来所提的第三种设想，而且不得不做出一点儿改革的姿态，即采取局部合作的方式，在国民党政府的个别部门、个别组织内邀请共产党人参加工作。

1938 年年初，国民政府改组军事委员会，恢复了政治部。蒋介石任命陈诚任政治部部长，并要陈诚出面邀请有政治工作经验的周恩来任政治部副部长。与此同时，财政部部长孔祥熙也要宋美龄转告周恩来，请他到财政部工作。

对蒋介石和国民党方面表面上的合作态度，周恩来与中共代表团认为应该采取赞成的立场，与国民党开诚合作，以求达到争取坚决抗战的分子和削弱亲日派的力量。但是，由于中共中央在 1937 年 9 月 25 日发布的关于共产党参加政权问题的决定草案中已经作了规定，中共党员一般不参加政府工作，因此，中共代表团暂时只能采取推托的态度。

面对新的情况，中共代表团立刻召开会议进行研究。他们详细分析了到达武汉后国共两党谈判出现的新的进展，认为应该采取灵活的策略，具体来说，对孔祥熙的邀请应该谢绝，因为财政部属于行政范围，孔祥熙又为主和者。而军事委员会及其各部同坚持抗战和挽救危局有直接关系，参加进去可以从内部直接推动国民党抗战。意见统一后，中共代表团立即给中共中央书记处发去电报，报告了这些情况，并且陈述了自己的意见，希望中央对这个问题重新考虑。

1月中旬，蒋介石又派人来催请周恩来走马上任，周恩来等经过慎重考虑后，再次向中央发了电报，报告了情况，并明确提出意见。他们在电报中指出："如果屡推不干，蒋、陈会说我党无意相助，使反对合作者的意见得到加强。参加进去可以扩大我们党的影响，推动军队政治工作的改造。"电报还强调："要有条件地参加进去。"

不久，周恩来利用回延安参加中央会议的机会，同中共中央其他负责同志一起又详细具体地研讨了这个问题，终于取得了思想认识上的统一。

3月6日，周恩来回到武汉，正式出任国民政府军事委员会政治部副部长。这一席位在国民党看来并不算什么要职，但是，对中国共产党来说，却是抗战期间争取到的国民党军政部门最重要的职务。这是周恩来抓住蒋介石"开门请客"的机会，灵活运用党的策略的结果，它为中国共产党进一步推动国民党发动全面的全民族的抗战创造了有利的条件。

组建第三厅

第三厅是抗战初期国民政府军事委员会政治部的下设机构。当时，一共设了四个厅：第一厅负责军中党务，第二厅负责民众组织，第三厅负责宣传，第四厅负责总务。政治部副部长周恩来直接抓第三厅的工作。

对第三厅的组建，蒋介石是非常"热心"的。他亲自派人请在大革命失败后受他通缉而流亡日本的郭沫若回国任厅长，就是想借重郭沫若的影响来笼络思想文化界的人士。蒋介石没想到他自以为得意的布局却恰恰符合了中共中央和周恩来的需要，更没有想到第三厅成立后会在周恩来的手下发挥相当重要的作用。

其实，就在周恩来与中共中央酝酿是否接受蒋介石的邀请出任政治部副部长时，他就急切地盼望郭沫若归来。武汉的形势使他清楚地看到宣传组织群众工作的重要性，不论自己是否能够就任政治部副部长，应该力争把第三厅建成抗日民族统一战线的组织，发挥组织与宣传群众的战斗堡垒作用。要实现这个目的，选择第三厅厅长是十分重要的。周恩来认为郭沫若是最合适的人选。

十年前，周恩来在南昌起义军南下途中介绍郭沫若参加了中国共产党，后又

1938 年春，任国民政府军事委员会政治部副部长的周恩来和政治部第三厅厅长郭沫若及第三厅部分工作人员合影

批准他到日本学习与工作。现在出现了国共合作的抗战局面，蒋介石又解除了对他的通缉令，应该是郭沫若发挥作用的时候了。周恩来认为，凭着郭沫若在文化艺术界的声誉和威望，一定能够影响一大批爱国知识分子用他们的笔来宣传抗日的主张，唤起全民族的抗战意识。

1938 年年初的一天，周恩来正在开会，忽然八路军办事处的一位同志推门进来，他轻轻地走到周恩来身边，低声对他说："郭沫若到了武汉，他刚刚来过电话，想见您。"

听到郭沫若的名字，周恩来非常高兴，回答说："请告诉郭沫若，晚上到办事处来，我等他。"

晚饭后，周恩来、邓颖超、王明、博古、林伯渠、董必武聚在八路军办事处周恩来的卧室里，等候客人到来。1 月的武汉天气是寒冷的，但是周恩来卧室中的气氛却十分的热烈。

不一会儿，郭沫若到了。周恩来大步迎上去，紧紧握住他的双手。郭沫若望着久别重逢的老战友眼睛湿润了，十年前分离的场面犹在眼前……他后来回忆起这一天的情景曾感慨地说："十年后又能在武汉重见的确是一个奇迹了。"

周恩来请大家坐下，互相问起别离后的工作与生活，回忆起第一次国共合作时期的武汉……再度重逢有叙不完的旧情。但是周恩来有更重要的事情要同郭沫若商量，因此话题很快转入政治部恢复后的工作问题。

周恩来问郭沫若是否愿做第三厅的厅长。郭沫若摇摇头，表示不愿在国民党支配下做事。他说："在国民党支配下做宣传工作，只能是替反动派卖膏药帮助其欺骗人民，不如让我在更自由的地位说话更有效力。"他还表示不愿再以党外人士身份出来工作。

周恩来十分理解地说："你的意见是可以考虑的。但是，你还应该多听听朋友们的意见，可不要把宣传工作看得太菲薄了。我倒宁肯自己做第三厅厅长，让你做副部长，不过他们是不肯答应的。老实说，有你做第三厅厅长，我才可考虑接受他们的副部长，不然那是毫无意义的。"关于是否公开身份的问题，周恩来劝慰他还是用党外人士的身份。

在周恩来和众多朋友的开导下，郭沫若感到再没二话好说了。但是，正当他考虑接受第三厅厅长的职务时，听说了政治部的有关人员安排，这使他的思想再度出现波动。当时，国民党安排贺衷寒为第一厅厅长；康泽为第二厅厅长；刘建群为第三厅副厅长。这几个人都是复兴社的干将，郭沫若不愿与他们共事。特别是参加了陈诚的一次谈话会后，使郭沫若下定决心，远避长沙，坚决不做第三厅厅长。

那一天，陈诚本来是以请客吃饭为名邀请郭沫若去他那里的。到了那里，郭沫若才知道是召开第一次部务会议。他看到刘建群坐在那里，却没有请周恩来参加，心中已经不快，又接到一个以"一个主义、一个政府、一个领袖"为核心内容的《政治部组织大纲》就更恼火了。"我还没有充当第三厅厅长的资格。"他毫不客气地说，以朋友的资格讲话，"希望大家认清楚这项工作的困难，改变一下门禁的森严。假使门关得太严，不仅外面的人才不能进去，连里面的人也都要从窗口跳出去了。任何人来做厅长都可以，但首先总要把这些原则弄好，不然，谁也不能保证工作会有成效。"

会后，他未当面向周恩来请示，也未向友人告别，便收拾好行李去了火车站。没有想到，在火车站见到了闻讯赶来为他送行的同志。他们带来了周恩来亲笔写的一张便条，里面毫无责备之言，而是劝他“去长沙休息一下也好，但不要跑太远了”。

这样，能否动员郭沫若出任第三厅厅长成为筹组第三厅的关键。为此，周恩来多次找陈诚交谈，为郭沫若重回武汉排除困难。另一方面，他又派人赴长沙当面开导郭沫若，要他认清第三厅工作的重要性。

周恩来认为蒋介石表面支持第三厅，实际上是“给职不给权”，他不征求任何人的意见，安插刘建群到第三厅实际是想控制第三厅，因此，要针锋相对，我们一定要抓住第三厅不放。周恩来对后来任第三厅主任秘书的中共党员阳翰笙说：“对于第三厅的作用，要有足够的估计，第三厅是个权力机构，作用是很大的。老百姓要求改革政府组织，政权公开，国民党就是不让，我们如果有一个权力机构，哪怕是很小的机构，就都可以利用它做很多事情。我们拿着第三厅这个招牌，可以用政府的名义，名正言顺地进行宣传。”所以一定要说服郭沫若做些准备。

这时，蒋介石再三请周恩来出任政治部副部长。2月17日，周恩来致信郭沫若：“我已在原则上决定干，唯需将政治工作纲领起草好呈蒋批定后，始能就职，否则统一思想、言论、行动诸多解释，殊为不便。”希望郭沫若“也能采此立场”。他还写道：“我在这两天将各事运用好后，再请你来就职，免使你来此重蹈难境。”字里行间充满了关切之情。

不久，听说刘建群因桃色事件离开武汉后，周恩来又立即致信郭沫若，说明同陈诚谈话中得知第三厅副厅长人选问题已出现转机，认为他可以回武汉任职，但嘱咐：“速将宣传纲领起草好，以便以此作第三厅工作方针。”

3月1日，郭沫若终于回到武汉，同陈诚达成就职的三项条件。

郭沫若回来，使筹组第三厅的工作更加顺利了。周恩来常常和他及其他有关同志开会到深夜。在讨论中，大家对一些问题逐渐统一了认识。例如，对第三厅的性质认为不能由共产党包办代替，必须建成以共产党员为核心的动员各民主党派、人民团体和民主人士来参加的抗日民族统一战线的机构。对第三厅党组织的活动，周恩来作了重要指示，他指出：在国民党的军事机关中，党组织的活动方式也要适应这个特殊的环境。对第三厅的宣传方针，周恩来指出，既然与国民党有矛盾，那么他宣传他们的那一套，我们宣传我们的十大纲领，对国民党的那一套，我们是“不管不理不睬”。周恩来对第三厅下属各处科的工作也做了周密的安排。

1938年春，周恩来和郭沫若（左三）、叶剑英（左四）、彭德怀在火车站合影

经过一个月的紧张工作，第三厅终于在4月1日正式成立了。它包括郭沫若、阳翰笙、田汉、胡愈之、杜国庠、张志让、洪深、董维建、冯乃超等众多知名人士，被称为“名流内阁”。

此后，第三厅在周恩来的领导下，投入到武汉抗日的洪流中，发挥了宣传、组织、发动群众的重大作用。

团结一切可以团结的力量

武汉作为战时首都的地位磁石般吸引了成千上万的爱国同胞，文艺界的许多朋友也辗转流离来到武汉。周恩来很重视这批人，他认为应该把他们组织起来，形成一股力量投入到抗战的事业中来，但是，由于第三厅机构有限，不可能将这些人全部容纳进去。因此，在我们党的同志倡议下发起组织了中华全国文艺界抗敌协会，使文艺界更多的朋友紧密地团结起来。

1938 年 2 月，周恩来拜访了冯玉祥将军，在谈话中与冯商量筹建中华全国文艺界抗敌协会之事，请冯给予支持。同时，建议由当时在冯处帮助工作的老舍出面主持文协工作。这一安排是独具匠心的：第一，冯玉祥身为国民政府军事委员会副委员长，虽无实权，但可成为军警、特务捣乱的障碍；第二，老舍是 1937 年 11 月别妻离子，从济南只身流亡到武汉的，战争赋予他的痛苦化成了对敌人的仇恨。他曾毅然宣称："我不是国民党，也不是共产党，谁真正抗战，我就跟谁走，我就是一个抗战派。"这样的人，党的左翼文艺队伍信得过他，国民党反动派也无法给他戴什么红帽子。他不仅可以团结各种文艺力量，党也可以通过他实现对文协的领导。

文协成立后，周恩来被推选为文协名誉理事，他常常抽时间到文协与大家见面谈心，总是"满面笑容，使人感到温暖，也从中汲取奋斗的力量"。

1938 年 5 月中旬，文协召开第二次理事会，周恩来应邀参加。对这次会议，老舍先生在以后作的会务报告中有这样一段精彩的描述：

> 轮到周恩来先生说话了，他非常高兴能与这么些文人坐在一处吃饭，不，不只是为吃饭而高兴，而是为大家能够这么亲密、这么协力同心地在一块儿工作。他说，必须设法给文协弄些款子，使大家能多写些文章，使会务有更大发展。最后（他眼中含着泪）他说他要失陪了，因为老父亲今晚 10 时到汉口！（大家鼓掌）暴敌使我们受了损失，遭了不幸，暴敌也使我的老父亲被迫南来，生死离合，全出于暴敌的侵略，生死离合，都增强了我们的团结！

周恩来的情绪感染了到会的每一个人。周恩来这样亲近他们，团结他们，反映了他对这支队伍的信任态度。

自古以来，"文人相轻"。然而，文协却将这些不同性格、不同爱好的文化人紧紧团结起来了。多少相识与不相识的人都成了朋友，共同讨论抗战文艺问题，提出"文章入伍，文章下乡"的口号，将个人的事业与民众、与抗战联系起来，这种变化中浸透了周恩来的心血。

第三厅、文协组建后，开展了多种组织民众、宣传民众的活动，留在人们记忆中最深的印象是抗战一周年纪念活动。人们不会忘怀纪念活动中“七七献金”的壮观场面。

1938年5月，徐州失守以后，日寇向南推进，直逼武汉，国民党政府在保卫大武汉的口号下，决定组织抗战周年纪念活动，以鼓舞民心士气。在这种情况下，我党只有积极行动起来，因势利导，才能将这次活动纳入我们党全面抗战的路线上来。第三厅接受了筹备任务，由周恩来、郭沫若拟定纪念计划。计划决定组织献金活动，调动全体民众的力量，支援前线。对于这次活动，陈诚最初是表示怀疑的，在他看来，有钱者不会献，无钱者献不起。然而，事情的结果却获得了最大的成功。献金活动原准备搞3天，而实际延长至5天。5天中天天有人献，时时有人献。在川流不息的献金人群中，有老人，有青年，有娃娃；有穿长衫的，有着短衣的，还有衣不蔽体的乞丐。

献金的第三天清晨，大雨倾盆，然而阻止不住献金民众救国的热烈情绪。特别是到了下午，中国共产党献金代表团出现在江汉关献金台时，把献金活动推向了高潮。周恩来将他在政治部所得的一月薪金240元亲自交给献金台管理员，围观的人群中爆发出热烈的掌声。

据统计，仅武汉地区的献金者就达50万人以上，献金总数超过100万元。这100万元中，有很多是靠贫穷的爱国者一分一分、一角一角的血汗钱凑起来的。曾经有一位在献金台服务的工作人员说，面对着献金洪潮，我“有时兴奋得发狂，有时感动得流泪”。许多人认为，这次献金活动是对中国兴亡的测验。实际上，也是对以周恩来为首的在武汉的中国共产党人工作的测验。测验结果表明，中国共产党的抗战救国主张是深得人心的，全民族正在觉醒，中国不会亡，抗战一定能够取得最后胜利。

为了把宣传工作推向前线，推向敌后，推向全国去，周恩来在第三厅成立后就考虑过要组建演剧队和宣传队。当时，恰逢上海地下党领导建立的12个上海救亡演剧队和孩子剧团，以及各地的救亡民众团体，陆续撤到武汉。这些民间组织，不仅经费困难，而且政治上毫无保证，经常受到国民党顽固分子的迫害。周恩来决定由第三厅出面收编这些民众团体，以推动全国抗日宣传工作的深入开展。在他亲自交涉下，国民党答应了这个要求。

1938年1月底，周恩来参加武汉八路军办事处组织的欢迎孩子剧团的庆祝会，满怀深情对孩子们说：“斯大林说过，青年和儿童是我们的未来、我们的希望。

我想补充说，儿童是社会力量的一部分，是抗日战争中的一支小生力军。眼前的事实，你们的行动，都证明了这一点。你们要一手打倒日本帝国主义，一手创造新中国。我送你们救国、革命、创造三种精神。”父亲般的慈爱，谆谆的教诲，在孩子们幼小的心灵中埋下了爱与恨的种子。

1938 年 8 月，抗敌演剧队和宣传队在第三厅驻地昙华林正式成立。周恩来在会上作了形势与任务的报告，要他们坚持艺术为抗战服务的方向，在宣传方法和形式上适合民众的口味。他说，要入乡随俗，老百姓才会喜闻乐见，才能收到预期的效果。要既是演剧队、宣传队，又是战斗队。他为演剧队的艺术实践指明了努力的方向。

周恩来还亲自领导和派遣演剧队到战区去，指示演剧队的地下党组织，要随军行动，深入前线，向战地军民宣传党的主张，占领文化宣传阵地；同时要求他们坚持原则立场，开展统战工作，利用合法身份，争取自主条件，进行坚持抗战到底、反对妥协投降的宣传。

武汉撤退前，周恩来对演剧队作了妥善安排。他把演剧队的党组织关系交给各地八路军办事处负责同志，请他们指定专人和各队的党组织保持联系，使演剧队始终在我们党的领导与关怀下活跃在各个战区和敌后。这批同志后来大多成为新中国文艺事业的骨干力量。

武汉时期，在抗日战争的洪流中只是短暂的一程。以中共代表团首席代表和国民政府军事委员会政治部副部长双重身份开展统一战线与宣传工作，在周恩来的革命活动中也只是一个侧面。然而，透过武汉这个窗口，通过周恩来领导下开展得轰轰烈烈的活动，使各党各派、全国人民以及国际友好人士了解了共产党全面抗战的主张，目睹了国共合作的友好气氛，坚定了抗战必胜的信心。从这个意义上来讲，抗战初期，周恩来和在武汉的许多中国共产党人的革命活动，可以说是为国统区党的工作打下了重要的基础。

25 延河坠马终身残臂

延河坠马，终使右臂残疾，其中真相周恩来生前连邓颖超都未曾吐露。历史之谜沉寂了 38 年之后才真相大白：原来此事与江青有关。

在大多数人的眼里，周恩来的右臂总是弯曲地端在身前，以为这是这位伟人的一种特有的风度和习惯。殊不知，这是一个无奈的、痛苦的习惯。这无奈、这痛苦，由于牵涉到曾一度是特殊人物的江青，在很长一个时期里一直是个讳言的谜，知其内幕的人屈指可数，就连邓颖超也是在周恩来逝世后才知道事情的真相。自 1945 年至 1968 年一直跟随在周恩来身边担任警卫工作的成元功经过大量的调查和核实，撰文披露了周恩来右臂致残的前后经过及为何被隐讳的原因。下面是该文的摘录。

无端之祸

1939 年 7 月 10 日这天下午，革命圣地延安城烈日当空。中央党校忽然像山洪暴发般地传出消息：周副主席在骑马过河来党校的路上受伤了！人们听到这个消息，不由抽紧了心，神秘地互相悄悄地传告着。大家的心都揪着。他们谁都想了解究竟是怎么回事，但谁都说不清楚。于是纷纷猜测，私下议论：

——遭到了特务、汉奸的刺击？

——骑的是一匹犟马？

——我们党和红军的领导人，从来还没出过这么大事故。枪林弹雨都闯过来了……

中央党校高级班（在这个班学习的都是团级以上的干部）的学员更是后悔不迭。有的说今天不该请周副主席来作报告；有的说既然山洪下来了，汽车过不来，就改个日子算了，何必骑马来，畜牲这东西最容易出事；有的说得用马鞭子狠狠地把那匹马抽一顿，好好教训教

1939年8月，周恩来去苏联治疗因坠马骨折的右臂前，在延安与刘少奇合影

训它；也有的说干脆把那匹马宰掉，免得以后再出事……

中央党校学员们有个传统的老习惯，就是每隔一个时期，或每逢遇到一些难以解决的问题，便提出请中央领导人或直接点名请某位领导人到校，给他们作报告或解答。

当时正是抗日战争的第三年，以蒋介石为首的国民党顽固派公然搞起投日反共活动，在秘密颁发了几个内部文件之后，又公然制造了多起反共惨案。抗日征途，风雨如晦。面对当前迷惘的局势，党校高级班的学员提出请毛主席去给他们作报告，指点迷津。不料这天毛主席赶上有事去不了，便请周副主席代他去讲，说："对于这些事情，你讲得比我好。"周副主席是刚从大后方回来的。党校高级班的学员一听周副主席要给他们作报告，良机难逢，一个个翘首以望。谁知盼来的周副主席，此时却因右臂骨折躺在党校大门口的会客室里。他们自然后悔不迭，心乱如麻，恨不能以自己的伤痛来代替周副主席的伤痛。

周副主席是这年6月中旬，从抗战时期的国民党政府的陪都重庆乘汽车出发，盘山绕水，晓行夜宿，赶回延安来参加中央政治局会议的。回来后住在延安杨家岭毛主席院旁的窑洞里。这次中央政治局会议原定4月间召开，因那时候他代表中央正在皖南新四军军部等地研究新四军的军事战略方针问题，敦促新四军的领导项英贯彻中央向敌后发展的指示，未能归来，所以推迟到现在。

周副主席躺在党校，毛主席还不知道。最着急的是陪周恩来到党校去的王来音和蒋泽民。

王来音是毛主席警卫班的警卫员，他的专职是负责料理毛主席的生活和管理毛主席居住的两孔窑洞。毛主席对这个18岁的陇东娃娃很满意，这次周副主席回到延安，身边只带了刘久洲一个副官，这时又放了他的假，没有住在这里。毛主席见周副主席生活没人照料，便对王来音说："你认识周副主席吗？"

周副主席，过去王来音从未见过。这次他回来就住在毛主席院旁的窑洞里，他从大后方回来穿得洋气些，先一天他到毛主席这里来时，王来音又给他递过茶水，自然认得，便认真作了回答。

毛主席向王来音交代："周副主席从重庆回来开会没人照料，派你去招呼他的生活，缺什么东西你就去领，一定要照顾好。我这里的事从今天起你就不用管了，等周副主席回重庆之后你再回这里来。你的工作，警卫班会派人来顶替。”

就这样，王来音来到了周副主席身旁。

10日那天下午，他通知汽车司机送周副主席去党校。司机说延河正在发大水过不去。中央党校在延河的对岸，从杨家岭去中央党校必须通过延河。那时河上没有桥，车辆行人都是涉水而过。毛主席听说河里涨水，就叫王来音去探水势，看汽车能不能开过去。王来音赶到河边一看，浑浊的山洪滚滚而下，河中央平时裸露着的几块大石头，都已淹没在水下了，汽车根本过不去。骑马倒可以涉过。毛主席就叫王来音把他的大青马牵给周副主席。

这匹大青马曾经跟毛主席进行过长征，稳当可靠，爬山涉水又是老资格，有经验，所以毛主席叫王来音把这匹马牵给周副主席骑坐，同时又派他的警卫参谋蒋泽民随行。

在我们访问时，王来音讲述到这里，说：“那时候警卫工作简单，毛主席派蒋参谋去就是加强警卫，不像现在有这么多警察，还有开道汽车呜呜叫，措施严密。”

当时一同去的，还有一个地位特殊的人物，这便是毛主席的爱人（爱人是那时解放区对妻子独有的称谓）江青。这时她正在马列学院学习，听说周副主席要去党校高级班作大报告，就要求去听。毛主席对她说：“你条件不够（高级干部）嘛。”不同意她去，但她还是跟着去了，她骑的是警卫员的马。

王来音牵着周副主席的马，涉过齐腰深的洪水，上了岸，正在河滩上穿衣服和鞋的时候，江青忽然心血来潮，打马急奔，向着山坡小路跑去。

大青马和江青骑的马原本是一对，江青的马一跑，大青马也跟着跑去。跑着跑着，突然从附近农户窜出一条狗。这只未见过世面的狗，一见江青的马，便吠叫着扑了过去。江青见状惊慌失措，拔马就逃。田埂小路又窄又弯，哪里容得下两匹马？她的马一下撞到周副主席的大青马上，周副主席连人带马一晃，一头从马背摔下来，摔了个臂折肉伤!

周副主席受伤，自然应向毛主席报告。这是王、蒋两人分内之事。但他们却十分为难，因为江青这个地位特殊的人物夹在中间，要报不敢，不报又不成。还是按原则办事，由王来音骑马回杨家岭如实报告了毛主席。毛主席听后很着急，在院子里转来转去，一面叫他的秘书叶子龙和他一同去党校看望料理，一面对江青发火："你出什么风头!你耽误了多少大事……"江青理亏，远远地躲开，以后好长时间都不敢回杨家岭见毛主席。

周副主席受伤的消息很快传遍了延安城。

各部门的领导人和周副主席的老战友，一个个先后亲自赶来登门看望。周副主席虽然伤痛得厉害，但还是强忍着一个一个接待他们，对他们说，是他骑马去党校，过河以后马一失蹄跌倒在一个大坑里面，摔下来，右胳膊肘杵到了地上。医生已经治了，不要紧的，很快会好的，请放心吧！他们虽然相信周副主席的话，甚至有人说那条路上确实有日本飞机扔炸弹时留下的坑，但是仍搬不掉压在他们心头的那块沉重的大石头。他们严肃地要求中央教导大队（即中央警卫团），认真吸取教训。据王来音回忆说："随后，中央教导大队领导向我们下了指示，从今以后，首长骑马不论走路过河，警卫员必须牵马走！"

我在中央机关担负警卫工作40余年，在回顾历史经验教训的时候，常听到说是警卫员偶尔马虎，马肚带羁松了，造成了周总理滚鞍落马或是马跑到大坑里周总理被摔下来的事故，却不知道事故发生的真实情况，而知道真实情况的同志，却又消融在自己的肚囊里，不肯也不敢于说出这次事故的真相。

无奈之残

对周副主席的伤情，中央非常关心，马上向八路军卫生部副部长王斌作了具体交代。

我们访问王斌老人时，他悔恨地说："那时我们自己没有一位专家，拐峁医院（八路军总医院驻在延安拐峁村）连一架好的X光仪器也没有。到了8月中旬，才知道总理的右臂已造成固定的向肩的方向弯曲而不能伸展了，也不能用来工作和生活了。这时X光片显示的是，右肘右肱骨下端成丫形骨冠状突顶在鹰嘴窝内发生粉碎性骨折，断骨已形成错位愈合。”

自跌伤之后，他从未卧床休息过一天。虽然有医生的督劝，来探视的同志的恳切要求，邓颖超同志勤相关照，但是，他说他胳膊伤了头脑毫无损伤，中央开会他照常参加，文电他照常处理。他要求中央组织部给他派人记录文稿，因为写文稿这件事，并不是可以用左手去写的。

那时派去给他作记录的是陈舜瑶，这位现在已年逾古稀的老大姐回忆说：

1939年我在延安马列学院第二支部学习，和江青是一个支部（中央党校和马列学院学习组织单位都是支部——作者注）。刚要毕业，中央组织部给马列学院写了个条子（当时单位之间的往来文书多系由负责人写的具名便信，故称“条子”——作者注），找我去谈话，说周副主席受了伤，手不能写字，周副主席口述的话你要记下来，材料要保密——女同志接触的人不多，保密条件好。到杨家岭后，周总理问了我的简历，给了我一个笔记本，说试试看。先记的是“八·一报告提纲”。总理很不习惯地说一句等着别人记一句。他回别人的书信总是一口气说完，我写出来。有时他指出口气不对，就说一句，让我写一句。总理的手不能写字。他伤得非常重，医生差不多天天来给他看病、换药。现在有的回忆材料里说，总理当时用左手写了一本厚厚的文件提纲，那是不可能的。总理口述过许多文件，章句明确，甲、乙、丙、丁层次清楚，好记录，我在的那一段时间，都是超工作量地工作，没有散步、活动。

来找他谈问题的人不少。那时他是我党驻重庆代表团的负责人，中央统一战线工作部部长，又是中共南方局书记，特别是想了解当时大后方情况的人，都来找他。

谈到这里，我们不禁提问：江青待你怎样？陈舜瑶说：“那时她还邀我到她的窑洞去坐（在毛主席的窑旁）。窑很小，布置也很简单，墙上挂着毛主席手写的杜牧的诗。我记得是，‘江东子弟多才俊，卷土重来未可知’。”

说到这里，陈大姐笑了：“‘文革’中她果然卷土重来了，不幸言中。但幸而她没有想到我，否则我就不得了啦。其实我也是1977年才知道是江青撞的，当时我只知道周总理是从马上跌下来的，江青没有跟我说是她的责任。别人自然不会透露给我的，那时人们保密观念最强。”

陈大姐向我们讲了当时病中的周副主席工作精神之后，接着又叙述起周副主席抗日战争时期在重庆繁忙紧张的情况，再接下去就是感叹他在新中国成立后20多年中的重任。这不由得使我想起印度医生柯棣华在当时的日记里所写的情深动人的话：“当我看见他的时候，我们都惊呆了。你猜他在干什么？他正伏在桌上用左手练习写字。骨断之后是很痛的，他的脸上都是汗。当我们给他脱下衣服检查时，看到他的内衣都湿透了。想想看，他是用多么坚强的毅力在坚持工作啊！我们正心疼地责备他不应该这样不爱惜自己的身体，可你知道他说什么吗？他说，‘一个人只要还活着，就应该为党工作’。在八路军里我常常听到同志们说这句话。可是在当时，我却忍不住地掉泪了。”

因医治无效，党中央决定让周副主席去莫斯科医治。

8月27日，许多同志聚集在延安东门外的机场上，为周副主席送行。他们把希望寄托在莫斯科，希望周副主席回来再见的时候，能看到他伸出一只挥洒如初的右臂。战友们知道他不能缺少一只健全的右臂。他需要正常的工作和生活！

飞机场的尘埃被螺旋桨扇卷起来，遮天蔽日，飞沙迷眼，尘土扑面。等到送行的人们听不到马达声在山谷中轰鸣的时候，那飞机（当时人们称它为铁鸟）已经是远远的好高好高的一个黑点了。当时延安飞机场是土跑道，根本看不见飞机是怎样起飞的。送行的人群在尘雾里高高地向着马达声响的方向不停地挥手！这是一架国民党军队派来的飞机。因为按照苏联援助中国抗战的协议，苏联飞机只能在兰州而不能在延安降落。

飞机腾空而去。在兰州换乘苏联政府专程派来的飞机，经新疆到达莫斯科已是9月中旬了。住进克里姆林宫医院，邓大姐被招待在别的地方住下。

苏联政府派了七八名专家给周副主席会诊和治疗。当他们了解到延安的治疗方案和造成的后果之后，一个个摇着头，把肩一耸两臂一摊。他们无法想象延安的医疗条件落后到什么程度。他们没有说一句责备的话，只是对医疗方法失当给病人带来的不应有的痛苦感到遗憾。会诊之后，他们认为周副主席的病情并不复杂，凭他们的医术完全可以使这位中国党的领导人恢复健康。于是向周副主席提出了两个方案：第一个方案，就是重新接骨，但要动两次手术，花费时间要长一些，这个方案即使万一不能恢复原来的状态，但效果肯定是好的；第二个方案，就是强力拉展已经愈合的肌肉，但最后手臂只能伸展 40 度到 60 度，效果不会很理想，苏联医生希望采用第一方案。他们有自己的自信和自尊。他们不愿意看到病人弯曲着手臂走出他们的医院。然而周副主席经过考虑，决定采用第二方案，他说："我现在不可能长期在国外治病，国内的事情很多。"作为病人没有不愿意恢复正常的，但是，国内形势日趋严峻，日本帝国主义已宣称不再以蒋介石为主要对手，而用主要力量进攻我党抗日根据地；以蒋介石为首的国民党顽固派，又已实施军事反共，血案迭起。抗战前途和民族命运堪忧。我们党随时都要准备应付突然爆发的事变。他虽然身在莫斯科，但知道自己肩负的重担在急剧地加码！他衷心地感谢苏联医生，但考虑到同志们都在盼着他，国内的工作在等着他，他毅然决然地说："别的就无须考虑了，只要能够用它进行工作和生活，我就满意了。"

强力拉伸是很痛的，多次强力拉伸受的罪就更大了。

当时师哲在克里姆林宫医院为周总理担任翻译，每天陪伴着他。师哲老人对我们介绍治疗情况时说："疼呵，是人承受不了的疼呵。我从来没有见过能比上总理那样坚强的人啊，他得忍住，也有时受不了那么大的罪啊。总理在治疗的时候都不让邓大姐在跟前，她若瞧着是受不了的啊。总理在大姐面前从来不讲那么疼的。"

在师哲老人谈到这段情况的时候，我们问老人："是不是应该说这弯曲的残疾是总理自愿留下的？"老人肯定地点点头："是这样的。那是因为他想赶快回国。"

经过多次强力拉展，时间不长周副主席的右臂基本上能做伸屈活动了。他高兴地向人们说："取得这样效果我是很满意的，我又能照常工作和生活了！"

他能开始用右手写字了，治疗后期，他竟写了长达110多页的《中国问题备忘录》，送交共产国际领导人，并且作了口头报告，使他们了解中国情况和中国共产党的策略。他多么希望"英特纳雄耐尔"在中国实现啊！

1940年2月，医生同意周副主席回国了，苏联政府派了一架专机送他和任弼时同志一行到兰州。到达兰州后，周副主席向当时国民党战区的司令长官朱绍良借了一辆中型轿车，乘人载物。凭着朱绍良的旗号，一路关卡无阻，经西安，于3月26日安全返回延安。

此时，由蒋介石发动的以军事行动为主的全国性反共高潮刚被压下去，抗战形势大有好转，但是陕甘宁边区的23个县被占去了3个。这23个县本是蒋介石在1936年西安事变时亲口允诺的。当时我们有的同志就指出："此人历来说话不算数，要他签字！"周副主席说："既然他说的话可以不算数，那他签的字也同样可以不算数。"周副主席可以说是最了解蒋介石的为人了。

周副主席还没回到延安，消息早已传开，这天中午人们远远瞧见在公路上空尘土高卷处几辆汽车向杨家岭驶去，就断定是他回来了。一定是健康地回来了。杨家岭的人都不自主地不时地向大门外河滩上瞧一瞧，当他们听见汽车加大油门冲上杨家岭山坡的声音时，都到路边招手相迎了。前来慰问辛苦的人在欣喜之中才知道那只右臂是永久性地残废了，只能伸屈到60度就再也不能伸直了。同志们在失望在埋怨，失望莫斯科的医生并不高明，埋怨莫斯科医生没有治好周副主席的手臂，他们并不知道这不是医生的过错，而是病人坚持自愿留下的，而且目前病人对自我评价是很满意的。周副主席的伤不仅在延安的同志们十分关心，就连远在敌后的同志们也很关心，毛主席看到这已经半残的右臂后发电报给太行山彭德怀，半喜半忧地告诉他："周恩来伤已半愈，已能写字、吃饭。"可见毛主席对于治疗的结果是不满意的，他只承认是"半愈"。

当晚，杨家岭农家谷场上挂着通亮的汽灯，燃着几盆火红的炭火，工作人员扛着板凳冒着寒冷到这里开会，党中央热烈欢迎周副主席伤愈归来和任弼时同志自莫斯科归来。那时候延安还没有建筑礼堂，也没有较大的房子，不论开会还是作大报告，都是在场院里或是树荫下。寒夜里毛主席和许多领导人都早已来到，讲了许多话。

周副主席在晚会上为了答谢同志们的关怀，为了表示那右臂仍具有正常的功能，能够照常地工作和生活，使担心的人们放心，他将他这次从莫斯科带回来的电影放映机架在桌上，自任放映员为大家放映一场电影。这电影机的发电机是手摇发电，放映机是手摇转动，他用右臂摇动放映机一直把《大战张鼓峰》（苏联纪录片，该片记录了苏联红军1939年在远东击败日军的战绩）放完。周副主席用行动来证实他那右臂并不残！

无言之苦

那么，在周恩来的后半生里，这只残臂有没有给他带来痛苦呢？回答是肯定的。伤残确实在折磨着他，确实给他在工作和生活上带来了许多不便，有难言之苦。

有两件小而又小的事，可以说明。

有一次盛饭，有几颗饭粒粘到了他右手小指的下侧。他想用舌尖舔到嘴里，但是，他的手背不能像正常人手背那样，可以翻过来伸着脖子去舔，只好放下饭碗用左手去扳着舔。还有件事就是剪脚指甲。周总理认为让工作人员为他剪脚指甲是不礼貌的，每次洗完脚都是自己剪，但伤残的手臂给他造成莫大的困难：勾着腰，盘着腿，扳着脚，将要剪上却又滑脱。他时常因此累得满身是汗。

再就是握手。他大约是世界领导人中握手最多的人之一，每次握手，都被满握而摇臂。有一次他和人握过手之后回到办公桌上，肌肉萎缩的小肘使他批文件时写的字都变形了。

摄影师在抓拍人物时，常常是抓住要抓拍人物的风姿，一按照相机的快门，咔嚓一声即可完成。他们在抓拍周总理的形象时，总在他双臂交合在身前之际，这是他们认为的最好时机。这是他们的角度。我们当警卫员的却不同了，我们这时所看到的不是摄影师们认为的风

周恩来手术后锻炼臂力

姿，而是他下意识地用左手去抚摩他的伤疤之处。

我们工作人员还因另一件事为他抱憾，就是他一生未能学会游泳。他不是不能学，而是那只右臂妨碍了他，使他难以学会，说明现实生活并不像他说过的“能够用它进行工作和生活我就满意了”那么简单。

1960年初秋，毛主席、周总理、刘少奇等中央领导同志在广州议事，暇时到越秀山上的游泳池去游泳。毛主席是行家，很能游。总理和少奇不会，两人每人捧着一块轻质木板学，少奇学会了，总理没学会，但由此引起了他学游泳的劲头。

1961年夏天，中央到北戴河办公。他住在三十四号楼。这楼原是一个旧官僚的松林别墅，出院门就是海上的第三浴场，北戴河的河水吸引着每一个人。中央领导人几乎个个都会游泳。他看着眼热，一天他向我说："我要学会游泳。"又说："你们都不会教，就请位会教的同志来教我。"看来他是决心要学，我们也将为他能够学会游泳增添体力而高兴。

在北京的国家体委的荣高棠，不仅是个热心肠，而且是个办事不挠头的人，接到我们的电话，立刻把少年游泳班的女教练黄莲华找了去，交代说："小黄，你马上收拾一下到北戴河去，有重要任务，车站有人接你。去干什么，不要问。"阔别 27 年之后，我们来到黄莲华的住处。她和女儿出来接我们。小黄格外高兴。一开头就意味深长地说："当年我去北戴河以后，教周总理、刘主席、朱委员长、陈云同志游泳，我那时的年龄就是我女儿今年的年龄——25 岁。"

她说：总理没学会。她用右臂模仿起总理学游泳时的艰难动作，她知道我们会会意的。

那天她赶到第三浴场，总理早已经到了。这是自 1954 年夏天中央搬到北戴河办公之后总理第一次下海。周总理对她说："小黄，你这个教练知道我吗，我这个学生不好教啊。"显然，他对学游泳是有信心的。但还是说："你看我能学会吗？"

小黄说："一定能！总理你先掌握仰泳，会了，别的姿势跟着就掌握了。"

周总理在水中试着仰浮，不一会儿就能浮起来了。这是他生平第一次克服自身的重量浮在水面上，又新奇又高兴。他说："看样子有希望！谢谢小黄。"他瞅了瞅浴场休息室的大挂钟，走上岸，高兴地对小黄说："下回再来教啊。"邓大姐也从沙滩上来看，高兴地对小黄说："你要帮总理学会啊。"周总理很有信心地接过话去："我是能学会的。"

小黄一边回忆当年的情景，一边寻找她和总理、刘主席等人合拍的纪念照。她说："接着几天就是练习仰泳前进，他用双臂拨水，常常拨到脸上，又出现了原地转圈的问题，我很着急，没有想到他的右臂是弯曲的（她从未训练过残臂运动员）。总理心里明白，他说，'你们用两只手划，而我的右手只能把水拨到自己身上'。"

小黄教他有意识地让左臂迁就右臂，后来果然成功了。但几天之后，周总理意识到老用左臂迁就右臂很困难，就向小黄说：“我是游不到头啦（意思是说他不能单独游到200米远的设防鲨网的地方），还得几个人陪着我，从明天起不学了。”在场的人无不引以为憾。过两天周总理要回北京了，小黄说：“回北京后我去中南海再教你，能会。”周总理欣然答应了。

回到北京，小黄每天带着希望去中南海游泳池，一边等周总理，一边教别人。但是因为工作太忙，他没有来，他从来也没有来这里游过泳，只是毛主席在这里游泳时，他到这里来谈过工作。

随后，天气转凉了，小黄——这位怀着报效祖国赤子之心的印尼归侨，当时中国国家女子游泳队的骨干，终于没有教会周总理游泳，荣高棠交给她的“重要任务”终于没有完成。

过后几年，周总理夏天到北戴河办公，也会到海边坐坐，只是再没有下过海。

无谱之歌

对周总理当时及以后均未将受伤的真实原因告诉邓大姐，是我根本没有预料到的，而且一直是想不通的。难道他不应该告诉邓大姐吗？难道邓大姐会去责备江青吗？怎么到1977年她还不知道？

1977年我听到传闻周总理的右臂伤残是被“四人帮”头面人物江青害的以后，就去找了王来音，得到王来音的证实，便急忙去中南海西花厅面报邓大姐，说我找到了见证人。当时我以为邓大姐早就知道周总理受伤的真情呢，谁知她根本不清楚。她像日常听取别人讲话一样，默默地倾心地听着。等我谈完当年总理摔断右臂的前后经过时，她才若有所悟地说道：“噢，怪不得那年我从重庆回到延安后，江青来向我说，她经常去看望恩来，她难过得都哭了。我想，她怎么要哭呢？今天你这么一说，我才知道同她有点关系。恩来从没有给我讲过。”

邓大姐回忆将近38年前的往事仍记忆犹新：“那年恩来从重庆回延安开中央政治局会议，我留在重庆工作。他走后一个多月，我才在7月底或8月初收到一个条子，一看是恩来写的，说，因骑马不慎摔伤右臂，很快就会好的，请放心。好像是左手写的。这条子是遇到当时有人从延安来，就托他带来的。那时条子在路上要经过好多天。我远在重庆，也没过问此事。”

邓大姐接着说：“大约又过了两个星期，我收到中央给我的电报，说恩来的臂伤急需去苏联治疗。这时我才感到他伤势一定很重，就发电请示中央，要求同去苏联，以便照顾。中央立即复电同意。我乘汽车回延安。路上走了六天。恩来每天仍忙于工作，不顾治病和休息。许多同志都为他的伤势严重而焦急，要我好生劝他。”

我这次去见邓大姐的时候，总理去世已经一年多了。大姐的语调稳缓而坚定，情真而意深。从大姐那里，我脑子里存在的那些问题，似乎得到深刻的答案，又似乎没有得到答案。我想，这大概便是被世人景仰的“模范夫妻”的周恩来与邓颖超之间，一幕既同心相结而又各自隔膜的情理兼容的佳作。

周恩来到底有没有向别人讲过这次事故的真情？据我们调查所知，他讲过！他在苏联就医时曾向任弼时讲过，还向师哲讲过。他向任弼时讲，是因为他要任弼时给延安发电报，请当时党的总书记张闻天妥善处理江青的事，以免发生不愉快的事态。由此我们可以推断，当时他曾要求毛主席不要责备江青。张闻天接电后亲自安排江青随同马列学院学生去农村考察去了。而他向师哲讲，则完全是因伤痛所致。据师哲老人回忆，周总理当年在莫斯科治疗，苏联医生对他已经愈合的右臂采用强力拉展手术，周总理疼痛难忍。师哲说：“总理大声地喊叫，疼啊，疼啊！……”他这才说：“是江青骑马把我从马上撞下来摔断的。”师哲老人是1925年去苏联的，从未回过国，当时还不认识江青是谁。

当我们告诉师哲老人，周总理从未向他人讲过他受伤的真情，就连邓大姐也未知的时候，师哲感叹地说：“总理是位了不起的领导人，1928年我党六大在莫斯科召开时，我对他就有突出的印象。这回他到莫斯科，我们党驻共产国际的代表任弼时同志，叫我到他的房间里去。我一进门就认出了在座的客人是周总理。我被派担任翻译（我是弼时同志的秘书），天天陪住在医院里。总理是个最坚强的人，治疗中受的罪太大了，一般人是承受不了的。他经常忙于工作，特别是后期，他向我说，‘我每天都处在精神兴奋之中，我要工作，我有很多工作要做！’”

至于周总理当时的伤势究竟如何，除了此文前边所叙述的以外，我们在历史档案里还发现了一帧照片，那是当时正在延安马列学院作《论共产党修养》长篇报告的刘少奇去看望他时，由一位今已不知名的人留下的珍贵镜头。读者看了这帧照片，自然会明白当时周总理的伤势确实严重。

几十年来，伤残的右臂不仅在折磨着周恩来总理，同时也在塑造着周恩来。

谁能说，那只伤残的右臂不恰恰使周总理的风度更加生辉了呢？

成元功后来担任过周恩来的卫士长，他的这份详细记述，为我们了解周恩来右臂伤残的真相，留下了一份珍贵的资料。

八、龙潭虎穴显胆识

26　为新四军呕心沥血

新四军多灾多难，周恩来呕心沥血。参与组建新四军，推举叶挺为军长；皖南之行，调解项英、叶挺之间的矛盾，周恩来与新四军有不解之缘。

参与组建新四军

周恩来与新四军有不解之缘。这不仅是因为新四军的广大指战员是长期坚持在南方各地进行过艰苦游击战争的红军将士，这些将士中相当一部分在江西苏区时曾经在他领导下参加过反“围剿”的残酷斗争；还因为新四军的主要领导人叶挺与他共同参加过北伐，领导过南昌起义，在艰苦危难的岁月里，在生与死的考验中建立起了深厚的革命情谊。新四军的其他领导人也是他患难与共的战友。

周恩来与叶挺早在统一广东的斗争中就已相识。叶挺原在孙中山的总统府（后为大元帅府）任警卫营长，1924 年秋赴莫斯科东方共产主义者劳动大学和红军学校学习。1925 年 9 月，时任黄埔军校政治部主任的周恩来负责指导组建以原大元帅府铁甲车队为基础的国民革命军第四军独立团时，叶挺正好从苏联学成回到广州，于是周恩来把这个任务交给了叶挺，并由叶挺任独立团团长。独立团名义上属国民政府领导，实际上由共产党人控制。独立团于 1925 年 11 月成立，周恩来直接过问排以上干部的任免、人员的补充和重大军政训练问题。这是第一支由中国共产党人掌握的革命武装。

1926年夏天，叶挺率领的独立团担任北伐先锋，开赴湖南前线。这时，周恩来因“中山舰事件”的发生被迫辞去国民革命军第一军副党代表职务，改任国民革命军政治部特别训练班主任，并以中共广东区委军事部长身份主持共产党员参加北伐的准备工作。当独立团出师途经广州时，周恩来听取了叶挺关于独立团的汇报，并向独立团连以上共产党员干部发表了讲话，号召大家英勇作战、不怕牺牲，起先锋模范和骨干作用。他还把政治训练班的大部分学员（多为共产党员）派到独立团工作。独立团在北伐战争中以势如破竹之势摧枯拉朽，屡建奇功，为第四军赢得“铁军”称号。

在1927年“四一二”事变以后，周恩来由上海到武汉，参与中共中央领导工作，并以军事部长身份负责指导武汉和两湖地区的工农革命运动。叶挺时任武汉卫戍司令，击退了夏斗寅的武装叛乱，使武汉政府转危为安。在“七一五”事变后，中共中央为挽救革命，决定在南昌发动武装起义，周恩来任前敌委员会书记，叶挺率领的国民革命军第一军第二十四师是南昌起义的三大主力之一。在南昌起义部队南下广东的进军过程中，叶挺一直是周恩来的亲密战友。在汕头流沙失利后，周恩来患重病，叶挺与聂荣臻不仅负责护理，并参与护送。经过漂泊过海，幸运脱险到达香港。

这以后，周恩来与叶挺天各一方。周恩来从港到沪继续参与中共中央领导工作。叶挺在广州起义失败后到莫斯科向共产国际汇报，没想到米夫等人对他横加责难，百般冷落。他不堪忍受遭到的不公正待遇，出走至法国，脱离了党的关系。1937年抗日战争爆发后，叶挺从海外归来，准备效命祖国。这时，周恩来为建立抗日民族统一战线正在南京与国民党进行谈判。8月，周恩来在上海会见了从澳门迁沪小住的叶挺。这是两人离别十年后的再度重逢。周恩来在南京谈判中就陕北红军主力改编基本上达成协议后，再次向国民党提出了统一整编南方各地红军游击队开赴华中抗日的建议。当时，南方的红军游击队散布于湘、鄂、赣、豫、闽、粤、浙、皖8省13个地区（不包括海南岛琼崖），最大的游击队有千人左右，最小的不足200人，一般多为300至600人。国民党方面同意改编为一个军的建制。

谁来负责改编并统率这支军队呢？对于人选问题，我党与国民党曾经各自有过某种考虑，但都未能被对方接受。这实际上是个争夺对这支军队的领导权问题。国民党无疑想通过其认为合适的人选来掌握这支军队，但我党不同意。因为它毕竟是我党曾经领导过的红军游击队，改编后虽属国民革命军，但应像陕北主力红军那样，其领导权仍掌握在我党手中。要物色一个为国共双方都能认可的人选是相当不易的。周恩来在上海会见叶挺时，想到他可能是最佳人选。周恩来倾听了叶挺对共产国际不公正处理的诉说，实事求是地看待他走过的历史道路，认为他尽管脱离过共产党，但会接受党的领导，服从中共中央的指示，国民党也不一定拒绝，领导权又能实际地掌握在我党手中。周恩来提出这个问题后，叶挺尽管感到责任重大，工作艰巨，但还是欣然同意了。对于共产党的举荐，国民党方面表示满意。在他们看来，叶挺脱离过共产党，不一定为中共信任，由政府来任命，可能会受节制。周恩来在上海会见叶挺后返回延安，随即辗转山西前线。南方游击队的改编问题改由仍在南京的叶剑英等与国民党协商，最后确定由陈诚出面向蒋介石保荐，将南方游击队改编为国民革命军新编陆军第四军，以叶挺为军长。1937 年 9 月 28 日，南京国民政府军事委员会正式发布委任叶挺为新四军军长的命令。自此以后，新四军就在周恩来等中共中央领导人的关怀下成长和发展。

周恩来与新四军的另一主要领导人项英也有着长期的工作关系。项英是党的工人运动领袖，从党的三大到六大都被选为中共中央委员，在六届一中全会上还被选为中央政治局委员和常委。这样，周恩来与项英从 20 世纪 20 年代后期始就一起参与了中共中央的高层领导。在白区工作遇到极大困难后，中共中央于 1930 年 10 月决定组建苏区中央局时，两人都被指定为其成员，并且在周恩来作为苏区中央局的书记不能到任时，由项英先去苏区代理。1931 年年底周恩来到达苏区后，项英尽管不再代理中央局书记，但仍参与苏区的党、政、军领导，负有重责。在此期间，两人对不少问题的认识存在分歧。尽管周恩来未能完全抵制“左”倾错误路线，但与项英在一些政策和策略的看法上常有争论。红军主力长征，项英被留在江西苏区以中共中央分局书记、中央军区司令兼政委名义与陈毅（时负伤治疗，被委任为中华苏维埃共和国中央政府办事处主任）一起领导留下来的 16000 多红军官兵坚持游击战争。自此，他们各在南北，分离三年。周恩来在与国民党谈判南方红军游击队改编时还不知项英在何处。直到 1937 年 9 月底周恩来在山西抗战前线，从报纸上获悉项英、陈毅在南昌同国民党接洽改编红军游击队消息后，便立即分别致电项英、陈毅、傅秋涛和叶挺等，要他们尽快联系。

1937 年 10 月下旬和 11 月上旬，叶挺和项英先后到达延安，就南方红军游击队的改编原则、干部配备、作战地区和军事方针等问题与中共中央和毛泽东进行磋商，并达成了共识。周恩来当时在山西。当周恩来于11月下旬回到延安时，叶挺已离开延安，去与国民党进一步商讨南方红军游击队改编事宜。项英留在延安与周恩来一起参加中央政治局12月会议。项英在会上报告了坚持南方游击战争的情况，周恩来就山西抗战和统一战线问题发了言。会议决定由周恩来、项英、博古、董必武组织长江局，领导南方各省党的工作，所辖地区包括河南省在内的整个中国南方，还有新四军。长江局下设东南分局，项英任东南分局书记兼中央军委会新四军分会书记。

1937年12月政治局会议后，周、项到达武汉，与先期到汉的叶挺一起组建新四军军部。在12月23日召开的中共中央代表团和中共长江局第一次联席会议上讨论的首要议题就是新四军问题。周恩来、项英都出席了会议，并是主要报告人。会议确定，南方各地区游击队应迅速集中，实施新四军建制，全部开往抗日前线；项英的主要工作应在军队方面；周恩来领导的长江局参谋处研究作战方案供新四军参考。会后，周、项一方面同长江局其他负责人联名致电中央书记处，要求派往新四军的干部迅速到武汉；另一方面会同叶挺等进一步研究新四军军部的组建问题。12月25日，新四军军部在武汉宣布正式成立。

在武汉期间，周恩来除了参与组建新四军的领导机构外，还具体指导武汉附近新四军部分支队的游击战争工作。

1937年年底至1938年春，周恩来多次出席或主持中共中央代表团和长江中央局联席会议，听取傅秋涛、高敬亭、张青萍、林恺等汇报红军主力长征后留在湘赣、鄂豫皖、鄂豫边地区的红军坚持游击战争的情况，并对这些地区的党的工作和军事工作作了具体指示。对于鄂豫皖地区红军，要他们以一部参加新四军整编，余部仍在鄂豫皖边界力求发展，以扩大中州游击运动；鄂豫皖特委要在巩固和扩大统一战线基础上尽力发展武装力量，除以一部参加新四军整编外，以余部保护后方根据地为主要任务。鄂豫边地区，是河南省委工作的重点；鄂豫边特委要加强对该地区游击队改编而成的新四军第四支队第八团队的领导；还决定第八团队的行动在未开出前由长江局参谋处指挥，开出作战时归第四支队司令员高敬亭指挥。周恩来还受中共中央委托，和董必武、叶剑英一起向高敬亭等传达了中央关于开展敌后游击战争、发展抗日武装力量的指示，要第四支队从湖北黄安七里坪、河南确山竹沟向东挺进，建立后方抗日根据地，坚持游击战争。在第四支队开出后，还指示河南省委和第四支队竹沟留守处要重视根据地建设和后方工作，

周恩来送给新四军将领张鼎丞的亲笔签字照

广泛联系一切赞成国共合作、共同抗日的人士。

1938 年 2 月，当日军以突破黄河、夺取武汉为新的战略目标之后，周恩来等联名致电中央书记处，提出为确实巩固长江、黄河间党的力量，必须急切地发动鲁、豫、皖、苏等地群众参加战争；为此，拟调彭雪枫由晋来豫，组织和领导鲁、豫、苏、皖四省的军事工作。随后在周恩来主持的联席会议上决定，在长江、黄河间成立一个军区，下设四个军分区，由彭雪枫负责领导新设军区的军事工作。在日军占领徐州，中央发出《关于徐州失守后华中工作的指示》后，周恩来等当即传达给了中共河南省委书记朱理治、省委军事部长彭雪枫，要求他们坚决执行。河南省委根据指示对游击战争作了具体部署，动员一万多城市工人、学生和其他革命分子回乡开展工作，沿陇海、平汉线组织游击队，建立根据地。6月以后，河南省委还根据中央和周恩来等的指示，派萧望东率部队从竹沟挺进豫东敌后，成立新四军游击支队。9月初，周恩来还进一步指示河南省委将工作重点移向豫东，开创苏鲁豫皖抗日根据地。9月底，当日军集中兵力大举进攻武汉之际，正在延安参加中央政治局会议的周恩来特电彭雪枫，要他速去豫东发展游击队。彭接电后，亦立即率部挺进敌后，开创鄂豫苏边区，并与八路军冀鲁部队取得了联络，到年底打开了豫东抗战的新局面。这些地区的游击战争，为后来新四军的四师、五师的发展奠定了基础。

皖南之行

新四军在1938年4月集中皖南岩寺改编，原在长江以南11个地区的游击队，被整编成为新四军第一、第二、第三支队，经过短期训练以一部开赴敌后。

中共中央对于新四军的活动地区、作战方针，一直非常关注。1937年12月政治局会议刚结束，毛泽东致电叶挺，指示他与何应钦商定作战地区时，提出长江以南各支队可向东开，长江以北高敬亭支队暂留江北，不必北开，以便在该地准备沿江游击。1938年2月15日，毛泽东致电项英、陈毅，要他们力争在苏浙皖边发展游击战，以溧阳、溧水地区为中心，建立茅山根据地。新四军整编完毕后，1938年5月4日，毛泽东致电项英进一步指出："在广德、苏州、镇江、南京、芜湖五区之间的广大地区创造根据地，发动民众的抗日斗争。"在茅山根据地大体建立起来之后，应准备分兵一部进入吴淞三角地区，"再分一部分渡江进入江北地区"。中共六届六中全会确定迅速发展华中游击战争的方针，成立以刘少奇为首的中原局，领导长江以北河南、湖北、安徽、江苏地区党的工作。11月7日，党中央提出新四军的发展方向：整个江北的新四军应从安庆、合肥、怀远、永城、夏邑之线起，广泛猛烈地向东发展，一直发展到海边去，不到海边，决不应停止。在此广大区域应发展抗日武装（正规的与地方的）5万至10万人。

新四军的江北、江南部队根据中央指示，自1938年3月上旬和4月下旬起先后开赴敌后抗日。5月16日，第四支队在巢湖以南蒋家口打响了江北第一仗。6月17日，由粟裕率领的先遣支队首战镇江西南的卫岗，取得江南战场的第一个胜利；至1939年年初，新四军大江南北部队共进行了200多次战斗，伤毙敌人3000多名。陈毅、张鼎丞率领的第一、第二支队先后进入苏南地区，初步创立了以茅山为中心的抗日游击根据地。第三支队活动于皖南一带，张云逸于1938年11月率军部特务营抵达江北，建立了江北游击纵队。

新四军的战绩在全国是有影响的。它对牵制江南、华中的敌军（日军3个师团、伪军5000余人），起到了一定的作用。但是新四军当时的状况与八路军在华北、山东开创的局面相比，与中共中央的期望相比，仍存在相当的距离。例如，从部队的发展看，八路军增加了5倍，新四军只增加了1倍；在游击根据地方面，八路军已开辟了10多个，新四军只有1个茅山。新四军所在地区虽然与国民党军未发生大的摩擦，但随着日本军队对江南敌人“扫荡”的加强和国民党消极抗日、积极反共方针的推行，新四军若不迅速发展，就很难应付新的局面。

在这种形势下，中央书记处委托周恩来去新四军传达中央对于新的形势的指示。1939年年初，周恩来决定到东南一行。

1939年2月16日，以国民政府军委会政治部副部长身份到东南前线视察工作的周恩来离渝飞抵桂林。2月19日，即农历正月初一，周恩来和从香港至桂的叶挺，乘着列车东行。他俩在途中先后会见江西省主席熊式辉和第三战区司令长官顾祝同后，经过赣北到皖南。2月23日到云岭。

周恩来通过实地调查研究，了解到新四军在江南开展游击战争，确有较多困难。从地理交通看，前有长江，后多湖泊；河川水沟，错综如网；铁路公路，四通八达；炮台、碉堡，星罗棋布；这些都给新四军的活动造成了许多障碍。新四军的活动区域不广阔，还与日本军队的封锁、国民党军在周围的重兵布防有密切关系。此外，从主观方面说，主要是项英的错误思想所致。项英作为军政首长，也不是不想有所作为，更不是要投降国民党。但是，他看问题过分夸大客观环境的影响，强调“江南特殊性”，为上述困难束缚住手脚，不敢大胆去发展游击战争。中共中央较早地发现他的思想状态不活跃。毛泽东在1938年5月5日的电报中指出：“在敌后进行游击战争虽有困难，敌情方面虽较严重，但只要有广大群众活动地区，充分注意指挥的机动灵活，也能够克服这种困难。这是河北及山东的游击战争已经证明了的。”10天之后，中央书记处致电：“根据华北经验，在目前形势下，在敌人的广大后方，即使是平原地区，也十分便利于我们的游击活动与根据地的创造。我们在那里能更自由地发展与扩大自己的力量和影响。只要自己不犯严重的错误与慎重从事，是没有什么危险的；只有用‘大胆的向外发展与积极的抗战行动’，才能有利的打击造谣中伤，与打破防范限制。”但是，中央的指示并没有解除他的顾虑。他仍然认为：在这样的地区，部队的转移、回旋极受限制，等于锁着两只脚与敌人作战，要大发展有困难。

项英还有“皖南敌后论”的错误想法。他认为：日本人早晚会占领浙赣线的；浙赣路一丢失，皖南成了敌后，就是一片根据地；在黄山、天目山区照样可以打游击，用不着向外发展，到苏南、江北开辟根据地。在政治策略上，项英受王明的“一切经过统一战线”“一切服从统一战线”的错误方针的影响较深。王明的《三月政治局会议的总结》，长期被规定为新四军干部的主要学习文件之一。两次全军政工会议都强调两个“一切”是开展民众运动的“总的方针”。在这样的思想指导下，跟国民党搞统一战线很难坚持独立自主，对国民党顽固派的阴谋自然缺乏警惕。毛泽东曾电告他说：“尔后不要对国民党事事请示与事事报告，只要报告大体上的行动经过及发捷报给他们。”毛泽东的批评没有引起他的警觉。

在这些错误思想的指导下，项英对中共中央的指示贯彻不力，行动迟缓。尽管新四军的一部扩展到了苏南、江北一带，但从总体上看，仍然处于非常不利的形势。它的主力驻扎皖南，一面临敌（长江沿岸据点为日军占领），三面受围（背后是三战区司令部驻地，两侧有国民党密集布防），其活动区域被限制在东起芜湖、宣城，西至青阳、大通镇横宽约 100 公里，纵深不过 50 公里的狭长条带，实际上起了为国民党站岗放哨的“青弋江阵地防务”作用。在新的复杂形势面前，万一有不测，几乎没有回旋余地。

周恩来皖南行，首先就是要帮助解决新四军的发展方向。他按照自己的工作方式，通过讲解形势、分析时局的变化，来启迪新四军领导人的思想。他分析武汉失守后敌人方面、中国方面和国际方面的相互关系及其政策变化的情况，指出：新阶段的中心问题在敌人占领区，包括黄河以南、平汉路粤汉路以东的广大地区。这“代表了中国走向近代化的最有力的地区”，战略地位非常重要。新四军在这个地区活动，“落在新四军肩上的任务也就更加重要”。他勉励新四军各级干部要克服各种困难条件，向敌人后方发展；环境愈复杂，愈能够运用统一战线求得发展，愈能坚持游击战争，创造大江南北的根据地。他根据党中央的指示，对新四军在江南敌后的发展方向提出了三条原则：（一）哪个地方空虚，就向哪个地方发展；（二）哪个地方危险，就到哪个地方去创造新的活动地区；（三）哪个地方只有敌人伪军，友党支军较不重视，没有去活动，就向哪里发展。

周恩来指出，新四军的主要作战方针仍然是游击战，但“要适合所处地区的特点，对游击战术有新的发展”；既不应同于目前的华北，也不能只运用过去三年游击战的经验，而“应该更加灵活，更加机动，更加出没无常，更加变化无穷”。他提出新四军的活动方针，应该是“向北发展，向东作战，巩固现在阵地”。所谓向北发展，即多抽部队过江，加强江北领导，使江北成为具有战略意义的根据地；向东作战，即出击京沪地区，使江浙沿海敌人不得安宁，造成巨大的国际国内影响；巩固现在阵地，就是巩固皖南的军部所在地和苏南茅山根据地，加强阶级斗争观念，提高警戒，防止意外事件。后来中央书记处把这个方针概括为“向南巩固、向东作战、向北发展”。周恩来对新四军发展方针的规定，符合新四军的实际情况，得到了新四军领导人包括项英在内的赞同。

周恩来到皖南还有一项任务，就是要改善项英与叶挺的关系。

项英在新四军的工作，除政治上右倾、贯彻中共中央指示不力外，跟叶挺的相处亦很不好。这一方面因为叶挺赞同中央向北发展、挺进苏南，支持陈毅开辟根据地的意见，与项英的主张不大合拍；另一方面，项英作为党中央代表对叶挺很不尊重，专断独行，不仅中央的一些重要指示不向叶挺传达，甚至连叶挺喜欢摄影艺术、喜欢交际活动等个人爱好也横加挑剔，使叶挺感到难以开展工作，多次表示辞职离军。他后来在《被囚抒愤》中写道“三年军长，四次辞呈”，就是两人矛盾的深刻写照。叶挺先后两次出走。周恩来皖南一行，就是在叶挺第一次出走后送他回新四军工作。

项、叶关系问题，早在新四军集中整编之时就出现了。1938 年 4 月，薛岳传达蒋介石命令，要新四军集中青阳出南陵，依大茅山脉向芜湖、宣城一带行动。项英认为，这是蒋借刀杀人，不应执行。叶挺认为，蒋以出击日寇为词，无甚理由拒绝。4 月 18 日，项英致电毛泽东、周恩来等陈述己见，并说：“与蒋交涉，由叶办，不能解决问题；蒋压迫叶，不能反抗，应由党负责直接交涉四军。”毛泽东接电后，同意叶挺意见，批示：不妨出南陵。针对项英想撇开叶挺解决与蒋联系的想法，毛泽东在 5 月 4 日致他的电中指出：要“始终保持与叶同志的良好关系”。但是，项英没有听从中央劝告。相反，叶挺为改善关系、协调工作，在 6 月到武汉向长江局汇报工作时曾提出成立新四军委员会，项正叶副，以便共同议事。周恩来非常赞成，当即电告中央，中央也很快批复同意。但是项英对此消极，叶挺的希望落空，两人的关系没有改善。在这种情况下，叶挺致电长江局表

1939年，周恩来和新四军军长叶挺（右）、副军长项英在一起

示了辞职之意。1938年8月28日，周恩来、博古等在离汉赴延参加中央政治局会议前一天，致电叶挺表示挽留，说：项英已赴延安，“新四军工作，请兄实际负责”，“我们深知兄在工作中感觉有困难”，“延安会毕，我们拟来一人帮助整理四军工作。”

叶挺在新四军中留了些时日，但离军之念未消。1938年9月30日，叶挺电催项英速回，称：“我拟于下月初赴顾（祝同）处一行，如能准假，则返香港，观察各方情形。”项英没等六届六中全会结束，即赶回新四军。10月23日，项英急电中央军委转告周恩来说：“我近日回四军，叶之辞职意坚，已无可挽回；目前四军问题应直接由周与蒋解决继任人，以后四军与八路军共同由党直接解决各种问题才是根本办法。”随后，叶挺离军去香港，率领在港组织的作战人员和政工人员百余名，奔赴活动在他的家乡惠州一带的东江抗日游击纵队。

叶挺辞职的事在国民党中造成了不良影响。蒋介石多次挖苦说：“连叶挺都不能与你们共产党合作，将无人与你们合作。”周恩来极重视各方反映，于

周恩来同新四军领导人项英（*右一*）、邓子恢（*右二*）、陈毅（*右五*）、粟裕（*右六*）等合影

1939 年 1 月 8 日向延安中央书记处提出安排叶挺工作意见。1 月 10 日，党中央复电，同意周的意见，指出：新四军问题以争取叶挺回军工作为原则，共产党对新四军的政治领导不能改变，但应尊重叶之地位与职权；提议项多注意四军总的领导及东南局工作，而将军事指挥与军事工作多交叶办；新四军委员会叶正项副；同时在新四军中进行教育，以确定对叶之正确关系。

1939 年 1 月下旬，叶挺到达重庆，见了蒋介石表示愿回四军工作，同时与周恩来、叶剑英谈了他的思想，取得了谅解。周恩来皖南之行，如果说第一项任务是秘密使命，那么陪送叶挺回四军则是公开行动。报请蒋介石批准了的。

周恩来在解决了第一个问题之后，即向新四军领导干部传达了党中央关于叶挺工作安排的意见，并多次找项英谈话。要他搞好同叶挺的工作关系。周恩来批评项英说：“叶挺是个好同志，很有军事才能，这样的将领如不去团结，还要团结谁呢？”他还指出：“叶挺是热爱党的事业的，热爱人民解放事业的，不能认为他现在不是党员就不信任他；他参加党，不如留在党外对党的工作有利得多。”在周恩来的帮助下，项英作了自我批评，表示要同叶挺搞好团结。

3 月 14 日，周恩来离开云岭新四军军部，结束皖南之行。在历时 20 天的视察中，周恩来了解了许多实际情况，有利于我党中央进一步指导新四军的工作。回到延安后，他在 1939 年 8 月 4 日到 15 日的中央政治局会议上作的《关于抗战两年的总结，目前时局的关键，统一战线》的长篇报告，最后一个问题就是报告新四军的情况。他在重申了新四军应“向北发展，向东作战，巩固现在阵地”的发展方向后，提出今后要解决的问题，“对内加强东南局的领导”，“叶项可在江南江北分工发展”。这是一个很有远见的建议，有利于解决叶项矛盾（叶挺本人也有此意，只是未公开表示）。但是，这个建议未能实施。

在周恩来离开皖南后，项英亦未消除对叶挺的成见，叶挺在新四军的状况未得到改善。在周恩来走后不到半年，叶挺又到重庆提出辞职，并回澳门滞留。至 1940 年夏天，仍未消除辞意。周恩来从苏联回国到达重庆后再次说服叶挺顾全大局，忍辱负重，并打电报给袁国平，要他到重庆接叶挺回军，还面嘱袁说：如果项英再不团结叶挺，党内可以开展思想斗争，批评项英的错误思想。袁国平回到新四军后慑于项英的家长制作风，未敢传达，直到在皖南事变牺牲前夕，才向人讲了周在渝面告他的上述情况。

27 冲破皖南事变的黑暗

“千古奇冤，江南一叶，同室操戈，相煎何急。”周恩来对皖南事变的悲愤揭露使蒋介石发动的皖南事变变成了一块砸在他自己脚上的沉重巨石。毛泽东说：“蒋介石从来没有受到过像现在这样的内外责难，而我们也从来没有像现在这样获得如此广大的群众。”

1941 年 1 月 11 日，是《新华日报》创刊三周年的纪念日。这天，曾家岩、红岩的很多同志都去化龙桥虎头岩报社参加纪念活动。晚上报社准备举行晚会，周恩来走上讲台作报告，大家都怀着激动的心情倾听。这时，红岩八路军办事处的两个机要人员满头大汗快步走进会场，把一封标有 AAAA 符号的特急电报交给周恩来。周恩来拿着电文的手在微微颤抖，目光急速扫视电文内容。从电报紧急送达的情况，大家已意识到发生了重大事件，全场人的眼睛都凝神注视着他阅读电文时的神情。

周恩来看完电报，立即以愤怒和沉痛的心情向全体同志宣布：“我新四军军部 9000 余人在皖南遭到国民党反动派的围歼，伤亡惨重，局势危急……”

这时，饭厅里的电灯突然熄灭，四周一片漆黑。大家以为是国民党特务来捣乱，都在为周恩来的安全担心。可是，他巍然屹立，坚定沉着，意味深长地激励大家说：“同志们，黑暗是暂时的，光明一定会到来！有革命斗争经验的人，都懂得怎样在光明和黑暗中奋斗，不但遇着光明不骄傲，更主要是遇见黑暗不灰心丧气。只要大家坚持信念，不顾艰难向前奋斗，并且在黑暗中显示英勇卓绝的战斗精神，胜利是要到来的，黑暗是必然被冲破的。”这时电灯又亮了，周恩来继续说道：“皖南事变是反动派破坏抗战、破坏团结的重大阴谋，我们不要被反动派的阴谋吓倒，要坚决粉碎他们的进攻。”最后他提醒大家：“国民党反动派对我们的迫害，还只是其分裂投降阴谋的开始，我们要准备迎接更严重、更艰巨的斗争。”

周恩来讲完话后，立即着手布置工作。他首先指示《新华日报》社的负责同志第二天在报上将国民党袭击新四军的阴谋透露出去。随后，连夜召开南方局紧急会议，研究事变发生后的局势和斗争方针，并向中央请示报告。直到深夜，他还给张冲写信，向国民党提出严重抗议并要求张冲速报蒋介石，制止皖南国民党军队对新四军的围歼暴行，尽速撤围让路。同时通知各单位负责人立即检查和销毁文件，告诉大家要准备应付突然袭击，要保持革命气节，准备坐牢。

后来延安发来新四军被围歼的详细情况的电报。事情发生在1月6日，国民党顽固派背信弃义，调动7个师8万多人的兵力，在皖南泾县的茂林地区，对奉命正向长江北岸移动的新四军军部和直属部队9000余人，进行突然包围和袭击。新四军将士奋力自卫还击，经过七昼夜血战，终因弹尽粮绝，除由傅秋涛率领的两千人突出重围外，大部分壮烈牺牲或负伤，一部分被俘。军长叶挺出面同国民党谈判时被扣，副军长项英、参谋长周子昆、政治部主任袁国平遇难。

皖南事变发生后，周恩来宵衣旰食，甚至是彻夜不眠，一方面同国民党进行坚决斗争；一方面，通知地下党采取应急措施，保护党员和进步分子的安全。

1月17日晚，国民党政府军事委员会通过中央通讯社发布通令，反诬新四军“叛变”，悍然撤销新四军番号，声称要把叶挺军长交付军事法庭审判。这就把国民党发动的第二次反共高潮推到了顶点。

周恩来在曾家岩50号获悉这一情况后，义愤填膺，立刻打电话给何应钦，痛斥他：“你们的行为是亲者痛，仇者快，你们做了日寇想做而做不到的事……你何应钦是中华民族的千古罪人！”说完，愤愤地摔了电话听筒。随即驱车到张冲处，当面提出质问和抗议，又返回到红岩。

周恩来回到红岩后，夜已很深了。这时办事处的全体党员，除了担任警戒和电台值班的外，都集合在二楼的过道等待他。周恩来上楼后，站在过道的正当中，沉默了片刻，就开始报告新四军军部遭受围歼的经过。他沉痛又悲愤的声音，激起同志们对国民党反动派的无限仇恨，也使大家为死难烈士而流泪。当周恩来讲到国民党诬蔑新四军为“叛军”，取消新四军的番号的反动命令，他愤慨地指出：“顽固派的阴谋，就是要消灭共产党，消灭八路军、新四军。”他的讲话由悲愤的控诉，转变为清醒的分析，他说：“时局的发展有两种可能，国共两党藕断丝连的局面既有可能继续维持下去，也有可能一刀两断，全面破裂。我们要有充分的准备，要准备应对反动派的突然袭击，要准备面对被捕、坐牢、砍头的危险！不管怎样，我和同志们在一起！”说到这里，他激昂的语言停了一停，举目扫视大家，接着说：“反动派搞突然袭击的可能性很大，他们主要目的是想攫取我党的机密，如密码、文件、地下党员名单，破坏地下党组织，打击同情我们的爱国民主人士，我们是决不能让其得手的。如果发生这种情况，我要去同蒋介石交涉。我是蒋介石、国民党请来的，一定要尽可能争取让蒋把我们送回延安，争取全师而归。如果我们被抓起来，要坚持不泄露党的机密。如问你们是不是共产党员，男同志都承认是共产党员，女同志承认是家属，因为我们是公开的共产党机关。问你们党的组织情况，可以告诉反动派，我们的中央在延安，主席是毛泽东。红岩和曾家岩有一个支部，支委是周恩来、董必武、邓颖超，书记就是周恩来。问别的，你们一概不知，可以叫他们去问支部书记，问周恩来，问我！”最后他号召大家要向烈士学习，在任何情况下都要保持共产党员的革命气节。

这时，《新华日报》的同志来向周恩来汇报说，《新华日报》写的关于皖南事变真相的报道和评论文章，被国民党的新闻检查所全部扣压，禁止刊登。新闻检查所的人仍不放心，还在报社坐等要看第二天的报纸。周恩来听后略有所思地对来人说：“你回去告诉章汉夫，把被检扣的两个地方用别的消息补上，印好几张报纸送检查；我要另写东西放在那两个地方，不送检，大量印发。除报丁报童外，动员工作人员出去散发。”

报社的同志走后，周恩来便愤然挥笔，写下了举世闻名的诗篇——

千古奇冤，江南一叶；同室操戈，相煎何急。

还写下了一幅的题词：“为江南死国难者志哀”。

当时已经是 18 日凌晨了，周恩来把诗和题词装上信封，写好“立送汉夫同志亲收”交给童小鹏，并要他把办事处副官岳仁和叫起来，要警卫班派一人同他一起从对面招待所山上翻过去把这封信送到报社面交章汉夫。

章汉夫收到后，立即按周恩来指示办，连夜准备了两种内容不同的版面，一种是刊载周恩来题词手迹的，一种是专门为对付检查而安排的。把后者先印好几张后即送检。他们以为没有问题了，就走了。黎明前，印有周恩来手迹的报纸印好了，报社的同志和勇敢的报童把报纸包在铺盖卷里，装在箩筐里，从报社的后山偷运进城，送到广大的读者手中。

当国民党顽固派发觉市面上出现印有周恩来亲笔题词的《新华日报》时，大

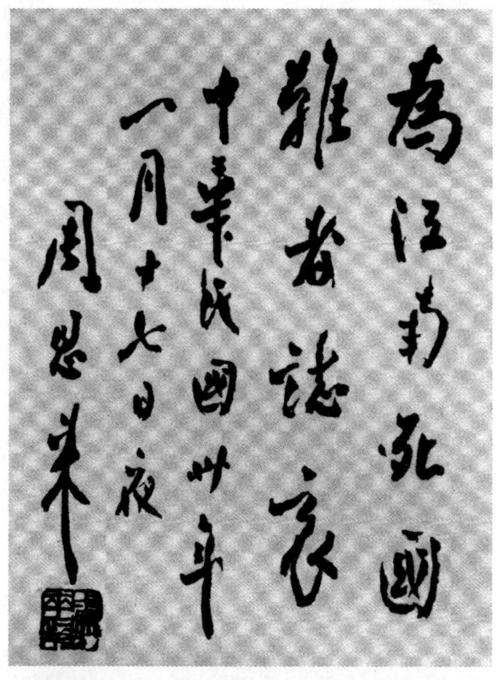

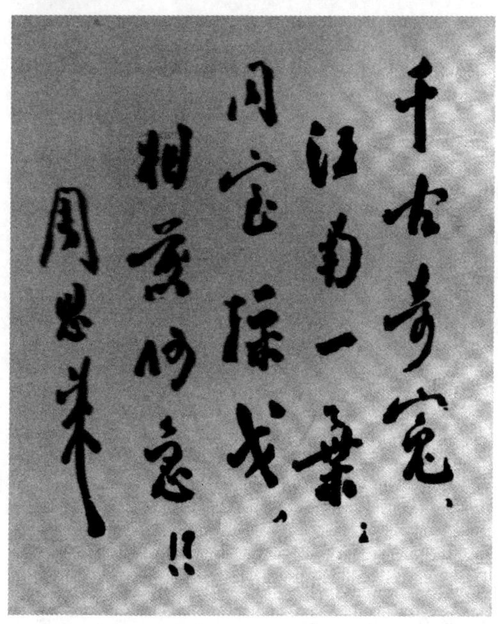

1941 年 1 月 17 日，周恩来为《新华日报》书写的义愤填膺的题词和诗

批的报纸已经冲破国民党军、警、宪、特的封锁，传遍了山城的大街小巷。周恩来题写的这满含悲愤的二十五个字，产生了震撼人心的强大力量，一下揭穿了皖南事变的实质，表达了对国民党顽固派最强烈的抗议。国民党当局在震惊之余，立即下令搜查报纸、逮捕报童、报丁。周恩来知道后，又亲自找国民党代表张冲一起到警备司令部交涉放人和要回被扣的报纸，并气愤地对国民党官员说，如果不放人，那我和董必武等自己上街卖报。这样迫使国民党当局放回被扣的人。

为了使社会上明了事实真相，叶剑英于1月19日领导军事组起草了《新四军皖南部队惨被围歼真相》，经周恩来核准后交《新华日报》社印成单张，通过各种渠道散发给重庆和各地党政军民机关团体以及外国友人。

为了同国民党针锋相对地斗争，表明严正立场，1月20日中共中央提出处理皖南事变十二条办法：

第一，悬崖勒马，停止挑衅；

第二，取消1月17日的反动命令，并宣布自己是完全错了；

第三，惩办皖南事变的祸首何应钦、顾祝同、上官云相三人；

第四，恢复叶挺自由，继续担任新四军军长；

第五，交还皖南新四军全部人枪；

第六，抚恤皖南新四军全部伤亡将士；

第七，撤退华中的“剿共”军；

第八，平毁西北的封锁线；

第九，释放全国一切被捕的爱国政治犯；

第十，废止一党专政，实行民主政治；

第十一，实行三民主义，服从《总理遗嘱》；

第十二，逮捕各亲日派首领，交付国法审判。

中共中央并电告周恩来，蒋介石如不实行十二条，绝不恢复谈判。

针对国民党1月17日以“国民政府军事委员会”名义发出诬蔑新四军的“通令”（“通令”诬称新四军“抗命叛变”，撤销新四军番号，对军长叶挺“着即革职，交军法审判”），中共方面也针锋相对，于1月20日以“中国共产党中央革命军事委员会”名义发布命令称：

国民革命军新编第四军抗战有功，驰名中外。军长叶挺，领导抗战卓著勋劳；此次奉命北移，实被亲日派阴谋袭击，力竭负伤，陷身囹圄。

兹特任命陈毅为国民革命军新编第四军代理军长，张云逸为副军长，赖传珠为参谋长，邓子恢为政治部主任。

1月25日，周恩来将十二条交给张冲转交蒋介石。这十二条义正词严，合情合理，蒋介石、国民党难以驳斥，又不愿实行，十分被动。1月底，日本侵略军乘国民党发动皖南事变的时机，以七个师团兵力大举进犯河南。蒋介石原以为他解决新四军日本人是高兴的，可以停止进攻，至少是“坐山观虎斗”，但事与愿违，蒋介石要新四军开到黄河以北，却触犯了日本人的利益，于是日本发动了这场进攻，包围了汤恩伯在河南的数十万军队，战况激烈，这对蒋介石无疑是一大打击。内外交困，国民党刚把第二次反共高潮推到顶点，便不能不悄悄退却。

国民党蒋介石的倒行逆施，引起了广大人民群众的愤慨，中共中央的正确方针和周恩来及南方局组织的有力反击，打中了国民党蒋介石的痛处。越来越多的人看清分裂的责任完全在蒋介石方面，对中国共产党更加同情。针对这种情况，周恩来、董必武联名致电中共中央，提议实行政治上的全面进攻，进一步打击国民党顽固派的反共气焰。他们建议：就皖南事变真相编印各种材料在国内发表；由新四军各支队发出通电，拒绝国民党政府军事委员会命令，要求恢复新四军，释放叶挺和被扣捕官兵，退还枪支、器材，控告顾祝同、上官云相，要求严惩肇事将领。并声明在原地坚持抗战，决不接受任何命令，等等。中共中央采纳了这些建议。

为实行政治上的全面进攻，周恩来与董必武、叶剑英在重庆广泛地同社会各界接触，并组织力量向各界人士宣传，散发《新四军皖南部队惨被围歼真相》。国内国际舆论哗然，国内各界人士反应强烈，国民党左派宋庆龄、柳亚子、何香凝、彭泽民等进步人士联名致电蒋介石。痛陈大敌当前，当共御外侮。斥责其“剿共事实，实足使抗建已成之基础，毁于一旦”。南洋华侨领袖陈嘉庚也致电蒋介石，呼吁团结抗战。各民主党派、中间人士对国民党大失所望，“痛感自由民主与反内战而团结之必要”，章伯钧、左舜生等拟发起成立民主联合会。

周恩来两次去见冯玉祥，同他谈到时局问题，表示很难过。冯玉祥在日记中写道：“我说的为国相忍的大道理，周先生这个人识大体，明大义，同时又很能忍耐。”冯将军还对左右的人说：“新四军抗战有功，妇孺皆知，此次被政府消灭，政府方面确实没有方法能挽救人民的反对。”

当时，全国人民担心，国共会不会由此破裂？抗战会不会因此夭折？面对人心动荡的局面，周恩来做了大量的宣传、解释工作。他对前去看望他的侯外庐、翦伯赞说：“中共的方针，就是要争取时局的好转，但同时还要准备应对更坏的局面出现，至于抗战能不能继续下去，那绝不是蒋介石一人所能决定的。”侯外庐、翦伯赞都表示：“无论局势如何困难，一定要跟着共产党走到底。”黄炎培也表示：“当局如此措置是绝对错误的。”周恩来做了这些工作，使中国共产党赢得同情，赢得人心。

为使国际上了解皖南事变的真相，周恩来还在外交方面做了大量卓有成效的工作。他前往英国驻华大使卡尔家里，向卡尔详谈了国民党制造皖南惨案，破坏抗战的具体真实情况。后来，卡尔大使不仅告诫蒋介石停止国内冲突，还电告英国政府对其施加压力。

2 月 14 日，周恩来又同来华访问的美国总统代表居里会见，向他提供了国民党制造摩擦的材料，并说蒋介石如不改变反共政策，势将导致中国内战，使抗战停火，而便于日军南进。居里表示：美国赞成中国统一，反对日本。随后他向蒋介石正式声明：美国在国共纠纷未解决前，无法大量援华，中美间的经济、财政等问题不可能有任何进展。美国态度的骤然变化，对国民党产生了很大的压力。

周恩来又同苏联驻华大使潘友新、武官崔可夫保持密切联系，他们也就皖南事变对何应钦、白崇禧提出质问。潘友新警告蒋介石：“进攻新四军有利于日本侵略者，对中国来说，内战将意味着灭亡。”

周恩来还动员国际舆论对蒋施加压力，他电告回到美国的斯特朗，建议她发表所知道的情况。斯特朗遂即在纽约的一些报纸和《美亚》杂志上，披露皖南事变的真相。

周恩来做的这些工作，获得了国际上对中国共产党的同情。

局势的发展大大出乎蒋介石的意料，在国内外舆论的一片责难声中和英、美、苏三国政府的外交压力下，蒋介石政府在政治上已陷入异常孤立和被动的境地。正如毛泽东在致周恩来电报中所估计的：“蒋从来没有如现在这样受内外责难之甚，我亦从来没有如现在这样获得如此广大的群众。”

28 战斗在虎穴龙潭

蒋介石磨刀霍霍，周恩来深入龙潭虎穴。有人说，在周恩来的胆识面前，蒋介石“像条落水狗”。在周恩来等共产党人面前，国民党蒋介石“遭遇到真正的劲敌与攻不开的堡垒”，第二次反共高潮以其政治失败告终。

皖南事变发生后，中共中央非常担心处在国民党统治中心重庆的周恩来和南方局同志的安全。当时中共中央担心蒋介石与中共破裂，1 月 18 日至 20 日，毛泽东与中共中央连续两次急电周恩来，要求南方局准备撤销各办事处、干部迅速撤退，并特别要求：恩来、剑英、必武、颖超及办事处，报馆重要干部于最短期间离渝。

周恩来看到电报后，立即召集南方局的同志在他的房间里开了紧急会议，董必武、叶剑英、邓颖超等参加。周恩来将中央要求迅速撤回延安的电报向与会的同志讲了，要大家商量到底是撤回去还是留下。

经过仔细的分析，大家认为时局的发展仍然存在着两种可能：一是国共关系完全破裂，全面内战爆发；一是国民党尚有顾虑还不敢贸然全面反共，国共仍维持抗日合作关系。特别是周恩来和南方局、办事处同志们数日来的奔走，各界人士了解皖南事变真相，国际国内舆论对蒋介石的责难，以及国民党已从气势汹汹的攻势开始转为被动辩护的守势等情况来看，第二种局面还是有可能的。如果这时撤回，我们将失去政治上进一步进攻的阵地，于我方不利；况且我党在国统区的力量尚未撤退、转移、疏散完毕，一旦全面破裂将不可避免地大受损失。再说，现在都撤回去，国民党也不会轻易放我们走。大家一致认为此时难以离开。最后周恩来断然说：“我要坚持到最后！”

会议商定：周恩来等少数人留在重庆，坚持斗争，其余同志转移或撤退回延安。会后他把会议结果电告中央。但中央担心他的安全，仍来电催促他尽快回去。经周恩来反复陈说，中央最后终于同意周恩来、董必武、邓颖超等领导一部分人

周恩来和董必武在红岩村同八路军办事处、《新华日报》社工作人员合影

留在重庆，叶剑英率蒋南翔、李涛、边章五等撤回延安。博古、凯丰则早已回延安了。

周恩来率领南方局、办事处、《新华日报》的同志毅然坚持在重庆这个龙潭虎穴中，同国民党开展全面的政治反攻，事实证明这个决策是正确的。能作出这样的决定不仅需要不怕坐牢、不怕杀头的大无畏气概，更重要的是要有为整个抗日大局着想的胸襟以及对复杂局面有审势和驾驭的能力。

早在皖南事变前，也就是 1940 年秋冬，周恩来已觉察到敌人的反共阴谋，曾对国统区党组织作了相应的转移、隐蔽工作。皖南事变后，国民党反共活动更加猖獗，为了对付国民党顽固派更严重的迫害，周恩来决定南方局、办事处和《新华日报》社除保留少数人员外，分别实行分散隐蔽、转移和撤退。一些留在重庆有危险的党外进步文化人，也都妥善、周到地安排他们转移，并给予了具体的帮助。在这样险恶的环境中进行疏散，稍有不慎就会发生意外。周恩来作了周密细致的部署，当疏散《新华日报》人员时，他亲自前去检查，一个一个地仔细询问，

1940年9月，周恩来和邓颖超在被日本飞机炸毁的八路军驻重庆办事处楼前留影

认真了解他们的经历、特长和短处，疏散的去向，可利用的社会关系，到达落脚点的证明，遇到盘查时的答话，等等，并随时提出他所发现的漏洞和改进意见。对有条件通过各种社会关系在国民党统治区找到职业，甚至进入国民党军政机关工作尚未暴露的同志，指导他们就用这种方式转入地下工作，告诉他们“隐蔽精干、长期埋伏、积蓄力量、以待时机”的重要意义，要求他们注意三勤方针，做到“同流不合污”。

由于当时需要撤退的人很多，周恩来常常是上半夜改稿子、写文章、拟电报，下半夜逐个审查准备撤退人员的名单和材料，找出漏洞指出应该怎样补救。在这些紧张的日子里，周恩来常常通宵达旦地工作。当最后一批撤回延安的同志离渝时，行前他紧握着车队领队人廖似光的手说：“你回到延安转告毛主席，我们坚决同国民党顽固派斗争到底！”廖似光不禁眼泪夺眶而出，哽咽地说：“一定遵嘱办理，请副主席多多保重！”由于计划周密，转移出去的人员都安全到达目的地。

周恩来和南方局的领导对留下来坚守岗位的人员进行了严格的气节教育和保密教育。他讲了广州起义失败后陈铁军、周文雍在刑场上的故事，念了叶剑英写的纪念方志敏的诗，董必武向大家讲了二七大罢工运动的经过，号召大家学习林祥谦、施洋等烈士“头可断、志不可屈”的革命精神。周恩来经常对大家说：“我们现在的工作困难了。我们当共产党员就不要怕困难，只要国民党还没有把我们抓起来，就要坚持工作。我们留下的同志更要加倍地努力。”

周恩来坚持留在重庆具有极其重要的历史意义。这一决策保存了中共在国统区的指挥中心，保存了国共联系的主渠道，也保住了团结抗战的局面和我党在国统区的合法的战斗阵地，对巩固与扩大抗日民族统一战线起了重要作用。很难想象，如果我们全部撤离重庆，将标志着国共关系的全面破裂，国共两党将兵戎相见，中国共产党必将采取抗日与反蒋并举的方针来争取民族战争和民主战争的胜利。但无论怎样，中国革命都将经历一个更加漫长更加曲折的道路。

由于中共方面的政治攻势发挥了作用，蒋介石遭到国内国外的责难，越来越被动，迫使他对中共不能不采取和缓的步骤。

2月7日，毛泽东给周恩来的电报说：“依我观察。他们非求得个妥协办法不可。敌人攻得如此之急，‘一·一七’命令如此丧失人心，他（蒋介石）的计划全部破产，参政会又快要开了，非想个妥协办法更加于他不利。”局势的发展正如毛泽东所分析的那样，斗争的焦点转到中国共产党人是不是出席第二届国民参政会的问题上来。

第二届国民参政会原定于3月1日开幕，各民主党派和无党派人士纷纷表示：国民参政会召开，中共参政员的出席是必不可少的。当时美国总统罗斯福的代表居里仍留在重庆，据说是专等国民参政会开会，以验证国民党所标榜的“民主”究竟是个什么样子。离会议召开的时间越来越近，蒋介石也越来越焦灼不安，他急于把共产党人拉进国民参政会来，以减轻国内外对他的非难，摆脱困境。

周恩来认为在这种情况下，中共参政员自然不能无条件地出席这次参政会。2月10日，他拟好电文交给童小鹏发往中央，向中央表示，应采纳民主人士的提议：以中共七参政员的名义将十二条要求提交国民参政会讨论，并以接受十二条作为出席参政会的条件。中央复电同意这一建议。这是很高明的一招，它不仅扩大了十二条要求在全国范围的政治影响，又进一步表明我党力求恢复国共团结，坚持一致对敌的立场，从而博得了国内外更多人的同情。

一场新的巧妙的斗争开始了。2月18日，周恩来将中共七参政员致国民参政会的公函送交参政会秘书长王世杰，声明在十二条善后办法未得以裁夺以前，中共参政员碍难出席。同时将公函抄送各党派有正义感的参政员二十余人。这对国民党的震动很大。王世杰接到公函后十分紧张，认为这是中共表示要决裂，要张冲立即找周恩来收回公函。这段时间周恩来与中共中央的电报往来十分频繁，他几乎每天都要把与国民党各方的接触，把斗争情况向中央及时报告，办事处的机要电台整天收发电报不断。周恩来发给中央的关于同张冲谈拒绝出席参政会问题的报告就有数份。2月20日他在发给中央关于提出十二条和张冲交涉情况的电报中说："张冲昨晚至今午接连以电话及公函请我暂行收回公函两天，以便他从中奔走，请蒋介石约我谈话，我均严词拒绝。……我当即指出，十天中政治压迫之严重和频繁，无理至极，实属忍无可忍。"张冲劝说道："蒋是吃软不吃硬的，结果必致翻脸。"周恩来回答说："已半翻脸了，现在所能做的，不过是讨伐令，全国清党，逮捕办事处人员，封闭《新华日报》，等等，我们已经准备着了。至于见蒋，必不能得结果。"事后，周恩来向中央建议："目前还不是谈判的好时机，见蒋毫无结果，而且击退顽固派政治压迫，必须动员舆论和中间力量，故将此事经过参政员来调解是必要的。"周恩来也考虑到在国民党的严重政治压迫下，这样断然的处置可能带来什么后果，但他处之泰然，向党中央表示："我们一切都准备好了，即使被捕杀讨扣，也毫无所惧。"

中央很快就接到延安的回电，同意恩来同志所取的立场，指示不拒绝谈判。25日，周恩来又电告中央："今晨张冲又来，约谈三小时，我坚决告诉他，七参政员公函不能撤回，他苦苦哀求，甚至说，'为了国家计，他跪下都可以'。我说这不是个人问题，而是政治问题。"显然国民党方面已开始软下来了。第二天，周恩来面告张冲，我们中央的答复："非十二条有满意解决，并办理完毕确有保证，否则决不出席参政会。"张冲仍一再要求我党派人出席参政会，并说："即使董、邓只出席一人也好。"周恩来讥讽道："国民党请客吧，被请者为'奸党'，还要客来捧场，岂不是侮辱？"并再次肯定地告诉他，无条件出席是不可能的。

会期已经临近，各方面都在等待着中共参政员出席的消息。面对国内外的压

1940 年 7 月，周恩来、叶剑英、邓颖超等同国民党谈判代表张冲在重庆珊瑚坝机场

力，国民党方面急得像热锅上的蚂蚁。蒋介石侍从室不断用电话向王世杰询问消息。3 月 1 日参政会开幕那天清晨，张冲又奉蒋介石之命请董必武、邓颖超出席，遭到谢绝。当晚，周恩来电告中央："此次参政会我们得了大面子，收了大影响，蒋亲提主席名单，昨夜今朝连续派两批特使迎董、邓，一百多名国民党员鸦雀无声，任各小党派提议，最后延期一天，蒋被打得像落水狗一样，无精打采地讲话，全重庆全中国全世界都在关心着，打听着中共代表是否出席，人人都知道延安掌握着团结的人是共产党中央。"

周恩来配合党中央指挥的这场政治仗打得十分漂亮。中共参政员拒绝出席这次参政会是有足够理由的，但为了在斗争中做到有理、有利、有节，参政会开会的第二天，周恩来又采取新的主动行动，致函张冲转蒋介石，提出临时解决办法十二条，主要内容是：立即停止全国向我军的军事进攻；立即停止全国的政治压迫，承认陕甘宁边区的合法地位；承认敌后之抗日民主政权；等等。这是周恩来、董必武于两天前向中央提出的建议并经中央采纳的。函中还说："倘能蒙诸采纳，并获有明确保证，则敝党参政员届时必能报到出席。"接着，他又与董必武、邓颖超联名给各党派代表写信，告以我党为了顾全大局，“改定临时解决办法十二条”，此举“实已委曲求全”，倘能为当局接受，并有明确保证，我党参政员必定届时报到，如仍被拒绝，造成时局的恶化，也“扪心可告无愧”。同时，周恩来指示《新华日报》发表《中共七参政员未出席本届参政会真相》的文章，但遭到国民党新闻检查机关的扣压。周恩来果断决定不经送审出版增刊，并将中共方面有关本届参政会的全部文件公开发表，让广大群众都能了解并作出公断。

这十二条临时解决办法虽仍未被国民党所接受，中共参政员也没有出席这次参政会，但中共在处理这个问题上的立场和忍耐为国的气度已博得了广大群众包括中间力量的同情。由于国内外强大舆论压力，迫使蒋介石不得不暂时收敛其反共活动。3 月 6 日蒋介石在国民参政会的演说中，虽仍大谈其“军令”“政令”之统一，但又不得不表示“保证以后决无剿共的军事”，该会仍选举董必武为常驻参政会的参政员。

国民参政会闭幕后几天，在政治上进退维谷的蒋介石于 3 月 14 日约请周恩来谈话。周恩来应约谈完回到红岩，立即给毛泽东写了与蒋介石谈判情况的报告。周恩来在电文中写到，这次谈话宋美龄也在座。蒋介石谈话的目的在于和缓对立空气，已不再有前一时期那种咄咄逼人的气势，一开始就表示：“两月多未见面，由于事忙，参政会开会之前，因不便未见。”“现在开完会，情形和缓了，可以谈谈。”周恩来将新四军事件和近来各地政治压迫的状况说了一遍，蒋介石对新四军事件有意置而不答，对各地的政治压迫则推说，这是底下做的，不明白他的意旨；对周恩来提出的一些具体问题，表示都可以做到。周恩来还提到防地、扩军问题，蒋对防地问题没有直接回答，也没有再讲开往黄河北岸的事，只是含糊其辞地说：“只要听命令，一切都好说，军队多点，饷要多点，好说。”会谈进行了半小时，最后蒋介石说下星期再见面，宋美龄还说要请他吃饭。报告中还说，蒋在我们政治攻势下，为敷衍局面，采取表面和缓而实际仍在加紧布置以便各个击破。其法宝仍是“压、吓、哄”三字。“压”已困难，“吓”又无效，现在正走着“哄”字策略。

3 月 25 日，宋美龄又出面宴请周恩来、邓颖超。蒋介石、贺耀祖、张冲也在座。席间周恩来同蒋谈了停止军事进攻和制止政治压迫等问题。周恩来随后在报中央的电文中说，总的来看，“今天见面仍只是表面上的轻微缓和，实际上要看他是否真正做些缓和的事”。

此后，时局暂时走向一定程度的缓和。国民党顽固派掀起的第二次反共高潮以军事进攻开始，而以政治失败告终。

这次反共高潮，前后经历了将近半年的时间，在这充满着惊涛骇浪的日子，国共两党的关系发展到破裂的边缘，问题的处理稍有不慎就有可能导致极端严重的后果。周恩来在这些风云险恶的日子里，始终屹立在斗争的第一线。他将个人安危置之度外，大义凛然，从容沉着，密切配合党中央机智灵活地处理各种复杂事态，以炉火纯青的斗争艺术，巧妙而又恰到好处地击退了国民党的又一次猖狂进攻，赢得了国民党统治区广大群众，包括中间阶层的同情和信任。国民党无论是用硬的高压威吓，还是用软的哄骗哀求，始终奈何不了他。正如中共中央在 3 月 22 日的文件中所描述的：“蒋介石在这次斗争中，遭遇到真正的劲敌与攻不开的堡垒。”

29 只身巧破“鸿门宴”

胡宗南怀着闪击延安的阴谋被揭露的恼恨，执意要给周恩来一个下马威，周恩来勇赴“鸿门宴”巧斗胡宗南。

皖南事变后，国民党开始严密监视设在重庆红岩的八路军办事处及设在曾家岩的周公馆，限制周恩来的行动，不准他出重庆市区，更不准他离开重庆回延安去。

1943年5月23日，为了适应反法西斯战争的发展，便于各国共产党根据本国情况独立处理问题，共产国际执委会发布《解散共产国际的决议》。中国共产党是共产国际的一个支部，国民党将此事作为千载难逢的机会，叫嚷既然共产国际解散了，中共也应解散，并阴谋发动第三次反共高潮。

中共中央利用这个机会，提出“共产国际解散，党中央将讨论中国的政策，请周恩来即回延安”。蒋介石欣然同意。

重庆和延安的陆路交通断了三年，国民党又准备发动第三次反共高潮，今后国共关系前途未卜。周恩来决定将老弱病残和不必要的干部，以及能带走的人都带回延安，只留下董必武、刘少文等少数干部坚守重庆，领导中共南方局的工作。留下的人做好坐牢的准备，走的人做了周密的安排，以防中途掉队或被扣。

6月7日，周恩来会见蒋介石，说：“我要走了，请你写几个字，我带回去。”蒋介石用铅笔写了一封信。

6月28日，周恩来、邓颖超、方方、孔原等率100多人，乘坐五辆大卡车，浩浩荡荡地出发了。由于下雨、路面泥泞和车辆损坏，特别是沿途屡遭盘查，车队走走停停，于7月8日才到宝鸡。因为西安八路军办事处住不下这么多人，大队伍暂留宝鸡。周恩来、邓颖超等三人乘火车于9日到达西安。到西安的目的有两个：一是安排车队通过西安，平安回到延安；更重要的是中共中央指示周恩来向胡宗南交涉制止其向边区的军事进攻。

当时，第八战区副司令长官胡宗南奉蒋介石的命令，秘密部署部队准备闪击延安，妄图一举攻占陕甘宁边区。预定进攻的日期是 7 月 9 日。但是由于胡宗南的侍从副官、机要秘书熊向晖是秘密共产党员，将此情况密报延安，因而 7 月 4 日朱德致电胡宗南点破他的进攻部属。胡见事机败露，不得不于 8 日下令鸣金息鼓。这个情况，当时正在路途中的周恩来并不清楚。但是胡宗南不甘心，决定给刚到西安的周恩来一个下马威，以解心头之恨。

9 日，周恩来、邓颖超到达西安，一下火车，特务、警察就围上去，叫嚷着要进行检查。

周正颜厉色地说："我是中共代表周恩来。"

特务故作不言，但仍坚持要检查。

周恩来发脾气了："你们不相信？！这是蒋委员长给我们的信！"说着就从口袋里将蒋的信摔出去。

特务慌了神，赶忙弯腰拾起信，连连道歉。

这一关闯过去了。刚到七贤庄又接到胡宗南宴请周恩来、邓颖超的邀请信。这明明是鸿门宴。周、邓商定，周只身赴宴，邓称病不去。一旦周被捕，由邓向中央报告并出面交涉营救。

胡宗南怕周恩来不来，派熊向晖坐他的专车到七贤庄接周恩来，熊向晖利用此机会用英语告诉周恩来："请小心，提防被灌醉。"周恩来不露声色，紧紧地握了一下熊向晖的手。

到了小雁塔荐福寺，果然场面不凡。胡宗南在院内恭候多时，趋步上前，亲迎周恩来下车，称周恩来为先生（胡是黄埔第一期学员）。

走进宴会厅，三十多位将军和夫人起立行注目礼。这些将军都是黄埔六期以上上将级军官，个个能言善辩暗藏杀机。周恩来环视一周不仅认识一些人而且还记得他们在学校的表现。他胸有成竹，态度自若，和胡宗南交谈。

胡宗南的政治部主任率先敬酒，说："在座的黄埔同志先敬周先生三杯酒，欢迎周先生光临。请周先生和我们一起祝领导全国抗战的蒋委员长身体健康，请干第一杯。"

周不慌不忙地起立举起酒杯，面带微笑，说："为了表示国共合作共同抗日的诚意，我作为中国共产党党员，愿意为蒋委员长的健康干杯。各位都是国民党党员，也请各位为毛泽东主席的健康干杯！"

一语惊四座，大家都怔住了，全场鸦雀无声。周恩来仍微笑着："看来各位有为难之处，我不强人所难，这杯敬酒免了吧。"说着放下酒杯，转身同胡谈论局势问题。

过了片刻，十几位夫人举杯走向前，说："为了发扬黄埔精神，我们每人向周先生敬一杯。"

周幽默地问："我倡导的黄埔精神是什么？谁答得对，我就同谁干杯。"

顿时，这些漂亮的夫人瞠目结舌。胡宗南打圆场："今天只叙友情，不谈政治。"

周和他们寒暄，几句话讲得他们笑逐颜开、欢喜而归。

隔了一会儿，十几位将军列队成行向周敬酒："当年我们在黄埔军校学习，周先生是政治部主任。我们每人向老师敬一杯。"

周泰然自若地说："刚才胡副长官讲，今天不谈政治。这位将军提到我当过黄埔军校政治部主任。政治部主任不能不谈政治。"说到这，他问胡："这杯酒该不该喝？"

胡宗南心中十分气恼，一时又找不出合适的话对答，只好说："他们没有政治头脑，酒该他们喝。"将军们只好遵令干杯，周恩来彬彬有礼，和他们一一握手。

将军们面带笑容回到座位，其实，个个心如急火，宴会的时间已过了一半，胡副长官布置的任务还未完成，绞尽脑汁想着祝酒词。一批夫人交头耳语后起身祝酒，其中一位看着稿子说："我们敬周夫人一杯酒，祝她康复，回延安一路顺风。请周先生代她分别和我们干一杯。"

不料，周恩来神色严肃，说："这位夫人提到延安。前几年延安人民连小米都吃不上，经过自力更生，发展生产，日子比过去好了，但仍然很艰难。让邓颖超喝这么好的酒，她会感到于心不安。请各位喝酒，我代她喝茶。"他举起茶杯和她们一一碰杯，一饮而尽。

周恩来不温不火，不卑不亢，巧与周旋，举止符合身份，礼节符合常规，宴会的气氛一直友好。酒会结束时，周举杯致辞："感谢胡副长官盛情款待。胡副长官告诉我，他没有进攻陕甘宁边区的意图，他指挥的部队不会采取这样的行动。我向大家敬一杯酒，希望我们一起努力，坚持抗战，坚持团结，坚持进步，打败日本侵略者，收复被日寇侵占的中国山河土地，彻底实现孙中山先生的三民主义，把我们的祖国建设成独立、自由、幸福的强大国家！”说完他一饮而尽，起身告辞。

胡宗南面带笑容，客客气气地送周恩来上了汽车，派熊向晖代表他送周回七贤庄。汽车开动了，胡注目敬礼。汽车开出大门，胡还在那里发呆……

致力和平　重写春秋

（1945—1949）

九、奔走谈判为和平

30 重庆谈判——对手蒋介石

蒋介石三次“万急”电邀毛泽东，周恩来陪毛泽东赴重庆谈判。正当“双十协定”有了眉目之时，发生了周恩来的外事秘书遭枪击的事件。

陪毛泽东飞赴重庆

1945 年 8 月，经过十四年艰苦的抗战，日本侵略者以失败而告终，日本宣告投降。

抗日战争结束后，中国内部的矛盾发生了巨大变化，支配着中国形势的主要矛盾，已经不是中日间的民族矛盾，而是以中国共产党为代表的人民大众和获得美国支持的以国民党反动派为代表的大地主、大资产阶级之间的矛盾。战后，国民党反动派在美国方面的支持下，不仅不顾人民实现民族独立、人民民主和社会解放的愿望，反而把他们投入和平破裂和再起内战的深渊。

为了制止内战，挽救民族危机，中共中央于 1945 年 8 月 25 日发布了对于目前时局的宣言。

宣言指出：由于日本的投降，我全民族八年来所坚持的神圣的抗日战争，已经胜利地结束了！全世界反法西斯战争也胜利结束了！在全中国与全世界，一个新的时期，和平建设的时期，已经来临了！但是，在为独立、自由与富强的新中国而斗争的道路上，不是没有阻碍、没有困难、没有荆棘的。日本帝国主义侵略者还没有执行《波茨坦宣言》，还没有放弃使其侵略的军国主义死灰复燃的企图，他们还在放肆地施行挑拨、分裂与奴役中国的阴谋，他们在中国的走狗们，正奉行其日本主子的指示，摇身一变，取得保护色彩，以图继续挑拨内战，破坏团结，阻挠民主，他们的这种企图并没有遇到打击，他们的罪行并没有受到惩处。相反，他们还受到了鼓励，愈加横行无忌。因此，帝国主义走狗及其他反动分子们的各种危险活动，严重地威胁着中国的和平、民主、团结。中国人民必须严重警戒与击破敌人的阴谋。

为了奠定今后和平建设的基础，中国共产党要求国民党政府立即实施六项紧急措施。主要是：承认中国解放区的民选政府和抗日军队，撤退包围与进攻解放区的军队，以立即实现和平，避免内战；划定八路军、新四军及华南抗日纵队，接受日军投降的地区，并给予他们以参加处置日本的一切工作权利，以昭公允；严惩汉奸，解散伪军；公平合理地整编军队，办理复员，救济难胞，减轻赋税，以苏民困；承认各党派合法地位，取消一切妨碍人民集会、结社、言论出版自由的法令，取消特务机关，释放爱国政治犯；立即召开各党派和无党派代表人物的会议，商讨抗战结束后的各项重大问题，制定民主的施政纲领，结束训政，成立举国一致的民主的联合政府，并筹备自由无拘束的普选的国民大会。

中国共产党郑重声明："我们愿意与中国国民党及其他民主党派，努力求得协议，以期各项紧急问题得到迅速的解决，并长期团结一致，彻底实现孙中山先生的三民主义。"

中国共产党的严正立场，得到中国各个民主党派和各界人士的热烈拥护和坚决支持。

慑于全国人民强烈反对内战，反对国民党一党专政，要求通过谈判、民主协商解决问题，蒋介石和他的心腹们，几经密谋，为了欺骗公众舆论，终于导演出一场"假和谈，真备战"的闹剧。

为了表示对和谈的"诚意"，"蒋委员长"从1945年的8月14日至8月23日，连续给延安的中共中央发了三次"万急"电报，特邀毛泽东主席亲临陪都，共商国是。

单从电报的字面上看，蒋介石对"和谈"好像是"热心赤诚"，以"国家的利益为重"的，但他葫芦里装的什么药，毛泽东和他的战友们一清二楚，犹如洞中观火。蒋介石之所以这样做，正是因为中国共产党采取了坚定不移的方针，而这时国内人民和国际舆论又都反对蒋介石进行内战，同时蒋介石也觉得他进行全面内战的准备工作还没有完全做好，还需要一些时间，以便把更大量的军队派到内战前线去。在抗战期间，蒋介石的精锐部队大多退到西南地区，要迅速开赴华北和华东一时有不少困难，至于东北就更不用说了，因此他决定要玩弄一次和谈阴谋。发电报邀请毛泽东去重庆谈判“和平”。

这分明是要演一场假戏给世人看，但如何处理呢？中国共产党对争取和平有着真诚的愿望，对局势也有清醒的认识。初议，决定由周恩来先去谈判，毛泽东暂缓前去。8 月 23 日再次召开中共中央政治局扩大会议。毛泽东认为：为了尽一切可能争取和平，为了揭露美帝国主义和蒋介石的阴谋，以团结和教育广大人民，我们应该去。如果我们不去，就中了蒋介石的诡计，他正是希望我们不去，以便借此说我们拒绝和平，发动内战。会议最后决定：由毛泽东飞往重庆，与国民党蒋介石谈判。

一听说毛泽东主席决定去重庆谈判，延安和各解放区的军民都非常担心。因为中国历史上曾经有过许多“鸿门宴”之类的故事，而蒋介石对待李济深、胡汉民等人的流氓手段，人们记忆犹新，人们为毛泽东担心并不是没有根据的。1929 年，蒋桂军阀战争前夕，蒋介石扣押李济深于南京之汤山。1931 年因所谓“约法”问题的争执，胡汉民也在汤山遭蒋介石软禁。但是，毛泽东正确地分析了当时国际、国内的形势，认为有强大的人民力量，特别是解放区的力量作后盾，蒋介石是难于重演南京汤山的旧戏的。就在毛泽东快要起身的时候，范文澜的夫人还赶来对吴玉章说：“请转告毛主席，我们劝他千万别去呀！”毛泽东知道后，笑了笑说：“谢谢他们的好意，我注意一点好了。”

8 月 27 日，赫尔利和张治中专程到延安迎接毛泽东、周恩来、王若飞去重庆。第二天上午，飞机从延安东门外起飞。8 月 28 日清晨，延安机场上就聚集了上千名前来欢送的人群，有干部，有工人，有学生。当时许多人心里像压上了一块石头，点着了一把火。又沉重，又焦急。有人说，要谈判就请蒋介石到延安来，咱们保证和“西安事变”一样，有来有去，谈不成不要紧，要打仗，战场上去见高低！更有不少老同志感情深重地说：“自从上了井冈山，毛主席就没有离开我们一步！五次“围剿”，万里长征，十四年抗战，毛主席和我们在一起，没有离开过自己的军队、自己的根据地，如今，却要亲自去重庆，和他蒋介石谈判！但是，中央决定了，通知也说得很清楚，这是斗争！在当时形势下，中共中央提出

1945年8月28日，毛泽东、周恩来、王若飞在美国驻华大使帕特里克·杰伊·赫尔利、国民党政府代表张治中陪同下，赴重庆同国民党政府进行和平谈判

毛泽东、周恩来、王若飞抵达重庆时，受到各界人士热烈欢迎

了“和平、民主、团结”三大口号，是符合全国人民要求的。毛泽东亲自去重庆，是为了国家、民族的利益，将个人安危置之度外的大义大勇的行为，单是这一点，已大可以昭革命之信义于天下了。

这一天，毛泽东和往日不同，穿一套半新的蓝布制服、皮鞋，头戴深灰色的盔式帽。他望着全体送行的人，和大家挥手告别，登上飞机起程。

毛泽东飞抵重庆时，整个山城为之沸腾，许多工人、学生、市民和民主人士热烈地欢迎以毛泽东为首的中共代表团一行。

前来机场欢迎的官方人物有：蒋介石的代表周至柔将军，参政会秘书长邵力子，副秘书长雷震。还有各党派负责人张澜、沈钧儒、左舜生、章伯钧、陈铭枢、谭平山、黄炎培以及郭沫若等。毛泽东下机后，应中外记者之请，首先和同机而来的赫尔利大使、张治中将军以及周恩来等合影和拍制电影，然后向新闻界发表了书面谈话，再一次表明了中国共产党的立场。

虽说蒋介石在九天之内接连发了三次电报，要求同中共和谈，但毛泽东一行抵达重庆后，国民党方面却无充分准备，这本来是一条计策，如今却弄假成真了。

一场马拉松式的谈判

蒋介石虽然委派张群、王世杰、张治中、邵力子为代表和中共进行会谈，但他们对谈判并无诚意，只不过是成天地虚与委蛇，一切的提案都要由中共方面提出，他们只是消极地应付，并肆意设置障碍，蓄意破坏和谈。谈判在艰难进行。

重庆谈判期间，毛泽东、周恩来住在红岩办事处。张治中看到红岩地处郊区，同各界人士交往不便，主动腾出自己曾家岩的住所“桂园”供毛泽东使用。毛泽东以桂园作为他在市内的办公地点，每天上午 8 时从红岩乘车到桂园，下午 6 时从桂园回到红岩。他在重庆除会客和处理谈判问题外，继续领导和处理全党和解放区的工作。

重庆谈判期间的具体谈判工作，是在周恩来、王若飞同国民党的张群、王世杰、张治中、邵力子之间进行的。

会谈的最初四天，先就政治、军事问题作一般性商谈。由于国民党对这次谈判并没有真正的诚意，所以他们根本没有准备谈判方案。为了便于谈判进行，使谈判能取得具体成果，只好由中共方面先提出意见。

9月3日，周恩来将中共方面拟订的两党谈判方案十一项交给国民党代表转蒋介石。它的要点是：确定和平建国方针，以和平、团结、民主为统一的基础，实行三民主义（以1924年国民党第一次全国代表大会之宣言为标准）；拥护蒋主席之领导地位；承认各党派合法平等地位，并长期合作和平建国；承认解放区政权及抗日部队；严惩汉奸，解散伪军；重划受降地区，允许中共武装参加受降工作；停止一切武装冲突，令各部队暂留原地待命；等等。

中共提出的谈判内容，是从实现和平、团结、民主的愿望出发，以国共两党现有政治军事力量的实际状况为基础，并由中共方面做出重大让步，包括军队的大批裁减和南方解放区撤出的条件下提出的。但是，国民党方面根本不接受。

十一项提出的第二天，9月4日上午，蒋介石召集张群、王世杰、邵力子、张治中四人开会，把他仓促拟出的《对中共谈判要点》交给他们。蒋介石的这个"要点"一开始便蛮横地说："中共代表昨日提出之方案，实无一驳之价值。倘该方案之第一、第二条具有诚意，则其以下各条在内容上与精神上与此完全相矛盾者即不应提出。我方可根据日前余与毛泽东谈话之要点，作成方案，对中共提出。"蒋介石的"谈话要点"中最重要的，是强调"军令、政令之统一"，并严格控制中共军队以十二个师为最高限度。

国共双方几经交锋之后，美方对中共的态度不仅惊骇，而且慑服。当着蒋介石的面，赫尔利和魏德迈都叫"头痛"，说毛泽东气魄不凡，远非重庆国民党人士所能比拟。特别对周恩来印象极深，他帮助毛泽东在谈判桌上和国民党代表进行针锋相对的斗争，舌战群儒，震慑敌手，在西方著名政治家中也极为少见！周恩来的特点，在于表现了坚定的原则性，能在不损害老百姓根本利益的前提下采取异常灵活的战略。尤其见之于驳斥蒋方代表指责中共"封建割据"，坚决拒绝蒋方要中共交出解放区和红军的要求时，使助蒋的美方也很难开口。因为蒋介石在西安事变中被迫接受抗战而回南京前，早已看到和承认中共军队和解放区的存在，承认这是中国的现实，中共革命发展的结果。连国民党一些开明人士都说："现在让中共放弃一切，等于宣统皇帝向孙中山索回政权，怎么也讲不通。"

蒋介石只给了国民党谈判代表三条原则：（一）不得于现在政府法统之外来谈改组政府问题；（二）不得分期或局部解决，必须现时整个解决一切问题；（三）归结于政令、军令之统一，一切问题必须以此为中心。至于怎样解决问题？根本没有什么切实的方案。4日以后，谈判不得不中断三天。

在休会期间，毛泽东在周恩来的伴随下，又广泛开展对外活动，他们会见了国民党的军政要员，会见了民主党派和无党派人士，会见了英、美、法、苏外交使节和中外新闻记者，进一步阐明中共维护和平、民主、团结的主张，赢得了广泛的同情和支持。国民党的元老冯玉祥、于右任说：“中共的立场是得人心的，国民党再一意孤行，坚持独裁专政，会招致全国人民的反对！”

9月8日，双方继续谈判。周恩来首先指出：近日来，国民党的报纸纷纷攻击中共为“割据”。他慨叹地说：“似此理论之争，我方亦将强调结束党治，召开各党派会议，组织联合政府，以相对抗。如此，谈判成为僵局，问题即不能解决。”他追问：“依据我方之建议，我党军队已裁去一半，地区亦已退出一半”，“其他政治会议、国民大会与自由问题等，我方皆已提出解决办法，皆未蒙答复。希望政府能够对此有所说明”。在周恩来一再追问下，张群才拿出一份《对于中共九月三日提案之答复》，共十一条，对中国共产党提出的基本要求都加以拒绝。

从10日至21日，国共双方代表曾进行了六次谈判。17日，毛泽东又同蒋介石、赫尔利进行商谈。国民党一直坚持顽固态度，致使谈判没有取得任何进展。

双方争执得最激烈的是军队和解放区的问题。中国共产党认为，在十四年抗战中做出了重大贡献的解放区军队应该得到合理的编制。解放区现有120万军队，在大量裁减后至少也应整编为16个军48个师。蒋介石却力图缩小并编散它。坚持不能超过12个师。双方意见悬殊，相持两周，仍无进展。为了打开僵局，中共又作了让步。周恩来在19日对国民党代表说了昨晚和今日上午同毛泽东讨论的结果：“关于军队数目，赫尔利大使拟议中央军与中共军队之比数为五分之一，我方以此比例先考虑，愿让步至七分之一，即中央现有263个师，我方应编43个师”；“如中央军队缩编为60个师，中共军队应为10个师；中央军队如缩编为120个师，中共应有20个师”。

关于军队的驻地，解放区的范围，中共也作了很大的让步。周恩来说：“我方拟将海南岛、广东、浙江、苏南、皖南、湖北、湖南、河南境内，黄河以南等八个地区的军队撤退，集中于苏北、皖北及陇海路以北地区，此为第一步。第二步再将苏北、皖北、豫北三地区之军队撤退，而将中共所有之43个师集中驻防于山东、河北、察哈尔，热河与山西之大部分，绥远之小部分，与陕甘宁边区等七个地区。至于解放区亦随军队驻地之规定而合一。”

中国共产党即使作了如此重大的让步，国民党政府仍不肯接受。在21日会谈时他们表示：中共军队编制，至多亦不能超过5个军16个师；即令要设置行营一类的机关，也只可由中央按照军事指挥系统，予以适当的名义，以便统帅指挥。至于解放区的民选政府问题，更是一口否认。对此，蒋介石对赫尔利说："周恩来他们提出了'政府应承认解放区各级民选政府合法地位'的方案，我一口拒绝了。我说解放区在日本投降以后，应成为过去。也就是说，解放区该取消！全国政令必须统一。"

为了避免和谈破裂，中共采取了十分克制的态度，在解放区问题上再次作了让步。提出冀、鲁、察、热四省（察，察哈尔省的简称，建于1912年，中国旧省级行政区；热，热河的简称，省会承德市，是中国旧行政区划的省份之一。）与陕甘宁边区之主席由中共推荐；山西、绥远两省之副主席，天津、北平、青岛之副市长，也由中共推荐人士充任；苏北、皖北、豫北之地区，中共军队撤退前，其专员县长由中共委任；北平行营由中共主持，并仿东北行营例，设政治委员会，由中共负责。国民党代表仍不肯接受，说："中共军队悉数撤退至黄河以北，而据有黄河以北之地区，岂非分疆而治，欲三分天下有其一？中共方面如有何人堪任省主席，何人堪任厅长、委员，尽量开列名单，请中央量才任用，切不可指定何省应划归中共推荐何人任主席、厅长、委员。兄等所提华北四省主席应由中共推荐，省政由中共主持，此何异乎割据地盘。"

这时谈判已持续了三个多星期，仍未取得进展，再这样拖下去只能徒然浪费时日。21日，周恩来在会上愤怒地指出："今日我等之商谈，系出于平等之态度，然而国民党之观念是自大的，是不以平等待中共的。故国民党及其政府皆视我党为被统治者，自西安事变以来即一贯如此。"他坦率地说明客观存在的事实，"现在政府尚在国民党统治时期，我们何能将军队、政府交与一党政府。因此政府今日欲求达到统一全国军政之理想，必须采取民主之方式，循一定之步骤，而非可一步登天，一蹴即就。"

由于中国共产党方面为了谋求和平，表现了极大的克制并一再做出巨大让步，而国民党方面却不顾现实状况，一再使用高压手段，这些事实使中国共产党赢得了国民党统治区广大人民群众的同情；中间力量，包括国民党内一些正直的爱国人士，也普遍认为中国共产党已做到仁至义尽，为其感到不平。

鉴于照这样谈下去已难有成效，21日会谈后，周恩来、王若飞不得不中断同国民党代表的谈判。周恩来向各党派、国民党内的民主派和文化界、新闻界、产业界、妇女界等，广泛解释中国共产党的主张，说明导致谈判陷入僵局的真相。蒋介石已经看到，一味施加高压是无法使中国共产党屈服的，而这次谈判已为举世所瞩目，如果谈判破裂或无结果而散，他向国内外都难以作出交代。这样在国内外舆论的压力下，在美国方面的“规劝”下，在谈判中断的第三天，国民党代表又主动找中共代表要求重新谈判。在这以后，谈判气氛在表面上也较前有所缓和。

在军事问题上，中共方面再次表示在公平合理整编全国军队的条件下，愿将它所领导的军队缩编至24个师，至少20个师的数目。国民党方面表示：全国整编计划正在进行，此次提出商谈的各项问题果能全盘解决，则中共所领导的抗日军队缩编为20个师的数目可以考虑。至于军队驻地问题，可由中共方面提出方案，讨论决定。双方并商定：为具体计划解决军队整编有关问题起见，组成三人小组，中共方面代表为十八集团军参谋长叶剑英，国民党方面代表为军政部次长林蔚和军令部次长刘斐。

在棘手的解放区问题和国民大会问题上，双方申述了各自的立场。27日，周恩来说，解放区问题，鉴于双方未能达成协议，可暂时维持现状，即现在各省政府所能治理之地，由省府治理之，省府不能治理者由解放区治理之。国民大会问题，中共方面原来提出三项主张，即：重选国大代表，延缓国大召开日期，修改国民大会组织法、选举法和《五五宪法草案》。国民党方面表示：国大已选代表应为有效，但名额可增加。双方没有达成协议。中共方面声明：“中共不愿因此项问题之争论而破裂团结。”双方同意将此项问题提交政治会议解决。

鉴于全国人民十分关心国共会谈情况，中共方面建议将一个月来的谈话记录整理出来，以解人民之渴望。国民党代表表示同意。10月5日，周恩来将他起草的《会谈纪要》提交讨论。这份《会谈纪要》写得很有特色，不仅把双方已一致同意的内容在文字上确定下来，并且对没有取得一致的问题也分别说明双方各自的看法，在解放区地方政府问题上还说明了中共方面先后提出的四种方案和双方目前争执所在，表明了中共继续商谈的愿望。双方就《会谈纪要》又进行了两次讨论，并作了修改。但对《会谈纪要》在什么时候发表，又发生了争执。

这时，进犯晋东南上党解放区的阎锡山部队被解放区军民击败，毛泽东又提出返回延安。于是，这个具有历史意义的文献《政府与中共代表会谈纪要》，经过艰难曲折的斗争，终于有了眉目。

然而，正在这时，发生了一件意想不到的事件，震惊了山城重庆。

意外的枪击事件

10 月 8 日晚，张治中为表示对毛泽东的欢迎和欢送之意，特在军委会大礼堂举行了盛大的宴会。邀请了国民党参政员、党政军要员和重庆文化界、新闻界各方人士五百多人参加，盛况空前。

张治中首先致辞，他高兴地向大家报告，这次双方商谈的大原则大前提完全一致。如在民主、和平的基础上建国，在蒋主席领导下实行三民主义，这是毛先生提出来的。大家都认为和平、民主、统一、团结是今天中国所必须遵从的大原则。在抗战结束后，我们要向和平建国的途程迈进。他也指出，还有些问题双方还有距离，还要继续商谈。他还很自豪地宣布：毛先生来重庆是他和赫尔利大使去迎接的。现在毛先生回延安去，仍将由他本人伴送回延安。

毛泽东也讲了话。他感谢蒋先生的邀请和招待，感谢张先生及其夫人举行这盛大的宴会。他高度评价了第二次世界大战全世界人民获得的光荣胜利，认为我们中国尤其获得了空前的胜利。他说："我们双方在一起商量团结、合作、和平建国的问题，具有异常重大的历史意义。"商谈的结果，"大部分问题得到解决，还有些问题亦将继续商量解决，而且我们一定要用和平的方法去解决。'和为贵'，除了和平的方法外，其他的打算都是错的"。他又说："困难是存在的，我们大家不怕困难，在和平、团结、民主、统一的大原则下，在蒋先生的领导下，我们中国人民是可以克服任何困难的。我们这次的商谈，不是暂时的合作，而是长期的合作；不是一时的团结，而是永久的团结。我们互谅互信，共同一致，克服困难，一定可以建设新中国。"毛泽东光明磊落的讲话，获得了全场热烈的掌声，宴会充满着和平、团结的气氛。

宴会后，举行文艺晚会，观看名演员的精彩表演。毛泽东、周恩来、张治中等正为演员热烈鼓掌时，突然有人向周恩来报告：十八集团军驻渝办事处秘书李少石（廖仲恺的女婿）从曾家岩乘坐小汽车送柳亚子回沙坪坝，归来途中，被国民党的兵开枪射杀了！司机已把李少石送到市民医院。周恩来听到新华日报营业部的来人报告后，内心很震惊，但他很沉着冷静，没有惊动毛泽东和张治中，不动声色地一个人离开会场到休息室，立即找到宪兵司令张镇和八路军办事处处长钱之光。

周恩来用严厉的口气问张镇："刚才听到报告，我的外事秘书李少石，从沙坪坝坐汽车回曾家岩的路上，被你们的兵用枪射杀了，你知道不知道？是否是有计划的暗杀？"张镇听了也大吃一惊，立即回答："我不知道此事。"周恩来又说："那请你立即负责查明真相。"随即要张镇和钱之光尽快赶到医院看望李少石。李因弹中肺部，流血过多，已经去世。周恩来流下眼泪悲愤地说："二十年前，廖仲恺先生遭反革命暗害，其情景犹历历在目，不料二十年后，他的爱婿又遭到凶杀……"因晚会快要结束，周恩来又考虑到毛泽东的安全，立即对张镇说："晚会结束后，请你负责保护毛主席的安全，他坐在你的车上，你亲自送到红岩八路军办事处。"张镇立即答应照办。散会后，周恩来先把毛泽东送上张镇的车后，他才把李少石被杀的事告诉张治中，张治中也答应要调查。

周恩来回到红岩，简要地向毛泽东报告后，又立即同王若飞、钱之光等研究调查李少石被杀的事，并通知办事处和新华日报社同志，此事正在调查中，要提高警惕，防止意外，但仍照常工作，不要惊慌。当晚 12 时，张镇派宪兵司令部官员查验受枪击的汽车和李少石尸体。办事处的童小鹏背上照相机同钱之光一起到曾家岩陪他们，先对汽车检验照相后，又到市民医院检验尸体并照了相。

李少石遇难之事，发生在毛泽东在重庆的时候，又恰恰在红岩村附近的公路上，司机将李少石送到医院后又不知去向（司机是在重庆参加工作的）。这不能不怀疑是国民党特务有意破坏国共谈判。甚至有谣传，特务本来是要暗杀周恩来的，因李少石的眉毛粗黑像周恩来，把李当作周恩来错杀的……

周恩来沉着应付，一面当面交代钱之光和陈龙、龙飞虎等加强对毛泽东的安全保卫，以防万一；一面催促国民党当局迅速破案，又亲自找新华日报营业部的有关同志详细询问司机同他们接触的情况，并派人到出事地点向在场群众调查。

经过反复查证，到 10 日案情已经清楚。事情的经过是：8 日下午，国民党左派柳亚子到曾家岩周公馆来了解国共谈判情况，周恩来已经外出，由李少石接谈。约 5 时，柳亚子要回沙坪坝寓所，李少石出于对柳老的尊重，叫了办事处的小汽车陪着柳老回沙坪坝。车子回来经过红岩村附近时，有一批新兵正在路边休息，因车行过速，不慎碰伤了一个新兵，他们叫汽车停车，但司机没有听到仍向前开。新兵排一个班长就举起步枪向汽车射击，子弹穿过汽车工具箱从李少石的后背穿入肺部。司机听到枪声又发现李少石受伤，立即加速把李送到市民医院，说明是八路军办事处秘书李少石，请医院抢救。司机熊维屏怕责任重大不敢直接向办事处领导报告，开车到民生路新华日报营业部报告了此事，并带了两个同志到医院看了李少石。接着又将车子开回曾家岩车棚，自己跑到民生路，将汽车钥匙交给营业部，要他们赶紧向办事处报告，就称病逃跑了。营业部同志一面打电话报告办事处，一面到军委会礼堂向周恩来报告。

李少石被杀的消息传开后，震动了重庆山城。中共代表向国民党抗议，要求追查凶手和阴谋策划人。蒋介石得到报告后也很紧张，下令戴笠彻查。重庆卫戍总司令王赞绪、警察局长唐毅也派出专人调查，派法医验尸。

进步人士闻讯后都表示愤慨。9 日上午，宋庆龄、邵力子、郭沫若、茅盾、刘清扬、张西曼等人士，都到市民医院向李少石遗体致哀。当晚遗体入殓，停放在医院太平间。10 日上午，灵柩两旁摆有中国共产党中央、毛泽东、周恩来、王若飞和十八集团军驻渝办事处、新华日报社送的花圈。宋庆龄亲往吊唁并送鲜花，对李少石夫人廖梦醒、女儿李湄表示慰问。参加吊唁的还有许多知名人士。下午 1 时，灵柩和花圈装上卡车，由周恩来、钱之光和十八集团军驻渝办事处、新华日报社的部分工作人员乘车送到小龙坎墓地安葬。周恩来回到城里，又亲自到医院看望受伤的士兵，表示慰问。

毛泽东离渝前题了“李少石是个好党员”几个字送给廖梦醒作纪念，给了刚失去亲人的廖梦醒和李湄以极大安慰。这张极为珍贵的题字，几十年来一直挂在廖梦醒住宅的墙壁上。

为在社会上澄清事实真相，周恩来指示《新华日报》于 11 日发表钱之光处长的谈话，说明“这是一个非常悲痛的偶然事件”，并“感谢宪警治安机关医院法院的努力及各方人士的关心”。谈话详细说明了事实的经过。并表示愿意负责受伤士兵的医疗费用，如果因重伤去世，愿负责殓葬与抚恤。

李少石事件自始至终都是由周恩来指挥处理的。在那种斗争复杂的政治环境中，他沉着坚定又实事求是、光明磊落的风格，给办事处的同志以深刻的教育，在社会上也产生了很好的影响，使国民党的军警人员也受到感动。曾在重庆工作过的同志，几十年后都不能忘怀。新中国成立后，周恩来曾几次当面对罗青长（兼总理办公室副主任）和童小鹏说：“张镇当时是宪兵司令，但是很快查清了李少石事件的真相；亲自护送毛主席回红岩，做了两件好事，一定不能忘记。”

尽管发生了李少石事件，但国共双方商谈和准备签订协议的工作，仍旧照计划进行。

《双十协定》签字文本

1945 年 10 月 10 日，国民党方面的代表张治中、王世杰、邵力子，共产党方面的代表周恩来、王若飞，分别在《政府与中共代表会谈纪要》上签字。这天的日子正好逢两个“十”，因此这份文件又称《双十协定》。

《双十协定》的发表具有重要的意义。毛泽东说：“这样很好。国民党再发动内战，他们就在全国和全世界面前输了理，我们就更有理由采取自卫战争，粉碎他们的进攻。”

为了争取和平，为了争取广大人民群众特别是中间人士的同情，以击破国民党反动派造谣污蔑，中共在谈判中虽作了一些必要的让步，但这些让步都是有原则的，并无损于中国人民的根本利益；而在涉及根本利益的问题上，中共则不惧任何威胁，始终坚定不移，毫不退让。而且在谈判期间，丝毫没有放松警惕，对国民党的阴谋作了必要的准备。正因为中共一方面参加和谈，一方面又准备自卫，才能够立于不败之地。

《双十协定》虽然签订了，但蒋介石丝毫也不打算遵守。《双十协定》于 10 月 12 日公布，13 日蒋介石就对其部下颁发了“剿匪”密令，命令他的将领，要遵照他所订的所谓《剿匪手本》，对解放区发动进攻。

31 周马会谈——对手马歇尔

马歇尔使华，调处国共两党关系。周恩来与马歇尔既是对手，又是朋友。多年后周恩来仍没忘记马歇尔“教会我一点外交”和美国的“骆驼牌”香烟。

抗日战争结束、《双十协定》签字后，正当人民在期待和平建国之时，蒋介石的假和平、真内战的阴谋逐渐暴露出来。在环境极其险恶、关系极为复杂、情况变化多端、斗争极度紧张激烈的情况下，为争取真正的和平、民主，周恩来率中共代表团与国民党和美国政府代表马歇尔之间，展开了一场极为艰难的谈判。尤其是周恩来与马歇尔之间的会谈，成为历史的精彩一幕。

当年曾作为周恩来的译员参与会谈，其后近30年跟随周恩来从事外交工作的章文晋，生动地回忆了周恩来与马歇尔会谈的过程：

在我的印象中，像1946年周恩来与马歇尔之间的谈判那样旷日持久，其对手又有那样声望的是不多见的。更重要的是，这场谈判直接关涉到战后中国的前途与命运。在这场斗争中，周恩来同志以极其高超的谈判艺术维护了党和人民革命事业的利益，表现出他不仅是一位极为杰出的外交家，是党中央决策的忠实执行者，同时也是一个善于把握瞬息万变的局势、制定符合实际的策略、推动革命事业向前发展的领袖……

“这个人令我想起史迪威”

马歇尔于12月22日飞抵重庆。那天到机场欢迎他的有各界人士。周恩来、董必武、叶剑英也到机场迎接他。当马歇尔走到周恩来面前时，周恩来上前与他握手，并对他作为特使来华表示欢迎。但马歇尔由于刚下飞机，听不清周恩来讲的话。当时的飞机隔音设备不好，噪音很大，坐久了便会影响人的听力。第二天下午，周恩来等三人又一起到马歇尔官邸拜访。一见面，马歇尔首先向周恩来表示歉意，解释昨天没听清周恩来讲话的原因，随后，双方的谈话进入了正题。

马歇尔表示，他对中国的情况知道得很少，但非常乐于学习，以便了解各种情况。作为美国总统的特使，他不仅要与政府方面会谈，而且要与各方面的人士会谈。他说，美国愿意努力促成中国的和平，因为这不仅是美国的愿望，也是实现世界和平所必需的一个条件。为此，他十分愿意倾听中共方面的意见。

接着，周恩来讲了话。他说："我们非常高兴马歇尔特使能来华促进中国的和平。特使刚才所说的精神是很好的。我们共产党人在战时和战后都是以这种精神来谋求中国的和平与团结。中国人民抗战从"九一八"算起已经14年了，目前又出现了战争状态，这是十分不幸的。当前，我们共产党所主张的就是立即停止冲突，用民主的方法解决国内的一切问题。周恩来又说，我们所要求的民主与美国式的民主颇为相似，但要加以若干的中国化。美国有许多地方可供我们学习，这包括华盛顿时期的民族独立精神，林肯的民有、民治、民享和罗斯福主张的四大自由。此外，还有美国的农业改革和国家工业化。

马歇尔来华后，中国能否走向和平的首要问题就是能否顺利地实现停火。当时，蒋介石已经宣布1月10日为政协会议的开幕日期，但直到1月9日国共双方仍未能就停火问题完全达成协议。国共双方最后争执的焦点是蒋介石硬要我军将业已占领的热河、察哈尔两省的赤峰和多伦两个战略要地交给国民党军。这是蒋介石企图从四面包围解放区，并切断我党从华北通往东北的重要通道的一大阴谋，而且根本违背就地停战的基本原则。这种无理要求当然不能为我方所接受。

在谈判过程中，周恩来据理力争。他向马歇尔指出，蒋介石政府以中苏条约为借口企图占领赤峰、多伦两地是毫无道理的，因为中苏条约载明国民党政府接收主权仅限于东北地区。他接着说，明天即是政协会议开幕之日，那两个地区已由我军解放，根据就地立即停火的原则当然应由我军驻守。在东北问题上，我们已向国民党作出了重大让步。而如照蒋介石提出的要求，停火将遥遥无期。

马歇尔感到周恩来的讲话合情合理，表示愿意按照周恩来的建议，随即与蒋介石会谈，劝他不要因小失大，应同意让步。10日，在政协会议开幕之前，国共双方终于签订了停战命令。这样，周恩来在谈判桌上既坚持了原则立场，又争

1946 年 1 月 10 日，周恩来和国民党代表张群签署的《关于停止国内军事冲突的协议》等文件同时公布。这是在美国调处代表马歇尔住处签字时的情景

取到及时正式地达成停火协定，为政协会议按期开幕创造了必要的条件和良好的气氛。

中共同意接受马歇尔的调解是以美国不干涉中国内政为前提的。当时，周恩来曾向马歇尔强调，中共方面希望看到盟国关心中国的内争，但也要求盟国恪守“不干涉中国内政”的诺言。对此，马歇尔表示同意。具体地说，这就是要求美国的调解有利于促成中国停止内战，结束国民党一党专政，实现联合政府和民主政治，同时，美国不得援助国民党以武力统一中国。这些是杜鲁门在马歇尔来华前发表的对华政策声明中所保证了的，也是检测马歇尔的调解活动是否公正的标准。

在马歇尔来华初期，可以说他基本上是按照这些原则行事的。当时，周恩来与马歇尔相处得较融洽。周恩来觉得他还比较公正、比较坦诚。在最初两次接触后，周恩来曾说过：“这个人令我想起史迪威。”

从延安带回的信息

1 月 27 日，有关政协会议各项协议的讨论已基本结束。周恩来和陆定一返回延安向党中央汇报。中央肯定了代表团的工作方针。30 日，周恩来匆匆返回重庆。

第二天一早，周恩来向马歇尔通报从延安带回的消息。周恩来说："毛主席特别向你致意，感谢你的帮助，并让我带来一个口信。毛主席认为，这次处理停战问题是公正的。中共愿意在你所表现的这种公正的基础上与美国合作。周恩来接着说，作为共产党人，我们的长远目标是在中国实现社会主义，但现在中国还不具备这样的条件。因此，今天我们还不打算而且不可能把它付诸实现。当前，我们所说的建国道路就是提倡民主和科学,中国要学习美国的农业改革和工业化，以建立一个独立、自由、富强的中国。随后，他又讲了一段"插曲"。那时国统区传言毛主席的身体不大好，又说毛主席要去莫斯科休养。周恩来告诉马歇尔，毛主席听到这个谣言后觉得很可笑。主席说他身体如果不好，宁愿去美国休养，因为在那里也许多东西可学。"

马歇尔很重视周恩来的话。他对毛泽东捎来的话表示感激。他说，他相信中共的和平诚意，并相信可以根据中共公开宣布的愿望和政策劝说蒋介石在任何问题上与中共达成协议。马歇尔甚至私下还提出了他个人对如何迅速实现临时性联合政府的设想。在谈话即将结束的时候，马歇尔请周恩来把转达的毛泽东谈话写成节略给他，以便直接向杜鲁门汇报。周恩来同意了。第二天就交给了马歇尔。马歇尔表示，如果毛主席要去华盛顿的话，他可以安排飞机，甚至可以赠送 1 架专机。

当天下午，政治协商会议闭幕。会议通过了五个协议，明确规定结束一党专政，成立联合政府。周恩来在闭幕会的致辞中指出：虽然大会的协议和中共历来的主张还有一些距离，但这些协议是好的，是各方互谅互让的结果。中共保证为这些协议的全部实现而奋斗。第二天，中共中央向全党通报：政治协商会议的重大成果提出了中国有可能走上和平民主建设新阶段的前景。

那时，共产党人的确是真诚地希望中国能走和平民主发展的道路。但是，事情如何发展并不取决于共产党单方面的愿望，关键是国民党想做什么。

转瞬即逝的和平之光

政协会议通过五项协议之后，2 月 25 日，中共代表周恩来，国民党政府代表张治中和美国顾问马歇尔共同签署了一项整军方案。这个方案的目的是要在中国实现民主政治、成立联合政府之后，将中国军队统编为国防军，实现军党分开的制度。2 月底，马歇尔、周恩来、张治中三人离开重庆到华北、华中视察各地停战协定的执行情况和解决军队整编中的问题，以期巩固和平，为实现和平民主创造更有利的条件。

3 月 4 日晚，军事三人小组及随行人员飞抵延安，受到中共领导毛泽东、朱德、林伯渠等人的热烈欢迎。当晚，毛泽东还在延安大礼堂招待马歇尔观看文艺演出，包括《黄河大合唱》等节目。当时陕北的天气很冷，礼堂里也没有取暖设备。毛泽东和马歇尔都靠在躺椅上，腿上盖着厚厚的毛毯，脚底下放着火盆。

3 月初，三人小组返回重庆时，面临的关键问题是东北停战。马歇尔来华时，中共军队已在东北占有相当的优势。为了满足人民实现和平的愿望，中共在政协会议所签署的协议中，对国民党作了很大的让步，同意国民党接收被苏军占领的大城市和铁路，同意让国民党军队整编后在东北与全国一样占有 5 ∶ 1 的优势。当然，中共方面也有自己的原则，那就是国民党必须承认中共及其军队在东北的合法地位，承认东北已建立起来的民主政权。中共中央那时曾明确指示东北局，要做好准备，在和平到来之后与国民党合作。

在谈判中，周恩来也多次主动地向张治中、马歇尔提出东北问题。但国民党却极力回避。蒋介石显然看出，马歇尔对苏联与中共在东北的关系正存疑虑，他愿意让国民党在东北占优势。

3 月 11 日，马歇尔返美述职。临行前，毛泽东曾通过周恩来带话给他，希望他等到东北的局势安定下来再走，但马歇尔执意不肯。马歇尔走后，国共美三方直到 3 月 27 日才签订了向东北派出停战执行小组监督调处停止军事冲突的协议。此后，蒋介石又借口国民党军队开入东北是接收主权，而不受停火协议限制，结果派出的停战调处小组因受蒋方的阻挠而不能起任何作用。

与此同时，国民党还以种种手段破坏政协会议的各项决议。主要涉及两个问题：第一是“政治民主化”与“军队国家化”孰先孰后。政协决议的精神是先成

周恩来和马歇尔（右三）、张治中（右四）同随行的北平军事调处执行部成员沃尔特·S·罗伯逊（右六）、郑介民（右五）、叶剑英（右一）视察张家口时，在晋察冀军区司令部门前合影

军事三人小组飞抵延安视察时，在机场受到毛泽东、朱德、林伯渠等的欢迎

立民主联合政府，然后实现军队国家化；而蒋介石坚持要先统编军队，对改组政府则毫无诚意。第二是宪法问题。政协会议通过的宪法草案是建立一个内阁制的政府，总统的权力受到很大限制，而蒋介石坚持制定一部实际维护独裁统治的宪法。这样，中国的局势便迅速恶化了。

针对国民党的军事进攻，中共代表团明确看出，只有在蒋介石的大打大斗政策受到重大挫折之后，才有可能谈判。周恩来向中央建议，我们必须在东北大打，不能对国民党方面抱有不切实际的想法。4 月 18 日，当马歇尔述职归来之时，正是东北的战斗升级之际。国民党军队对东北民主联军据守的四平发动总攻，而我军也在这一天进驻了长春。这个时期，虽然我们党采取了以打对打的方针，但目的乃是以反击促和谈。

“周是我未遇过的外交对手”

谈判初期，周恩来与马歇尔之间的会谈经常是每次会议以一方的发言为主。马歇尔第一次来华时，大都由他发表长篇大论，谈美国对促成中国和平统一的设想。除去谈判所涉及的具体问题之外，马歇尔向周恩来介绍了英美政治制度、军队组织原则和训练方法。

马歇尔讲解得最为详细的要数英美军队不干预政治的传统是怎样形成的，他似乎很想以此说服中共放弃军队。作为一个谈判老手，当谈话涉及敏感的现实问题时，马歇尔喜欢使用谨慎的、试探性的措辞，暗示周恩来不必立即回答他提出的问题，以免使谈判陷入僵局。即使遇到十分棘手的情况，他也不动声色。

周恩来是位善于倾听对方意见的对手。为了推动中国和平民主的进程，也为了融洽会谈气氛，他认真思考马歇尔提出的每一项建议。对那些具有实质内容的建议，他还要提出简短的问题，以便弄清马歇尔提议的动机与关键之处。凡遇重大问题，周恩来决不轻易表态，总是在请示延安之后，才作出答复。从 4 月份以后，这种在谈判中以马歇尔为主讲的情况就发生了明显的变化。

4 月 22 日，周恩来与刚刚从美国回来的马歇尔进行了一次长谈。有三四个小时，几乎全由周恩来一个人发言。在历次重大谈判中，周恩来这种后发制人的办法在赢得主动权方面是很成功的。在这次会谈中，周恩来开门见山地向马歇尔指出：在我们第一次相见时，我便已说明我们的要求是一个和平民主的中国。我也曾从你的谈话中得到一些民主的办法和民主制度的观念，并更加理解什么是美国的民主传统。我记得政协会议之后，你曾给我读过一篇富兰克林的演说词，使我最受感动之处是其中曾说到，尽管大家意见有不同，但大家一定要合作。在政协闭幕会上，我也曾强调，虽然政协的决定并不完全合乎我们中共的理想，但既然大家同意了，大家便都要遵守。3个月来，我们方面从来未要求任何修改，而国民党方面却闹得翻天覆地。随后，周恩来把马歇尔离华期间国民党政府破坏各项协议的情况做了十分详尽而准确的说明。周恩来开诚布公的声明使马歇尔无言以对。在打给美国政府的报告中，马歇尔承认，国民党给了中共以指责他们的充分口实。

周恩来无懈可击的谈判才干显然给马歇尔留下了深刻的印象。就在这次会谈之后，马歇尔对民盟的领导人之一罗隆基说，周恩来是他“从未遇过的外交对手”。5月中旬，在与无党派职业外交家、新任驻美大使顾维钧的谈话中，马歇尔更为坦率地道出了他自己的看法，马歇尔说，在他本人的经历中，他曾与各种人物打过交道，包括伦敦的一些非常狡猾的英国人，但是没有一位比周恩来更聪明。在他看来，周的谈判艺术似乎与共产主义毫不相干，根本不涉及共产党人爱谈的资本、土地和财产等问题。马歇尔还说，听说共产党人是不能信赖的，但国民党丝毫不比共产党人更值得信任。

实际上，一直到5月中旬，周恩来和马歇尔之间还保持着良好的工作关系。马歇尔承认，那时共产党的领袖确有执行协议的诚意，一般来说，来自上级的命令会被共产党部队的战地指挥员执行。相反，马歇尔常常感到与蒋介石打交道很困难，以致他有时会问周恩来，如何才能说服蒋介石作出一些让步。当然，这并不意味着马歇尔支持国民党政府的立场有所动摇。作为一个高明的军事家和政治家，他当时已预感到，蒋介石一心想要采取的武力政策到头来不仅不可能消灭共产党，反而会加速国民党政权的垮台。这正是他劝告蒋介石不要搞军事冒险的根本动机。

“美国有两重对华政策”

5月，东北的战斗日趋激烈。我军原希冀在四平、长春能顶住国民党军的进攻，以期赢来停战，但这个目的未能达到。22日，东北民主联军撤出长春，国民党军立即进占。第二天，蒋介石乘马歇尔的专机飞到沈阳视察。临行前，他向马歇尔表示，愿意考虑在东北停战，还说他到沈阳去是为了控制局势。但他一到那里，就决定继续向北进攻，并向中共提出了新的更加无理的要求，作为停战的条件。

5月底，中共代表团判断，内战已在全面化边缘，但美蒋之间还存在着一些矛盾。马歇尔担心蒋介石打内战将引起严重后果，因此，中共代表团向党中央提出了“逼美压蒋”的策略。在6月初举行的一次会谈中，周恩来坦率地告诉马歇尔，现实使他不能不认识到，美国政府对中国有两重政策：一个是好的方面，是罗斯福总统所留下的，世界各国要合作，中国各方也要合作；另一个是比较黯淡的方面，就是把中国实现民主化放在一旁，而积极帮助国民党继续搞独裁。周恩来列举了美国援蒋的大量事实，向马歇尔表明，美国对中国的内战是负有责任的。他打了一个形象的比喻来说明美国是有办法制止中国内战的。他说，美国援蒋就好比从自来水管中放水，已经流出来的，自然收不回去，但至少不应该再放了。“把水龙头关上，美国是有这个权力的。”随后周恩来又分析了蒋介石所采取的策略。他对马歇尔说：“你来中国代表了美国政策中好的一面。在你来华初期，蒋介石就不希望你的使命获得成功，现在蒋介石已在准备大打，想把你拖下水。”

周恩来的这些分析是相当准确的。既要继续援蒋，又想抑制蒋介石打内战的欲望，这正是美国政策中的致命矛盾。周恩来的话击中了马歇尔的痛处。原来马歇尔在来华之前，就相当担心蒋介石不一定会接受在他看来是合理的让步。为此，他曾向杜鲁门要了一张底牌。那就是如果蒋介石不愿让步而使得国共之间无法达成协议时，美国到头来是否还得支持蒋介石。对此，杜鲁门十分明确地加以肯定。而这一点恰恰很快就被蒋介石心领神会了。

6月份是谈判十分紧张的时期。月初，国共双方达成了一个停战15天的协议。中共中央决定，其基本方针是在不丧失基本利益的前提下“竭力争取和平”。由于国民党在军事上一时占了上风，在谈判中，他们的条件也不断升级，逼迫中共或则破裂谈判，或则作出重大让步。不过，由于国民党的军队也未做好全部进攻准备，实际情况是谈谈打打。

在与马歇尔的会谈中，每当说到国民党军队背信弃义，向解放区发动进攻的时候，周恩来的气愤之情总是溢于言表。每逢这种时候，马歇尔就拿起桌上的香烟盒子请周恩来吸烟，以此缓和谈判气氛。周恩来平时并不吸烟，这时却会点燃一支，吸上几口，继续从容地与马歇尔周旋。其实谁都知道，谈判至此已谈不出什么名堂了。不过国共双方仍不断地提出各式各样的方案和对案，美国人则提出一系列所谓“折中”案。对我们来说，真正的困难是，既要设法避免谈判的破裂，又不能放弃原则。只有既坚持原则，又表现得合情合理，才更有利于为最后的决战争取时间，赢得人心。这种谈谈打打的局面一直维持了 3 个月。

“中国的人心向背是决定一切的！”

9 月底，国民党军队分三路进攻张家口。周恩来马上致函马歇尔、蒋介石，声明：如果国民党军不立即停止对张家口的进攻，中共将认为国民党政府已公然宣告和谈破裂。10 月 11 日，国民党军队占领了张家口。同时，国民党政府宣布即将召开一党包办的“国大”。换言之，蒋介石明目张胆地表示要以武力消灭中共，并彻底埋葬政协决议。国共谈判已到破裂的最后关头。11 月 15 日，国民党一党包办的“国大”终于开幕了。国民党内战独裁的道路已经没有回头的余地。

11 月 16 日，周恩来召开中外记者招待会，慷慨陈词。向国内外庄严宣布中国共产党的正义立场，并严正谴责国民党祸国殃民的罪恶政策。19 日，周恩来率领中共代表团返回延安。历时一年之久的，由马歇尔斡旋的国共谈判实际到此就结束了。

周恩来最后对马歇尔这样说：“蒋介石想用武力解决一切，我们不会屈服。中国的人心向背是决定一切的。”

历时一年的谈判虽然以破裂而告终，但中国共产党的和平民主方针已为广大人民群众所认识，人心向背，势不可当。与此同时，周恩来与马歇尔之间，也留下了终身难以磨灭的印象。在马歇尔方面，他感叹地称周恩来为“从未遇过的外交对手”，在他打过交道的各种人物中“没有一位比周恩来更聪明”。

而在周恩来方面，他也觉得与马歇尔的这次交锋，受益匪浅。

1946 年 9 月，周恩来在南京接受美国记者李勃曼的采访时，最后谈到了马歇尔将军：“马歇尔在 1945 年 12 月开始来华时，我觉得他直率、朴素、冷静，与史迪威相似。我们在三个月内相处得甚好。但在 1946 年 3 月东北问题起来之后，双方意见常有距离。他对苏联有猜疑，往往把苏联牵涉到各种问题上去，加上美国政府的错误政策，使我们和马歇尔无法取得协议。但是，我与马歇尔个人关系很好，我认为他是一个有智慧的人。”

1962 年 3 月 5 日，周恩来在接见老挝客人时谈到与美国打交道的经验，其中又提到 1946 年的周、马会谈：“我与马歇尔有十个月的交往经验，十个月的时间里，我几乎天天都到马歇尔那里，是他教会我一点外交的，不得不用脑子想一想。”

1965 年 8 月 8 日，周恩来在接见柬埔寨客人时又一次提到了马歇尔，也没有忘记马歇尔的骆驼牌香烟，他说：“1945 年，日本投降后，美国派马歇尔来重庆调解国共两党关系，我们接待了他并和国民党进行了会谈。那一年中我几乎天天和他见面，或者两天见一次。那时他桌上放着美国骆驼牌的香烟，因为每天都和他争论，所以想抽点烟帮助思考，抽了一年也没有抽上瘾……”

周恩来与马歇尔，分属不同的国家、阶级，在不同的阵营，他们是敌手、对手，然而也谈成了朋友。

十、难忘的一九四六

32　上海：周恩来将军官邸

1946 年，是中国进入两个前途、两种命运决战的一年。周恩来感慨万千："谈判耗去了我现有生命的五分之一，我已经谈老了！"他奔走于重庆、南京、上海、延安……之间。

1946 年的第一天即 1 月 1 日，周恩来曾对马歇尔说："国共间缺乏互相信任，这是由于中国缺乏民主之故，致有今日内战的结果。"

1946 年的最后一天即 12 月 31 日，周恩来在致郭沫若的信中说："国内外形势正向孤立那反动独裁者的过程中进展，明年将是这一斗争艰巨而又转变的一年。……我们这一面，再有一年半载，你可看到量变质的跃进。"

1946 年，是中国进入两个前途、两种命运决战的一年，也是周恩来一生曲折经历中极为特殊的一年。

这一年，周恩来给人们留下了极为难忘的印象。人们从不同的角度来记述这一年的周恩来。

上海——当年中共代表团外事组于土、许真的回忆……

“周公馆”

1946年，在中国共产党与国民党政府进行谈判期间，上海马斯南路107号（现为马斯南路73号）的大门上，钉有一块铜牌，上镌有三个大字：“周公馆”。铜牌下端还有一行英文字，直译就是“周恩来将军官邸”。

这所当时为中外舆论界十分关注的住宅，就是中国共产党代表团驻上海办事处的所在地。“周公馆”，是为适应蒋管区具体情况的对外公开名称。自1946年5月初随着国民党政府“还都”南京而由重庆东迁，一直到同年11月19日因谈判最后破裂而撤返延安，在这风云变幻的7个多月中，周恩来——当时我们称他“副主席”，外国人称他“周将军”——经常奔忙往返于南京—上海—南京之间，同国民党进行了艰苦卓绝的谈判。马斯南路107号，就是他受党中央、毛主席之重托，在国民党盘踞下的上海指挥战斗的总部。

“周公馆”是一幢坐北朝南的三层独立式花园洋房。南面，隔花园与梅兰芳公馆相望。自1946年的三四月间我们一些先遣人员“顶”下了这所房子后，除面向梅公馆的这一面外，其他三面，都被国民党特务的眼睛盯上了。这里过去是法租界很安静的高级住宅区，没有店铺，更没有叫卖的小摊小贩。可打从我们一住进去，门前突然热闹起来了。马路对面设了个从不见有人光顾的皮鞋修理摊。一些拉三轮的，装作候客总停在门口。卖香烟的小贩，剃头挑子，也在我们门前晃来晃去，一眼就看出是些最蹩脚的演员。周公馆周围有好几家房子，被特务机关强“租”下供作监视点。他们在对面思南路98号上海妇孺医院设立了秘密监视据点，并根据上海警察局长宣铁吾的密令，黄浦分局派去的人每天要详细上报记录当天情况的《监视专报》。在正对我们大门的一间屋内，还设有摄影机，拍下进出周公馆的每一个人。

周公馆靠北的一面住着陈家康、徐克立（中共南方局妇女组工作）夫妇。他们窗外下面是一条僻静的小巷。这条小巷，也是有眼睛盯着的。我们的人从市区回来，首先看到的是家康、克立房间的窗台。为了安全起见，我们在这个窗台上摆着一盆菊花作为信号。每当有敌特或他们雇佣的地痞流氓要来捣乱时，就把花盆撤掉。外出回家前要先打个电话问问，到家时还要先抬头看看这个窗台，见花盆还在，才能揿铃进门。

周副主席、董老他们极重视安全保卫工作。每当接见一些过沪的地下党员时，除了谈形势、谈工作外，总要详细地、具体地指导他们躲避特务盯梢的方法。有些相识的当时地下党的同志，日后和我们聊起这些情况时，深为领导同志对敌区干部这样的关切、爱护感叹不已。

中共代表团与国民党政府的和平谈判，主要在南京进行，但副主席在短短的半年里四次来上海，在他的“公馆”里小住。有时来也匆匆，去也匆匆。有时则住得时间长些。

对于旧上海，各式各样的评论多矣，什么“十里洋场”“冒险家的乐园”“上海滩”等等，都生动地表述了它阴谋、黑暗、无耻的一面。它是反动、黑暗势力的大本营，蒋介石就是在这里起家的。但上海又是中国工业和中国工人阶级最集中的地方，它同时也是革命、进步的大本营，是中国共产党的诞生地，也是中国文化、科学、技术最为发达的地区。可以说，进步势力和反动势力都集中在那里。据当时看到的材料，那个时期的国民党统治地区，百分之八十的黄金贮存在上海，国民党政府财政收入的百分之八十也来自上海。上海那时实际上是国民党的命脉，也是我们党在国统区开展外事工作、统战工作、社会工作、宣传工作、文化工作等的一个重要基地。

周副主席来上海还有一条重要原因，即谈判斗争的需要。谁都知道，那时国民党蒋介石毫无和谈诚意，他只是利用和谈作为部署全面内战的烟幕。要在中国实现真正的和平，就得向中外人士和广大人民群众彻底揭露国民党假谈真打的阴谋。周副主席把这叫作“教育人民的一课”。他说：“我们明知马歇尔、蒋介石是在搞欺骗，明知谈判不会有什么结果，但不能不和他们谈判，因为人民不了解，我们不谈就会被孤立。我们一定要通过事实，也通过我们的努力，完成这‘教育人民的一课’。”

国民党一方面在美国的全力帮助下，运用一切手段通过陆、海、空加紧运兵、运军火，蒋介石本人也特意飞往庐山牯岭避风，让下面将领放手大打，妄图造成以武力消灭我党我军的“既成事实”；另一方面采用政治欺骗手段，制造和谈空气，散布和谈幻想，企图冲淡其在军事上大举进攻解放区的严重事实，诱使舆论误以为他还是愿意谈判，谈判还是有希望的。

每当这种时候，周恩来就从南京来到上海。他气愤地对我们说：“我不能继续待在南京，去客观上帮助蒋介石制造一种谈判还在继续，谈判还有希望的假象。

1946年9月16日，周恩来为抗议国民党破坏和平谈判，愤然离开南京到上海。这是他和李维汉、郭沫若在中共代表团驻上海办事处门前合影

1946年10月17日，国共双方谈判代表和第三方面人士在上海吴铁城公馆门前合影

蒋介石和美国方面在谈判中蛮不讲理，施加压力，以为我们是怕他们的，逼我们割地求和订立城下之盟。可我们偏不吃那一套。所以，我干脆离开南京了。我来上海，就是要让全国、全世界都知道，和谈受到了挫折，正处于僵局、停顿状态。我一天不回南京，就表明谈判还没有恢复。”

周副主席在接见外国记者时曾说，由于国民党政府拒绝保证停战，他已暂时退出南京谈判，不再与政府及美方代表进行毫无意义之磋商。除非同意重开唯一有权讨论停战问题之军事三人小组会议，否则他将不返回南京。至于司徒雷登大使主持的五人非正式小组，讨论范围仅以改组国府委员会为限，值此内战正继续进行之际，此五人小组成就如何，实无任何实际意义可言。

那时，我们在时事政策学习中，曾争论过一个问题：蒋介石最终会选择战，还是和？

有的同志认为：对蒋介石来说，不打，还可以拖它若干年；打，则明摆着迅速导致其彻底毁灭。蒋介石是个聪明人，他总不至愚蠢到自找死路吧？

后来听乔木（即乔冠华，以下同）同志谈，周副主席听到这个说法后，笑了笑说，不要替蒋介石设想他是打聪明些，还是不打聪明些。他是不可能按我们共产党人的逻辑办事的。他站在极端反动的立场上，只能妄想消灭我们，只能打。他在别的事情上可能是聪明的，但在这样历史性选择的大问题上，他不可能聪明，只能是愚蠢的。

扣人心弦的中外记者招待会

周公馆里，最激动人心的，莫过于周副主席的中外记者招待会了。

招待会上，周副主席那铿锵有力，带点儿淮安口音的普通话，至今仍回响在我们耳际，遥远，然而清晰。

他指点着地图，面对挤满会场的百余名中外记者，满腔义愤地揭露蒋介石在各个地区挑动内战的详情。他分析形势，讲我们必胜的根据。有时讲得慷慨激昂了，就离开翻译章文晋，一面指着作战形势图，一面直接用英语讲起来。翌晨，翻阅英文报纸时往往可以发现，外国记者在报道时，常喜欢特别说明哪些段落是“周将军”亲口用英语讲的。周副主席就这样努力通过中外记者之笔、之口，向全国、全世界阐明事实真相和我们党的立场。

周副主席举行中外记者招待会之所以激动人心，还因为这种场合往往要与国民党特务面对面斗争。

招待会在周公馆一楼大客厅举行。但因到会的记者太多，大客厅里坐不下，许多人还要坐到一楼平常用来吃饭的廊厅里。因此副主席总是站在大客厅通廊厅的门中间，一半身子在客厅，一半身子在廊厅。大门敞着，以便让尽量多的记者来参加。这样，便可以从大门外望见站在客厅与廊厅之间的周副主席的半边身子了。

一次，副主席正在向中外记者发表讲话，管保卫的同志悄悄告诉他，大门口站着好几个带枪的特务，请副主席站进客厅里，不要让半边身子暴露在外。副主席一听大怒，干脆走到直通大门的平台上，大声向门外带枪的人呵斥道："你们谁是特务？站出来让大家看看！我是你们的政府请来谈判的，你们竟敢对谈判代表采取这样卑鄙的手段！"周副主席这种凛然正气和大无畏精神，竟把那几个特务给吓跑了。

"周公馆"里的座上客

在"周公馆"里曾接待过许多特殊人物。他们中的一些人后来被我们称为民主人士、爱国人士，当时他们自称为"第三方面人士"，意为既非国民党一方，亦非共产党一方之"第三方面"也。

1946年年底，马叙伦先生在上海《文汇报》撰文《再论第三方面与民主阵线》指出：自国民党当局公然推翻政治协商会议决议，召开国民党一党包办的非法国大之后，中国便只有民主和反民主两个方面，不容许在这两个方面之外还有个第三方面，因此"第三方面"这个名词以后在争取民主时期应不再出现。马叙伦这篇宣言性的文章发表之后，才基本上不再见有人自称或被称"第三方面"。

周副主席是做统战工作的模范。他尊重、理解朋友们，这些朋友们也很尊重他，信赖他。他有时同朋友们聚谈，讨论，有时做耐心的解释。

我们素所敬重的孙夫人宋庆龄先生曾与副主席在上海多次会面，亲切晤谈。我们也曾见宋庆龄先生亲临周公馆访问副主席。郭老那时是经常来的客人。他那时还不算老，身手还很矫健。一次，他一纵身跳过园子里的一汪雨水，随即向同来的几位老先生吹说："看！我一个箭步就过来了！"

张澜、沈钧儒、马叙伦、马寅初、谭平山、柳亚子、黄炎培、章伯钧、罗隆基、章乃器、陶行知、周建人、梁漱溟、许广平、沙千里、史良、包达三……这些后来参加了政协、人大或人民政府工作的爱国民主人士，也经常或有时在周公馆里看到。“混入又混出”的青年党人，那时还混迹于“第三方面”，有时也出现在我们的大客厅里。后因参加伪国大而被民盟决议令其“退盟”的民社党领袖张君劢，在“动摇”过去之前，也常来做客。

1946年7月25日，民主战士、人民教育家陶行知先生突患脑溢血溘然长逝。周副主席遽闻噩耗，是多么悲痛啊！他含着眼泪说：“在韬奋去世之后，我们党又失去了一位最知心、最可靠、也最可贵的朋友！一位党外布尔什维克！这真是我们党、我们人民不可弥补的重大损失！”他当天在致党中央电中称誉陶先生是一个无保留追随党的党外布尔什维克，并关照在上海工作的潘汉年、伍云甫等同志，要对进步朋友多加照顾。

周副主席一向很重视文化界的工作。许多著名作家、艺术家和电影戏剧演员经常应邀来座谈。其中有田汉、阳翰笙、胡风、夏衍、丁伶、黄佐临、刘厚生等，还有电影明星白杨、秦怡、张瑞芳、丹尼等。

一天，我们正准备出门，看见门口徘徊着一位身穿黄丝绸长衫，头戴礼帽式草帽，腋下夹着一根手杖的约有四十多岁的男人，他一见有人出来，忙摘下草帽，用夸张的京腔京调，一板一眼地问：“请问，这儿是周公馆吗？”这样的衣着风度，这样清晰洪亮的舞台京白腔，实觉惊异！我们定睛一看，原来是京剧“麒派”创始人麒麟童——周信芳先生！后来知道，他是应副主席之邀，来周公馆参加文艺界人士的座谈的。

周副主席举行中外记者招待会的第二天早上，往往是我们最紧张的时刻。那时，郭沫若、沈钧儒、马叙伦、黄炎培等各位老朋友往往早早就来了，他们到得差不多了，副主席就依惯例叫于产（于土当时名于产）把当天早晨所有英文报纸上关于他头天举行的中外记者招待会的报道，关于对我们党的反应、评论，当场翻译给他和这些客人一起听。什么报，写消息的记者是谁，他讲的哪些话报道了，哪些没报道，哪些话报得真实，哪些歪曲了，都要一一介绍清楚，否则他就要问。有时，连当日有什么有影响的外国人士过往上海、南京，周副主席也要知道。这些，都是我们外事组对外联络组工作任务的一部分。周副主席和客人们边听边谈论，那气氛就像是一家人一样。

记得当四平激战时，有少数民主人士曾劝我们主动“让出”四平。当我们主动放弃张家口时，也有少数民主人士以为我们顶不住了。还有的责怪我们的土改政策“损害”了“群众”利益。甚至认为我党以歼灭敌军有生力量为主要目标，而不在一城一地之得失的战略方针，不过是“战败”的遁词而已，等等。当时我们这些年轻同志中有不少人对此很气愤。但周副主席却一方面向这些民主人士指出：在谈判桌上，蒋介石还没敢向我们提出“让出”四平的要求，想不到我们的朋友竟向我们提出了。另一方面又以事实，从道理上耐心说服他们。他还教育我们这些沉不住气的青年同志说，不要着急，等将来我们实行大反攻了，他们就会自己纠正自己的错误想法的。

事实的发展果然如此。1946 年 11 月，民盟严正宣布拒绝参加国民党一党包办的“国大”之后，周副主席曾总结说：民盟不参加，“国大”开了就很臭。这个目的达到了。这是十四年抗战和最近一年来谈判的成果，“第三方面”大部分居然敢于反对蒋记国大，跟着我们这条路走了。

形势发展很快。周副主席离开上海前，在 1946 年 11 月 17 日夜写给郭老、于立群夫妇的信中曾说：“今后要看前线，少则半载，多则一年，必可分晓。”到了 1948 年秋冬，前线上早已见分晓了。这些老朋友从香港坐船去东北解放区的心情已与在上海时完全不同了。

这里，我们觉得有必要提一提一位“洋”座上客——加拿大著名和平人士文幼章先生。

文幼章先生算是周公馆的老朋友了。他和周副主席谈论形势，和家康等人谈论事务，还帮助我们年轻同志润饰英文稿。在周公馆里，他像在家里一样。

美国著名女记者、女作家安娜·路易斯·斯特朗女士，在她前往延安之前，周副主席曾在上海周公馆里会见她。那是1946年7月下旬，领导告诉于产，安娜·路易斯·斯特朗女士来上海了，住百老汇大厦（今称上海大厦），要于产立即带些吃的东西先去看看她，向她表示热烈欢迎。她若提出什么要求，尽量都答应，因为她从没提过不合理的要求。

于产遵照领导的指示去拜访她，表示热情的欢迎。她提出的唯一要求便是：会见周恩来将军！

于产当即回答：“我将立即报告将军。我认为将军会很高兴见到您的。具体时间、地点，由将军和您共同决定好吗？”斯特朗很通情达理：“完全听周将军方便吧！”

第二天，于产就又去百老汇大厦，去接她来周公馆与周副主席会面。后来听乔木、文晋同志说，副主席就着一幅新绘制的战场形势图，不厌其详地向她介绍了国民党军队进攻我解放区的情况，以及我必胜、蒋必败的根据。

斯特朗女士在上海会见了周恩来将军后，很快就取道北平飞延安采访毛泽东主席去了。

“周恩来瘦了”

邓大姐于 1946 年 7 月在回答上海记者们的问题时说：“周恩来为中国的真正和平而忙碌不堪。午睡根本不可能，夜间也睡得极少，而且寝不能安。周恩来瘦了，不像往日那样健壮了。”这时，我们也都发现我们的副主席消瘦了。

他怎么可能不瘦呢?

健壮固然健壮，可人毕竟不是机器人呀。在那些处于“突击”状态的日日夜夜里，中午从不见他午睡，晚上，按一般情况，总要工作到翌日清晨 4 时左右才能休息，而早晨 7 时半左右起来，立即又开始了一天的紧张工作。这样的生活，几乎贯穿了他的一生。

一天晚上，都下 1 点了，家康转告于产，副主席要于产立即整理一件特急材料给他。于产整好，已经快凌晨 4 点了，便从自己所在的二楼，蹑手蹑足下到一楼周副主席办公室兼卧室。一看，辛劳了一整天的周副主席还坐在桌子前，戴着眼镜，正聚精会神地看着上面写满了极小极小字体的材料呢！

我们工作当然也忙，但都有明确分工：管内部工作的只管内部工作，管外事工作的只管外事工作。除有时需做必要的协作外，一般互不涉足他人工作范围。但副主席就完全不同了。他什么都得管。作为中共中央南京局书记，他还负责指导我国南部国统区地下党的工作。在实践中，他把合法与非法，公开与秘密，上层与下层，党内与党外既严格分开又紧密配合，工作有条不紊。许多党员，许多情况，他都很熟悉。他经常接见地下党的同志。

他如此繁忙，还时刻关心每个同志的安全。

周公馆的同志们如果不是为了工作是不随便外出上街的。一天，单独外出工作的广东籍年轻干部关振群同志（因为长得像，大家都叫他“莫洛托夫”）到晚上 10 点，过了预定回来的时间很久了还没有回来。副主席知道后非常着急，亲自在一楼用作饭厅的廊厅里把大家召集过来，在作了分头去找的部署后，一直在廊厅里焦急地踱来踱去，当着大家的面批评有关负责同志不该让一个刚来上海不久的年轻同志晚上单独外出工作，若有必要也得有人陪伴，去前要说明所去地点和预定返回时间。

副主席正说着，那个小广东自己回来了。原来，他在回来的路上，发现有人跟踪，他花了好大力气才脱了“梢”回到家。他一进门，看到周副主席正为他的安全问题那么焦急，他感动得涌出了热泪！

上海工委青年组组长刘光同志，因病，化了名，填了友人家的住址，住进了上海第四医院。副主席忙成那个样子，竟曾三次亲往医院去探视。7 月 16 日晨，刘光同志终于永远停止了呼吸。副主席和邓大姐闻讯急速赶到医院，他悲痛得说不出话来，邓大姐则抚尸大哭。每一个同志，哪怕是青年同志，是多么牵动着副主席的心啊！

周副主席工作繁忙，吃饭极简单。在家里，他总坚持和大家同桌吃一样的饭菜。那时，管炊事的陈姐感到对日理万机的副主席来说，饭菜太单调了，于心不忍，有时就偷偷炒盘鸡蛋端上。细心的副主席一看另外一桌上没有，就告诉管行政的同志，以后不许对他“特殊”，并把炒蛋推到桌子中央，要大家一起吃。

附带说一句，副主席瘦了，我们大家绝大多数也并没有长胖。试想，副主席那么忙，每天做那么多事，他的那些秘书，以及几乎所有的工作人员，谁又能不踏着这快速的节拍起舞呢！

多么辛劳的日日夜夜啊！可是，我们多么渴望再过过这种虽然辛苦，但却没有扯皮，没有歪风邪气，真正全心全意扑向工作的日日夜夜啊！

人鬼之间

一度，领导传达说：据地下党可靠情报，国民党 C. C. 派特务机关，计划派出大批特务，并雇佣一批流氓、打手，打着“苏北难民”（苏北的还乡团、逃亡地主之类，国民党就叫“难民”）的旗号来我周公馆“请愿”，对我们的土改政策进行“抗议”，并在混乱中趁机打砸周公馆，杀害我方工作人员。传达中还说，国民党特务新制定了一系列暗杀手段，其中包括：伪装一般车祸，伺机用汽车将我方人员撞死在大街上；跟踪我方独行人员，于僻静处予以绑架；制造个人原因的死亡假象，对我方某些人员实行枪杀，等等。虽然我们都是正式登了记、办了户口的中共人员，于理是不能加害的，但国民党一向反共不择手段，他哪管什么理不理！

为此，周副主席在中外记者招待会上愤怒地指出：从沧白堂扔石子，校场口打伤人，到捣毁《新华日报》，到处进行暗杀，现在竟发展到暗杀李公朴、闻一多两先生！这一连串事件都是有计划的，其严重性不亚于内战，因为这是打击大后方手无寸铁的民主人士、工业家、新闻记者和文学家，这真是无耻之极！国民党特务的黑名单上列有许多民主人士，准备逮捕、殴打、绑架和暗杀他们。民主人士的名字都在陈立夫手上，更不要说我们共产党人了！

副主席大声疾呼：现在已经不是抗战以前的时候了，我们要申雪！我们要控诉！希望记者先生们用笔和口来控诉，以制止这些卑鄙无耻的暴行！

一次，副主席乘车外出，发现后面有一辆中统特务汽车紧紧尾随。副主席的车停它也停，车开它也开。周副主席叫司机停车，自己下来走向特务汽车，大声斥道："我周恩来是你们蒋委员长和美国马歇尔请来谈判的，你们知道吗？你们这是要干什么？快给我走开！"那几个特务只好灰溜溜地掉头跑开了。事后，副主席还曾当面向国民党上海市市长吴国桢提出抗议，要他保证以后不再发生类似事件。吴国桢只好作了保证。

自国民党撕毁政协会议决议，悍然于 1946 年 11 月 15 日片面召开非法的"国民大会"，最后关死和谈大门，而完成了教育人民的一课。周副主席于这年 11 月 19 日飞返延安之后，周公馆改称"中共代表团上海联络处"，由董老坐镇，国民党对我们的骚扰迫害，变本加厉，更加明目张胆了。

"民主死不了！"

先后惨遭国民党特务枪杀的李公朴、闻一多两先生的追悼大会，1946 年 10 月 4 日上午在上海四马路天蟾舞台（*后为上海劳动剧场*）举行。领导上派我们二人前去参加大会，并观察情况。

会场附近，"民主死不了！"的大幅张贴画赫然在目，一下子攫住了大家的心！会场大门口，架着两排美制机关枪，从大门一直排到楼下内门。会场四周的军警宪特，一步一岗，荷枪实弹，如临大敌。他们守在门口盯着进入会场的每一个人，一一检查入场证，就连新闻记者，也不准自由入场采访。

会场里布满了特务和“短衣客”（打手），臂上都一色儿缠着黑纱（凶手给殉难者戴孝，真是莫大的讽刺！），还有不少花钱雇来的流氓、无赖以及一些还不懂事的小学生模样的孩子。这些人把会场四周和后排的位子都占去了。据邻座的与会者介绍，这帮人清早6点就抢先来占位子了，说好开会时特务一带头鼓掌，他们就紧跟着鼓掌，特务一带头起哄，他们就跟着起哄，不许自作主张。报酬是除管一顿早点外，每人还发“五只角子”（五毛钱）。

我们进会场时，这帮人正在进补早点——大嚼包子、面包。有个被哄骗来的女工对别人说：“叫我来，说是有好戏看。怎么还不开始呀！”这帮人也真像是来天蟾大舞台看戏似的，从始至终嗑瓜子，嬉笑打闹，旁若无人。

国民党上海市市长吴国桢首先致辞，接着上海市议长潘公展讲话，他们说什么上海是“全国民主与自由的楷模”，“允许人民发言，批评”，但“要有分寸”，“要负责任”，“要顾及对国家、民族、社会、世界之影响”，云云。特务带头，那帮人鼓了掌，稀稀拉拉。有趣的是，他们中有人可能以为在捧歌星呢，竟高呼“安考儿！安考儿！”（英语“encore”之音译，意即“再来一个！”）有的则像听戏捧名角似的大喊：“哟，哟，好！哟，哟，好！”真令人哭笑不得！

民主党派和无党派民主人士的代表们一上台讲话，特务就带头鼓噪：“共产党的尾巴！共产党的尾巴！”那些被雇来的人也就跟着大吵大闹，乱成一团。但郭沫若、史良、罗隆基、楚图南诸先生的讲话，仍赢得了群众热烈的掌声。

就在郭老讲话的掌声未落的时候，忽见邓颖超大姐出现在讲台上了！她神态严肃、庄重、大声宣告：我谨宣读中共代表团团长周恩来亲笔书就的悼词——

> 今天在此追悼李公朴、闻一多两先生，时局极端险恶，人心异常悲愤。但此时此地，有何话可说？我谨以最虔诚的信念，向殉道者默誓：心不死，志不绝，和平可期，民主有望，杀人者终必覆灭。
>
> 周恩来

邓大姐庄严的正义的声音震彻全场。她每念一句，台下就热烈鼓掌一次，只念了短短几分钟就戛然结束，从容走下讲台。这时，全场又爆发了雷鸣般的掌声，久久停不下来，我们见此情景，激动得热泪盈眶。

那些被特务雇来的人在此情势下，也跟着拼命鼓起掌来。过了一阵，几个特务才明白过来，忙打着手势大声喊："错了！错了！不要拍手！不要拍手！"但是，一帮特务是扭转不了局势的，广大群众以雷鸣般的掌声，一直把邓大姐送上了汽车。民主与独裁斗争的这一重要回合，我们胜利了。

两天后，10 月 6 日，周副主席亲自出席了在静安寺举行的对李、闻两烈士的公祭。人们望着李、闻两烈士的遗像，眼前总浮现着那幅巨大的招贴画："民主死不了！"是的，这次追悼大会的情景证实，以后的历史发展更证实：民主是死不了的！

33 重庆：痛悼冼星海

为纪念人民音乐家冼星海，1月间，周恩来领导了一场震动山城的“冼星海遗作音乐会”。多少年后，当年的亲历者余尚清仍对此事记忆犹新……

为了人民的音乐家

1945年10月30日，中华民族一颗音乐巨星陨落在遥远的社会主义苏联首都莫斯科大地上。年仅40岁的人民音乐家冼星海，肩负党和民族的重任，远赴异国他乡工作，因身罹痼疾，医治无效，不幸逝世。

那是抗日战争胜利之后，中国正处在光明与黑暗两种前途和命运决战的关键时刻。中国共产党领导的革命事业正需要大批优秀的人才，新兴的民族音乐正待开拓前进，而曾为革命文化做出卓越贡献的才华出众的冼星海却过早地离开了我们，这是中国人民的巨大损失！

我（指余尚清）当时就学于重庆青木关国立音乐院（该院是中央音乐学院主要前身），忽然间收到重庆前“文化工作委员会”（注：是周恩来担任副部长的“军委会政治部”第三厅被解散后成立的进步文化人组织）的友人钱远铎来信，告知噩耗，并邀我到重庆有事商量。到重庆后，远铎兄告诉我周恩来同志召见了他，对他讲：“星海同志为人民做出了贡献，我们要纪念他，预备发动重庆各界举行两天追悼会。听说你与音乐院、分院的教师和同学有联系，就请你在那边发动一下，邀请他们参加星海同志的追悼大会和遗作音乐会。”远铎兄让我回院与同学们先通通气，发动一下。

当时的音乐院，反动院方在政治上迫害和毒害同学，他们拥蒋反共、贪污腐化、克扣了同学们的伙食经费。这激起了广大同学的反感，大家纷纷自发地组织起来，团结一致地对院方反动的高压政策作了有力的抵制，使得环境稍有所改变。同学们的组织如“山歌社”“中国音乐社”在与院方交涉中，起过领导作用。我回院后，与两个社团的负责人通了气，和他们讲了全部经过。随后钱远铎也亲自来到青木关与他们见了面，再次说明了情况。同学们毫无异议，一致表示要全力支持。

为了首先在音乐院这个音乐正统的学府掀起一股新音乐的浪潮，在同学中扩大影响，我们“中国音乐社”的墙报《新路》，特别为冼星海的逝世办了特刊。我写了一篇《忆星海》的文章，是回忆 1937 年至 1938 年在救亡怒潮高涨的武汉，人民音乐家冼星海等人领导“救亡歌咏运动”的动人场景。

当时，预定要参加“人民音乐家冼星海追悼大会遗作音乐会”的人，除音乐院、分院的青年教师、同学之外，还有著名教育家陶行知先生创办的“育才学校”音乐组的全体同学。音乐院、分院承担了大部节目，如《黄河大合唱》以及独唱节目。育才学校音乐组承担了《生产大合唱》。

在中国共产党和周恩来同志的召唤之下，音乐会的筹备工作顺利而有效率地展开。经过慎重考虑，我们采取了邀请和同学推荐的办法，聚集了本院和分院思想单纯、业务优秀的同学来参加这一工作。音乐院作曲系的青年教师和同学首先行动起来，他们分担了为《黄河大合唱》及独唱曲如《热血》《茫茫的西伯利亚》等编写钢琴伴奏、表演节目的人员分配、合唱的排练等工作。为了在院内的排练工作能顺利进行，不刺激未参加这一活动同学的情绪，我们采取了低姿态，练习地点不放在大礼堂、教室，而放在作曲系青年教师的寝室进行。在这次伴奏的编写中，值得特别提出的就是大段朗诵诗《黄河之水天上来》的钢琴伴奏，这是一项很沉重的工作。整个伴奏曲有七百多个小节，不仅要衬托出诗的意境，表现出诗的磅礴气势，与诗中的内涵、韵律相吻合；更重要的是需要音乐本身有严密的组织，与诗的部分形成有机的统一并具有相对的独立性。这项艰巨的工作选中了作曲系青年教师作曲家黄国栋来承担。他没有辜负大家期望，足足花了两个星期进行紧张的创作，经几次征求大家的意见和认真的修改，最后出色地完成了这项工作，成为整个演出节目中最有气派的一个节目！

声乐系一大批青年教师和同学，特别是个别平时与“救亡音乐”（即“新音乐”）关系并不密切的教师如张相英等，也承担了独唱节目。钢琴系两位同学——欧阳小华、屠咸若，承担了大量新的伴奏。他们先走一步，在最短的时间里，突击将这些伴奏谱都练熟了，随时给大家合练。在重庆的诗人力扬，特别为冼星海的逝世创作了追悼歌词，由音乐院作曲系青年教师——这次音乐会的具体组织者作曲家张文纲谱曲。记得当他谱好之后，找到了我，特意要我听他试唱后提出意见。这是一首相当成功的追悼歌曲，风格新颖，颇有我国西北黄土高原民歌的味道。曲中有痛惜人民音乐家逝世的哀伤，也有全国人民从冼星海同志的曲作所发出的战斗号角声里惊起奋发的革命激情！它的歌词写道：

> 在莫斯科蓝色的天空下，
> 你音乐的大星陨落了！
> ……
> 你的歌是人民的吼声，
> 像黄河的雄壮奔腾；
> 你的歌是战斗的号声，
> 鼓舞着我们团结前进。

这次音乐会吸引了国立音乐院以及音乐分院年轻一代思想上最单纯、业务上最优秀的教师和同学参加，人数几乎占了音乐院同学的半数（音乐院当时全部同学才一百二十人左右）。

当时的音乐院，表面上看来是平静的，但是，阻力却从背后偷偷地袭来。院长吴伯超对作曲系主任江定仙教授施加压力，说什么："这个音乐会都是你们作曲系的师生带头搞的，你这个主任应该好好管教！……"江先生回答得很好："我是他们的教师，只要他们的功课好，别的我管不着！"

经过一个月紧张的组织、编写和排练，音乐院这一部分的筹备工作顺利完成！

怒吼吧，黄河

重庆市内，已在党的直接领导下，由著名老作家、诗人冯乃超先生出面，发动了各界知名人士举行声势浩大的签名赞助。"音乐家冼星海追悼大会、遗作音乐会"的启事与签名，刊登在重庆中国共产党党报《新华日报》上，一时间震动了这个国民党政府的"陪都"——山城重庆。

但是举行追悼会要场地，在租剧场过程中遇到了阻力。当时重庆绝大部分剧场都掌握在国民党反动派手上，他们听说共产党要来租场子，都以各种理由拒绝。

最后好容易才勉强找到一个坐落在七星岗下的“江苏旅渝同乡会”礼堂——一个只能容纳五六百人的小场子。

即使借这么一个小地方，也还是煞费周折。开始他们显然是“口径一致”，以种种理由不租！经过多方打听，才知道该同乡会的理事长，是“中华职业教育社”领导人黄炎培先生。于是设法打通这道关节，找到黄老的知友茅盾先生，得到他的书面介绍，见到了卧病的黄老先生。黄先生表示赞助并签了名，还亲笔下条子给该同乡会的经理，会场这才算定了下来。门票、节目单的印刷、销售地点，由“救国会”领导人之一的李公朴先生极其热情地承担下来。这些问题虽然解决了，但还不能马上把音乐院和分院的教师、同学接来，因为票款还未到手，人来了要开销，怎么办？筹备负责人钱远铎当时是垫出自己的薪资在办事。他那里的钱已用光，快要“枵腹从公”了！

在这个关节上，周恩来同志知道了，便通知钱远铎到“中共代表团”去汇报工作。周恩来同志听了汇报，表扬了远铎同志，并立即找来徐冰同志，要他尽力协助。徐同志在经费和其他方面给予了大力支持。于是，这才将音乐院、分院的教师、同学接到重庆来，让他们分别住在七星岗附近几家小旅馆，大伙还发挥了艰苦朴素的作风，几个人挤住一个小房间，甚至还有同学打地铺。

门票已是销售一空。为了满足群众的需要，票数大大超过剧场规定（六百个座位）的一倍还多！

1946年年初（1月5日），重庆江苏旅渝同乡会的小礼堂里，布置了灵堂，台中央放着冼星海的遗像，台上、台下整个会场遍布挽联、花圈。这里面有中共代表团、八路军驻渝办事处、新华日报社、新华书店、周恩来、董必武、吴玉章、王若飞、叶挺、秦邦宪等送的，还有不少重庆各界如郭沫若、冯玉祥、黄炎培、陶行知、李公朴等著名人士送来的。

不知怎的，听众早已知道周恩来要在会上讲话，所以开会前两小时，大批群众纷纷入场，六百人的会场，起码挤了上千人！场内容不下，就在楼梯上挤，楼梯挤满了，便挤到楼下小客厅、过道、院子……一直到大马路上都挤满了人！这么多的人，当然都是想听人民音乐家冼星海的遗作，更重要的是希望一睹中国共产党领导人周恩来的风采，聆听他的演讲，了解共产党对国内时局发展的看法。

这就急煞了国民党反动派，忙坏了他们的手下。开会之前，几个冒充税务稽查的特务，来找大会的负责人，说这是个音乐会，你们卖票没有交税。他们想抓住这个由头捣乱，勒令补税，否则便要“禁演”！没有料到音乐会前台工作人员中有位周西平（当时他名叫周召，是中共地下党员，搞青年工作的），他出来对特务说自己是重庆市税务局局长某某亲自派来专门处理此事的市税局“高级”人员（周召不久前也确实在那里干过一阵，身上还挂着市税局的证章）。几个特务真给唬住了。周召又给他们一顿申斥，把他们轰走了。不一会儿，又来了几个手持“派司”（身份证）的军统特务，找到江苏同乡会的经理，说房子是泥木建筑，承受不起这么大的重量，还威胁说：“这都是共产党搞的，出了事，你们负得起责吗？非停演不行……”经理没办法，便只好找到筹备负责人，说什么也不借场子，要求毁约退租。

正闹得不可开交的时候，事情传到在场的李公朴先生那里，他当时是江苏旅渝同乡会的常务理事，他便立即出面，责成经理继续履行租约。他果断地说：“我们负责维持好会场秩序，不让大家乱挤乱动，保持肃静。只要不摇动，房子是不会出问题的。既然要求入场的人数这样多，为了满足大家的需要，我们再加演一场！”原定只演出两场，现在加演一场就共演三场了。那几个特务见实在无法刁难下去，只好灰溜溜地走了。

大会开始前，一位重庆有名的声乐家伍伯就——这个人平时是不大过问政治的，找到筹备负责人，说明自己是冼星海先生生前好友，为了表示对冼先生的哀悼与敬意，愿意在音乐会里参加一个独唱节目（星海遗作）。负责人见他态度诚恳，便表示了欢迎。这次音乐会里，伍伯就的节目也是比较成功的。

大会准时开始，周恩来、王若飞、秦邦宪、叶挺等人，以及国民党左派领袖人物冯玉祥，文化界著名人士郭沫若、陶行知、邓初民、李公朴……各界人士纷纷从后台入场。先举行追悼会，由李公朴先生主持大会，周恩来主祭，唱《挽歌》。

追悼仪式完毕，接着便是周恩来讲话，他首先介绍了音乐家冼星海的生平。他说：

星海先生1905年出生于广东省番禺县，从小家贫，他家属于广东最底层的疍民，出世前丧父，靠祖父和母亲的劳动哺养成长，供他求学。

在广东读书时，他就热爱音乐，表现出这方面特有的资质与禀赋，特别是由于他出身穷苦，所以从小就对劳苦人民具有深厚的感情！这种感情充分地反映在他的作品中。

早在“上海音乐院”就读时，他因不满院方反动统治奋起斗争而被迫退学。为了进一步学习音乐，他靠朋友们的帮助，在去法国的轮船上找到一个工作，只身到了法国。

在法国留学期间，祖父死了，母亲远去南洋帮佣谋生，根本无法供给他求学费用。星海先生一面做小工，一面坚持学习，也曾向当时的中国使馆请求公费，因为没有后台支持，所以得不到理睬！他是在半工半读的情况下学习音乐的。在他学习期间，知道祖国连年内战，加上日寇入侵，水灾严重，广大人民生活在水深火热之中，国外华侨同样被人轻视，遭受压迫！这些遭遇使他的思想受到震动，得到锤炼和升华。他下定决心要将自己学到的东西，贡献给苦难的祖国，要唤醒人民起来与日寇、汉奸和不合理的社会制度作斗争！

回国后，在伟大的抗日战争中，不论在上海、武汉或在工矿、农村，星海先生都发挥出他最大的积极性：组织歌咏队，创作抗日歌曲，亲自教唱。他曾经说过：“我国能够决心对日抗战，歌咏起了很大作用！”但是，在一片大好的抗日形势之下，也有人心怀叵测。1938 年在武汉及其他各地，正当抗日热潮高涨的时期，来了一阵阵逆流，解散了不少救亡团体和星海先生领导的歌咏队伍。人们为抗日作宣传也受到限制，这使他感到苦闷，他决心到延安去！

1938 年冬天，他到了延安，担任了“鲁迅艺术学院”音乐系主任。在那里，他看到人民在共产党领导下，生活有了改善，纷纷组织各种抗日救亡团体，抗日热情极为高涨！延安的生活虽然艰苦，但是冼先生的革命干劲更大了！这期间，他写了一系列有名的作品，如《黄河大合唱》、《生产大合唱》、《九一八大合唱》、歌剧《军民进行曲》以及《民族解放交响曲》等大型音乐作品，还有大量的群众抗日歌曲。这成为星海先生创作上最旺盛的时期，也正是在这个时期，他参加了中国共产党！

1940 年，党委托星海先生到苏联去完成一项重要任务。在苏联工作一段时间后，待到任务完成回国，到达蒙古人民共和国和我国的边境时，国民党政府不让他入境！在边境滞留期中，他那被幼年贫苦生活折磨坏的身体经受不住恶劣的气候环境，健康状况急剧恶化，遂一病不起。苏联政府送他到最好的疗养院治疗。但是，终因病势沉重，我们的星海先生，不幸于1945年10月30日与我们永别了！今天，我们来追悼星海先生，应该学习他一生为革命、为人民奋不顾身努力工作的精神，把我们的国家从半殖民地、半封建的贫穷落后的状态中解放出来！

冼先生的死是由于生活的贫苦，今天我们还有许多天才的音乐家被沉重的生活困苦着，不能发挥自己的才能。因此我们急迫地需要生活的权利。中国人民的歌手聂耳先生正当年轻有为的时候不幸遇难早逝，张曙先生被敌机轰炸夺去了生命，而任光先生也在1941年皖南事变中牺牲了，现在星海先生又离开了我们，这是中国人民的巨大损失！如今德、意、日法西斯被打倒，世界是和平民主的世界，中国也一定要成为和平民主的中国！

然后，周恩来谈到大家最关心的国共和谈的问题，详述了当时的国内形势。他指出，抗日战争胜利之后，国统区物价飞涨，纸币贬值，人民生活困苦，一致希望和平，恢复生产，从事建设。他接着介绍了解放区的情况：那里人民生活安定，没有苛捐杂税，已大规模恢复了生产建设。但在这次谈判中，国民党以统一军令政令，缩编军队为借口，强令缩编、削减八路军和新四军。另一方面，他们在美帝国主义的指使与支持之下，大量购买美制新式装备——飞机、大炮、坦克，借助美帝陆海空军的运输力量，昼夜不断地大规模向解放区各战场运送部队。蒋介石妄想从军事上一举消灭我党我军，达到在政治谈判中不能达到的目的。这样庞大的军费开支，完全由国统区的人民来负担，所以才造成物价飞涨，纸币贬值的局面……现在，内战正有一触即发之势！但是，我们共产党人一向以国家民族的利益为重，尽量委曲求全……内战是绝对不得人心的，我们希望全国人民都来反对内战，争取和平！

周恩来以铁的事实，有力地揭露了国民党反动派“假和谈、真备战”“假民主、真反共”的阴谋，激起了会场内外一阵又一阵暴风雨般的掌声！

冯玉祥也讲了话。他沉痛悼念了冼星海的逝世，然后以辛辣的讽刺，揭露了国民党反动派出卖民族利益与尊严，投靠美国准备大打内战的阴谋。

郭老的讲话，首先慨叹了我国音乐界的不幸，他也概述了音乐家聂耳、黄自、张曙、任光、星海的生平业绩。痛惜他们的早逝！紧接着就爆发了他那《雷电颂》一般的愤怒的霆击！

一阵阵炽烈的愤怒的演讲词，使追悼会成了对国民党反动派的控诉会！

难怪国民党元老于右任也特地赶来，要参加这个音乐会。这个被蒋介石裹胁、利用多年的老人，大概是希望在这里听到真理的声音吧！可惜他来晚了一步，怎么也挤不进去，直累得他一个劲喘气！第二天，音乐会责任人特地给他送了门票，他一再表示非常想来，但行动很不方便（被监视），再者致意感谢音乐会的主持人。

追悼会不仅仅使台下的观众受到感染，而且使台上的演员也受到了教育和激励。他们把激动的感情注入自己的歌声里，从《黄河大合唱》的第一声"嗨哟……划哟！……"中迸发出来。这歌声在听众面前展示了一幅惊心动魄的人民与大自然、与民族敌人和阶级敌人进行生死大搏斗的无比宏伟壮丽的图景。

听众席中异常静寂，大伙屏着呼吸，倾听着每一个音符、曲调的变化，并随之振奋、欣喜、叹息、流泪。直到《怒吼吧，黄河》那高亢激越的旋律和歌声响起，听众们昂起了头，仿佛眼前出现了千百万的人民子弟兵，在黎明的曙光里，向着那万恶的旧世界冲锋陷阵，胜利进军！

……

三天的音乐会，都是在这样热烈的气氛中进行的。为了防止事故发生，会场主持人李公朴先生在每次音乐会结束时，都立即走上舞台。他穿一身旧西服、马裤、皮靴，抚摩着他稀疏的胡须，微笑着向会场喊道："请大家注意，不要走动。我们这个房子就像我们的'中华民国'一样，外表看起来是'四强之一'，好像是钢骨水泥的，其实里面是一塌糊涂……（会场大笑。）大家都听我的命令，冯副委员长也要听我的——冯副委员长，您怎么样？"冯玉祥先生赶忙起立回答："坚决服从！""最后排的先走，然后一排接一排，整队离场，大家步子要走正，不要左右摇摇摆摆……（会场又大笑！）离场时每个人高唱《救国军歌》，枪口对外，要对准那些爱打内战的！……现在注意口令：最后一排，向后——转！齐步——走！""枪口对外，齐步前进！不伤老百姓，不打自己人……"离场的观众，人人高唱《救国军歌》，一直唱到七星岗大马路上还歌声不断！

星海先生追悼会和遗作音乐会，正是在国民党准备发动内战的前夜。周恩来为了国家民族的利益，正在重庆同国民党反动集团进行艰巨的谈判斗争，但即使在这极端紧张而繁忙的时刻，他也十分关注党的文化工作，还要抽出时间指导和参加为星海先生举行的追悼会和遗作音乐会。他白天进行了一整天紧张的谈判，晚上还要来出席这个追悼会和音乐会。在举行追悼会和音乐会的三天中，周恩来参加了两次（本来三次都要到会的），有一次不能出席，他还特意派人来向大会主持人说明不能到会的理由：与国民党的谈判临时改在晚上，所以不能出席这个会。

更令人难忘的是，要举行星海的遗作音乐会，当时中国共产党可没有一个文工团或什么音乐团体驻在重庆，音乐会的演唱人员从何而来？当时陶行知先生创办的育才学校，虽得到共产党的支持，是具有民主进步思想倾向的学校，但是到学校学习音乐的学生都是少年儿童，只能承担音乐会的部分节目。音乐会中其他重要节目如《黄河大合唱》等的表演人员问题怎样解决呢？周恩来知道钱远铎与音乐院师生有联系，也知道音乐院里不少师生是热爱党、倾向进步的，只要有这个条件，是能够创造出奇迹的……

冼星海追悼会、遗作音乐会的成功和在国民党心脏地区所产生的强烈影响，显示了中国共产党领导下的革命文艺的战斗力量，同时也说明中国共产党当时的政治路线和主张受到广大人民群众的拥护，党在人民群众中享有崇高的威信！

34 秦岭遇险

为赶回重庆参加旧政协的闭幕会，周恩来在秦岭山脉上空遇险。当年的随行副官何谦后来追记了这惊险的一幕。

飞越秦岭

这天是1946年1月30日。先一天下午周恩来副主席决定从延安先飞到西安的八路军办事处过夜，当天趁早从西安赶到重庆，第二天参加“政治协商会议”的闭幕式和在会议文件上正式签字。这个会议的结果如何，是为各民主党派和全国人民所关注的，而中国共产党在所有议定的问题上态度如何则更为他们所注视！

虽然办事处值夜班的黄金友同志答应我（指何谦）当天早6点一定叫醒我，但我有个老毛病，心头有点事就睡不好觉，自己老早醒来，只见办事处里担任夜间警卫安全的同志已经连轴转地在庭院里轻手轻脚地忙活起来了。人们知道周副主席昨晚给大家讲了当前形势、政协会议，又出门会见了西安军政当局的一些官员，凌晨才上床。我内心感到我们的同志真是好。

不到9点，我们赶到西安机场。飞机已启动待发。这飞机是周副主席在“政协会议”临近闭幕的时候，要返回延安和中央商定在这次会议上再向国民党让一些步，他请美国政府驻中国特使马歇尔将军派用的，是一架美军C—47型运输机。机长照例立正在机舱门舷梯旁向周副主席打敬礼作报告。在他们的心目中周副主席是中国军队的上将。这上将衔是在此次“政协会议”期间为实现国共两党军事停战临时定的，因新组成的调处停战的“军事调处执行部”，国、共、美三方各派一代表，都佩戴军衔，周副主席就佩戴了国民党军队的上将衔。因而都以周将军相称，其实他并没有穿上将军服。

周副主席向机长答了礼登梯入舱，陆定一和我们相随而入相依落座。这个客舱实是货舱，舱内金属骨架裸露又没保温隔音设备，沿着左右舷窗各有一条金属

1946年2月，以周恩来为首的参加政治协商会议的中共代表团和中共参政员秦邦宪在重庆合影。左起：吴玉章、陆定一、周恩来、邓颖超、董必武、王若飞、秦邦宪

长板凳，这便是“座椅”，凳上有系人的安全带。因为周副主席事先向几位未曾乘过飞机的同志打过招呼，说飞越秦岭时高空寒冷要多穿衣服，所以大伙儿都穿得鼓鼓囊囊的（那会儿飞机里没有供暖设备）。只有出国参加世界工联执委会议的中共中央职工委员会书记邓发同志穿着独有的棕色皮短大衣，显得与众不同格外精神。机舱里大家不顾马达的轰鸣高兴地大声交谈着。抗战取得胜利不久又获得“政治协商会议”的重大成果，使人们的精神早已进入兴奋状态之中。再加上头天晚上办事处周子健、伍云甫招待我们到西安上等浴池洗了个痛快的热水澡（在延安洗这种澡简直是办不到的，衣服上还有虱子），当天又遇到令人放心飞行的响晴的好天气——万里无云，大家并不知道天空越晴得出奇越可能预伏着恶劣气候的危机。这一行中还有作家戈茅，有军事参谋童陆生，有这一路大家话题的中心人物——叶挺将军的爱女小扬眉，因此有着说不完的话。周副主席还不时地同新到重庆工作的人谈着开展工作问题，也显得很高兴。

周子健目送我们飞上天便电告延安，延安电报瞬即转知重庆中共代表团：专机于上午9时已经从西安起飞。我党参加“政协会议”的代表团成员董必武、王若飞、李维汉、叶剑英、吴玉章、邓颖超和秘书长齐燕铭在等候带回来党中央的最后抉择。我驻重庆办事处处长钱之光和负责警卫的龙飞虎、朱友学等准备到白市驿机场去迎接我们。

从西安飞往四川的航线是极为特殊的。飞机升空之后不是大仰角飞向远方，而是一个劲儿地以大上升角度做螺旋式爬高。因为西安城南不远便是3000米左右高的秦岭山脉，它一字儿排开耸立在航线上，迫使飞机飞越它之前必须先爬升到4000至5000米以上高度。飞机油门加大，马达震耳，仰角大而倾斜，每个人不但系紧安全带，有时还拿手扳着铁凳维持平衡。未曾经受过的那种寒冷直向人们的心窝袭击，许多人不由自主地颤抖不停，希望身上的棉衣能拿出点看家本领来抵挡抵挡。呼吸器官也不够用了，接着五脏六腑似乎都要往外倒出来才痛快，很快一个接着一个熬耐不住，大多数人倾吐出来，既是苦相又是洋相。这个困难还没渡过，忽然机身也颤抖起来，忽升忽降左右飘荡，它的金属骨架嘎嘎嘣嘣像在断裂。那万里无云的晴朗天空也像被什么魔怪变得如深夜一样漆黑，真怪吓人……好在我们早有精神准备，思想上仍不以为怕。我见周副主席、陆定一同志的精神一直很好，我放了心。周副主席说："飞越秦岭，海拔高，这种情形是常发生的，要克制住。"他讲了要把口张开等一些方法。这时，忽然听到一阵有什么硬东西密集地砸到机身上的声音，一阵强似一阵，是遇到了冰雹。这一段时间估计全程只不过一个小时，可是当时感觉时间是那么难熬，根据手表时间计算我们还没有到达秦岭山脉的上空，距离飞越秦岭还需要一段时间。飞行组里那位大高个子美军来到舱里。我们发现他的脸上没有笑容，表情并不轻松，和周副主席、陆定一用英语讨论着什么。他们不停地用手比画着，很严肃很紧张又很镇定，说些什么我们听不见也听不懂的话，看来遇到了难以解决的困难。周副主席去到驾驶室，一会儿走来招手把李金德（周副主席的秘书）和我叫过去说："机长说现在必须减轻载重，把那些可丢掉的货物和行李甩出去。你们要特别注意把文件箱子和公文包保管好。"这是命令式的语言，坚决而简单。我们知道保障安全是第一位重要，就毫不犹豫地协同大个子美军甩出我们的行李货物和箱子。那大个子是军人作风，早已转身拉开舱门，拎着机上的便梯、铁桶、铁箱等东西向舱门外甩。可是我们两人却带着忍痛牺牲的心情，把几箱延安梨甩出，接着是几捆给南方局同志御寒的羊皮筒子和几疋延安纺织生产的毛呢料，还有一大箱蒋管区银行20万元钞票（为延安医院购药之用）、手枪箱子、大批的个人行李一件一件甩。要知道那时候延安以及每个人在物资上和经济上是多么困难，一支香烟几个烟鬼都要轮流每人深深地吸一口！甩了这么多东西并没有减轻压在我们心头的重量，而是更加重了。不言而喻，同行的人都知道为什么必须这么干。

这次险情我过后才弄清楚，当时飞机遇到了高空冷空气团和冰雹，机翼和机身轻度结冰，自身加重，机组人员采取多种措施都没有奏效，飞机不能继续升到应达高度，不仅不能安全地飞越秦岭还很可能撞山。这次航行舱内所载货物重量很大，只有甩下货物。周副主席今天一定要到达重庆的决心是不可更改的。他这次返回延安，党中央非常重视。1 月 27 日那天，毛泽东、朱德、刘少奇、彭德怀和杨尚昆等在延安的领导人冒着数九严寒去延安机场迎接他，和他同车到枣园（中央书记处办公地，周副主席的窑洞也在这里），感谢他在“政协会议”的斗争中作出的特有贡献。那会儿我更明确地感到在他的肩上所压的重担，一定要战胜恶劣的政治气候，把“政协会议”的舵轮朝着有利于人民的方向扭转，而且要亲身去扭转！

我们的同志是革命的乐观主义者，虽然熬受着痛苦出了许多“洋相”，但却神情自若好像没那回事似的。这一则大家有坚强的精神；二则大家看见周副主席等领导人在自己身边，没什么可怕的；三则我们共产党人在美国人面前要表现出我们的国格、人格而不能出丑相。美军人员也观察出我们这群人在困难的时候互相照顾，在向机外甩箱子的时候，像执行命令一样毫不犹豫（美军人员可能会以为我们个人箱子里总有点值钱的东西，老实说一点没有！）再加上亲眼看见周副主席、陆定一同志和大伙儿平等相亲而无上下等级隔阂，较之他们所见所闻国民党的官员、太太们就是另外一种人了。他们感到共产党人个个都是令人尊敬的人！

生死关头

几十年来一提起这次航行，各种各样的感受常常是重重叠叠地涌到我的心头，其中最深刻的是在处境危难的时刻周副主席把自己的降落伞让给小扬眉背用！

这一天的天气脾气和国民党反动派的脾气一样，你让多少步它也对你不放松，本来这飞机上除了我们十个大人、一个小孩之外什么负重都甩了，心疼的东西都甩了，可以安全飞过秦岭了吧。不，不一会儿更危险的麻烦来了，气温愈来愈低，冰愈结愈厚，重量愈来愈大，机翼的冰引起气流变异致使升力骤减。更危险的是厚厚的冰已经阻碍飞机的升降和转向，难以进行操纵（我听说那时候美国从印度方向空运物资援助蒋介石抗战，飞机在缅甸、云南高寒地区航行失事比率竟高达百分之二十以上）。机长坚守在驾驶舱注意着险情的变化，那大个子美军又走到周副主席、陆定一同志跟前，俯着身子以无奈的神情报告着什么，不一会儿，周副主席到驾驶舱里去，陆定一同志充当那美军的翻译向我们宣布：外面气候恶劣，为了先生们的安全，请背用降落伞。顺手给我们每人一个伞包。然后又边讲边示范：如何背，如何跳，如何拉伞，什么是错误的动作和带来的危害。我们的心情随着他的每一个新的要求而更加紧张。这对于每个人来说都是头一遭。心情之紧张是可以想见的。但是人们都关心着周副主席。邓发同志面孔特别严肃，一字一顿地对我说："小鬼！如果跳伞，你一定要好好紧跟周副主席，保卫好他的安全啊！"这当然是作为我的上级下达给我的命令。但是我应该怎么做我完全想不出一点儿办法，我从没有遇到过这种困难，我只能下决心。大家都在忙着背伞，互相检查是不是按要求背带。周副主席叫我先去帮助别人背好。背好后，每个人又坐在自己的座位上，希望等到情况好转的消息。我想为什么背伞？唯一的原因是周副主席是争取今天一定到达重庆！做冒一点险的航行。美军人员都不背伞，看来这是他们的条令所规定的一机组人员不得跳伞。那大个子美军在舱里站着，看样子是在等待机长下跳伞的命令招呼我们一个一个往下跳（这种飞机还没有跳伞自动开伞的装置），他们的这种责任心感动着我们，真是一批经过严格训练的军人！

果然乱中出错。在小扬眉身上出了错，小扬眉在哭。先前一直十分高兴的小扬眉、大伙话题中心的小扬眉，俯着身体在哭泣，可我们谁也没发现！

小扬眉是新四军军长叶挺的小女儿，她是随周副主席去重庆会见即将被蒋介石释放的爸爸的。这次"政协会议"上，我党强烈提出释放被国民党迫害关押的一切政治犯的要求，蒋介石节外生枝提出要我党释放他们进攻我党抗日根据地而被我军俘获的马法五（国民党军第十一战区副司令长官）等人，我们出于无奈允许以放回马法五等作为他们放回叶挺将军和廖承志同志的交换条件，蒋介石允诺在 3 月份恢复叶挺和廖承志的自由，但不说明日期。周副主席对叶挺的处境一向至为关切，他在蒋介石罪恶地发动皖南事变消灭新四军军部，擒拿叶挺时真是怒不可遏。在 1943 年的一天，周副主席得知蒋介石将叶挺由贵州秘密转至湖北关押施行新的阴谋，这天叶正在重庆嘉陵江上一艘军船里的时候，他多方交涉终于能到船上与叶挺晤谈。我们一位同志见叶挺军长头发披肩胡须很长，好意地想为他理发，不料周副主席批评道："这是对蒋介石的抗议！"可见他对叶挺是深为敬佩的。这次周副主席在“政协会议”闭幕之前赶回延安，百忙之中的一个晚上他把叶挺的孩子们（在延安学习）都找到身边，告诉他们蒋介石打了败仗输了理答应给你们爸爸恢复自由，我们要热烈地欢迎他，欢迎他光荣出狱，但是蒋介石不讲在哪一天释放。孩子们听了高兴万分，都偎到周伯伯身边要去迎接，周伯伯告诉他们飞机坐不下，你们派一个代表好不好。乖孩子们真听话，他们都知道爸爸最喜爱小扬眉，一致举了她。因此一路上小扬眉对我们这些陌生的叔叔自然十分亲热，也就自然地成为我们这一行人的话题中心，我们从她身上分享到这次斗争胜利的欢乐和表达对叶挺军长的怀念。她又生得那么聪颖！有人把那交换的故事讲给她听，她摇头不信。怎么会拿大坏蛋换我爸爸呢？她知道这是玷辱，不客气地瞪大眼睛责问说：“叔叔你骗人！”——这真是令人潸然泪下的场景。不幸，万分的不幸，我们党未曾经受过那么重大的意外损失的一天突然来临：在叶挺将军3月份恢复自由立即实现加入中国共产党的意愿并且参加停战谈判之后，4月8日乘美军飞机飞回延安时迷了航，将军和扬眉竟在飞机撞黑茶山时和王若飞、邓发等同时遇难。他二人本来可以避免这场灾祸的，行前一日周副主席告诉他不要搭乘这架飞机返延安，以避免可能出现的多位重要领导人一同罹难的损失，叶将军还是返回母亲怀抱——党中央心切，执意地乘坐了……

周副主席发觉小扬眉在哭泣，便过去坐到她的身旁抚摩她。小扬眉说：“伯伯，我没有伞包！”她想，没有伞包她就不能够见到爸爸。这一刻，慰暖孩子的心最为要紧。周副主席立即将自己身上的伞包解下来给小扬眉，帮她背好，叫她勇敢点，不要害怕！（后来我走过去帮忙，把我的伞包递给周副主席，美军人员又拿出伞包来）。周副主席又环视了每个人，看看是否背得妥当。在座的各位同志见此情景深有感触，过后他们便传扬出去，成为当时尽人皆知又被编入学生语文课本的在飞行历险中周恩来让伞的佳话！

美军人员是一批坚持科学态度的人，何况是马歇尔将军亲自派遣的，那位大个子美军又向周副主席报告说情况未能好转，机长说先返回西安为妥。周副主席当即同意。我们得知返航，虽然觉得怕误了周副主席的大事，但精神却从紧张的弦上松弛了下来。11点左右又在西安降落，果然机身上的冰块当啷当啷落地作响，令人咋舌！周副主席和陆定一同志等几位领导人向美军人员表示钦佩和感谢，说中午请诸位先生到“鸿宾楼”吃中国的名菜。美军人员受此厚遇自是高兴。周副主席便商量着说：“下午的飞行可以先超越秦岭地区结冰冷空气层的高度，5000

米甚至更高些时再冲过秦岭。”机长说是可以做到的，但抱歉这个高度将严重缺氧，机上携带氧气很少。周副主席说缺氧时间很短就下降了，可以克服。于是决定下午两点起飞。

我们大家登上一辆西安美军空军的中型吉普车直奔“鸿宾楼”大饭庄。周副主席要我打电话找周子健处长立刻来。他赶到这里，又是惊讶又是庆幸。他按照周副主席的交代以他的名义宴请美军，其余同志一律便饭。周副主席特意交代：“很多人呕吐了，你买些天津萝卜（那时名称不叫心里美）。”大家都感到周副主席待人理事真是想得周全。于是互相关照午餐少吃点，晕机时呕吐会轻些。

周子健处长是位出名的精明的干才，他懂得周副主席总是利用机会广交朋友、扩大影响、了解情况，所以席间安排得周副主席很满意。饭后周副主席并不稍憩，他走到美军人员休息的房间里去看望他们，他们以军人的习惯站起来衷心地感谢周将军的款待，说今天能够脱离险境是上帝保佑你将军！周副主席说：“完全靠你们有高超的技术和艰苦的努力！我要感谢你们！”美军人员说：“下午一定成功，请将军放心！”周副主席出来向我们交代：“下午要增加高度，氧气更稀薄，气温更冷，首先要增强信心！”他把困难和要求都说在前头。

谁料下午在渡过秦岭之险以后，雾都重庆的上空又出现了新的妖魔呢？

笑傲天公

下午两点，飞机带着人们的信心轻快地腾空而起，不论它怎么仰怎么旋怎么冷怎么嘎嘣嘎嘣响都比上午好过得多。有人向下俯瞰着说下面的山就是秦岭，我们向下看它竟是那么低那么小。有人摇着头说不是不是，那个小山它如何能把飞机挡住飞不过去？！忽然窗外是白茫茫无边无际的云海，这是神话里的奇景，我们都是头一次欣赏，个个十分高兴！然而，严酷的现实也在面前：冷，奇冷，比上午更冷，我过雪山草地时也没有遇到这样冷，很担心周副主席被冻病，今晚和明天要开会，他可不能生病。我看到他脸色不好，呼吸不对头，但没有衣物为他加，我那时也不懂得给他吸氧气，只希望别人不要打扰他，让他多休息会儿。机舱里被奇寒的低温冻得十分寂静，无人说话，如果继续这么冷下去，我担心大家真的受不了了。

忽然，一句话驱走了寒冷，苏醒了沉寂。机长含笑走来向周将军报告某时某分安全飞越秦岭山脉，高度即将降低。人们立刻活跃起来，有人说发明了飞机工具的今天到你们四川（我是四川人）还这么困难，怪不得古人李白说：“蜀道之难难于上青天”“黄鹤之飞尚不得过”！陆定一同志是位幽默的人，他说：“我不管蜀道难不难，我们是飞过来了，平平安安地飞过来了。”他的话语中好像还包含着他当年长征中在四川一带胜利地过大渡河、越央金山、涉草地、破腊子口的回忆。有人说我们今天可以写一篇“新蜀道难”，仍然可以写“噫吁兮，危乎高哉！”有人插话说山高倒不必害怕，只是这样寒冷真叫人受不了，苏东坡知道高空寒冷，他在诗词中说天上宫阙高处不胜寒，所以他就不乘风上天。

依航线规定，不能从西安直飞重庆，而要取道成都，在成都天河机场降落加油。从天河机场起飞以后，我们便解除了一切负担，做下飞机的准备了。

飞了两个小时，飞机在缓缓地降低高度。四周云雾浓密，还降着雨雪。时间已是傍晚，有些昏暗，又冷又潮湿。重庆四季尤其冬春多雾，人称“雾都”。大个子美军站出来连说带比画通知准备降落，系好安全带。

已经到达重庆白市驿机场上空。这机场位置在重庆市歌乐山西南50公里，三面环山一面是丘陵。美国空勤人员报告说外面降水、浓雾，能见度低，还没有发现机场，正在和机场塔台调度人员联系。我们听见飞机放下起落架向下滑，可是又拉起头来向上升，原来是他们穿云低飞寻找机场，可是没有发现。周副主席到驾驶舱去询问情况，要求他们沉着冷静以做到安全降落。机长说这个机场是少有的降落难度大的机场，但是他们熟悉这里的地形和各种目标，只要能够判明几个目标就有安全降落条件。这些美国人从来比较自信。飞机又做了一次穿云下降试探，仍是落空。这时塔台指挥说不同意降落，应该返回成都。机长认为那将发生燃料不足的问题，自信地认为依靠经验和技术是可以安全降落的。我们的心情又同上午那样紧张起来，谁都没有说话。不知是谁说起俏皮话来：这回没有箱子行李往外甩了。周副主席告诉我们一定要镇定，镇定！我这时的思绪是复杂的，我想我们本来不应该有这次航行，不然就什么风险也不会遇到，就是为了在“政协会议”上向国民党再作一些重大让步，才掐着日子去延安，又赶着日子今天一定要回重庆。这些步本来就不应当让：日本打哪里，他丢哪里，汉奸政权建到哪里；共产党领导抗日人民收复失地建了抗日政权，那时他骂抗战有罪，今日他说民主非法。讲道理他没有，论打仗他又在上党、邯郸全军覆没，可是这会儿在“政协会议”上我们还要表示和平诚意做出让步，我们何意不诚何处该让呢？！真是怪了！

真是事有凑巧，我们的飞行联络不知在哪个环节上又中断了，造成重庆和延安都不知道我们飞机的位置！重庆办事处的钱之光处长、龙飞虎和段廷英带领车队到白市驿机场等候几个小时，眼看过了下午，雨雪交加，大雾弥漫，机场又说飞机今天不能降落，他们便回去向董老、邓大姐报告说没有接到人。延安的电报却说飞机自西安按时起飞，早该抵达重庆了，为何仍不见踪影？互相查询十分焦心！尤其是坐落在重庆中山三路的中共驻重庆代表团院子里的人更急得要命，虽然这时节正是数九寒天又冷又潮，许多人还是急得冒汗！我党“政协”代表董必武、邓颖超等早在等候，关心此行的民主人士、朋友也在打听延安中共中央有什么新精神……

天暗得很快，飞机的客舱里只有两只灯泡发着昏黄的光。有一线希望也要争取降落！周副主席相信美军人员的航行本领，他又去到驾驶舱里，这是他一贯的工作方式，“事必躬亲”。飞机在盘旋中忽然发现了一个隐隐约约的目标，他们不约而同地互相关照一声：机场！希望之门就在眼前，决定试降——他们并没简单地决定着陆，再次试降时钻下云雾发现了跑道。当我正在担心可能发生事故而祈望千万不能发生事故的当儿，飞机下部忽然猛地一撞，嘣！经验又从脑子里反射出来：着陆了。在跑道中段着陆了，可能因为负荷很轻，它很快停住，幸而没有冲出跑道。一块石头落了地，每个人的心落了地。我们高兴得要跳起来，可是安全带把身体系在座凳上了。飞机突然轰鸣之后开始滑行，雨雪沙沙地打着舱壳和我们的笑语声反而和谐起来。

我们走出舱门。周副主席脚一踏地就情不自禁地对我们哈哈大笑，我们也都报以哈哈大笑。我随他这么多年从没有见他这样笑过，往后几十年我也没有见他这么笑过……雨雪向脸上身上纷纷落下，唰唰有声，它在我们心目中已经不像先前那样可憎，虽然它曾把我们考验得够呛。

周副主席、陆定一同志和我们大家一起热情地和机组人员握手，祝贺他们成功的飞行，赞扬他们高超的技术，慰问他们的辛苦！——虽然我们大家多数人只能用中国话说，但人心是相通的。那机长对周副主席说：“能为周将军服务而感到荣幸。将军是伟大的人物，上帝会保佑您。”显然他们对周副主席有了深刻的印象。

我出了舱门直奔塔台附近去找汽车，没有，到处没有。我想：龙飞虎怎会不在此地迎接？！向代表团驻地打电话，打不通。机场没有候机室，周副主席他们全挤在一个四周没有遮拦的布篷下躲避雪雨。折腾一天，又饿又冷。今天运气不好，实在急人。这时周副主席见我们急了，他反而不急。叫人一面继续打电话要车，一面叫我搭坐美军入城的货车回代表团联系。这样龙飞虎、段廷英他们才又赶回机场。雨雪越来越大，回城时歌乐山的路上积雪已有半尺多厚，路迹不辨，龙飞虎、朱友学等不得不拿着手电筒步行引路。回到中山三路驻地已近晚上10点钟了。

汽车进入代表团院子大门，马达的声音把等候已久的人们吸引着跑来。周副主席没有来得及也许他觉得没必要讲今天的险遇，他向董老他们打了招呼，就说中央都已同意，董老说吃罢饭就开会。晚餐草草吃毕，冰冷的会议室里灯光久久地亮着。

第二天将是中国在十四年抗战胜利大喜后又一个大喜的日子，人民胜利的日子。

35 宣化店解围与黄河复堤

1946年5月，由于蒋介石的背信弃义，宣化店和黄河花园口成为世人关注的焦点。随员何谦和水利专家王化云分别记述了周恩来在这两地奔波的情景……

宣化店解围

1946年5月8日，周恩来冒着洪水抵达湖北省宣化店。随同前往的何谦回忆道：

1946年春，政协决议墨迹未干，蒋介石就在美帝国主义的援助下，调动数百万军队，围攻各解放区，积极部署发动全面内战。1946年三四月份，国民党反动派首先向我中原解放区进犯。国民党军队二十余万人从信阳、罗山、光山、经扶、黄安、黄陂、孝感等处，向宣化店围攻。

宣化店，是中原解放区的中心。当时，我中原部队就以此为中心，在鄂豫边境集结。面对国民党反动派的军事围攻，我军上下戮力同心，英勇战斗，给敌人以沉重打击，但由于国民党反动派的封锁越来越严，处境十分困难，部队的衣食、医药、枪支、弹药得不到补给。指战员连草鞋都穿不上，大多数打着赤脚。

党中央、毛主席和周副主席对李先念、王震等同志率领的这支抗日有功的部队日日挂心。

当时，斗争形势是极其复杂的。毛主席、党中央为了使中原解放军实行战略转移，作了周密的部署。周副主席肩负着从政治上彻底揭露美蒋阴谋，以便为战略转移创造条件的重大任务。

1946年5月5日，也就是周副主席从重庆迁到南京的第三天，就向国民党和美国代表提出组成三人小组去中原解放区视察的紧急要求，经过尖锐的斗争和反复交涉，美、蒋被迫接受我党代表团的建议，组成了三人小组去宣化店视察。

周副主席代表中国共产党亲自参加视察。美国的马歇尔不肯亲自前往，只派了一个低一级的代表，国民党派了军令部长徐永昌。周副主席一眼识破，美蒋对此次宣化店视察毫无诚意，但是为了粉碎国民党军队的围攻，创造战略转移的有利条件，就必须迫使美蒋代表同去宣化店视察。我和跟随周副主席去宣化店视察的工作人员与周副主席的心情一样，都恨不得马上赶到宣化店。到了武汉，国民党代表徐永昌又借故提出他不能去宣化店，另派了代表参加。三人小组在武汉住了一夜，第二天早饭后乘几辆吉普车向宣化店行进。宣化店在武汉正北一百多公里处，因公路不好，又是霏霏淫雨，道路泥泞不堪，汽车颠簸，十分难行。周副主席坐在车上，面色严肃。

到了黄陂县（**今湖北省武汉市黄陂区**），正逢滠水洪泛，汽车不能过河，天又快黑了，怎么办？我们十分焦急。美蒋代表却若无其事，甚至露出幸灾乐祸的神情。而周副主席非常镇静，指示我们向当地农民了解水情，同时和美、蒋代表协商，决定在河边附近的村庄宿营。

晚上，周副主席住在老乡家里。当这家的主人老大娘知道我们没吃饭时，感到很为难。我看到这情景，还以为她是怕我们吃饭不给钱。这时周副主席察觉到是老乡家里缺少粮食。老大娘说："菜粥你们能吃吗？"周副主席说："没有关系，你们吃啥，我们就吃啥，你们能吃的，我们都可以吃嘛。"那位大娘听了周副主席和蔼可亲的回答，很受感动，愉快地给我们做饭去了。

当周副主席发现我们准备买点米，给他做一点饭时，他就连连摇手，说："不要给我单做，跟老百姓一块吃饭，不是很好吗？"

老大娘把家里仅有的一点粮食，给我们精心地做了一顿可口的菜粥，周副主席边吃边和老乡拉家常，问寒问暖。老乡感到很亲切，又说又笑，毫无拘束。而美、蒋代表却离得远远的，吃完了自带的高级食品后，又打起了桥牌。

吃过饭后，周副主席要我们和他一起再去向群众了解如何过河的问题。这个村的老乡知道我们是共产党、八路军时，对我们毫不拘束，周副主席问老乡们：“河水明天早晨能退下去吗？”

老乡们争着回答:“看来,一下子还退不下去,等水退了再过河吧！”

周副主席说：“我们有急事，要尽快去宣化店。大家看看，有没有办法帮我们过去。”

一位大爷忙说：“人过河还可以；汽车，可过不去。”

周副主席听了这句话很高兴，忙问：“汽车可不可以多找些人抬过去？”副主席见人们都在思索，又问：“这样，行不行？”

那位老乡回答说：“车子倒是不大，也可以试试看。”

周副主席笑着对这位老乡说：“你的意见好！”

大家你一言，我一语，无形中形成了一个“诸葛亮会”。不少人自告奋勇，要求去抬车。

周副主席见大家情绪高涨，就又问：“这里来过八路军没有？”

老乡们七嘴八舌地抢着回答：“来过。”“八路军态度和气。”“借东西一定归还。”“损坏了，还赔呢！”“八路军好。”……

周副主席利用这个机会给大家讲了话，宣传了八路军，以及八路军和老百姓的鱼水关系，讲了蒋介石破坏和平发动内战的罪行。这许多革命道理，使老乡们听得入了神，不愿散去。当我们回到住处时已是夜深星繁了。

周副主席高兴地对我们说：“什么事情只要依靠人民大众，就没有克服不了的困难。明天早晨，我们过河。”

说完，他让我们先休息，而他却坐在小油灯下，取出带来的文件和报纸又办起公来。夜深了，整个大地都在酣睡。我借着小油灯的光亮，看着他那高大的身影，被他那永不知疲倦的革命精神深深感动。

金鸡的啼鸣，唤来了一个明朗的早晨，周副主席早已起床，我们走上街头。村上已聚集了许多老乡。老人们谈笑着，孩子们追逐着，健壮的小伙子们打着赤脚，挽着裤腿儿，议论着抬车过河的事。看起来，全村出动了……

河水有半人多深，水流很急。因为是清早，水是很凉的。周副主席同大家一样，脱掉了长裤，赤着脚，指挥大家涉水过河。我扶着他，尽力走得靠前一点，试探着往河对岸走。他望了我一眼风趣地说：“这种情况在长征时是常见的，但对他们(指美、蒋人员)来说，可就难了。”

我说：“他们，可能是第一次见到这种场面吧！”

我向美、蒋人员的方向望去，当官的让老百姓背着，其余则东倒西歪，一个个咧着嘴，非常狼狈。周副主席稳步向前走着，不时地关照周围的同志。小伙子们喊着号子，二十几个人借着河水的浮力抬一辆车，很有兴致。不大工夫，在周副主席的指挥下，几辆小吉普顺利过了河，人们相继上了东岸。回头望望西岸——大人、小孩仍拥在岸边，周副主席高兴地向老乡挥手告别，并向抬车的群众表示谢意。

我们行驶在通向宣化店的坎坷公路上。在离宣化店几十里的地方，我的心情激动起来——马上要见到亲人了。果然，走不多远，就碰上了从宣化店来迎接周副主席的中原总部的同志，在他们的陪同下，我们中午就到达了目的地。

宣化店是一个小镇，有百十户人家。它四面环山，坐落在一个小小的盆地里，地形险要，中原部队机关大都设在镇上。李先念、王震等部队领导同志热烈迎接了周副主席。周副主席带来了毛主席、党中央的慰问和关怀，宣化店军民兴高采烈，欢欣鼓舞。

这天的宣化店，阳光灿烂，人语喧哗，战马嘶鸣，充满团结战斗、紧张热烈、自豪乐观的气氛。我们在国民党统治区工作的同志来到这里，感到格外亲热，就像回到了自己家里一样。周副主席在安置了美蒋方面的人员以后，当天晚上就召集中原解放军领导同志开会，他首先代表毛主席、党中央向全体军民表示慰问。他听取了关于敌人围困我军的情况，及部队思想情绪和部队的供应情况的汇报，传达了毛主席、党中央关于中原解放军主力要作战转移、以粉碎敌人围歼阴谋的指示，并对如何转移，作了具体部署。这一夜，周副主席又是通宵未眠。

第二天上午，三人小组开始举行会谈。我们的周副主席针锋相对，列举大量事实揭穿了国民党反动派发动内战，包围我中原解放区的阴谋和罪行，指出：这是对“双十协定”和政协决议的肆无忌惮的破坏和践踏。美、蒋代表在大量确凿的证据面前，理屈词穷，无可申辩。

会后，周副主席不顾持续工作的劳累，又到附近军区各机关、各部队去慰问。他对中原部队在极端艰难的环境中，同国民党几十万军队的英勇斗争，给予了高度的评价和赞扬。

指战员同志们表示："请副主席转告毛主席、党中央，我们有信心粉碎敌人的围剿阴谋，坚决完成党中央的战略部署……"

周副主席勉励说："说得好，我代表毛主席、党中央祝你们争取更大的胜利！"

周副主席的讲话，使全体指战员精神振奋，斗志昂扬，为完成毛主席、周副主席的指示，个个摩拳擦掌。

周副主席代表毛主席、党中央来到宣化店，与美蒋进行的这一斗争，为被围困的中原解放军赢得了时间，创造了战略大转移的有利条件，并亲自指导了这一工作。6月26日，国民党反动派派出30万大军，公然向我中原解放军大举进犯，并以此为标志发动了全国性的内战。我中原解放军早已有了准备，6月底，李先念、王震等领导中原解放军主力，给敌人以重大打击后，向西胜利突围。另一部向东突围，击退敌人20多次进攻，胜利地进入苏皖解放区。7月底，中原解放军胜利完成了战略转移任务。

为了黄河

5月15日，周恩来就国民党拒绝执行菏泽协定，坚持6月底在花园口堵口合龙一事，与国民政府等方面代表商谈。王化云就此事记述道：

要讲花园口的堵口，就得先说说花园口的决堤。1938年6月，国民党军队在日本侵略军的大举进攻面前，节节败退。当开封陷落、郑州岌岌可危的时候，他们为了阻止日军追击，掩护自己逃命，于6月9日扒开了花园口黄河大堤。黄河改道而流，泛滥于豫东、皖北和苏北54000平方公里的广大地区，造成了中外闻名的黄泛区，使1250万人流离失所，89万人死亡。这是有史以来黄河发生的一次最惨重的水害。

1946年，十四年抗战的硝烟刚散，旧恨犹在，血泪未干，蒋介石又磨刀霍霍，准备发动全面内战，并阴谋利用黄河残害解放区人民。那时国民党政府未同我党协商，就单方面决定堵复花园口的河堤口门，企图在我们没有修复堤防工程的情况下，制造新黄泛区。当时黄河下游的情况是，自从1938年黄河改道南流以后，原来就很低矮的大堤更加残破不堪。这期间，党领导人民在黄河两岸，建立了冀鲁豫解放区和渤海解放区。那里人力物力资源丰富，战略地位重要。如果在堤防未及修复的情况下，黄水突然回归故道，势必决溢泛滥，解放区就要蒙受灭顶之灾。

当时，周恩来正率领中国共产党代表团在南京、上海同国民党进行和平谈判。周恩来给解放区发来电报，告诉我们：黄河归故，国民党有他不可告人的目的。我们要坚决反对国民党的政治阴谋，坚持把先修复堤防、疏浚河道、迁移河床居民，后堵复花园口的口门作为先决条件，同国民党政府进行谈判。

1946年3月上旬，周恩来到达河南新乡视察，对同国民党政府进行谈判的问题作了周密安排。接着，解放区派出代表，从4月初到5月中旬，先在开封、菏泽、南京等地，同国民党政府有关当局进行谈判。我方代表彻底揭露了国民党的政治阴谋，争取了舆论，得到了有识之士的支持。例如：当时任国民党政府堵口工程局的总工程师，在周恩来的教育和影响下，同情我们的主张，毅然辞去了在堵口工程局担任的职务。通过谈判斗争，国民党政府在正义舆论的压力下，不得不同意我们根据周恩来电示精神而提出的基本条件。5月18日，在南京达成了黄河问题的协议。

周恩来考虑问题十分周密。为了利用美国人的影响，促使国民党政府履行双方达成的协议，防止他们出尔反尔，他在5月18日南京协议达成的当天，同联合国善后救济总署的代表福兰克芮、塔德地两位先生谈判，达成了六项口头协议。内容是：

一、下游修堤浚河，应克服一切困难，从速开工。

二、关于工程所需要之一切器材工粮，由联总、行总负责供给，不受任何军事政治影响。

三、行总为办理器材物资之供应事项，在菏泽设立办事处，由中共参加。

四、关于下游河道内居民迁徙之救济，由三方面组织委员会负责处理；该委员会由政府派二人、中共派二人、联总派一人、行总派一人组织之。

五、在6月15日以前花园口以下故道不挖引河，汴新铁路及公路不得拆除，至6月15日视下游工程进行情形，经双方协议后，始得改变之。

六、打桩继续进行；至于抛石与否，须待6月15日前视下游工程进行情形，然后经双方协议决定；如决定抛石，亦以不超过河底两米为限。

以上两条所说下游工程进行情形，以不使下游发生水害为原则。

这六项口头协议达成后，周恩来同志向美国总统特使马歇尔写信提交了备忘录，指出“复堤尤重于堵口”；“堵口之前，应做好一切准备工作。”

周恩来同志对于这一关系重大的问题，日夜操劳。一次，他和董必武同志在给晋冀鲁豫边区党委的电报中说：“此项关数百万人民生命财产事，我们时放在心，不敢丝毫懈怠。”体现了党对人民深刻关怀之情。

到了1946年6月，距协议签字不到一个月，国民党军队悍然对我解放区发动全面进攻。国民党对堵复花园口的口门更加迫不及待。他们的军政头目白崇禧、陈诚等，接连到花园口督促加紧进行堵口工程，企图赶在洪水季节把口门堵复，使水淹解放区。斗争到了更加尖锐复杂的阶段。

在这关键时刻，1946年7月18日和22日，周恩来同志在上海分别同国民党政府和联合国善后救济总署的代表进行谈判。当时，原来协议规定由国民党政府支付的工程费、救济费和面粉的绝大部分，均未交付我们，意在阻挠和拖延下游修堤工程的顺利进行。周恩来深刻地揭露了他们破坏协议的行为。在这两次谈判的间隙，周恩来为了深入了解实际情况，于19日从上海飞抵开封，紧接着赴花园口视察堵口工程的现状，以便研究对策。

周恩来这次来开封后，把冀鲁豫行署领导同志张玺和段君毅由菏泽接到开封。那时，我在冀鲁豫区负责治黄工作，也同他们一起前往。多少年来，我一直渴望见到周恩来。这个愿望终于实现了！

那时，周恩来住在开封南关一个叫“红洋楼”的地方。他就是在这里接见我们的。因为这是我第一次见到周恩来，所以心情特别激动。周恩来听了工作汇报后，给我们讲了形势，交代了任务，又谆谆告诫我们：“不要把希望寄托在一纸协议上。反动派是不会发善心的。你们要抓紧赶修堤防工程，争取时间。”他的这一番话，再一次给我们指明了斗争方向，增添了对敌斗争的巨大力量。

周恩来在开封停留期间，还在一次各界人士出席的座谈会上，就黄河堵口问题发表了演说。他从黄河的历史，谈到了这次黄河归故。用大量事实揭露了国民党把黄河作为战争工具的阴谋，阐述了我党的正义主张。周恩来渊博的学识、庄严的风度、明晰的说理，以及对事实的深刻了解，使听者叹服。在场的国民党中央通讯社的记者，在发出的专稿中，也不得不承认，周恩来“是气宇轩昂的人物”，回答问题“是深刻的”。

在周恩来领导下，解放区广大军民迅速行动起来。从 1946 年 5 月 26 日开始，虽然在农事大忙的季节里，仍然有 20 多万人投入黄河大堤的抢修，先后修复大堤 1900 多里，完成土方工程量上千万方，群众献出的石料众多。这期间，国民党军队对我方修堤工程进行疯狂的破坏，出动飞机炸死修堤民工 129 人，派兵残杀我解放区救济总会的职员 20 多名。我解放区军民团结一致，一面还击国民党军队的侵扰，一面赶修堤防。

确如王化云所说，周恩来为了中华民族的母亲河——黄河的复堤问题，日夜操劳。1946 年的最后一天即 12 月 31 日，周恩来做的一件事仍是有关黄河的。这天他起草中共中央致董必武、叶剑英、饶漱石、薄一波、刘伯承、邓小平等人电，电文指出和国民党谈判黄河堵口的条件是：（一）五个月内完成复堤险工；（二）发足复堤工款；（三）发居民救济费，并且最后堵口日期，必须有我方代表参加，经一致协议，始能决定。否则，我方即认为国方堵口放水，纯为淹我……

周恩来还为贯彻此方针布置了一系列措施。

1947 年 3 月 15 日，花园口合龙，黄河水流归故道。因解放区的堤防工程已基本上修复起来，故没有发生大的灾害。国民党水淹解放区的阴谋，终于失败了！

十一、扭转乾坤大决战

36 转战陕北从容不迫

周恩来回到延安整四个月，胡宗南气势汹汹地攻到了眼皮子底下，毛泽东和周恩来谈笑说：“咱们吃了饭再走。”撤出延安后，毛泽东、周恩来、任弼时“在两个窑洞里指挥了全国的解放战争”。

从容撤离

周恩来回到延安后，中国革命进入了一个新的阶段，正如 1947 年 2 月 1 日中共中央政治局会议通过的《迎接中国革命的新高潮》的指示所宣告的：“目前各方面的情况显示，中国时局将要发展到一个新的阶段。这个新的阶段，就是全国范围的反帝反封建斗争发展到新的人民大革命的阶段。现在是它的前夜。我党的任务是为争取这一高潮的到来及其胜利而斗争。”

作为中共中央军委副主席，为完成党的任务，周恩来协助毛泽东擘画和指挥了东起胶东半岛，西至天山南北，由东北到南海之滨的一场伟大的中国人民解放战争。毛泽东在 1950 年曾经回顾说：“胡宗南进攻延安以后，在陕北，我和周恩来、任弼时同志在两个窑洞里指挥了全国的解放战争。”周恩来则说：“毛主席是在世界上最小的司令部里，指挥了最大的人民解放战争。”

1947 年 2 月底，蒋介石从南京飞到西安，召集在西安的军政大员，安排进犯延安和陕甘宁边区的军事部署。3 月 13 日，他集中 34 个旅 23 万人，分别从南、西、北三面向陕甘宁边区进攻。蒋介石的嫡系部队胡宗南的 15 个旅 14 万人，更是气势汹汹地由洛川、宜川一线北犯。

形势是严峻的，但却是有利于人民的。3 月 17 日，周恩来致信续范亭，充满信心地说：“目前国内外形势，日益向有利于人民的方面发展。中国六大战场，东北、鲁苏、冀豫、晋绥，我已渐取得主动，冀察热在对峙中，只西北胡宗南集中兵力向延安突入。即使延安不守，胡敌也将消耗甚大，而我反得以从容各个歼灭之。”

为争取主动，中共中央决定暂时撤离延安，转战陕北。

撤退前，周恩来作了周密的部署和细致的检查。3 月 18 日下午，敌人越来越近了，连手榴弹的爆炸声都听得清清楚楚。这时，毛泽东仍在办公室内办公。周恩来到枣园、杨家岭和清凉山检查各机关转移和群众疏散的情况。近黄昏了，周恩来回来，对毛泽东说：“该走了！”毛泽东说：“好吧。现在还有点时间，咱们吃了饭再走。”周恩来笑了笑说：“那好，吃了饭再走。”

傍晚 7 时左右，周恩来走出窑洞，发布中央机关最后的撤退命令：“准备汽车，马上出发！”然后，与毛泽东等人从容地撤离延安。

3 月 19 日，西北野战兵团完成了掩护中央机关撤退任务后，主动从延安撤退。为吸引敌人主力北去，以两个营的兵力佯装主力，边打边往安塞方面转移，将主力隐蔽在延安东北青化砭地区，待机歼敌。

胡宗南主力占领延安空城后，他一方面误认我军主力已向安塞“逃窜”，集中五个旅往北追击。并立即向蒋介石“报喜”，谎报战绩，吹嘘“共军不堪一击，已仓皇北窜”。蒋介石发电报给胡宗南说：“功在党国，雪我十余年来积愤，殊堪嘉尚。”陕西省主席祝绍周还在西安挂国旗、放鞭炮，庆祝“陕北大捷”。南京国防部大吹大擂，要组织上海、南京的中外记者到延安参观访问。胡宗南为宣传他的“战绩”，亲自在延安假设“战俘管理处”，要一些士兵化装“共俘”，还搞“战绩陈列室”欺骗记者。

可是蒋介石、胡宗南笑得太早了！正在他们宣传“陕北大捷”的时候，中共西北野战兵团于 3 月 25 日利用敌三十一旅在拐峁补充了粮食，进入青化砭地区预设的袋形阵地后，以五个旅的兵力四面夹攻，不到两个小时，将三十一旅旅部及所率一个团近 3000 人，全部消灭，敌旅长李纪云及副旅长、参谋长、团长都被活捉，给了蒋介石、胡宗南当头一棒！胡宗南以近 3000 官兵、2000 多支枪、

1946 年 11 月 19 日，周恩来回延安后和毛泽东、朱德在一起

30万发子弹，作为占领延安后的第一个见面礼。解放区军民和蒋管区人民听到此消息，进一步认识了毛泽东“以歼灭敌人有生力量为主要目标，不以保守或夺取城市为主要目标”的战略方针。

中共中央和中央军委撤出延安后，即朝东北方向隐蔽行动，于3月28日到达清涧县的枣林沟。因已知道国民党有测量电台位置的测向台设备，毛泽东、周恩来决定中央的电台在转移中停止工作三天，使敌人摸不清中央的去向。周恩来还起草中央军委致各野战军负责人电：“蒋敌现有测量电台方向位置的设备，……但小电台因电波弱，不易辨别。因此，望你们在作战前部署期间及作战中，均不用无线电传达，或将司令部原属之大电台移开，改用小电台，转拍至大电台代转，以迷惑敌人。”由于中央军委和各野战军采取了这些措施，使敌人始终摸不清楚党中央和各野战军司令部的确切地址。

为使中央军委便于指挥全国解放战争，又使中央机关能在安全地区进行正常工作，党中央在枣林沟召开了政治局会议。决定毛泽东、周恩来、任弼时主持中共中央和中央军委工作，坚持留在陕北，指挥全国各战场的解放战争；刘少奇、朱德、董必武组成中央工作委员会，由刘少奇任书记，东渡黄河，到华北解放区，进行中央所委托的工作；由叶剑英、杨尚昆、李维汉、李克农等组成后方委员会，叶剑英为书记，到晋西北解放区负责后方工作。

中央会议一结束，周恩来就紧张地进行一系列的组织工作。

首先，组织一个短小精悍、机动灵活的支队，为中央和军委工作。为了保密，毛泽东命名为昆仑支队，由任弼时任司令员，化名史林；陆定一（中央宣传部部长，主管宣传工作）任政治委员，化名郑位；叶子龙（毛泽东的机要秘书）任参谋长；汪东兴任副参谋长；廖志高任政治部主任；毛泽东化名李得胜；周恩来化名胡必成。下分四个大队：一大队就是司令部作战机关，除首长外，包括军事组，有五六个作战参谋；机要科十几个人。龙飞虎是大队长，负责毛泽东等中央首长的警卫工作。二大队是军委二局部分工作人员，负责情报工作。三大队是军委三局的电台工作人员（有三部电台）和电话排。四大队是新华社，负责新闻宣传工作。总共只300来人。警卫部队是中央警卫团的四个连（一个手枪连、两个步兵连、一个骑兵连，共400来人）。组成支队后，周恩来还亲自进行动员工作，特别嘱咐叶子龙、汪东兴、龙飞虎等人，一定要负责保证毛主席的绝对安全。朱德也对警卫部队讲了话，把负责毛主席安全的重任托付给他们。

为了具体布置中央工委的转移和中央后委的工作，周恩来带着两个警卫员骑马离开王家坪，去往绥德方向，一路作出布置安排。于4月2日到达三交同朱德、刘少奇、叶剑英、杨尚昆等会合，详细研究了中央工委的行动路线，确定经过晋绥边区的兴县、岢岚、神池等地，再经过晋察冀解放区的代县、阜平到平山地区。由晋察冀中央局负责安置。后委即分布在三交附近的村庄。周恩来向中央机关负责干部传达了中央枣林沟会议的决定，当宣布毛主席、任弼时和他三人代表党中央、中央军委坚持在陕北与敌周旋指挥全国解放战争时，一些同志都感到惊讶，纷纷议论，担心毛主席和党中央的安全。周恩来解释毛主席和党中央坚持在陕北的伟大意义，说明陕北地形险要。群众条件好，回旋地区大，完全有保障，请大家放心。并宣布了中央工委将到晋察冀边区平山地区工作，首先是筹备和召开全国土地会议。后委即在三交附近工作。

中央工委在三交附近稍事休息后，即由朱德、刘少奇率领往晋察冀边区转移。所属机关有组织部、宣传部、政治部、党校、解放日报社、工青妇委、中央办公厅和卫生部、供给部一部分。周恩来亲自交代伍云甫要做好工委机关的行政管理工作，对朱德、刘少奇、董必武的生活要适当照顾。伍云甫开始对做行政管理工作思想有些不通，经周恩来说服后，他很好地完成了任务，不仅保证了中央工委的工作和生活需要，也为1948年中央机关全部到达西柏坡做了充分准备。

中央后委驻三交附近的双塔村。所属单位有社会部、城工部、中央办公厅、外事组、军委作战部、军委二局和三局、中央机要处、供给部等，共3000多人。周恩来对后委的工作做了布置。陕甘宁边区政府交际处负责招待了一些老人如吴玉章、谢觉哉等，周恩来亲自交代处长金城，要特别注意他们的安全与健康。周恩来对城工部的工作做了更具体的交代。除了及时向蒋管区的党组织传达中央精神，及时将蒋管区的报告转报中央并提出意见外，要分组对抗战以来蒋管区的党的工作、统一战线工作、群众斗争和武装斗争等进行研究、总结，对当前蒋管区的人民斗争提出意见。

接着，周恩来又到临县晋绥分局驻地同贺龙（陕甘宁晋绥联防司令兼晋绥军区司令）、李井泉（晋绥分局书记、晋绥军区政委）等见了面，请他们注意掩护中央工委安全转移到晋察冀边区，帮助解决中央后委机关的粮食供应。这期间，他还指导了晋绥边区土地改革工作，并对当地工作中出现的“左”的倾向，进行了批评，要他们注意纠正。

转战陕北

周恩来为了赶回中央，只带了两个警卫员，于4月3日夜西渡黄河，沿途进一步作出安排。于4月10日到靖边的青阳岔和毛泽东会合。第二天，周恩来为中央起草电报，把中央机关分为三部分的决定和工委、后委的负责人名单通知各中央局、分局负责人。

4月12日，昆仑支队转移到安塞县一个小山沟里的王家湾。这个村子很小，只一二十孔窑洞，有的破烂得连门窗也没有，交通不便，给养也困难。但是老苏区群众很好，保密条件也好。党中央就在这个困难的环境中，停留了56天，指挥全国各个战场的战争。

刚到王家湾的第三天，即4月14日，西北野战兵团以四个旅的兵力，在瓦窑堡以南的羊马河围歼了孤军深入的敌一三五旅4700余人，首创西北战场我军全歼敌人一个整旅的范例，给蒋介石、胡宗南又一次严重打击。毛泽东向各战区通报这一战役胜利时指出："这一胜利，给胡宗南进犯军以重大打击，奠定了彻底粉碎胡军进攻的基础。这一胜利证明仅用边区现有兵力（六个野战旅及地方部队），不借任何外援即可逐步解决胡军。这一胜利又证明忍耐等候，不骄不躁可以寻得歼敌机会。"毛泽东于4月15日给彭德怀的电报中说："目前敌之方针是不顾疲劳粮缺，将我军主力赶到黄河以东，然后封锁绥德、米脂，分兵'清剿'。我之方针是继续过去办法，同敌在现地区再周旋一时期（一个月左右），目的在使敌达到十分疲劳和十分缺粮之程度，然后寻机歼灭之。"

果然不出毛泽东所料，我军羊马河告捷后，蒋介石得到情报，说"中共中央及其主力在绥德附近集结"，要胡宗南主力九个旅自蟠龙、永坪向绥德迅速北进，并要榆林的邓宝珊部向南策应，企图南北夹击，将我军一举消灭。可是蒋介石得到的是假情报，中共中央不在绥德，而在绥德以西百多公里的王家湾，我军主力则在瓦窑堡附近待机歼敌。正当胡宗南主力九个旅在绥德一带武装大游行，拖得疲劳不堪时，我西北野战军于5月4日集中优势兵力，向孤立踞守在蟠龙补给站的敌一六七旅及地方部队进攻，将敌6700多人全部歼灭，俘敌旅长李昆岗，缴获大量粮食和军用物资，军服4万多套，子弹百万余发。这是胡宗南运输大队长的"伟大贡献"！等胡宗南下令九个旅由绥德回援蟠龙时，蟠龙的物资已被搬得

周恩来与毛泽东、任弼时等在转战途中

转战陕北途中周恩来化名为胡必成使用的文件箱

一空，搞得他们既疲劳又缺粮。而我西北野战军已转移至安塞附近休整了。

中共中央撤出延安后的40多天中，我军连续取得青化砭、羊马河和蟠龙三大战役的胜利，军民斗志昂扬，而胡宗南虽然占了几座空城，但损兵折将两万多，被毛泽东牵着鼻子走，到处扑空、挨打。

5月9日，新华社播发了经过周恩来修改的评论《志大才疏阴险虚伪的胡宗南》，辛辣地指出："蒋介石的最后一张牌胡宗南，现在在陕北卡着了，进又进不得，退又退不得。胡宗南现在是骑上了老虎背。"又指出，不到两个月，丧失三个旅，"事实证明蒋介石所依靠的胡宗南，实际上是一个'志大才疏'的大饭桶"。

西北野战兵团接连取得三次大捷以后，下一步如何行动？

5月10日，周恩来从王家湾出发赶到安塞县马家沟西北野战兵团司令部，同彭德怀、习仲勋、王震等开会，分析了西北战场的敌我形势，确定了下一步出击陇东的作战计划，并电告毛泽东。为了壮我军志气，灭敌人威风，决定5月14日在真武洞召开陕甘宁边区军民庆祝大会，周恩来代表党中央出席讲话。

真武洞，在延安以北90里。召开祝捷大会的消息一传出，周围几十里的群众都赶来了。野战军则穿上刚从蟠龙缴来的新军衣，背上美制新式武器和饱满的子弹袋，雄赳赳地进入会场。为防止敌机空袭，大会在下午4时举行。但群众在3时前就来了，打着红旗，敲着锣鼓，兴高采烈地站满了会场，会场容不下，就坐在会场外围的山坡上，真是人山人海。主席台上有彭德怀、习仲勋、林伯渠等领导同志。当台下群众发现周恩来时，特别兴奋，都议论纷纷，猜想毛主席一定也还在陕北。彭德怀宣布大会开始后，周恩来在热烈的掌声中讲话，他说："我代表中共中央祝贺你们，代表中国人民感谢你们。"他用洪亮的声音宣布："中共中央和毛泽东同志自从撤离延安后，一直留在陕北，同边区的全体军民共同奋斗。"热烈的掌声和"毛主席万岁"的欢呼声，震动了山谷。周恩来又说："蒋介石、胡宗南梦想赶走中共中央，消灭西北解放军，征服边区人民，但是，一件也没有做到。"他介绍了全国各战场都取得了很大胜利的情况，号召边区军民在党中央和毛主席领导下，团结一致，下定决心，坚持斗争，彻底消灭胡宗南，早日收复延安，解放全西北，解放全中国！这次大会，极大地鼓舞了边区军民的斗志。

蒋介石听到这个消息后，恼羞成怒，责怪胡宗南无能，不仅没有"消灭共军"，反而连吃三次败仗；又怪情报机关和空军，毛泽东、周恩来和中共中央一直在陕北，但总是弄不清楚他们在哪里。根据周恩来在真武洞出现的情况，他们判断中共中央在青阳岔、王家湾一带，又梦想要一举消灭中共中央和我西北野战军。胡宗南令第二十九军军长刘戡，率四个半旅人马，在空军掩护下，由延安、蟠龙一带气势汹汹地向青阳岔、王家湾扑来。

毛泽东和中共中央早就估计到敌人这一手，派周恩来到真武洞出面，就是要把敌人主力吸引到陕北的深山沟里来，拖得他们精疲力竭，以便我西北野战军能顺利进行陇东战役。毛泽东估计敌人此次行动有三个企图：一是把我们消灭在王家湾一带；二是逼我们过黄河；三是把我们赶到北边沙漠地带困死、饿死。

可是敌人连遭三次失败后怕遭到我军主力的伏击，所以只敢大集团地并行前进。他们不知道毛泽东在这里布置了一个“空城计”。西北野战军已于5月21日按计划西进，到了离王家湾几百里地的陇东。中共中央机关的警卫部队只四个连。6月8日，敌人先头部队已到离王家湾五里远的山头上，警卫部队一面加强警戒，一面帮助地方干部动员群众实行坚壁清野后全部转移。听到枪声时，周恩来还亲自检查住的窑洞是否遗留有片纸只字，然后才同毛泽东冒着大雨率领昆仑支队离开了住了五十多天的王家湾。为了迷惑敌人，毛泽东、周恩来商量留下警卫团团长刘辉山指定一个连长带一个步兵排，配一挺机枪，在王家湾、小河一带吸引敌人。周恩来还亲自交代了任务和办法。这个排灵活地采用了毛泽东的“蘑菇战术”，到东边放几枪，引着敌人往东走；又到西边放几枪，引着敌人往西走，拖得敌人疲劳不堪，又找不到粮食，只得往南退去。我中央机关就在敌人的旁边安全转移。

6月17日，昆仑支队就在离王家湾几十里路的小河村（均属靖边县）安然地住下来，又开始“运筹窑洞之中，决战千里之外”了。

蒋介石、胡宗南既未达到“消灭共军主力”的目的，又未实现“把毛泽东赶过黄河”的预想，只有自欺欺人地要“中央社”广播什么“共军已从陕北溃散”，“毛泽东已离开陕北，到达山西兴县”等假话。

中共中央在指挥西北战场的同时，也粉碎了国民党军对山东战场的进攻。

陕北和山东两个战场的不断胜利，使得蒋介石的“重点进攻”遭到惨重的打击！

由于蒋介石的大部分主力部队被吸引并牵制在陕北和山东两个战场，就为其他解放区的反攻创造了有利的条件。晋冀鲁豫、晋察冀、东北等各个战场上，都捷报频传。晋冀鲁豫解放军在四五月间对敌发动了攻势，全歼蒋介石的第二快速纵队和暂编第三纵队，共45000多人，解放了豫北、冀南大片土地，控制了平汉铁路三百多公里，破坏了敌人在山东、陕北两个战场之间的联系，为下一步刘邓大军南下创造了有利条件。

强兵南下，突破中原

1947年6月30日的夜里，刘邓大军横渡黄河天险南下。这是中国人民革命军队20年来第一次向国民党反动派的战略进攻。这个作战方针，最初是周恩来提出来的。

1946年6月，蒋介石发动全面内战已经势不可免，和平已经没有希望。这月中旬，周恩来在南京同几位友好的爱国人士商谈国内军事态势后，给中共中央去电提出："我如以两支强兵南下，一插津浦路东，一插路西，直抵江边，京沪局势必将大乱。"

这是大军南下、中原突破这一战略的最初设想。这个意见得到中央的重视和接受，下来就是做好准备和什么时候实行的问题了。6月下旬，虽然蒋介石已经发动全面内战，但是广大中间人士对和平仍有幻想，周恩来必须彻底揭露蒋介石不要和平坚持内战的真面目。到10月11日国民党军攻占张家口，和谈已不可能，蒋介石很快要召开"国大"，周恩来则要争取第三方面人士中的大多数不参加"国大"。在这样的形势下，10月15日，周恩来给中共中央去电报提出："在军事战略上应与政治相配合。"他主张"在'国大'前后，还不宜出来，主要仍在解放区作战，易于歼敌。"

到1947年夏天，形势不同了。蒋介石要打内战不要和平的面目已为全国人民认清，国民党统治区的人民运动受到残酷镇压，民主人士遭到迫害，而在战场上，经过一年解放战争，人民解放军歼灭了敌军112万人，国民党军的总兵力已由430万人降为373万人，其中正规军由200万人降为150万人；人民解放军已由战争开始时120万人发展到195万人，其中正规军超过100万。国民党军由全面进攻改为"重点进攻"，所谓"重点进攻"即把主力深深陷于山东和陕北两个战场上，它的战略纵深的中原和江南广大地域军力异常空虚。

是时候了。

在毛泽东、周恩来、任弼时等中央前委的指挥下，刘邓大军南渡黄河，揭开了战略进攻的序幕。

蒋介石手忙脚乱。他派 15 个旅随后追赶，在前面平汉路许昌以南派 5 个旅堵截，皖西有 3 个旅防堵。国民党在湖北自夔门以下没有正规军，安徽除第四十六师外，只有四十八师的 1 个旅和七十四师的 3 个旅，在蚌埠、合肥、长江防线只有 3 个旅。周恩来亲自起草了中央军委给刘伯承、邓小平的电报："湖北全境空虚。你们如能乘胜攻占长江以北、大别山以南各线，必能威胁长江，分散敌人，开展局势。"

刘邓大军南下，直达大别山区，如同一把利剑插在国民党心腹地区南京和武汉之间。同时，中共中央又派陈赓、谢富治率军南渡黄河；派陈毅、粟裕率军进入鲁西南。三路大军以鼎足之势在中原大地、江淮河汉之间展开。

这时候在陕北战场，也经过沙家店战役的胜利，结束了国民党军队对陕北的"重点进攻"，人民解放军由内线防御转入了内线反攻。笼罩在陕北高原上空的乌云开始消散。

整个战局改观了。周恩来说："去年一年我们是战略防御，战术进攻，现在战略也是进攻。"

胡宗南向蒋介石要求无论如何部队必须休整三个月，以便重整旗鼓。此时国民党政府中央银行的负责人透露：经济力量仅能维持六个月。国民党的趋势，已经走向崩溃。人们此时完全相信，共产党必胜。

1947 年 7 月下旬，周恩来在中共中央前委扩大会议上总结了解放战争第一年（1946 年 7 月到 1947 年 6 月）的战绩，预计战争第二年解放军不仅在质量上，而且在数量上也将超过敌人。9 月，他在陕北葭县（今陕西省佳县）神泉堡作报告，阐明战争第二年的口号是："全国大反攻，打倒蒋介石。""我们的方针就是，打到蒋管区，发展解放区，消灭蒋介石的部队在蒋管区。这个方针在今后一年到两年间要实现。"至于打倒蒋介石，"要到第三年，可能到第四年"。

代理总参谋长

1947 年 8 月 30 日，在葭县的朱官寨，中共中央作出决定：军委副主席兼总参谋长彭德怀现在担任西北野战军司令员兼政委，不能兼顾军委工作，特以军委副主席周恩来代理军委总参谋长工作。在整个解放战争中，周恩来发挥了他丰富的指挥经验和卓越军事领导才能，成为毛泽东不可缺少的主要助手。周恩来当时的参谋张清化后来回忆道：

> 在这个阶段，我有一个深刻体会，周副主席在军事上是党中央、毛主席完全不能缺少的得力助手，是一个非常杰出的军事组织者和指挥者。当时他运筹帷幄，出谋划策，深得党中央、毛主席的称赞和全军的拥戴。凡是党中央研究，毛主席下了决心以后，具体的组织部署和如何执行等，都是由周副主席具体来抓的。无论前方或后方，无论是后勤供应或部队调动，总离不开他的具体的组织指挥。周副主席的军事修养很好，对毛主席的战略战术领会得很深，运用得很好。

为了便于同各方面联系和解决供养问题，中央机关于9月21日离开朱官寨，23日到达葭县西南15里的神泉堡。神泉堡是比较大的一个乡村，在一个山坡上，地势险要，从悬崖边上有一条小路进村，村口的隘路上，用条石砌了一座堡垒式的大门，门上方刻有“神泉堡”三个大字。村内有一家地主的大院，大门口有一对精刻的石鼓，鼓上面还有一个小狮子。大院内有一排石拱窑洞。毛泽东、周恩来、任弼时都住在这里，这是从延安撤退后半年以来居住条件较好的一个地方。加上敌人已向南撤退，这也是很安全的地方。这里离葭县近，给养没问题，从葭县过黄河，就是山西的临县，到中央后委住地三交的双塔村也不远。因此，中央就在这里工作了两个月。

这时刘邓、陈粟、陈谢三路大军都已打到蒋管区，彻底打破了蒋介石的防御体系。但是，困难还很多：蒋介石拼命从各方面抽调兵力对我军阻击、追击；我军远离后方，长途行军、作战，损失不少；新区群众对我军还不了解，人生地疏，语言不通；给养困难，生活艰苦，部队出现一些思想问题；等等。这些，都是毛泽东、周恩来、任弼时无时不关心的问题。

为了及时同前线保持无线电通信，周恩来在部队离开朱官寨前一天，就要三大队先派出电台到神泉堡同各路大军电台沟通联络，让部队一到就可以收发电报。当中共机关到神泉堡时，前方就发来电报，使中央及时了解前方的情况。周恩来规定，电台和机要科都要24小时值班，电报随收随译随送，绝不耽误。收报译好后即送周恩来，凡十万火急以上的急电，就算他睡了觉，也要叫他起来看。但当毛泽东休息后，除非特别紧急的立即送给他看外，一般都要等他醒来后才送，好让他多休息一会儿。毛泽东常常是彻夜不眠的，当他将要休息时，常常习惯性地自己到机要科去问有没有电报，如有电报正在翻译，他就等到看完电报甚至起草了回电才去睡觉。他常常一起来就叫叶子龙科长要电报看，如没有电报，也会自己到机要科去。当时，童小鹏正在神泉堡参加机要工作会议。有一天早晨，毛泽东刚从机要科窑洞里出来时，童小鹏立即抓拍了一张照片。有一个上午，他看到前方打胜仗的电报很高兴，坐在窑洞门口的石阶上，和机要科全体同志照了个合影。毛泽东和周恩来，就是在小小的窑洞里靠电报了如指掌地及时了解和指挥全国解放战争的。

周恩来刚到神泉堡几天，得悉在北平与我地下情报系统有工作关系的民主人士余心清等二人被国民党特务逮捕，情报系统一个地下电台也被国民党特务测向台发现而被破坏。周恩来立即电告主管部门采取紧急措施防止破坏的扩大和设法营救余心清，同时通知戴镜元、李质忠、罗青长和童小鹏迅速赶到神泉堡去开机要工作会议。四人从三交骑了两天的马于 9 月 28 日上午到达，正好听到了周恩来当天下午向中央机关工作人员作的形势报告。

周恩来报告的主题是“全国大反攻，打倒蒋介石”。他对当前的战争形势作了详细的分析，他说：“1945 年 8 月 15 日日本投降后，党的方针是要建立一个独立、和平、民主的新中国。但蒋介石不要和平，动员了 300 万军队进攻我们，经过一年自卫战争，被我们消灭了 110 多万。我们胜利的原因是：（一）人民拥护我们作战，相信我们是为他们做事的；（二）我们的军队，是人民的，是为人民的子弟兵；（三）党中央和毛泽东领导得好。过去一年，我们是战略防御，战术进攻，现在我们在战略上也是进攻，提出大反攻、打倒蒋介石的口号是适当的。蒋介石有三个弱点，兵力不足，后方空虚，人民反对。我们则充分具备了大反攻的条件，首先是我军愈战愈强，其次是土地革命，最后是扩大了解放区。战争的第二年是要打出去。我们的方针是，打到蒋管区，发展解放区，消灭蒋介石的部队在蒋管区。我们打倒蒋介石是有把握的，当然不是说再打一年就能解决问题，要到第三年，可能到第四年。我们要解放全中国，整个形势的发展是定了的。”报告结束时，他举手高呼：“打到南京去，活捉蒋介石！”全场一致跟着高呼，并热烈鼓掌。

这是一个十分鼓舞人心的报告。大家听了报告后，都增加了胜利的信心，也

1947 年 9 月，周恩来在陕北葭县（今佳县）神泉堡给中共中央直属机关干部、战士作关于时局问题的报告，说明在解放战争的“第二年提出大反攻、打倒蒋介石的口号，是适当的”

增加了做好本职工作的责任感。

9 月 30 日，周恩来、任弼时召集戴镜元、李质忠、童小鹏、罗青长等人开机要工作会议。针对国民党特务在美国情报局的大力支持下要侦破我党在蒋管区的地下组织和秘密电台，用测向台多方侦测我党中央、各野战军司令部电台，并妄图破译我党核心密码的种种阴谋，研究对付敌人空中侦测、地下破坏、密码破译等一套切实可行的办法。周恩来特别强调这是一条秘密战线的对敌斗争，只能胜利，不能失败。这是关系到解放战争胜利与失败的重要政治任务，必须完成。首先是密码的编制、使用、保管的问题，要做到万无一失。对公开、秘密电台如何避开敌人测向，如何迷惑敌人，也要总结经验教训，订出一套可行办法来。会议前后开了 20 多天，取得了完满的结果。会议最后，周恩来对在机要战线上同国民党的斗争性质，作了极为重要的科学分析。他说，这种斗争，是政治与技术相结合的斗争。我们在技术上落后于国民党，但是我们可以学习，可以进步，总有一天能赶上他们；但在政治上，我们是先进的，我们的人员有高度的政治觉悟，有严格的制度，这是他们永远赶不上的。他们虽然有技术，但政治上是腐朽的，官僚主义，官官相护，上下相欺，制度不执行，有许多漏洞我们可以利用。只要我们加强政治思想工作，严格执行制度，又注意技术进步，就一定能战胜他们。这是对机要战线上斗争经验的高度概括和科学总结。这次会议，对于加强我党机要通信工作，保障战争的胜利，起了重要的作用，为新中国成立后加强党的机要工作打下了良好的基础。

在会议期间，周恩来、任弼时还抽空高兴地带着大家一道走到黄河边的一个白云山上，参观了历史悠久的白云观，参加了庙会，并摄影留念。晚上还一起点起蜡烛打扑克。10月底，除戴镜元继续留下领导二大队工作外，童小鹏、李质忠、罗青长都高兴地回到三交自己的机关，立即采取措施贯彻会议的决定。

毛泽东和周恩来身在神泉堡，心系大别山，每天都关心刘邓大军能否扎下根来。除随时对提供的敌情给以指示外，还作出了给他们增加兵力的决策。经过同晋冀鲁豫中央局商量后，决定将留在内线作战的第十、第十二两个纵队，带上一批新战士和伤愈、病愈归队的指战员，运送大批弹药、药品和银圆，南下中原。这两个纵队经过长途跋涉和沿途作战，按照军委计划达到指定地区，加强了中原野战军的力量，提高了粉碎敌人围攻和坚持大别山斗争的信心。刘伯承司令员说：“这是党中央、毛主席对中原野战军的‘雪里送炭’。”

10月间，蒋介石集中在大别山北部六个多师的兵力，妄图合击光山、新县地区的我军主力。我军以一部分兵力牵制和迷惑敌人，主力转到外地寻机歼敌。首先在皖西六安县（今安徽省六安市）东南的张家店，把在运动中的敌人八十八师六十二旅全部消灭，创造了我军在无后方依托的条件下，消灭敌人正规旅的新纪录。接着，又于10月26日，在湖北蕲春县的高山铺地区，经过一天一夜的激烈战斗，将钻进我军埋伏圈的蒋军四十师师部和两个半旅，共12000多人，全部歼灭。当武汉敌机到高山铺上空投下馒头、烧饼时，我军毫不客气地收下了。

10月27日下午，当刘邓大军把他们的胜利消息报到神泉堡中央时，毛泽东、周恩来、任弼时都十分高兴。毛泽东得到刘邓胜利的消息后，兴奋得没有睡好觉。当天晚上，他就给刘邓发了祝贺电报，第二天一清早，他要叶子龙通知周恩来、任弼时，放假一星期，不开会，搬到白云山下的一个村子里去休息，除了紧急的电报外，不要送文件给他看。叶子龙一面报告周恩来和任弼时，一面通知汪东兴派人到前面打前站，准备毛泽东休息的地方。吃完早饭后，毛泽东带着警卫人员往白云山走。神泉堡到白云山只十来华里，饲养员给他牵来马，他只骑了一段就下了马，兴致勃勃地和大家一起走路，一路有说有笑地走着，不多久就到了白云山下的一个村子里，前站人员已经向群众借好了几孔窑洞请毛泽东休息。他只稍微休息一会儿，喝了几口茶，又精神抖擞地沿着石阶爬到白云山顶的白云观参观游览。白云观是唐代始建的古迹，当每年庙会时，黄河两岸都有许多群众来参加。山上有不少苍松古柏，山的东面是滔滔的黄河，河东是山西临县。这是陕北难得的一个风景点。

毛泽东在白云山下，好好休息了一个星期，身体、精神都更好了。任弼时的高血压病也有所好转。唯独周恩来仍以高度负责和不知疲倦的精神抓全面工作。为了让毛泽东、任弼时得到较多的休息，除了特别重要的电报送给他们看以外，周恩来一般都由自己先处理，待他们休息过后再送阅。周恩来和工作人员游了一次白云山，打了几次一百分（扑克），算是最难得的休息机会了。这段时间内，他除了指挥解放战争外，同时也很关心蒋管区的工作。他约了从重庆回来准备回到蒋管区工作的于江震和杨超来谈了几次长时间的话，研究蒋管区目前的形势和党的任务，指出在全国大反攻，打倒蒋介石的形势下，蒋管区工作的总方针是：长期打算，积蓄力量，发动斗争，推动高潮，配合反攻形势，开辟第二战场。对蒋管区的工作，随时电告城工部和社会部予以指示。他致电中央工委和各中央局：为着眼于下一步的战略行动，我华北、西北各解放区，现在就应尽量收集和抽出长江以南各省籍的大批干部，于今后派往刘邓、陈粟、陈谢三处，交给他们分配工作，取得新区经验，以便于明年时机成熟时随队过江。这是多么伟大的战略眼光！

蒋介石是不会让他的对手毛泽东、周恩来得到休息时间的。自刘邓、陈粟、陈谢三路大军在大别山、豫皖苏、豫陕鄂胜利展开，创建根据地后，蒋介石十分恐慌，既怕我军在中原生根，又怕我军南渡长江和突破大巴山防线进入四川。为固守中原，阻止我军攻势，于11月在庐山脚下的九江成立了“国防部九江指挥部”，由国防部长白崇禧统管豫、皖、鄂、湘、赣五省党政军大权，企图以“总体战”来对付我军，与我军争夺中原。蒋介石纠集了33个旅的兵力，对我大别山区展开围攻。

中央军委针对敌人的包围，及时指示刘邓、陈粟、陈谢：大别山根据地的确立与巩固，是中原解放区能否巩固的关键，足以影响战争全局的发展。南线三军必须内外线配合，全力粉碎敌人的围攻。指示刘邓主力坚持大别山区的斗争，陈粟及陈谢破击陇海路及平汉路，尔后以主力沿平汉路南下，攻克一切可以攻克的城镇、车站，歼灭一切孤立分散的敌人，以直逼武汉之势，迫使进攻大别山的敌人回援，支援刘邓主力打破敌人的围攻。我中原三路大军，坚决执行中央军委的指示，他们互相支援，密切配合，在当地群众的支援下，不断取得新的胜利。

因为陕北的战争还未完全取得胜利，中央决定仍坚持留在陕北。为了顺利过冬，毛泽东、周恩来、任弼时商量决定，于 11 月 14 日率中央机关离开神泉堡，向南转移，到居住和供给条件比较好的米脂县杨家沟。中央机关于 11 月 22 日转移到杨家沟。杨家沟是米脂县较大的村庄，有 200 多户人家。有一条小河向东一直流入黄河，沿河两岸滩上有较肥沃的土地，群众称这里是米脂的米粮川，所以就成为地主剥削农民和称霸的地方。全村有几十户大小地主，最大的地主就是当时蒋介石的反共干将杜聿明的家。杜家有一个大院，院内有一排十来孔的石砌大窑洞，管理人员给毛泽东分了一套三间相通的窑洞，周恩来、任弼时各住两个相通的窑洞，这样就把卧室和办公室、会议室分开了。这是他们转战陕北 8 个月来居住条件最好的、办公室最宽敞的一个地方。

为总结 18 个月的解放战争的经验，解决与战争密切联系的土改、统一战线问题，根据战争胜利发展的新形势，制定夺取全国胜利的纲领和重要的方针政策问题，中共中央决定于 12 月在杨家沟召开中央会议。

12月中央会议是在中国革命伟大转折关头召开的一次具有重大意义的会议。参加会议的除已在杨家沟的毛泽东、周恩来、任弼时和陆定一外，还有陕甘宁边区负责人彭德怀、林伯渠、习仲勋、张宗逊、马明方、张德生、王维舟，晋绥边区负责人贺龙、李井泉、甘泗淇、赵林，中央后委机关负责人李维汉、王明、谢觉哉、李涛等 19 人。中央工委和其他解放区负责人因交通不便没有参加。这是延安撤退后规模较大的一次会议。

为了在会前做好准备工作，从 12 月 7 日至 24 日，开了 18 天的预备会议，主要是讨论毛泽东所写的《目前形势和我们的任务》报告稿。毛泽东、周恩来、任弼时都和大家一起座谈研究。周恩来除了参加各个问题的讨论外，还要抓解放战争一年半的总结，对敌我双方的各种统计数字，亲自同参谋人员一起计算核实，并且统管会议的组织和秘书、行政等工作。

25 日至 28 日正式开会。毛泽东在 25 日就他的报告作了说明。他主要讲了敌我形势、统一战线、美苏关系三个问题，接着大家进行了热烈的讨论。

12 月 26 日，周恩来在会上作了军事形势的报告。他对战争第二年各条战线的发展、解放区的情况、蒋管区群众运动状况，以及敌我双方力量的变化，都作了详细的阐述和分析。

在讨论中，周恩来对财政经济、土地改革、统一战线等问题作了多次发言。他对土改和整党中发生的一些“左”的倾向，提出了批评。

在 28 日会议结束的那天，毛泽东作结论时说：“这次会议是一次令人高兴的会，与洛川会议相似，都是在时局发展中召开的。20 年来未解决的革命力量在斗争中的优势问题，今天解决了。局面的开展，胜利可期。虽然我们工作中还有严重的缺点，困难还很多，但都是可以解决的。”这次会议所制定的政治、经济纲领，比《新民主主义论》和《论联合政府》中提出的纲领有进一步的发展。

会议最后通过了毛泽东的《目前形势和我们的任务》。会议认为这个报告是“在整个打倒蒋介石反动统治集团，建立新民主主义中国时期内，在政治、军事、经济各方面带纲领性的文件”。

《目前形势和我们的任务》交新华社公开发表后，在党内外和国内外都产生了很大影响。国民党统治区的地下党组织收到后，大大提高了对形势的认识和胜利信心，他们通过各种方法向工人、学生、各界爱国人士进行宣传后，团结了更多的群众，扩大了爱国民主统一战线，使反内战、反饥饿的群众斗争进一步发展。

1947 年即将过去，这一年，是周恩来与中共中央艰苦转战的一年，然而，也是中国革命重大转折的一年。

37 解放战争第二年

解放战争进入第二年，周恩来肯定地宣布："战争的主动权已掌握在我们手里。"为走向胜利，中共中央五大书记齐聚西柏坡。

东渡黄河，移住华北

1948 年 1 月 11 日，周恩来给西北高干扩大会议作了一个关于全国战争形势的报告，他在报告中用肯定的语言说："从战争的第二年起，我们逐渐地在全国各战场无例外地进入了反攻。战争的主动权已掌握在我们手里。……我们中央已经决定一直打下去，不要再走弯路，一直走到胜利。"

历史进入 1948 年，一条由毛泽东、周恩来、刘少奇、朱德、任弼时等伟人规划的道路，已经在全中国人民面前铺设开来。人民，在领袖的带领下，正沿着这条康庄大道大踏步地向前迈进……

根据形势的迅速发展，毛泽东、周恩来等人认为，中共中央必须站得更高、更宽阔、更长远来立脚，必须走出延安、陕北、过黄河，向华北去。

1948 年 3 月，周恩来和任弼时指示廖志高、汪东兴、叶子龙、邓洁等人，召开中共中央机关行政会议，研究中共中央机关由陕北转移到华北的准备工作。3 月 8 日，行政会议提出了准备转移的各项决定，周恩来审阅以后，批准了这些决定，并指示各有关方面做出了周密的安排。

3 月 10 日，周恩来在杨家沟给中央直属机关全体人员作了形势报告。他宣布：一年来，敌我力量对比已经起了根本变化，中央在陕北的任务已经胜利完成。为了准备迎接即将到来的全国范围的胜利，中央决定东渡黄河，移驻华北。

3 月 21 日，毛泽东、周恩来、任弼时率领中央机关告别住了四个月的杨家沟，经过两天路程，于 23 日从吴堡县川口渡口东渡黄河，进入晋绥边区的临县地区，于 24 日到达中央后委驻地三交镇双塔村。

从 1947 年 3 月 18 日撤离延安，到 1948 年 3 月 23 日东渡黄河，中共中央转

解放战争时期的周恩来

战陕北共一年零五天。在这一年中，中国人民解放军在党中央、中央军委正确领导下，粉碎了蒋介石几百万兵力的全面进攻和重点进攻，转入了全面反攻，使战争形势发生了根本性的变化。

当毛泽东、周恩来率中央机关从晋绥暂移到晋察冀途中，4 月 22 日，收复延安的胜利消息传开了。中共中央于 24 日给彭德怀等人和西北人民解放军发去贺电，说："去年 3 月 19 日国民党匪军占领延安的时候，我们就断言这种占领将标志着国民党匪军的失败和中国人民的胜利。一年多来，一切事实，充分证明了这一断言。"

1948 年 3 月 26 日，毛泽东、周恩来、任弼时和陆定一、胡乔木、师哲等率部分干部，带上电台，乘车离开双塔村到兴县蔡家崖晋绥分局和军区驻地。他们在这里住了9天，听取了贺龙、李井泉等关于晋绥边区的军事、土改、整党、工农业生产、工商政策和支前工作等汇报；召开了贫农团代表、土改工作团和地方干部的座谈会。

4月4日，毛泽东、周恩来等一行离开兴县，乘车继续东进。因太原、忻县有阎锡山部队，就绕道晋北解放区的岢岚、五寨、神池，经雁门关、代县到五台山。山上正值大雪，公路不好走，晋察冀中央局派保卫部部长杜理卿（新中国成立后改名许建国）、秘书长周荣鑫来迎接，并动员群众扫雪，疏通公路。周恩来也亲自察看行车路线。

4月9日，车队通过2800米高的五台山公路最高点鸿门崖，于13日到达晋察冀中央局和军区驻地河北阜平县城南庄，受到聂荣臻、萧克等领导同志的热情欢迎。

当时，邓颖超正在阜平参加土改和整党试点工作，她和周恩来自去年3月从延安分别后，已经一年多没有见面了，周恩来的老战友聂荣臻当然知道她的心情，很快就让她和周恩来见面，并安排在一个窑洞里，让他们畅叙别情。这一对革命战友和伴侣，为了工作和战斗的需要，经常分开而各在一方。但这一年多岁月里，他们是在激烈的战争环境里度过的，虽然有过书信来往，却总想早日见面。两人见到彼此身体健康，特别高兴。连毛泽东看到他们那样高兴的情景，也不禁对邓颖超开起玩笑来，批评她这个“后勤部长”不到陕北来慰问周恩来。

周恩来在城南庄住了10天，他忙于参加座谈会，搞调查研究，同聂荣臻等研究工作，还为中央军委起草电报，批准徐向前关于夺取临汾的战斗计划等。

中央原来决定毛泽东到苏联去一次，在城南庄住下来休养身体和做准备工作。周恩来、任弼时就于4月23日率中央机关部分工作人员到平山（原叫建屏）县西柏坡，同刘少奇、朱德等会合。从此，结束了从延安撤退一年多来行动多变的战时生活。

5月1日，中央宣布在西柏坡开始办公。中央前委、中央工委和后委即告结束。

毛泽东在城南庄期间，除同聂荣臻等研究晋察冀边区的各项工作以外，着重考虑解放全中国建立全国政权等重大问题。4月25日，他打电报给刘少奇、周恩来、朱德、任弼时，要他们在西柏坡讨论若干问题，然后到城南庄商定。主要问题是：邀请平、沪、港等地民主党派及群众团体代表到解放区商量召开人民代表大会，成立临时中央政府；今冬召开二中全会；酌减人民负担和大力发展工农业生产；

取消某些无政府状态和缩小地方权力；区、乡、村人民代表会议组织大纲草案；陈粟兵团的行动等。刘少奇、周恩来、朱德、任弼时在西柏坡就上述问题交换了意见，于4月30日一同到城南庄。中央另通知了陈毅、粟裕、李先念、薄一波也到城南庄来。

4月30日至5月7日，中央书记处在城南庄举行了几天会议，除了毛泽东、刘少奇、周恩来、朱德、任弼时五个书记外，陈毅、粟裕、薄一波、聂荣臻等也参加了。

4月30日的会议上首先通过了毛泽东起草的“五一”劳动节口号，共二十三条。第二条中，明确提出：“打到南京去，活捉伪总统蒋介石！”第四条：“全国劳动人民团结起来，联合全国知识分子、自由资产阶级、各民主党派、社会贤达和其他爱国分子，巩固与扩大反对帝国主义、反对封建主义、反对官僚资本主义的统一战线，为打倒蒋介石，建立新中国而奋斗！”第五条：“各民主党派、各人民团体及社会贤达，迅速召开政治协商会议，讨论并实现召集人民代表大会，成立民主联合政府。”并于当日由新华社向全中国全世界宣布这个“五一”口号，引起了强烈的反响。

5月5日，在香港的李济深、何香凝、沈钧儒、章伯钧、马叙伦、王绍鏊、陈其尤、彭泽民、李章达、蔡廷锴、谭平山、郭沫若联名致电毛泽东并转解放区人民，认为中共“五一”口号适合人民、时势之要求，尤符同人等之本旨，表示要通电国内外各界及海外侨胞，共同策进，完成大业。

由于国民党暗藏特务的告密，5月16日，毛泽东住地曾遭到国民党飞机的轰炸，幸亏警卫人员保护及时让他转入防空洞，才只受了一场虚惊，平安无事。当晚，聂荣臻请他转移到比较隐蔽的花山村居住。在西柏坡的刘少奇、周恩来、朱德、任弼时闻讯后，都很关心毛泽东的安全，即发电慰问，并嘱聂荣臻要保证毛泽东的绝对安全。周恩来于18日专程乘车去城南庄，了解情况，并到花山村去看望了毛泽东。5月24日，毛泽东为中央起草了《新解放区农村工作的策略问题》，25日为中央起草了《一九四八年的土地改革工作和整党工作》的党内指示。5月26日，毛泽东离开城南庄到达西柏坡。朱德同毛泽东一见面，就谈起敌机轰炸城南庄的事，他们仍在为毛泽东的安全担心。毛泽东诙谐地说：“我倒是觉得好玩，我还是第一次看到飞机在我头上丢炸弹呢。”

西柏坡救险

毛泽东到西柏坡后，又发生了一次险情。

进入雨季以来，西柏坡接连好几天都是阴雨天气。一天夜间，人们都熟睡了，只有毛泽东、周恩来和其他几个首长的屋里还亮着灯。这时，忽然下起了倾盆大雨。就在这个大雨如注的深夜里，突然在西柏坡发生了一件不幸的事情。有两孔窑洞倒塌了。

这窑洞，就在五位书记住的院后边的一个山坡上。窑洞一塌，就有人在外边大声喊着："快来救人呀！快来救人呀！窑洞塌了！"

人们一听到喊声，就朝窑洞跑去，不大一会儿，那里就聚集了许多人。大家都没有带工具，一见用手扒不动，大家就赶快回去拿工具。一会儿，修缮队的人把工具都扛来了。有了工具，大家就投入救人的紧张战斗中。

当时，谁也不知道窑洞里究竟压了几个人，有的说四个，有的说五个。不管是几个，一定得把这些同志都赶快抢救出来。因为人多工具少，没有工具的也就只好用手扒泥土。

大雨下个不停，抢救人的战斗在紧张地进行着，大家心里非常着急。因为工具少，有些人有力气也使不上劲，在那里干着急。

有的说："还是轮流着挖好，歇人不歇工具。"

有的说："压了这么厚的一层土，什么时候才能把人救出来，人还能活着吗？"

就在这个时候，周恩来急步走了过来。他老远就问："怎么样，人救出来了没有？"

有关同志对周恩来说："挖了这么长的时间了，还没有见到人。因为土层太厚，现在大家正在挖。"

一听情况这样，周恩来立即把身上穿的雨衣脱下来往后一扔，要了一把铁锨就挖起土来。他一边挖一边高声地说："同志们快挖吧，一定要把我们的同志救出来！"

周恩来又问："这都是机关的人吗？有没有部队的同志？"

这时，部队的同志们排着队跑步来到了，每个人都扛着一把铁锨。

周恩来对部队的同志说："部队的同志到前边来，你们是主力军呀，赶快把

周恩来在西柏坡

压在土下边的同志抢救出来。”

部队的同志们一到，抢救工作就加快了。挖着挖着，就把窑洞挖通了。

这时，听到塌土深处有人在喊：“我在这里！我在这里！”

周恩来听到呼救，便高声地说：“同志们，快挖呀！已经听到里边有喊声了。”

周恩来问里头的人：“里边有几个人呀？”

里面的人说：“两个人。”

洞口终于挖开了，上边的土也被铲除了，大家从窑洞里的土块中把一个人拉了出来。

周恩来握着那个同志的手问：“怎么样，不要紧吧？”

那个同志一看是周副主席，就激动地说：“您救了我一条命。”说完，就跪下给周副主席磕头。

周恩来拉住他的手说：“这是大家救了你，快叫医生看看去。”

等那个同志走后，周恩来问大家：“他是谁呀？”

有人说，他是延安来的老乡，是专门修地炕炉子的民工。

周恩来说："哎呀，要是他们出了事，我们就太对不起陕北的乡亲们了。"

又挖了一会儿，周恩来就又往里边喊话："我们在外边说话，你在里边听到了吗？"

里边的人回答说："哎呀，听到了，闷死了。"

一听回答的口音，就有人说："这是个四川人，是管理科的干部。"

周恩来说："赶快把担架准备好。要小心挖土，铁锹不要碰着人了。"

挖了一会儿，又把里边的一个同志抢救了出来。

周恩来问他："里边还有没有人了？"

他说："没有了。"

这时，行政科的一个同志说："如果这个窑洞里是两个人，那么那个窑洞里就是三个人。"

一听另一个窑洞里的人还多，连一个还没救出来，周恩来就号召大家："同志加把劲，一定要把我们的同志都救出来！"

这时，目标就集中到另外一个窑洞。根据刚才的经验，只要挖出一个洞口，里边能通空气，人是可以救活的。不大一会儿，洞口就被挖开了。一挖开洞口，就听见里边有人喊叫。一个同志爬进洞口，把洞里边的那个人救了出来。

周恩来问他："怎么样，身上疼不疼？"

他一见是周副主席，好像要说话，可就是说不出来。

周恩来又问他："你离里边的同志远不远？"

他用了很大的力气说："不远了。刚才我们还说过话呢。"

大家挖到窑洞后半截的时候，把能捅开的洞都捅开了，都通了气。尽管这样，里边还是没有动静。已经见到衣服和被褥了，再往里挖，发现了两只脚，脚丫子还在动。

周恩来说："用工具的要小心，能用手挖就用手挖。"

大伙紧张了一阵子，又把一个同志抢救了出来。尽管这个同志还没有停止呼吸，但医生说已经很危险了。周恩来指示大家，用担架把他们抬到汽车上，赶快送中央医院去抢救。医护人员给他打了急救针，就把这个同志用汽车送走了。

在这个窑洞里，救出了两个，还有一个人等待抢救。又挖了一阵子，把这个窑洞的地基都清理了，可是还没有找到那个人。

最后在清理这两个窑洞前面的泥土时，发现那个人被埋在了窑洞口的墟土里，虽然医生轮流给他做了人工呼吸，但也没有把他救活。他就是理发员曹庆维。

抢救结束以后，周恩来对大家说：

“同志们辛苦了。大家都淋湿了衣服，出了汗，拼命干了一场，救活了四个好同志，我们想把这五位同志都救活，但曹庆维同志没有被救活，我们都很悲痛，很惋惜，这是天灾呀。请同志们回去换换衣服，休息吧。”

然后，周恩来穿着湿衣服，把现场看了看，又去检查别的窑洞去了。他还告诉有关领导同志，所有窑洞都不要住人了。

当周恩来走进西头的那个窑洞里的时候，郭管理员的家属正抱着孩子在里头坐着呢。

周恩来问：“怎么你们还没有搬走呀？”

郭管理员的爱人说：“没有房子，往哪里搬呀？”

周恩来说：“先搬到食堂里去，不要在这里住了。快搬走，现在还在下雨嘛。这窑洞同样也很危险，快搬出去。”

周恩来又问在场的一位处长：“别处还有没有窑洞？”

那位处长说：“没有了。”

周恩来说：“这次我们打窑洞也犯经验主义错误。在这里打窑洞，明知土质不好，里面还用木架子撑着，那也顶不住半个山坡的重量啊。”

还是在深夜救人的时候，毛泽东就听见外边吵吵嚷嚷的声音。

毛泽东问值班警卫：“发生了什么事呀？”

值班警卫说：“后边的窑洞塌了，大家正在救人。周副主席已经去了，正在那里指挥抢救。”

听说周恩来已经去了，他就说：“好，那就好。”

停了一会儿，毛泽东又问：“窑洞里压了几个人？”

值班警卫说：“光知道压住人了，还不知道压了几个人。抢救的情况也不清楚。”

“你去看看，回来向我报告。”

毛泽东很关心这件事，当挖出第一个人来的时候，警卫就赶快把这个情况向毛泽东报告了。

挖出第二个、第三个、第四个人的时候，就又向毛泽东作了报告。

察看完窑洞和住房以后，周恩来就向毛泽东的住处走去。当走近毛泽东住院的后大门时，看样子他想进去向毛泽东汇报，可他全身的衣服都湿透了，只是在后门口停了一下，没有进去。

周恩来对警卫员说："向主席报告，五个人救活了四人，曹庆维同志被土压死了。"

根据周副主席的指示，警卫员把情况向毛主席报告了，说周副主席穿着湿衣服，一直把人救完了才回去的。

听说理发员曹庆维同志被土压死了，毛泽东沉默了好久才说：

"小曹前几天还给我理发来嘛。在战争中没有牺牲，在和平环境里被压死了，多么可惜呀。打窑洞也照搬硬套，河北与陕北的土质不一样嘛。你去告诉机关领导同志。一定要把曹庆维同志的后事处理好，我要去参加曹庆维同志的追悼会……"

第二天下午，在西柏坡的大食堂里，召开了曹庆维的追悼大会。因为毛泽东临时有要事不能参加追悼会，他便赶写了一副挽联，让身边的警卫员送到了追悼会上。毛泽东在那幅挽联上亲笔写着："哀悼曹庆维同志"。追悼会上工作人员挑了一个最大最好的花圈，挂上了这幅挽联，放在了灵堂中央。会场里，还放着各个单位送来的花圈。这次参加追悼会的人很多，大家都为失去了一位好战友而感到非常沉痛。

……

战略家的眼光

中央五位书记在西柏坡集中办公后，就在这"最后一个农村指挥所"，指挥数百万人民解放军和全国人民，完成了打倒蒋介石，解放全中国，建立中华人民共和国的伟大历史任务！

在这个风景秀丽的山村里，周恩来起草了一系列电报，与毛泽东等人共同决策伟大的战略决战。

为了适应形势的发展以及准备在华北和中原进行战略决战的需要，中共中央和中央军委于5月9日作出《关于改变华北、中原解放区的组织、管辖境地及人选的决定》。决定将晋察冀和晋冀鲁豫两个解放区合并为华北解放区，两个中央局合并为华北中央局，两个军区合并为华北军区，两个边区政府合并为华北联合行政委员会。以刘少奇兼华北中央局第一书记，薄一波为第二书记，聂荣臻为第三书记；聂荣臻为华北军区司令员，薄一波为政治委员；董必武为华北联合行政委员会主席。邓小平为中原中央局第一书记，陈毅为第二书记，邓子恢为第三书记；刘伯承为中原军区及中原野战军司令员，邓小平为政治委员。并宣布：中共中央已与中央工委合并，中央工委即行撤销。

5月15日，周恩来为中央起草致各中央局、分局、前委电，通报了中央和军委的部分机构和人事任命，其中较重要的是：中央成立财经部，董必武兼部长。这是为了加强中央对各解放区财经统一领导的需要。周恩来因要集中精力抓总参谋部工作，不再兼中央城工部部长，由李维汉担任。杨尚昆为中央副秘书长，仍兼军委秘书长；李涛为军委作战部部长；杨立三为军委后勤部部长；苏井观为军委卫生部部长；傅钟为军委政治工作研究室主任。这是为了准备大规模进行战略决战的需要。

东北形势的发展，需要与它相适应的机构，6月4日，周恩来就东北党政军机构的设置及分工问题，为中央起草致东北局、热河分局并各中央局、各前委电：（一）东北局以林彪、罗荣桓、高岗、陈云、李富春、洛甫、林枫为常委，林彪为书记，罗、高、陈为副书记，高兼秘书长；军委会分会以林彪为主席，罗荣桓为副主席。（二）林枫、张学思（张学良的弟弟、中共党员）、高崇民（民主人士）仍为东北政委会正副主席；政委会下财经委员会，以陈云为主任、陈兼政府党委会书记。（三）热河分局以黄克诚为书记。

6月26日，周恩来为党中央及中央军委起草致中原局电：为便于了解和决定各项重大问题，中原局以刘伯承、邓小平、陈毅、邓子恢、张际春、李雪枫为常委。邓子恢任中原军区第一副政委、张际春任第二副政委。中原野战军分为两个兵团，李先念为第四兵团司令员兼政委，陈锡联为第一副司令员，陈再道为第二副司令员，苏振华为副政委，陈赓为第三兵团司令员，谢富治为政委。同时，为中央起草致西北局电：西北局以贺龙、林伯渠、习仲勋、马明方、王维舟、贾拓夫、马文瑞、李井泉为常委，以习仲勋为书记，马明方为副书记。

为了培养干部，5月，中央决定创办华北军事政治大学，由叶剑英担任校长兼政治委员，并任华北中央局委员；副校长萧克，副政委朱良才。校址设在石家庄。7月，中央决定在华北创办高级党校，仍沿用延安马列学院的校名，刘少奇兼任院长。马列学院于 11 月 8 日在平山县李家沟口开学。同时，中央又决定创办华北大学，以吸收新解放城市和北平、天津的青年学生，经过学习后再分配工作。校址设在河北省正定县，校长吴玉章，副校长成仿吾，教育长钱俊瑞。当时吴玉章住在李家庄城工部，周恩来特地写了一封信给吴老，征求他的意见，并约请吴老到西柏坡面谈。吴老到西柏坡同周恩来谈话后，高兴地接受了这一任务，为党培养了大批青年干部。

协助毛泽东、朱德指挥全国解放战争，仍是周恩来的主要工作。先期到达西柏坡的李涛、叶剑英、杨尚昆商量，为适应指挥重大战役的需要，在靠近朱德、周恩来的院内，由行政部门建了一栋五间宽的军委作战室。这是中央和军委机关的最大的办公室。由于前委、工委、后委的十来个参谋人员都集中了，作战部就分为作战、情报、战史资料等科，都围着几张大木桌，夜以继日地紧张工作。四周墙上挂满了各个战场的军用地图，值班参谋将每天敌我军的位置用蓝色和红色的小旗子插在地图上，朱德、周恩来、杨尚昆（叶剑英到石家庄办军校去了）经常到这里向参谋们了解敌情和战况，同他们研究作战方案。这里虽然还是世界上最小的总司令部，但比起转战陕北时，无论在人力物力、通信联络以及交通运输方面，都要强得多。在周恩来亲自领导下，军委作战部的同志们，以严肃、紧张、准确、有效的工作作风完成了任务，他除了每天将战况用书面形式报告毛泽东外，还经常到毛泽东的平房里当面报告、商谈。毛泽东有时也走到周恩来的小办公室里商谈战局。

从毛泽东 5 月 26 日到西柏坡以后，到 9 月辽沈战役前，为了把解放战争进一步推进到蒋管区，消灭敌人的有生力量，中央军委指挥了几个较重大的战役。在这个时期，周恩来为中央军委起草了许多重要电报，策划各友军配合作战，指导战役的顺利进行。他还经常关心各野战军兵员的补充和弹药、给养的供应。

中央到西柏坡后，周恩来还负责解放区的经济工作和解放战争后勤供应工作。他经常在晚上先把军事电报处理完后，约杨立三、薛暮桥（中央财经委员会秘书长）等有关同志到办公室研究财经和后勤供应问题。为了解决西北的财经困难，他和刘少奇约了负责西北财经工作的贾拓夫当面来讨论。并向毛泽东报告，提出把西北财经工作统一于华北财经体系的方案，得到了中央批准，使西北财经困难问题及时得到解决。

周恩来身在西柏坡时，就考虑到全国胜利后的国民经济的恢复和发展工作。

6月11日，他和董必武联名致电在香港的许涤新，询问我党在上海、香港的经济研究机关和工作情况，并指出："我们需要全国资源、银行、交通、工厂、矿产、贸易、农林畜牧及财政收支、官僚资本活动等等有系统的调查统计材料，有些材料应利用在官方工作的朋友代为搜集，并指定若干有研究兴趣的同志长期做经济研究工作，暂时不做政治活动，保证材料不受损失。"这个电报既是为了摸清国家财政经济的家底，也为培养经济研究工作的干部做了准备。周恩来历来十分重视调查研究和各种统计资料，1942年在重庆的时候，他领导南方局各部门和各级党委，根据中央加强调查研究的决定，动员党员和进步朋友，对国民党统治区的政治、经济、军事、文教各方面进行了一次大范围、大规模的调查研究工作，并将材料整理出来送到延安，给中央提供了可靠的参考资料。

6月21日，周恩来写出了《新民主主义的经济建设》提纲，提出"新民主主义的经济建设是反对旧民主主义或旧资本主义的经济方针的"，"也是反对农业社会主义或极端平均主义的经济方针的"。提纲对新民主主义的经济与旧民主主义经济的基本区别，工业与商业的区别，金融斗争，税收政策，公营、私营与合作社三种经济，国家权利如何运用以及工业的科学管理等问题，都提出了大略的设想。这表现了周恩来高瞻远瞩的战略眼光。

由于华北、华东、晋绥、西北几个解放区已经连成一片，为了逐步统一货币和有力地支援战争，中央决定，原由各解放区发行的货币逐渐通用。7月21日，周恩来为中央起草致各有关中央局、分局电：华北、华东两区固定比值后通用。华北、晋绥、西北三区货币也应采取同样办法，通用开始日期为8月15日。后来因出现了一些问题，中央又通知推迟通用时间。

早在5月间，在刘少奇、周恩来的指导下，华北局召开了一次金融贸易会议，会上通过了一个报告，报告中说：今后的经济建设，不但要发展农业，而且要发展工业；不但要建设乡村，而且要建设城市。我们有可能和必要从分散的地方经济逐渐发展到统一的国民经济。货币发行，首先保证生产建设，其次保证战争供给，同时要掌握发行数量，避免物价急剧上涨。必须保护工商业者的财产所有权、经营自由权以及正当的营业利润，慎重处理工商业中的劳资关系。中央批准了这个报告，7月30日，周恩来为中央起草了致华北、华东、西北中央局、晋绥分局并转各政府党团和各财办电，转发了这个报告。

这个时期，周恩来还多次致电香港分局及潘汉年，迅速将香港各民主党派对

“五一”口号的反映报中央。又派钱之光到香港协助香港分局、潘汉年等，妥善地将民主人士护送到解放区来参加政协筹备工作，并直接指导中央城工部及时了解情况报告中央，同时准备接待民主人士的工作。

许多事情安排妥当以后，一个更气势磅礴的战略决策，在毛泽东、周恩来、朱德、刘少奇、任弼时中酝酿开来……

38 伟大的战略决战

三大战役，毛泽东、周恩来、刘少奇、朱德、任弼时运筹于帷幄之中，决胜于千里之外。四个月零十九天后，改写历史，已不再是预言。

首战关外

1948年的秋天，中共中央于9月8日至13日，在西柏坡召开了政治局会议。出席会议的政治局委员毛泽东、刘少奇、周恩来、朱德、任弼时、彭真、董必武等七人；中央委员贺龙、徐向前、聂荣臻、滕代远、曾山、薄一波、叶剑英、邓小平、饶漱石、陆定一等十人；候补中央委员邓颖超、廖承志、陈伯达、刘澜涛等四人。有关方面的重要负责人李维汉、杨尚昆、胡乔木、傅钟、李涛、安子文、李克农、冯文彬、黄敬、胡耀邦等列席了会议。这是从日本投降以来到会人数最多的一次中央会议。

为了充分了解情况和交流经验，会前先开了11天的预备会议。当时物质条件较差，这样的重要会议是在中央机关食堂开的，开会时就把饭桌拼在一起当会议桌，散会后又就在这里就餐。当时形势一派大好，参加的人心情都非常舒畅。

9月8日，毛泽东作了报告，报告中提出大约五年左右（从1946年7月算起）从根本上推翻国民党反动统治的战略任务。为完成这任务，需要建军500万，并再次强调他在5月书记处会议上提出的“军队向前进，生产长一寸，加强纪律性”三条要求。

会议围绕毛泽东的报告进行了热烈的讨论，刘少奇、朱德、任弼时作了重要发言。

周恩来在会议上作了长篇发言。他说：“以五年左右时间根本打倒国民党的计划，是根据两年来的经验作出的谨慎的估计，很有实现的可能，如果给蒋介石的打击很严重，加上他财政的崩溃，内部倾轧，蒋介石可能垮得早些，胜利来得快，我们也应有此准备。但也有可能遇到曲折，时间就会长一些。我们要估计到这些，不要因胜利太快而没有准备，也不要因胜利推迟而不耐心。当然，今天主要还是争取五年胜利。”

周恩来详细地报告了第三年军事计划的要点。他说：“要把战争继续引向国民党统治区，使战争负担加之于敌。”他特别提出：“应准备若干次带决定性的大的会战。”并说，“今后仍力争在运动战中消灭敌人，但攻坚战则可能增加。”他还说：“在第三年的作战计划中，全国的重心在中原，北线的重心在北宁线，各战场上的协同战役增加了，战争的计划性更增加了。”

为了适应大规模战争的需要，周恩来对人民解放军提出，军事组织要逐渐走向正规化、集中化；人民解放军要统一建制，今后成立新的部队要报告，不准擅自增编，番号要全国统一排列起来；要建立若干正规制度；要向建立特种部队的方向努力，特别是要建立炮兵。要把部队后勤工作同地方的财经工作很好地结合起来；要保证前线供应，但要力求节约，前线缴获要归公。

毛泽东最后作了总结发言。他详细论证了中央作出用五年左右时间从根本上打倒国民党的根据，分析了国际和国内的有利条件，充分肯定了能够实现这个任务的可能性。同时又指出，对困难也要充分估计，要有克服各种困难的精神准备。

这次会议，使全党在国内局势发生大变动的前夕明确了前进的方向，统一了行动的步调。

毛泽东根据中央政治局会议的主要情况，为中共中央起草了《中共中央关于九月会议的通知》于10月10日发至全党。通知中指出在1946年7月至1948年6月的两年作战中，人民解放军歼敌264万人，其中俘敌163万，缴获枪炮近百万件，解放军由120万人增至280万人。解放区面积230万平方公里，占全国面积24.5%；有人口1.68亿，占全国人口35.3%；现有县以上城市586座，占全国城市29%。根据过去两年作战的成绩和整个敌我形势，会议认为，建设500万人民解放军，在5年左右的时间内（从1946年7月算起）歼敌正规军共500个旅（师）左右（平均每年100个旅左右），歼敌正规军、非正规军和特种部队共750万人左右（平均每年150万人左右），从根本上打倒国民党的反动统治，是有充分可能性的。通知还指出，为了夺取全国政权，我们将召集政治协商会议团结国民党区域一切民主党派、人民团体和无党派民主人士于我党周围。组织他们中的代表人物来解放区，准备在1949年开会，成立中华人民共和国临时中央政府。

在西柏坡，周恩来和毛泽东在一起运筹决策

中央通知发出后，进一步统一了全党全军的思想和行动。中央九月会议为组织伟大的战略决战作了思想上、组织上和物质上的准备。

9月中央政治局会议后，中共中央、中央军委认为战略决战的时机已经成熟，即连续发动了辽沈、淮海、平津三大战役。

辽沈、淮海、平津三大战役是毛泽东在周恩来等人协助下组织和指挥的。

东北战场，是初战的方向。当时东北战场的形势对我们很有利，在敌军方面，它虽有4个兵团，14个军、44个师，共55万人，但被我军分割于长春、沈阳和锦州及周围的据点里，且地区狭小，补给困难。在我军方面，野战部队已有12个纵队，还有炮兵纵队，铁道兵纵队，共70余万人，地方兵团有33万人，共计103万人。这是在兵力数量上超过敌军的唯一战场。还有广大解放区已连成一片，土改完成，群众条件好等优越条件，是敌人无法比拟的。但是在东北战场上的作战方针上，究竟是先打长春或先打锦州更有利于战局的发展呢？军委的意图是先集中力量于北宁线并攻下锦州，以达到“关门打狗”的目的。但林彪主张先打长春，强调南下作战的困难。经过中央军委和毛泽东的批评、督促后，林彪纠正了错误，9 月 3 日作出主力南下作战的计划，使战役得以顺利发展。

9 月 7 日中央军委发出《关于辽沈战役的方针》，明确指出：必须在 9、10 两月或再多一点时间内歼灭锦州至唐山一线之敌，并攻克锦州、榆关、唐山诸点。你们现在就应该准备使用主力于该线，而置长春、沈阳两敌于不顾，并准备打锦州时歼灭可能由长、沈援锦之敌。10 月 10 日军委明确电示东北野战军：你们的中心注意力必须放在锦州作战方面，求得尽可能迅速地攻占该城。即使一切其他的都未达到，只要攻下锦州，你们就有了主动权，就是一个伟大的胜利。

为确保辽沈战役的顺利进行，阻止关内敌人向关外增援，军委命令华北野战军二、三兵团于 9 月 14 日发起察哈尔、绥远战役，歼敌 21000 余人。华东野战军攻占济南，也给东北战场以有力支援。

东北野战军于 9 月 12 日发起辽沈战役，以大军先向北宁线开展猛攻，包围了锦州。10 月 2 日，蒋介石从华北调兵增援锦州后，林彪又对集中兵力攻锦州的方针发生动摇，并要华北的兵团支援东北，周恩来就为中央军委起草了致林彪、罗荣桓电，指出：“你们应靠自己的力量来对付津榆段可能增加或山海关北援之敌，而关键则是迅速攻克锦州，望努力争取 10 天内外打下该城。”

经过七昼夜的攻坚战斗，东北野战军于 10 月 15 日解放了锦州，包括外围战斗，共歼敌 13 万人，生俘东北“剿总”副司令范汉杰以下 9 万人。同时，在塔山的六昼夜的英勇阻击战中，歼灭敌人 6 万多人，有力地保证了锦州战役的胜利。

在我大军包围解放长春、锦州的大好形势下，固守长春的敌六十军，在军长曾泽生的领导下，率领一个军部和三个师共 26000 人，于 10 月 17 日起义，当即将阵地交给我军围城部队，使我军控制了长春城内的东部地区。

在此时机下，周恩来向毛泽东建议，困守长春的国民党东北“剿总”副司令郑洞国，系黄埔一期学生，可争取。毛泽东同意由周为中央起草致东北局电指出：“郑现已动摇，可努力争取之。”

10 月 18 日，周恩来给郑洞国写了一封充满师生情谊的信，促其起义。信中说：“欣闻曾泽生军长已率部起义，兄亦在考虑中。目前，全国胜负之局已定。……人民解放军必将取得全国胜利已无疑义。兄今孤处危城，人心士气久已背离。……届此祸福荣辱决于俄顷之际，兄宜回念当年黄埔之革命初衷，毅然重举反帝反封建大旗，率领长春全部守军，宣布反美反蒋、反对国民党反动统治，赞成土地改革，加入中国人民解放军行列。则我可保证中国人民及其解放军必将依照中国共产党的宽大政策，不咎既往。”

这封信纸短情长，实际上概括了20多年来的历史，当年黄埔军校，革命精神高昂，要为半殖民地半封建的中国的翻身而奋斗，后来蒋介石叛变革命，中国共产党坚持黄埔初衷反帝反封建，黄埔学生分走殊途，所以周恩来要他回念当年黄埔，重举反帝反封建大旗。

这信用电报传到前线，交给国民党新七军副军长转郑洞国，由于司令部附近已呈混乱状态，信没能送到。郑洞国是后来到了解放区才知道这件事的。他说：“对于周总理的这番亲切关怀，我是始终未能忘怀的。”1950年郑洞国到北京，周恩来在西花厅宴请他，黄埔军校教官聂荣臻也在座。周恩来紧握郑洞国的手，炯炯的两眼注视着郑，说：“欢迎你，我们很久没见面了，难得有这个机会呀！……”

郑洞国后来回忆道：“我被周总理的坦诚、热情所感动，觉得他还像当年的周主任，那样诚挚可亲。真是百感交集，两行热泪几乎夺眶而出，半天才愧疚地说出几句话，‘周总理，几十年来，我忘了老师的教诲，长春解放前夕，您还亲自写信给我，我感谢您和共产党的宽大政策’。周总理摆了摆手，打断了我的话，微笑说，‘过去的事不提了。你不是过来了吗？今后咱们都要为人民做点事嘛！’”

10月19日上午，郑洞国率领所部第一兵团直属机关第七军军部及4个师，共8万余人向我军投诚。长春市又重新回到人民手中。

在蒋介石亲自督促下，由廖耀湘率领蒋军主力新一军、新六军等12个师，共10余万人，沿北宁路西进，企图夺回锦州，打开向西逃跑的通路。又以另一部沿中长路南下，占领鞍山、海城、营口，企图控制海港，保持从海上逃跑的通路。我东北野战军根据中央军委指示，先采取诱敌深入至黑山地区进行阻击，然后集中优势兵力予以围歼。10月28日，在辽西地区，将敌全部消灭。兵团司令廖耀湘和他的军长李涛、向凤武、郑庭笈等一起被活捉。

11月2日，我军解放沈阳，敌“剿总”司令部、第八兵团、两个军部、11个师以及技术兵种等13万守敌，全部被歼。

11月9日，锦西、葫芦岛敌人乘船逃往天津、上海。东北全境解放。

辽沈战役历时52天，我军以6900余人的伤亡，歼灭国民党军队36个师，共 47 万余人，解放了东北全境。这是中国人民解放军转入战略决战阶段具有决定意义的第一个大战役。

11 月 11 日，毛泽东在西柏坡满怀喜悦地致电各中央局、各前委，指出：9、10 两个月的胜利，特别是东北及济南的胜利，已从根本上改变了敌我形势，从根本上打倒国民党的任务估计再有一年左右就可以完成了。

决战淮海

正当东北解放军在辽西围歼廖耀湘兵团的紧急时刻，蒋介石气急败坏，于10月下旬飞到北平，趁我华北野战军主力在察哈尔、绥远作战，石家庄兵力空虚的时候，同傅作义策划了一个袭击石家庄及西柏坡党中央驻地的大阴谋。傅作义接受任务后，于 10 月 23 日命令他的嫡系鄂友三的骑兵十二旅和郑廷铎的九十四军等组成突击部队，配备 400 辆汽车和大量炸药，限四天集结保定，而后向石家庄和西柏坡袭击。同时命令山西阎锡山从太原出兵配合行动。妄图制造一个“惊人消息”，挽回他已经丧失的军心民心。

可是，当傅作义刚开始布置的时候，25 日晚上，周恩来就获得了蒋介石所策划的全部计划。这是华北局城工部所领导的北平地下工作者《益世报》采访主任刘时平，从他的同乡、同学鄂友三那里得到的确实情报，华北城工部部长刘仁以特急绝密的电报发给中央的。当时毛泽东、朱德、周恩来等中央领导同志都在院子里看电影。周恩来收到电报后没有惊动别人，只把作战部部长李涛找到办公室，迅速作出粉碎敌人偷袭计划的周密布置，并报毛泽东批准。主要措施是：（一）电令华北军区司令员聂荣臻立即命令各地方部队和民兵，紧急动员，准备就地阻击敌人进攻；（二）急电在内蒙古作战的华北野战军第三兵团杨成武部，日夜兼程回冀中，准备歼灭敌军主力；（三）中央和军委所属机关立即做好转移准备工作，先将老弱病员转至安全地带。在 10 月 27 日凌晨 4 时半至 7 时两个半小时内，他连续三次用书面形式向毛泽东报告布置情况。军委决定，在军事上积极准备的同时，通过新华社揭露蒋介石、傅作义的阴谋，并号召军民动员起来，沿途阻击敌军，准备诱敌深入，予以歼灭！

敌军一出保定，就受到解放区军民的阻击，损失 2000 多人，才知道我军有充分准备，躲在北平圆恩寺行邸的蒋介石，只好下令将部队撤回保定。一场梦想，

周恩来签署作战命令

就告破灭！

济南战役后，敌刘峙集团纠集了79个师共70万人置于以徐州为中心的地区，企图阻止我华东野战军南下；以23万人置于平汉铁路南段和长江中下游地区，牵制我中原野战军。

为粉碎敌人的企图，早在10月11日，毛泽东为中央军委起草了《关于淮海战役的作战方针》，就提出准备以一个半月至两个月的时间，分三个阶段完成淮海战役。并明确指出："本战役第一阶段的中心，是集中兵力歼灭黄百韬兵团，完成中间突破"。11月6日，中央军委决定华东、中原两大野战军及地方部队60万人，以徐州为中心，东起江苏海州，西至河南商丘，北到山东临城（今薛城），南达淮河流域的广大地区发动淮海战役，歼灭国民党刘峙、杜聿明集团的主力于长江以北。

为了统一指挥，中央军委于11月16日决定成立由中原和华东两个野战军首长刘伯承、陈毅、邓小平、粟裕和谭震林组成的淮海战役总前委，以邓小平为书记，并有“临机处理一切”的权力。

为了在战役第一阶段中歼灭盘踞在徐州以东陇海路要点新安镇的黄百韬兵团，攻占宿县，孤立徐州，11 月 6 日我军开始进攻。8 日，防守徐州东北面的国民党第三绥靖区副司令张克侠、何基沣（均系中共秘密党员），率第五十九军两个师，第七十七军一个半师共 23000 余人在贾汪、台儿庄地区起义，立即加入中国人民解放军，动摇了敌军的阵线。在我军强大兵力进攻下，黄百韬率部向西逃窜，企图向徐州集中。11 日，被我军包围于碾庄地区，经过 11 天的激烈战斗，共歼敌 10 个师，约 10 万人。敌军第七兵团司令黄百韬被击毙。与此同时，中原解放军于 11 月 15 日攻占了徐州以南的重镇宿县，切断了敌人南逃的道路，完成了对徐州的战略包围。第一阶段的战斗，共歼敌 878000 余人，为淮海战役的胜利创造了有利条件。

黄百韬兵团被歼后，蒋介石于 11 月 24 日电召徐州“剿总”总司令刘峙、副总司令杜聿明到南京开会，决定三路会攻宿县，打通徐（州）、蚌（埠）联系，企图把困守徐州的三个兵团撤出，退守淮南。

为了粉碎蒋介石的阴谋，中央军委批准了总前委的第二阶段作战目标：粉碎敌人三路会师宿县,打通徐蚌联系计划,包围杜聿明集团,歼灭黄维的第十二兵团。作战方针是：中间围歼，两头堵击。黄维兵团是蒋介石的嫡系主力部队，武器装备精良,有四个军,一个快速纵队,共12万余人。他奉蒋介石命经蒙城向宿县前进，11 月 25 日进至我军预设的包围圈内，我军将其包围于宿县西南的双堆集狭小区域内。蒋介石尽了一切办法去挽救。他怕黄维兵团军心不稳，慌忙地将该兵团副司令胡琏用小飞机从南京送到双堆集，协助黄维指挥，以稳定军心，并带去大批签有“蒋中正”三个字的“总统嘉慰令”，鼓励“固守待援”，说：“现在李延年兵团正在协同你们作战……杜聿明副司令率领的邱清泉、李弥、孙元良兵团正在以排山倒海之势沿津浦路南下，三路大军会师的时间不远了……”同时，用运输飞机空投了一些烧饼、馒头。但是都无济于事，在我军炮火猛攻和战地政治宣传攻势有力配合下，敌人更加动摇，自动投诚的日益增多，军心更加涣散，部队濒于瓦解了。

12 月 6 日，总前委下令发动总攻，经过十天的艰苦战斗，16 日清晨，红旗飘扬在双堆集上，全歼了黄维兵团。除副司令胡琏乘坦克只身逃脱外，兵团司令黄维、副司令关绍周，均被我军从企图逃跑的坦克里活捉出来。人民解放军又取得了淮海战役第二阶段的伟大胜利！

就在黄维兵团被困的时候，蒋介石于11月28日电召杜聿明去南京，决定由杜聿明率邱清泉、李弥、孙元良三个兵团，放弃徐州，向西经永城南下，企图袭击包围黄维兵团的我军侧后，以解黄维之围，然后共同南撤。12月1日，杜聿明率邱清泉、李弥、孙元良三个兵团及“剿总”直属机关部队等30多万人，还有一万多辆卡车及其他车辆、马匹、物资，撤离徐州经萧县向永城方向狼狈逃窜。当天，我华东野战军解放徐州后即紧紧尾追敌军，给予堵击、侧击，打得敌人十分惊慌和混乱。我军从四面向敌军压缩包围圈，将杜聿明集团包围于萧县、永城之间的陈官庄、李石林、青龙集狭小的地区内。6日，孙元良兵团妄图突围，大部被我军歼灭，孙元良化装后只身潜逃。

黄维兵团很快被歼，杜聿明集团已陷于外无援兵，内缺粮弹的困境，本来可以集中大军将其歼灭。由于平津战役已提前于11月29日开始，为了不使蒋介石迅速决定从塘沽海运平津诸敌南下，并给被围困的杜聿明集团造成更大困难以利歼灭，中央军委决定对杜聿明集团暂时围而不打，令淮海前线部队从12月16日起进行20天的战场休整。在休整中，进行政治教育和敌前练兵，补充弹药、粮食，大大提高了战斗力。同时对敌进行强大的政治攻势，毛泽东亲自为中原、华东两人民解放军司令部写了一个广播稿《敦促杜聿明等投降书》，于12月17日由新华社广播电台和前线广播站广播，并用各种办法散发到杜聿明集团的队伍中。投降书号召杜聿明、邱清泉、李弥和邱、李两兵团诸位军长师长团长学习长春郑洞国、孙良诚（国民党第一〇七军军长，11月13日率领该军军部和一个师共5000多人于江苏睢宁西北投诚）的榜样，“立即放下武器，停止抵抗，本军可以保证你们高级将领和全体官兵的生命安全。”杜聿明和他的高级军官虽然坚决顽抗不肯投降，但他们的许多中下级军官和士兵，看到“投降书”及其他宣传品后，军心更加动摇，不断成群结队地向解放军投诚。

1949年1月6日傍晚，我军发起总攻，经过四天四夜的激烈战斗，10日上午，将杜聿明集团全部歼灭，俘虏杜聿明，击毙邱清泉，只有李弥化装成士兵只身潜逃。至此，战役第三阶段完成，有伟大历史意义的淮海战役胜利结束了。

淮海战役历时66天。敌人先后投入总兵达80万人，出动飞机2000多架次。我军总兵力60万人，少于敌军。由于党中央、中央军委的正确领导和总前委的正确指挥，采取了集中优势兵力各个歼灭敌人的正确方针，加以鲁、苏、豫、皖、冀5省500多万民工的直接支援，我军以13万人的伤亡，取得了歼敌55.5万人的伟大胜利，基本上歼灭了敌人南线的精锐部队，解放了长江中下游的广大地区，直接威胁国民党反动统治中心南京和上海，为平津战役的胜利创造了有利条件。

平津胜利

平津战役是在辽沈战役已经胜利结束，淮海战役已取得第一阶段胜利的时候进行的。中央军委原来预定是在1949年1月拉开战幕，因战争形势发展很快，为了不给敌人以喘息的时间，党中央、中央军委决定东北野战军不待休整，提前隐蔽入关，配合华北野战军及地方武装力量，提前于1948年11月底发动平津战役。

辽沈战役的巨大胜利，淮海战役的顺利发展，使蒋介石的战略防御体系濒于瓦解。这时在华北，蒋介石、傅作义两系军队共有4个兵团12个军，约55万人，收缩在以北平、天津为中心，东起山海关、秦皇岛、唐山、塘沽，西至宣化、张家口的千余里铁路线上，陷于孤立无援境地。他们预感到下一步，我东北和华北野战军又将联合消灭他们，因而恐慌万状。当时，美蒋和傅作义各有打算，因而对平、津是守是撤，是南逃或是西窜，陷于举棋不定的矛盾之中。美帝国主义企图从塘沽直接援助傅作义，使他固守平津、牵制人民解放军南下，以掩护蒋介石在长江以南布防。蒋介石企图以东南行政长官的职务引诱傅作义南撤，以增强江南防务，保持半壁江山。傅作义自知非蒋嫡系，如南撤，必将受到排挤，部队被分化瓦解，拟西撤到绥远老巢，保持实力。

1948年11月，蒋介石和傅作义在南京开会研究平津地区防务问题。他们没有估计到东北人民解放军会那么快入关，平津战役会那么快发动，就确定了“暂守平津，保持海口，扩充实力，以观时变”的方针。根据这个方针，蒋介石要傅作义把兵力集中于平、津、塘三角地区，控制塘沽海口，维持平绥交通，并准备南撤。但是傅作义只把蒋系的24个师布置在北平、天津、塘沽三个地方，而把自己的16个师布置在北平、张家口之线，准备西撤的后路。

中央军委从全国战局出发，认为无论傅作义集团南撤或西逃，都对解放全中国的战局不利。11月17日，周恩来为中央军委起草的指示电说：“从全局看来，抑留蒋系24个师及傅系步骑16个师于华北来消灭，一则便利东北野战军入关作战；二则将加速蒋匪统治的崩溃，使其江南防线无法组成，华东、中原两野战军既可继续在徐、淮地区歼敌，也便于东北野战军将来沿津浦路南下，直捣长江下游。”为此，中央军委电示东北野战军以两个纵队组成先遣兵团向北平附近前进，威胁北平。指示华北野战军停止攻击归绥，将其三个纵队驻于绥东地区，阻止傅作义部队向绥远逃跑。又令华北野战军停止攻击太原，以免刺激傅作义下决心逃跑。军委于11月16日到18日，连续电示东北野战军火速隐蔽入关，出敌不意地与华北野战军一起对平津塘一带之敌实行战略包围。11月27日，军委命令东北先遣兵团及华北第二兵团的三个纵队，三兵团的三个纵队包围宣化、张家口等敌，切断北平、张家口联系，以抓住傅系，拖住蒋系并掩护东北野战军顺利切断平津、津塘诸敌的联系，为开展战局作准备。为统一指挥东北80万、华北20万共百万大军的行动，中央军委决定由林彪、罗荣桓、聂荣臻三人组成平津前线总前委，林彪为书记。

12月11日，中央军委发出了毛泽东起草的《关于平津战役的作战方针》的指示，指出：为了防止敌从海上逃跑，对西线之敌“围而不打”，对东线之敌“隔而不围”。由西向东逐个将敌人合围，以待部署完成之后，再予以各个歼灭。

1949年1月16日到31日，是平津战役的第三阶段，即争取北平的和平解放。

北平是我国历史悠久的文化古都，有世界闻名的故宫、天坛、颐和园等古代建筑，有北大、清华、燕京等著名高等学府，市民共200万。如果守敌顽固抵抗，人民解放军只有采取武力进攻办法来夺取，必将使文物古迹和人民受到很大损失。1月16日，中央军委在给林彪、罗荣桓、聂荣臻的电报中特别明确提出：要“积极准备攻城”，但是又指出此次攻城，必须作出精密计划，力求避免破坏故宫、大学及其他著名而有重大价值的文化古迹。你们务必使各纵首长明了，并确定这一点。让敌人去占据这些文化机关，但是我们不要攻占它，我们将其他广大城区占领之后，对于占据这些文化机关的敌人再用谈判及和解的方法使其缴械……要使每一个部队的首长完全明了，哪些地方可以攻击，哪些地方不能攻击，绘图解说，人手一份，当作一项纪律去执行，指战员听到传达后，都坚决拥护。并提出口号：“要坚决把北平打下来，但不能打坏。”“要让枪炮也长眼睛。”

在积极准备攻打的同时，尽量争取傅作义放下武器或起义。估计到傅作义是爱国将领。1933年参加过长城抗战，1936年他坚决抵抗日寇和伪蒙军对绥远的进攻，受到全国人民和中国共产党的称赞。1937年在山西抗日前线，同八路军协同作战，建立了友谊关系。在解放军大军兵临北平城下外逃无路的形势下，是有可能争取和平解放的。在刘仁领导下的华北局城工部，根据中央和华北局的指示，为此作出了卓有成效的工作。他们一方面动员地下党组织迎接解放军攻城的指挥部，为解放军送情报、提供敌军的目标，并在机关、工厂、学校成立纠察队，开展护厂、护校的斗争，保护文物古迹和档案资料等。另一方面，通过各种关系对傅作义进行统战工作，对他晓以大义，争取和平解决。

1948 年春，北平地下党就对傅作义周围的上层人物开展工作。如傅的至交密友、华北“剿总”副司令邓宝珊（爱国将领，抗战时曾几次到延安，同毛泽东、朱德见过面）以及他的老师、拜把兄弟、同乡等人对傅进行了劝说工作。10 月，地下党又派人与傅作义进行接触，希望通过谈判和平解决。但是傅作义当时对美国和蒋介石还有幻想，手下有 50 多万军队，还不想谈判。

11 月 2 日辽沈战役结束以后，傅作义迫于形势，才给中共中央发电报，表示愿意和平解决，希望我党派南汉宸去秘密商谈。12 月 3 日，周恩来为中央起草致香港潘汉年电，指示可请冀朝鼎（著名经济学家）应傅之邀北上任“华北经委会”副主任，以便做傅的工作，“动摇傅之抵抗决心”，并影响华北产业界人士乃至某些外资代表“坚留华北”，“反对南迁”，“尽一切努力保全华北经济系统中的各种生产设备、科学器材及专门人才，以利我军入城后的接收”。12月中，傅作义派《平明日报》社长崔载之、采访部主任李炳泉（地下党员）到我军驻地，和东北野战军参谋长刘亚楼见面，试探我军态度，提出恢复抗战时期的合作关系。刘亚楼向他们表明了我党希望通过和平谈判解放北平的愿望，劝傅作义将军早下决心。他们留下了电台联络办法和密码，开始建立了秘密联系。

在我军迅速完成对平、津分割包围，特别是傅作义在新保安、张家口的部队被歼以后，傅焦急万分，坐卧不安，思想斗争激烈。恰在此关键时刻，刘仁根据聂荣臻的指示，将在天津《大公报》工作的傅作义的大女儿傅冬菊（地下党员）调到北平，直接对傅作义进行争取工作。傅冬菊向父亲详细地分析形势，宣传党的政策，解除他的疑虑，明确告诉傅作义，全国胜利的局势已定，跟蒋介石走只有死路一条，如果举行起义，使北平古都和平解放，就是立了大功。傅冬菊晓之以理、动之以情，起到了别人不能起的作用。

在各种因素促成下，傅作义下决心同中共谈判。1949 年 1 月 6 日，傅作义请他的老友周北峰（抗战时期周曾代表傅到延安与我党商谈山西合作抗日问题）和燕京大学教授张东荪代他谈判。他们于 8 日到达蓟县我军前线总部，林彪、罗

1949年2月，周恩来和前来西柏坡的原国民党将领傅作义（右三）、邓宝珊（右四）及前来商谈国共和平谈判和南北通航通邮等问题的“上海和平代表团”成员颜惠庆（右七）、江庸（右六）等合影

荣桓，聂荣臻同他们进行了几次谈判，讲明只要傅率部队起义，一律可改编为人民解放军，所有在张家口、新保定、怀来等地被俘的军官，不咎既往，一律释放，对傅先生和他的高级干部，一律给予适当的安排。他们共同整理了《会谈纪要》后，交周北峰、张东荪带回北平给傅作义看。但傅作义仍在动摇中，不肯下决心。

1月10日，淮海战役胜利结束，傅作义从陆上南逃的路被切断。14日，新华社发表了《中共中央主席毛泽东关于时局的声明》宣布了八项和平条件。15日，天津解放，守军全部歼灭。这一切，打破了傅作义企图在谈判中讨价还价的幻想。

为促使傅作义早下决心，1月16日，我平津前线司令部以司令员林彪、政治委员罗荣桓的名义，向傅作义发出了最后通牒，提出了和平解放北平的两项办法：

一是放下武器，并保证不破坏文化古迹，不杀戮革命人民，不破坏公共财产、武器弹药以及公文档案，我军则保证他们生命财产安全；

二是离开北平开入指定地点，按照人民解放军制度，改编为人民解放军。

通牒最后规定，必须于1949年1月21日午夜12点前答复，如果坚决抵抗到底，将实行攻城。“攻城之日，贵将军及贵属诸反动首领，必将从严惩办，决不姑宽，勿谓言之不预。”

这时，傅作义派全权代表邓宝珊来了，傅作义表示接受第二项办法，商定了协议，双方代表签了字。邓宝珊回去后，傅作义最后下决心全部接受我方的条件，同意我方派代表进城，谈判和平接收北平的办法。我方派了东北野战军政治部副主任陶铸进城谈判具体实施办法，就双方交接过渡期间的问题达成协议，成立了以叶剑英为主任的联合办事处，负责处理过渡时期的一切军政事宜。

北平谈判的整个过程，一直是在毛泽东、周恩来领导下进行的。

傅作义于1月21日宣布北平城内的守军接受和平改编，并将协议内容经通讯社公布全国。北平守军2个兵团部、8个军、25个师共20多万人，于1月22日开始履行协议开出城外指定地点，听候改编。1月31日，北平防务全部移交完毕，当天下午，北平所有城门、军政机关和要地，都换上了威武雄壮的人民解放军守卫。规模巨大的平津战役胜利结束。

2月3日，我军举行了盛大而庄严的入城式，步兵、炮兵、骑兵、机械化部队，雄赳赳气昂昂地经前门进入北平城，受到北平各界人士和几十万群众的夹道欢迎。都为北平古都不放一枪就回到人民手中而欢欣鼓舞。

三大战役从1948年9月12日开始，历时4个月零19天，歼灭敌人正规军144个师（旅）；非正规军29个师，共154万人，给了国民党反动统治以毁灭性打击，蒋介石赖以发动反革命内战的主力部队基本被消灭了。人民解放军南渡长江解放全国，为新中国的建立，奠定了坚实的基础。

十二、众望所归奠基人

39 米高扬来华探秘

新中国成立前八个月，米高扬首次秘密来中国，代表斯大林，却声称自己“只是带耳朵来的”。他感觉：周恩来是当总理最合适的人选。

米高扬秘访西柏坡

就在平津战役胜利结束，三大战役画上了一个圆满的句号这一天，1949 年 1 月 31 日，周恩来见到了一位来自异国他乡的重要客人，这个人，后来在苏维埃社会主义共和国联盟中，担任了与周恩来同样的角色。

“米高扬”，这个名字听起来多少有些中国人的味道，可他却是地地道道的苏联亚美尼亚人，全名为“阿纳斯塔斯·伊凡诺维奇·米高扬”。他在苏联卫国战争胜利后，先后任苏联部长会议副主席、第一副主席，苏共中央主席团委员，苏联最高苏维埃主席团主席等职，曾深得斯大林的信任。米高扬为中国人民所熟知于 1954 年 9、10 月间和 1956 年 9 月两度访华。然而，中共领导人对他的了解，却早在中华人民共和国成立前夕的 1949 年 1、2 月间。由于这个人物的特殊性，下面将较为详细地介绍他与中国、中国党及其领导人的前后关系。

早在 1948 年 4 月，毛泽东向斯大林提出，准备亲自去莫斯科同斯大林面商一些有关中国革命的问题。斯大林表示同意，并约定了会晤的时间。后来，由于中国革命形势发展迅猛，毛泽东在指挥全国解放战争与驾驭全国政局的紧要关头无法分身，因此莫斯科之行一再推延。鉴于此，斯大林便打算派一位有威望的苏共中央政治局委员前来中国听取中共中央的意见。

1949 年 1 月 14 日，斯大林电告毛泽东：同意“你推迟来莫斯科，因你留在中国是很必要的，如你愿意，我可立即派一位政治局委员到你们那里去”。毛泽东当然乐意，很快便电复斯大林：“我暂不去，欢迎派人来石家庄到中央政治局所在地和五位书记谈。”斯大林收到回电后当即在苏共中央政治局内物色了贸易问题专家米高扬。米高扬是 1915 年入党的老布尔什维克，又是高加索革命运动的领导人之一，也是斯大林的有力的支持者，他 1935 年便当选为政治局委员，1946 年后又兼任苏联部长会议副主席，派他来华，斯大林认为最合适。

带着斯大林和苏共中央政治局的使命，米高扬化名安德列夫，迅速起程，秘密前往中国。在苏联军方的帮助下，米高场先到了中国大连的苏军机场，稍事休息，再继续往西南方向飞。1949 年 1 月 31 日上午，米高扬飞抵石家庄。毛泽东专门派汪东兴和师哲到石家庄机场迎接。下了飞机，米高扬被告知，还要坐 70 多公里的吉普车，才能到达中共中央所在地河北平山县西柏坡村。不过，他仍大舒了一口气，毕竟是踏上了中国共产党领导的晋察冀边区，再有一会儿，就能见到中共中央的五大书记了。一路上，米高扬显得很兴奋，中途还无所顾忌地下车与老乡攀谈。第一次到中国，米高扬觉得什么都很新奇。

米高扬来华之时，正是中国共产党领导全中国人民“将革命进行到底”之际。一个月以前，毛泽东发表了 1949 年元旦献词《将革命进行到底》，斩钉截铁地指出：“已经有了充分经验的中国人民及其总参谋部中国共产党，一定会像粉碎敌人的军事进攻一样，粉碎敌人的政治阴谋，把伟大的人民解放战争进行到底。”1 月 14 日，毛泽东发表关于时局的声明，明确提出中国共产党愿意在“惩办战争罪犯”“废除伪宪法”等八项条件之上同国民党反动政府进行和平谈判。声明要求中国人民解放军全体指战员，在国民党反动政府接受并实现真正的民主的和平以前，丝毫也不应当松懈自己的战斗努力。对于任何敢于反抗的反动派，必须坚决、彻底、干净、全部地歼灭之。声明发表的第二天，天津解放；北平和平谈判工作也正在进行。中共中央的态度、立场和方针、政策等，也向苏联方面作了通报。这样的形势及其发展趋势，斯大林发言权不大，派米高扬前来，主要还是听取中共方面的意见。

当吉普车终于开到目的地时，身材魁梧、神采奕奕的毛泽东在西柏坡住地的大门口迎接米高扬以及同来的苏联铁道部副部长伊・瓦・柯瓦廖夫和汉学家兼翻译叶・尼・柯瓦廖夫（即小柯瓦廖夫）等人。毛泽东热情地把米高扬一行迎进会客室，并把他们介绍给刘少奇、周恩来、朱德、任弼时等其他几位中共中央书记处书记。

一见面，米高扬就声明他只是“带着耳朵来的”——只负责听取中国党的意见，不回答。他先转达了斯大林和苏共中央全体政治局委员的问候，祝愿中国革命尽快取得胜利，彻底解放全中国。接着，他呈上了斯大林赠送给毛泽东的一块毛料。这一礼物，对长时间工作、战斗在寒冷的北方的毛泽东来说，确实是雪中送炭。

米高扬解释了他来的目的：“斯大林同志认为，中国革命形势发展迅猛异常，在这关键的时候，毛泽东同志不能离开指挥岗位；再者，中国境内交通不便，还要通过敌人的封锁线，也要考虑到安全问题；到苏联往返的时间太长，怕影响毛泽东同志的身体健康。因而，斯大林不主张毛泽东到苏联去。他十分关心中国革命形势的发展，派我代表他到中国来听取你们的意见。你们所讲的话我回国后向斯大林汇报。任何事情都由斯大林决定。”

头一天会谈，算是见面漫谈，只是海阔天空地闲聊一些一般性的问题，比如像各自国家的一般情况，世界各大洲的局势等等。一开始，由小柯瓦廖夫负责给米高扬当翻译，米高扬也信心十足，满以为小柯瓦廖夫能够胜任。但没想到这位苏共党内的汉学家中文口语欠佳，再加上听不懂毛泽东的湖南话，几乎一句也翻不出来。米高扬一下子急了，催促说：“叶・尼・柯瓦廖夫，你怎么成了哑巴？”他捏着拳头生气地说：“要是在别的场合，今天我定要捶你一顿了。”相比之下，毛泽东的翻译师哲却显得挥洒自如、驾轻就熟。师哲自 1925 年起，前后在苏联学习、工作共 15 年，他是真正的“苏联通”。

看着满脸通红的小柯瓦廖夫，师哲替他解围道：“他可能听不懂湖南口音。方言难懂些，这是可以原谅的。”在征得毛泽东和米高扬的同意后，由师哲一人担负起了传递毛泽东与米高扬（代表斯大林）之间信息的任务。

从 2 月 1 日以后，连续三天，毛泽东与米高扬进入了实质性的谈话阶段。毛泽东心里清楚，尽管米高扬只带着耳朵来，但与米高扬谈话，实际上就是与斯大林谈话，要让苏共领导人清楚地了解中国革命的情况，了解中国共产党及其所代表的广大人民的意愿。因此，毛泽东谈得比较细，偶尔，周恩来和任弼时等人也插几句话。米高扬则坐在那里洗耳恭听，这是斯大林交代过的。

毛泽东的谈话，充满了伟大的政治家和哲人的深邃与远见卓识。概括起来有这么一些意思：

到目前为止，中国革命的发展较为迅速，军事进展也较快，只要指挥得当，在战略、策略和战术上都不犯重大错误，用不了太多的时间，我们取得完全胜利是有把握的。我们具有彻底打败蒋介石、国民党的有利条件，那就是“人心所向，民心所归”。我们现在面临的首要问题，是胜利后建立新政权的问题。这个新政权的性质、形式、组成、名义等等，已经提到了我党的议事日程上来了，我们已思考过……

毛泽东把我党的一些思考、想法，详细地向米高扬作了介绍，尤其在如何建立由共产党领导的、多党合作的联合政权问题，以及新中国成立后如何恢复生产和组织人民群众建设新国家的问题上，毛泽东谈得最多，米高扬也听得很认真。毛泽东还谦虚地说：“国家建设这个课题对我们来说是生疏的，但是是可以学会的。有苏联走过的道路，可资借鉴。”米高扬微笑着点点头，颇带“老大哥”的傲气。

当米高扬听到毛泽东说除了青年团以外，还打算建立学生联合会或其他青年组织形式，以组织、发动中国青年时，有些坐不住了。他毕竟是来自“老大哥”之邦，习惯于“指导”别人。按苏联的做法，在青年中成立一个共青团就行了。他忍不住插话说：

“成立几个不同的青年组织是否会分散、甚至会分裂青年层的力量，是否会引起青年工作中的矛盾和摩擦？为了便于对青年们的组织、安排和领导，是否只要一个共青团组织就行了？”

此话如果出自斯大林之口，倒也罢了，因为两党的头号人物之间，毕竟不好拉下脸来争论。但对米高扬，毛泽东则不以为然，因为他还要向斯大林去转达，有的事情必须说清楚。

毛泽东不高兴地反问米高扬：“中国青年人口总数有一亿多，怎么可以用一个组织把他们圈起来？圈起来怎么做工作？”毛泽东环视了一下刘少奇、周恩来、朱德、任弼时等人，换了一个口气坚定地说：“对青年工作的形式和方法应该是恰当的、灵活的，自然，也要保证他们能发挥出自己应有的作用。”毛泽东的意思，显然是中共中央五大书记的一致意见，也是从中国革命和中国社会的实践中总结出来的经验。

米高扬这才意识到自己说话不妥，赶忙声明说：“我只是带耳朵来的，没有权力发表意见。请毛泽东同志继续说。”

毛泽东接下去又谈了军队的现状和发展问题、国际关系问题、土改工作问题、民族问题、党内状况问题等。在毛泽东后来的谈话中，米高扬的确只是用耳朵听，再也没有插过话，也没有提出什么新的问题——他的任务，只是把打探到的中共高层的真实想法和对未来的构想带回莫斯科去。

在谈到将要成立的新中国的对外政策时，毛泽东用了一个极为形象而幽默的比喻：

“我们这个国家，如果形象地把它比作一个家庭来讲，它的屋内太脏了，柴草、垃圾、尘土、跳蚤、臭虫、虱子什么都有。解放后，我们必须认真清理我们的屋子，从内到外，从各个角落以至门窗缝里，把那些脏东西通通打扫一番，好好加以整顿。等屋内打扫清洁、干净，有了秩序，陈设好了，再请客人进来。”

毛泽东为了消除米高扬和苏联朋友的误会，进一步强调说：“我们真正的朋友可以早点进屋子来，也可以帮助我们做点清理工作。但别的客人得等一等，暂时还不能让他们进门……”

除了正式会谈以外，在一些闲聊中米高扬还和毛泽东等人海阔天空地谈了一些其他话题。这些谈话，有时和谐，有时也有一点窘迫。

有一天晚上，毛泽东到米高扬的住处拜会他时，有所指地对他说：

“我们认为我们的解放战争越顺利地向前发展，也就越需要更多的朋友，这里说的是真正的朋友，同时也更需要朋友对我们的同情和支持。朋友是有真朋友和假朋友之分的。真朋友对我们是同情、支持和帮助的，是真心诚意的友好。假朋友是表面上的友好，他们口是心非或者还出些坏主意，使人上当受骗，然后他们幸灾乐祸。我们会警惕这点的。”

毛泽东的这番话，说得米高扬忐忑不安。米高扬好像从毛泽东的话中听出了点什么，但又觉得高深莫测，不知其所以然。毛泽东心里清楚，此意不必继续往下解释，留待苏联领导人自己思考去吧。

任弼时就党的群众工作、恢复生产和发展生产问题、中国解放战争的发展等问题与米高扬进行了单独谈话。

周恩来就如何更好地做好后勤工作以保障前方的胜利、战后经济恢复工作、成立新政府的总体规划与设想、对外关系、外贸管理以及中国民主党派等问题，与米高扬进行了单独谈话。关于新政府的问题，米高扬最感兴趣，听得格外认真。由于周恩来的谦逊和细密的作风，米高扬感到在他面前说话要轻松得多。米高扬主要搞政府工作，因而周恩来主动请他就新政府的设立问题发表点意见。

面对周恩来诚恳的请求，米高扬把“我只是带耳朵来的”这句话放在了一边，又一次谨慎地打开了他那憋不住的话匣子：“将来成立中央政府时，究竟应由哪些部委组成，这是应该及早考虑的问题。但这又是灵活机动的问题，绝非一成不变的。从原则上说，中央政府各部门只在十分必要的情况下才设立。否则，政府部门的臃肿庞大、重叠、复杂，几乎不是人的意志可以转移或控制的。我们数十年来，政府机构每年都在变化，着力于压缩、精简。但结果是，机构一年比一年庞杂、臃肿、笨重、不灵活，工作效率提高不快。卡冈诺维奇曾经说过，机构重叠，不务正业，于是一个部门在解疙瘩，另一个部门却在结疙瘩。表面上看来，他们的工作很紧张，但实际上是无效劳动。这个现象必须防止……”听到这些，周恩来不住地点头，表示赞同。

2月7日凌晨，米高扬装着满满“两耳朵”的中共领导人的话，离开了西柏坡，由朱德、任弼时亲自陪同前往石家庄。毛泽东头一天已为他送行，他们还海阔天空地谈了一些轻松的话题。为了让米高扬高高兴兴地离开西柏坡，毛泽东就当时最好的条件宴请了他，并与他合影留念。

到了石家庄，米高扬乘车游览了这座解放不久的城市，当日登机回国，向斯大林复命。

西柏坡之行，给米高扬留下了极深的印象。更使他难忘的，是中国共产党内有一个充满智慧和才能的领导群体。他曾对毛泽东的翻译师哲说：“你们党的领导是坚强的，党内人才济济，这是取得胜利的第一个保证。”

对毛泽东，米高扬认为：“毛泽东有远大的眼光、高明的策略，是很了不起的领袖人物。”

对任弼时，米高扬觉得：“任弼时是一个成熟的共产主义者，一位有马克思列宁主义理论修养的领导人，一位很有涵养、有政治修养、有丰富工作经验的难得的领导人。”

对周恩来，米高扬更有高见：“你们成立中央政府时不愁没有领导人，周恩来是当总理最合适的人选。从哪儿找得到周恩来这样好的总理？你们有这样一位好总理真幸运！”这个大鼻子的苏联亚美尼亚人，在这一点上对周恩来的认识与毛泽东有着惊人的相似。其实，毛泽东早就安排周恩来在扮演未来政府总理的角色了。一个月以后，毛泽东又在中共七届二中全会上宣布：新中国中央人民政府的主要人员配备，现在尚不能确定，还需要同民主人士商量，但“周恩来是一定要参加的，其性质是内阁总理”。

回到莫斯科，米高扬向斯大林详细地作了汇报。斯大林感到，在许多问题上，中国的情况和中共的做法，与苏联方面有着重大的差别，他一个劲地吸着那只大烟斗，陷入了深深的沉思……

这次西柏坡之行，米高扬与周恩来结下了不解之缘。新中国成立后，中苏党和政府间的关系，又把他们联结在一起。

米高扬第二次来华

米高扬走后不到 8 个月，中国革命的形势以迅雷不及掩耳之势向前发展。1949 年 10 月 1 日，中华人民共和国成立。同日，毛泽东以中华人民共和国中央人民政府主席的身份发布公告，宣告中华人民共和国和中央人民政府的成立，并任命周恩来为政府总理兼外交部部长，毛泽东兼任中央军委主席，朱德为中国人民解放军总司令……中国共产党成为中华人民共和国的执政党。从此，新中国在中国共产党的领导下，其发展一日千里，令世人瞩目。

当新中国迎来她的 5 岁生日时，工农业总产值已经超过 1000 亿元。虽然新中国还有一些不如人意的地方，但是比起旧中国来，已有了天翻地覆的变化。

这期间，国际形势也发生了众多的变化，而苏联的变化（尤其是政治上的变化）更是惊人的。1953 年 3 月斯大林去世，不久，赫鲁晓夫当选为苏共中央第一书记。赫鲁晓夫上台后，中苏两党、两国关系的裂痕越来越大。

1954 年 9 月 29 日，应中国政府的邀请，赫鲁晓夫率苏联政府代表团抵达北京，参加中华人民共和国成立五周年庆典活动。代表团成员中，不仅有部长会议第一副主席布尔加宁等人，而且还有中共领导人比较熟悉的米高扬。此时米高扬的职务仍是部长会议副主席。1949 年年底至 1950 年年初毛泽东首次出访苏联时，与米高扬又见过一次。当时米高扬参与了《中苏友好同盟互助条约》的谈判和签字活动。这次是苏联首次派出的最高级别的访华代表团，有赫鲁晓夫在，米高扬自然不便多说话。

参加完庆典活动以后，从10月3日起，中苏双方主要就两党两国的关系、国际形势和中苏经济技术合作等问题举行了最高级别的会谈。政府间的事宜，主要在周恩来、陈云、彭德怀、邓小平、邓子恢、李富春与布尔加宁、米高扬等人之间谈。但一些重大的原则问题，毛泽东和赫鲁晓夫都要最后定夺。

米高扬再度来华，与前一次西柏坡之行大不相同。此时中国已处于和平建设时期，出现了生机勃勃的景象。这次他可以从容不迫地在中国访问，走一走，看一看。

10月3日的首次会谈结束时，毛泽东提议："你们是否准备到我国某些地方，特别是南方去看看？"

赫鲁晓夫兴致很高地说："一定要出去走一走，看一看。你们这里的一切对我们都是生疏的、新鲜的。"

这正合米高扬的心意，他虽然相对而言比较熟悉中国的北方，但对中国的其他地区尤其是南方却很陌生。这样，在工作人员准备文件的空当，米高扬随赫鲁晓夫从北京出发，到我国南方一带参观、游览。行前毛泽东和周恩来都交代：苏方客人愿意去哪里都可以，可以自由自在地去活动，就像在自己家里一样，我们不做什么特殊安排。

当然，为了让苏联客人玩得好，在安全上和生活上，中方还是作了周密的布置。米高扬与赫鲁晓夫等人上了火车以后，沿途天空中有六架专机供他们随时调遣。专列的停车、开车时间和地点均由赫鲁晓夫决定。中国方面专门派铁道部副部长武竞天和公安部副部长汪金祥等人随同前往。

专列出北京，过天津，到济南临时作了短暂停留。一路上，米高扬都显得格外的兴奋。到上海时，米高扬除了溜马路、吃馄饨、进商店、逛公园以外，还别出心裁，与上海青年在马路上跳起舞来，他时年59岁，却同年轻人一般无拘无束，活泼好动。赫鲁晓夫也是随心所欲，屡屡打破主人的安排，一会儿一个主意。

到杭州时，也许赫鲁晓夫和米高扬都觉得火车坐腻了，突然决定改坐飞机去广州，因此没有在杭州留宿，绕西湖转一圈以后，勉强吃了点午饭，便乘车前往飞机场。赫鲁晓夫、布尔加宁和谢洛夫（苏联内务部部长）乘坐的第一架飞机先行起飞，上面没有翻译。由于飞行的要求，米高扬、什维尔尼克（全苏工会主席）和师哲等人乘坐的第二架飞机要过30分钟以后才能起飞。米高扬却等不及了，催师哲说："咱们赶快起飞吧。"师哲作为翻译，处处感到苏联领导人的"老大哥”作风，因而不客气地顶了一句：“你着急干什么！”米高扬乘坐的飞机抵达广州机场时，足足比赫鲁晓夫晚了半个小时。一下飞机，他见赫鲁晓夫与前来迎接的广东省省长陶铸两人正在那比比画画，打着手势表达意思，由于语言不通，双方都很着急。赫鲁晓夫见师哲到来，赶紧把他拉过来说：“快救救我们吧！他们的话我一句也听不懂。”

这次参观访问，上海的百老汇、杭州的西湖、广州的橡胶园……米高扬把美景尽收眼底；上海的小吃、西湖的鱼、广州的蛇……米高扬都品尝到了。比起当年在西柏坡毛泽东请他吃的那顿饭来说，不知要强多少倍。中国和中国共产党，已今非昔比了！新中国的变化，实在是太大了。

当米高扬随赫鲁晓夫等人回到北京时，中苏双方会谈的文件已经准备就绪。

10月12日，周恩来和米高扬分别代表两国政府在《关于中苏举行会谈的公报》上签字。公报宣布了双方签订的一系列文件：中华人民共和国政府和苏联政府关于中苏关系和国际形势各项问题的联合宣言、关于对日本关系问题的联合宣言、关于旅顺口海军根据地问题的联合公报、关于现有的中苏合办股份公司问题的联合公报、关于科学技术合作协定的联合公报和关于修建兰州—乌鲁木齐—阿拉木图铁路的联合公报、关于苏联政府给予中华人民共和国政府5.2亿卢布长期贷款的协定和关于苏联政府帮助中华人民共和国政府新建15项工业企业和扩大原有协定规定的141项企业设备的供应范围（苏联补充供应的设备总值在4亿卢布以上）的议定书。同日，苏联政府代表团还致函毛泽东，代表苏联人民赠给中国人民为组织拥有两万公顷播种面积的国营谷物农场所必需的机器和设备。对苏联人民的好意，毛泽东和中国政府都表示了衷心的感谢。

文件签署和发表以后，赫鲁晓夫一行于10月13日上午10时30分乘飞机离开北京回国。中途又在旅顺、大连、鞍山、长春、哈尔滨等地参观访问，直到10月17日早晨，才乘专列从绥芬河出境。

这是米高扬第二次来中国，他和赫鲁晓夫等人痛痛快快、从容不迫地在中国境内待了19天。

米高扬第三次来华

两年以后的1956年9月，米高扬第三次来华访问。然而，这一次访华，情况却大不相同。

1956年2月24日晚，赫鲁晓夫一反原先对斯大林的尊重和吹捧，在苏共二十二大上作了《关于个人崇拜及其后果》的秘密报告，直到25日早上报告才结束。他在秘密报告中全盘否定斯大林，揭露了斯大林晚年的错误，特别是揭露了斯大林在20世纪30年代搞肃反扩大化、践踏社会主义民主和法制的内幕，揭露了斯大林搞个人崇拜以及在卫国战争初期由于缺乏警惕造成巨大损失的有关材料。这份秘密报告，很快以速记稿形式送给了中国共产党以及其他的兄弟党，立即像一颗“政治原子弹”一样引起了社会主义国家中人民的思想混乱。

在苏联领导人全盘否定斯大林的时候，中国国内已基本完成社会主义改造，正在进入全面建设社会主义的历史新时期。究竟如何借鉴外国经验尤其是苏联经验，又如何探索走中国自己的建设社会主义的道路，这是中国共产党需要进一步思考的问题。为此，1956年9月15日至27日，中国共产党在北京召开了第八次全国代表大会。

米高扬就是在这样的形势下，应邀率领苏共代表团来北京参加中共八大的。苏共代表团成员中，还有穆希金诺夫、尤金、波诺马廖夫、卡皮托诺夫、沙丘科夫等人。在前来听会的46个国家的兄弟党代表团中，苏共代表团的人数最多，当然也最引人注目。

米高扬一行的到来，仍受到中共领导人极高的礼遇。9月14日，毛泽东、刘少奇、周恩来、朱德、陈云等人专门设酒会欢迎苏联等46个国家的共产党和工人党的代表，并专门向米高扬等人祝了酒。9月15日，中共八大开幕，毛泽东致开幕词。米高扬和苏共代表团成员被安排在大会的显著位置。

9月17日，米高扬代表苏共中央向中共八大致贺词。一般来讲，兄弟党的贺词，以歌颂友谊、赞扬对方的成绩为主。由于苏共的“老子党”习惯和大国沙文主义作风，米高扬带来的贺词与其他兄弟党代表的发言不同。米高扬以较多的篇幅颂扬苏联共产党的成绩以及十月革命、苏联反法西斯战争胜利的作用，认为西欧革命的原动力来自俄国，革命的中心在俄国等等。他甚至认为，中国共产党的每一个进步，每一项成就都是“根据苏联的经验”而来的。这种盛气凌人，把自己放在他人之上的做法，显然也是赫鲁晓夫的一贯作风。

大会期间，毛泽东几次与米高扬谈话，他直言不讳地告诉米高扬：

“斯大林功大于过。你们采取的方式、方法不好，缺乏全面分析，缺乏自我批评，事前也没有和兄弟党商量。不联系当时的历史背景和时代特点，简单地说成是一个人的罪行，这不对，不好。”

斯大林的去世，使毛泽东关于中国革命各个历史时期的经验教训和中国共产党所受的“左”右倾机会主义的危害等等的话，还没来得及细说，米高扬这次来，毛泽东有一吐积郁的愿望。

在一次单独谈话中，毛泽东以异乎寻常的语气对米高扬说：

“中国共产党在它发展的各个阶段，由于最初时期的幼稚和缺少经验，老是左右摇摆，时而犯右倾错误，时而犯‘左’倾错误，但‘左’倾机会主义路线统治时期较长，因而它给党带来的危害和损失也最大。特别是第三次‘左’倾路线使我们的革命根据地，即苏区，损失了百分之九十，党组织以及党在白区即国民党统治区的工作也遭到严重损失，以至临时中央被迫于 1933 年年初撤离上海，迁入江西中央根据地。……”

第三次“左”倾路线，是以王明为代表在共产国际及其代表米夫的支持下形成的，它对中国共产党的严重危害，是与苏联党密不可分的。这些，米高扬不是不知道。他心中明白，毛泽东是有所指的。他只好耐着性子听毛泽东继续往下说：

“这都是由于不相信自己，而一味盲听盲从盲动的结果。也由于国际共产主义运动中出现了好似‘老子党’与‘儿子党’之分的不正常的党与党之间的关系的结果。不管口头上怎么称作兄弟党，事实上一个党竟可以凌驾于其他党之上，形成了老子党与儿子党的局面，破坏了兄弟党之间的正常关系。我发号施令，你得听话、服从，不管我说得对不对。国际共产主义运动中这种要一个平等的兄弟党听从另一个兄弟党的话，服从另一个兄弟党的政策、策略和利益，跟着另一个兄弟党的屁股后面跑的坏习气、坏传统，是一种极为严重的不正之风。试想，怎么可以根据一个党的具体条件、具体需要、具体利益出发而制定出来的方针、政策，就是绝对正确的，而去要求处在另一种情况、环境条件下的党去听从，或照搬、硬套呢？怎么可以以一个党的利益替代另一个党的利益呢？客观实际、血的教训已证明这种做法是极端错误的，对革命是有百害而无一利的……”

米高扬只是认真倾听，没有发表任何意见。此时中苏两党的分歧已日益明显，他也不便表明个人的态度。他清楚，毛泽东和中国共产党“过去憋了满肚子气，有气无处出”。

毛泽东明确地告诉米高扬：“关于这一切，我们将要在适当的时候、适当的场合，讲明我们自己的观点和以高昂代价得来的经验教训。这就是说，我们要发言，要讲话，还要写文章，或许还要骂人。我是说，假如没有地方讲话，就写文章；假如憋不住气了，就会骂人的。我们有这个民主权利，就要使用它，谁也封不住我们的嘴。我们中国有一句古话，叫作‘不平则鸣’。我们要说话，要写文章，也就是本着这个意思而来的。总之，气不平，理不顺，就要出气，就要讲道理……”

7年多以前，米高扬代表苏共中央，代表斯大林首次来华，听取毛泽东关于中国革命的意见，那时，他“只是带耳朵来的，没有权利发表任何意见”。也许那次来华，就决定了他在中国问题上和中国共产党面前所扮演的角色。1954年，米高扬第二次来华，那次是随赫鲁晓夫来的，当时苏联代表团中的第二号人物是部长会议第一副主席布尔加宁，因此米高扬也没有多少发言权。1956年的这一次，是米高扬最后一次来华，此时他又是代表苏共中央，但所代表的苏共领导人却是粗鲁野蛮、自高自大、善于教训别人的赫鲁晓夫。赫鲁晓夫已经作了全盘否定斯大林的“秘密报告”；中共中央不久也针锋相对地发表了《关于无产阶级专政的历史经验》一文。在这个当口，米高扬又被置于不能随便发表个人意见的尴尬境地。

带着这种尴尬，米高扬参加完中共八大以后，率苏共代表团回国。此后，他再也没有来过中国。

40 谈判桌上的较量

1949年和谈之前，国民党首席代表张治中先去奉化后飞北平，他面对的中共首席谈判代表是周恩来。和谈破裂，周恩来恳言：不能再对不起姓张的朋友。

张治中领命北上

正在人民解放战争的轰轰炮声离南京越来越近之时，蒋介石和国民党政府被迫走向谈判桌。国共两党的这次谈判是在中共统帅部进驻北平不久开始的。1949年3月24日，南京的国民党政府宣布张治中为首席代表，邵力子、黄绍竑、章士钊、李蒸、刘斐为代表。与此同时，中共中央也正式通知国民党政府，谈判从4月1日开始，地点在北平。中共方面的首席代表为周恩来，代表是林伯渠、林彪、叶剑英、李维汉和聂荣臻。

国共两党之所以能举行和平谈判，主要是双方力量发生了根本的变化。蒋介石当年敢于推翻政协决议发动内战，靠的是他手里的武装力量和美国的援助。那时他有正规军430万人，是中国人民解放军人数的三倍半。武器装备更是精良得多，自以为几个月就可以消灭人民解放军。但在两年零九个月的战争中，情况完全改变了。经过三大战役后，国民党的兵力，连后方机关在内，只剩下220万人，正规军只有100多万人。与此同时，人民解放军却由120万人发展到400万人以上，并且很多已用缴获的武器装备起来，实现了美械化。

蒋介石也承认这个仗已经打败了。不仅主力军被消灭了，而且国民党统治区的财政经济亦已崩溃。物价的飞涨有如脱缰的野马。国民党政府宣布以金圆券代替法币，结果使经济更加陷入绝境，国民党政府已无法统治下去。1949年元旦，蒋介石被迫发表“求和声明”，提出以保存伪宪法、伪法统和反动军队等条件，作为和平谈判的基础。他一本正经地说：“只望和平果能实现，则个人的进退出处绝不萦怀。”倘若共产党不许和，“责任皆由共产党负之”。为了回答这个虚伪的建议，1月14日毛泽东发表《关于时局的声明》。提出了惩办战争罪犯、废除伪宪法、废除伪法统等八条作为和谈的基础。毛泽东强调，只有按着这八条，才能实现真正的和平。随着淮海战役和平津战役的胜利发展，国民党内部的矛盾，特别是蒋介石同桂系之间的矛盾急速发展起来。蒋介石不得不在1月21日宣布“引退”。由副总统李宗仁代理总统。但南京政府一切实际权力，仍牢牢掌握在蒋介石手里。

李宗仁在宣布任代总统的第二天，1月22日，即发表文告称：自今以后，“政府工作目标，在集中争取和平之实现。”“中共方面所提八项条件，政府愿即开始商谈。”次日，他派黄启汉、刘仲华飞往北平，表示“愿以最大努力促和平之实现”。表示接受中国共产党提出的八项条件作为谈判基础，并要求中国人民解放军暂时停止进攻。2月1日，周恩来为中共中央起草致彭真、叶剑英电，要黄启汉、刘仲华告诉李宗仁：如果他有反蒋反美、接受八项条件的诚意，就应该迅速同蒋介石分裂，“中间道路是万万走不通的”。经过多次接触，中共中央表示，愿于近期在北平同国民党代表团举行和平谈判。

中共确定和谈日期之后，国民党方面便组织了代表团，以张治中为代表团长，但张治中在了解了蒋介石的底细后，却留在兰州不肯南下，这使李宗仁大为着急，每天不是长途电话促驾，便是十万火急电报询问，而张治中仍无下文。

在李宗仁的一再劝说下，张治中被接到南京后。他向李宗仁说：“目前的问题在于是否有诚意。如果有诚意，我就去；没有呢？绝不去！有人抨击我们在利用和谈拖时间，以便训练好新兵卷土重来，如果真是这样，我没法干！”

李宗仁又极力劝说：“代表团是非去不可！如果不谈，就无法解决具体问题。”张治中沉痛地说：“今日之下，要花腔的日子已经过去了。我们不得人心，战败了，共产党胜利了，这是事实！如今的问题，绝非同中共讨价还价，更不是我们报上所说，因为我们宽宏大量才同对方和谈，而是对方的气度不凡才肯同我们坐下来谈，如果这一个基本观念不澄清，本党中还有人以为自己是三头六臂，那才糟哩！”

“对于和谈，至少我是有兴趣，有信心的！”李宗仁说，“不过，话说到这里，我也不能不说我的心里话。你知道，中共的答复来了以后，我们受到了不断增大的压力！”

张治中说：“事实摆在面前，只要我们真的肯同他们一起为新的中国而努力，中共对我们不会太难堪，傅作义便是个例子；但这样便牵涉到一个古老的所谓忠贞的问题，蒋先生只希望我们为他个人而死，国家放在其次，这一点本党不少重要人员都不否认，引以为憾。那么一旦和谈过程中出现了使他不痛快的事情。你说该怎么办呢？如果有些问题牵涉到代总统，你对我们又怎么看呢？”

李宗仁表示：“文白兄的顾虑是事实。不过我早已说过，一切得从和谈中解决。”

李宗仁这时虽对和谈一再表示“诚意”，但还是希望通过谈判达到“划江而治”。他曾对刘斐说：“我想划江而治，共产党总满意了吧！只要东南半壁得以保全，我们就有办法了。如能确保东南半壁，至少是可以在平分秋色的基础上来组织民主联合政府的。”

蒋介石之所以让李宗仁出面“和谈”，其实只是一种缓兵之计，想借此获得一个喘息的机会，以便将残余军队全部撤至长江南岸，组成若干兵团，防止人民解放军渡江，并在江南准备最后决战。

鉴于这种情况，张治中在临到北平前，又在总统府秘书长吴忠信的陪同下，到溪口跑了一趟，一来是进一步摸底，二来是劝蒋出国。但蒋介石一听就气炸了：“他们逼我下野是可以的，要逼我‘亡命’就不行！下野后我就是普通国民，哪里都可以自由居住，何况是我的家乡！”

张治中就是在这种情况下率代表团前赴北平的。4 月 1 日起程前，他在机场发表谈话说：

“我们此次奉政府之命到北平和中共进行和平商谈，深感责任重大，实有如临深渊、如履薄冰的心情。我们也知道在和谈进程中，当不免遭遇若干困难，但是我们双方商谈，似无不可克服的难题。我们当谨慎地秉承政府旨意，以最大诚意和中共方面进行商谈。希望能够获得协议，使真正的永久的和平得以早日实现，以慰全国同胞殷切的期望。甚望爱好和平的各界人士们，随时给我们指导、督促和支持。”

两位首席代表再度交锋

1949 年 4 月 1 日下午 2 时，国民党和谈代表团飞抵北平。张治中发现中共

1949 年 4 月，以周恩来为首席代表的中共代表团同以张治中为首席代表的国民党政府代表团，在北平举行和平谈判

和谈代表团团长周恩来未到机场迎接。张治中一行人走进下榻的北京六国饭店时，抬头见到一幅大标语写着："欢迎真和平，反对假和平。"张治中的顾问屈武说："看来中共对我们的诚意是有怀疑的。"过了一会儿，周恩来、李维汉等人到饭店来看望国民党和谈代表团。周恩来对张治中说："文白先生，很对不起，没有到机场去迎接你。我请问，你既然来北平是为了和平解决两党问题的，为什么你在事前还要亲到奉化向战犯头子去请示呢？"又说："这种由蒋一手导演的和平我们是不能接受的！"张治中非常尴尬，连忙说："恩来先生，这正是我的苦衷啊！我为了使和平工作不致中途夭折，就必须事先扫除实现和平的一切障碍。"

谈到和平问题时，周恩来问："我们的广播（指 3 月 26 日的广播通知）你们收听到了，已经带来了为实施八项条件所必需的材料吗？对和谈有没有具体的意见？"张治中回答："我们没有具体的方案，想听听你们的。当然，是以八项原则为基础。"周恩来说："这是前提，是没有疑义的。我们设想，采取今天这样个别谈话的形式，充分听取你方的意见。如果可能，经过三四天的商谈后，在五日左右，提出成熟的东西，供双方讨论。”接着，双方还就其他问题交换意见。

晚上，周恩来在六国饭店接见李宗仁的联络官黄启汉。在谈到八项条件为谈判基础的问题时，周恩来气愤地说：“你们的代表团并没有接受八项原则为基础。根据这两天来和他们六位代表个别交换意见的情况，除邵力子外，其余几个人都异口同声说，‘惩治战犯’这一条不能接受。因此，原定在4月5日开始正式会谈也推迟了。”4月3日上午，黄启汉动身回南京前，周恩来再一次向他重申了中共的立场。周说：“经过辽沈、淮海、平津三大战役，蒋军主力部队已被歼灭殆尽，可以说内战基本结束，剩下的不过是打扫战场而已。但是，为了尽快地收拾残局，早日开始和平建设，改善人民生活，我们还是愿意在八项原则基础上通过和谈解决问题。”周要黄转告李宗仁和白崇禧：中国人民解放军完全有足够力量在全国范围内扫除一切和平障碍，李、白不应该再对帝国主义有幻想，不应该再对蒋介石留恋或恐惧，应该团结一切可以团结的力量，坚决向人民靠拢。

4月3日下午6时，黄启汉向李宗仁详细汇报了在北京接触到的情况。他说：“临来之前，周恩来要我向代总统转达三条具体意见：第一，在和谈期间，人民解放军可以暂不渡过长江。但和谈以后，谈成，解放军要渡江，谈不成，解放军也要渡江。第二，白崇禧在武汉指挥的国民党部队，应先撤退到花园以南一线。第三，希望代总统在任何情况下，都不要离开南京，能够争取更多的军政大员留在南京更好。考虑到代总统的安全，希望调桂系部队一个师进驻南京以防万一，如蒋一旦攻击，只要代总统守住一天，解放军就可以开进南京。”

李宗仁痛苦地摇了摇头。他苦心经营、寄予希望的“和谈”大局，竟让对方一眼就看透了。他已经日暮途穷，靠他自己那点桂系力量能干什么事？和，和不了；打，又打不下去。这使他犯难了。黄启汉还向他报告：“在我回京前，李济深和邵力子两先生还先后来饭店看我。他们让我转告代总统，务必当机立断，同帝国主义和蒋介石决裂。他们认为，以蒋为首的死硬派是没有希望的。他们只希望桂系在武汉、南京、广西局部接受和平解决，站到人民这方面来。”李宗仁听后，两眼发呆，不知如何为好，眼前只是白茫茫一片。

针对李宗仁犹豫不决、动摇不定的情况，1949年4月4日，新华社又播发了毛泽东所撰写的《南京政府向何处去？》的重要评论。文章指出：“两条路摆在南京国民党政府及其军政人员的面前，一条是向蒋介石战犯集团及其主人美国帝国主义靠拢，这就是继续与人民为敌，而在人民解放战争中和蒋介石战犯集团同归于尽；一条是向人民靠拢，这就是与蒋介石战犯集团和美国帝国主义决裂，而在人民解放战争中立功赎罪，以求得人民的宽恕和谅解。第三条路是没有的。”

评论继续说：“在南京的李宗仁、何应钦政府中，存在着三部分人。一部分人坚持走第一条路。无论他们在口头上说得怎样好听，在行动上他们是继续备战，继续卖国，继续压迫和屠杀要求真和平的人民。他们是蒋介石的死党。一部分人愿意走第二条路，但是他们还不能做出有决定性的行动。第三部分是一些徘徊歧路、动向不明的人们。他们既不想得罪蒋介石和美国政府，又想得到人民民主阵营的谅解和容纳。但这是幻想，是不可能的。”

“南京的李宗仁、何应钦政府，基本上是第一部分人和第三部分人的混合物，第二部分人为数甚少。这个政府到今天为止，仍然是蒋介石和美国政府的工具。”评论在历述了4月1日南京11个大专院校6000多名学生，举行游行示威，要求国民党政府接受中共的八项和平条件，遭到国民党反动军警残酷镇压，死伤一百余人的事件后指出：“4月1日发生于南京的惨案，不是什么偶然的事件。这是李宗仁、何应钦政府保护蒋介石、保护蒋介石死党、保护美国侵略势力的必然结果。这是李宗仁、何应钦政府和蒋介石死党一同荒谬地鼓吹所谓‘平等的光荣的和平’，借以抵抗中共八项和平条件，特别是抵抗惩办战争罪犯的结果。李宗仁、何应钦政府既然派出和谈代表团前来北平同中国共产党谈判和平，并表示愿意接受中国共产党的八项条件为谈判的基础，那么，如果这个政府是有最低限度的诚意，就应当以处理南京惨案为起点，逮捕并严惩主凶蒋介石、汤恩伯、张耀明，逮捕并严惩在南京上海的特务暴徒，逮捕并严惩那些坚决反对和平、积极破坏和谈、积极准备抵抗人民解放军向长江以南推进的反革命首要。庆父不死，鲁难未已。战犯不除，国无宁日。这个真理，难道现在还不明白吗？”

评论说：“我们愿意正告南京政府，如果你们没有能力办这件事，那么，你们也应协助即将渡江南进的人民解放军去办这件事。时至今日，一切空话不必说了，还是做件切实的事，借以立功自赎为好。免得逃难，免得再受蒋介石死党的气，免得永远被人民所唾弃。只有这一次机会了，不要失掉这个机会。人民解放军就要向江南进军了。这不是拿空话吓你们，无论你们签订接受八项条件的协定也好，不签订这个协定也好，人民解放军总是要前进的。签一个协定而后前进，对几方面都有利——对人民有利，对人民解放军有利，对国民党政府系统中开始愿意立功自赎的人们有利，对国民党军队的广大官兵有利，只对蒋介石，对蒋介石死党，对帝国主义者不利。不签这个协定，情况也差不多，可以用局部谈判的方法去解决。可能还有些战斗，但是不会有很多的战斗了。从新疆到台湾这样广大的地区内和漫长的战线上，国民党只有110万左右的作战部队了，没有很多的仗可打了。无论签订一个全面性的协定也好，不签这个协定而签许多局部性的协定也好，对于蒋介石，对于蒋介石死党，对于美国帝国主义，一句话，对于一切至死不变的反动派，情况都是一样的，他们必将灭亡。”

评论最后说：“南京政府及其代表团是否下这个决心，有你们自己的自由。就是说，你们或者听蒋介石和司徒雷登的话，并和他们永远站在一起，或者听我们的话，和我们站在一起，对于这二者的选择，有你们自己的自由。但是选择的时间没有很多了，人民解放军就要进军了，一点余地也没有了。”

李宗仁听了这篇措辞强烈的广播，犹如五雷轰顶，他的“划江而治”的美梦，像肥皂泡似的破灭了。正在李宗仁发呆时，美国大使司徒雷登进来了，劝慰道：“总统先生不必太悲观吧？据我所知，国防部已经向政府保证，长江天堑至少可守半年；而京沪线作战，也有把握打3个月到6个月。如果贵总统能够真正领导反共战争，我想美援还会继续，而且还要加强哩！”李宗仁闻言道：“实在太感谢了，如果贵国继续大力援助，情况就不同了，说不定我们这匹‘死马’真能‘复苏’过来。”

美国大使走后，李宗仁和他的智囊团研究再三，觉得不能太软，要表明自己的态度，便于4月7日晚11点给北平去了电报。全文如下：

北平。张长官文白兄转润之先生：

自宗仁主政以来，排除万难，决心谋和，悱恻之忱，谅贵党及各位民主人士所共谅察。今届和谈伊始，政府代表现已遵邀莅平，协谈问题亦已采纳贵方所提八条为基础。宗仁懔于战祸之惨酷，苍生之憔悴，更鉴于人类历史演成之错误，因为虑及和谈困难之焦点，愿秉己饥己溺之怀，更作进一步之表示：凡所谓历史错误，足以妨碍和平如所谓战犯也者，纵有汤镬之刑，宗仁愿一身欣然受之而不辞。至立国大计，决遵孙总理之不朽遗嘱，与贵党携手，并与各民主人士共负努力建设新中国之使命。况复世界风云日益诡谲，国共合作尤为迫切，如彼此同守此义，其他问题便可迎刃而解。宗仁何求，今日再冀，唯化干戈为玉帛，登斯民于衽席。耿耿此心，有如白水，特电布悃，诸希亮察。

弟李宗仁。4月7日（卯阳）印

李宗仁的“卯阳电”可谓用心良苦，措辞美妙，既表示了“和平诚意”，又为战犯进行了解脱。“纵有汤镬之刑，宗仁一身欣然受之而不辞。”话中有软有硬，软硬兼施。给人一种李宗仁在“认错谢罪”的感觉，其实，口气之间，已经表示拒绝投降，希望取消八项条件中的第一项。难怪，美国大使司徒雷登也夸奖说“这个电稿拟得太妙了”。但是，这样的花招是瞒不过中共眼睛的。第二天，毛泽东对李宗仁发了复电。电文如下：

南京李德邻先生勋鉴：卯阳电悉。中国共产党对时局主张，本年1月14日声明。贵方既然同意八项条件为谈判基础，则根据此八项原则以求具体实现，自不难获得正确之解决。战犯问题，亦是如此，总以是否有利于中国人民解放事业之推进，是否有利于用和平方法解决国内问题为标准。在此标准下，我们准备采取宽大的政策，本日与张文白先生晤谈时，即曾以此意告之。为着中国人民的解放和中华民族的独立，为着早日结束战争，恢复和平，以利在全国范围内开始生产建设的伟大工作，使国家和人民稳步地进入富强康乐之境，贵我双方亟宜早日成立和平协定，中国共产党愿与国内一切爱国分子携手合作，为此项伟大目的而奋斗。

毛泽东1949年4月8日

李宗仁收到毛泽东的复电后，随即召集国民党“和谈指导委员会”进行研究，并由何应钦出面，于4月9日给张治中发去了“卯佳电”，“卯佳电”根据国民党中常会的决议，要求张治中坚持以下各点：“（一）为表示谋和诚意，昭信国人，在和谈开始进行时，双方应即下令停战，部队各守原防。共军在和谈进行期间，如实行渡江，即表示其无谋和诚意，政府应即召回代表，并宣布和谈破裂之责任属共方；（二）为保卫国家独立自主之精神，以践履联合国宪章所赋予之责任，对于向以促进国际合作、维护世界和平为目的之外交政策，应予维持；（三）

为切实维护人民之自由生活方式，应停止所有施行暴力之政策，对人民之自由权利及其生命财产，应依法予以保障；（四）双方军队应在平等条件之下，各就防区自行整编，其整编方案，必须有双方互相尊重同时实行之保证；（五）政府之组织形式及其构成分子以确能保证上述第二、三、四各项原则之实施为条件。”

以张治中为首的国民党和谈代表团在收到何应钦的“卯佳电”后，无不摇头、叹息。他们心里清楚，划江而治的希望已经破灭，要求双方停火，实际上只是请求对方停止进攻。最大的困难是关于战犯问题，这一条得不到解决，则和平条款不可能得到蒋介石的同意，即使谈妥也无法签订，他们深知国民党已无力再战，希望中共让步，争取尽可能好的条件。

张治中来北平前，曾去溪口，劝蒋出国，到北平以后，更痛感蒋的留居国内，实为和平的最大障碍，所以又再去信，痛陈利害，摘录如下：

……默察大局前途，审慎判断，深觉吾人自身政治经济腐败至于此极；尤其军队本身之内腐外溃，军心不固，士气不振，纪律不严，可谓已濒于总崩溃之前夕。同时在平十日以来所闻所见，共方蓬勃气象之盛，新兴力量之厚，莫不异口同声，无可否认。假如共方别无顾虑之因素，则殊无与我谈和之必要，而具有充分力量以彻底消灭我方。凡欲重整旗鼓为作最后之挣扎者，皆为缺乏自知不合现实之一种幻想！此非怯懦自卑之言，实由我方党政军内腐外溃之情形，积渐所致，由来已久，大势所趋，大错铸成。尤其既失之民心，今已不可复得。纵以钧座英明，亦万难将此腐朽集团重新提振有所作为也。倘吾人知彼知己，即以吾党北伐时期北洋军阀腐溃失败之经过事实而益可证明。职是之故，唯有钧座痛下决心，放下一切，毅然决然放下一切。能如是，则腐朽集团经受剧变之深刻刺激，唤起淘汰作用，产生新机，将来尚有重新提起之一日。而不然者，将使失败之中遭受更大更惨之失败，而无复再振再起之可言。此实从任何方面冷静观察，皆为必然之情势与现实，摆在吾人面前，显而易见，决非张大其词、危言耸听之意也！

前与吴礼卿先生到溪口时，曾就两个月来大局演变情形加以研究判断结果，认为无论和战，大局恐难免相当时期之混乱，而钧座虽引退故乡，仍难避免造成混乱之责任，此最大吃亏处，亦即最大失策处，

> 唯有断然暂时出国，摆脱一节牵挂为最有利……职素以吾人应拥护领袖成功不拥护领袖失败为言为志，倘今此建议仍不蒙钧座采纳，而仍听信拥护领袖失败者之言，留居国内，再起再战，则非至本党彻底消灭、钧座也彻底失败不止。今请再将往者一切失败经过作一检讨，昔日一切建设献策者孰是孰非，无不晓然，目前之情势，岂非铁的事实证明乎？

这封信是由屈武带回南京托吴忠信转交的，蒋阅此信，大发雷霆，仍我行我素，毫无更张之意。

和谈破裂

且说在北平，经过几天的紧张讨论，和双方代表团多次交换意见，4 月 13 日早晨，周恩来向南京政府代表团提交《国内和平协定草案》一份。晚上 9 时，正式会议在中南海勤政殿举行。会议一开始，先由中共首席代表周恩来提出《国内和平协定草案》，并作一概括的说明。他说，这个草案是根据毛泽东主席所提的八项条件为基础而草拟的。他回顾了战争发展的历史过程，指出：事实是很清楚的，战争的全部责任应该由南京国民政府担负。因为这是一个历史性的协定，是保证今后国内和平的一个文件，所以必须在条款的前言里明确这个责任。

接着，周恩来又对《协定草案》各个款项的具体内容逐项作了说明。关于惩办战争罪犯问题，他说：这次战争中主要战犯必须惩办。如果他能“认清是非，幡然悔悟，出于真心实意，确有事实表现，因而有利于中国人民解放事业的推进，有利于用和平方法解决国内问题者”，可以取消战犯罪名，给以宽大待遇。

4 月 14 日，南京代表团经过一天的研究，提出一个修正案。张治中以后在回忆录中说：“这个修正案和原草案最大的不同之点是，词句力求和缓，避免刺眼的词句，同时对军队改编、联合政府两项也有若干的修正。”当晚，张治中把这个修正案交给周恩来。第二天，4 月 5 日晚上 7 时，周恩来把最后定稿的《国内和平协定》送给张治中，并定当晚 9 时在勤政殿举行第二次会议。周恩来说：“如果我们没有最后定稿，就使南京代表团无以说服南京当局；没有这个最后的定稿，就不能使它考虑同意与不同意的问题。我们认为，一个问题一定要有一个结果。我们提的最后方案，南京代表团乃至南京当局都有他的自由，就是同意或者不同意。”

张治中后来在回忆录中写道：“回到住处后，经过代表团郑重的研究，认为这个定稿已经接受了我们所提修正意见四十余处的过半数，特别是关于战争罪犯一项删去‘首要与次要’字样；把原来‘南京政府和所属部队置于人民革命军事委员会指挥统辖之下’一句也改变了，所以代表团一致的意见，认为尽管条件过高些，如果能了解‘战败求和’‘天下为公’的道理，不囿于一派一系的私利，以国家元气、人民生命财产为重，那么，就只有毅然接受；以诚心承认错误，以勇气接受失败，则对国家，对人民，对国民党保全者实多，总比顽固到底、失败到底的好。大家表示只有接受这个《国内和平协定》为是。并决定在十六日派黄绍竑代表和屈武顾问带了文件回南京去，劝告李、何接受。”

果然，黄绍竑、屈武带着《国内和平协定》到南京后，李宗仁立即召集白崇禧、夏威等商议，白崇禧一看完《协定》，立刻怒气冲冲地对黄绍竑说：“为难你，像这样的条件也带得回来！”说完就站起来往外走了。

白崇禧出尔反尔，不满李宗仁向共方妥协，反而向蒋介石讨好。主张集中力量对付共产党。在中原人民解放军4月1日在平汉路花园市西周家庙地区的战斗中，缴获的白崇禧发给国民党第三兵团司令张淦的密电中讲道：“吾人今日为爱护五千年历史文化，为保证人民自由的生活方式，应在三民主义共同信仰基础下，不分畛域，不问党派，团结一致，作殊死斗争。尤当支持中枢，作有效之决策。否则人自为谋，分散力量，古今多少失败惨痛的历史教训，转瞬落到吾人头上矣！”在关键时刻，白崇禧又和蒋介石站在一起了。

黄绍竑对白崇禧此举十分不满。在白走后，黄从公事包里掏出一张古色古香的信笺，将他在飞机上填的一首词《好事近》，拿给李宗仁看，上面写道：

> 翘首睇长天，人定淡烟笼碧，待晚一弦新月，欲问几时圆得？昨宵小睡梦江南，野火烧寒食，幸有一番风送，报燕云消息。北国正花开，已是江南花落。剩有墙边红杏，客里漫愁寂寞。此时遇着这冤家，误了寻春约，但祝东君仔细，莫任多漂泊！

李宗仁看后苦笑道：“今日之下，我已经没有心情吟诗作赋了，你到底想说什么，愿闻其详。”

"据我看来，蒋先生的的确确没有什么前途可言了。我们广西人士应该清醒一些，另辟求生之道，再也不该替蒋先生效犬马之劳，否则糟不可言！我之所以说'此时遇着这冤家，误了寻春约，但祝东君仔细，莫任多漂泊！'就是这个意思。"黄绍竑说到这里叹道："广西如果在这个时候再失去机会，那昔日一番辛苦，今后全付流水，没法补偿！中共的条件虽然苛些，但不是不可接受，何况代总统已经答应以八项条件为基础了！"

李宗仁面色如土，沉吟良久，然后说道："难呀！即便这个协定签了字，没有蒋介石的认可，还是一张废纸啊！如今我这个代总统，是有其名无其实啊！"说罢，就托张群带着《协定》去溪口向蒋介石请示。果然不出所料，蒋介石一看，大为光火，拍着桌子大骂道："文白无能，丧权辱国！"他对亲信们说："可恶之极！我恨透了那批脓包！当年他们两万几千里行军，我们动员全国力量，竟不能把他们消灭干净，好，今天该让我们伤脑筋啦！"

4 月 20 日深夜，李宗仁、何应钦奉命复电张治中并各代表，拒绝接受《国内和平协定》。电文如下：

限一小时到。

政府和平商谈代表团张首席代表治中并转邵、章、李、刘诸代表钧鉴：

黄代表绍竑、屈顾问武返京备述和谈经过，并携回中共代表团所提出之《国内和平协定》全文得悉。今日国家破残如此之甚，人民痛苦如此之深，在八年惨烈抗战获得光荣胜利之后，国际地位反一落千丈，此皆由于战乱之所致。但求能彻底消弭战祸，实现真正和平，使人民获得休养机会，国家进入建设途程，吾人自应不惜一切牺牲，以促其成，庶几毋背革命之初志；上可以对中华民族之列祖列宗，下可以交代后世子孙。政府方面，自蒋总统之元旦文告倡导和平，以迄宗仁、应钦等主政后之一切措施，无一非遵循全国人民渴望和平之意旨，以国家人民最高利益为前提，委曲求全，忍辱负重。开诚布公，苦心谋和。蒋总统之毅然引去，与宗仁前致毛泽东先生卯阳电，即在欲牺牲一己，以成大局，耿耿此心，宜为全国同胞所共鉴。乃纵观中共所提之协定全文，其基本精神所在，不啻为征服者对被征服者之处置。

以解除兄弟阋墙之争端者，竟甚于敌国受降之形式；且复限期答复，形同最后通牒……希望中共方面确认人民利益高于一切之原则，对此项协定之基本精神与内容，重新予以考虑……兹为培祥和空气，亟盼能即日成立临时停战协定，借以表示双方谋取真正和平之决心与诚意，俾和谈得以顺利进行。特电布达，希即将上述各项意见传达中共方面，并复为盼。

李宗仁、何应钦卯号印。

历时 20 天的和谈，至此宣告完全破裂。和谈破裂后，张治中在 4 月 22 日向南京和中共方面表示，定在 24 日回南京“复命”。他天真地认为，代表团是为和谈而来的，和谈既已破裂，理应回去复命。周恩来知道后，当天就到六国饭店去看望张治中。他向张治中表示恳切的挽留。他说：“代表团不管回到上海或者广州，国民党的特务是会不利于你们的。”他情词恳挚地对张治中说：“西安事变时，我们已经对不起一个姓张的朋友，今天再不能对不起你了。”在周恩来深情而坚决的劝阻下，张治中和南京代表团其他代表终于留了下来。

这以后，周恩来的确履行了诺言，不能对不起这位姓张的朋友。

过了两天，周恩来兴冲冲来到张治中的住处，对他说：“文白兄，我们一起去接一个客人吧！”张治中好久都没反应过来：“什么客人？我认识吗？”“是你最熟悉的，到时你就知道了。”周恩来和张治中坐汽车直奔西郊机场。等了片刻，一架飞机徐徐降落在停机坪上，从机上下来的是几个中年妇女和几个孩子。张治中一看，又惊又喜，原来是张治中的妻子和孩子等家人共八口。几个孩子一下飞机就扑到他的怀里哭起来了。张治中揉揉发红的眼睛，深情地对周恩来说：“恩来先生，你真会留客啊！”周恩来把张治中一家安排在北平饭店一楼住下，他和毛泽东还有邓颖超常来看望，问长问短。一天，周恩来和毛泽东请张治中一家人吃饭，他们说：“在重庆，你们对我们招待得那么好，现在我们条件很有限，只能让你们受点委屈了。”张治中听到这亲切的话语，如暖流涌进心房，一时言语也哽噎了。

张治中把国共两党之争，一直当作兄弟之争，他称国民党的失败，是做大哥的没把家当好，让给弟弟当是情理之中的事，反正便宜不外流。

周恩来极不赞成张治中的看法。他说：“我们与国民党的斗争不是兄弟之争，而是革命与反革命之争！孙中山对清那拉氏的斗争就不是兄弟之争；对袁世凯的讨伐，对曹锟、吴佩孚的声讨也不是兄弟之争，都是革命与反革命之争！”

周恩来与张治中之间，虽然是亲密的朋友，但在原则问题上是不留任何情面的。他们多次代表各自一方参与谈判，在谈判桌上，常常唇枪舌剑，如同仇敌，势不两立，但从谈判桌下来却又谈笑风生，亲密无间。正是这种坦荡的胸怀，纯真的情感，使他们保持了几十年的深厚友谊。

41 筹备新政协

筹备新政协，周恩来周密安排。对未来政府人员配备，毛泽东透露：“恩来是一定要参加的，其性质是内阁总理。”周恩来还亲自主持起草了《中国人民政治协商会议共同纲领》。

开辟迎接民主人士的通道

和谈破裂以后，周恩来把主要精力投入到另一件大事的筹备中，1949年6月，他把自己关在中南海勤政殿内，整整一个星期，为即将召开的中国人民政治协商会议起草《共同纲领》。这是一个带有宪法性质的文件。

其实，筹备新政协的工作，早在1948年就开始了。

正当全国形势发生巨大变化，人民解放军在各个战场取得节节胜利的时候，1948年春天，中共中央开始着手考虑筹备新的政治协商会议的事宜。这一工作，是由周恩来具体操办的。

1948年5月1日，中共中央在五一节发布的口号中，号召全国劳动人民团结起来，联合全国知识分子、自由资产阶级、各民主党派、社会贤达和其他爱国分子，巩固和扩大反对帝国主义、反对封建主义、反对官僚资本主义的统一战线，为打倒蒋介石、建立新中国而奋斗。同时号召各民主党派、各人民团体及社会贤达迅速召开新的政治协商会议，成立民主联合政府。党中央的号召，立即得到各方面热烈的响应和赞成。

由于此前国民党反动当局宣布民盟为非法组织，加紧了对其的迫害，许多民主人士已先后脱离国民党统治区。这时在香港的民主党派负责人有李济深、何香凝、沈钧儒、章伯钧、马叙伦、王绍鏊、陈其尤、彭泽民、李章达、蔡廷锴、谭平山以及郭沫若等。他们在5月5日联名致电毛泽东主席，热烈响应中共中央的号召，认为这是“适合人民时势之要求，尤符同人等之本旨”。他们还同时发表通电，号召国内外暨海外侨胞，“共同策进，完成大业”。

8月初，毛泽东主席复电给在港的民主人士，对他们赞同召开新的政治协商会议并热心促其实现，表示钦佩。复电希望民主人士对召集会议的时机、地点、召集人、参加的范围和讨论的问题等提出意见，共同商讨。从这时开始，筹备召开新的政治协商会议，就成为我党一项重大的政治任务。

对于如何把在香港的民主人士安全地接到解放区，筹备召开新政协，周恩来曾经设想开辟经欧洲到苏联再转赴哈尔滨的路线，但未能打通。1948年初秋，曾告潘汉年设法与港方交涉。潘找了民主党派驻港代表萨空了商谈，要萨先与港方接洽，说民主党派有几位负责人要经欧洲进解放区。于是萨空了找了香港大学校长施乐斯（D. T. Sioss），他是香港当局指定与中共及民主党派的联系人。萨对施乐斯说，民主党派主要负责人李济深、沈钧儒要从香港去伦敦经苏联到东北解放区去。施表示你们两个领袖要走，这是要请示的，说要报告香港总督。过了一些时间，施回答说：港督表示这件事他也做不了主，要请示伦敦，需要有一个较长的时间才能答复。由于他们的答复旷日持久，而且可能是敷衍搪塞，因此，周恩来决定不走这条路线，而利用大连到香港的这条航道，来完成这项重要而机密的任务。之后施乐斯在当年12月才转来伦敦的意见，说不发护照，但可给一个证明身份的文件，离开伦敦时还可以给予保护。其实这时，我方早已开始了接送工作，沈钧儒等也早已到了解放区。

8月初钱之光接到周恩来的电示，要他尽快去香港。钱向刚到大连不久的刘昂交接工作后即由大连出发，经平壤会见了我党驻朝鲜办事处的负责人朱理治，并同苏联办事机构办理了租船手续，然后在罗津乘坐租用的苏轮“波尔塔瓦”号启程赴港。根据周恩来的指示，钱之光用的是解放区救济总会特派员的名义，以便在香港公开活动。与钱同行的有祝华、徐德明和翻译陈兴华等人，到达香港后，钱之光即与香港分局的方方、潘汉年等取得联系。这时他们也接到了中央关于接送民主人士北上参加新政协会议的指示，大家一起商讨，并作了分工。

周恩来决定利用大连与香港之间的海上通道，但考虑到香港的情况复杂，同时海上航行由于国民党海军的活动，特别是要经过台湾海峡，也很有风险，所以一再指示对民主人士的接送要绝对保密，保证安全。这时在港的民主人士很多。根据周恩来指示的精神，钱之光与方方、潘汉年等经过仔细研究，为了不引人注目，决定分批秘密接送，由同民主人士保持联系的党组织如香港分局、香港工委还有其他方面的同志分别联络，每一批安排哪些人走，什么时候开船，要根据民主人士准备的情况、货物装运、香港的政治气候以及联系工作情况等因素来决定。为保证旅途安全，商定每次都有负责的同志陪同，并派出熟悉旅途情况的同志随船护送。在“华润公司”工作的杨琳、袁超俊、刘恕和在“中华贸易总公司”工作的祝华、王华生、徐德明等，都参加了这方面的工作。

根据当时条件和联络情况，8 月下旬首批安排护送沈钧儒、谭平山、蔡廷锴、章伯钧等民主人士和其他同志共十几人北上，由章汉夫陪同，祝华、徐德明护送。由于这一批中有知名度很高的重要人物，所以为了严格保密，特别是要防止香港密探的跟踪，对于上船前要经过的路线、从哪条路走、什么人去接、遇到情况如何应付，都作了周密的考虑和安排。在准备工作完成以后，钱之光立即向中央作了报告，周恩来同意了行动计划，并强调指出，这是第一批，出发后有什么情况要随时报告。沈钧儒一行离港启程后，刘昂在大连与香港始终保持密切联系，船行 8 天，当刘昂知道轮船已顺利到达罗津后，立即电告香港。这一批民主人士的到达，中央派李富春专程迎接并护送他们转往哈尔滨。

在第一批民主人士安全到达后，由刘昂在大连租了苏联货轮，装上解放区出口的物资和一些黄金到达香港。当时主要任务虽是接送民主人士，但仍需以经济工作作为掩护。10 月中旬，大连出发的这条船到香港时，因与另一艘船相撞，需要检修，一时不能使用，而香港方面已经安排了第二批民主人士北上的行期，因此只有另外租用挪威的船只运送。这次北上的民主人士有郭沫若、马叙伦、许广平母子、陈其尤、沙千里、翦伯赞、宦乡、曹孟君、韩炼成、冯裕芳等知名人士，由连贯陪同，胡绳同行，王华生随船护送。这艘船行驶到大连与丹东之间的大东沟后，因大连当时是苏联军港，普通船只不让靠岸，不得不在大东沟抛锚，改乘小船登岸。这一批党内人士较多。郭老等民主人士由东北局前来迎接的负责同志陪同转赴哈尔滨，多数党内同志都接来大连。接到周恩来的电示后，再秘密进入解放区。

第三批北上的民主人士最多，加上中共党内的人士有 30 多人。这一批北上的有李济深、茅盾夫妇、朱蕴山、章乃器、彭泽民、邓初民、洪深、施复亮、梅龚彬、孙起孟、吴茂荪、李民欣等著名人士。李济深先生当时是很有影响的人物，不仅中共与他有密切联系，美国方面和香港当局也同他接触频繁，国民党有些政治势力还想竭力争取他。如白崇禧就曾派一桂系大员携其亲笔信赶到香港，邀他到武汉“主持大计”，实际想拉拢他，打他的旗号同我们“划江而治”。对此，中共中央十分关心，周恩来频繁来电，指示大连方面要更加具体周密。

因为第二批北上的船只未能在大连登岸，这一次周恩来特地事先打电报给在大连的冯铉（冯当时负责情报工作）和刘昂，指示说：这一批民主人士北上，要与苏联驻大连的有关部门交涉。租用他们的轮船，一定要在大连港靠岸；要安排最好的旅馆，民主党派负责人要住单间，确保安全；要举行欢迎宴会（并具体指定了座位座次）；还指示说北方天气寒冷，要为他们准备好皮大衣、皮帽子、皮鞋等御寒衣物。并请大连市委协助做好接待工作。

周恩来在给大连电示的同时，也给香港钱之光处发了电报，指示说已经走了两批人员，很可能引起外界注意，这次行动要更加谨慎。钱之光等按照指示，经过仔细研究，确定把第三批民主人士离港的时间，安排在圣诞节第二天的深夜。因为人们都在欢度圣诞节，注意力分散，这是行动的有利时机。由于有过去两次秘密护送的经验，这一次更加慎重。民主人士离港时，有的是从家中转到朋友家以后再上船，有的则先在旅馆开个房间，停留一些时候再离开，他们都不随身携带衣物，因此一点看不出有要出门的迹象。

李济深等一行于 12 月 26 日登船离港，由李嘉仁陪同，龚饮冰、卢绪章等随行，徐德明随船护送。到 1949 年 1 月 7 日上午才到达大连。中共中央派李富春、张闻天专程从哈尔滨到大连迎接。当时参加完国际工运会议回到哈尔滨的朱学范也赶到大连来迎接。迎接的还有大连市委的欧阳钦、韩光、李一氓等。这一批民主人士下榻在大连最高级的大和旅馆（后改为大连宾馆）。当天中午，在关东酒楼以丰盛的宴席举行了欢迎会。

按周恩来的指示，我方事先设法买了御寒的皮货，他们一到，负责接待的同志就送去獭皮帽、皮鞋、貉绒大衣。他们收到这些物品，十分感动，有的人要付款。刘昂等人解释说："解放区实行供给制，衣帽鞋都是送的，这是周恩来指示我们办的。"他们连声说："恩来先生想得真周到，吃穿住行都给我们安排得这样好，真是太感谢了。"这批民主人士在大连逗留期间，游览了市区，参观了工厂，然后乘专列经沈阳前往哈尔滨。龚饮冰、卢绪章等在大连又住了一段时间，经周恩来电示，他们乘火车去天津、石家庄。卢绪章以后到上海参加接管。

第四批民主人士是 1949 年 3 月 14 日从香港出发的。这时北平、天津已经解放。这一批北上的有黄炎培先生夫妇、盛丕华先生和他的儿子盛康年，还有姚维钧、俞澄寰先生等。他们由刘昶护送在天津登岸，3 月 25 日到达北平。董必武、李维汉、齐燕铭等前往迎接。

新政协的筹备会议原定在哈尔滨召开，由于形势发展之快超出人们的预料，1949 年 6 月，就改在北平召开筹备会。

在全国胜利前夕，把大批的民主人士接回解放区筹备新政协，这一行动，为 1949 年 9 月中国人民政治协商会议的胜利召开，打下了重要的基础。

七届二中全会的使命

正当民主人士陆续抵达解放区的时候，中共中央的一次极为重要的会议，也在加紧筹备中。

1949 年 1 月 8 日，中共中央在西柏坡召开的政治局会议上，曾把一项重要的决定写入毛泽东起草的党内指示《目前形势和党在 1949 年的任务》中：

> 北平解放后，必须召集第七届第二次全体会议。这个会议的任务是：一、分析目前形势和规定党的任务；二、通过准备提交政治协商会议的共同纲领的草案；三、通过组成中央政府的主要成分的草案；四、批准军事计划；五、决定经济建设方针；六、决定外交政策；七、其他事项。

1 月的政治局会议，实际是七届二中全会的预备会。2 月 11 日中共中央发出通知，要求各地中央委员、候补中央委员“一切工作须于 2 月 25 日布置完毕，除因工作不能到会者外，一切到会同志均须于 2 月 28 日到达中央”。2 月底，参加会议的同志陆续到达了西柏坡。

周恩来为筹备这次会议做了大量工作，除了准备有关的材料外，连警卫工作他都仔细过问。当时华北的战争还没有完全结束，西柏坡百里之外便有国民党的残余部队，为了保证会议绝对安全，周恩来找到负责大会警卫工作的方志纯，要他汇报准备情况，并详细询问警卫力量的分布，警卫点的设置，出现情况的处理方案，等等。他问：“如果出现最坏情况，你们能阻击多久？”方志纯回答：“中央需要我们阻击多久，我们便坚持多久！”周恩来看着他们，略带批评的口气说：“光有决心不够，要有切实的措施和精确的计算。”他考虑得非常周密，不仅想

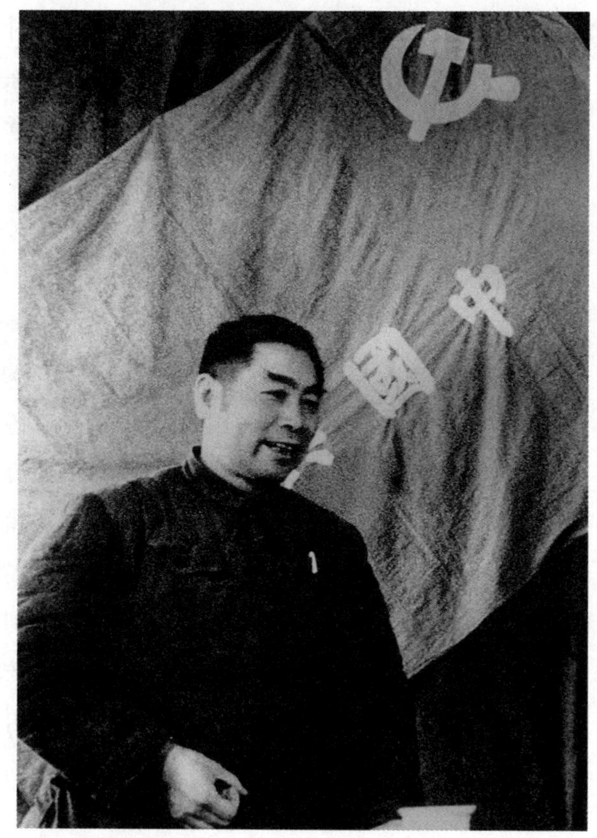

1949年3月，中共中央在西柏坡召开七届二中全会。这是周恩来在会上作报告

到敌人从地上来，而且想到如果来了空降部队，怎么办。因为中共中央在西柏坡，对敌人已经不是秘密了。周恩来对方志纯等负责警卫工作的人员说，“这次警卫工作很重要”，因此，“第一，要绝对安全；第二，要依靠群众；第三，要保密，但不要神秘”。并且帮助他们进行了周密的部署。周恩来还从前方调来了几门高射炮，布置在西柏坡四面山坡上。

1949年3月5日下午3时半，具有伟大历史意义的中共七届二中全会开幕。会场设在西柏坡中央机关会堂里。会场正面，挂有毛泽东、朱德画像，两边是以镰刀斧头为标志，写有“中国共产党”字样的红旗。毛泽东主持会议，宣布开幕。接着周恩来报告会议日程、到会人数等事项。到会的中共中央委员共计34人，他们是：毛泽东、朱德、刘少奇、周恩来、任弼时、林伯渠、林彪、董必武、李富春、饶漱石、李立三、康生、张云逸、贺龙、陈毅、张闻天、蔡畅、邓小平、陆定一、曾山、聂荣臻、彭德怀、邓子恢、吴玉章、林枫、滕代远、张鼎丞、李先念、徐特立、谭震林、陈绍禹（王明）、廖承志、王稼祥、陈伯达。中委中有10人因工作离不开岗位不能到会。候补中委19人：王首道、邓颖超、陈少敏、谭政、程子华、王震、张际春、云泽（乌兰夫）、赵振声（李葆华）、王维舟、万毅、古大存、马明方、吕正操、罗瑞卿、刘子久、王从吾、习仲勋、刘澜涛。候补中委也有9人未到会。列席人员11人：李井泉、杨尚昆、安子文、胡乔木、李维汉、高文华、陈刚、刘少文、李涛、傅钟、杨立三。廖承志、王稼祥、陈伯达、黄克诚是这次全会通过由候补委员递补为中央委员的。

开幕当天，毛泽东作了《在中国共产党第七届中央委员会第二次全体会议上的报告》。这个报告具有划时代的重要意义。“提出了保证革命迅速取得全国胜利和组织这个胜利的各项方针；说明了在全国胜利的局面下，党的工作重心必须由乡村移到城市；规定了党在全国胜利以后，在政治、经济、外交方面应采取的基本政策，以及使中国由农业国转变为工业国、由新民主主义社会转变为社会主义社会的总的任务和主要途径。”会议还及时地向全党提出了要警惕资产阶级的“糖衣炮弹”，加强党的思想建设等问题。

就是在这次全会上，毛泽东清醒地指出，夺取全国胜利，这只是万里长征走完了第一步。革命以后的路程更长，工作更伟大，更艰苦。他向党内同志明确提出：

“务必使同志们继续地保持谦虚、谨慎、不骄、不躁的作风，务必使同志们继续保持艰苦奋斗的作风。我们有批评和自我批评这个马克思列宁主义的武器。我们能够去掉不良作风，保持优良作风。我们能够学会我们原来不懂的东西。我们不但善于破坏一个旧世界，我们还将善于建设一个新世界。”

也是在这次全会上，批准了发起召开没有反动分子参加的新的政治协商会议的意见。

在会议的最后一天，即3月13日，周恩来在会上发言。他说：三年多来，党中央在毛主席的领导下，大家非常团结，取得了很大成绩。我们党的发展，不是突然而来的，而是在斗争中发展的。我们党内过去有错误，但我们有自我批评的精神。在他强调在工作中，原则性和灵活性要结合，离开原则会出乱子；原则性太强，则会变得生硬、急躁。周恩来的这一主张，他自己确是身体力行的，在各项工作中都表现出原则性与灵活性的有机结合。

当时革命的胜利可以说是稳操胜券的。以往的革命战争年代，我们既有中央的统一领导，也存在着各个地区因地制宜分散独立领导的情况，现在存在着分散与统一的问题。针对这种情况，周恩来说：现在我们正处于从根本上打倒国民党走向完全打倒国民党的过渡时期，正在由分散到统一。这不是几个月而是要几年才能走完的。过渡时期是特点，我们要抓住这一特点。不然会犯错误。由于地区的不平衡，因而又产生了区域性的问题，分权的问题。中国不是联邦，但是是带区域性的。这么大的中国，如果过分强调集中，会办不好事。所以组织形式上不能一下子都集权，一定要授权地方，才能发挥积极性，但中央必须成为掌握政策的司令部。根据过渡时期的特点，统一的方针是：在分区经营的基础之上，有步骤有重点地走向统一。

在谈到战争和生产的关系时，周恩来说：现在是前方打仗前进，后方搞生产。后方生产，第一是要恢复，支援前方，争取全国胜利。今天还不是转入建设。现在 110 万野战军南下，加上民夫超过 300 万，后方一定要指定地区支援前线，以华北的大部支援西北野战军，以东北与中原支持东北野战军，以华东与华北加上一点东北支援华东野战军。中央的做法是，抓住华北，依靠东北，支援前方。这样中央也坐稳了。他还对金融、交通、工业、城市接收、兵工生产等各方面都提出了系统的意见。他的重要发言，为统一与分散问题，战争与生产及支前问题，进城以后经济等方面的某些方针政策问题，作了深刻的阐述。

会议最后由毛泽东作总结。在谈到新中国中央人民政府的主要人员配备时，毛泽东说：现在尚不能确定，还需要同民主人士商量，但“恩来是一定要参加的，其性质是内阁总理”。许多曾在周恩来直接领导下工作的同志，听到这个消息后，都一致认为，周恩来确是担任总理的最合适的人选。他有博大精深的学识，在政治、军事、经济、文化、外交、统战等多方面有丰富经验，在国内外有崇高威望，这一重要职务确是非他莫属了。

3 月 23 日，七届二中全会的新闻公报由新华社向全国发表，就在这一天，毛泽东、朱德、刘少奇、周恩来、任弼时率领中央机关及人民解放军总部人员乘汽车离开西柏坡。开车前，毛泽东对机关干部和警卫部队讲话，他说：我们就要进北京了，可不是李自成进北京。他们进北京就腐化了。我们共产党进北京，是要继续干革命，建设社会主义，一直到实现共产主义。这天，毛泽东和周恩来心情都非常舒畅，谈起笑话来。周恩来对毛泽东说："多休息一会儿好，乘长途汽车也是很累的。"毛泽东说："今天是进京的日子，不睡觉也高兴啊。今天是进京'赶考'嘛。进京'赶考'去，精神不好怎么行呀？"周恩来笑着说："我们应当都能考试及格，不要退回来。"毛泽东说："退回来就失败了。我们决不当李自成，我们都希望考个好成绩。"

汽车离开西柏坡，沿着山间公路向东北方向驰去。这个车队共有 11 辆小汽车和 10 辆 10 轮大卡车，卡车里坐的是警卫战士和少数机关工作人员。当晚住宿在唐县附近的淑闾村，24 日到涿县（今河北省涿州市），从涿县火车站乘上专列向北平进发，25 日上午，到达北平清华园车站，受到林彪、罗荣桓、聂荣臻、叶剑英等党政领导和从香港、上海来的民主党派、无党派人士李济深、沈钧儒、黄炎培、郭沫若、柳亚子等人的热烈欢迎。当天下午，在西苑机场举行了隆重的阅兵仪式，毛泽东、朱德、刘少奇、周恩来、任弼时等中央领导人检阅了威武雄壮的人民解放军。

同时，毛泽东、朱德、刘少奇、周恩来还接见了北平市的工人、农民、青年、妇女各界代表和 160 多位民主党派领导人、无党派民主人士，他们热烈地同张澜、沈钧儒、郭沫若、李济深、黄炎培、马叙伦、陈叔通等一一握手，互致问候，叙谈了半个多小时。时间已晚，周恩来看了看手表说："朋友们，先生们，谢谢大家来到这里欢迎毛主席、党中央和人民解放军进驻北平。天快黑了，诸位先生早些回去休息吧，以后有机会再谈，以后见面的机会多得很。"

检阅仪式结束后，毛泽东、朱德、刘少奇、周恩来、任弼时等驱车前往香山。这是中共中央和中央军委转移到北平时的最早居住和办公的地方。周恩来在这里住了好几个月，直到新中国宣告成立，才把家全部搬进中南海西花厅。

主持起草《共同纲领》

由周恩来自 1949 年 6 月主持起草、9 月通过的《中国人民政治协商会议共同纲领》（简称《共同纲领》），是中国历史上一份非常重要的历史文献。它解决了怎样建立一个新国家和建立一个什么样的新国家这样一个极其重大的问题，正如刘少奇当年所评价的："是总结了中国人民在近一百多年来特别是最近二十多年来反对帝国主义、封建主义和官僚资本主义的革命斗争的经验，而制定出来的一部人民革命建国纲领。”在新中国第一部宪法诞生前，它实际上起到了临时宪法的作用。

《共同纲领》是中国共产党在领导筹建新中国的过程中逐步形成和完善的，从开始起草到最后通过，不知经过多少次修改，但从其名称的变化看，大致经历了三个阶段。周恩来自始至终主持纲领的起草工作，为《共同纲领》的制定付出了大量心血，作出了重要贡献。

《共同纲领》的最初酝酿和起草在1948年，名称叫《中国人民民主革命纲领草稿》。周恩来亲自指挥了一场没有硝烟的重大“战役”，其中不乏传奇性的故事。

1948年，伴随着中国人民革命解放战争战略反攻的节节胜利，新中国诞生的曙光在人们的面前也越来越明朗了。

这年的5月30日，中共中央适时地抓住了这一历史契机，在《五一劳动节口号》中响亮地提出“为着打倒蒋介石建立新中国而共同奋斗”，号召全国“各民主党派、各人民团体、各社会贤达迅速召开政治协商会议，讨论并实现召集人民代表大会，成立民主联合政府”。

这一号召得到了各民主党派、无党派民主人士和海外华侨的热烈响应。筹建新中国的序幕由此揭开。

召开新政治协商会议，成立民主联合政府的一项重要准备工作，是拟定一个民主联合政府的施政纲领，即共同纲领。中国共产党积极倡导建立的民主联合政府是一个代表中国各阶层最广大人民群众根本利益的政府，因此制定这个共同纲领需要各民主党派、各人民团体及社会贤达的积极参与和共同协商。

然而，当时大多数民主人士云集在香港、上海、南京等地，而这些地区还没有解放。因此，能否把这些民主人士动员并安全地输送到解放区来，是制定共同纲领一个不可或缺的条件，也因此成为中国共产党当时面临的一项重要任务。有着丰富统战经验和组织才能的周恩来亲自指挥了这一场没有硝烟的重大“战役”。

杨尚昆回忆说：“从1948年9月中央政治局会议后，党中央最大的工作是两件，一是打仗，一是统战，中心是打倒蒋介石，建立新中国。”“统战工作，主要是把在香港和国统区的民主人士接到解放区来。”把民主人士接到解放区来的事，“由恩来同志亲自指挥，李克农和钱之光经办，先通过地下党的关系联络，然后组织秘密交通护送，其中不乏传奇性的故事”。

实际上，在1948年7月底到8月初，周恩来就开始对接送民主人士进行周密的部署。

他先后致电上海、香港党组织和中共中央华北局，要求准备安全护送上海、香港、北平、天津的民主人士到解放区，并指示钱之光以解放区救济总署名义前往香港，会同方方、章汉夫、潘汉年、连贯、夏衍等，接送在香港的民主人士进入解放区。他在给香港分局并钱之光和上海局的刘晓、刘长胜的电报中指出，要绝对保密，保证安全，做到万无一失。

9月20日，周恩来拟定了邀请从香港、上海和长江以南前来解放区商讨召开新政协的各民主党派及无党派人士的名单，包括李济深、蔡廷锴、张澜、沈钧儒、谭平山、章伯钧、郭沫若、黄炎培、马叙伦、何香凝、史良等共77人。

同日，中共中央把这份名单电告中共中央香港分局和上海局，指出：各方人士须于今冬明春全部进入解放区“方为合适”。“北来人士拟先集中哈尔滨招待商谈；华北人士如直进解放区，则集中华北。视战事发展，明春或来华北，或即在哈市召开新政协。”

同一天，周恩来还为中共中央起草给中共中央华北局并华北城市工作委员会的电报，提出为筹备召开新政协，除在香港、上海及长江以南邀请各民主党派、人民团体的代表人物外，拟在北平、天津邀请张东荪、李烛尘、许德珩、张奚若、符定一、李锡九等24人，并要求对这24人名单提出意见。

从1948年9月到1949年3月，在周恩来的周密安排下，上海、北平、天津、香港等地的民主人士经秘密交通陆续被接送到西柏坡或哈尔滨。仅从香港就接送了4批民主人士安全到达解放区。

钱之光后来回忆说:“第三批进解放区的民主人士最多,加上我们党内的同志，共有30多人。国民党革命委员会主席李济深先生，就是在这一批北上的。对此，党中央极为关心，周恩来同志的电示，更加具体、周密。他事前给在大连的冯铉、刘昂同志的电报说：这一批民主人士北上，要与苏联驻大连的有关部门交涉，租用他们的轮船，而且这次一定要在大连港靠岸；到达后，要安排在大连最好的旅馆，民主党派领导人要住单间，确保安全；要举行欢迎宴会，并请大连市委协助做好接待工作。就连宴会的席位、座次，都有明确指示。还说，北方天气寒冷，要为他们准备好皮大衣、皮帽子、皮靴等。”

9月底，从香港来的第一批民主人士沈钧儒、谭平山、蔡廷锴、章伯钧等到达哈尔滨。

10月6日，周恩来以中共中央名义电告高岗并东北局：新政协须通过共同纲领，并指示他们向到哈尔滨的民主人士征询对共同纲领的主要内容有何意见。

这份文电，也是目前发现的正式使用“共同纲领”一词较早的文献。

与此同时，周恩来与到达西柏坡的民主人士符定一、胡愈之、吴晗、周建人等广泛协商，拟定了《关于召开新的政治协商会议诸问题（草案）》。这一草案经毛泽东审阅修改，其中第四条为：“新的政治协议应讨论的事项问题。新政协所应讨论和实现的有两项重要问题，一为共同纲领商会问题；一为如何建立中华人民民主共和国临时中央政府问题。关于共同纲领，提议由新政协筹备会起草。目前可交换有关纲领的各方意见。中共中央已在准备一个草案。”

10月8日，周恩来将《关于召开新的政治协商会议诸问题（草案）》电告高岗、李富春并东北局，要他们将这一“书面文件”转交给在哈尔滨的民主人士，“告以这是中共中央委托你们与他们商谈的书面意见，正式征求他们的意见”，请他们“过细加以斟酌，以其结果电告”。

高岗、李富春与已到哈尔滨的6位民主人士当面商谈。这几位民主人士“表示完全同意，并很满意”。但他们鉴于许多民主党派人士还在香港，要求中共将这一草案“送给在（香）港各有关党派、团体负责人阅看，并征求他们意见”。

10月30日，中共中央将这份草案电告中共中央香港分局和上海局，指示他们“即抄送民革李济深、何香凝，民盟周新民，民促马叙伦，致公党陈其尤，救国会李章达、沈志远，第三党彭泽民，民主建国会章乃器、孙起孟及无党派郭沫若等11人，并由潘汉年、连贯分访他们或邀他们一起聚谈，征询他们意见”。从反馈回来的信息看，周恩来拟定的这份草案，基本得到了各民主党派的认可。

11月25日，高岗、李富春代表中共中央与在哈尔滨的民主人士达成了《关于召开新的政治协商会议诸问题》的协议。

为了与各民主党派交换意见有一个可供讨论的文本，中共中央至少在1948年10月上旬就开始起草共同纲领草案。这从上文周恩来所说的“中共中央已在准备一个草案”可以看出。这一起草工作在周恩来的主持下，由中共中央统战部部长李维汉具体负责。

到10月27日，写出了第一稿，名为《中国人民民主革命纲领草稿》。周恩来将这一草稿分送刘少奇、朱德、陆定一、胡乔木、齐燕铭、李维汉等人审阅。这一稿分总则、政治军事、土地改革、经济财政、文化教育、社会政策、少数民族、华侨、外交等十部分，共46条，外加一个简短的序言。

按照原来中共中央发表“五一口号”时的设想，是由政治协商会议讨论并实现召集人民代表大会，成立民主联合政府。同年11月3日，周恩来在为中央起草的给高岗、李富春的电报中说：“依据目前形势的发展，临时中央人民政府有很大可能不需经全国临时人民代表会议即径由新政协会议产生。”

这样一种变化及时地反映到共同纲领的起草中。到11月，《中国人民民主革命纲领草稿》又形成了第二稿。第二稿不仅在结构上较第一稿有变化，而且对成立中华人民民主共和国临时中央政府的程序也有新的规定。在结构上，它分为人民解放战争的历史任务、建立人民民主共和国的基本纲领、战时具体纲领三大部分。在建立临时中央政府的程序上，它明确规定：由新政协直接选举临时中央政府。周恩来在修改第二稿时，写得更明确，把第三十二条“由新的政治协商会议选举中央临时政府”改为“由新的政治协商会议选举中华人民民主共和国临时人民政府主席、副主席及人民政府委员，组成人民政府委员会，对内主持国家大计”。同时在第三十三条中加了一句：“临时人民政府应任命国务院总理、副总理及各部总长、各委员会主任、国务院秘书长及若干不管部国务员组成国务院，处理国家事务。”

《中国人民民主革命纲领草稿》对即将诞生的新中国的新民主主义性质以及它的国家构成、政权构成、经济构成、文化教育、外交政策作出了相应规定，体现了中国共产党长期以来形成的新民主主义建国思想，但是，由于当时解放战争还正在激烈进行，中共中央对形势的发展也还没能预料到在1949年召开新政协时解放战争就会取得决定性的胜利，因此，纲领的重点还是放在“人民民主革命”，用周恩来后来的话说是“偏重动员各方力量”支援人民解放战争。纲领的名称也反映了这种主旨。

1949年2月，周恩来将《中国人民民主革命纲领草稿》同其他四份关于召开新政协的材料一起汇编成册，命名为《新的政治协商会议有关文件》，并批示：“印一百份。存。”

中共两度起草的草稿因形势的变化已不适用。有些民主人士对新民主主义心存疑虑。周恩来把自己关在中南海勤政殿，亲自执笔重新起草共同纲领。

历史迈进到1949年，随着辽沈、淮海、平津三大战役和渡江战役的胜利结束，中国人民解放战争已取得决定性的胜利。

国民党军队土崩瓦解得如此迅速，人民解放战争胜利的到来如此快捷，国民党固然没料到，共产党也没料到。

显然，根据1948年对形势的预料所起草的《中国人民民主革命纲领草稿》已不能适应新的形势。共同纲领需要重新起草。

1948年11月，周恩来在给东北局的电报中说："共同纲领已在起草中，俟草好后，当不待筹备会召开，先送到哈（尔滨）各单位代表传阅并交换意见。任何单位均可提出自己的纲领草案。"

在各民主党派讨论共同纲领的过程中，产生了一些分歧，主要是要不要以"新民主主义"作为建立新中国的指导原则。

讨论中，大多数人赞成以"新民主主义"作为立国原则，但也有人主张用"革命的三民主义"或"人民民主主义"。个别人士还开出了与共产党讨价还价的"纲领"。

由于对解放区的情况和共产党的具体政策不甚了解，一些民主人士对要不要将革命进行到底、革命胜利后共产党还要不要民主党派等问题也提出了疑问。

为了解除民主人士的疑虑，使他们进一步把思想统一到新民主主义的立场上来，保证共同纲领制定的顺利进行，周恩来对民主人士做了大量深入细致的思想工作。

首先，从政策上，教育各级干部正确对待民主党派和民主人士。周恩来认为：必须让民主党派在实际的事实面前认识我党的政策和主张。他在亲笔起草的以中央名义发出的《关于民主党派问题的指示》中指出："宣传只能起原则启示和一般的推动作用，最主要的还靠群众自己的切身经验来证明。如果空谈某某为君主立宪派"，而不去争取民主党派"走向进步"，"那么，群众的觉悟不但不会提高，甚至还会反对我们，以为是无的放矢。可以说，这种宣传有不如无"。对"这些民主党派，人民政治团体，应取积极态度，但不要一下子希望过高，期之过急"。

1949 年 8 月，周恩来、毛泽东、张治中在北平火车站迎候宋庆龄

2 月 17 日，中共中央发出《关于如何对待民主党派人士的指示》，强调：我地方党领导机关对各民主党派地方组织和民主人士应"以坦白诚恳的态度，向他们解释我党的政策和主张，与之协商一切重大问题，以争取他们同我党一道前进"。

其次，是安排民主人士赴解放区参观，让他们亲身感受党的新民主主义的政治、经济、文化政策。1949 年 4 月，中央统战部遵照周恩来的指示，组织了吴羹梅等各界民主人士 59 人的民主东北参观团赴东北参观。参观团以四十多天的时间，走遍了东北所有重要城市和若干农村。他们参观后的感想是："使我们感到最重要的是，向来被人看作一盘散沙的中国人民，在中国共产党和毛主席领导之下，经历了长期的斗争和锻炼，现在已经组织成并教育成钢铁一样的坚强的集体了。政府的民主集中制已经充分发挥了效能——群众有发表意见的绝大自由，而中央的政策又能贯彻到最下层去。这样坚强的集体，在中国历史上是空前的。""整个社会风气显然起了根本的变化。新生的朝气冲洗了旧社会的残渣，勤劳朴实的作风，代替了过去的奢侈颓废的病态，在这里，中共干部和党员的优良作风曾起了很大的作用。"

最后，利用个别交谈、小型座谈、报告会等各种形式，广泛与民主人士接触，介绍情况，分析形势，答问释疑，阐述党的方针政策，并对他们的思想疑虑作令人信服的解答。党内其他领导同志在这方面也做了许多工作。

经过艰苦的思想工作，到 1949 年 6 月，新政协筹备会正式开幕之前，各民主党派和无党派民主人士的绝大多数，在彻底推翻国民党的反动统治和以新民主主义为原则建立新中国这两个基本问题上，与中国共产党取得了一致。这就为共同纲领的制定创造了不可或缺的必要条件。

1949 年 6 月 15 日，由 23 个单位，134 人组成的新政治协商会议筹备会在北平成立。毛泽东担任新政协筹备会常委会主任，周恩来为副主任。筹备会下设 6 个小组，分别进行新政协的各项筹备工作。筹备会根据新的形势，决定重新起草共同纲领，由第三小组负责。周恩来亲自兼任第三小组组长，许德珩任副组长，组员包括各民主党派和无党派民主人士章伯钧、章乃器、许广平、沈志远、黄鼎臣、李烛尘、邓初民等 22 人。

筹备会推举周恩来担任第三小组组长，至少应有这样几个原因：一是共同纲领的第一次起稿《中国人民民主革命纲领草稿》就是在周恩来的主持下进行的。二是制定共同纲领这一重任的重要性程度。起草共同纲领，是筹备会各小组中最繁重的工作，也是新政协主要的一项工作。三是共同纲领的起草，最能体现出广泛的民主协商，但也需要高度的协调艺术，周恩来无疑具备这样的才能和资质。

6 月 18 日，周恩来主持召开第三小组成立会议。会上，周恩来有一说明。他说：我们小组负责起草共同纲领，任务繁重。这个共同纲领决定联合政府的产生，也是各党派各团体合作的基础。去年在哈尔滨的各党派代表曾委托中共方面拟定一个草案，我们也曾两度起草。可是去年工作重心在动员一切力量参加和支援解放战争，现在重点却在建设新民主主义中国及肃清反动残余。这是长期性的工作。因此，中共方面第二次的草稿也已不适用。我们的共同纲领是带长期性的，其重要性是不待言的。会议决定，“委托中共方面负责草拟最初稿”。小组成员分工则按照“自由认定”原则分为政治法律、财政经济、国防外交、文化教育、其他（包括华侨、少数民族、群众团体、宗教等）五个分组进行讨论，提出意见报组长和副组长。

这一次，作为第三小组组长的周恩来，亲自承担了草拟共同纲领初稿的重任。

首先是确定起草的指导方针。对此，周恩来在 6 月 22 日新政协党组会上说得很明确："过去偏重在动员各方力量，现在重点在肃清反动势力，着重建设方面。方针是一个，拥护新民主主义，反帝反封，反官僚资本，推翻国民党，建设新中国。此为各方同意的。"

如果说，起草《中国人民民主革命纲领草稿》时的指导方针是重在革命，那么这次重新起草共同纲领的指导方针就是重在建设新中国。

事非经过不知难。当时筹备新中国事情千头万绪，解放战争尚未结束，作为中央军委副主席的周恩来还要协助毛泽东处理战事，要静下心来亲自起草共同纲领，实非易事。

据周恩来身边的工作人员回忆，为起草共同纲领，周恩来在 6 月下旬曾把自己关在中南海勤政殿一个星期。

从目前发现的手稿来看，周恩来从最初的提纲，到给毛泽东的送审稿，其间至少八易其稿。纲领标题最早拟为《新民主主义纲领》，后来改为《新民主主义的共同纲领》。目前发现的几个手稿都未标明时间。从最后送毛泽东审阅稿的日期来推断，周恩来集中起草纲领的时间似不会在 6 月下旬，而可能在 7 月下旬或 8 月上中旬。因为在给毛泽东的送审稿之前的四个稿子是连贯的，似乎是一气呵成。通常是周恩来写几段，秘书帮助抄正，然后周恩来再修改，修改后接着再写。

8 月 22 日，周恩来将《新民主主义的共同纲领》（草案初稿）送毛泽东审阅，并附信说明："主席，只印了 50 份，各人尚都未送。待你审阅后看可否能做修改的基础，然后再决定需否送政治局及有关各同志审阅。"

《新民主主义的共同纲领》（草案初稿）共一万二千三百多字，在结构上除前面一个简短的序言外，分一般纲领和具体纲领两大部分。具体纲领部分，又分"解放全中国""政治法律""财政经济""文化教育""国防""外交侨务"六个方面，共列 45 条。与上文所述《中国人民民主革命纲领草稿》相比较，增添了不少新的内容。

毛泽东仔细地阅读了这份共同纲领草案，并对其中的一些段落作了修改。从修改量来看，毛泽东对这个草案还是比较满意的。它构成了此后不久正式通过的《中国人民政治协商会议共同纲领》（草案）的重要基础。笔者仔细地核对过，后来正式通过的《中国人民政治协商会议共同纲领》共 60 条，其中 44 条与《新民主主义的共同纲领》中的思想有联系，有的表述一模一样，有的表述比以前更全面、更丰富、更具体。

广泛的民主协商换来了集合全国人民伟大智慧的伟大杰作。章乃器说：这才是真正的民主。《中国人民政治协商会议共同纲领》获得一致通过。

1949 年 9 月，共同纲领的起草工作随着新政协开幕的临近也进入了最后的修改、定稿阶段。也是从 9 月初起，共同纲领的名称也因新政协名称的变化而改为《中国人民政治协商会议共同纲领》。

“政治协商会议”是周恩来在重庆和国民党谈判时，由王世杰提出来的。后来中国共产党沿用了这一名称，加了一个“新”字，以区别于旧的政治协商会议。

对新政协名称的改变，周恩来有过一个说明。他说：原来是叫作“新政治协商会议”，后来经过起草新政治协商会议组织法小组的讨论，总觉得在“新政协”与“旧政协”两个名称的分别上不够明确，也不太真实。后来发现在今天我们的一切组织和规章的名称中都有“人民”二字，而这个产生组织规章的机构，为什么不可以叫“人民”呢？于是便修改了。又因为“中华人民共和国全国人民政治协商会议”也显得太长了一些，后来便把它简化了，定为“中国人民政治协商会议”。这是筹备会常务委员会决定的。

从目前发现的文献看，在 8 月 22 日给毛泽东审阅的《新民主主义的共同纲领》的前一稿，周恩来就已把“新政治协商会议”改为“中国人民政治协商会议”。这也是目前发现的最早使用“中国人民政治协商会议”名称的文献。但这一名称的正式提议并被采纳，是在 8 月 26 日、27 日举行的新政协筹备会第四次常委会上。在这次会上讨论政协组织法时，周恩来提议：在人民民主国家中需要统一战线，即使在社会主义时期，仍然要有与党外人士合作的统一战线。如果要形成固定的统一战线组织，名称也要固定，建议称为中国人民政治协商会议。

到 9 月 18 日《人民日报》报道前一天召开的政协筹备会第二次全体会议消息时，正式向外界公布：“即将召开的新的政治协商会议已经由该会议筹备会改名为中国人民政治协商会议，简称中国人民政协。”

相对于《新民主主义的共同纲领》，《中国人民政治协商会议共同纲领》结构作了较大的变动，不再分一般纲领和具体纲领，而是在简短的序言之后，平列“总纲”“政权机关”“军事制度”“经济政策”“文化教育政策”“民族政策”“外交政策”七章，共 60 条，共七千多字。实际上是把原来的“一般纲领”的主要内容放在“序言”和“总纲”中；在原来的“具体纲领”中去掉了“解放全中国”一节，把“民族政策”单列为一章。这样比原来更为简洁精炼。“先想分成一般纲领与具体纲领两部分去写，但那样写就太长了。后来决定将一般纲领部分放到序言中，纲领中只写具体纲领一部分。”

《中国人民政治协商会议共同纲领》是不是周恩来执笔起草的？目前还没有可靠文献以证明。从8月22日的《新民主主义的共同纲领》送审稿，到《中国人民政治协商会议共同纲领》稿本的形成，期间的过程稿还有待发掘。现在发现的《中国人民政治协商会议共同纲领》最早的一个稿本，是9月5日的一个铅印稿，周恩来在上面有较多的修改。从目前发现的几个稿本看，可以断定，在《中国人民政治协商会议共同纲领》形成阶段，周恩来同样倾注了大量心血。

首先，从9月5日至9月13日，周恩来对共同纲领草案稿至少有过3次大的细心修改。这3次修改分别是对9月5日、11日、13日铅印稿本的修改，改动达100余处。当然，这些修改不全是周恩来的意见，有些是别人的提议。

其次，共同纲领最后阶段的修改，是广泛的民主与协商。“初稿写出以后，经过七次的反复讨论和修改，计由先后到达北平的政协代表五六百人分组讨论两次，第三组本身讨论了三次，筹备会常务委员会讨论了两次，广泛地吸收了各方面的意见。”而这些讨论，大多是周恩来主持召集的。当年参加新政协的代表葛志成回忆说：“周恩来是我在筹备会上见到的最辛苦的一位领导人。他不仅担任大会临时主席，还是《共同纲领》起草小组的组长。他领导小组成员反复征求代表们的意见，对《共同纲领》再三进行修改。”

共同纲领最后阶段的修改与定稿，可谓中国历史上民主协商的典范。对此，当年的与会代表感慨万千。

九三学社代表许德珩说：“共同纲领草案是经过了筹备会多次的周详讨论的，在大会开幕以前来到北平的六百多位代表也曾经分组多次的研讨，六百多位同仁之中，可以说是很少很少没有发言的，也更少有发言不被重视的；凡是在目前紧要的，能够办得到的建议，都是被采纳的。这种民主的、实事求是的精神，是值得我们佩慰的。”

民主建国会代表章乃器说：“分组讨论和大会报告轮番地举行，保证了大家都有充分的发言权，做到了知无不言，言无不尽，做到了反复讨论，不厌求详，做到了多数起了决定作用，少数心悦诚服。这才是真正的、彻底的民主。”

周恩来在中国人民政治协商会议第一届全体会议上作关于《共同纲领》（草案）起草经过和特点的报告

即使我们今天去翻阅当年的会议记录，也很难统计清楚代表们提出的意见究竟有多少条。工人阶级、农民阶级、小资产阶级以及其他爱国民主分子，各阶层的代表们，从不同的角度看问题，不免有许多争论，表现出不同的意见。但经过详细的解释、讨论，反复协商后，大家都能取得统一，真正做到心悦诚服。

关于“人身自由”问题。在周恩来起草的《新民主主义的共同纲领》草案初稿中，写有中国人民应享有“身体”自由权。后来在《中国人民政治协商会议共同纲领》初稿中，这一项内容没有了。讨论时代表们对此提出意见，认为人身自由是最根本的自由，应在各种自由权中加上“人身”自由。周恩来对9月5日稿修改时，加上了“人身”自由一项。

关于民族区域自治问题。受苏联的影响，中国共产党在民主革命时期曾主张过建立“联邦”制。1918年初列宁起草的《被剥削劳动人民权利宣言》中宣告：“俄罗斯苏维埃共和国是建立在自由民族的自由联盟基础上的各苏维埃共和国联邦。”1922年，联合俄罗斯和其他几国的“苏维埃社会主义共和国联邦”成立。

同年，中国共产党召开第二次全国代表大会时在自己的纲领里提出“建立中华联邦共和国”。一直到1945年毛泽东的《论联合政府》、1947年10月10日的《中国人民解放军宣言》，都有这样的思想。甚至在周恩来起草的《新民主主义的共同纲领》草案初稿中，也还有这样的痕迹。代表们在讨论共同纲领时，对中国要不要实行联邦制，展开了热烈讨论。在党内长期主持民族工作的李维汉建议：在统一的国家内不宜搞联邦，应实行单一制的民族区域自治。李维汉的意见被采纳。在9月5日的共同纲领草案稿上，周恩来在第六章“民族政策”第51条“各少数民族聚居的地区”后，加写了“应实行民族的区域自治”一句。9月7日，周恩来在对到北平的政协代表作《关于人民政协的几个问题的报告》时，有过一番解释。他说：关于国家制度方面，还有一个问题就是我们的国家是不是多民族联邦。现在可以把起草时的想法提出来，请大家考虑。中国是多民族国家，但其特点是汉民族占人口的最大多数，各少数民族总起来还不到全国人口的百分之十。不管人数多少，各民族间是平等的。这里主要的问题在于民族政策是以自治为目标，还是超过自治范围。我们主张民族自治，但是今天帝国主义者又想分裂我们的西藏、台湾甚至新疆，在这个情况下，我们希望各民族不要听帝国主义者的挑拨。为了这一点，我们国家的名称，叫中华人民共和国，而不叫联邦。今天到会的有许多民族的代表，我们特地要向你们解释，同时也希望大家能同意这一意见。经过协商，代表们在民族区域自治这一重大问题上取得了共识。应当说，确定我们国家是一个多民族的统一的人民共和国，而不是多个民族共和国的联邦，并把它写入具有国家宪法性质的《共同纲领》，是中国共产党政治上和理论上的一个重大突破和重大前进，也是《共同纲领》这一建国大法在中国民族问题上的重大贡献和重大创造。

广泛的民主协商换来了集合全国人民伟大智慧的伟大杰作。反映了中国人民近百年来梦寐以求的愿望、代表着中国各阶层人民利益的《中国人民政治协商会议共同纲领》草案，终于在1949年9月29日的政协全体会议上获得一致通过。辛勤的劳动和汗水迎来了潮水般的掌声和欢呼。“大会通过《中国人民政治协商会议共同纲领》那天，周恩来对纲领草案专门做了说明，没等表决，他的讲话就获得了满堂的掌声。及至表决时，会场上的掌声就如雷鸣一般。它表达了全体代表的共同愿望，反映了全国人民建设祖国的共同意志。”

竭智尽虑为民生，海纳百川定国策。今天回顾这段历史，令我们感慨和记住的还有共和国那段历史的民主理念和精神。正如胡乔木在回忆那段历史时所说："召开政协和拟定纲领的过程，突出体现了共产党领导下的党派协商精神。毛泽东、周恩来等共产党领导人大智大勇，虚怀大度，既能提出完整正确的建国方案，又能虚心听取其他党派和无党派人士的意见，平等协商国家大事。其他党派和无党派人士亦能本着共同负责的精神，竭智尽虑，为国献策，大胆发表意见，敢于进行争论。这种精神，为我国政治生活留下了一种宝贵的传统。"

"中国人民从此站立起来了"

1949 年 9 月 21 日晚，在北平中南海怀仁堂里，即将举行中国历史上从未有过的历史性的盛会。怀仁堂门前，彩色气球上悬着墨绿色的飘带，门两侧，彩旗迎风招展，会场之内，玻璃灯、水银灯交相辉映，使整个会堂显得庄严瑰丽，光彩夺目。经过政协筹备委员会工作人员一个多月的努力，这座古老建筑，被布置得焕然一新。

主席台的上方，悬着巨幅会标：中国人民政治协商会议第一届全体会议。主席台的后幕上，悬着政治协商会议会徽。会徽的下方，并排悬着孙中山先生和毛泽东主席的巨幅画像，两旁是中国人民解放军军旗。主席台布置得庄严大方。

出席会议的代表，6 点钟之后便陆续入场。6 点 40 分，周恩来代表政协筹委会向到会代表报告：出席今天会议的代表来自 54 个单位或地区，共 634 人，来宾 300 人，还有友好国家的新闻记者数十人。周恩来还宣读了筹委会提出的 89 名主席团成员名单和秘书长名单。全场以热烈的掌声一致通过。这个名单中，除中国共产党、中国国民党革命委员会、中国民主同盟各为 7 人之外，其他各民主党派、人民团体、海外华侨、少数民族，多则 4 人，少则 1 人，都有代表。周恩来当选为大会主席团成员。

大会主席团秘书长林伯渠宣布了出席中国人民政治协商会议的单位、代表人数、大会日程和当日执行主席之后，时针正好指向 7 点。

大会执行主席毛泽东宣布："中国人民政治协商会议，现在开幕。"军乐队齐奏中国人民解放军进行曲，同时在场外鸣放礼炮 54 响。全体代表起立，热烈鼓掌长达 5 分钟之久。

毛泽东致开幕词，他扼要地叙述了这次会议召开的历史条件和这次会议的任务之后讲道：

> 诸位代表先生们，我们有一个共同的感觉。这就是我们的工作将写在人类历史上，它将表明：占人类总数四分之一的中国人民从此站立起来了！

毛泽东的讲话，声音洪亮清晰，令人精神振奋。他所讲的每一句话，几乎都引起热烈的掌声。据有人统计，这个不太长的讲话，赢得了高达41次之多的鼓掌，有的掌声长达4分钟。

9月22日，政协会议第二天会上，周恩来代表主席团作关于主席团常务委员会名单和设立六个分组委员会的报告。他还代表第三小组作《关于〈中国人民政治协商会议共同纲领〉草案的起草经过和特点》的报告。作为共同纲领起草小组组长，周恩来曾于6月份用一周时间在中南海勤政殿起草共同纲领稿。经过反复讨论、修改，几易其稿，最后提交大会审议。

9月23日，政治协商会议第三天，上午，人民政协全体代表分组讨论中华人民共和国国旗和国徽的图样。

负责此项工作的筹备会第六小组截至是日止，共计收到国旗提案1920件、图案2992幅，国徽提案112件、图案900件。国歌提案632件，歌词694首。这些稿件来源地区非常广泛，遍及北平、上海、天津、南京、武汉、青岛、西安等大城市和近20个省，还有一些未解放的城市。还有的来自海外的美洲、北欧、马来亚（是马来西亚联邦西部土地的旧称）和北朝鲜（今朝鲜）。作者包括工人、农民、作家、学生和教授。8月16日至20日，设置“选阅室”，将收到的提案，包括图样，全部陈列，邀请专家、学者、社会各界进行研究，收集各方面意见，从中选出国旗图案38幅，国徽图案5个，编印成册，发给每一个代表，以便充分发表意见，更好地做出选择。

9月26日，人民政协全体会议休会一天。“国旗、国徽、国歌、国都、纪年方案审查委员会”在北京饭店举行会议，对国旗、国徽、国歌、国都、纪年方案进行最后审查。

这天下午，周恩来、林伯渠召集出席政协会议代表中30人开会。到会人员中，70岁以上者20余人，其余均在60岁以上。其中有司徒美堂、张元济，两位都是 83 岁，还有陈嘉庚、马叙伦、陈叔通等。会上，曾对中华人民共和国应否简称“中华民国”一点讨论甚久。老先生们多数主张简称“中华民国”四字，因为这四个字也是辛亥革命浴血奋战争来的。经过争论，最后大都不赞成沿用这个称呼，更不能在法律上作出规定，因为这个名称被蒋介石集团用了 28 年，今天新的政府成立，应推翻旧名，一新耳目。

参加这次会议的张元济先生，清朝光绪进士，已 83 岁，是商务印书馆的创始人，亦是参加光绪皇帝时期的“戊戌维新”的老英雄了。他出席这次会议到北平后第三天，就向筹备处提出，要参观中南海勤政殿。他参观后，抚今思昔，感慨颇多。他说：“与这个勤政殿一别已 52 年了。”上一次来勤政殿，是“光绪皇帝”在勤政殿召见他，当时新政尚未开始，光绪帝头一天召见了康有为，第二天就召见了他。“新政”行了不久，发生了政变，康梁远去，而他被禁“天牢”。他说：“想不到以衰老之年，能够亲眼看到新中国独立，解放了的新中国的诞生。”“能够参加这个人民的协商会议，真是荣誉极了，高兴极了。”

值得一提的是，出席这次会议的，还有最年轻的学生代表晏福明，年仅 21 岁，他与年龄最长的代表之间，相差 71 岁。

9 月 27 日，人民政协继续举行全体会议，讨论通过了中国人民政治协商会议组织法，中华人民共和国中央人民政府组织法和中华人民共和国国都、纪年、国歌、国旗四个议案。周恩来担任大会执行主席之一。

“国旗、国徽、国歌、国都、纪年方案审查委员会”代表报告最后审查情况。大多数人赞成五星红旗。红色是热烈的颜色，象征我国革命的性质，它又像一团熊熊烈火，如凤凰涅槃，象征古老中国的新生。黄色既代表和平，又表明我们是黄种人。大五角星代表革命的领导者中国共产党，围绕着它的四个小五角星是四个阶级的联盟，象征全国人民的大团结，五角星还代表着中华民族 5000 年文明历史和 5 亿人口，这是我们共和国庄严伟大的标志。随着马叙伦的介绍和解释，代表们翻阅着已发到手中的 38 幅国旗样式图册和选出来的五星红旗。马叙伦话音刚落，代表们便全体起立，鼓掌通过五星红旗为中国的国旗。

下午，人们走进会场，怀仁堂主席台的两侧，挂起了新的国旗五星红旗。五星红旗告诉人们，中央政府即将成立了。

马叙伦继续报告说：多数人赞成共和国国都选在北平，因为北平作为中国的国都，已有 700 年的历史了。它的地理位置也很重要。北平有 5000 年文化记录，文物集中、交通发达，确有大国首都的有利条件。关于纪年，多数代表同意采取世界大多数国家所用纪年——公历。《义勇军进行曲》产生于抗战烽火之中，多年来中外皆知，是中华民族之声，目前尚未有可代替的。马叙伦报告之后，全体代表一致赞成，鼓掌通过。

执行主席周恩来宣布道："从现在起，北平改为北京，为中华人民共和国首都。纪元以公历，今年为1949年。"

周恩来话音未落，全场掌声雷鸣，经久不息。

周恩来又说："在正式国歌未制定前，由《义勇军进行曲》为国歌，保留原歌词。国徽留待中央人民政府成立后再作决定。"

9月29日，周恩来仍担任大会执行主席之一。会议一致通过了《中国人民政治协商会议共同纲领》。周恩来露出了满意的笑容，这份纲领中，渗透了他的极大心血和智慧。

9月30日上午全体休会。下午，人民政协全体会议在中南海怀仁堂举行闭幕会。主要议程是：

（一）选举中国人民政治协商会议第一届全国委员会委员。毛泽东、刘少奇、朱德、周恩来、张澜、李济深等180人当选。选举中央人民政府副主席及全体委员。选举结果是毛泽东任主席，朱德、刘少奇、宋庆龄、李济深、张澜、高岗6人为副主席；周恩来、陈毅等63人为政府委员。

（二）讨论和通过中国人民政治协商会议第一届全体会议宣言；通过给中国人民解放军致敬电；通过建立"为国牺牲人民英雄纪念碑"的决定和纪念碑的碑文，并决定在天安门广场举行人民英雄纪念碑奠基典礼。

（三）大会举行闭幕式。

朱德副主席致闭幕词，简述了这次政协所制定的决议和通过的事项，"都符合于人民的意志"。"在整个会议期间，我们全体代表始终团结一致，和衷共济。这是我们国家兴旺发达的气象。我们既然能够团结一致，开创了中华人民共和国，我们就一定能够团结一致把我们的国家建设好，把我们的国家引导到繁荣昌盛的境地。"

毛泽东主席宣布大会闭幕。49名着新式军装的军乐队员，演奏起《中华人民共和国国歌》。

出席政协会议全体代表、首都各界群众代表3000余人，于下午6时，在天安门广场举行人民英雄纪念碑奠基典礼仪式。

奠基典礼由林伯渠秘书长宣布仪式开始。

周恩来代表主席团致辞说："我们中国人民政治协商会议第一届全体会议为号召人民纪念死者，鼓舞生者，特决定在中华人民共和国首都北京建立一个为国牺牲的人民英雄纪念碑。现在，1949 年 9 月 30 日，我们全体代表在天安门外举行这个纪念碑的奠基典礼。"

全体代表均脱帽静默致哀。哀毕，毛泽东宣读纪念碑碑文：

> 三年以来，在人民解放战争和人民革命中牺牲的人民英雄们永垂不朽！
>
> 三十年以来，在人民解放战争和人民革命中牺牲的人民英雄们永垂不朽！
>
> 由此上溯到一千八百四十年，从那时起，为了反对内外敌人，争取民族独立和人民自由幸福，在历次斗争中牺牲的人民英雄们永垂不朽！

最后，毛泽东和各单位首席代表一一执锹铲土奠基，表示对先烈们的崇敬。毛泽东撰写的这段碑文，后来由周恩来手书，镌刻在人民英雄纪念碑上。

晚上，在中南海怀仁堂举行盛大宴会，庆祝第一届人民政协会议胜利闭幕和中华人民共和国的诞生。

中华人民共和国——一个人民当家做主的新国家诞生了！

1949 年 10 月 1 日——一个新的纪元开始了！

附　注

淮安少年　大鸾翔宇（1898—1924）

1. 童年（杨明伟、杨宗丽）

2. 东北三年（摘自金冲及主编《周恩来传》、怀思《周总理的青少年时代》）

3. 求学南开（摘自怀思、杨明伟等文）

4. 东渡日本（摘自金冲及主编《周恩来传》、梶谷善久《留学日本时的周恩来》等）

5. 投身五四爱国运动（摘自金冲及主编《周恩来传》、金凤《邓颖超传》）

6. 旅欧认主义（摘自杨明伟、李跃梅等文）

艰苦卓绝　投身革命（1924—1936）

7. 就职黄埔军官学校（摘自力平、成元功、金凤等文）

8. 主政东江（摘自曾庆榴、杨明伟等文）

9. 领导上海第三次武装起义（摘自力平、阮波等文）

10. 领导南昌起义（摘自力平、郑理、杨明伟等文）

11. 出席中共六大（摘自金冲及主编《周恩来传》、金凤《邓颖超传》等）

12. 整顿各地党组织（摘自廖永武、金冲及等文）

13. 从六届三中全会到四中全会（摘自力平等文）

14. 在白色恐怖中（摘自穆欣、林浓等文）

15. 伍豪事件真相（摘自周恩来文集编辑组《所谓“伍豪等脱离共党启事”问题真相》等文）

16. 在中央苏区（摘自黄少群《周恩来在中央苏区》）

17. 长征途中（摘自魏国禄、杨明伟等文）

18. 肤施秘密会少帅（摘自窦嘉绪《历史性的会见》）

19. 和平解决西安事变（摘自童小鹏《风雨四十年》、史恒《民族曙光》）

团结抗战 功在民族（1937—1945）

20. 战斗在谈判第一线（摘自李海文《五次谈判和第二次国共合作的建立》）

21. 营救西路军（摘自董汉河《周恩来营救西路军》）

22. 劳山遇险（摘自赵桂来《劳山枪声——周恩来劳山遇险纪实》）

23. 推动阎锡山抗战（摘自赵晋《周恩来三晤阎锡山》、赵桂来《周恩来太原突围纪实》）

24. 投身武汉抗日洪流中（摘自廖心文《抗战初期周恩来在武汉活动侧记》）

25. 延河坠马终身残臂（摘自成元功《延河坠马——周恩来断臂事故纪实》）

26. 为新四军呕心沥血（摘自石仲泉《周恩来与新四军》）

27. 冲破皖南事变的黑暗（摘自童小鹏《风雨四十年》）

28. 战斗在虎穴龙潭（摘自童小鹏《风雨四十年》）

29. 只身巧破“鸿门宴”（李海文文）

致力和平 重写春秋（1945—1949）

30. 重庆谈判（摘自童小鹏、解力夫等文）

31. 周马会谈（摘自章文晋《周恩来与马歇尔在1946年》）

32. 上海：周恩来将军官邸（摘自于土、许真《周恩来在上海“周公馆”》）

33. 重庆: 痛悼冼星海(摘自余尚清《忆周恩来同志在重庆领导的一次音乐会》)

34. 秦岭遇险（摘自何谦《今天一定要到达》）

35. 宣化店解围与黄河复堤（摘自何谦、王化云文）

36. 转战陕北从容不迫（摘自童小鹏、力平等文）

37. 解放战争第二年（摘自童小鹏、阎长林文）

38. 伟大的战略决战（摘自童小鹏《风雨四十年》）

39. 米高扬来华探秘（摘自杨宗丽《米高扬的三次中国之行》）

40. 谈判桌上的较量（摘自解力夫《解放战争史话》等）

41. 筹备新政协（摘自童小鹏、刘昂、岚叟、李丁、陈扬勇等文）